제주 오키나와 평화기행

동백꽃 눈물

이시우 글 · 사진

도서출판 말

| 일러두기 |

- 필자는 2003년 처음 오키나와에서 두 달간 '유엔사 도보 명상'을 한 뒤 지금까지 다섯 차례, 그리고 제주는 2008년 이후 수십 차례 방문해서 답사, 촬영을 했다.

- 자료사진을 제외한 사진은 모두 필자가 직접 촬영했다. 이들 사진은 이시우의 홈페이지 갤러리에서도 볼 수 있다. (www.leesiwoo.net)

- 표지 사진 '동백꽃 눈물'은 2008년 6월 14일 제주에서 찍었다.

- 본문의 ( )는 필자, [ ]는 편집자가 설명을 했다.

VI 유엔군 행세하는 미군의 군사전략

1. 바람

바람이 분다.

왠지 마음이 설레어 빨래를 했다. 빨랫줄에 빨래를 널었다. 하늘은 맑고 바람은 선선하다. 빨래들이 제각각 펄럭인다. 바람은 제 모습을 보이지 않고 다른 것을 움직여서만 저를 느끼게 한다. 바람은 시간을 추억으로 만든다. 2004년 어느 날 밤이었다. 강화터미널까지 오는 막차를 타는 데는 성공했지만, 이미 마을버스는 오래전에 끊어진 뒤라 작업실까지는 걸어야 했다. 서울에서의 만남과 대화는 별 성과가 없었다. 당시는 유엔군사령부 문제로 이 사람 저 사람을 만나 설득하고 다닐 때였다. 여러 가지로 어려운 문제였다. 그러나 포기할 수도 없는 문제였다. 꼬리에 꼬리를 무는 복잡한 생각에 떠밀려 어두운 밤길을 걷고 있었다. 벌판을 지날 때쯤에야 바람이 제법 세다는 것을 느꼈다. 바람은 이내 강풍으로 변해 몸을 가누기 힘들 정도가 되었다. 태풍이었다. 몸을 45도 정도는 기울여야 간신히 걸음을 내디딜 수 있었다. 그 바람과의 싸움 속에서 어느새 복잡했던 생각들이 말끔하게 정리되는 것을 느꼈다. 바람의 세기는 현실의 힘을 체감케 하고, 바람의 방향은 미래의 구조를 예감케 한다. 지구를 돌고 돌아 나에게까지 이른 이 지구의 바람은 해양 실크로드를 가능하게 했으며, 수많은 문명의 자식들을 낳은 바람이 아니던가. 나는 이 바람을 따라 걷기로 결심했다. 그 누구를 세 치 혀로 설득하기 전에 나 자신부터 투철하게 사색하자.

나는 강화를 떠나 비무장지대를 걸어 부산까지 내려간 다음 일본으로 건너가 오키나와까지 두 달간을 걸으며, 사색하고 또 사색했다. 이 유엔사 해체를 위한 걷기명상은 나에게 한국과 일본, 제주와 오키나와를 세계의 관점에서 바라볼 수 있는 눈을 주었다. 이 책의 이야기는 몸을 가누기조차 힘들게 했던 그 바람에서 시작된 셈이다.

두 달간에 걸친 '유엔사 해체 걷기명상'을 마치고 공항을 떠나기 전 오키나와 국제대학에 미군헬기가 부딪쳐 화재가 발생했다는 라디오뉴스를 들었다. 오키나와 국제대학이면 내가 유심히 관찰하던 캠프 후텐마의 화학물질 저장고에서 멀지 않은 곳이었다. 나는 헤노코 농성장에 있던 타히라 목사에게 이 문제를 제기하며, 사고 장소의 방사능 계수를 확인해봐야 한다고 전했다. 목사님은 신속하게 움직였고, 2004년 8월 21일 이라크에서 쓴 방사선 탐지기로 헬기 추락현장의 방사선을 측량했다. 스트론튬90의 수치가 급증했다고 했다. 스트론튬90은 비키니 섬의 수소폭탄 실험 시 죽음의 재라 불리던 것이다. 다음 날 사고 장소에 대한 정밀검사를 위해 공무원, 전문가들과 함께 도착했을 때 타히라 목사는 좌절했다. 미군은 사고현장의 접근을 막고, 헬기잔해는 물론 흙까지 모두 걷어가 버렸다. 더 이상의 조사는 불가능했다. 그러나 이 사건은 그동안 도시 한복판에 알박기하듯 자리하고 있으면서 온갖 사고를 일으켜온 후텐마 기지에 대한 반대 여론에 불을 붙였다.

이 여행의 끝은 공교롭게도 감옥이었다. 유엔사 해체가 북한의 주장이므로 북한을 이롭게 했다는 것이 제일 비중 있는 혐의 중 하나였다. 보석으로 풀려난 뒤 나는 최후진술을 쓰며, 나를 옭아맨 국가보안법에 대해 끝없는 질문을 던졌다. 그 막막함을 어찌할 길이 없어 나는 또다시 여의도에서 판문점까지 삼보일배 명상을, 그리고 강원도 고성까지 도보명상을 했다. 그러다가 빨갱이사냥의 뿌리가 제주 4·3부터 시작됐다는 사실을 새삼 깨달았다. 나는 무엇인가를 찾아 자꾸 제주도로 내려가기 시작했다.

2. 동백꽃 눈물

2008년 제주 4·3항쟁 위령제에 참석한 다음 날 아침, 숙소 옆 도두봉에 올랐다. 위령제에서 떠올린 4·3 희생자의 아우성 소리가 귓전에서 맴돌았다. 순간, 붉은 동백꽃 한 송이가 눈에 들어왔다. 돌연 꽃잎 깊숙한 곳에서 눈물이 흘러내렸다. 웬일인지 내 머릿속엔 한참 동안 이슬이란 단어가 생각나지 않고 눈물이란 단어만이 맴돌았다. 바람에도 빗물에도 흩어지고 씻기고야 마는 혼백이 꽃잎에 숨어 있다가 남몰래 흘리는 눈물, 그것이 내가 본 동백꽃의 이슬이 아니었을까 하는 생각이 들었다.

나는 이제 여기서 '눈물'의 미학을 보았다. '어둠'과 '가슴'과 '결'로 나의 미학을 설명했는데, 여기다 눈물의 미학을 보탰다. 나는 몸의 중심이 아픈 곳이듯 세상의 중심도 아픈 곳이라고 생각한다. 그렇다. 몸의 중심이 아픈 곳이듯 이 사회의 중심도 아프고 소외된 곳이며, 또한 세계의 중심도 전쟁과 기아의 고통이 끊이지 않는 곳이다. 아픔이 있는 곳이야말로 사회와 세계의 문제가 집중된 곳이고, 그곳의 문제가 풀릴 때 사회와 세계의 모순이 해결될 것이다. 몸의 중심이 심장이나 뇌라고 생각하는 경우는 사회의 중심도 청와대나 국회를, 세계의 중심도 백악관이나 미국이라고 생각할지 모른다. 그 또한 나름대로 중심일 이유가 충분하지만, 어느 자리에 자신의 입장을 세우는가에 따라 미학관은 크게 달라질 것이다.

아픔을 피하지 않고 끌어안고자 하는 평화의 가슴들엔 언제나 눈물마를 날이 없다. 눈물은 아픔보다 더한 소외와 같이, 설명되지 않으나 간절한 마음으로 소통하고자 할 때 흘러내린다. 동백꽃눈물은 제주 4·3 희생자들의 피눈물이고, 평화를 갈구하는 내 가슴 속으로 흐르는 눈물이기도 할 것이다. 그 뒤로 나는 제주도, 특히 희생자들이 숨어 살던 동굴을 자주 찾았다.

3. 대설

눈이 내리고 있었다. 대설이었다. 어림잡아도 허리가 묻힐 정도였으니 나설 엄두가 나지 않았다. 제주에 폭설주의보가 내려질 것이라는 일기예보를 보고, 강화에서 서둘러 사진기를 들고 내려온 길이었다. 수직 동굴 안에서 기다린 끝에 예상대로 폭설은 내렸고 생각했던 사진도 건졌다.

그러나 이 폭설을 빠져나갈 방법에 대해선 계획이 없었다. 중산간을 운행하는 버스는 끊어졌을 것이고, 나서봐야 특별히 갈 데도 없는 나로서는 그냥 하룻밤을 굴에서 새는 수밖에 없었다. 그러나 누울 자리가 없었다. 용암이 파도치던 그대로 식으며 형성된 동굴 내부는 유리처럼 날카로웠기 때문이다. 그제서야 여기저기 흩어져 있던 나뭇조각의 용도를 알 수 있었다. 한 뼘도 안 되는 나무판자를 깔고 쪼그린 채 잠들었을 사람들의 모습이 그려졌다.

그러고 보면 나는 훨씬 나은 편이었다. 나는 배낭에서 이것저것을 꺼내 바닥에 깔고 배낭에 기대어 잠을 청했다. 잠이 들면서 이러다가 너무 추우면 동사할 수도 있다는 생각이 들었지만, 피곤은 그 걱정을 감당하지 못했다. 추위에 잠이 깼다. 오한이 왔다. 눈을 떴지만 동굴의 완벽한 어둠은 눈을 뜬다는 것에 아무런 의미를 부여하지 못했다. 꿈인지 생시인지 구분이 가지 않았다. 등줄기를 타고 느껴지는 감당할 수 없는 한기가 깊은 수렁으로 나를 빨아들이는 것 같았다. 그것을 이기려고 열심히 온몸을 비벼댔다. 그 와중에도 피곤이 몰려왔지만 한기에 무너지면 어떻게 될지 모른다는 두려움에 필사적으로 몸을 비볐다. 비비는 손을 떼는 순간 한기가 나를 덮칠 것 같았다. 그러다가 좀 여유가 생긴 때문일까? 비상용으로 준비해온 발열 팩이 생각났다. 발열 팩의 위치를 기억해낸 뒤 비비던 손을 신속히 날려 발열 팩을 꺼내 격렬하게 흔들었다. 그리고 제일 먼저 심장에, 두 번째로 허리에 갔다 댔다. 발열 팩의 온기가 다 사라질 때쯤 한기가 가신 것을 느꼈다.

한겨울을 동굴에서 난다는 것이 어떤 것인지를 비로소 깨달았다. 나는 등산화에 두꺼운 잠바까지 입고 있었으나 4·3 당시 사람들은 고작 고무신에 잘해야 솜옷 이었는데…. 나는 산에 있다가 투항한 사람들을 이해하기로 했다. 그리고 산에서 끝까지 버틴 사람들을 존경하기로 했다. 이해나 관용은 아픔을 이겨낸 사람만이 행할 수 있는 실천이다. 그리하여 투철한 사람이 너그러운 것이다.

4. 결

　빛을 보는 것이 관광이다. 그러나 빛보다는 어둠이, 쾌락보다는 고통이, 시각보다는 통각(痛覺)이 여행의 본질에 더 가까운 것이 아닐까 생각한다. 여행의 여(旅)는 나그네란 뜻 이전에 군대란 뜻을 가지고 있다. 금석문에 여(旅)는 깃발을 들고 행진하는 군인들의 모습으로 상형되어 있었다. 군대와 나그네의 무슨 공통점이 하나의 단어 속에 녹아들어 간 것일까? 그 둘은 성 밖을 나서서 개척하는 존재란 점에서 공통점이 있다. 그러나 군대는 개척한 땅에 다시 성을 쌓고 보수화되고 반동화 된다. 그러나 나그네는 성에서 쫓겨나 성 밖에서 새로운 주체를 만나고 새 세상이 도래할 것을 예감하는 자이다. 그리하여 겨울 들판을 헤매는 나그네가 제일 먼저 봄이 오는 것을 안다. 주체란 아래(sub)에 던져진 (ject) 자이다. 근대 이전에 이 단어는 주로 하인이나 피조물을 뜻하는 말이었다. 그러나 그렇게 내던져진 자들이 주인이 된다는 놀라운 전환이 근대의 힘이다. 나그네는 새로운 시대를 예감하는 자에서 만드는 자로 바뀐 것이다. 군대의 발걸음은 군주의 명령이 닿는 데서 끝나지만, 나그네의 발걸음은 끝을 모른다. 나에겐 '관광'이 군대가 점령하여 길을 닦은 안전한 땅의 빛을 보는 것이라면, '여행'은 어둠과 아픔과 소외를 함께하고 느끼며 끝없이 나아가는 자의 발걸음이다.

자본축적이 부르주아지에게 선물한 여가와 여가의 취향인 여행의 발명은 혁명의 은총이 있기 전까지는 문명이 될 수 없었다. 프랑스혁명에 참여했다가 영국으로 돌아와 자연에의 몰입이라는 종교를 만들어낸 시인 워즈워드가 고원과 평원을 혼자 걸어 다니며 부랑아나 거지, 석방된 수인하고만 이야기를 나누었던 장면을 연상하면, 새로운 여행문화에 흐르기 시작한 혁명의 피를 읽을 수 있다.

18세기 중엽 많은 사람이 스위스 호반 지방의 매력을 알고 즐기기 시작하자 일종의 관광산업까지 생겼다. 하지만 루소의 혁명가적 천재성이 결합하지 않았다면, 유럽에서의 이러한 자연에의 열광과 여행열은 결코 현대사상의 일부가 될 수 없었을 것이다.

여행은 현장에서 벗어나 관념의 이상향을 향하는 것이 아니라 '나'라는 성 밖의 현장에 자기를 세우는 일이다. 현장에는 문자로 알 수 없는 숨겨진 진실이 살아있다. 살아있는 진실은 발견되는 순간 독특한 분위기를 발산한다. 진실과 분위기는 현장에선 항상 일치되어 있다. 나는 이것을 결이라고 부른다. 바람은 개념이지만 바람결은 현실이다. 물 역시 개념이지만 물결은 현실이다. 우리는 결을 통해서만 세상과 접촉한다.

여행은 결과 결의 만남이다. 만남은 결들의 단순한 회집이 아니라 그 자체가 기적을 일으키는 융합의 시작이다. 결은 만나지는 것이 아니라 생성되는 것이다. 들판의 바람결이 나의 살결과 만났을 때 새로운 결심이 만들어졌고, 그 결심이 나를 오키나와로 제주로 이끌었듯이 말이다. 또 헤노코 기지 건설현장에 태풍이 불어 공사가 중단되면, 그 태풍이 강정기지 건설현장에도 불어와 공사를 중단시키길 바라는 마음의 결이 생기듯이 말이다.

여행은 자기 안에 자기만의 결을 새긴다. 자신의 얼굴에, 어깨에, 등에, 그리고 손과 발에 그 사람의 여행 기록은 새겨져 있다. 그 결이 그가 만나고, 그가 만든 세상의 증표이다. 또한, 그러한 각인은 나의 몸이 세상의 결을 끊임없이 끌어안는 수고를 감당한 증거이다. 어떤 결도 끌어안지 않고는 만날 수 없다. 끌어안는 부위를 우리는 가슴이라고 부른다. 등의 반대편에 가슴이 있다. 손등의 반대편을 손바닥이 아니라 손가슴이라고 불러보자. 발등의 반대편을 발바닥이 아니라 발가슴이라고 불러보자. 눈두덩의 반대편을 눈깔이 아니라 눈가슴이라고 불러보자. 콧등의 반대편을 콧구멍이 아니라 코가슴이라고 불러보자. 그러면 우리의 모든 신체감각기관은 가슴이 된다. 그 가슴들로 상처받은 어깨를 끌어안고, 거친 대지의 촉감을 끌어안고, 지친 눈빛을 끌어안고, 땀 냄새를 끌어안는 일, 그것이 여행이다.

5. 태풍

타히라 목사의 부인인 하야시 키요코는 오키나와 국제대학 헬기 사건을 전하면서 편지의 말미에 이렇게 썼다. "지금 우리는 태풍 안에 있어요. 태풍이 헤노코를 지켜요." 나는 이 말을 몇 년이 지나 제주에서 다시 듣게 되었다. 구럼비 바위를 파괴하고 공사에 들어간 강정 해군기지를 맥없이 쳐다보던 주민들이 태풍에 대형 수상 구조물인 케이슨이 침몰하는 모습을 보면서 했던 말이다. "태풍이 구럼비를 지켜주고 있어요." 태평양에서 발생하는 태풍이 오키나와와 제주의 역사를 관통하며 개입하고 있었다. 태풍은 두 섬이, 나아가 세계가 하나의 체계로 연결되어 있다는 유비로만 고정되지 않는다. 태풍은 세상을 정물화처럼 바라보게 놓아두지 않는다. 세상을 흔들고 휩쓸며 새로운 체계를 만드는 살아있는 힘이다. 바람은 세계에 적응하는 법이 아니라 세계를 바꾸는 법을 가르친다.

어느 날 강정에서 싸우던 송강호 박사가 나와 토론회에서 함께 앉게 되었다. 송 박사는 '비무장평화의 섬'이라는 새로운 구호를 꺼내 들었다. 투쟁의 현장에서 처절한 고민으로 잉태된 그 생각은 무조건 존중되어야 한다는 것이 나의 생각이다. 설령 자기 생각과 일치하지 않더라도 말이다. 이보다 더 살아있는 전략과 사상이 어디 있겠는가? 나 같은 사람은 그저 그 화두를 다듬어 한사람이라도 더 설득할 수 있는 선전홍보자료를 만들어내는 역할만 해도 영광이다. 이 책은 그래서 쓰인 것이다. 홍보물이라고 하기엔 좀 두꺼운 책이 되었지만, 그 본질에서는 강정과 헤노코 싸움에서 건져진 화두를 여러 언어와 소재로 홍보하기 위한 선전지에 불과하다. 이 책의 기조는 이미 그들이 몸으로 다 썼다.

6. 세계체계

계곡에선 물을 즐길 수 있다 하고, 강에선 물을 다스릴 수 있다 하나, 바다에선 물을 말하기 어렵다. 공부는 넓어질수록 어렵고, 깊어질수록

두렵다.

　여행 또한 그러하다. 처음엔 오키나와만 보이고 제주만 보였는데, 태풍이 두 섬을 연결하듯 오키나와와 제주를 연결하는 숙명의 끈이 느껴졌다. 그러더니 급기야는 두 섬의 숙명이 세계체계의 파도를 헤치며 형성된 것임을 알게 되었다. 제주와 오키나와의 문제는 과거에도 지금도 세계의 문제였다. 왜 오키나와에서 일어났던 일이 그리스에서 일어나고, 그리스에서 일어났던 일이 제주에서 일어나며, 왜 또다시 비슷한 일들이 한국전쟁 시의 북한과 최근의 아프가니스탄과 이라크에서까지 계속되고 있을까?

　나는 제주·오키나와를 관통하는 세계체계의 사슬을 찾고자 노력했다. 공간적으로 세계를 아우르는 체계의1) 사슬은 시간적으로는 이미 13세기 삼별초항쟁과 몽골제국기부터 시작되었다. 세계체계가 의도적으로 계획된 의제에 의해 움직이기 시작한 것은 1919년을 전후한 시기였다. 윌슨의 '민족자결주의'는 실패했지만, 레닌의 '민족·식민지테제'는 가능성이 현실이 될 수 있음을 보여주었다. 그리하여 제주의 김명식과 오키나와의 도쿠다 큐이치는 이러한 현실운동의 발전을 가장 일찌감치 내다본 인물 중의 하나였다.

　일본공산당이 사형을 감수해야 하는 '천황제 반대'라는 구호를 치켜든 것은 지도자인 오키나와 출신 도쿠다 큐이치와 제주를 중심으로 한 조선인 당원들의 하부 토대라는 조합이 없이는 상상하기 힘든 면이 있었다. 그러나 천황제폐지의 당찬 구호를 내세웠던 이들의 운동은 왜 실패했을까? 제주 4·3과 오키나와에 불어온 세 번의 저항의 파도처럼 혁명이라도 가능할 것 같던 투쟁의 불꽃은 왜 금방 시들어졌고, 폭발적

고양과 급속한 퇴조를 반복하고 있는 것일까?

　내가 던진 이 질문의 답을 구하기 위해 여행을 떠난다. 나는 제주와 오키나와가 처음부터 별개의 국경으로 갈라진 채 따로따로의 역사를 발전시켜왔다는 환상을 거부한다. 그래서 한 섬만의 수직적 역사가 아니라 두 섬을 횡단하는 수평적 구조를 관찰한다. 기행문이기에 논문처럼 치밀한 구성에는 미치지 못한다. 그저 화두의 꼬투리만이라도 던질 수 있다면 감사할 뿐이다. 그리고 모든 힘과 관심은 다시 현장에 돌려져야 한다. 이 책이 나오기까지 많은 영감과 수고를 제공해 주신 분들이 있었다. 활자로 만든 수고를 제하면, 이 책은 모두 그분들의 것이다.

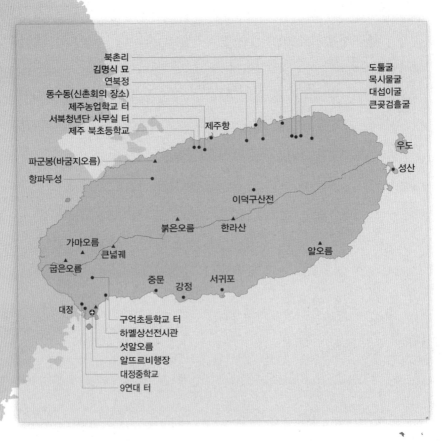

한국

목포

제주도

북촌리
김명식 묘
연북정
동수동(신촌회의 장소)
제주농업학교 터
서북청년단 사무실 터
제주 북초등학교

제주항

도툴굴
목시물굴
대섭이굴
큰곶검흘굴

우도

성산

파군봉(바굼지오름)
항파두성

이덕구산전

붉은오름
한라산

중국

가마오름
큰넓궤
굽은오름

중문
강정
서귀포

알오름

대정

구억초등학교 터
하멜상선전시관
섯알오름
알뜨르비행장
대정중학교
9연대 터

오키나와현

대만

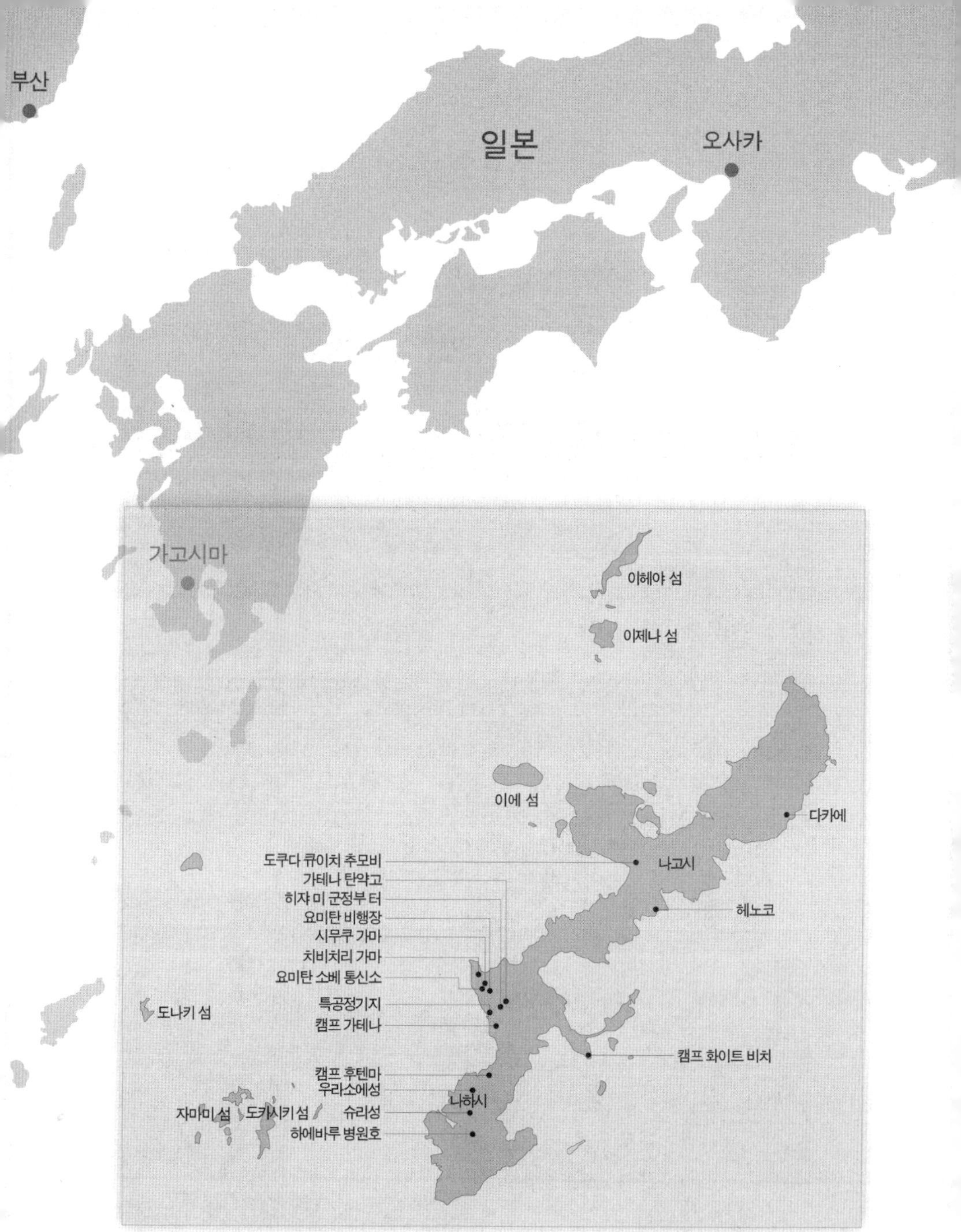

부산

일본

오사카

가고시마

이헤야 섬

이제나 섬

이에 섬

다카에

도쿠다 큐이치 추모비
가테나 탄약고
히쟈미 군정부 터
요미탄 비행장
시무쿠 가마
치비치리 가마
요미탄 소베 통신소
특공정기지
캠프 가테나

나고시

헤노코

캠프 화이트 비치

도나키 섬

캠프 후텐마
우라소에성
자마미섬 도카시키섬 슈리성
하에바루 병원호

나하시

I 헤노코에서 강정까지 평화를 사색하다

하나 | # 헤노코

오키나와에서 유엔사 해체 걷기명상을 하다

헤노코 농성장. 멀리서 먹구름이 몰려오고 있던 어느 날 오후, 농성자들이 잠시 쉬러 간 사이 농성장도 쉬고 있었다.

좀 엉뚱하게 들릴지 모르지만 2001년 9·11 이후 미국은 전쟁을 원하고 있었고, 가장 유력한 대상은 아프가니스탄에 이어 이라크 와 북한으로 좁혀지던 시절이었다. 2003년 3월경 전쟁이 일어날 수 있다는 관측을 하며 이에 공감하는 사람들은 무엇인가를 준비해야 한다는 긴박함이 흐르고 있었다. 더 엉뚱하게 들릴지 모르지만, 나는 미군의 '핵무기 찾기'에 모든 노력의 초점을 맞추고 있었다. 전쟁을 일으킬 명분을 상실케 할 만큼 큰 사건이 필요하다는 생각이었다. 그런 생각도 엉뚱하지만, 그것을 실행에 옮긴다는 것은 누가 봐도 더 엉뚱한 일이었을 것이다. 그러나 나는 이미 집을 나섰고, 주한미군기지를 모두 탐색했다. 당시 90여 개의 기지가 있었던 것으로 기억난다. 그러나 무작정이란 시작만큼 얻은 소득이 없었다. 무엇을 관찰해야 하는지 더 막막해졌다. 그러던 중 일본의 미군기지로 관심을 넓혔고, 오키나와가 미군기지 천국이란 것도 그때 알았다. 일본을 뒤지면 뭔가 나오겠지 하는 심정으로 무작정 달려들었다. 아니 아무것도 발견하지 못해도, 아무것도 없다는 것을 확인이라도 해야 직성이 풀릴 것 같았다.

오키나와에서 유엔사 해체 걷기명상

오키나와를 꼭 가야겠다고 생각하던 차에 기회가 왔다. 2003년 재일동포 통일단체인 삼천리철도에서 초청강연회를 마련한 것이다. 강연을 마치고 그 길로 오키나와로 향했다. 미군의 핵무기를 찾기 위해 오키나와 공항에 내리던 긴장된 나의 모습은 이 공항을 이용할 때마다 기억력을 자극한다. 소개받은 타히라 나쓰메(平良夏芽) 목사님이 이 대책 없는 사진가를 만나서 첫 번째 한 일은 식당에 가서 국밥을 먹여주는 것이었다. 오키나와까지 돌아본 덕분일까 뭔가 감이 잡히기 시작했고, 나는 2003년 '주한미군 핵'에 대한 보고서를 썼다. 다행히 한반도의 전쟁위기는 피해갔지만 우리 대신 이라크가 대상이 되었다.

나의 불안은 가시지 않았고, 전쟁이 일어나지 않도록 예방이 필요하다고 생각했다. '전쟁을 일으키기 가장 쉬운 구조가 무엇일까?' 연구한 끝에 얻은 답은 유엔군사령부였다. '유엔군사령부 해체에 대한 걷기명상'을 하기로 했다. 비무장지대에서 오키나와까지 유엔군사령부의 관할 지역을 걸으며 유엔사 문제를 사색하고, 매일 글로 써서 알리는 일을 하였다.

2004년 나는 두 번째로 오키나와를 방문했다. 손글씨로 '아시아평화를 위한 유엔사 해체 걷기 명상'이라고 쓴 흰 티를 입고 공항에 내렸다. 사람들이 이목을 집중했고, 검색시간도 더 걸렸다. 그때는 헤노코 농성장을 제일 먼저 찾아갔다. 헤노코 마을에는 캠프 슈와브가 위치해 있다. 1956년부터 사용 개시되어 1957, 1959년에 추가사용이 있었고, 오키나와가 본토 반환된 1972년부터 시설을 통합하여 캠프 슈와브로 제공되었다.[2]

지금도 캠프 슈와브가 위치한 헤노코 마을에 들어서면, 당시의 전형적인 기지촌의 흔적이 여기저기 남아있다. 헤노코 마을은 낯선 이방인이 제일 먼저 찾아가야 할 곳이 될 만큼 세상의 이목이 집중되어 있었다.

거기서 다시 타히라 목사님을 만났다. 2년 전과 달리 목사님은 헤노코 투쟁의 중심인물이 되어 있었다. 목사님의 부친과 모친도 농성장에서 미군기지 건설 반대를 요구하며 싸우고 계셨는데, 그들의 인품이 나를 감동시켰다. 나중에 알았지만 타히라 목사님 일가는 오키나와 평화운동의 산 역사였다. 이렇게 오키나와에 대한 방문은 모두 나의 고민거리만을 가지고 간 방문이었다. 오키나와의 아픈 역사에 대해서는 많은 관심을 갖지 못했다. 과거보다 현재의 군사상황이 더 절박하게 생각되었다. 왜냐하면, 그것은 한국과도 연관되는 평화 문제였기 때문이다.

헤노코 마을의 기지촌 흔적. 캠프 슈와브의 미군들이 제일 많이 찾던 헤노코 마을의 유흥가 터. 이제 세계시민들이 제일 많이 찾는 곳은 헤노코 농성장이다.

  이런 시각에 변화가 온 것은 2007년 국가보안법 구속사건 때문이었다. 내 문제가 되고서야 국가보안법을 다시 진지하게 고민해보기 시작했다. 나의 결론은 이것이었다. 국가보안법의 뿌리는 제주 4·3이고, 제주 4·3에 적용된 미군정교범은 오키나와에서 완성된 것이다. 그리고 이 군정교범은 지금도 아프가니스탄과 이라크에서 그대로 적용되고 있다. 오키나와와 제주와 아프가니스탄과 이라크가 결국 하나의 매개로 연결되어 있고, 그 역사도 반복 재생산되고 있다.

  유엔의 권위와 미국의 권력을 통합한 것이 2차 대전 이후 질서라면, 미국의 권력을 구성하는 핵심제도가 미군 점령정책이고, 그 구체적인 표현이 군정교범이다. 유엔의 권위와 미국의 권력이 충돌할 때 미국이 유엔의 권위를 포기하는 첫 번째 계기가 오키나와 미군정교범의 실행이었다.

바닷바람은 사람마저 녹슬게 한다고 했는데, 10년 넘게 그 바람에 가슴을 비워가며 헤노코 농성장을 지키다 돌아가신 긴조 유지 선생(왼쪽)

유엔을 통한 집단안보정책, 법을 통한 지배정책은 미군점령이라는 상황에서 미국패권을 중심으로 재조정되었다. 코민테른도 국제적 대의와 국익 사이에서 변형을 겪었지만, 미국의 그것이 가장 적나라하게 나타난 곳이 오키나와와 제주였다.

세 번의 파도와 헤노코 투쟁

거대한 세계적 모순이 한 지역에 집중될 때 다양한 대립과 균열이 발생한다. 균열이 없는 사회는 없지만, 심각한 균열이 존재하는 곳일수록 그것을 봉합하기 위한 폭력과 이데올로기가 다양하게 나타난다. 헤게모니, 즉 패권이 작동하는 사회란 폭력과 이데올로기가 균열을 잘 봉합해

주고 있는 사회이다. 그러나 봉합선이 터지고 균열이 분출하는 상황, 헤게모니상황이 아닌 위기상황일 때 사회에 잠재했던 모순은 사소한 사건 하나만으로도 거세게 폭발한다. 오키나와에는 이러한 상황이 세 번 있었다. 모리테루를 인용하면 '세 번의 파도'가 있었다. 제1 파도는 1956년의 토지보상투쟁, 제2 파도는 1972년의 오키나와 일본복귀투쟁, 제3 파도는 1995년 미군이 12세 초등학생을 납치 강간하여 터진 투쟁이다.[3] 그리고 제4 파도의 가능성은 헤노코 투쟁에서 예고되고 있다.[4]

이들 사건의 배후에 깔린 구조가 형성된 것은 1957년이다. 1957년 4월 초 미군은 극동군사령부를 해체하고, 하와이에 태평양지구사령부를 설치하였다. 7월에는 도쿄의 유엔사령부가 서울로 이동하면서 주한미군사령부가 창설되었다. 이 과정에서 미군기지 주변 지역에서의 폭력과 성범죄 등으로 반미감정이 증가하자 일본에서 철수한 지상부대 특히 해병대가 오키나와로 이주하게 된다. 이로써 일본 본토 미군기지는 1/4로 감소한 반면, 오키나와 기지는 2배로 증가하였다. 전후로부터 현재까지 이어지는 오키나와 미군기지의 기본체계가 이 시기에 완성되었다.

일본 본토의 0.6%에 불과한 오키나와에는 일본 내 미군시설의 75%, 주일미군의 65%가 배치되었다.[5] "오키나와에 미군기지가 있는 것이 아니고 미군기지 안에 오키나와가 있다"는 말이 성립되는 이유이다. 미군의 강제적인 토지 약탈에 저항했던 수많은 오키나와 주민들은 공산주의자 혐의로 체포되어 남미의 볼리비아로 강제송출 당하거나, 아마존의 정글에 버려진 적도 있었다. 그들 중 적지 않은 사람들이 현지에서 사망했다.[6] 이 같은 구조는 언제든 어떤 사건에 의해서든 봉합선이 터져 모순의 내장까지 파열될 수 있는 가능성이 상존함을 의미한다.

오키나와 현의 오타 마사히테(大田昌秀) 지사는 군용지 재계약을 거부하며, 1996년 1월 모든 미군기지를 2015년까지 철수할 것과 2001년까지 후텐마 기지를 무조건적으로 반환할 것을 골자로 하는 기지반환프로그램을 제시하였다. 1996년 9월 오타 지사는 이 문제를 놓고 주민투표를 실시하여 54만 명이 투표에 참가한 가운데 89%가 미군기지 축소와 재조정, SOFA 개정에 찬성한다는 입장을 표명하였다.[7]

1995년 사태의 심각성을 인지한 일본정부 역시 신속하게 대처방안을 모색하였다. 1995년 11월 미일 양국은 오키나와인의 분노를 해결하기 위해서 오키나와 특별행동위원회(Special Action Committee on Okinawa, SACO)를 조직하였다. 1996년 12월 오키나와 특별행동위원회는 미군의 주요 시설 일부를 2003년까지 오키나와로 반환할 것이고, 특히 기노완 시의 한가운데 위치하여 수많은 사고를 일으킨 후텐마 해병대 항공 기지를 이전할 것이라고 발표하였다.[8]

후텐마 기지는 1945년 미군의 오키나와 점령 직후 일본군이 사용하던 기지를 증축한 것이 아니라, 미군이 새로이 건설한 기지였기에 오키나와 주둔 미군의 상징적 시설로 비추어졌다. 1980년대부터 오키나와 현 정부는 주민복지와 안전의 차원에서 이 기지의 반환을 끊임없이 요구해왔다. 오키나와 특별행동위원회는 최종 보고서를 통해 오키나와 본섬 동해안 해상에 대체시설을 건설한다는 조건을 발표하였는데, 그것은 나고 시 인근의 헤노코 앞바다를 의미하였다.[9]

건설노동자, 택시운전사, 청년실업자, 파친코 회계원 등 비정규직 노동자들은 기지건설에 찬성했지만, 나고 시 시민들은 야당, 노동조합, 교원단체가 중심이 되어 적극적인 반대운동을 전개하였다. 헤노코 촌의 주

민들은 나고 시민들의 투쟁과는 별개로 독자적인 기지건설 반대운동 조
직에 착수하여, 1997년 1월 '생명보호협회'라는 명칭의 단체를 조직하였
다. 20여 명의 회원으로 출발한 생명보호협회는 대다수가 중산층 구성
원들이었는데, 그들은 국제적으로 보호를 받는 희귀 포유류인 듀공 보호
를 앞세웠으며, 듀공은 반기지 운동의 상징이 되었다. 반대운동에는 공
산당이나 노동조합과 같은 진보적 단체들도 참여 했지만 중심적인 역할
을 수행한 것은 경제적으로 여유가 있는 일반 시민들이었다. 협회는 오
키나와 전쟁의 기억을 재생시켜 혈연과 위계가 지배하는 오키나와의 비
담론적 문화에 도전하였으며, 오키나와의 후진성을 도시화에 의해 오염
되지 않은 오키나와의 긍지로서 재정의 하였다.10)

생명보호협회와 기지건설 반대연대의 대립

기지건설 반대운동은 해외에서도 호응을 얻어 버클리, 뉴질랜드, 필리
핀, 캘리포니아, 한국의 시민단체들이 동참하는 국제적인 연대를 과시하
였다.11) 그러나 기지건설을 찬성했던 헤노코의 주민들은 환경과 평화의
구호 속에서 자신들의 생존권 문제가 외면당했다고 느꼈다. 미묘한 주민
정서를 지각한 생명보호협회의 지도부는 외지인들이 더는 투쟁에 가세
하는 것을 경계하였고, 심지어 구성원들이 미일 안보동맹 등 정치적 사
안에 대해 토론하는 것을 금지하면서 세계체계적이었던 운동의 방향을
조정하려 하였다.

그러나 생명보호협회의 이러한 노력은 나고시기지건설반대연대와의 갈
등을 초래하였다. 주민투표 이전 단계부터 양 조직은 이미 불편한 상태

에 있었다. 생명보호협회는 기지건설반대연대가 사태를 헤노코의 지역
문제로 간주하지 않고, 운동을 주도하는 데 대해 불만을 느끼고 있었다.
그러나 양자는 서로를 필요로 하였으며, 한편은 운동의 명분을 다른 한
편은 동원 기제를 제공하고 있었다.[12]

 1998년 반대운동의 지도자였던 헤바루 겐지의 탈퇴에 즈음하여 두 조
직 간의 연대가 파괴되었다. 군사기지건설 반대운동세력의 내부적 분열
은 일본정부가 반격을 꾀할 수 있는 계기를 제공하였다. 주민투표가 끝
난 후 분위기는 더욱 험악해졌으며, 입장을 달리했던 주민들은 심지어
결혼식이나 장례식에서조차 서로 인사를 나누지 않았다. 그것은 숨 막힐
것 같은 상황이었다. 50대의 한 남성은 정신적인 스트레스를 견디지 못
하여 자살을 시도하기도 하였다.[13]

 오타 지사는 1998년 11월 지사 선거에서 오키나와의 경제적 이익을
앞세운 이나미네 후보에게 패배하였다. 일본정부는 이 기회를 놓치지 않
고 여세를 몰아 오키나와와 나고 시에 대한 대대적인 지원 작업에 착수
하였다. 북부 오키나와 개발기금을 조성하고 주민센터와 진료소, 식품
가공시설, 통신센터, 국립기술대학 등 다수 시설을 나고 시에 설립할 것
이라고 발표하였으며, 2000년 G-8 정상회담의 나고 시 개최를 결정하
였다.

 2002년 12월부터 시작된 미일 안보협의회는 미군의 억지력 유지라는
대전제하에 오키나와의 부담경감을 논의하기 시작하였고, 미군 재편 문
제가 거론되었다. 이에 따라 헤노코 기지건설 재검토에 대한 기대가 일
기 시작하자, 기지건설 지지세력은 대규모의 건설촉진대회를 개최하는
등 혼란이 계속되었다. 일본정부는 해상공사의 기술적 어려움과 이에 따

른 천문학적 예산 문제, 멸종 위기의 듀공 보호를 비롯한 환경 문제 등의 난관에 봉착하자 해상기지를 피하고, 신기지를 기존의 미군기지 내에 만들고 싶어 하였다. 그러나 미군 당국이 이러한 제안에 강력히 반대하자, 2005년 절충안으로서 캠프 슈와브 연안을 메워 기지를 건설하는 연안안(沿岸案)에 합의하였다.

새로운 합의안에 따르면, 신기지는 일부가 헤노코 곶에 있는 캠프 슈와브의 병사 지구를 가로 지르며, 북동쪽 끝은 오우라 만, 남서쪽 끝은 헤노코 해상을 향해 튀어나오는 1,800m의 활주로를 갖게 되었다.[14] 그것은 신형 수직이착륙기인 MV22 오스프레이(Osprey)의 도입을 전제로 한 다기능 군사전용시설 건설이었다. 그러나 연안안은 기지가 육지에 근접해 있어서 주민주거 지역에 소음이나 사고피해 가능성을 높였다. 매립으로 인한 듀공의 서식지 파괴나 해역오염 문제도 그대로 남게 되어 주민들이 크게 반발하였다.

기시모토 시장이나 이나미네 지사도 신기지 안에 대해 거부 의사를 표명하지 않을 수 없었다. 자신의 지지기반인 기지건설 촉진파와 압도적인 반대여론 사이에서 우왕좌왕하던 이나미네 지사는 후텐마 기지의 현외 이전을 요구하며 정치적 손실을 줄이려 노력하였다. 2005년 10월 30일 현 내 이설반대 현민대회가 열렸는데, 「류큐신보」와 오키나와 방송의 합동여론조사에 의하면, 연안안에 대한 지지는 불과 7%에 불과하였다.[15] 그러나 일본정부는 공유수면 사용허가, 환경영향평가, 매장문화재 조사 등의 권한을 지사나 시정촌장으로부터 중앙정부로 이전하는 특별법 제정을 추진하였다.

대립으로부터 정치가 시작된다. 대립은 현실에서는 어떤 숙명적인 관계 안에서 벌어지는 극단으로 나타난다. 대립을 인위적으로 분석하면 두 종류가 있다. 하나는 모순이고, 하나는 반대이다. '모순'은 흰 것-희지 않은 것, 원-원이 아닌 것, 전쟁-전쟁 아닌 것이다. '반대'는 흰 것-검은 것, 원-사각형, 전쟁-평화이다. 모순은 같은 시공간에서는 공존할 수 없다. 반대는 공존 가능하다. 모순은 하나가 참이면, 다른 것은 반드시 거짓이다. 그러나 반대는 하나가 참이고, 다른 것도 참일 수 있고, 둘 다 거짓일 수 있다.

공존 불가능한 모순과 공존 가능한 반대

군사기지에 대한 반기지 운동은 다양하게 대립각을 드러낸다. 기지철수운동, 환경오염치유운동, 반전지주한평땅갖기운동, 미군범죄에 취약한 여성인권보호운동 등이다. 상황의 발전과정에 현실에서의 대립관계가 형성되고 집중되는 주제가 있다. 다른 곳에서라면 치열하지 않을 것 같은 문제도 그곳에서는 치열한 대립관계를 형성하는 주제가 있는 것이다. 반대대립은 공존 가능성을 찾을 수 있다. 모순대립은 공존 가능성을 찾을 수 없다. 군사기지철거운동은 군사기지와는 절대 양립 불가능한 대립이지만 환경오염치유는 군사기지 측에서 수용하면 끝나는 문제이다. 토지 갈등도 지주들에게 보상금을 지급하면, 이 또한 공존 가능하다. 이러한 반대대립은 대립을 '해결'하지 않고, '봉합'하는 것이 가능하다.

그러나 봉합을 유지할 폭력과 이데올로기적 능력이 붕괴하여 봉합이 풀리면, 은폐되고 유보되었던 대립은 전면에 드러난다. 따라서 반대대립물을 둘러싼 투쟁은 모순을 봉합하는 퇴행작용도 한다. 그러나 반대에 머물지 않으려는 의지만 있다면, 봉합선을 끊고 모순을 드러내는 방향으로 나아간다. 처음엔 바짓가랑이로 지나가는 굴욕을 참지만, 차츰 주체가 커져 바짓가랑이를 찢고 말듯이 심모원려(深謀遠慮)와 인내심이 있다면, 오히려 굴욕조차 모순을 향할 수 있다.

2006년 헤노코 투쟁은 봉합선이 터지는 경험을 한다. 2006년 2월 양국정부는 규모를 더욱 확대한 기지건설안을 최종적으로 발표하였다. 그러나 이러한 최종 안이 발표되자, 거주지역에 대한 소음과 치안 문제가 우려되면서 헤노코 기지건설을 찬성했던 진영으로부터도 반대의 목소리가 나오기 시작하였다. 전 나고 시장인 기시모토는 육상 안에 대해서 분명한 반대의사를 표명하였고, 이나미네 지사 역시 이를 수용할 수 없다고 불만을 토로하였다. 이나미네는 자신이 제안했던 해상공항 안이 수용되지 않는다면, 후텐마 기지는 오키나와 외부로 이전해야 한다고 주장하였다.16) 2004년과 2005년 무렵 여론조사에 따르면, 신기지 건설 반대숫자가 81%에 달하게 되었다. 일괄타결안이 발표되자 그것은 기지건설 반대운동과 기지건설 찬성운동이 부분적으로 연대하는 의도하지 않은 결과를 초래하였다.17) 2004년 생명보호협회 회원들과 지지자들은 헤노코 해안의 지질검사를 방해하는 시위를 시작하였다. 해상에 건설된 보오링 조사용 4개의 망루는 농성의 장소가 되었고, 어민들의 어선은 그들을 방어하였다.

언제나 예외 없이 한국 활동가들을 정성스럽게 맞이해주는 도미야마(豊見山雅裕) 선생은 불편한 몸으로 보트 위에서 처절한 투쟁을 벌였다. 그것이 텔레비전에 방영되었고, 그 화면을 집에 있는 부인이 보셨다. 집에 돌아오자 부인이 도미야마 선생을 때리면서 "죽으려고 환장했느냐

다음에 또 그렇게 무리한 싸움을 하면 죽을 줄 알라"고 혼났다는 말을 특유의 유머를 섞어가며 애교를 떠섰다. 나 역시도 이 싸움은 의외였다. 이런 치열한 싸움은 한국에선 익숙한 일이다. 그러나 일본이나 오키나와의 싸움은 한국 사람이 보기엔 이상했다.

헤노코 농성장을 처음 찾았을 때였다. 나는 밤샘할 채비를 하는 데 해가 기울자 "자 퇴근합시다" 하며 농성 천막을 접는 것이었다. 아니 농성투쟁에 퇴근이 웬말인가? 이러다가 공무원이나 경찰이 밤에 침탈하면 어떻게 하느냐고 우려를 표시하자, 일본에선 공무원이 퇴근하면 업무도 끝이기 때문에 그런 일은 일어날 수 없다고 웃으면서 나를 이해시키려 했다. 그러나 나는 이해가 가지 않았다. 잘 합의된 묵계가 이성적이고 합리적으로 보이면서도 깊숙이 관성화 된 답답함으로 다가왔다. 그래서 이 해상투쟁이 새롭게 다가왔다.

2006년 3월 나고 시 신임 시장은 항공기가 거주지역 상공을 운항하는 한 주민들의 안전과 복지가 위협을 받는다는 논리로 기지건설을 반대하였다. 그러나 2006년 4월 정부는 항공기가 민간 거주지역 상공을 운항하지 못하도록 활주로 배치를 새롭게 하겠다고 약속하며 계속 압력을 가함으로써 나고 시장을 승복시켰다. 같은 해 5월 이나미네 지사도 마지못해 찬성의사를 표시하였다. 다시 균열은 봉합된 것이다.

경제적 보상을 통한 개량화

헤노코의 군사기지 반대투쟁은 파괴와 폭력을 철저히 배제하는 비폭력 평화주의의 노선을 고수함으로써 1955년의 이에지마 농민투쟁[18]을 연상케 하였다.[19] 결론적으로는 무정부주의 비폭력 직접행동의 색채가 짙었다고 할 수 있다.

왜 운동은 그토록 치열했다가도 이내 식고마는 걸까? 여기서 경제와 군사의 연관에 대해 잠시 살펴 볼 필요가 있겠다. 한 연구자에 의하면, 본토 귀속 이후 오키나와 개발 특별조치법에 따라 본격적인 개발사업이 시작되면서 오키나와 경제는 성장을 거듭했고, 1인당 주민소득이 이탈리아의 그것을 능가하는 풍요의 사회를 건설하였다고 서술하고 있다.[20] 오키나와를 이탈리아와 비교하는 것은 흥미로운 일인데, 전쟁과 자본의 긴밀한 협력체계를 만든 곳이 이탈리아이기 때문이다. 르네상스기 이탈리아 도시국가들은 전쟁분야에서 임금노동관계를 발전시킴으로써 적어도 부분적으로 그들의 보호비용을 수익으로 전환해냈고, 전쟁 자체를 수익사업으로 만들어냈다. 시민들이 세금을 거둬 용병을 쓰고, 용병들이 급료를 소비하면 세금은 다시 시민들에게 돌아왔다. 새롭게 등장하고 있던 이 시스템은 자기 지속성을 띠게 되었다.[21] 전쟁 만들기와 자본 만들기의 밀월 관계가 시작된 것이다. 그리고 이 같은 밀월은 머지않아 세계화되었다.

오키나와에 분명 군사주의에 대응한 반군사주의라는 모순대립선이 존재함에도 불구하고 미군기지가 존속할 수 있는 이유는 무엇인가? 일본 정부가 오키나와 지역사회와 주민들에 대해 다양한 형태의 경제적 보상을 제공하여 일정한 개량화가 이루어졌고, 반군사주의와 평화주의 문화 같은 탈물질주의적 가치를 압도했기 때문이다.[22] 일방적인 성격의 미일 안보조약과 평화헌법으로 인해서 일본정부가 안전보장의 대가로 주일미군 주둔비용의 57%를 부담하고 있는 한, 일본은 미군이 저비용으로 군사기지를 운영할 수 있는 매력적인 지역이다.

다른 한편, 일본정부는 오키나와의 미군기지 문제가 언론에 부각되는 경우에 국내외적으로 곤경에 처할 수 있기 때문에 주민들의 불만을 사전에 무마시키는 선제조치를 취하는 경향이 있다.[23] 그러한 조치의 일환으로 일본정부는 오키나와에서 끊임없이 공공사업을 발주하고 대규모의 재정지원을 한다. 전국적으로 볼 때에 군사기지 중 사유지가 차지하는 비율은 9%에 불과하나, 오키나와는 무려 67%에 달한다. 일본정부는 이들 지주에게 직접 임대료를 지급하고 있다. 이러한 임대료는 시장가격을 크게 웃도는 금액이었다.[24] 미군기지는 8,300명의 오키나와 주민들을 고용하고 있는데, 이것은 현 정부에 이어 두 번째로 큰 규모이다. 기지 인근의 식당이나 가게 주인들도 미군기지의 존속을 찬성하는 강력한 지지세력이다. 미군기지가 총체적인 경제활동에 미치는 기여도는 오키나와 총생산의 5.5%에 해당한다. 그 결과 오키나와의 많은 경제행위자가 기지의존경제로부터의 이탈에 회의적인 태도를 보이고 있다.[25]

예를 들면, 나하 항에 주둔하고 있는 미군 835수송연대의 이전 문제가 그렇다. 오키나와 주둔 미군의 모든 물동량을 취급하고 있는 이 부대는 인구 밀접지역에 있어서 사고의 위험이 그대로 있다. 따라서 미군 당국은 인구가 드문 우라소에 시의 킨서(Kinser) 캠프로 부대 이전계획을 수립하였고, 두 도시의 시장도 여기에 동의하였다. 그러나 나하 시의 군사기지 지주들이 부대가 이전할 경우에 임대료가 시장가격으로 새롭게 책정됨으로써 수입이 감소할 것을 우려했기 때문에 부대 이전이 지연되었다. 헤노코 기지의 위치선정 과정에서 최종적으로 해안매립 방식이 채택된 것도 본토의 조선회사나 철강회사만 수혜를 입을 것이라 판단한 지역 건설업계의 압력 때문이었다. 쿨리는 후텐마 기지 이전 지연사태에 대해서 현지 관리들과의 인터뷰를 근거로 기노완 시의 지주들이 자신들의 임대료를 포기하지 않으려 하기 때문이라고 말한다.[26]

미군기지 반대를 위한 항의나 시위는 다분히 일본중앙정부와 미군기지 당국을 의식하여 완곡한 형태로 진행된다. 항의나 반대 시위는 사전에 통보되고, 시위자들은 정해진 코스로 거리행진을 한다. 미군기지와 관련된 요구 사항을 낭독하지만 정중한 방식을 취하며, 영문과 일문으로 작성된 서류가 전달된다.[27]

소련 붕괴 이후 중앙아시아 지역의 키르기스스탄과 우즈베키스탄 등지에서 테러와의 전쟁을 벌이고 있는 미군이 오키나와에서처럼 하지 못하는 것은[28] 그 나라의 정부에 일본같이 할 수 있는 개량의 토대가 부족하기 때문이다. 미국의 경제위기가 군사위기까지 불러오는 이유는 군사와 경제의 오래된 밀월 구조를 반영하는 것이다.

투쟁은 발생하는 게 아니라 자라나는 것

오키나와 미군기지가 한국이나 베트남, 이라크 등 미국군사력 투사의 근거지로 사용된다는 것은 이미 설명이 필요 없는 부분이다. 1968년 2월부터 가데나 기지의 B52 폭격기가 베트남으로 출격하자, 기지노동자조합인 전군노(全軍勞)와 '생명을 지키는 현민공투' 등은 'B52철거, 핵잠수함 기항저지'를 내세우면서 총파업을 단행하는 등 반전반기지투쟁을 본격화했다.[29] 이는 오키나와인들이 세계체계에서 오키나와가 차지하는 지위에 대한 자각이 있었기에 가능한 일이다. 오키나와의 투쟁이 치열할 수록 베트남은 평화롭고, 오키나와가 평화로울수록 베트남의 전쟁은 치열해진다.

돌이켜보면, 1차대전 시기 식민지 문제와 반전 문제를 외면했던 독일 사민당에 대해 '배신'이란 비판이 행해진 것은 베트남전 당시 일본·오키나와·한국에 대해서도 예외가 될 수 없다. 미군기지를 수용한 나라는 미군이 일으키는 불의의 전쟁에서 공모자가 될 수밖에 없기에 더 치열한 투쟁이 필요한 것이다.

1972년 오키나와 본토반환 이전 시기에 오키나와의 주민운동은 노동계급과 좌파정치집단이 주도하는 반미투쟁이 주를 이루었으며, 그것은 민중적·전도적(全島的) 양상을 보여주었다. 그러나 본토 반환 이후 오키나와의 경제가 꾸준히 발전하여 후기산업사회적 단계에 진입한 반면, 오키나와 본토 복귀운동이 오키나와의 자주성 확보라는 궁극적인 목표를 달성하지 못하자 전략의 한계로 인한 내부적 분열이 드러났다. 그러자 오키나와의 전통적인 민중운동은 점차 동력이 약화하며, 일종의 방향전환을 모색하게 되었다.

1972년 이후 지역주민이 주체가 되는 환경운동이나 여성운동이 새롭게 선을 보였다. 그것은 과거와 달리 다양한 시민계급 구성원의 자발적 참여를 본질로 하였다. 또한, 정치 이데올로기나 물질적 보상이 아닌 삶의 방식과 정체성의 문제를 제기함으로써 과거와 차이를 보였다.30) 탄지는 신사회운동으로 변모해 나가는 오키나와 투쟁의 미래에 대해 그것이 느슨하지만 여전히 강력한 힘을 발휘하는 투쟁공동체가 될 것이라 예상한다.31)

그러나 나는 다시 반대와 모순의 두 가지 대립관계설정에 대해 생각해보게 된다. 그것은 분명 관념적인 구분이다. 그러나 대립선을 어떻게 설정하고 발전시켜나갈 것인가를 고민할 때 이 같은 분석은 유리한 점을 제공한다. 반대도 모순으로 전화할 수 있고, 모순도 반대로 전화할 수 있다. 결단하는 주체와 상황의 역동적 발전이 현실의 대립선을 형성한다. 그런 점에서 투쟁은 발생하는 것이 아니라 자라나는 것이다.

세계민중운동의 문제, 현장 투사 있는데 후방 지도자 없다

제3 파도의 시기였던 1998년, 나고 시 출신인 도쿠다 큐이치 일본공산당 당수의 추모비가 건립되었다. 제국 시기 도쿠다 큐이치가 이끄는 공산당만이 유일하게 천황제 반대를 외쳤다. 그것은 일본에서 공산당의 기반을 협소화시키는 어려운 결정이었음이 분명했다. 그러나 일본의 식민지였던 조선의 독립운동가들과 오키나와인들의 입장에서 보면, 일본에서 진정한 벗은 그들뿐이었다. 도쿠다의 수많은 잔영에도 불구하고 그가 남긴 교훈은 바로 이것이다. 세계체계 차원의 모순에 대한 통찰을 끝까지 밀어붙인 점에 대해 식민지 민중은 이념의 찬부를 떠나 감사를 표했다. 그의 노선이 일본인의 지지까지 끌어낼 수 있는 과학성이 부족했다고 비판받을지 모르나, 그 일관된 지향만은 분명 주목할 가치가 있다.

헤노코. 이토록 완강한 투쟁도 현대 역사에서 보기 드문 일이다. 그러나 전선에 모든 역량이 집중되어 있고, 후방의 지도부가 없다. 싸움의 한고비를 넘고 나면 기진맥진하고 만다. 전 세계 민중사에서 스탈린의 가장 큰 실책이라면 1943년 코민테른을 해체한 것이 아닐까? 코민테른의 수 많은 문제점에도 불구하고 어떤 식으로든 초국가적 지도부가 존재했던 것은 이때가 유일하다.

힘의 균형에 따른 국가 간 연대는 삼별초 시대에도 이루어졌다. 그러나 몽골제국에 버금가는 세계체계 패권을 형성하지 못하였고, 남송·일본·삼별초의 연대도 무산되었다. 수많은 세기가 흘러 세계체계를 통찰하고 목적 의식적으로 안내할 수 있는 지도력이 드디어 출현했고, 그것은 코민테른[제3인터내셔널이라고도 불림, 1919~1943]으로 나타났다. 2차 대전후 스탈린은 뒤늦게 코민포름(1947~1956)을 만들었지만, 그것은 이미 예전의 코민테른이 될 수는 없었다. 비동맹운동이 그 자리를 차지했다. 그렇지만 이 역시도 초국가적 기구라고까지 칭해졌던 코민테른의 역할을 대신하진 못했다.

미국패권만이 존재하는 단극시대에 각 지역의 운동은 미국의 세계적 포위망 아래에서 힘겹게 싸운다. 제주 4·3처럼 무장항쟁을 하면 초토화 작전으로 고립·배제하고, 헤노코처럼 비무장 항쟁을 하면 자유화 작전으로 회유·포섭시킨다. 미국의 신자유주의적 기획에 맞서 싸우기도 하지만 적응하기도 해야 하는 현실을 외면하지 못해 운동도 NGO화 한다. NGO(비정부기구)란 개념은 기본적으로 신자유주의적 발명품이다. 신자유주의는 주권의 분산과 미국패권으로의 집중을 요청한다.

세계 민중운동의 구조적인 문제는 현장의 투사는 있는데, 후방의 지휘부가 없다는 것이다. 현장의 싸움을 세계차원에서 도와주고 보충하며 지속시킬 수 있는 토대, 병참의 토대가 부재하다. 그에 결부하여 전략 없는 전술만으로 운동을 이어가는 현실이 문제적 상황이다. 헤노코는 세계적 모순을 봉합하고 있는 분화구이다. 수많은 반대 대립선이 등장했고,

그중 어느 것 하나 무의미한 전선은 없었다. 그것은 축적되어 있으며, 대체로 본질적 모순을 지향하고 있다. 그러나 좀 더 치열하게 '세계적 모순 대립선이 무엇일까?' 고민하는 탐색 역시 게을리할 수 없는 일이다.

둘 | # 강정

구럼비의 본질, 미국 MD 체계 실현할 해군기지 건설

제주에선 흔한 바위라고 생각하며 찍었던, 이제는 폭파된 구럼비 사진. 시간이 갈수록 사무치는 그리움의
대상이 될 줄 몰랐다.

2006년 12월 5일 희망포럼사무실. 화순항 해군기지계획이 유보되자 다시 화순과 위미를 대상으로 추진하던, 그러니까 아직 강정마을이 문제가 되기 전이었다. 당시 강승식 제주 해군기지 기획단장과 평화단체관계자 등이 참여한 토론회에서 나는 제주 해군기지의 문제점에 대해 발표할 기회가 있었다. 해군기지에 대해 주로 지역경제나 환경 문제 등으로 반론을 전개할 때였다. 나는 군사기지의 문제는 무엇보다도 군사 문제에 있음을 지적해야 한다고 생각했다. 그래서 기지에 기항할 예정으로 알려진 이지스함의 무기체계의 문제점을 조명했다.

　이지스함을 취재할 때 촬영한 어뢰발사관 아래 부착된 경고표식을 우선 보여줬다. 어뢰 발사에 사용되는 액체추진체인 장미유연료2(Otto Fuel Ⅱ)를 흡입하거나 피부를 통해 흡수하면 유해하고 치명적임을 지적했다. 또한, 팔랑크스라는 근접방어 무기체계에서 자동발사되는 탄환이 열화우라늄탄이고, 열화우라늄탄이 실제 원폭 피해와 똑같은 방사능 피폭을 일으키는 것에 대해 이탈리아 과학자의 임상결과를 가지고 설명했다. 그리고 1998년 하와이에 정박했던 함정에서 오작동으로 하와이 시내에 열화우라늄탄 3발이 발사된 사실을 확인하며, 우발적 사고가 방사능 피폭이라는 재앙적 결과를 초래할 수 있음을 지적했다. 해군기지에 기항할 핵잠수함 4척 중 1척에 토마호크 핵미사일이 탑재되어 있다는 사실도 발표하였다. 다음 날 한 신문이 이 토론회에서 군사기밀이 줄줄 샜다고 보도했고, 곧이어 공안 몰이에 들어갔다. 그리고 2007년 1월 경찰청이 나를 내사하고 있다는 사실이 언론에 보도되었고, 나는 몇 달 후 국가보안법으로 구속되었다.

양윤모 감독이 중덕사라 부른 천막. 지금 이 자리는 해군기지의 어느 건물이 들어섰을 것이다.(위)

외면당한 현장의 공간을 놀라운 예술적 영감으로 가득 채우는 힘을 가진 최병수 작가가 해군기지가 들어서기 전 구럼비 입구에 설치해 놓았던 솟대 작품들이다.(아래)

제주 해군기지 토론회 발표 이후 구속

1심에서 무죄판결을 받은 뒤 강정에 찾아갔을 때, 양윤모 감독이 찬바람 매서운 구럼비 바위에 비닐 천막을 쳐 놓고 버티고 있었다. 양 감독께 "이렇게 추운 데서 어떻게 겨울을 나셨냐?"고 물어보자 해맑은 미소를 지으며, 의외로 천막이 따뜻하다고 나를 안심시켰다. 최병수 작가가 설치해놓은 이지스함, 연산호, 구름솟대 등은 그때까지도 건재했다. 최 작가의 작품들은 군사기지의 반대 대립물이었고, 그 하나하나가 이 운동의 대립선을 표현해주고 있었다.

큰 싸움을 치르고 난 뒤라 마을도 구럼비도 적막했다. 찾아온 손님과 바위에 기대어 이야기를 나누던 양 감독의 얇은 목도리가 바람에 휘날렸다. 그리고 어깨 위에 다시 내려앉았다. 나는 멀리서 그 목도리를 보고 있었다. 그 쓸쓸함 때문이었을까? 목도리와 구럼비는 하나가 된 듯했다. 양윤모 감독의 외롭고 처절한 농성으로 전선은 마을에서 구럼비로 이동되었다. 구럼비의 중덕사 천막에서 전선이 다시 자라난 것이다. 그때 만나본 구럼비가 마지막 모습이 될 줄이야. 구럼비는 제주에 흔한 바위라고 생각했다. 그러나 공사가 강행되고 그에 따른 저항도 거세지자, 해군은 구럼비 출입을 통제하며 비무장지대에나 있는 철조망을 둘러쳤다. 금기가 강할수록 욕구도 비례해서 강해진다. 철조망이 두터워지고, 경찰이 만든 인의 장벽까지 2중, 3중이 될수록 구럼비에 대한 연민은 더욱 간절해졌다.

헤노코가 듀공[오키나와 해역에 사는 듀공은 2.5m길이의 포유류로 멸종위기에 처한 일본의 천연기념물]을 상징으로 만들었다면, 강정은 무생물인 구럼비를 상징으로 만들었다. 군사기지에 대한 대립이 구럼비 바위로 집중되었다. 구럼비와 해군기지는 같은 시공간에 도저히 공존할 수 없다. 구럼비는 결국 파괴되었고, 지구 상에서 사라졌다. 그럼에도 불구하고 해군기지 반대운동이 소멸하진 않았다. 구럼비에 대한 대립은 해군기지가 아니라 유원지나 리조트개발이었어도 성립되었을 것이다.

반대로 헤노코처럼 해상기지를 만든다면, 구럼비는 해군기지와 어떤 대립관계도 형성되지 않았을 것이다. 그러나 구럼비가 있는 바로 그곳에 해군기지를 추진한다는 시공간의 제약이 구럼비를 해군기지의 대립물로 만든 것이다. 대립물은 원래부터 존재하는 것이 아니라 구체적인 과정에서 자라나는 것이다. 해군은 대립하지 않아도 될 문제로 대립했다.

그러나 해군기지가 내재적으로 추구하는 목표는 구럼비 파괴나 연산호 멸종이 아니었다. 목표는 한국정부의 안보전략 나아가 미국패권전략 관철을 위한 동맹체계의 하위요소 건설이었다. 따라서 미국패권전략과 한국정부의 아시아지역에 대한 전략이해를 일치시키는 과정에서 발생하는 대립물을 찾아내는 것이 중요하다.

1단계, 미국이 중국의 부상을 제압함으로써 패권체계를 유지하는 것이 사활적 목적이라고 가정하자.

2단계, 그리고 그 전략적 수단이 유엔을 대체할 정도의 새로운 집단안보체로서 MD(미사일 방어) 체계를 미는 것이라고 가정하자.

3단계, 그리고 그 MD 체계를 실현할 물질적 수단으로 이지스함과 항모 등 함정이 기항할 기지가 필요하다고 하자. 그래서 해군기지를 만드는 것이라고 하자.

4단계, 그 과정에서 수많은 갈등이 발생한다는 것을 많은 기지건설경험을 통해서 인지하고 있고, 그래서 그에 대응하는 교범을 가지고 있다고 치자.

구럼비는 4단계에서 발생한 대립물이다. 그들은 구럼비를 파괴하면서까지 대립을 격화시켜 기지를 만들고 있지만, 구럼비를 파괴하지 않고도 해군기지는 만들 수 있다. 3단계 해군기지를 막는다고 치자. 2단계의 구상이 살아있는 한 어느 곳이 되었든 해군기지 건설은 다시 추진될 것이다. 1단계의 구상을 좌절시키지 않는 한 2단계, 3단계, 4단계의 대립은 계속 창조되고 재생산된다. 지구적 차원으로 밀어붙이는 힘을 마을 차원에서 막아낼 수는 없다. 설령 막아낸다 해도 대립물을 우리 마을에서 다른 마을로 이동시킬 뿐이다.

미국의 패권체계 → MD 체계 → 미군기지 → 구럼비

마을의 승리 후 섬으로, 섬의 승리 후 전국으로, 전국의 승리 후 세계로 나간다는 것은 관념에서나 가능하다. 대립은 차례로 발전하는 게 아니라 모든 단계에서 동시다발적으로 형성된다. 또 본질적인 대립이 있고, 비본질적인 대립도 있다. 문제는 반대되는 것을 모순되는 것으로 향하도록, 공존 가능한 대립을 공존 불가능한 대립으로 몰고 가는 기획력이 필요하다. 우리는 대략 세계체계의 문제에 대해 면밀하게는 아니더라도 직관적으로 인식할 수 있는 세계에 살고 있다. 나의 문제를 해결하기 위해 스스로 나설 수 있는 민주의식도 가지고 있다. 따라서 나의 문제를 세계체계의 문제와 연관지어 사고하고 조직할 수 있다면, 각 단계 혹은 각 지점마다 대립이 전체적인 모순을 드러내게 할 수 있을 것이다.

교조적으로 해석하면 곤란하겠지만, 지금 우리에게 필요한 것은 독일혁명가 로자 룩셈부르크의 격언이 아닐까 싶다.

> 최종목표를 포기하는 순간 이와 함께 운동 그 자체도 소멸한다.[32]

'해군기지'에 대한 모순 대립물은 '해군기지 아닌 것'이다. 구럼비는 반대 대립물은 될 수 있어도 모순 대립물이 될 수는 없었다. 최근 다시 강정에 가보았다. 철조망은 녹슬고 끊어져 이젠 얼마든지 기지 안으로 들어갈 수가 있었다. 그러나 오두희 선생은 이젠 들어갈 필요를 못 느껴 들어가지 않는다고 하였다. 금기가 약해지자 연민도 약해졌다. 그리고 무엇보다 기지공사가 빠르게 진척되고 있는 가운데 구럼비와 같은 반대 대립물이 등장하거나 더 심화된 모순 대립물로 발전하지 않고 있었다.

제주해군기지 건설 목적으로 해군이 제시한 가장 강력한 근거는 이어도였다. 한나라당과 보수 측에선 갑자기 이어도 영토론을 들고 나와서 해군기지 반대는 영토 포기라는 논리로 공세를 폈다. 가당치 않은 이야기임에도 여론은 영토 문제로 출렁였다. 청와대조차 이어도 문제는 영토 문제가 아니라고 확인했는데도 쉬 잦아들지 않는다.

이어도 문제는 배타적 경제수역 문제이다. 중국 외교부 대변인은 "이어도와 그 부근은 중국과 한국의 배타적 경제수역(EEZ) 중첩지역"이라고 못 박았다. 유엔해양법협약에 의하면 맞는 말이다. 한국 역시 이를 부인하지 않는다. 배타적 경제수역 제도는 미국·일본 등 해양선진국에 맞서 제3세계 연안개발도상국가들이 쟁취한 성과였다. 이로써 연안국인 제3

세계국가들은 자국의 해양관할권을 확대할 수 있게 되었다. '해양관할권의 확대'가 이 시대의 한 특징이 된 것이다. 제국주의자들에게만 자유로운 독무대를 만들어준 자유해의 시대는 종결되었고, 자국의 바다는 자국이 직접 관리할 수 있게 구획이 그어졌다. 처음엔 반대하던 해양선진국들도 배타적 경제수역 제도가 발효하기 시작하자 재빨리 변화의 흐름을 쫓아갔다. 연안 주권을 강조한 대표적인 국가가 중국이고, 공해의 자유를 강조한 나라가 미국과 일본이었다. 배타적 경제수역 제도는 1990년대 소련의 붕괴에도 불구하고 미국의 일방적인 패권이 작동하진 못했다는 증거중의 하나이다. 한·중·일의 해양 관련 갈등은 유엔해양법협약이 적용되는 과정에서 일시적으로 발생할 수 있는 체제조정기의 문제로 봄이 타당하다.[33]

배타적 경제수역은 영해와 달리 연안국 영역의 일부가 아니다. 배타적 경제수역에 대해 해당 연안국은 주권적 권리(sovereign right)와 관할권을 가진다. 여기서 유의할 점은 주권적 권리가 주권은 아니라는 것이다. 주권적 권리는 대륙붕협약 제2조에서 언급되었는데, 이는 포괄적이고 배타적인 영토주권과 달리 특정해역에서 일정한 목적을 위해서만 행사할 수 있는 제한적 권리를 의미한다.[34] 연안국은 EEZ내에서 타국의 권리와 의무를 적절히 고려해야 하며, 타국은 항행·비행 등 일정한 공해의 자유를 계속 행사할 수 있기 때문에 연안국의 배타성은 제한적일 수밖에 없다. 관할권은 주권적 권리보다 더 약한 의미가 있다. 집행관할권, 사법관할권이 제한되며, 경우에 따라서는 선박의 소속국 내지 기항국의 관할권과 경합하기도 한다. 한중 어업협정에 의하면, 중국어선이 불법조업을 했을 때 한국 해경이 중국정부에 불법 사실을 통보하고, 중국은 자국법에 따라 조치하며 조치결과를 한국에 통보해주는 것으로 끝난다.

결국, 주권적 권리나 관할권 등 EEZ의 법적 성격은 국가 간 협약과 실천이 누적됨으로써 보완할 수밖에 없다.35) 따라서 EEZ 문제가 국가 간 담판의 문제라는 것은 정확한 표현이다. 중국의 이어도 관할권 주장은 한국법에 따르면 틀린 말이지만 중국법에 따르면 맞는 말이다. 문제는 한국과 중국을 초월해서 이 문제를 해결할 초국가적 기준이 없다는 것이다. 유일한 해결책은 한중 간의 합의뿐이다. 국제법이란 본질상 초국가(transnational) 법이 아닌 국가 간(international)의 법인 것이다. 제주 해군기지가 군사적 압박이 될 수 있고, 대통령까지 나서서 외교 쟁점화하였으니 외교적 압박도 가해진 셈이다.

그러나 이런 압박전술이 중국을 강제할 수 있을지는 의문이다. 중국입장에선 EEZ 경계획정협상을 거절하거나 시간을 끌다가 무산시키면 되기 때문이다. 이 문제를 진정으로 해결하기 위해 필요한 것은 압박이 아닌 신뢰이다. 그리고 신뢰를 기반으로 한 헤게모니이다. 이와 관련 송강호 박사는 '섬들의 연대'를 주장했다. 국가의 틀이 아닌 '평화의 섬'들 간의 연대이다. 아라사키 모리테루 교수는 주권이 아닌 '생활권'이란 개념을 근본적으로 재구성할 필요를 주장한다. 센카쿠 열도를 처음 발견한 것이 오키나와인들이고, 그곳은 중국인들도 와서 조업하는 공동어업의 현장이었다는 역사적 사실에서 출발한다.

리차드 하스 같은 미국 관료는 '주권'을 해체하는 논리를 끝없이 시도하며, 신자유주의 논리를 확대해 온 바 있다. 그가 주장한 주권의 해체가 목표하는 바는 미국패권의 확대를 지향한 것이었다. 그러한 주권논리를 거부하며 민간 중심, 민중 중심의 초국가조직을 지향하는 논리가 탐구되어야 한다.

이어도 문제가 한국 차원의 관심 사안이라면, 미사일방어체계 문제는 국제 사안이다. 장하나 의원이 폭로한 자료에 의하면, 해군은 제주 해군기지건설계획에 따라 15만 톤 급 여객선과 CVN-65 급 항공모함의 운항관점에서 조사와 실험을 했다. 그 결과 항공모함 특성상 비행갑판이 매우 크게 돌출되어 있어서 안전하게 접안·이안하기 위해서는 매우 구체적인 계류 바지(barge) 설계를 하도록 명시하고 있다.36) 또한, 항공모함을 기준으로 했을 때 선회장은 520m인데, 현재 건설되고 있는 제주 해군기지의 선회장 직경과 일치한다. 이는 해군기지가 미 항모의 상시적 입출항을 전제했다고 판단할 수밖에 없다.37) 항공모함은 반드시 전단을 이루어 기동하므로 구축함, 순양함, 잠수함 등 모든 함정이 기항하는 것을 전제해야 할 것이다.

이와 관련 나는 정욱식 대표(평화네트워크)가 일관되게 주장하던 미사일 방어체계(MD)문제를 다시 보게 되었다. 그는 강정 해군기지가 미국의 미사일방어체계에 들어갈 것이기에 미중 대결의 화약고에 제주를 들이미는 것이라며 반대했다. 2011년 말 오바마 정부는 선회축(pivot)이라고 부르다가 "재균형(rebalance)"이라고 알려진 외교국방정책의 새로운 주요 특징을 발표했다. 미국이 천명한 재균형화 전략의 주요한 목표 중 한 가지는 아시아 지역의 동맹국들에 대한 "심화된 개입(deepened engagement)"이다.38) '심화된 개입'의 정점에 BMD(탄도미사일방어) 체계가 있다. 심화된 개입을 요구하는 미국의 입장변화에 중국과 러시아가 가만있을 리 만무하다.

이같이 훤히 예상되는 상황을 면피하기 위해 미국은 러시아와 중국은 대상이 아니며, 오로지 북한만이 MD 체계가 목표하는 대상국이라고 주장하고 있다. 강대국이 아닌 약소국만을 적으로 설정하는 미국의 전략은 '집단안보'의 정석에 가까운 적용이다. '재균형'이란 단어 때문에 이 전략을 '세력균형' 공식으로 접근해서는 안 되는 이유이다. 집단안보는 압도적 다수의 힘으로 극소수의 고립된 적을 응징하는 것이다.[39] 냉전 시기처럼 유엔의 힘이 양극으로 갈라지면, 집단안보에 필요한 압도적 힘의 행사가 불가능해진다.

미국의 MD는 전략에선 훌륭하나 현실의 집행에선 실패하고 있다. 적이 북한이라는 소국으로만 한정되어야 하는 데 중국과 러시아 모두가 적대적으로 변해 가면서 집단안보에 필요한 압도적 힘을 구성하지 못하고 있기 때문이다. MD 체계는 단순히 군사기술체계만을 목표하는 것이 아니다. 미군은 2012년 글로벌 MD 연습인 '님블 타이탄12'가 이룩한 성과를 정리하며 '국방장관만이 아니라 외무장관이 지역개입에 관여해보는 현장'이었다는 것을 강조했다. MD 작전의 특성상 군사와 정치외교가 동시에 작동된다는 것이 연습을 통해 입증된 것이다. 미군의 전통적인 구분인 정책-전략-작전-전술의 영역이 MD에서는 무너져버려 정책-전략-작전-전술의 일체화를 요구받게 되는 것이다.

MD 체제가 갖는 이러한 성격은 극단적인 시간의 제약이란 조건에 기인한다. 2012년 5월 2일 '님블 타이탄12'에 NATO 대표 중 한 명으로 참석한 독일의 볼커 사만스 대령(Col. Volker Samanns)은 다음과 같이 말한다.

우리는 40분이나 35분, 20분 간만 무엇인가를 할 수 있다. 협상 테이블도 없고,

번호사도 없고, 유엔도 없는 상태에서 물리학적 변화가 발생한다. 그래서 우리는 물리적 시간 제약하에서 행동하지 않을 수 없다. 그것이 바로 BMD의 본질이다.[40]

그렇다. 미국패권 자신의 발명품인 유엔체계로도 하지 못하는 것을 MD 체계로 하고자 하는 것이다. 2014년 개최될 님블 타이탄[41]연습에서 주목해 봐야 할 것은 외무장관이나 외무부의 참여 정도이다. 여기서 한 걸음 더 나아가 국가권력의 다른 요소까지 통합하는 연습을 요구하고 있다. MD 체계의 추진력이 얼마나 클지 모르나 그 방향이 군사·정치의 일체화를 통해 유엔을 대체할 새로운 집단안보체를 향하고 있다는 점을 주시해 볼 필요가 있다. 이는 제주 해군기지나 오키나와 모두를 뒤덮는 모순물이다.

오키나와와 제주의 문제가 이미 세계체계 속에서 예리하게 부상되어 온 문제임은 주지의 사실이다. 이 문제를 당장 우리가 해결할 능력이 있는가 여부에 대한 판단을 보류하고, 이 문제의 끝이 어디인가를 질문해야 한다. 그리고 수많은 반대 대립물을 모순 대립물로 전화시켜나가기 위한 계획을 세워야 한다. 제주 해군기지는 거의 최초로 북한의 도발위협을 전제하지 않은, 아시아 차원의 문제를 전제로 추진한 계획이다. 따라서 그 해결도 같은 차원에서 진행될 것이다.

초국가적 힘에 대항할 민중운동조직 필요

가테나 기지 여행에서 살펴볼 칼러슬(Hawk Carlisle) 태평양공군사령관의 언급을 미리 주목해보자. 그는 '초국가적인(transnational) 조정과 협력의 중요성'을 역설했다.42) 이는 미국패권의 최신판이 될 가능성이 있다. 또한, 20세기 초 붕괴해가는 영국의 패권 몰락을 자초한 에어 크로우 메모43)처럼 미국의 노골적인 패권의 추구 자체가 그들의 마지막을 가속화하는 역할을 할 수도 있다. 어쨌든 강정을 관통하는 모순은 세계차원의 초국가 기구를 지향하고 있는데, 우리의 대응은 이에 못 미치고 있다. 제주·오키나와를 비롯한 전세계 민중운동은 각각의 현장에서 처절하게 싸우고 있지만 초국가적 힘에 대항할 조직을 갖고 있지 못하다. 따라서 삶의 현장에서 벌어지는 싸움이 초국가조직을 건설하기 위한 기회로 작동하도록 끝없이 고민할 필요가 있다.

나는 2012년 4월 7일 제주·오키나와 평화연대를 위한 제주 해군기지건설 반대 성명서를 썼다. 다카하시 선생과 도미야마 선생 등 오키나와 운동가들과 함께 강정 문제를 제주·오키나와 차원의 연합으로 발전시키기 위한 선언을 할 예정이었다. 그러나 이들은 인천공항에 도착하는 순간 입국이 거부되어 일본으로 강제송환 되었다. 오키나와 방송과 신문은 이 사건을 대대적으로 비난하는 기사를 쏟아냈다. 주권이 민중의 연대를 막기 위한 폭력으로 작동한다면, 그 민중은 주권의 틀을 넘어서는 방법을 구상하는 것이 자연스러운 경로일 것이다. 다음은 2012년에 쓴 성명서 내용이다. 이것으로 지금 나의 생각을 대신한다.

미군에게 오키나와 제주는 하나의 전쟁터

제주 해군기지가 건설되고 있는 강정마을 현장은 매일 매일 계엄령하에서나 있을 법한 긴장과 충돌을 지속하고 있다. 초보적인 인권과 상식마저 이곳에선 찾아보기 힘들다. 사람들이 60여 년 전 제주 4·3의 상황을 떠올리게 된 것은 우연이 아니다.

오키나와의 미군정 기간 동안 수탈과 착취가 있었다. 한국의 미군정 기간 동안 제주 학살이 있었다. 아프가니스탄의 미군정 기간 동안 토라보라에서 헬만드까지 곳곳에서 학살이 있었다. 이라크의 미군정 기간 동안 팔루자에서 학살이 있었다. 미군의 군정에 대한 야전교범은 오키나와 점령기에 완성되었으며, 남한에서 재실행되었고 지금까지 유지되고 있다. 미군정이 실시된 어디서나 군정의 마지막 단계인 친미정부수립을 위한 총선거 전에 대량학살이 법칙처럼 재연되는 것은 미군 군정교범에 따른 필연적인 결과이다. 오키나와와 제주의 역사적 상처는 동일한 가해자에게서 온 것이다. 또한 아프가니스탄과 이라크의 상처 역시 동일한 가해자에 의한 것이다.

1990년 걸프전쟁에서 열화우라늄탄이 사용되었다. 1995년 오키나와의 열화우라늄탄 오발사고가 있었다. 1997년의 연천의 열화우라늄탄 오폭 사고가 있었다. 1998년 하와이의 미군함에서 열화우라늄탄 오발사고가 있었다. 그리고 수원·청주·오산기지와 오키나와의 가테나 기지 탄약고에 300만 발의 열화우라늄탄이 저장되어 있음이 드러났다. 이는 이라크에서 사용된 열화우라늄탄 양의 3배가 넘는다.

핵 토마호크 미사일을 탑재한 핵잠수함이 하와이와 오키나와의 화이트비치를 거쳐 한국의 진해에 기항한다. 이제 이들 미군 함정들이 제주 해군기지에도 기항할 것은 자명하다. 미군이 주둔하는 기지마다 예외없이 성폭행 사건이 빈발하고 있다. 미군이 주둔하는 기지마다 소음과 기름 오염과 환경파괴가 빈발하고 있다. 오키나와와 제주에서 진행되고 있는 현재의 상처 또한 동일한 가해자가 존재한다.

한·일·오키나와·제주를 연결하는 가장 결정적인 고리는 유엔군사령부이다. 1951년 9월 8일 일미 방위조약과 함께 체결된 요시다—애치슨 교환공문에 의하면 "일본정부는 한국에서의 유엔군 활동을 지원하기 위해 모든 시설과 역무를 제공한다"라고 되어있다. 이에 의해 요코스카 미 해군기지, 요코타 미 공군기지, 캠프 자마, 캠프 사세보 미 해군기지, 오키나와의 캠프 가테나 미 공군기지, 캠프 후텐마 미 해병대기지, 캠프 화이트비치가 유엔사 후방기지로 지정되었다. 유엔사령관의 작전통제 반경은 비무장지대에서부터 오키나와까지로 확대되었다. 한·미·일 군사동맹은 추상적 개념이 아니라 동일한 사령관에 의해 지휘통제 되는 군사기구인 것이다.

한국과 일본 그리고 오키나와 제주 사이에 존재하는 국경이 미군에겐 무의미하며, 그저 하나의 전장일 뿐이다. 오키나와 제주가 같은 역사, 같은 상처, 같은 목표를 공유할 수밖에 없는 이유가 여기에 있다. 한·일·오키나와·제주의 운동이 연대를 넘어, 연합으로 발전되어야 할 이유가 여기에 있다.

Ⅱ 세계체계와 제주, 오키나와

셋 | 삼별초의 항파두성

해방이 있어야 평화도 가능

강화도 삼별초유허비. 누군가의 불꽃이 바닷바람에 거세게 요동친다. 비석의 명예보다 중요한 것은 불꽃의
흔들림인지도 모를 일이다. 항전이 수단이라면 평화는 목적이다.

700여 년 전 삼별초는 강화를 떠나 진도와 제주, 그리고 오키나와에까지 다다른 것으로 보인다. 나 역시 집이 있는 강화에서 출발하여 제주와 오키나와를 가게 되었다. 갑자기 이 묘한 인연의 중첩이 내게 뭉클하게 다가왔다. 고려 관군에 의해 1차 패배한 애월읍 하귀리의 파군봉에서 고성리의 항파두성까지, 나는 가급적 일직선 길을 염두에 두며 도로 대신 논밭 사잇길을 걸어 시간을 재보았다. 불과 30여 분 거리였다. 1273년 4월, 지금처럼 왕벚나무꽃이 흐드러지게 피어 꽃 비가 날리는 가운데 아마도 여몽연합군의 공격이 시작되었을 것이다. 흔히 벚꽃은 일본 사무라이의 정서를 상징하나 벚꽃 원산지인 제주의 거친 해풍에 흩뿌려지는 이 꽃비는 혁명정권의 비장한 최후처럼 처연하다.

강화, 제주, 오키나와와의 인연과 삼별초

삼별초는 최씨 무신정권의 사병에 불과했으나, 원종이 강화도에서 개경으로 환도를 결정하는 1270년 상황에서는 전혀 다른 성격의 권력으로 재편된다. 일반적으로 서양에서의 권력은 힘과 정당성이 충족되면 된다. 그러나 동양에서의 권력은 이에 더해 정통성을 충족시켜야 한다. 실록으로 대표되는 정사란 바로 정통성 확보를 위한 기록투쟁이다.

삼별초 정권은 그 성립에서부터 정통성 문제를 뚜렷이 부각시켰다. 승화후(承化候) 온(溫)을 국왕으로 옹립하고 관부를 설치함으로써 정통정부의 수립을 선포하고 나섰다.44) 또한, 삼별초 정권은 온을 황제라 칭하였다.45) 그리고 오랑(五浪)이란 독자적인 연호도 사용한 것으로 보인다.46)

고려의 왕족을 옹립한 것은 혁명정부의 수립이 아닌 고려 정통정부의 계승이라는 의도를 분명히 한 것이라 하겠다. 또한, 탐라 천도전략이 10년 전부터 추진되었음에도 불구하고 육지와 가깝고 삼남지방 조운로의 목젖과 같은 진도로 천도지가 변경된 것도 정통정부로서의 지위확보를 위한 고민이 작용한 결과로 봐야 할 것이다. 이 같은 삼별초의 정통정부구상은 고려왕실을 단지 배후로 삼았던 무인정권과 명백히 차이가 나는 점이다.

궁예의 태봉국은 권력구성 비율에서 민중세력이 절반 이상을 차지하여 명실상부한 민중정권이었고 혁명정권이었다.[47] 삼별초 정권은 그 권력의 구성 비율을 정확히 확인키는 어려우나 노비를 비롯한 많은 민중과 지역 소외세력들이 삼별초 정권에 호응해오고, 또한 삼별초 정부에 기대어 봉기한 것은 분명하다.[48] 개경의 관노반란, 대부도와 밀양의 반란이 잇따랐다. 따라서 삼별초 정권을 민중정권이라고 규정하기엔 충분치 않다 하더라도 민중의 권력진출에 긍정적인 역할을 수행했음은 분명하다. 그런 의미에서 삼별초 정권은 그람시가 말한 '진보적 카이사르'에 해당된다 하겠다.[49]

삼별초 정부는 전주와 나주의 호응세력을 기반으로 적극적 공략에 들어간 것으로 보이나 이들 세력이 더욱 조직화되기 전 김방경을 필두로 한 정부군에 의해 제압당한다. 이후 삼별초의 세력권은 남해 연안으로 제한된다. 이로써 삼별초의 작전은 결정적인 차질을 빚게 된 것으로 보인다.[50] 삼별초에 의해 완성된 환해장성은 흔히 알려졌듯이 제주에만 있는 것이 아니다.[51]

남해안에도 거대한 장성이 구축되었는데, 이 장성은 진도에서 시작되어 전라도 남부 연해 지역인 강진, 장흥, 고흥을 횡단하여 경상도에까지 걸쳐있다. 가령 강진군 대구면 구수리, 계율리로부터 장흥군 대덕읍 연정리, 신월리에 이르는 약 8km의 장성은 해안이 아닌 내륙 쪽을 향하여 축성되어 있어 관군과 대항하기 위한 성임이 드러난다.[52] 진도 정부 붕괴 후 삼별초는 김통정을 지휘자로 하여 탐라로 천도한다.

탐라는 이미 김준 정권 때부터 입보 혹은 천도를 검토하고 있었기에 탐라로의 입보가 정세에 밀린 불가피한 선택이라고만 보긴 어렵다. 당시 탐라는 고려와는 직제와 관서를 달리하며 탐라의 우두머리인 성주(星主)와 왕자를 중심으로 얼마간은 독자적인 지배체제하에 있었다.

조천해안가를 따라 복원, 조성되어 있는 삼별초의 환해장성 유적.

탐라 성주청 터. 관덕정 앞 제주우체국 자리.

원제국 총관부 관청 터. 제주북초등학교 뒤편 우체국 물류센터 자리.

탐라가 고려의 지배에 들어간 것은 숙종 10년(1105)에 탐라군이 설치되면서부터다. 하지만 여전히 성주와 왕자의 작위는 세습제였고, 조선 초까지 그 역사적 권위와 정치적 세력은 유지되었다.[53] 삼별초에겐 진도가 정통성의 계승을 상징하는 반면, 탐라는 신정부의 개창을 상징하기에 적당한 섬이었다고 볼 수 있다. 1271년 5월 진도 함락 후, 김통정을 중심으로 제주도로 옮긴 삼별초 정권은 곧 전열을 정비하고, 지금의 부평까지 오르내리며 고려정부를 압박했다.

남송 – 삼별초 – 일본의 항몽연대는 실현되지 못해

1271년 5월, 진도 함락 이전 삼별초 정권은 외교문서인 첩장(牒狀)을 일본에 보내 원군과 자금지원을 요청했다. 삼별초 사신은 고려의 정통정부를 자인하며 강화도로부터 진도로 '천도'했다고 말하고, 표류민 보호와 송환, 사신 교환 등 호혜 관계를 맺자고 제안했다. 대몽항쟁에의 공동전선구축을 시도한 것이다. 탐라 입도 후인 9월경 삼별초의 외교 활동은 일본에 대한 원조요청에 머무르지 않고, 직접 사람을 파견하여 당시 일본에 파견된 원나라 사신 조양필(趙良弼)의 활동을 견제, 배척할 정도로 적극적이었다.54) 『원조명신사략』(元朝名臣事略)에 수록된 조양필의 묘비에는 후쿠오카 다이자후(大宰府)에서의 활동에 대해 다음과 같이 기록하고 있다.

宋人(송인)과 高麗(고려) 耽羅(탐라) 모두 그 일을 막고 어지럽힌다.

이는 후쿠오카에서 송나라와 삼별초의 방해 공작이 행해졌음을 보여준다. 이미 삼별초 정권과 남송 정권과 일본 간의 대몽 연대가 시도되고 있었다. 남송 정권의 사절대표는 승려 경림이었다. 1271년 9월 3일 교토의 조정에서는 삼별초의 첩장에 대한 대응이 논의되었고55), 조양필의 다이자후 도착은 보름이나 지난 9월 19일이었다. 따라서 삼별초 정권과 남송의 사절단은 후쿠오카의 다이자후에서 조양필의 도착을 기다려 대몽 공동전선을 폈다. 조양필은 다이자후에 도착은 했으나, 결국 회의도 못 해보고 원으로 돌아가야 했다. 조양필의 묘비에는 다음과 같이 쓰여 있다.

송나라의 使僧(사승) 瓊林(경림)이라고 하는 사람이 와서 渝平(유평)하고, 이로써 회의가 이루어지지 않아 公(공)이 돌아갔다.

파군봉. 애월읍 하귀리에 있다. 바굼지오름이라고도 한다. 삼별초와 여몽연합군의 전세를 결정한 실질적인 전투는 항파두성이 아니라 이곳에서 이루어졌다.

　남송은 뜻한 바를 이루었고, 몽골은 뜻한 바를 포기했다. 삼별초는 어땠을까? 삼별초 정권의 문서를 받은 일본 조정은 구산원(龜山院)에서 회의를 열어 대응을 검토했다. 그러나 회의에서는 첩장의 문맥을 제대로 해석하지 못하여 유학자들의 해석이 분분하기만 하였다. 결국, 삼별초의 문서가 고려의 반몽골 세력의 것이라는 것이 정확하게 전달되는 데 실패하고 만 것이다. 삼별초의 항몽 공동전선제안은 논의되지 않았고, 그저 몽골의 위협을 전달받은 것으로만 이해하여 일본의 방위를 강화하는 데 만 집중했다. 남송과 일본과 삼별초의 연대는 더는 발전하지 않았다.

　이제 제주도로 돌아오자. 제주 비양도와 함덕을 통해 상륙한 여몽연합군은 항파두성의 북쪽 해안가에 위치한 바굼지(파군봉)에서 김통정 군대와 격전을 벌였다. 여몽연합군은 홍다구가 지휘하고 있었다. 후에 김방경 부대가 홍다구에 합세함으로써 김통정 군대는 패퇴하였다. 김통정은 잔여세력을 이끌고 항파두성 안으로 철수했지만 곧 함락되었다.

공들여 축성했으나 한번 밀린 전세는 성벽으로도 막기 어려웠다. 전쟁은 성벽이 하는 게 아니라 사람이 하는 것이기에···. 김통정 군대는 다시 붉은오름으로 후퇴하였고, 결국 이곳에서 최후를 맞이한다.

탐라천도 후 삼별초는 2년간을 저항하다가, 1273년에 원·고려 연합군에 의해 괴멸되었다. 그다음 해에, 원은 일본 정벌을 실행으로 옮겼다. 일본은 이를 문영(文永)의 역이라 부른다. 전쟁이 생각지도 못한 결과로 끝난 직후, 바쿠후는 '이국 정벌', 즉 한반도로의 역공에 착수한다. 거기에는 모험적인 보복주의가 있을 뿐이었고, 삼별초의 입장에 대한 어떠한 이해도 보이지 않는다.[56] 결국, 남송-삼별초-일본의 항몽연대는 실현되지 않았다. 제국의 통일성은 패권을 장악하나 반제국연대는 그에 미치지 못하였다.

삼별초 정권 진압 후에 남송정벌 나선 원 세조 쿠빌라이

한편, 삼별초 정권에 대한 최종적인 진압이 성공한 후에야 원 세조 쿠빌라이는 필생의 대업인 남송정벌에 본격적으로 나선다. 몽골 유목군주가 부족민들로부터 통치자로 검증되는 전통적인 경로는 정복사업과 그를 통한 토지·인구·재물의 획득이었다. 1260년 쿠빌라이는 아릭부케와의 칸위 계승분쟁에서 승리함으로써 몽골의 유일한 군주가 되었다. 그럼에도 불구하고 그는 여전히 몽골의 지배층과 유목민들로부터 권위를 확실하게 인정받지 못하고 있었다. 이는 1269년 카이두를 위시한 서북 제왕의 발호로 나타났다. 따라서 그가 칸으로서 위상을 확립하기 위해서는 몽골정권의 지상과제였던 남송정복을 완수하여 지배층과 유목민들에게 자신의 뛰어난 군사지휘 능력을 입증할 필요가 있었다.[57] 또한, 쿠빌라이는 강남에서 농수산업과 무역을 통해 막대한 부를 획득하고자 하였다.

1127년 임안(杭州)에서 수립된 남송정권은 건국 초기부터 적극적인 경제개발정책을 진행하여 강남의 생산력을 크게 향상시켰다. 강남에서 산출된 막대한 재화와 상품은 내부 수요를 충족시켰을 뿐 아니라 당시 동남아·인도양 해역에서 활발하게 이루어지는 해상무역을 통해 해외 곳곳으로 유통되었다. 이러한 조건 아래 남송정부는 효율적인 해외무역 관리·운영제도를 마련하여 막대한 관세이익을 거두었다.

남송정복 이전 쿠빌라이 정부는 거대한 관료·군대조직을 유지하고, 서북 제왕과의 전쟁을 수행하기 위해 많은 재원을 필요로 했다. 따라서 막대한 재부의 보고이자, 동남아·인도양 해상무역의 중심도시가 위치한 강남은 그들에게 가장 매력적인 정복대상으로 비쳤다. 이처럼 남송정복의 주목적이 경제적 측면이었기에 쿠빌라이 정부는 정벌 과정에서 살상과 파괴를 최소화하여 강남의 경제기능을 보전할 필요가 있었다. 그에 따라 몽골군 지휘부는 다음 세 가지 전략을 채택하여 남송 정벌전을 수행했다.

첫 번째는 공격을 개시하기 전 남송군 지휘관에게 투항을 권유했다. 투항할 경우 그들을 우대하고, 전투에 적극적으로 활용하여 다른 장수의 투항을 유도하는 방식이다. 두 번째는 정복지에서 점령군의 살상·파괴

행위를 엄금하는 방책으로, 칭기즈칸 시기부터 시행되었던 몽골군의 전통전략이다. 세 번째는 점령지에서 백성의 생업을 안정시키고, 기존 정치·경제·사회구조를 보전하여 생산력을 회복시키는 방책이다.

팍스 몽골리카의 성립요인

13~14세기 유라시아 내륙·해양교역권의 통합과 동서 교류의 번영을 뜻하는, 소위 '팍스 몽골리카'의 존재를 인정하는 많은 학자들은 공통으로 그 성립과 작동의 요인·동력으로서 몽골정권의 주체적·능동적 역할을 강조한다.[58] 팍스 몽골리카는 당대 세계 최대 인구·생산력과 고도의 문화를 보유한 공간이자 유라시아 내륙·해양교역권의 교착지인 강남의 발전과 번영이 전제되지 않았다면 성립될 수 없었다.[59]

쿠빌라이 정부는 강남농민의 조세부담을 남송시대에 비해 대폭 경감하여 그들의 생활 수준과 농업생산력을 회복시켰다. 또한, 강남의 농업생산력을 회복시키기 위해 황무지개간 사업을 적극적으로 추진했다. 1280년 12월 회서(淮西)지역에서 황무지를 개간하여 경작하기를 희망하는 자들을 모집하여 농사를 짓게 하고 3년간 조세를 면제했다.[60] 이처럼 쿠빌라이 정부는 농민에게 토지를 무상으로 지급하여 일정 기간 조세와 부역을 면제하는 방식으로 황무지 개간을 독려하고, 여러 권농기구를 설치하여 강남의 농업생산력 회복을 꾀했다.[61] 13세기 초 몽골의 화북 점령과 통치는 대량의 인구손실을 초래했지만, 남송정벌 개시 때부터 지속적으로 추진된 쿠빌라이 정부의 강남 경제기반 보호 정책이 상당한 성과를 거두었음을 나타낸다.

남송정복 후 몽골의 장군과 관원은 강남상인의 상거래 활동을 지원하여 강남의 상품경제 발전과 화북—강남 간 경제교류를 촉진했다. 쿠빌라이 정부가 남북 경제교류의 활성화를 위해 채택한 가장 획기적인 방법은 화폐 통일과 지폐 전용 정책이다. 남송정복 이전 화북에서는 몽골정부가 발행한 지폐 중통초(中統鈔)가 통용되었고, 강남에서는 남송정부가 발행한 지폐인 교자(交子)·회자(會子)와 다량의 동전이 사용되었다.[62] 쿠빌라이 정부는 강남에도 화북과 동일한 가벼운 상세제도를 시행하여 남북 경제교류와 국제 원거리 무역을 한층 발전시켰다.[63]

화폐는 상품교환의 수단이다. 화폐와 상품은 등가로 교환되는 상황을 가정하면, 상품을 가진 자와 화폐를 가진 자 사이에 우열 같은 것은 존재하지 않는다. 그러나 이 같은 등가, 즉 가치의 평등은 겉모습일 뿐이다. 두 물건의 가치가 처음부터 같아서 교환이 이루어진 것이 아니라 교환되었기 때문에 등가가 된 것이다. 교환되지 않으면 어떤 가치도 표현되지 않는다. 교환을 강제할 수 있는 권력과 제도를 쥔 자가 교환관계를 지배한다. 보통 그 같은 권력은 화폐를 통해 행사된다. 화폐발행권을 가진 자, 그것도 세계적으로 통용될 수 있는 화폐발행권을 가진 자가 경제를 지배하게 되는 것은 그래서이다. 쿠빌라이의 팍스 몽골리카나는 중통초라는 지폐를 통해 건설되었고 유지되었으며, 그 화폐에 대한 신용이 흔들릴 때 쇠락하기 시작했다.

마르코 폴로가 강남 대부분의 도시를 가리켜 "교역과 수공업으로 살아간다"라고 기록한 사실과 14세기 초 강남을 방문한 이탈리아 출신 가톨릭 선교사 오도릭이 강남 도시민에 관해 "그 지역의 모든 사람은 상인과 장인(匠人)이다"[64]라고 한 기록은 그 시기 강남의 시진이 매우 발달했음을 보여준다. 쿠빌라이 정부는 남송을 정복하여 남해에 진출할 수 있는 발판을 마련하고, 강남의 경제기능을 보전하여 거대한 상품 생산력과 소비시장을 손상 없이 획득했다. 그리고 강남과 화북의 상업권을 통합하여 대도를 중심으로 형성된 유라시아 내륙 교역권과 항주·천주·광주를 거점으로 성립된 동남아·인도양 해상 교역권을 연결했다.65) 그 결과 강남에서 산출된 다량의 생산품이 바닷길을 따라 동남아·인도양·서아시아해역으로 보급되었다. 강남으로 유입된 해외의 진귀한 상품들도 다양한 경로를 통해 화북 대도시로 운송되었고, 그곳에서 다시 광범위한 역참 교통망을 따라 카안 울루스 전역과 서역으로 유통될 수 있는 조건이 마련되었다.

이처럼 쿠빌라이 정부의 남송정복과 강남개발은 팍스 몽골리카의 중요한 성립요인과 동력으로 작용했다. 아부 루고드(Janet Abu-Lughod)도 "13세기 세계체제에서 중국의 지정학적 위치는 결정적이었는데, 그것은 중국이 북부의 내륙로를 그보다 더하지는 않았을지라도 그와 동등하게 중요했던 인도양의 해상로와 연결했기 때문이다. 이 두 통상로가 모두 본격적으로 작동했으며, 특히 중국이 통일되어 그것들을 연결하는 '순조로운 상거래의 매개자'로 기능할 수 있었을 때에 세계교역의 순회로는 완성되었다"라고 강조했다.66)

소위 사막과 해양을 망라하는 실크로드는 공간의 차이를 이용하여 상업 자본을 축적하는 체계였다. 이 같은 세계체계는 영국의 산업혁명으로 시간의 차이를 이용하여 자본을 축적하는 체계가 출현하기 전까지만 의미 있는 것이었다. 그러나 그전까지 세계교역의 지정학의 우위는 바로 강남에 집중되어 있었다.

항파두성. 거송을 타고 올라 뒤덮는 넝쿨처럼 고려의 원종과 기황
후는 몽골을 타고 오르려 했다.

1278년, 일본과 전쟁 중이었던 전간기(전쟁과 전쟁 사이의 시기)였지만 쿠
빌라이는 일본인에게 무역을 허가했다.[67] '홍안의 역'(弘安の役) 후에 공백
이 있기는 하지만,[68] 그것이 지나자 전쟁 상태임에도 불구하고 일본·강
남 간 무역선의 왕래는 개전 전보다 번창하게 된다.[69] '홍안의 역' 이후
일·원 간의 상선 왕래는 끊어졌지만, 이후 14세기 전반에는 송 대 이상
으로 번창하게 되었다.[70] 전쟁상태에서도 민간의 영리활동과 무역을 보
장하는 베스트팔렌 체계[71]는 이미 아시아에서 존재하고 있었다.

일본에 비해 고려는 마치 넝쿨처럼 몽골제국의 체계를 이용하였다. 원종과 부원세력들이 그러했다. 그러나 그들의 고향이 고려일지라도 그들의 조국은 결국 원나라이다. 만주의 조선족이 조선 사람이지만 중국의 국민이듯이 말이다. 성 김 주한미대사는 분명 한국 출신이지만 미국을 위해 충성하는 미국인이다. 만약 한국을 위해 미국정부를 배신하거나 사소한 정보라도 흘린다면, 그는 로버트 김처럼 간첩죄로 투옥될 것이다. 만약 원종 이후 원나라의 중심부에서 활동한 이들이 원제국조차 뛰어넘는 명분과 목표를 가지고 있었다면 다른 평가를 해야 할 것이다. 마치 사도바울이 로마제국의 체계를 이용하여 기독교를 세계종교로 만들었듯이 말이다. 바울도 야곱 등 유대 율법과 전통의 고수를 주장하는 세력과 심한 갈등을 감수해야 했다. 그럼에도 불구하고 그는 자신의 토착기반을 통합할 수 있었기에 세계로 나갈 수 있었다.

원종과 삼별초의 노선 중 택일해야 한다면?

삼별초 진압 이후 몽골제국은 평화와 번영의 시기를 구가한다. 그러나 패자에게 평화란 억압의 질서일 뿐이다. 패자에게 번영이란 착취와 수탈의 다른 이름일 뿐이다. 그러나 새로운 생산관계로 세계체계가 발전된다면, 그것은 지배와 민중 간의 모순이 세계적 규모로 확산한다는 의미에서 질적 진보의 환경이 마련되는 것으로 볼 수 있다. 그런 환경의 의미는 민중의 의식이 세계적 차원에서 자각되고, 세계차원에서 민중의 조직이 자라날 수 있는 토양이 될 수 있기 때문이다. 일시적이었지만 남송-삼별초-일본의 연대가 시도된 것도 민중정권의 성격을 가지고 있던 삼별초가 세계체계를 이용할 가능성을 보여준 사건이다. 그러나 그것은 아직 주동의 입장을 갖지 못한 것이었다.

삼별초가 제주에서 패한 뒤 오키나와로 그 일부가 건너간 것은 확실해 보이나, 오키나와를 통해 세계체계를 도모하지 못한 것은 피동의 위치에 있는 자가 갖는 한계이다. 민중정권적 성격을 가진 삼별초의 승리를 가정한다면, 그리고 삼별초가 몽골제국의 세계체계를 자주적으로 이용할 전망하에서 움직였다고 가정한다면, 세계체계는 민중이 주도력을 발휘할 좀 더 나은 조건을 형성했을지 모른다. 만약 삼별초의 승리가 일본처럼 몽골과의 국교단절로 나타났다면, 삼별초는 세계체계를 이용할 기회를 갖지 못한 채 쇄국일변도로 고립을 자초했을 것이다. 비록 어제의 적이었다 하더라도 자주적인 입장이 견지된다면 더욱 적극적으로 교류하는 것은 여전히 필요할 것이다. 유라시아체계와 맞서던 대몽 시기 원종의 선택과 삼별초의 선택 중 굳이 택일해야 한다면, 나는 삼별초의 노선일 수밖에 없다. 해방이 있고서야 평화와 번영도 가능할 것이기 때문이다.

넷 | # 우라소에 성

13세기, 고려와 오키나와는 하나의 체계에 편입

　제주도로 끝인 줄 알았다. 그러나 2007년 제주박물관 〈탐라와 유구왕국전〉에서 오키나와 우라소에 성에서 발견된 기와가 전시된 것을 보고, 붉은오름 이후 삼별초의 행적에 관심이 쏠렸다. 1271년 5월 삼별초 군이 진도에서 제주로 이동할 때 일부가 제3의 지역으로 탈출하였을 가능성과 1273년 4월 제주도가 함락되었을 때 한반도 남해안 지역과 일본 열도로 탈주하였을 가능성이 높다고 보는 견해도 제기된 바 있다. 즉, 1271년 5월 진도 용장산성 함락 시 1만여 명이 포로가 되었지만, 1273년 4월 제주도 항파두성 함락 시엔 1,300여 명이 포로가 되었을 뿐인데, 이는 진도에 비하여 제주도에서 탈출한 인원이 훨씬 더 많았다는 해석을 가능하게 한다.72) 이뿐만 아니라 충렬왕 원년(1275)에 주, 현으로 도망간 항몽 가담자들에게 사면령을 내린 점73) 역시 그와 같은 가능성을 높여주고 있다.

　조선 시대 오키나와로의 표류 기록을 보면, 10월부터 4월 사이에 해당하는 예가 많기 때문에 4~8월 사이가 상대적으로 안전한 항해를 할 수 있는 시기임을 알 수 있다. 삼별초의 진도 패전이 5월이었고, 제주 패전이 4월이었기 때문에 비교적 안전하게 오키나와로 항해할 수 있는 시기였을 것이다.[74]

이미 오키나와로의 표류기록이 고려사에 등장한다. 현종 20년에 정일 (貞一) 등 탐라 사람 21명이 폭풍으로 표착[떠돌다 뭍에 닿음]한다. 옷을 벗고 사는 온몸에 털이 난 사람들이 사는 동남쪽 섬이었다. 그 섬에 7개월 동안 붙잡혀 있다가 7명만 탈출하여 동북쪽으로 항해하다 일본에 닿아 귀환한 일이 있었다.[75] 숙종 2년(1097)에는 탐라인 20여 명이 풍랑을 만나 나국(㮈國)에 표착하였다가 자신(子信)등 3명만 탈출하여 송나라로 갔다가 귀환한 일이 있다.[76] 나국의 위치는 정확히 알 수 없으나 현재의 오키나와나 타이완과 가까운 지역으로 추정된다.[77] 따라서 탐라인들이 오키나와의 존재를 알고 있었던 것은 확실하다. 항해와 표류는 상황을 달리하지만, 항로와 표류로는 큰 틀에서 유사하다. 즉, 표류는 역설적으로 새로운 항로개척의 정보를 제공한다는 점에서 오키나와의 존재를 안다는 것은 항로를 안다는 이해로도 발전할 가능성이 있다.

제주박물관의 오키나와 고려기와

다시 제주박물관에 전시된 오키나와 고려기와로 돌아가 보자. 이 기와는 '구스쿠'라고 부르는 성곽의 발굴과정에서 쏟아져 나왔다. 오키나와에 급격한 변화가 도래한 것은 12세기 '구스쿠 시대'[78]가 개막되면서였다. 본격적인 농경의 개시, 철기 농구의 일반화, 도서 간 교류의 활성화, 중국·일본 등 외래문화와의 교섭확대 등을 배경으로 아지(按司)라 불리는 지방호족의 수장들이 대두해 성채를 거점으로 한 정치집단으로 발전하기 시작했다.

일본에서는 지방무사단이 신흥세력으로 부상해 가마쿠라바쿠후(鎌倉幕府)를 창설하고, 중국에서는 북방민족 금의 남하 때문에 송이 강남으로 이동해 남송을 재건한 시기에 해당한다. 열도와 대륙의 격변이 동중국해의 활발한 해상교류를 매개로 오키나와 사회에도 변화를 가져왔다.[79] 이 시기부터 오키나와 본섬은 송나라와 일본을 잇는 국제교역항로 상에서 중계기지 역할을 맡게 되면서 일부 아지(按司)들은 적극적인 해외교역을 통해 재력을 축적하고, 10,000㎡ 이상의 대규모 구스크를 축조하였던 것으로 보는 것이 일반적이다.[80]

1982년에 발굴되었던 카츠렌 성에서 출토된 탄화미를 토대로 12~13세기 초에 벼농사가 시행되었을 가능성이 제기되고 있지만,[81] 수전은 확인된 바 없다. 따라서 패총시대에 복합사회로 진입할 수 있는 여건이 형성되었다고 보기 어렵다. 본격적인 석재 구스크의 축조에서는 철제 공구의 사용이 필수적이며, 철기의 성용은 제작 기술의 전파보다는 제작 기술을 가진 주민 집단의 이주와 밀접한 관련을 가진다.

철기 주민은 단지 축성만이 아니라 농경 등 다양한 생활 속에서 철기를 사용하는 주민이므로 구스쿠 시대부터 철제 농기구의 도입과 함께 벼농사를 비롯한 본격적인 농경이 시작되었다고 본다.[82] 또한, 경질토기의 생산과 본격적인 교역도 이때부터 시작되었을 가능성이 높을 것으로 판단된다. 그러므로 오키나와의 구스쿠는 패총시대에 자체 발전을 통해 발생하였다기보다는 외부의 영향에 의해 시작되었다고 보는 것이 합리적이다.

카츠렌 성. 류큐의 대표적인 구스쿠(성) 중의 하나이다.

　　오키나와 구스쿠 성의 기원 문제를 해결하는 데 있어서는 석축 구스쿠
83)가 13~14세기의 짧은 기간에 오키나와 열도 전역으로 급속하게 확산
하면서 수준 높은 기와와 함께 출토된다는 점이 주목된다. 오키나와 구
스쿠 가운데 기와가 출토된 곳은 42개소인데, 출토된 기와는 고려계-일
본(大和)계-명나라계 순서로 나타난다.84) 고려계는 35개 유적에서 출토되
었으며, 9종류 32형식으로 세분될 정도로 많은 종류를 차지하고 있다.85)
그뿐만 아니라 우라소에 성(浦添城), 슈리 성(首里城), 카츠렌 성(勝連城) 등
오키나와 본섬 중부 서해안에 가장 많이 분포되어 있는데, 이와 같은 유
적들은 류큐 왕국 통일을 위한 패권 다툼의 무대가 되었던 중요한 유적
들이다.

　　패총시대부터 교류하여 왔던 일본 본토의 영향을 검토해 볼 수 있으

나, 오키나와의 석축 구스쿠는 13세기 말~14세기 전반경에 카츠렌 성과 금귀인성(今歸仁城)에서 나타나기 시작한다. 하지만 일본 본토에서는 16세기 후반 영록(永祿)연간에야 석축 성벽이 나타나기 때문에 오키나와 석축 구스쿠가 일본 본토 석축 성의 영향을 받았다고 볼 수는 없다. 또한, 당시 중국의 성곽은 평지에 판축이나 벽돌로 축조되는 것이 일반적이고, 남북방향을 기본으로 하는 정연한 도시 구획을 갖추고 있다는 점에서 구조적으로 오키나와와 연결하기 어렵다.

'계유년고려와장조' 기와는 누가 만들었을까?

구스쿠 발굴 유물 가운데 가장 중요한 것은 1982년 우라소에 성에서 출토된 '계유년고려와장조'(癸酉年高麗瓦匠造) 명문을 가진 평기와이다. 우라소에 성은 오키나와 본섬 중부지역에 위치한 비교적 이른 시기에 속하는 성으로서 슈리 성이 축조될 때까지 중산의 거점 성으로 이용되었던 성이다. 발굴조사를 통해 출토된 파상침선문의 구소(龜燒) 토기가 12세기에 해당하는 기종이기 때문에[86] 13세기경에 축조된 것으로 보고 있다. 구소 토기는 고려 토기의 영향을 받아 생산된 것으로 보는 것이 일반적이며[87], 보다 구체적으로는 고려 토기의 기술을 가진 공인이 덕지도(德之島)에 이주하여 제작한 것으로 보기도 한다.[88]

오키나와의 고려계 기와는 고려에서 반입된 것으로 보는 견해와 현지에서 생산된 것으로 보는 견해가 있다.[89] 아직 오키나와 현지에서 기왓가마가 조사된 예가 없기는 하지만, 건축물에 사용되는 기와는 건축지 인근에서 생산되는 것이 일반적이기 때문에[90] 오키나와의 고려계 기와들이 고려에서 제작되어 오키나와로 수출되었을 가능성은 없다고 보아도 무방하다.91) 특히 오키나와 기와 가운데에는 명문을 통해 고려 장인에 의해 제작된 것임을 밝힌 것이 많은데, 정작 고려에서는 이와 같은 명문 내용을 가진 기와를 찾아보기 어렵다. 따라서 오키나와의 고려 기와들은 고려에서 온 장인이 오키나와 현지에서 제작하였기 때문에 그러한 내용을 명시하였다고 보는 견해92)가 타당할 것이다.

우라소에 성에서 출토된 '癸酉年高麗瓦匠造'(계유년고려와장조) 명문을 가진 기와는 가장 이른 시기의 것으로 대단히 많은 양이 출토됨으로써 13세기 우라소에 성의 축조와 관련되어 기와 건물이 축조되었을 가능성을 높여주고 있다. 이 기와가 고려의 공인에 의해 제작된 것이라는 점은 이견이 없지만 '癸酉年'에 대해서는 1273년 설, 1333년 설, 1393년 설 등 다양한 견해가 있다. 건축에 사용된 고려기와에 연대가 표시된 경우 그 연대는 보통 중국의 연호가 채택되고 있었다. 따라서 연호 없이 간지만으로 표시한 것은 중국 왕조의 연호를 사용하지 않는 특정 시기의 것임을 의미한다. 만일 '계유'명 고려기와가 1333년(충숙 2년)이었다면 원의 연호가 사용되고, 1393년이었다면 명의 연호가 사용되었을 것이다.

이와 관련 삼별초가 일본 측에 보낸 '고려첩장불심조조'라는 외교문서에 원의 연호를 쓰지 않고 간지만을 사용하였다는 점은 중요한 참조가 된다. 또한, 문제의 와당이 삼별초의 거점이었던 진도 용장성의 수막새와 거의 유사하다는 점도 마찬가지다. 이런 제반 사항을 고려하면 '계유년'은 1273년 설이라는 설이 타당하다.93) 우라소에 성 유적조사에 간여해왔던 아사토 스스무(安里 進)도 1273년 설을 주장한다. 그 근거를 보자.

유구 유물과 방사성 탄소연대로부터 우라소에 요도레94) 조영은 13세기라고 생각되는데, 이것은 우라소에 요도레가 함순년간(1265~1274)에 조영되었다는 『류큐국유래기』의 기사와도 모순되지 않는다. 특히 초기 우라소에 요도레 묘실 내의 건물에는 계유년 명의 고려계 기와도 사용되고 있었음이 밝혀졌다. 이것은 우라소에 요도레가 13세기 후반의 계유년에 조성되었음을 시사하고 있는데 함순 9년(1273년)이 바로 이 계유년에 해당한다. 종합하면 우라소에 요도레의 조영 연대는 1273년에 특정할 가능성이 대단히 높다고 말할 수 있다.95)

세계체계가 각 민족과 섬의 역사를 규정

이와 같은 상황을 종합하여 보면, 우라소에 성 일대는 12세기 말~13세기 초에 덕지도(德之島)에서 도입된 구소(龜燒) 토기를 사용하던 선주민들이 거주하다가 1273년을 전후한 시기에 고려인들이 들어온 다음 본격적인 석축 성곽과 기와 건물이 축조되었을 가능성을 신중하게 생각해 볼수 있다. 삼산을 통일함으로써 류큐 왕국을 설립한 주체가 된 중산의 거점은 우라소에 성이다. 우라소에 성에는 역대 중산의 왕 무덤이 있어서 중산의 문화적 상징물이었다. 류큐 왕국 설립 이후에도 우라소에 성을 도성으로 사용했던 것은 류큐 왕국이 중산의 연장이라는 것을 상징적으로 나타냈던 것이라고 할 수 있다. 그러나 후에 슈리 성으로 도성을 옮긴 것은 류큐 왕국이 중산의 후신일 뿐 아니라 오키나와 전 지역을 통합하는 새로운 왕국이라는 것을 나타낼 필요가 있었기 때문이라고 해석할수 있다.96)

고려 이주민 특히 삼별초 정권으로 특정되는 이주민들에 의해 구스쿠

시대가 열렸다고 단정하는 것은 곤란하다. 그것은 많은 가능성 중에 편향된 국수적 결론을 미리 세워놓고, 거기에 일치하는 증거만을 발굴·편집하는 오류를 저지를 수 있기 때문이다. 그러나 그 시기가 몽골제국의 세계체계에 대한 대응으로서, 또는 제국팽창과 항몽투쟁의 혼돈기에 대한 적응으로서 고려인들이 오키나와로 이주한 것은 분명해 보인다.

세계체계가 각 민족과 섬의 역사를 규정하기 시작했다. 이제 한 지역과 민족의 운명을 결정하는 데 세계체계의 존재는 우연적, 일시적 요인에서 필연적, 항상적 요인으로 바뀌기 시작한 것이다. 13세기 세계가 하나의 체계로 재편됨과 함께 고려와 오키나와도 그 체계에 참여하고 반응하기 시작했다.

다섯 | 하멜 상선기념관

세계체계라는 구조와 산 위의 배

제주 화순의 하멜 상선기념관. 잘못된 초상화 때문에 부모를 버릴 수 없듯 기념관의 여러 문제 때문에 하멜의 역사를 버릴 수는 없다.

서귀포시 화순을 지날 때마다 하멜 상선기념관은 그냥 지나치곤 했다. 그래서 하멜 어쩌고 하는 표지판은 언뜻 보았던 것 같은데 어딘지는 생각나지 않는 그런 곳이었다. 심지어 산방산 고개를 넘는 버스에서 "뭐 저런 유치한 것도 다 있느냐?"는 소리도 들어본 적이 있다. 근래 연구에 의하면, 표류장소도 이곳이 아닌 것은 분명하다.[97] 무엇하나 그럴듯한 것이 없는 관광지 중의 하나가 하멜 전시관인 셈이다. 그런데 세계의 눈으로 제주를 다시 보기 시작했을 때 하멜의 표류지야말로 가장 중요한 장소로 다가왔다. 그래서 일부러 찾아가 보았다. 부족한 것이 있어도 비난할 게 아니라 애써 애정을 가져야 한다는 태도로 처음 찾아간 날은 바람이 꽤나 불어오고 있었다. 별 기대 없이 잠깐 들르는 정도로 생각했는데 요모조모 돌아보기도 하고 생각에 잠겨보기도 하는 사이 한나절이 뭉텅 지나가 버렸다. 초상화가 유치하다고 아버님에 대한 기억까지 유치해 질 수 없는 것처럼 어쨌든 역사는 역사 자체로서 후광을 가진 것이다.

하멜의 배가 있는 곳은 공교롭게도 바다가 아니라 산이다. 배는 바다와의 절박한 사투 때문에 만들어진 것이다. 따라서 '바다의 배'는 당연하게 들리지만 '산 위의 배'라는 것은 나를 약간 당황케 했다. 당황이나 충격은 생각에 구멍을 내거나 균열을 일으키는지 갑자기 이 상황은 나의 상상과 논리를 이리저리 자극했다.

교환의 절박한 필요 때문에 화폐가 만들어졌지만 화폐 자체가 교환되는 세상에 살고 있고, 필요한 물건을 사기 위해 노동일을 했는데 이젠 노동이 상품이 되었다. 만족도가 높아서 비싼 값을 치르는 것이 아니라 비싸므로 만족한다.[98] 이 모든 것이 산위의 배다. 분리될 수 없을 것 같은 현실과 표상이 분리 가능하다는 것을, 심지어 표상이 현실을 지배할 수도 있다는 것을 산 위의 배는 보여준다.

산 위의 배와 표상의 세계

우리가 사는 세상은 표상의 세계이다. 여권이란 표상이 본인을 증명한다. 본인이 눈앞에 있어도 본인으로 증명되지 않는다. 반드시 제도가 만든 표상을 쥐고 있을 때만 본인임이 증명된다. 때로는 본인이 아니어도 감쪽같이 위조된 여권으로 거짓증명을 할 수도 있다. 그런 점에서 사실보다 표상이, 단어보다 맥락이 더 중요한 세상이다. 화폐가 그렇고, 채권이 그렇고, 주식과 펀드가 그렇다. 특히 자본주의의 상징처럼 되어버린 주식과 펀드는 모두 하멜의 고국인 네덜란드를 모국으로 하는 발명품들이다. 표상은 제도의 산물이고, 그 제도는 다시 사람들의 관계가 만들어 내는 것이다. 우리가 알고 있는 진리나 정의라는 것이 사실은 그런 표상에 불과하다는 것을 아는 것은 불편한 일이다.

산 중턱에 앉아 있는 하멜의 배 모형은 우리가 만든 표상이 얼마나 엉뚱하게 배를 산으로 가게 할 수 있는지를 보여준다. 암스테르담의 주식거래소로부터 시작된 금융의 역사가 월가의 금융위기로 그 민낯을 드러낼 때까지 우리는 의심 없이 이 표상을 숭배해왔다. 심지어 그런 의심을 품는 자들을 반역자나 배신자로 규정하여 탄압하기까지 했다. 그러니 배가 산 위에 올라앉아 있어도 이상할 것이 없다. 어쩌면 산 위의 배가 그것을 상징하고 있는지 모른다. 수평의 운명을 지닌 배가 수직의 산위에 서 있다.

산 위에 배가 올라가는 순간 이미 배는 현실이 아닌 표상에 불과하다. 무당은 비가 오지 않을 때 주술을 외운다. 주술은 표상일 뿐이다. 어떤 경위든 그 표상을 믿는 사람들이 있어서 표상은 힘을 발휘한다. 주술이 힘이 있어서 사람들이 그것을 믿는 것이 아니라 사람들이 믿기에 주술이 힘을 갖는다. 주술은 예측 가능한 시공간의 조건에서만 힘을 가진다. 그러나 바다는 그러한 조건을 마련해 주지 않는다. 주술행위는 배가 뜨기 전 육지에서 다 끝나야 한다. 일엽편주에게 바다는 인간의 질서가 지배하는 공간이 아니다. 예측 가능한 공간이 아니다. 예측불가능한 상황은 그동안 유지되어 온 세계의 질서가 파탄나는 상황이고, 그 혼돈에서 비로소 세계의 비밀이 드러난다. 하멜의 배가 제주 앞바다에 난파되는 순간 하멜의 세계는 파탄 났으며, 목숨을 건 탈출만이 그의 세계로 귀환할 방법이었다.

하멜 기념비에 새겨진 네덜란드 스페르웨르호 난파 장면.

산 중턱에 전시된 배는 물론 모형이다. 하멜의 스페르웨르호가 아닌 네덜란드 해양시대를 상징하는 바타비야호이다. 스페르웨르호는 표류 당시 완파되었기 때정화 꿩 대신 닭으로 바타비야호를 세워놓은 모양이다. 그러나 그 실제를 상당 부분 재현한 이 모형 배를 보노라면, 이 배 자체가 세계체계의 산물임을 알 수 있다.

하멜의 배 자체가 세계체계의 산물

조선술은 16세기 유럽이 자랑하던 첨단산업이었다.[99] 17세기에만 네덜란드 동인도회사의 조선소는 1,500척의 상선을 건조하였다. 유럽 전체 배의 절반이 네덜란드에서 생산되었다. 그러나 네덜란드의 지위는 유럽에 국한된 것일 뿐이었다. 중국을 포함한 세계로 틀을 넓히면 그 지위는 초라할 뿐이다. 기술발전은 세계경제의 과정이다. 그것은 언제나 세계경제와 세계체계의 구조 안에서 일어났고, 또 그런 구조 덕분에 일어났다.[100] 네덜란드 조선술 역시 네덜란드인의 독자능력 이전에 세계체계의 산물이다.

동인도회사는 용도에 따라 선박을 크게 세 종류로 건조하였다. 가장 큰 배는 동양까지의 왕복 항해를 할 수 있는 복항선(復航船)이었고, 그다음으로는 화물운반용 플류트(fluyt)선이었다. 플류트선은 화물창에 쉽게 접근할 수 있도록 입구를 널찍하게 건조하였는데, 복항선에 비해 건조비가 싸고 바닥이 평평하고 고물이 둥그스름한 선형이었다. 마지막으로는 50톤 이하의 화물을 운송할 수 있도록 건조된 가볍고 다루기 쉬운 작은 야트(yacht)가 있다.

각 배들은 네덜란드식의 뱃전 먼저 짜기 방식으로 지어졌다. 이 건조법은 뱃전 판을 먼저 결합하고 나서 선체 내부의 늑재와 뼈대를 이어붙이는 방법으로 혁신적인 조선술이었다. 유럽의 주요항구에서는 갑판의 면적에 비례해 세금을 징수했는데, 네덜란드에서 만든 배는 배의 창고 역할을 하는 중간층을 볼록하게 만들고, 갑판을 좁게 한 형태의 배를 만들었다. 그리고 당시 다른 나라의 선박과는 다르게 무기를 장착하지 않아 값싸게 배를 만들 수 있었기에 선박수출에도 한몫 했다. 무역에 대한 우선시가 가져온 선박설계의 변형이었다. 전쟁 중이던 에스파냐에 대해서도 이루어진 이러한 상업활동이야말로 네덜란드의 진정한 헤게모니였다. 페르낭 브로델은 당시 네덜란드의 헤게모니를 "외교의 실타래는 헤이그에서 감겼다 풀렸다 하게 되었다"[101]라고 표현했다

하멜 상선기념관의 바타비야호는 그렇지 않지만, 원래의 외판은 전나무나 소나무로 만들었다. 선체를 감싸고 있는 연한 침엽수들은 좀조개들이 선체를 갉아 먹는 것을 방지해준다. 좀조개들은 이물에서 고물까지 연한 선체의 외판을 파고 들어가 구멍을 내고 서식하기를 좋아하여 외판 안의 더 딱딱한 오크재 속까지 공격할 수도 있다. 좀조개의 공격을 방어하기 위한 추가적인 예방책으로 바타비야호의 외판은 두꺼운 철 못을 사용했고, 송진과 유황기름과 석회를 혼합하여 외판에 발랐다. 마지막으로 배의 외판 보호재 자체도 수백 마리의 도축된 소의 가죽을 수면선을 따라 소나무 외판재 위에 덧씌워 보호했다. 짐을 싣지 않은 바타비야호가 옛 강 위에 높이 떠 있을 때에는 이 가죽들이 드러나 선체의 아래쪽 부분은 마치 누더기를 기워놓은 것 같은 모습이었다.[102]

화약의 발명으로 1350년경 배에 대포가 처음 설치돼 군함과 상선의

차이가 벌어지기 시작했다. 대형대포가 갑판 위에 설치되어 선 측에 뚫린 포문을 통해 발사되었다. 이 포문은 1501년 프랑스의 조선공에 의해 발명되었다. 대포를 설치한 동인도회사 배들은 그 자체가 군대이면서 상선이자 조약체결권을 가진 외교부였다. 전쟁형성 기능과 자본형성 기능이 배를 통해 통일된 것이다.

네덜란드 배와 중국의 조선술

하멜 전시관의 배는 여느 네덜란드 선박처럼 화려하다. 항해기간 동안 좁은 선체에서 생활해야 했지만, 내부에 사무실까지 갖추고 장식에 공을 들였다. 왜냐하면, 이 공간은 해당 지역 권력자들과 계약을 맺는 사무실로도 이용됐기 때문이다. 부를 과시하고 문화적인 충격을 주고자 했던 것이다.

화려한 장식은 비단 네덜란드 선박만의 특징은 아니었다. 영국의 제임스 1세는 1610년 유명한 조선가 피니어스 페트(Phineas Pett)에 명하여 선현과 선수 선미에 왕가의 문장, 왕관, 동물, 글자 등 세밀한 조각을 새겨 넣은 호화선 로열호(Prince Royal)를 만들게 했다.

찰스 1세도 부왕 못지않게 1637년 조각과 금박으로 뒤집어씌운 '황금의 악마'라 불린 바다의 군주호(Sovereign of the Sea)를 만들었다. 조선의 병자호란 때였다. 18세기 들어 이런 풍조는 점차 사라지고, 소박한 옛 모습을 찾아 조각상도 선수상 정도에 그쳤다. 채색도 흑색 갈색 등 단순화되었고, 19세기 즈음엔 선수상만이 유일한 장식으로 남게 된다.

당시 세계 차원에서 네덜란드 배의 위상을 알기 위해서는 중국과 아시

바타비야호의 선수상.

아의 조선술을 비교해 볼 필요가 있다. 남송 말 1271년 무렵에 침몰한 것으로 밝혀진 대형선이 발굴되었다. 이 선체는 전부 이를 데 없이 견고하고, 치밀하게 되어있었다. 전장이 34.55m이고, 적재량이 200톤, 배수량이 374톤이라면 상당히 큰 배이다.

13세기 서양에서의 대표적인 배는 코그선인데, 코그선은 이 배와 비교가 되지 않았다. 심지어 15세기 말엽 지리탐험에 쓰인 범선들도 기껏해야 200~300톤 정도의 배가 큰 것이었다.[103] 유럽 여러 나라가 15세기 말 지리발견 시대에 가서야 비로소 이만한 배를 만들 수 있었다고 본다면, 송나라 시대 동양의 조선기술은 서양보다 적어도 200년가량 앞섰던 것으로 보아야 할 것이다.

1274년 일본을 침공한 몽골 함대는 2천 척이었던데 비해, 1588년 영국과 해전을 벌였던 스페인 함대는 겨우 132척이었다. 그러나 정허(鄭和, 정화)의 선단에 이르면, 이 같은 비교도 무의미해진다. 중국은 이미 1405년부터 1433년까지 모두 일곱 차례에 걸쳐 정허가 이끄는 선단을 아프리카에 보냈다. 정허는 337척의 외양함선을 축조하고, 188척의 평저선을 원양항해에 알맞게 개축했다. 3만여 명의 목수와 돛제작자를 보유했고, 조선소 중앙에는 7.6m의 댐으로 양쯔 강 물을 막아 만든 460m 정도의 건선거(드라이독, dry dook)가 있었다. 배가 완성되면 수문을 열어 배를 진수시켰다. 나폴레옹 시대 최강의 영국 함대도 한 번에 100척 이상의 축조는 어려웠다.

함대는 보선 62척을 비롯해 100여 척으로 이뤄졌다. 보선 가운데 가장 큰 것은 길이가 150m, 폭이 60m가 넘으며, 9개의 돛을 달았다. 기록대로라면 역사상 가장 큰 목재 함선이다. 평평한 바닥 아래에는 무거운 돌을 채워 안정성을 기했고, 여러 구역으로 분리된 바닥은 수심이 얕은 곳에서 들어 올릴 수 있도록 설계되었다. 방수 처리된 배의 밑바닥 부분에는 식수와 각종 물품을 보관했는데, 마치 대나무 줄기처럼 서로 분리되어 있어 선체가 부서져도 배가 쉬 가라앉지 않게 했다. 두 번째 갑판에는 선원들의 주거공간이 설치되어 부엌과 식당이 있었고, 세 번째 갑판에는 조종실이, 네 번째 갑판에는 전투 장비가 갖춰졌다.

군사와 선원 수는 1588년 스페인 무적함대와 비슷하고, 선박수는 두 배에 해당한다. 즉, 정허가 지휘한 함대는 당시 유럽 모든 나라의 군함 수를 합친 것보다 큰 규모다. 이 선단의 규모는 콜럼버스나 바스쿠 다 가마와는 비교가 되지 않는 것이었다. 1669년 한 유럽인은 "많은 유럽인은 설마 그러랴 싶겠지만, 중국에 있는 배가 온 세상의 배를 모두 합한 것보다 많다"[104]는 기록을 남겼다.

　17세기와 18세기 유럽의 항해사와 선원들은 중국 선박의 우수성에 놀라움을 금치 못했다. 중세 유럽 범선의 역사에서 중대한 변화 중의 하나는 선미 키의 도입이었다. 선미 키는 1200년경 폴란드 또는 그 근처에서 도입된 것으로 추정된다.[105] 그러나 중국은 이미 송대에 선미 키가 일반화되고, 상당한 규모의 해상용 정크선(junk ship)을 만들었다.[106] 중국의 선박기술, 항법기술, 추진력, 조타술과 선내장비 수준은 유럽과 맞먹거나 오히려 능가하여 활발한 연구와 모방의 대상이 되었다. 선체의 모양, 방수구획의 설치, 배수 및 전투 중의 화재를 진화하기 위한 펌프 기구 설치 등은 유럽의 배에선 상상할 수 없을 정도로 혁신적이었다.

보물섬 조선을 찾아나선 네덜란드

　1498년 포르투갈의 바스쿠 다가마는 인도의 캘커타(Calcutta, Calicut) 항구에 도착했다. 그는 투박한 싸구려 물건인 거울과 유리로 만든 진주 등을 파는 데 심각한 문제가 있었다. 장기협상 끝에 그는 담보물을 잡고, 인도인에게 향료를 얻을 수 있었다. 서양인은 동양에 팔 물건이 없었다.

　1833년 로버트 루이스 스티븐슨의 소설 『보물섬』이 나오기 전, 그리고 하멜 이전 네덜란드와 유럽에는 조선이 보물섬이라는 소문이 퍼져 있었다. 1639년 6월 보물섬 원정대는 조선의 금, 은과 바꿀 비단과 면, 향료를 싣고, 인도네시아 바타비야의 동인도회사 상관을 출발했다. 3차까지 진행된 보물섬 원정대는 결국 실패한다. 모든 기술과 국제제도를 이용하여 접촉하고자 했던 조선. 그러나 어떤 제도의 힘도 불가능함이 드러났을 때, 역설적이게도 그 제도의 힘이 모두 좌절된 표류를 통해 접촉이 성사되었다. 1653년 제주도에 표착한 하멜은 그 장면을 이렇게 적고 있다.

드디어 바다가 사나워지고 배는 크게 동요하고 물이 들어오기 시작했다. 비가 계속 내리기 때문에 위도는 측정할 수 없어서 어딘가 난파당하는 일이 없도록 거의 돛을 올리지도 못하고 물결 따라 표류하는 수밖에 없었다.

바다에 폭풍이 일 때는 파도의 거품으로 바다가 하얗게 된다. 옛날에는 바람과 폭풍은 신이 발생시킨다고 믿었는데, 그 이유는 거대한 힘에도 불구하고 바람을 실제로 볼 수 없었기 때문이다.

저녁이 되자 이물(선수)의 일부와 고물의 전망대가 파도에 떨어져 나갔고, 또 제일사장(一斜檣, 이물에서 앞으로 튀어나온 기움 돛대, bowsprit)이 흔들거리기 시작했고, 때문에 이물 쪽이 떨어져 나갈 위기에 부딪혔다. 이물 쪽을 조금이라도 더 고정시키려고 온갖 노력을 다해 보았으나, 배의 심한 동요와 큰 파도가 전후좌우를 계속 덮쳐오기 때문에 곧 실패하고 말았다. 우리는 어떻게든 선원과 배, 그리고 회사의 상품을 하나라도 더 살리기 위해서는 앞 돛대를 좀 올림으로써 심한 파도를 조금이라도 더 피할 수 있다는 것을 깨달았다. 앞 돛대의 돛을 올리려는 순간 고물 쪽에서 파도가 덮쳐 왔기 때문에 이 작업을 하던 선원들은 자칫 휩쓸려 떨어질 뻔했다. 선장은 "다들 들어라, 마스트를 끊어버리고 하느님께 기도하라, 다시 이런 파도가 한두 번 더

덮쳐오면 우리들은 모두 물귀신이 된다. 이제는 별도리가 없다"고 소리쳤다.107)

강풍 노도에 의해 항해가 불가능할 때, 이물을 바람과 파도 위에서 세우기 위해서는 키가 듣는 정도의 최소한의 돛만 남기고 다른 것은 모두 접어버린다. 하멜을 이 바다까지 오게 했던 힘은 물결과 바람결, 조선술과 항해술, 그리고 그들이 명령받은 동인도회사의 지시, 임노동관계, 국가의 무역허가 등이었다. 그러나 폭풍우를 만난 순간에 그들이 의존할 수 있는 마지막 힘은 물결, 즉 해류뿐이었다. 구로시오라 불리는 해류만이 그들의 운명을 결정할 수 있는 상태에서 만난 것이 제주도였다.

인간은 창조적 적응이 불가능한 상황에서 습관적으로 반응할 뿐이다. 하멜은 자연인이 아니라 이미 이러한 습관과 제도의 인간이었다. 생존본능과 더불어 그를 지탱하는 마지막 습관은 그가 군인이었음을 입증한다. 거리를 가늠할 때 그는 머스킷 총의 사정거리나 캐논 포의 사정거리로만 표현했다. 육지가 '머스킷 총 사정거리'에 있다거나 표류한 곳에 친천막에 어떤 남자가 '캐논 포의 사정거리'까지 다가왔다는 식이다.108)

세계 최초의 주식회사인 동인도회사와 무역

그가 속한 동인도회사란 사실 무역회사이자 군대이기도 했다. 그들의 배 역시 상선이자 군함이었다. 동인도회사는 세 종류의 배를 운용했다. 가장 큰 선박의 경우 일반승객을 포함하여 총 340명이 탈 수 있는데, 그중 군인이 100명이었다. 또한, 동인도회사는 조약체결권까지 있었기에 그 자체가 주권기관이었다. 한편, 영국동인도회사는 영국정부가 개입하고, 회사 내에 육·해군이 있어 선전포고의 권한이 있었다. 식민지 행정·사법권뿐만 아니라 화폐주조권도 있었다.

'자본이 곧 권력'이란 말을 가장 실감 나게 보여준 것이 동인도회사일 것이다. 자본형성기술이 전쟁기술과 결합하면서 자본 권력의 가장 중요한 조건인 배제능력이 향상했다. 초기에 네덜란드는 주로 포르투갈의 리스본을 경유하는 중계무역을 벌였는데, 1580년 포르투갈을 병합한 에스파냐가 네덜란드 선박의 입항을 금지했다. 에스파냐의 패권에 의해 배제당한 것이다. 그러자 네덜란드는 직접 동인도에 진출하는 길을 개척하기로 한다. 희망봉을 향한 항해는 길고 위험했다. 그 상인들은 공동으로 출자해 위험을 분산했다. 1598년 3월 1일 출항하여 1599년 7월 19일 귀향했는데, 이들은 단 한 번의 항해로 선박건조비용을 회수했다. 이런 성과에 힘입어 동인도회사는 여섯 개로 늘어났다.

1602년 네덜란드 정부는 동인도회사를 모두 합병하여 네덜란드연합 동인도회사를 세웠다. 정부는 이들에게 희망봉에서 마젤란 해협에 이르기까지 무역에서 전매권을 인정하는 면허장을 수여했다. 실로 세계 절반에 해당하는 영역에 대한 배타적 독점이 수립된 것이다. 이들은 여기에 더해서 아직껏 존재한 적이 없는 자본확보 방법, 즉 차별적 자본축적 방법을 발명한다. 우선 이들은 자본금을 여러 도시에 분산시켜 놓고, 정작 회사는 시민들에게 새로운 사업에 투자하도록 하여 자본을 확보했다.

그리고 투자자에게 미래에 발생할 수익에 대한 권리로 주식이란걸 발행했다. 주식회사의 탄생이다. 1606년의 일이다. 1609년 동인도회사는 주식을 환불하는 것은 불가하지만, 투자자에게 되파는 것은 인정한다고 주주들에게 선언했다. 동인도회사의 주식거래를 시작으로 세계 최초의 주식시장이 문을 열게 되었다. 주식의 등장은 금융시장의 판도를 바꾸었다. 수요공급 법칙에 따라 주식가격이 결정되는 세계를 창조한 것이다. 후일 베른슈타인은 이 주식회사의 체계를 뒤늦게 발견하고, 자본의 사회화 경향을 자본의 해체로 오해하여 사회주의 이론을 수정한다.

주식회사의 역사에서 간과하지 말아야 할 것은 국가권력이 이들에게 면허장, 즉 배타적독점권을 수여했다는 점이다. 자본과 권력의 일체화, 즉 자본은 언제나 권력자본이라는 점을 잊지 말아야 한다. 1610년 세계 최초의 주식회사는 세계를 정복할 태세를 갖추었다. 면허장을 갱신하고 새 주주들도 모집했으며, 동남아 전역에 공장과 상점을 세웠다. 차별적 자본축적을 위해서는 권력과 공포를 과시할 수 있는 군대가 필수였다. 당시 동인도회사는 전함 40여 척과 1만 명의 사병을 거느렸는데, 군사력은 무역을 위한 필수 전제로 생각되었다. 자본은 피를 먹고 자란 것이다. 전쟁 대상은 새로운 식민지가 아니라 주로 서구의 경쟁자인 스페인과 영국이었다.

그러나 군사력은 이전 시기에도 있었다. 이 시기에 주식회사 제도가 성공을 안겨줄 수 있었던 것은 바로 '규모의 경제'에 있었다. 한 사람의 행위가 제삼자의 경제적 후생에 긍정적 혹은 부정적 영향을 미치는 현상을 경제학에서는 네트워크의 외부성이라고 한다. 이는 다시 말하면 취합된 정보의 활용능력인데, 더 간단히 말하면 규모가 클수록 효율적이라는 것이다.

해양수송망과 같은 망산업은 규모의 경제가 작동하므로 독점을 막기 위해서는 국유화하는 것이 경제의 상식이다. 동인도회사는 국가가 부여하는 각종 특권에 대한 조건으로 2만5천 길더를 지급했다. 그런데 의회에서는 이 돈을 한 푼도 유용하지 않고, 다시 동인도회사에 투자했다. 즉, 국가가 동인도회사의 대주주가 된 셈이었다. 의회는 처음 동인도회사에 21년짜리 특허장을 발급했는데, 10년에 한 번씩 자산평가를 다시 하여 투자 기간을 연장했다. 이때 사전에 자금을 회수하고 싶어하는 주주들은 암스테르담의 증권거래소에서 손쉽게 주식을 매도할 수 있었다.

이러한 주식 전매로 주식 수는 그대로 유지하면서 주주만 바뀌는 오늘날의 주식 시장과 같은 형태가 나타났다. 네덜란드의 번영은 산업보다는 무역을 토대로 한 것이었는데, 이것이 네덜란드의 약점이기도 했다. 마르크스에 의하면, 금융이나 상업은 궁극적으로 이윤을 창출하지 못한다. 산업, 즉 생산만이 이윤창출의 원천이다.

네덜란드의 정치제도도 주변 강대국인 영국·프랑스와는 다른 연방제이며, 총독이 통치하는 형태였고 무역상인의 권력이 강했다. 그런데 무역 상인들은 각 주의 독자적 권리를 주장하고 분권적인 공화제를 주장한 반면, 네덜란드의 명문가인 오란예 가가 독점한 총독은 집권적 절대군주제를 주장하여 갈등을 빚었다. 한때는 내란의 위기까지 치달았고, 이것이 쇠퇴의 한 원인이 된다. 그렇지만 네덜란드가 쇠퇴하게 된 결정적인 계기는 영국과의 패권경쟁이었다.

세계적 분업체계에 따라 변하는 이해관계

네덜란드는 독립전쟁 당시에는 에스파냐를 견제하기 위해 영국의 지원을 받았지만, 독립 후에는 무역, 식민지 지배의 주도권을 놓고 영국과 대립했다. 이 싸움의 과정에서 1651년 영국의회는 항해법을 제정하는

데, 이 법은 영국 및 그 식민지에 수입되는 물품의 수송을 영국 및 관련 국가에만 제한함으로써 네덜란드의 중계무역에 큰 타격을 준다. 네덜란드의 자본축적을 봉쇄하고, 영국의 차별적 자본축적을 실현하기 위한 권력이 투사된 것이다. 결국, 네덜란드는 1674년까지 3차에 걸친 영국과의 전쟁을 치르면서 쇠퇴하게 된다.109) 이 기간이 대략 하멜의 표착 기간과 겹친다.

『하멜표류기』(1668)가 네덜란드에서 작지 않은 파장을 일으킨 것은 보물섬 등 이미 사전 정보와 사회적 요구가 있었기 때문이다. 조선은 13년 동안 하멜을 통해, 그전에 이미 표착했던 박연(벨테브레)을 통해 네덜란드에 관한 어떤 정보도 수집하지 않았다. 하멜 일행을 통해 서구세계에 가장 깊은 관심을 보인 것은 조선의 승려들이었다. 일본은 1666년 나가사키 부교오[장군 밑에서 정무를 분담]를 통해 하멜에게 54 가지의 질문을 던져 조선의 핵심정보를 수집하는 데 단 하루도 걸리지 않았다.

하멜은 표류기를 썼고, 이를 통해 네덜란드와 유럽은 조선에 대한 상세한 정보를 취하게 되었다. 새로운 세계를 대하는 이러한 태도는 개인이나 국가의 문제이기도 하지만, 세계체계에서 처한 위치와 역관계가 초래하는 현상이기도 하다. 조선은 중화체계의 일부였고, 다른 나라에 굳이 관심을 가질 필요가 없었다. 필요한 모든 것은 조공체계에 의해 거의 충족된다고 보았기 때문이다. 1793년 건륭제가 비교우위이론에 입각한 무역을 요청하는 영국 조지 3세에게 보낸 유명한 친서에 언급한 대로 '우리에게는 없는 물건이 없다. 귀국의 제품은 우리에게 아무 쓸모가 없다'는 생각을 조선 역시 공유하고 있었을 것이다.

임진왜란 이후 조공체계에서 배제된 일본은 베트남의 호이안까지 가서 중국 물건을 사와야 했기에 언제나 조선으로 통하는 길에 간절했다. 특히 바쿠후가 종교 문제로 포르투갈의 일본 무역을 금지했을 때, 일본은 조선을 통해 중국 물건을 수입할 수 있을지 여부를 쓰시마에 타진하기에 이르렀다. 반청복명 세력인 정성공에게 타이완 상관을 빼앗긴 뒤, 조선을 대체지로 생각하던 네덜란드 역시 조선에 대해 간절했다. 그러나 조선은 이들 나라에 아무런 절박함이 없었다. 오히려 통신사들이 일본에 갈 때면 길에서까지 시 한 수를 청하는 그들에게 『시경』의 시를 통해 이들 오랑캐를 교화시키겠다는 의식만이 강했다. 일본의 호전성을 문명교화 할 수 있다는 자만심이 있었다. 이처럼 세계를 대하는 태도는 세계에서 차지하는 지위를 반영한다.

『하멜표류기』에 효종을 알현하는 장면이 있다. 만약 조선을 도모해 볼 뜻이 있었다면, 이는 조선 핵심부의 기밀을 알 수 있는 정보가 아닐 수 없다. 그러나 네덜란드는 이를 가치 있는 자료로 활용하지 않았다.110) 이해관계가 발생하기 전까지 지식량의 과소는 별 의미가 없다. 이해관계가 지식을 지식답게 만드는 원천이다. 바로 그 이해관계는 세계적 분업체계에 따라 변화한다. 네덜란드가 그랬다. 조선에서 기대했던 보물이 허상인 것을 알게 되었을 즈음 일본의 은이 등장했다. 은은 세계분업체계와 어떤 관련이 있었을까?

유럽 중심의 근대 세계시스템 형성 촉진한 중국 은 수요

『하멜표류기』에 등장하는 몇몇 소품에는 문득문득 세계의 구조가 스쳐 간다. 하멜을 표류하게 한 요인 중엔 직접적이나 미미한 원인이 있고, 간접적이나 거대한 동기가 있다. 사진은 사실을 반영하지 않는다. 사진가의 이해관계와 관심을 반영한다. 그 형식은 프레임이다. 『하멜표류기』의 어디에 초점을 맞추는가에 따라 하멜이 처했던 맥락은 전혀 다르게 재구성될 수도 있다. 하멜은 다음과 같이 쓰고 있다.

사관들은 그 섬에 주재해 있는 사령관과 제독을 방문하여 각각 망원경을 증정하고 한 통의 틴타주[111]와 그것을 따를 은 술잔을 가지고 갔다. 그들은 술맛을 보자 아주 맛이 좋다는 것을 알고 매우 많이 마셨다. 우리들은 그들에게 은 술잔을 선물로 주었다.[112]

다음 문장 하나를 더 보고, 앞 문장과의 공통되는 초점 하나를 더 찾아보라고 문제를 낸다면, 당신은 어떤 답을 낼 것인가.

사람들은 동전 외에는 화폐라는 것을 모르고 있다. 그러나 그것은 중국과의 국경 지방에서만 사용되고 있다. 그들은 은의 무게를 달아서 물건을 사고파는 데 쓴다. 그 은은 크고 작은 여러 조각으로 되어 있다.[113]

이미 눈치챘을지 모르겠다. 답은 은이다. 유럽은 중국과 아시아로부터 필요한 물건을 수입해야 했다. 송나라 때를 최고 정점으로 하여 중국과 유럽의 부의 편차는 노골적으로 기울어져 있었다. 10세기경을 경계로 해서 세계의 농업 선진지는 서아시아로부터 동아시아로 이동하기 시작했다. 그 이동은 건조지의 전작(畑作)으로부터 습윤지의 도작(稻作)으로의 전환을 핵심으로 했는데, 16세기는 동아시아의 습윤지 도작의 확대가 정점에 달하는 시기이다. 중국 장강 델타 지역의 수리조건이 현저히 정비되는 것이 이 시기이고, 일본의 대하천 하류 지역의 개발이 본격화하는 것도 16세기의 일이다. 16세기 동아시아해역의 공전(空前)의 성황은 동아시아 도작사회의 대확장을 전제로 한 것이었다고 할 수 있다. 한편 유럽에서도 고대 알프스 이남의 건조지 농업으로부터 중세의 알프스 이북의 습윤지 농업으로 중심이 이동했다. 15세기 유럽의 대항해 시대는 중세 유럽경제가 하나의 벽에 부딪히면서 생긴 반영일 것이다.

거듭 강조하지만 유럽은 중국의 물건과 바꿀 만한 물건이 없었다. 1492년 아메리카대륙의 발견은 드디어 중국과 아시아의 물건을 살 수 있는 귀금속 화폐의 보급처가 생겼음을 의미했다. 16세기 유럽에서 막대한 양의 은이 유입되자 명나라 때부터 화폐경제가 발전하였다. 이에 1570년대 장거정(張居正)은 세금을 통합·단일화하여 은으로만 받는 일조편법(一條鞭法)을 실시한다. 징세 혁신이라 할 수 있는 일조편법으로 국고는 10년분의 식료와 400만 냥의 잉여금을 축적할 수 있었다. 그러나 이는 궁핍화나 재정위기에 직면한 명 왕조의 필사적인 대응책이었다. 그러자 은이 점점 모자라게 되었다. 명 초에는 절강이나 복건을 중심으로 연 100만 냥 이상의 은이 채굴되었으나, 15세기 중반 이후에 은 생산량은 적어져 국내산 은에 의지할 수 없는 상황이었다.

명은 조선에 조공물품으로 은을 바치라고 요구하였다. 세종은 이를 거절하였고, 명 역시 다시 요구하지 않았다. 1503년 단천에서 김감불과 김거동이 은광석에서 납을 제거하는 '연은분리법'을 개발한다. 하지만 조선은 연은분리법을 더는 발전시키지 않는다. 이 기술로 은 생산량을 늘리면, 명나라에서 다시 은을 조공물품으로 바치라고 요구할 수 있었기 때문이다.

이때 등장한 것이 일본 은이다. 일본 상인들은 조선 기술자에게 연은 분리법을 배워 시마네 현 이와미 은광을 개발해서 은 생산량을 엄청나게 늘렸다. 일본 은은 1530년대에 조선과의 무역에서 등장한다. 16세기 초 조선에서 단천은광이 개광됨으로써 은의 흐름은 조선에서 일본과 중국으로 향하였다. 그러나 1530년대에 이르러 일본에서 조선으로 은이 대량 유입되기 시작해 역전현상이 일어났다. 조선 측은 일본과의 무역을 엄격히 제한하였지만, 1540년대 이르면서 일본 은이 중국으로 향하게 되어 생사와 은의 교역이 극적으로 급증했다.114)

16세기 동아시아에서 무역확대의 계기가 된 것은 일본에서의 은 생산의 급증이었다. 16세기 중반이 되면, 동중국해 교역의 담당자로서 새로운 세력이 등장한다. 포르투갈과 스페인이다. 포르투갈은 1511년 동남아시아 무역의 거점이었던 믈라카를 점령했지만, 이후 중국과의 통상을 위해 동중국해에 출몰하기 시작했다. 조총을 전해준 사비에르(Francis Xavier)가 일본에 표착한 것도 그런 움직임의 한 단면이었다. 포르투갈은 1554년에 광주(廣州)에서의 통상을 인정받아 1557년에 그 해역에서의 무역에 참여하기에 이른다. 포르투갈인의 통상활동은 이미 형성되어 있던 동중국해의 교역에 그대로 편승하는 형식이었지만, 포르투갈보다 조금 늦게 등장하는 스페인의 경우는 사정이 달랐다.115)

스페인은 1560년대부터 필리핀 해역에 등장하기 시작하여 1571년에 루손 섬을 점령, 마닐라를 건설해 여기를 동아시아의 거점으로 삼았다. 그리고 남미의 포토시 광산의 은을 마닐라에 가지고 가서 중국과의 통상에 참여했다. 동으로 돌아서 온 포르투갈, 서로 돌아온 스페인, 양자가 1570년대에 동아시아에서 만난 것이다. 이로써 월러스틴이 말하는 유럽을 중심으로 한 근대 세계시스템은 그 윤곽을 다 형성한 것이다. 중국의 은 수요야말로 그 형성을 촉진한 최대 요인이었다.[116]

　1634년 포르투갈의 일본 진출은 종교의 벽에 막혔고, 1641년 종교보다 무역을 우선시한 네덜란드가 200년 동안 일본에서 독점적인 활동을 전개한다. 따라서 네덜란드로서는 조선에 대한 환상이나 요구가 소멸한 시기에 하멜이 표류했다. 또한, 하멜의 탈출이 가능했던 것은 나가사키에 네덜란드 동인도회사의 상관본부가 있었기에 가능한 것이었다. 같은 네덜란드 표류자이면서도 벨테브레(박연)가 하멜의 탈출권유를 뿌리친 것은 나가사키 상관이 건설되기 전에 그가 표류했던 것과도 무관치 않을 것이다.

우연의 바탕에 자리잡은 거대한 구조

　유럽과 동아시아와의 최초의 만남은 대체로 유럽의 짝사랑으로 끝나고 만다. 해금이라든가 쇄국이라 말해지는 17세기 이후 동아시아의 상황이 단적으로 그것을 말하고 있다. 은의 유입을 가장 강하게 거부한 조선에서 동아시아의 그러한 양상이 상징적으로 나타난다고 할 수 있다.[117] 국제법의 시조라 불리는 동인도회사의 변호사 그로티우스(H. Grotius)의 『자유해론』은 당시 아시아에서는 정착될 수 없었다. 힘 관계의 법률적 표현인 국제법은 중국의 패권이 유럽으로 전이 된 다음에나 작동할 수 있었기에 하멜의 억류를 법적·도덕적으로 비난하는 것은 당시의 역사적 관점에서 본다면 가망이 없는 일이다.

유라시아는 육로가 아닌 해로 특히 대서양과 태평양을 거쳐서 하나가 되었다. 유라시아체계도 세계체계를 통해 구성된 것이다. 하멜을 제주에 표류하게 했던 맥락은 바로 이런 세계체계였다. 우연이란 없다. 우연으로 보이는 일의 바탕에는 거대한 구조가 있다. 그것이 우연으로 비치는 것은 세계체계에서의 지위와 역할이 미미하고 그로 인해 강렬한 이해관계가 발생하지 않았기 때문이다. 따라서 아주 작은 일도 세계체계와 연결하는 통찰과 기획력이 있을 때 우연은 필연으로 전화한다. 심지어 '산 위의 배'라도 말이다.

여섯 | 연북정

제주·오키나와인의 난파, 표류, 표착

바다 위에 뜬 방주처럼 연북정과 조천진성이 서 있다. 창을 통해 하늘을 보듯 연북정을 통해 바다를 본다.

연북정을 찍으려고 애써 각도를 잡고 있을 때였다. 누가 뒤에 있는 것 같아 돌아보니, 한 여인이 내가 찍고 물러나기를 기다리고 있었다. 차림새로 보아 올레길을 걷는 여행객임을 어렵지 않게 알 수 있었다. 나는 먼저 찍으라고 자리를 비켜 줬다. 아무래도 내가 찍는 시간이 오래 걸릴 것 같았기 때문이었다. 그녀는 예상대로 한 장을 찍더니 연북정 마루에 가서 앉았다. 아마 내가 더는 사진을 찍지 않을 것으로 생각했던 모양이다. 내가 사용하는 사진기가 똑딱이 사진기였으니 특별히 나를 사진가로 의식하지 않는 것 같았다. 나는 그녀가 바닷바람을 쐬다가 일어나기를 기다렸다. 그러나 그녀는 꽤 오랜 시간이 지나도 일어나지 않았다. 귀에 무엇을 꽂고 음악을 듣고 있는 것 같았다. 나는 안 되겠다 싶어 그녀에게 다가가 말을 걸었다. "저…"라고 말을 꺼내자 그녀는 약간 놀란 듯했다. 그래서였는지 막상 하려던 말은 안 나오고 "저 혹시 조천관 터가 어딘지 아세요?"라고 물었다. 그녀의 답은 짧았다. "모르겠는데요." 나는 다시 그녀의 뒤편으로 돌아가서 원래 자리에 섰다. 어색한 시간이 연북정을 표류하고 있었다. 그녀가 혹시 고개라도 돌리면 뒤편에 서 있는 내가 이상하게 보일 것 같았다. 그래서 결국은 연북정 촬영을 뒤로 미루고 계단을 내려왔다. 그리고는 뭘 해야 할까, 잠시 혼란스러웠다. 그런데 조천관 터를 물어봤으므로 조천관을 찾아야 할 것 같았다.

반나절을 '표류'하다 찾은 조천관 터

누구도 시키지 않았고 나도 계획에 없었지만 나는 조천관을 찾아다니고 있었다. 연북정 일은 잊고 조천관 터 찾는 일에만 열중했다. 우연한 마주침과 접촉이 선택을 바꾸고, 뒤바뀐 선택이 또 다른 마주침을 만들어 가는 상황. 지도상으로는 근처인 것 같은데 아무리 찾아도 나타나지 않았다. 다른 유적은 거의 다 찾았는데 정작 조천관 터는 나타나지 않았다. 그러다가 연북정이 생각났다. 이 정도 시간이 흘렀으면, 그 여인은 자리를 떴겠다 싶었다.

연북정을 향해 가다가 보니, 이런! 연북정 바로 앞에 조천관 터를 알리는 비석이 서 있었다. 먼 길을 돌아 눈앞에서 놓쳤던 원점으로 다시 돌아왔다. 조선 성종대의 학자 최부는 부친상을 통보받고 나주 고향 집을 향해 배를 띄웠다. 풍랑을 만나 표류한 끝에 중국 강남의 뭍에 닿아 여섯 달 만에 귀국하여 다시 돌아온 곳 조천관 터. 반나절 동안의 동네 '표류' 끝에 출발점 바로 앞에서 발견한 조천관 터.

이제 제주사람이 다른 나라에 표류한 이야기를 해보자. 제주와 오키나와 사람이 가장 많이 교류한 것은 교류할 목적이 전혀 없었던 난파와 표류와 표착이라는 목숨을 건 항해를 통해서였다. 풍력 8(풍속 34~40km) 이상이 되면 표면수의 흐름이 반대로 되는 경우도 있다. 이런 예기치 못한 상황을 맞으면 표류가 발생한다. 표류사고의 대부분은 조류의 흐름을 잘못 관측했거

조천읍에 있는 조천관 터. 조천관은 육지 왕래하는 귀빈이 머물거나 조공품 등을 보낼 때 공부를 보던 곳이다.

나, 바람에 의하여 표면수의 방향이 바뀌어 선박이 밀려가기 때문이다. 바람의 방향과 해류의 방향이 일치하지 않고 거스르는 경우에 표류가 발생한다.118) 조선 초까지만 해도 류큐와의 교린 관계가 이루어졌지만 조선 후기 교린 관계는 붕괴되었다. 심지어 표류민의 송환에 감사를 표해야 할 예의지방 조선의 모습은 실망스럽게도 찾아볼 수 없다. 결국, 정부 간의 교류가 단절된 상태에서 표류 끝에 표착한 사민을 통해서만 교류가 이루어진 셈이다. 육지의 끝, 천하의 끝인 바다에도 길은 있었으며, 사실은 그 바닷길에 운명을 건 선원들이 있어 새로운 세계에 대한 지식도, 세계를 인식하는 또 다른 방법도 알게 된 것이다.

선원의 인식과 상인의 인식

프랑스 사상가 알랑은 지의 원천으로서 선원과 상인의 비유를 들고 있다.119) 선원은 무엇 하나 의지할 데 없는 바다 위에서 별이 뜬 하늘을 바라보고, 얼핏 보기에 끊임없이 변동하는 수많은 별 속에서 불변의 구조를 찾아낸다. 그는 자연을 변화시킬 수도 지배할 수도 없다. 그러므로 선원은 사물이 아니라 사물의 구조만을 응시한다.

선원의 비유는 우리가 결코 지배할 수도 움직일 수도 없는 '타자'로서의 자연에 대해 가진 지(知)를 의미한다. 이것은 "세계에 동일적·불변적인 구조(로고스)가 있는가, 없는가?"라는 형이상학 논의와는 무관하며, 끊임없이 실천을 통해 발견되는 지의 존재 방식이다. 이에 대해 상인은 자연이 아니라 인간을 상대로 말로 유혹하고 설득한다. 상인은 철학자들에 의해 부정적으로 묘사되었지만, 가라타니 고진은 상인의 비유가 대화 속에서 발견할 수 있는 지식에 불가결한 것임을 간파한다. 즉, 상인에겐 상대방의 합의 없이는 아무것도 가능하지 않고(사기도 합의를 요한다), 아무것도 못한다는 사실이다. 상인은 공동체 외부에서 알 수 없고 예측하기 어려운 불가해한 '타자'를 상대하며, 또 타자를 배제하는 것이 아니라 타자의 자유를 받아들이는 것 말고는 타자를 구속할 수 없는 장소에 서 있다.120)

역사는 아담 스미스의 경제학을 통해 이러한 지식을 얻었다. 나의 이익을 위해서는 남을 이롭게 해야 한다는 역설 말이다. 남을 이롭게 하는 것은 내가 착해서가 아니라 나의 이익 때문이다. 철학도 원래 공동체 속이 아니라 언어가 교착하는 '세계', 즉 타자를 설득하는 것으로밖에 강제할 수 없는 장소에서 발생했다.

실제로 공동체를 벗어난 말, 따라서 대상이나 주술의 힘에서 해방된 말 속에서만 철학적 사고가 시작된다. 이 과정, 즉 상품이 교환되고 가격이 합의되는 과정은 마르크스의 『자본론』의 개념을 빌린다면 '목숨을 건 비약'을 통해서나 가능한 처절한 과정이다. 결국, 상인의 상황도 선원의 상황이 전제되어야 성립되는 것임을 마르크스는 간파한 것이다. 선원의 인식과 상인의 인식은 분리된 둘이 아니라 우리 안에 모순되며 충돌하는 두 측면일 뿐이다.

1475년 2월 초 제주도에서 서울로 보내는 귤을 싣고 배 한 척이 떠났다. 도중에 큰 풍랑을 만나 14일이나 표류하던 끝에 요행히 류큐 남단에 있는 윤이도(閏伊島)에 닿았다. 그들을 오키나와로 이끈 것은 구로시오 해류였다. 제주에서 표류하면, 난류를 따라서 서남쪽으로 흘러가서 오키나와나 중국 남부해안으로 흘러들어 간다. 반대로 구로시오 해류는 오키나와를 거쳐 한 가닥은 대마 난류로 갈라지고, 다른 가닥은 일본열도 아래로 흘러간다. 그래서 오키나와에서 표류하게 되면 자연스럽게 대마 난류 쪽으로 흘러가면서 제주도를 거쳐가게 된다. 구로시오 해류가 한반도와 류큐를 연결해 온 교섭로 역할을 한 것이다.121) 류큐 왕국은 제주도 표류민에 대해 대체로 융숭히 대접한 후 조선으로 송환시켜 주는 것이 관례였다. 류큐에 도착한 이들도 오키나와의 여러 섬을 2년 반이나 여행하면서 그들의 생활을 직접 관찰하였다. 그 기록이 바로 제주 사람 김비의의 견문록인 『유구 풍토기(琉球風土記)』이다.122)

표류자에 배타적이었던 제주, 조선

오키나와인이 조선 표류민을 극진히 대접하여 청나라를 통해 송환한 데 비해, 조선은 잔혹하게도 표류한 오키나와인을 약탈하거나 학살하는 일이 빈번하였다. 광해군 3년(1611) 3월에 류큐국 왕자가 제주에 표착한 것을 못된 관원들이 살해한 사건이 벌어진다. 사쓰마 번주에게 잡혀가 있던 부왕을 만나러 가던 왕자 형제들이 풍파를 만나 표류한 것인데, 목사 이기빈이 판관 문희현과 포위하고 모조리 죽인 뒤 그 재화를 몰수했다. 왕자가 사신의 깃발과 부절(旌節)을 벌여놓고는 안색의 변화도 없이 조용히 해를 당했으므로 이 소식을 들은 사람들이 애처롭게 여겼다. 이 사실이 탄로 나서 이기빈은 북청으로, 문희현은 북도로 유배된다.123) 이 사건은 아시아 조공체계에 편입된 국가 사이에서 널리 알려졌고, 표류한 제주인들은 자신의 출발지를 제주가 아닌 다른 곳으로 속이는 일이 빈번하였다.

1592년 임진왜란 발발 후부터 1910년 일제 강점이 시작되기 이전까지 약 320년 동안 조선인이 일본에 표류한 사건은 총 743건이었다. 그중 150건이 제주인이었으나 53건만 제주인임을 밝혔고, 무려 97건이 강진이나 영암 등 다른 고장 사람이라고 거짓말을 했다.[124] 베트남인들에게도 역시 제주인이라고 하는 것은 위험한 일이었다.

1771년 정월 초이틀, 푸른 비단 옷을 입고 있는 사람들이 탄 커다란 배가 표류하던 제주 출신의 장한철 일행을 구한다. 안남, 즉 베트남사람들이었다. 구조된 후 이들은 한자를 써 필담을 나누던 중 장한철 일행이 제주인이란 걸 알고 태도가 격하게 바뀐다. 안남인은 격분하여 장한철에게 옛날 탐라의 왕이 안남 세자를 죽이었으므로 당신들 모두 손으로 배를 갈라내어 나라의 원수를 갚겠다며 달려들었다. 장한철이 애써 사정하여 겨우 마음을 돌리긴 했으나, 그들은 원수와 함께 배를 타고 건널 수 없다고 하므로 표류민들은 바다 한가운데서 또 고아 신세가 될 판이었다. 그때 장한철도 의문이 들었다. 자기가 알기로 옛날 제주 목사가 류큐 태자를 죽였다고 하는 데 류큐가 아니고 안남 세자였던 것인가 하고 말이다. 나 역시 의문이지 않을 수 없었다. 장한철의 『표해록』만이 아니라 1687년 안남에 표류했던 제주 신촌 사람 고상영의 표류기에도 안남 세자가 조선 사람에게 죽임을 당했다며 일행을 해치려 하는 대목이 나온다.

연암 박지원이 정조의 명에 따라 제주사람 이방익의 표류기를 담은 『남유록』에는 "탐라인으로 외국에 표류한 자들이 거짓으로 본적을 칭하는 것은 속전(俗傳)에 유구 상선이 탐라 사람에게 해를 입었기 때문이라고도 하고, 혹은 말하기를, 그것은 유구가 아니고 안남이라고도 한다"고 적혀있다. 『남유록』의 역자인 김익수 씨는 최근 논문을 통해 '유구 세자 피살설은 허구'라고 못 박았다.

제주 산지천 부근에서 외국 대형무역선이 불탄 1611년 8월 중순에 류큐의 왕자들은 가고시마와 나하 등에 있었다. 1609년 사쓰마 번(薩摩藩)이 에도바쿠후의 허락을 얻어 류큐를 침공하고, 왕을 비롯한 주요 가신들 백여 명을 사쓰마로 끌고갔다. 인질들은 2년 뒤 사쓰마에 대한 충성과 복종의 서약을 하고서야 풀려났다. 김익수 씨는 실제 산지천에 표착했던 배에서 죽은 사람은 류큐 세자가 아니라 슈리 귀족의 젊은이로 추정했다. 안남 세자 피살설 역시 안남 사람이 배에 있던 게 와전되었을 것으로 봤다.[125] 현재의 시점에서 이 같은 주장을 받아들인다 해도 당시에는 분명 조선 특히 탐라의 이미지가 얼마나 흉악했는가를 알 수 있다.

외국 특히 류큐에 대한 이 같은 배타적 태도는 사절 간의 공식관계에서 더 노골적으로 드러나기도 했다. 류큐는 1698년(강희 37년)에 이어 1716년에도 조선표류민을 중국을 경유하여 송환하였다. 조선정부에서는 1609년 일본에 정복된 류큐와 국교를 단절한 상태라 어떻게 대응할지 논의하였다. 류큐에 감사의 자문을 보내야 한다는 의견과 안된다는 의견이 대립하였다. 같은 노론이지만 전자는 민진후가 후자는 송상기가 각각 의견을 내고 대립했다. 결국, 숙종은 송상기의 의견을 받아들인다. 즉, 조선과 류큐는 같은 번복국(藩服國)이므로 서로 문서를 주고받으면 '외교의 계', 다시 말해 청조라는 종주국을 통하지 않고 사적인 교제를 하는 것이라고 하였다.[126]

아편전쟁기 영국이 포린 어페어(foreign affair)의 번역을 '외교'로 했을 때도 양국 간에 큰 긴장이 발생했다. 청조를 통하지 않고 번복국이 사적 교제를 하는 것이 외교였으므로 이는 책봉 조공의 중화질서를 부정하는 용어였기 때문이다. 당시 조공체계의 현실이 이러하였으므로 조선 조정에서는 측은지심의 인의보다 국제관계의 명분을 우선순위로 적용한 것이다.

이미 1662년, 1663년, 1669년에도 류큐는 조선 표류민을 일본을 경유해 송환해주었으나, 조선에서 쓰시마 도주에 보낸 감사의 서장에서도 '류큐국'이라고 하지 않고, 일본의 일개 번처럼 '류큐'라고만 기술하였다. 수많은 연행록에 기록된 조선 연행사와 류큐 연행사의 접촉은 기묘할 정도로 데면데면하였다.127) 당시 조선사절이 머물던 옥하관에서 양국 사절이 만났다는 것에서 분명히 알 수 있는 것은 중국 청조에서 양국 사절의 접촉을 특별히 막지 않았다는 점이다. 옥하관을 관리하던 제독은 출입을 엄중히 통제하는 임무를 수행한다. 류큐 사절은 의복을 입고 방문하였으므로 제독의 검문을 받은 결과 류큐 사절이라는 명확한 신분확인 연후에 받고 자신들의 방문을 알려 옥하관에 들어가는 것을 허가받았을 것이다. 그러나 조선 측이 류큐와 관계를 맺고 싶지 않다는 강한 의지를 보임으로서 류큐 측은 머쓱해서 물러나야만 했다. 이 같은 사실은 양국의 표류민정책의 차이와 정확히 일치한다고 할 수 있다.128)

"수치스러워 말조차 나오지 않았다"

1728년(옹정 6년) 정월 9일, 류큐에 표류해 왔던 조선 제주 백성들이 북경에 도착하였다. 류큐에서 중국 복주까지 이들을 송환해 온 류큐 조공사절도 같은 날 북경에 도착했다. 다음 날인 10일 마침 북경에 체류

중이던 조선연행사는 이들 제주 백성 9명이 전날 북경에 도착했다는 소식을 듣고 류큐 숙소로 사람을 보내 제주 백성 9명과 만나도록 하고 류큐 사신에게 사의를 전하도록 하였다. 그런데 류큐 사절의 숙소였던 삼관묘에서 출입을 통제하던 제독이 조선사절을 막았다. 조선 측이 "류큐 사절을 만나 사의를 전하고 싶다"라는 방문 이유를 제독에게 고하자 제독은 "그대들이 스스로 굽혀 입견할 필요는 없다. 여기서 그들을 불러 만나는 것으로 충분하다"고 주의를 주었다.[129] 이때 류큐 사절은 조선 측으로부터도, 중국 측으로부터도 홀대를 받는 존재였던 것으로 보인다.[130] 조선 측은 표류민을 심문하면서 충격적인 대답을 듣는다. 표류민들은 류큐인에게 들은 말을 전했다.

우리나라(류큐) 사람이 너희 나라(조선)로 표류해 갈 때마다 너희 나라에서는 항상 이들을 죽여 송환해주지 않는다. 예부터 지금까지 죽어 돌아오지 못한 사람이 몇 명이나 되는지 헤아릴 수조차 없다. 그러나 우리는 너희나라 방식을 따르지 않고 이렇게 구조하여 보호해서 송환하고 있다.

조선 표류민들은 이 말을 듣고 "수치스러워서 말조차 나오지 않았다"고 답한 것이다.[131] 조선과 류큐가 적어도 1634년까지는 교린 관계에 있었다는 점은 류큐의 사료인 『역대보안(歷代寶案)』에 수록된 문서, 즉 조선 국왕이 류큐 국왕에게 보낸 자문(咨文)을 통해 확인할 수 있다.[132] 그러나 조선 측이 류큐인을 송환한 사례는 1612년부터 1790년 사례에 이르기까지, 약 180년 동안 단 한 건도 확인되지 않는다. 일찍이 류큐인의 조선 표착에 대해 청조가 1684년(강희 23년), 중국을 경유해 표착민을 송환하라는 사령을 발한 이후에도, 1790년까지 류큐인의 조선 표착 기록이 장기간에 걸쳐 발견되지 않는 것은 커다란 의문이다.[133)]

부끄러운 일은 또 있었다. 1801년(순조 원년), 제주 당포항에 이방인 다섯 명이 표류해 왔는데 말이 통하지 않았다. 9년 뒤인 1809년 6월 26일(순조 9년) 나주 흑산도 사람 문순득이 이들과 최초로 통역에 성공한다. 실록에는 그가 "여송국의 방언으로 문답하니 절절히 딱 들어맞았다"[134)]고 쓰고 있다. 그들은 류큐를 거쳐 온 여송국(呂宋國, 필리핀) 사람들이었다. 표류 끝에 류큐와 여송국을 거쳐 그 나라 말을 익혀 귀환한 문순득은 여송국 표류민이 9년 동안이나 귀국지 못한 것을 보며 애통해 했다.

내가 유구에 표류했을 때 나도 모르게 하염없이 눈물을 흘리며 울었는데, 하물며 내가 나그네로 떠돌기 3년, 여러 나라의 은혜를 입어 고국으로 살아 돌아왔는데 이 사람들은 아직도 제주에 있으니 안남·여송인이 우리나라를 어떻게 말하겠는가. 정말 부끄러워서 땀이 솟는다.

문순득과 마찬가지로 정동유도 다섯 명이 나라를 찾지 못한 채 조선과 중국에서 떠돌다 죽어간 일에 가슴을 쳤다. 정동유는 고상영의 안남 표류기를 '주영편'에 실었다.

안남 국왕이 제주 사람들을 가엾게 여기어 돈 600냥을 내어서 중국의 상선을 세내어 가지고 매우 애써서 실어 보내고, 또 우리나라에 이문(移文)하였으며 그 회답문을 반드시 받아오라고 한 것을 보면, 안남의 풍속이 인후한 것을 알기에 넉넉하다. 지금 청나라와 우리나라의 처사를 가지고 말한다면 부끄러운 점이 많다.[135)]

일본인 표류자에게 쌀 열 말, 목면 한 필 지급

조선이 표류민을 모두 배타적으로 대한 것은 결코 아니다. 1821년 사쓰마 표착민을 송환하며, 조선 측은 바다를 건너갈 때 쓸 식량과 옷감 명목으로 쌀 26석과 옷감 39필을 별도로 지급하였다. 조선정부는 일본인 표류민에게 1인당 쌀 열 말과 목면 한 필씩 지급하는 것이 기준이었다. 한 사람당 지급된 과해량(過海糧, 바다를 건너는 동안 먹을 쌀) 열 말을 하루 요미(料米, 국내체류시 지급하는 쌀)인 두 되로 나누면 50일분의 식량이 된다. 『성종실록』에 따르면, 대마도는 5일분, 잇키(壹岐)는 15일분, 구주는 20일분으로 정하고, 국왕사(國王使), 교토 인근 대신의 사인(使人), 유구국 사인 등에 대해서는 구주의 일수와 같게 했다고 한다.[136]

그런데 류큐국 사신의 과해량을 20일분만 지급하는 것은 너무 야박하다는 의견이 제기되어 조정에서 논의가 이루어진 적은 있다. 다만 늘리기로 결정을 했다는 기록은 발견되지 않는다.[137] 한편, 15세기 중엽 제주 경차관이 포획한 일본인 48명을 후하게 해서 돌려보낸 적이 있는데 "과해량을 세 말씩 주었더니 고맙다고 절을 했다"는 기록이 보인다. 또 일본인들이 "홑옷(單衣) 한 벌 입고 집을 떠난 지 오래되었다"면서 의복을 요청했다고 한다. 이에 제주 경차관이 "한 사람당 베(布子) 한 필씩 주었다"[138]

다산이 정조의 명을 받고 1821년 편찬한 『사대고례(事大考例)』는 18, 19세기 서남 해안에 닿은 중국 표류선의 처리절차와 처리방식을 사례별로 정리한 저술이다. 이를 통해 조선과 중국 간에는 표류민 처리에 관한 일정한 규례와 절차가 작동되었음을 알 수 있다.[139] 또한, 류큐 역시 이 절차와 규례에 따라 매우 성실하게 대접하였다. 그러나 여송은 송환체계에 포함되어 있지 않았기 때문에 문순득은 체류경비를 스스로 마련하며 생활해야 했다.[140] 마카오에서의 포르투갈 관원은 조선과 국제관계가 형성되어 있지 않았지만, 문순득에게 '성대한 대접'을 해주었다. 포르투갈도 제3국과의 외교관계에 의한 송환체계가 존재하였다.[141] 즉, 중국과의 교섭국으로서 중국과 조선이 또 다른 국제관계로 연결되고 있는 상황을 중요하게 인식하고 있었던 것으로 보인다. 또한, 류큐에서 출발한 호송선이 다시 표류하게 되자, 청과 류큐국이 긴밀하게 국제공조를 하면서 호송선의 행방을 추적하는 모습은 19세기 초 동아시아국가에서 표류송환이 정교하고 긴밀한 공조체계하에 작동되었음을 시사한다.[142]

중국과 조선 후기 표류민 송환체계는 송환하는 상대국가의 존재를 전제로 하고 있다. 송환대상국의 '국가권력'이 존재하지 않는 경우에는 하나의 체계로 성립되기 어렵다.[143] 표류인 송환에 대한 문제가 하나의 체계로 인식되었다고 보는 것은 17세기 중반부터이다. 이때부터 조선·일본·중국·류큐국 사이에서는 표류민에 대해 표착국에서 모든 비용을 부담하면서 무사히 송환하는 체계가 확립되어 운용되었고, 이는 19세기 후반까지 지속하였다.[144]

표류는 자연에 의한 우발적이고 불행한 사건이지만, 표류민 송환체계는 중화체계가 자연재난조차 체계 내로 포섭하는 데 성공하였음을 보여준다. 그러나 표류민 송환체계는 공식적인 중화체계 이외의 기능도 수행했다.

첫째는 정보의 수집이다. 전근대사회에서 표류와 표착이 정보수집의 기능을 할 수 있음을 인식한 것은 소동파[북송 때 시인이자 정치가]가 고려

사신들에 대해 비판적인 태도를 취하면서[145] 송나라 철종에게 몇 번이나 올린 주상(奏狀, 임금에게 올리는 글)에서 나타난다. 송나라도 표류자들을 통해 정보를 수집했다. 1258년 송나라 수군이 고려 상선 한 척을 석동산에서 구해줬는데, 송은 이들을 통해 고려왕이 강화에 피신하고 있다는 정치적 상황 등 정보를 얻은 후에 대접해서 돌려보냈다.[146]

성종 년간인 1488년 최부는 중국 영파 해역에 표착하여 귀국하기까지 명나라 해안의 형세, 방어체계, 도시풍습 등을 샅샅이 기록하였다. 그의 『표해록』은 연행록이 담을 수 없었던 중국 남방지역에 대한 정보를 충실하게 기록하였다.[147] 제주 목사를 지낸 이익태가 쓴 『지영록(知瀛錄)』에는 「남경표청인기(南京漂淸人記)」등 여덟 건의 중국인 표류기가 실려 있는데, 표류에 얽힌 구체적 사실을 묻는 것뿐만이 아니라 중국의 정치동향을 꼼꼼하게 확인하였다.

북경으로 가던 사신 원재명은 송환되던 문순득을 만나 그가 휴대해 온 『노정기』를 읽게 되는데, 그 장관에 사람들로 하여금 망양지탄(望洋之嘆)을 나오게 한다고 했다. 당시 조선 지식인의 입장에서 본다면 『노정기』에 기술된 여러 해외 지역은 현실적으로 다녀오기가 불가능한 곳이고, 심지어 그 지역의 정보조차도 쉽게 얻을 수 없는 매우 소중한 자료였다.[148]

둘째, 표류는 국제질서의 변화를 가져오는 변수 역할도 하였다. 중국 남방의 오는 손권이 즉위하면서 요동에 사신과 장군을 파견하였다.[149] 그들은 사들인 말을 백소의 배에 싣고 귀로에 올랐다.[150] 그런데 오의 선단은 폭풍을 맞아 산둥반도 동단인 성산 근처에 머물렀고, 위는 이를 습격하여 주하를 비롯한 오의 병사를 다수 참수했다.[151] 이후에 오와 공손씨 정권의 우호 관계는 끝나고, 이 사건을 계기로 고구려와 오나라 간에 정치적인 동맹이 맺어졌다.[152] 그리고 이는 고구려의 해양 활동 능력이 강화되는 계기가 되었다.

고려와 일본 사이에서도 표류 상황을 매개로 국제관계가 변한 적이 있었다. 1019년 4월에 도이적이라는 여진족이 대마도와 이키 섬, 규슈 북부의 하카다(博多)를 습격했다. 일본조정은 신라 해적의 소행이라고 의심을 품었다. 그런데 고려 수군이 해적선을 소탕하고, 일본인 포로 259명을 구해 돌려보내자 일본은 기뻐하였다. 그 후 1029년 탐라에서 일본으로 표류한 사람들이 돌아왔다. 1056년 일본 사신이 고려에 왔고, 1073년에는 상인들이 대거 고려에 왔다.[153] 삼별초가 일본과 연대하려 했던 것은 이러한 선행관계가 있었기에 가능한 것이었다.

타이완의 류큐국 표류민 살해 사건과 일본의 개입

표류가 국제관계 변화에 가장 큰 변수로 활용된 예는 1871년 11월 타이완 사건이다. 타이완 동남부에 표착한 류큐국의 미야코지마(宮古島) 사람들이 타이완 현지인들에 의해 54명이 살해되는 사건이 발생한다. 메이지 정부는 이 사건을 계기로 류큐의 중일 양국에 대한 양속상태를 해소하고, 류큐를 일본에 전적으로 귀속시킨다. 그리고 청국 측에 타이완 사건의 책임을 추궁한다. 이에 대해 청국은 타이완이 중국 이외의 지역이라고 답하자 1874년 5월 타이완에 출병한다. 당연히 청국은 반발했다. 그러나 일본은 '타이완은 중국의 정령과 교화가 미치지 않는 화외의 지역'이라는 청국의 언급을 상기시키며 강경한 태도를 보인다.

영국의 조정하에 이 사건을 마무리하면서 메이지 정부는 청국이 류큐민을 일본인으로 인정한 것이며, 이는 류큐가 일본영토임을 인정한 것이라는 근거로 해석하였다. 결국, 1879년 류큐는 일본에 병합되었다.[154] 이는 일본이 표류민 살해사건을 중화체계의 허점을 예리하게 치고 들어가는 계기로 활용한 예이다. 일본의 이러한 준비는 명청 교체기부터 시작된 것이다. 1674년(연보 2)에 『화이변태(華夷變態)』를 편찬한 하야시 순사이[155]는 그 책 이름의 내력을 서문에서 다음과 같이 서술하고 있다.

숭정제(崇禎帝)가 훙거(薨去)하고 홍광제(弘光帝)는 여진(韃虜)에게 패하였다. 당왕(唐王)이라든가 노왕(魯王)이 겨우 남쪽 귀퉁이를 보존할 뿐 중원은 여진이 횡행하고 있다. 이것은 화(華)가 이(夷)에 의해 대체되는 사태이다(是華變於夷態也). (…) 조금 전에 오삼계(吳三桂)나 정경(鄭經)이 각 성(省)에 격문을 날려서 (명 왕조)회복의 군병을 일으켰다. 그 승패의 행방은 알 수 없지만, 만약 이가 화에 대신하는 사태가 된다면, 비록 이역(異域)의 일이라고는 해도 이 어찌 상쾌한 일이 아니겠는가?

명을 화로 보고, 청을 이로 보는 화이관이 일본에서도 공유되고 있다는 것을 『화이변태』는 웅변하고 있다. 송 왕조가 금이나 원이라는 비한족 왕조로 대체되었을 때, 그것을 화이변태로 보는 견해는 없었다. 이런 변화의 배경에는 송대와 비교해서 훨씬 심화된 동아시아세계의 일체화가 존재하고 있다. 17세기 일본에서 중국정보의 계통적인 수집이 계획되었다는 것은 16세기에 획기적으로 진행된 동아시아의 일체화 때문이었다. 그리고 그 일체화는 동아시아 내부에서만 원인이 있었던 것이 아니라 세계체계와 동아시아와의 만남의 산물이기도 하였다.[156] 타이완 사건은 따라서 동아시아에 이미 존재하던 규례의 틈을 예리하게 균열시킴으로써 중화질서를 흔든 사례이다.

다산 정약용은 『목민심서』를 통해 표류선박의 심문에 대한 「표선문정 (漂船問情)」조항을 따로 남기고 있다.157) 다산은 표류선을 문정하는 일은 기미가 급하고 행하기가 어렵다며 지체하지 말고 시각을 다투어 달려나가야 한다고 했다. 그는 지방관이 자신의 관할 지역에 표선이 도착했을 때 이를 처리하는 과정에서 유의해야 할 점을 다섯 가지로 설명해놓았다.

첫째, 이국 사람은 예로써 마땅히 공경해야 한다. 삼가는 마음과 충직과 신의로써 마치 큰 손님 대접하듯 해야 한다.

둘째, 표류선 가운데 문자가 있을 경우 인본이나 사본 할 것 없이 모두 베껴서 보고하게 되어 있다. 실제 전북 무장에 서적을 가득 실은 표류선이 다다른 적이 있었는데, 이 책들을 베껴서 보고하는 게 귀찮은 관리들이 몇 만 권이나 되는 책을 모래밭에 묻어버린 일이 있었다.

셋째, 문정관은 눈을 똑바로 뜨고 엄하게 살펴 문정한답시고 백성을 수탈하는 것을 금해야 한다. 관리들은 큰 집 하나를 빌려 함께 거처하며 그들이 먹는 쌀과 소금은 관에서 돈으로 사들여 날마다 나눠 지급한다. 한 차례 표류선이 지나면 여러 섬이 망한다는 말이 있을 정도로 문정관 일행들이 접대를 빙자해 섬 주민들을 위협하고 겁탈하는 일이 있어서다.

넷째, 매번 표류선 한 척을 만날 때마다 그 배의 제도를 그림으로 설명하며 각각 상세하게 기술해야 한다. 목재는 무엇을 썼는지, 뱃전은 몇 판이나 덧댔는지, 길이와 너비, 높낮이의 정도, 추녀를 숙이고 올린 형세, 각종 노와 키의 형상, 익판으로 파도를 밀어내는 기술 등등 각종의 묘리를 상세히 물어 자세하게 기록해 본받기를 꾀하도록 했다.

다섯째, 표류인과 더불어 얘기할 때는 마땅히 불쌍히 여기는 기색을 보여야 한다. 신선하고 깨끗한 것으로 마실 것과 먹을 것을 내주고, 저들이 기쁘게 돌아가 좋은 말을 하도록 해야 한다.

다섯 가지 지침은 한편으로 바다를 끼고 있는 여러 지역에서 표류가 빈번했다는 점을 말해준다. 또한, 문정관들이 내려와 문정을 핑계로 섬 사람들에게 피해를 끼치거나 수탈하는 일이 빈번하여 이제는 백성들이 표선을 보면 안타까운 마음으로 보살피는 것이 아니라 자기 마을에 들어서지도 못하게 배타하였음을 보여준다. 어려운 처지에 처한 자를 구제하고 보살피는 것은 자연스런 인의상정인데 백성들이 오히려 그 때문에 해를 입는다면 누가 나서서 인의를 떨치겠는가? 표류라는 우발적이고 불가피한 상황에서의 세계와의 만남은 내치가 잘못된 결과 새로운 것에 대한 설레임이 아닌 두려움과 저주로 뒤바뀐 것이다. 그러나 이를 시행하는 관리들이 표선 처리 과정에서 섬 백성들에 해악을 끼치므로 아예 백성들은 표류선박을 받아들이지 않고, 심지어 불태워버려 증거를 남기지 않는 등의 폐단이 심했다. 결국, 국제관계에 빨간불이 켜진 것은 국내 통치의 폐단에서부터 초래된 것임을 알 수 있다.

구조 이해 못할 때 더 큰 위기 도래

바다에서 갑자기 돌풍이 불어온다. 바다는 '갑자기'와 '우연'이 생사존망을 결정하는 곳이다. '예정대로'나 '생각대로'와 같은 필연의 작동이

정지하는 곳이다. 갑자기 표류를 당한 민간인에 대한 예우는 중화체계를 떠받치는 인의와 예절의 바탕이었다. 가장 소외되고 내던져진 자들에 대한 배려와 측은지심의 발로이다. 그것이 탐욕이나 권위 따위에 의해 훼손될 때 사대나 교린의 질서는 흔들리는 것이다.

연북정을 볼 때마다 나는 자꾸 야외무대로 사용하면 좋겠다는 생각을 하곤 했다. 갑자기 무대에 뛰어든 관객처럼 표류는 갑자기 역사에 등장한 사건처럼 보인다. 그러나 이 사건은 무대만이 아니라 객석까지 포함한 극장이란 구조가 있기에 가능한 것이다. 표류 역시 예정했던 좌석으로 가진 못했지만 극장이란 더 큰 구조에서 길을 잃은 것이며, 또한 자신의 좌석까지 안내해 줄 수 있는 체계도 갖추어져 있다는 사실과 만나게 된다. 위기는 당황스러운 사건에서 종결되지 않고, 그 사건을 존재하게 했던 구조를 이해하지 못할 때 더 큰 위기로 도래한다.

일곱 | 슈리 성

류큐국의 멸망과 일·미의 점령

슈리 성의 성벽은 정교하기 이를 데 없다. 건축보다 토목이 더 어려운 기술이라고 보았을 때 정전 못지 않게 중요하게 봐야할 것이 성벽이 아닐까 싶다.

프랑스인들이 조선의 해안지도를 만들며 강화와 김포 사이에 흐르는 강 이름을 'salt river'라고 써넣었다. 나중에 조선은 이 지도의 명칭을 한문으로 번역하여 '염하'(鹽河)라고 사용하기 시작했다. 염하를 번역하여 'salt river'가 된 것이 아니라 'salt river'를 번역하여 '염하'가 된 것이다. 한국전쟁 당시 미군들은 자신들이 싸우던 고지의 이름을 자기식대로 붙였다. 예를 들면, 철원의 캐멀 고지와 화이트호스 고지 등이다. 이들은 낙타 고지, 백마 고지로 번역되어 정착되었다. 타칭을 자칭으로 수용한 것이다.

류큐(琉球)라는 용어는 사키시마에서 아마미(奄美)까지를 지칭하는 말로 『명실록(明實錄)』에서 최초로 사용되었다. 류큐국은 타칭을 자칭으로 수용했던 셈이다.[158] 또한, 미국은 오키나와 점령 후 일본과의 연관성을 상기시키는 '오키나와' 대신 독립적 주체로서의 이미지를 담고 있는 '류큐'라는 명칭을 의도적으로 사용했다. 1946년 2월 '미 해군 오키나와 군정부'라는 종래의 명칭이 '미 해군 류큐 열도 군정부'로 변경되었다. 이후 미 군정부 측은 오키나와 주민을 '일본인'이 아니라 '류큐인'이라고 부름으로써 행정적으로 일본에서 독립된 민족집단을 지배하고 있다는 인상을 대내외적으로 선전했다. 이런 시도는 1946년 7월 통치주체가 미 해군으로부터 육군으로 이행하는 시점에서 '오키나와 기지사령부'(Okinawa Base Command)가 '류큐 사령부'(Ryukyu Command, RYCOM)로 변경되는 동시에 기타 공공기관도 모두 류큐라는 말을 사용하게 된다. '류큐 정부', '류큐 대학', '류큐 은행' 등이 모두 이 시기에 만들어진 용어들이다.[159]

조선이란 용어 역시 명나라의 승인을 받고서야 사용되었으니, 조선 역시 크게 다를 것은 없다. 주체와 주체에 의해 관계가 만들어지는 것이 아니라, 관계에 의해 주체가 만들어지기도 했다는 점에서 류큐와 조선은 크게 다르지 않다. 근대 역시 마찬가지다. 근대국가가 근대유럽국가 간 체계를 만든 측면보다, 근대유럽 국가 간 체계에 의해 근대국가가 만들어진 측면이 더 강하다고 보아야 할 것이다.160) 류큐가 세계경제의 중심이었는지 변경이었는지는 그 지리적 위치가 아니라 세계경제체계의 위치에 의해 결정된다. 그런 점에서 일본과 류큐를 비교한다면, 세계경제의 변경은 류큐가 아니라 일본이었다. 류큐는 중화체계에 가장 밀접히 연결되어 있었고, 일본은 배제되어 있었기 때문이다. 류큐가 비무장 국가로 유지될 수 있었던 것도 이와 연관된다. 반대로 일본은 독자적으로 변경의 위치에서 중심부로 다가가기 위해 독자적으로 노력했고, 그 결과 침략적 국가가 된 것이다. 경제제도는 '전통적'인 역사적 유산과 국가의 발전으로 결정된 것이라는 전제가 있다. 그러나 한 국가의 경제제도는 국제적 상호의존성에 적응한 결과이기도 하다.

> 그러나 아시아, 아프리카, 유럽, 아메리카에서 이루어진 축적, 생산, 분배 그리고 그것들의 제도적 형식은 이들 지역의 공통된 상호의존성에 적응한 결과이며, 당연히 그런 상호의존성을 반영하고 있다. 분명한 것은 호르무즈, 믈라카 같은 화물집산지, 그리고 대다수의 항구와 육상교역 중계지의 제도적 형태와 생명력은 이들 지역들이 세계경제에 어느 정도로 깊숙이 참여하고 있었느냐에 따라 달라졌다는 사실이다.161)

세계의 인구학적 · 경제적 · 생태학적 상황의 갑작스러운 변화로 인해 서로 연관성이 있는 다방면의 투자가 경제적으로 합리적이고, 수지타산도 맞게 되는 여건이 조성된 유럽도 그런 경우이다.162) 아시아 역시 예외는 아니다. 오스트레일리아의 동남아시아 사가인 앤소니 리드는 1400년경부터 시작해서 1570~1630년대에 걸쳐 절정을 맞이한 동남아시아 교역발전의 시기를 '상업의 시대'라고 부르고 있다. 그에 의하면, 이 '상업의 시대'는 동남아시아에서는 동시에 '국가형성의 시대'이기도 하다. 타이의 아유타야 왕조, 자바의 마타람 왕국, 수마트라의 아체 왕국, 베트남의 레 왕조 등이 이 시대 형성되었다. 관계의 발전이 주체의 형성을 촉진하고 있었다. 이들 지배자는 상품 유통의 요충지를 장악해서 국제교역 붐으로부터 커다란 이익을 취하는 것과 함께 새로운 군사기술을 도입해서 주변 세력을 통합, 강력한 왕권하에 '절대주의적'인 국가를 만들어 냈다.

일본에서는 16세기 후반에 오다 노부나가, 도요토미 히데요시 등이 일찍이 국제상업과 결합해 조총 등의 신군사기술을 받아들여서 일본을 통일했다. 이것도 동아시아에서 이 시기의 상업＝군사적인 국가형성이라는 흐름 속에서 파악할 수 있을 것이다.163) 그러나 한 국가의 경제가 세계경제에 일방적으로 의존하는 것은 아니다. 특별한 조건에선 지역경제가 세계경제에 더 강력한 영향을 미친다.

슈리 성에 중첩된 세 개의 체계

한편, 관계 속에서 주체가 형성된다지만 관계를 대하는 주체의 태도와 선택이 정체성을 만드는 동력임을 간과해선 안 된다. 주체의 형성 과정은 표상을 통해 드러난다. 슈리 성은 중첩된 시간과 세계체계에 반응하면서도 류큐인이 정체성을 찾아간 단면을 드러내 주는 전형적인 표상이다.

슈리 성의 건립시기는 정확히 알 수 없으나, 슈리 성이 최초로 소실
된 것은 1453년 왕위계승을 두고 일어난 전쟁 때였다.[164] 이 전쟁은 류
큐 왕국의 제5대 왕인 킨보쿠(金福)가 죽은 뒤 세자인 시로(志魯)와 킨보
쿠의 동생인 후리(布里) 사이에 일어났다. 이 전쟁 과정에서 슈리 성은
전소되었다. 이후 언제 슈리 성이 재건되었는지에 대한 기록은 없으나,
1458년 만국진량의 종(万國津梁の鐘)을 정전 앞에 걸었다는 기록으로 보
아, 그 이전에 재건되었을 것으로 추론된다.

　만국진량의 종을 류큐 왕국에서 주조하였고, 그것을 류큐 왕국의 대표
적인 문화 표상인 슈리 성의 정전 앞에 걸었다는 것은 류큐 왕국이 자신
의 정체성을 어떻게 규정하고 있는가를 보여주는 단서가 된다. 만국진량
은 여러 나라의 교량이라는 의미를 지니는 말인데 류큐 왕국이 국제 무
역을 담당함으로써 여러 나라의 교량 역할을 한다는 의미를 담고 있다.

슈리 성의 대신들이 조회하는 모습을 형상화한 모형.

이는 류큐 왕국이 바다를 통한 국제 교류 중심지로서 자신들의 정체성을 드러낸 것이라고 볼 수 있다.165) 슈리 성은 류큐 왕국 정체성 만들기의 중심 공간이 되었다.166)

1차 재건된 슈리 성은 1660년 화재로 다시 전소되었다. 왕은 우후미우둔(大美御殿)으로 이거하여, 1671년 재건될 때까지 그곳에서 생활하였다. 슈리 성이 소실되었기 때문에 1663년의 쇼시쯔(尙質) 왕의 책봉도 우후미우둔(大美御殿)에서 이루어졌다. 이 책봉은 청나라로부터 받은 첫 번째 책봉이었다. 쇼시쯔 왕이 즉위한 것은 1650년이었는데, 책봉이 1663년에 이루어진 것은 사후 승인적 성격이 강하였음을 의미한다.

슈리 성은 1709년 다시 화재로 정전과 남전, 그리고 북전이 소실되었다. 이전까지의 슈리 성 복원은 류큐 왕국이 주도하였지만, 이번에는 사쓰마가 복원을 적극적으로 지원하여 1712년에 복원하였다. 슈리 성의 복원이 류큐 왕국의 주도가 아니라 사쓰마의 지원으로 이루어졌다는 것은 류큐 왕국의 재정적 취약성과 류큐 왕국에 대한 사쓰마의 지배가 강화되었다는 것을 의미한다. 사쓰마는 류큐 왕국의 문화적 표상인 슈리 성의 재건을 주도함으로써 류큐 왕국의 문화적 표상을 지배할 수 있었다.167)

류큐국의 옥새. 한자와 만주국 문자가 같이 새겨져 있다.

1879년 메이지 정부는 마쓰다 미치유키(松田道之)를 군·경관 등과 함께 류큐에 파견하여 슈리 성을 무장 봉쇄하는데, 3월 27일 '류큐 번'을 폐하고 '오키나와 현'을 세우게 된다. 이로써 450여 년 간 지속하던 류큐국은 메이지 정부의 폐번치현의 단행이라는 형식으로 붕괴했다.168) 류큐 왕국의 멸망과 함께 슈리 성도 주인을 잃었고 황폐해지기 시작하였다. 류큐 정복 이후 슈리 성은 슈리 구(首里區)의 소유가 되었다. 재정상황이 열악했던 슈리 구로서는 슈리 성을 관리할 수 없어서 1910년 슈리 성 정전을 헐고, 그 자리에 소학교를 건설하기로 하였다. 소학교의 건설은 오키나와인을 일본국민으로 만드는 작업의 하나로 이해된다.169)

그러나 슈리 구 주민들의 극렬한 반대로 결국 이 계획은 무산되었다. 그러자 일본정부는 새로운 방식으로 문화적 정체성 만들기를 시도하였다. 1924년 슈리 성의 정전을 헐고, 그 자리에 신사를 세우기로 결정한 것이다. 그러나 이 결정 역시 관철되지 못하였다. 그러자 일본정부는 1925년 슈리 성을 국보로 지정, 슈리 시의 1년 예산에 해당하는 10만 엔을 투입하여 슈리 성을 전면적으로 해체·복원했고, 1933년에 준공하였다. 이는 일본정부가 슈리 성을 복원함으로써 류큐의 정체성을 일본의 정체성으로 대체하는 대신 흡수하고자 한 것으로 해석할 수 있다.170)

전후 미군은 일본군사령부 요새로 쓰이다 완전히 소실된 이곳에 류큐대학을 설립하도록 지령을 내렸다.171) 이곳 슈리 성을 들어서면, 여행객을 맞이하는 첫 번째 문이 있다. 슈레이몬(守禮門)이다. 슈레이몬은 미군정에 의해 복원되었다. 오키나와 전쟁으로 완전히 파괴된 성 전체 중 문만을 복원한 것이다.

미군정은 류큐라는 말을 복원하면서 그와 더불어 오키나와의 '비일본화' 정책, 즉 분리정책의 일환으로 오키나와의 '전통문화'에 대한 보호진

흥정책도 적극적으로 추진했다. 예컨대, 미군정부 문교부장은 '류큐 진열관'이라는 것을 만들어 전통공예품을 수집하고, 예능을 진흥시키기 위한 시책들을 강구했다. 각지의 수용소에 있던 예능인들을 한곳으로 모아 의식주를 제공하고, 소도구와 화장품, 의상 리스트까지 제출하도록 해서 편의를 돌봐주는 등 협력을 아끼지 않았다. 슈리 성의 슈레이몬(守禮門)은 바로 미국의 이러한 '문화' 정책으로 복원 건립된 것이다.172)

꿈에 가까웠던 슈리 성 복원이 현실성을 띠게 된 것은 공간이 협소해진 류큐 대학의 이전계획이 구체화할 무렵이었다. 1984년 자민당이 슈리 성 복원을 복귀 20주년 기념사업으로 추진한다는 구상을 발표했다. 슈리 성 복원에는 열렬한 기대와 관심이 모였다. 1992년 초부터 신문지면에 슈리 성 복원에 관한 기사가 나오지 않은 날이 거의 없다고 해도 과언이 아닐 정도였다. 그리고 1992년 드디어 복원되기에 이르렀다. 그것은 애초에는 일본인으로서의 정체성을 확인하는 작업이라는 의미를 가지면서 일본 복귀운동을 뒷받침하기도 했지만, 복귀 후에는 야마토 문화와 이질적인 오키나와 문화의 독자성을 주장하기 위한 논거로 전화·발전되어 갔다. 1993년 1월부터 6개월 동안 NHK는 슈리 성을 무대로 하여 17세기 류큐를 주제로 한 대하드라마 「류큐의 바람」을 방영하였다.173) 슈리 성 복원은 복귀 20년을 맞이하는 최대 화두였다.

이처럼 슈리 성에는 세 개의 체계와 시간이 중첩되어 있다. 책봉 조공체계가 만든 시간, 일본제국이 만든 시간, 미국패권체계가 만든 시간이 그것이다. 오키나와인은 일본제국에 편입되어 일본인의 정체성을 강요받을 때 류큐인으로서 정체성을 강조하며 저항했다. 미군이 일본과의 분리를 위해 거꾸로 류큐인의 정체성을 강조할 때는 일본인으로서의 정체성을 강조하며 저항했다. 다시 일본으로 복귀된 뒤에는 류큐인으로서의 정체성을 강조하며 일본과 미국에 저항하고 있다. 문화적 정체성은 자신이 누구인지를 밝히는 과정에서 발현되는 것이다. 때문에 누구를 향하여 자신을 밝히는가에 의해 영향을 받게 된다. 홀이 말하는 '새로운 정체성'이란 주위환경에 의해 영향을 받는 자아를 전제로 한 것이다.[174] 오키나와도 상대와의 저항을 통해 자신의 정체성을 형성해 온 것이다.

수많은 소실과 재건의 과정에도 불구하고 슈리 성의 건축물은 원래대로 상당 부분 중국의 건축양식을 반영하고 있다. 정전 앞에 세워진 용머리 조각상이나 정전의 지붕에 용두를 사용한 것, 그리고 건물에 금색과 붉은색을 많이 사용한 것 등은 전형적인 중국풍이다. 류큐 왕국이 자발적으로 슈리 성의 건물에 중국양식을 사용하였다는 것은 류큐 왕국의 정체성을 보여주는 것이다. 즉, 슈리 성을 통하여 류큐인들은 자신들이 중국의 영향력하에 있는 국가임을 드러냈었던 것이다.[175] 슈리 성의 정전에 이르는 문들인 슈레이몬과 소노한우타키시몬, 칸카이몬은 중국의 책봉사 등 외방의 손님을 환영하는 의미를 담고 있다. 궁성의 배치가 책봉 조공체계의 동아시아질서를 반영하고 있는 것이다.

책봉 조공 제도는 동아시아 체계의 산물

여기서 잠시 책봉 조공이란 말을 설명하고 가자. 서주(西周)시기 조(朝)와 공(貢)은 그 의미가 다르다. 조(朝)는 주나라의 봉건제도 내에서 제후가 일정 기간을 두고 직접 주나라 천자를 배알했던 일을 말하며, 공(貢)은 천자에게 입조 시 공물을 바치던 것을 말한다. 조공은 책봉을 전제한다. 주변 이민족의 래빈(來賓)을 '래조(來朝)'라고 하지 않은 이유는 그들이 천자로부터 작위를 받지 않았기 때문이다. 이처럼 조공의 전제 조건으로서 책봉이 선행되어야 한다는 점이 '책봉조공체제'론의 근거이다.[176] 이때 천자는 책봉의 주체가 되고, 제후는 조공의 주체가 된다.[177]

봉건제하에서 제후는 예(禮)에 의해서 구속되었는데, 제후의 입조와 공납은 그러한 예의 하나로 간주되었다. 중세 유럽이 종교에 기반한 질서였다면, 아시아의 중세는 예에 기반한 질서였다. 천하질서 혹은 중화질서란 기본적으로 개인 간의 관계를 규율하는 예에 기반한 위계적 원리를, 천하를 구성하는 주체 간의 관계로까지 확대하여 적용한 체계라고 할 수 있다.[178] 중화질서 내부에 근대 국제질서처럼 외교를 전담하는 부서가 없고, 사실상의 외교 업무를 중국의 예부나 조선의 예조가 담당한 것도 이런 이유에서였다.[179] 조선을 '동방예의지국'이라고 부르거나, 슈리 성의 성문 편액에 쓴 '수례지방(守禮之邦)'이라는 글귀에서도 이러한 '예'의 이데올로기는 다시 한 번 확인된다.

중국을 오가던 류큐의 조공선

중국과 동아시아 제 국가 간의 책봉관계는 5세기 초에 확립되었다.[180] 이념체계로서의 중화주의는 춘추전국시대에 성립된 이래 각 지역의 국가들에 의해 편의적으로 활용되었다. 그러다 이민족의 지배를 탈피하고 한족에 의해 명이 성립(1368)된 이후, 보다 체계적으로 확립되어 가는 양상을 보였다. 주변국은 정해진 때에 중국에 조공한다. 이에 대해 중국은 우수한 문물과 아울러 이른바 '문명표준'(standard of civilization)을 제공하며, 주변국의 군주를 책봉하였다. 따라서 명으로부터 영향받은 문명표준은 류큐의 사상과 습속, 문화 등에 지대한 영향을 주었고, 명에서 유학하고 돌아온 유학생들은 류큐 사회의 중추적 역할을 담당하였다.181) 이 제도는 중국과 주변국 양측 모두에게 정치적 권위와 체제의 정당성을 강화해주는 효과가 있었다. 뿐만 아니라 일정 한계 내에서 국가 간의 교역관계를 가능케 하는 기능을 하기도 했다.182)

그러나 책봉 조공질서가 예를 중심으로 한다고 해도, 그것은 지배 피지배관계의 모순을 봉합·은폐하기 위한 수단이었다. 권력의 정당성과 합리성에 대하여 신념을 갖게 만드는 이념을 크레덴다(credenda)183)라고 하는 데, 현대의 다양한 크레덴다는 다소나마 '허위의식'의 성격을 띠게 된다. 지배자를 매니저로 혹은 악단의 지휘자(conductor)로 묘사하는 것이 널리 현대 국가에서 볼 수 있는 현상이다.184) 이런 현상은 과거에도 마찬가지였으며, 예가 크레덴다로 작용한 것이다. 그러나 지배국이 피지배국을 완전히 복속할 정도의 권력장악에 이르면, 예와 책봉 조공을 추구할 필요가 없었다.

진나라의 통일은 이전 시대 제후국가 간의 관계를 설정하였던 책봉 조공체제 자체를 불필요하게 만들었다. 진의 통일로 복수의 권력이 사라졌고, 오로지 하나의 권력만이 존재하게 되었다. 그래서 진은 중국 전체에 대한 직접적 지배를 위해 군현제를 시행하였다.

군현제는 중국 내의 영토와 인민에 대한 직접적이며 개별적인 지배로 중국 내에서 황제 이외의 다른 권력을 인정하지 않는다.[185] 그러나 한의 유방은 진과 같은 강력한 황권을 가지지 못한 채 한제국을 건국하게 되었다. 따라서 통치체제를 구성함에서도 전국에 대한 일원적 지배를 취할 수 없었다. 이 때문에 주나라 시대의 봉건제와 진나라의 군현제를 결합한 군국제(郡國制) 형식의 통치방식을 선택한 것이다. 이것은 진과 달리 국가 내에 다른 권력을 인정하는 방식이었다. 따라서 한 대에 제후왕의 조공이 다시 시행되었다.

이로써 조공체제가 복수의 정치권력이 병존하는 상황에서 존립한다는 원칙을 확인할 수 있다.[186] 심지어 오랑캐라 부르던 이민족국가에 의하여 거꾸로 조공이 더욱 강하게 추진되었다.[187] 대외적 조공제도가 충분히 발전하기 전에 미숙한 상태를 이용하여 우위를 표시한 것이 바로 이민족국가였다는 점에 유의해야 한다.[188] 즉, 대외관계로서의 조공제도는 중국만의 전유물이 아니라 중국과 주변국가 간의 국제관계 속에서 발전시켜온 동아시아체계의 산물이라고 볼 수 있다.[189]

동아시아의 중계무역국으로 번영기 누린 류큐

류큐는 명에 조공을 바치고 책봉을 받으면서 그 권위를 배경으로 동아시아의 중계무역국으로 약 150년에 걸쳐 류큐의 대교역 시대라는 번영기를 맞이하게 된다. 이는 동아시아 각 지역을 연결하는 독특한 지정학적 위상이 큰 역할을 했다.[190] 명에게 조공은 정치적 의미가 중요했지만, 다른 이민족과 마찬가지로 류큐는 경제가 중요했다.

명 태조 주원장은 즉위년인 1368년(홍무 원년)부터 수차례 주변 국가들에 새서(璽書)라는 옥새가 찍힌 문서를 가져가 조공을 재촉하였다. 다음 해인 홍무 2년부터 안남, 고려, 점성(占城, 참파)이 홍무 3년 6월에는 운남팔번(雲南八番), 서성(西城), 서양(西洋), 리(里), 외오아(畏吾兒, 위구르) 등이 8월에는 섬라(暹羅, 시암, 태국), 삼불제(三佛齊, 수리비자야 제국, 자바 서쪽 석유산지), 발니(渤泥), 진랍(眞臘, 첸라, 메콩 강 유역 크메르족의 나라)등 모두 십수 개 국가가 봉작을 청하였다. 주원장은 인장을 줌과 함께 각국의 수장을 왕으로 책봉하였다. 홍무 2년 9월에는 '번왕조공의 예(藩王朝貢之禮)'를 정하고, 주변 제국의 왕이 조공 왔을 때 황제, 황태자, 친왕, 승상 등에게 알현하는 예 등을 상세하게 규정하였다. 번왕은 승상과는 대등한 예로 맞이하였으나, 황제 이하 친왕까지에 대해서는 신하로서의 예가 요구되었다.191)

홍무제 즉위 후인 1372년 중산왕 삿토(察度)가 명에 입공하였다. 류큐가 중국에 처음으로 조공을 바치기 시작한 것이다. 당시 류큐는 세 개의 구역으로 나뉘어 중산왕, 남산왕, 북산왕이 통치하고 있었는데, 세 세력이 각각 모두 명에 입공하였다.192) 류큐는 조선 초기인 1429년 통일왕국을 수립한다. 통일 류큐 왕국을 수립한 제1쇼 씨 왕조의 2대 쇼하시(尙巴志)193)는 슈리 성을 조영해 새 도읍으로 정하고, 중국인 정치고문 회기(懷機)를 활용해 슈리 성에 인공연못인 용담을 만드는 등 대대적 정원조성 사업을 통해 왕조의 권위를 과시하고자 했다. 또한, 쇼하시 이후 중국으로부터의 책봉사 파견은 류큐국 중산왕에게만 이루어져 19세기까지 동일한 형식을 유지했다. 조선의 사행은 왕래의 빈도가 가장 높아 명 정부에서 규정한 1년 3공의 정기적인 사신단 외에도 상당히 많은 부정기 사행단이 명의 수도를 방문하였다.194)

류큐는 조선 다음으로 많은 사행을 하였다. 영락 연간에 2년 1공으로 규정되었으나, 훗날 1년 1공이 되었다.[195] 류큐는 명에게 모두 171회 진공했는데, 이것은 두 번째인 안남의 89회와 많은 차이가 나는 독보적인 제1위였다. 일본은 19회, 믈라카는 23회였다. 류큐로부터의 진공은 2년 1공의 규정으로 매회 2~4척의 진공선이 복주에 입항해서 육로를 통해 수도에 나갔다. 2년에 1회 진공하는 외에도 황제 즉위 시 임시입공이 있고, 매년 진공선을 파견하는 일도 드물지 않았다. 류큐에는 '민인(閩人, 복건성사람) 36성(姓)'이라고 총칭되는 복건으로부터의 이주민이 바다를 건너와 중국과의 교류에 관련되는 업무를 담당하였다.

또 14세기 말 이후 류큐는 명의 국자감에 유학생을 파견했다. 빈번한 입공으로 류큐에서는 대량의 중국 산품을 입수하지만, 이것은 물론 류큐에서만 소비되는 것은 아니었다. 오히려 동중국해와 남중국해를 잇는 위치를 이용해서 류큐는 중국과 동남아·일본·조선을 이어주는 교역의 중심이 된다.

류큐는 말레이 반도와 믈라카 해협을 장악하고 있던 만자가(滿剌加, 믈라카 술탄국)와 교류하고 있었는데, 만자가 역시 처음부터 명나라의 충실한 조공국이었기에 이런 교류가 가능했다.[196] 조공무역의 안정기였던 15세기부터 16세기 초반, 동아시아무역의 중심으로 번영한 지역이 바로 동쪽의 류큐, 서쪽 믈라카였다. 류큐의 조공품 가운데는 후추나 소목 등 동남아시아 산품도 포함된다. 류큐나 샴, 안남, 자바, 팔렘방, 믈라카, 수마트라 등 동남아시아 여러 지역과 활발한 교역을 행한 것은 류큐의 외교문서집 『역대보안(歷代寶案)』을 보아도 명확하다. 해금정책으로 중국 상인의 해외진출이 막혀있던 이 시대에 중국 상품을 대량으로 입수할 수 있었던 류큐 상인은 동아시아 해역에서 주도적인 지위를 갖고 있었다.

믈라카 왕국의 시조는 팔렘방 사람으로, 14세기 말에 자바나 샴의 세력에 밀려서 말레이반도 남부 지역에 이르러 건국했는데, 건국과 동시에 맞이한 것이 정허의 대함대였다. 신흥 믈라카는 정허의 보호를 요구했고, 믈라카의 장래성에 주목한 정허는 이를 승낙하였다. 명은 믈라카와 책봉관계를 맺어서 보호 아래 둠과 함께 샴의 아유타야 왕조에 믈라카를 침략하지 않도록 하였다. 그리고 이 지역에 원정 거점을 만들어서 제3회 이후의 항해에서는 반드시 이 지역을 중계지로 한 것이다. 이러한 명의 보호하에 믈라카는 교역거점으로 급성장했다. 이전에는 중국선이 인도 연안까지 가거나 이슬람 상인 배가 직접 목적지까지 항해했지만, 믈라카의 융성으로 더 이상의 항해가 불필요해졌고, 이곳을 중계지로 한 상품교환무역이 활발해진 것이다.

'생명이 보배다'

이 믈라카에서도 류큐인은 눈에 띄는 존재였다. 포르투갈인 토메 피르스는 16세기 초반 다음과 같이 쓰고 있다.

우리들 여러 왕국에서 밀라노에 대해 말하는 것처럼 중국인이나 기타 모든 국민은 레키오(류큐)인에 대해서 말한다. 그들은 정직한 인간으로 노예를 사지 않고 비록 전 세계와 바꾼다고 해도 자신들의 동포를 파는 짓 같은 것은 하지 않는다. 그들은 이에 대해서는 목숨을 건다. 그들은 색깔이 하얀 사람들로 중국인보다 좋은 복장을 하고 있고 기품이 높다. 레키오인들은 자신의 상품을 자유로이 외상판매 한다. 그리

고 대금을 받을 때 만약 사람들이 그들을 사기 쳤다고 생각하면, 그들은 칼을 들고 대금을 받아낸다.197)

1511년 포르투갈이 믈라카를 점령한 뒤 류큐선의 내항이 중지될 때까지 류큐는 가장 활발한 해상무역국의 지위를 유지했다. 기묘하게도 이 양 지역은 15세기 초반에 정치적인 결속이 성립되어 100년 남짓 상업적 번영을 누리고, 16세기 중반 이후 민간무역이 발전하면서 그 지위가 쇠퇴해갔다. 류큐 왕국은 예의를 지키는 나라(守禮之邦)라 하여 군비다운 군비를 갖추지 않고 해상무역을 통해 번성했다. 1609년 사쓰마 번이 침략하여 중국의 진공 무역체제의 일부이면서 일본 바쿠후 체제의 정치·경제적 지배를 받던 '일지양속(日支兩屬)' 즉, 일본과 중국 양쪽에 예속되어 있던 시기에도 오키나와의 군사화는 진행되지 않았다. 이 시대 바쿠후의 류큐에 대한 이해관계는 군사보다는 경제에 있었기 때문이다.198)

오늘날 오키나와인이 외치는 '생명이 보배다'라는 사상은 이 같은 역사적 체계에 뿌리를 두고 있는 것이다. 이런 사상이 자신의 정체성을 주도하는 상황에서 이와 반대되는 외부의 도전에 직면한다면 자연스러운 저항이 조직된다. 계급적 정체성에 대한 자각으로부터 계급의식이 형성되고 그에 반하는 도전에 맞서 저항하듯이, 피지배민족에게 정체성은 어떤 무기보다 강한 힘을 발휘하기도 한다. 류큐 정체성의 표상으로서 슈리 성이 주목받는 이유이다.

여덟 | 사탕수수밭

달콤한 설탕 위에 세워진 세계체계

캠프 화이트비치가 내려다보이는 사탕수수밭.

캠프 화이트비치 미 해병대 기지를 돌아보며 사진을 찍을 때였다. 처음에는 사진에 자꾸 사탕수수가 걸려 이리저리 피했지만, 어느 순간부터인가, 아예 불쑥 끼어들어 오는 사탕수수를 화면 분할과 구성요소로 이용하고 있는 나를 발견했다. 그렇게 사탕수수밭을 헤매다가 그 사이로 우뚝 솟아있는 적벽돌이 보였다. 과거에 설탕을 만들던 제당 공장의 굴뚝이었다. 사탕수수와 미군기지라. 뭔가 있을 것 같았다. 그러나 그뿐이었다.

처음 사탕수수를 만난 것은 베트남에서였다. 호찌민의 흔적을 찾아 베트남 구석구석을 헤매고 다니다 길가에서 아이를 업고 노점을 하는 한 여인을 만났다. 문득 팔아주어야겠다는 생각만으로 무엇을 파는 것이냐고 물었더니 사탕수수즙이라고 했다. 압착기 같은 기계에 토막 낸 사탕수수 줄기 몇 개를 넣어 짜기 시작하자 투명한 액체가 줄줄 쏟아져 내려왔다. 한 컵을 거의 채울 때까지 그녀는 힘들여 사탕수수를 짜주었다. 설탕이 아닌 사탕수수원액인 셈이다. 설탕에서 느끼는 뒷맛이 없이 깊고 맑은 단맛을 느낄 수 있었다. 그 깊은 단맛의 여운이 입에서 가시기도 전에 나는 사탕수수에 의존하여 살아가는 이 가난한 가족과 민족의 사연이 궁금해졌다. 근대국가의 통치가 사람의 입맛까지 지배한 역사에서 단맛이 차지한 헤게모니야말로 식물과 생명에 대한 통제로서의 통치가 도달한 정점으로 기록될 것이다.

류큐무라(琉球村)에 가면 사탕수수를 짜내는 압축기의 축을 나무로 연결하여, 이것을 물소가 원을 돌며 끌게 하는 전통방식의 설탕 제조공정을 볼 수 있다. 오키나와의 특산물이 된 사탕수수는 오키나와는 물론 일본의 역사를 바꾼다.

제주 배엔 귤, 류큐 배엔 사탕이

류큐의 사탕이 조선에 소개된 것은 기록에 의하면 1821년의 일이다. 제주 위미에 표착한 사쓰마와 류큐인이 함께 탄 배에는 류큐의 특산물인 사탕 2,138정과 백사탕 180정이 실려 있었다.[199] 제주에서 서울로 가다 표류하여 류큐에 도착한 배에 귤이 실려 있었다면,[200] 제주에 표류하여 떠내려온 오키나와 배엔 사탕이 실려 있었다.

사탕수수의 원산지는 인도네시아인데, 7세기에 이슬람의 팽창과 더불어 설탕 제조술이 크게 발전하기 시작하였다. 8세기에 이슬람인은 시칠리아, 사이프러스, 몰타, 로도스, 모로코, 스페인 지역에 사탕수수를 들여와 경작하고, 설탕을 제조하는 기술까지 보급하였다. 역사상 설탕 제조와 연관된 근본적인 가공방법이 가장 먼저 발명한 지역은 페르시아와 인도지만 유럽을 단맛에 길들인 것은 이슬람인이라 할 수 있다. 설탕 산업은 한동안 지중해에서 발전하였다. 지중해 지역에서까지 설탕을 생산하는 동안 유럽은 천천히 설탕에 익숙해지기 시작했다. 15세기 말에 이르면, 설탕 산업의 중심지는 지중해 지역으로부터 포르투갈의 앞바다에 있는 마데이라 제도나 카나리아 제도와 북서 아프리카의 기니만 앞바다에 있는 상투메 등을 포함하는 대서양으로 옮겨졌다.

대서양의 여러 '설탕섬'(the sugar islands)에서의 설탕 생산은 16세기 초부터 급속히 성장하였다. 이들 설탕은 당시 세계경제의 중심으로 성장하던 네덜란드의 앤트워프로 일단 집결한 다음 유럽 각지로 팔려나갔다.

이로써 설탕은 '세계상품'이 되었다. 단맛을 내는 재료로 설탕·꿀·엿·과일 등이 있다. 그중에 설탕이 대량 재배할 수 있고, 운송하기 쉽고, 저장기간이 길어 무역품으로서는 가장 적합했다.201) 또한, 산업혁명으로 설탕 가공기술이 비약적으로 발전하고, 증기선과 수에즈 운하가 개통되면서 설탕 산업이 세계적 산업으로 급부상했다.202)

19세기 중엽까지 아시아의 주요 사탕수수 재배지 및 수출 지역은 중국 남부, 자바, 필리핀, 인도였다. 인도는 오래전부터 사탕수수재배지로 함밀당(含蜜糖) 소비문화가 발달했다. 함밀당은 사탕수수즙을 끓여 수분을 증발시킨 1차 결정당으로 당밀이 남아있는 설탕이다. 그러나 17세기 후반 이래 인도는 순 수입국으로 전락했고, 중국이 19세기 중반까지 아시아 최대 설탕 수출국의 지위를 유지했다. 아시아에서 생산한 함밀당은 아시아 내에서 거래되고 있었다.203)

류큐는 1623년 중국으로부터 제당기술을 배워 흑설탕을 생산하기 시작했다. 지금의 가고시마 현인 사쓰마 번이 류큐를 침략한 이래 사쓰마의 부를 축적하는 데 가장 크게 기여한 것을 꼽는다면 설탕이다. 류큐를 정벌한 사쓰마는 류큐에서 생산된 설탕 일부를 조세로 징수하고, 나머지 대부분은 류큐 왕부가 사들인 것을 되사는 방식으로 손에 넣었다. 사쓰마는 류큐 왕부로부터 오사카 시장 거래가의 절반도 안 되는 가격으로 흑설탕을 사들여 오사카에 되파는 방식으로 막대한 이득을 챙겼다. 16세기에 설탕은 이미 세계상품이 된 상태였고, 사탕수수재배에 탁월한 조건을 가진 류큐는 사쓰마의 설탕 공급지가 된다.

사쓰마 번은 오키나와의 특산물인 사탕수수로 제조한 흑설탕에 대해 이권을 장악하면서 몰락하던 다른 번에 비해 경제적 부를 축적하게 되

제당공장 굴뚝. 캠프 화이트비치 철조망 울타리를 따라 펼쳐진 사탕수수밭의 정점에 있는 제당공장.

고, 결국 메이지 유신을 주도하는 중심 번으로 발돋움한다.204) 그러나 18세기 초부터 흑설탕 생산을 시작한 직할령 아마미의 경우에는 공물을 전량 흑설탕으로 정해, 사탕수수 재배와 흑설탕 생산농민은 노예노동이나 다름없는 곤경에 처하게 되었다.205)

사실 사탕수수 재배와 설탕 생산은 농업과 공업을 결합해야하는 독특한 구조와 상하기 쉬운 사탕수수의 특성 때문에 시간을 다투는 중노동을 요구했다. 우선 사탕수수는 부패하기 쉬운 고유한 특성이 있다. 수확할 때 비라도 내리면 베는 즉시 상할 수도 있다. 베는 것과 분쇄하는 것, 끓이는 것과 결정화하는 것이 동시에 이루어져야 했다. 따라서 토지와 제분소 공장은 긴밀히 협력해야만 하고, 당연히 노동력도 통합되어야만 했다. 이 때문에 사탕수수 플랜테이션 농장들은 다른 농장과 달리 그 경작권이 상속에 따라 분할되지 않았다. 왜냐하면, 농장의 가치는 특별한 변화가 없는 한 토지와 공장의 결합을 온전하게 유지하느냐, 못하느냐에 좌우되기 때문이다.206)

그런 특성 때문에 작업의 시간 계획을 세우는 일이 우선시 된다. 토지와 제분소를 통합적으로 통제하기 위해서는 시간계획이 반드시 필요했다. 제분기가 너무나 빠르게 돌아가고 마른 사탕수수, 즉 정제실에서 연료로 사용하는 찌꺼기가 타는 속도가 너무나 빨랐다. 그래서 제분이나 불을 때는 일은 그 자체로서는 그리 힘겨운 게 아니었지만, 그 일을 하는 사람들은 완전히 녹초가 되어 버렸다. 제분기에 사탕수수를 밀어 넣는 자들은 특히 피곤함에 지치거나 졸음을 이기지 못해 롤러에 손가락이 끼게 될 위험도 있었다. 몇 시간 동안 돌이나 단단한 땅에 서서 일을 했고, 또 쉬는 시간에도 앉을 의자가 없었기 때문에 대개가 '다리질병'에 걸렸다.[207] 설탕 산업의 수요와 함께 노예노동이 급증한 것은 우연이 아니다.

사탕수수와 노예노동의 급증

1503년 아프리카 흑인 노예들이 산토도밍고에 수입되었다. 우선은 금광 때문이었으나 금광이 금방 바닥을 드러내자 설탕 생산을 위해 수입되기 시작했다. 당시 스페인 설탕 산업의 특징은 국가가 직접 관여했다는 것이다. 따라서 경쟁적이거나 배타적인 계급이 존재하지 않았다. 신대륙 발견 이후 스페인 정착자들은 결국 대앤틸리스 제도(쿠바, 푸에르토리코, 자메이카)에까지 사탕수수와 경작방법, 수력제분이나 축력제분기술, 노예노동, 사탕수수 가공기술, 추출된 수액에서 설탕과 당밀을 제조하고 당밀로부터 럼을 증류해내는 방법 등 설탕 산업의 제반기술을 도입하게 된다.

스페인은 아프리카에 달리 거점이 없던 탓에 노예는 포르투갈이나 영국인, 프랑스인으로부터 사들여야 했다. 스페인은 노예를 안정적으로 공급받기 위해 다른 국가들과 노예수입계약을 맺게 되는데, 이를 아시엔토(asiento)라고 부른다. 반면 포르투갈은 노예를 아프리카에서 쉽게 획득할 수 있었기 때문에 16세기 설탕 산업 중심지는 포르투갈의 식민지인 브라질이 되었다.208) 당시 브라질 북부 특히 뻬르남부꾸(Pernambuco)에서 사탕수수에 적합한, 습기 많은 진흙토양인 마사뻬(massape)가 발견되었고, 이후 이곳은 사탕수수재배의 최적지로 알려졌다.209) 사탕수수는 포르투갈이 브라질을 식민화하는데 결정적 역할을 했으며, 흑인 노예의 유입과 혼혈의 근원적 배경이 되었다.210)

사탕수수가 인종의 지도를 바꾸는 생체권력의 계기로 작용한 것이다. 포르투갈이 스페인에 병합될 당시(1580~1640) 네덜란드가 신흥세력으로 대두했고, 포르투갈과 스페인의 해외식민지를 점령하기 위해 서인도회사를 설립했다. 브라질 북동지방 사탕수수 산지에 관심을 가진 네덜란드는 1630년 뻬르남부꾸, 이따마라까, 바라이바, 이로 그란지 두 노르찌, 세르지피의 북동부 봉토를 점령하고 1654년까지 통치했다. 이리하여 한 세기가 지나기 전에 다시 그 중심은 네덜란드로 이동한다. 사탕수수를 정제하는 중심지도 앤트워프였다. 그러나 남부의 앤트워프가 쇠퇴하고 북부의 암스테르담이 발전하면서 1660년까지 암스테르담이 제당업의 주도적인 중심지가 되었다.211)

17세기 진정한 경제 대국이었던 네덜란드 상인들의 자본으로 영국은 카리브 해에서 프랑스를 제치고 설탕 강국으로 발돋움한다. 브라질의 설탕 생산만으로는 유럽의 팽창하는 수요를 감당할 수 없었던 네덜란드인들은 브라질에서의 기득권에 대한 불안감으로 새로운 투자처를 찾았다.[212] 바베이도스가 최적의 조건을 갖추고 있다고 판단했다. 1627년 영국인이 바베이도스에 정착하면서 영국 설탕의 역사는 전환점을 맞이하게 되었다. 1645년 백인, 흑인, 원주민이 일으킨 뻬르남부꾸 폭동으로 브라질에서 쫓겨난 네덜란드인의 설탕 생산기술자와 자본가들을 중심으로 영국, 프랑스가 가세하여 안띨랴(Antilhas), 기아나(Guiana)에 사탕수수가 심어졌고, 18세기 중엽에는 브라질의 생산량을 능가했다.

1655년 바베이도스 설탕이 영국 국내시장에 영향을 끼치기 시작한다. 바베이도스 설탕 생산은 네덜란드인의 자본과 기술로 이루어졌다. 곧 영국은 유럽시장에서 포르투갈을 추월할 수 있었다. 프랑스는 설탕에 전력투구하고 있지 않았으므로 17세기 말경 영국이 곧 패권을 장악했다. 17세기 말이 되자 영국령과 프랑스령의 서인도제도에서 설탕 수요는 담배 수요를 앞질렀다. 1700년이 되면 잉글랜드와 웨일스에 도착한 설탕의 가치는 담배 가치의 두 배에 달했다.[213]

설탕 생산과잉과 노예무역 폐지

이 같은 현상은 1651년 찰스 1세를 처형하고 집권한 올리버 크롬웰의 지휘 아래 국회에서 통과시킨 항해조례법안과 연관이 있다. 이 법안은 영국의 식민지 무역의 이권 사수와 급성장하는 네덜란드 해양무역으로부터 영국의 산업을 보호할 목적이 있었다. 그 조건은 다음과 같다.

–오직 잉글랜드 혹은 식민지 배만 영국식민지로 상품을 옮길 수 있다.
–잉글랜드인(식민지 주민 포함) 선원이 최소한 절반 이상을 차지해야 한다.

－담배와 설탕, 직물은 오직 잉글랜드로만 팔 수 있다.

－식민지로 향하는 모든 상품은 잉글랜드를 거쳐야 하며, 수입 관세를 내야 한다.214)

권력의 능력이 경쟁자와 적을 배제할 수 있는 능력이라고 할 때, 설탕 산업의 부흥은 그러한 배제능력의 한 지표가 될 수도 있을 것이다. 영국의 적은 쿠바와 브라질과 사탕무(beet)였다. 대륙봉쇄로 영국을 굴복시키고자 했던 나폴레옹은 사탕수수 대신 사탕무를 원료로 사용했다. 설탕원료로 '대나무 설탕'이나 캐나다에서 만들어진 '메이플(maple)시럽'이 있다. 메이플, 즉 단풍나무 중에서 자당을 추출할 수 있는 사탕단풍(sugar maple)이다. 하지만 이 원료로는 설탕을 대량 생산할 수 없다. 역사상 세계 상품이 될 만큼 설탕을 대량생산할 수 있는 것은 사탕수수와 사탕무밖에 없었다. 에릭 윌리엄스의 표현을 빌자면 '두 설탕 사이의 전쟁'이 시작되었다.215)

영국의 유례없는 '설탕의 시대' 발전의 핵심은 생산의 확대와 철저한 독점이었다. 영국은 바베이도스 섬에 이어 이 섬의 30배에 달하는 자메이카를 스페인으로부터 차지했다. 그러나 자메이카에서 영국은 설탕 생산을 위한 더 이상의 영토팽창을 중단했다. 왜냐하면, 사탕수수 면적이 확대되면 공급과잉이 초래되어 가격하락이 우려됐기 때문이다. 사탕무 생산량의 계속되는 증가추세 등으로 설탕 과잉생산이 심각해졌다. 생산 축소를 위해서는 노예무역을 폐지해야 했다. 인도주의적인 운동에 의해서가 아니라 자본주의 스스로 도달한 과잉생산에 의해 노예제가 폐지되었다는 것은 인간의 관념과 관계없이 움직이는 세계의 '객관적 법칙'이란 것을 상기시킨다.

국제 설탕 가격 하락에도 불구하고 영국이 계속 높은 설탕 가격을 유지할 수 있었던 것은 부재지주인 설탕 플랜테이션 농장주들이 본국에 머물면서 강력한 압력집단을 형성해 의회에 로비를 가했기 때문이다. 그 결과 영국령 설탕 식민지의 생산은 여러 법의 보호를 받을 수 있었다. 당밀법, 설탕법과 극단적으로 높은 설탕 관세가 외국산 설탕 수입을 막고 있었다. '서인도제도파'라고 불린 압력단체는 한때 영국의회에서 40명에 이르는 의원을 확보할 만큼 영향력이 대단했다. 이런 독점은 영국 내의 정제업자와 서인도 플랜테이션농장주들의 관계를 갈라놓는 결과를 초래했다.216)

여론은 설탕 정제업자를 비난했다. 영국 설탕 정제업자들은 서인도체제의 독점을 비난하였다. 마침내 이들은 이 문제를 의회에 상정하였다. 그들의 주장은 영국 선박으로 외국 설탕을 운송하는 것을 허용할 것과 동인도나 서인도 설탕에 동일한 관세를 부과해야 한다는 것이었다. 문제 해결은 먼저 인도산 설탕이, 다음은 쿠바와 브라질산 설탕이 정제와 재수출을 목적으로 수입되었다. 그러나 서인도산 설탕의 독점은 위축되지 않았고, 대륙시장에서 영국 설탕을 제외해 버리게 되었다. 1830년에 런던에 224개의 정제용 솥이 있었는데, 1883년에는 그 숫자가 1/3로 줄었고, 국가 전체로는 정제업체 2/3가 폐업했다.217) 이제 유럽 설탕시장은 아시아로 눈을 돌리기 시작했다.

19세기 후반 네덜란드 자본은 자국 식민지인 자바의 사탕수수 플랜테이션에 대거 투자했다. 애초 이들은 유럽 설탕시장을 목표로 했으나, 1870~1880년대 유럽농업 위기로 사탕무 생산량이 증가하고 가격이 하락하자 다시 아시아 시장으로 되돌아왔다.218) 네덜란드 자본이 대거 유입되자 자바 식민정부는 사탕수수 강제재배를 점차 폐지하고, 민간자본이 플랜테이션을 경영하는 데 유리하게끔 법령을 바꾸었다. 식민권력 보호하에 자바 특유의 공동체적 토지경작방식과 노동력을 이용하여 사탕수수 플랜테이션 규모가 확대되었다.

아시아로 눈을 돌린 유럽 설탕업자들

영국계 자본은 동아시아 교통요지인 홍콩의 정제당회사에 투자했다. 1878년 이화양행(怡和洋行, Jardine Matheson & Co.)계열의 중화당국(中華糖局)과 1881년 태고양행(太古洋行, Butterfield & swire)계열의 태고당방(太古糖房)이 그것이다. 이를 홍콩 정제당으로 통칭한다.219) 홍콩 정제당 회사는 전통적 사탕수수 재배지인 중국 복건, 광동 일대에서 원료당을 공급받아 중국 국내와 일본 등지로 판매했다. 중국 당으로서는 홍콩 정제당에 함밀당시장을 잠식당한 셈이다. 홍콩 정제당 시장이 날로 커지자 원료당 품질이 문제가 되었다.

중국당은 전통적 소농 생산방식으로 만들어 품질을 통제하기 어려웠고, 공급량도 일정치 않았다. 반면 자바당은 플랜테이션 재배와 연구소 운영으로 품질이 고르고, 공급량이 안정적이었다. 가격도 1880년대까지 운송비를 포함하면 자바 당이 중국 당보다 높았지만, 지속적인 개발로 1900년대가 되면 중국당보다 낮아졌다. 중국 농민은 홍콩 정제당회사가 원하는 품질과 가격을 유지하기 어려워지자 사탕수수 대신 다른 작물을 재배했다.220) 결국, 중국은 19세기 중반까지 아시아 최대 설탕 수출국에서 19세기 말 순 수입국으로 전락했다.221)

19세기 후반 동아시아 설탕 시장을 주도한 홍콩 정제당은 1880년대에 조선에 들어온 것으로 보인다.[222] 1895년 당시 조선에서 수입하는 설탕은 대부분 외국당이고, 그중 한둘이 일본당이었다. 외국당은 백당(백설탕)으로 칭하는 것이 많고, 일본당은 속칭 백하당으로 칭하는 것이 많았다. 백하당은 오키나와에서 생산되는 함밀당으로 붉은색을 띠는 밀분이 많다.[223] 홍콩 정제당은 러일전쟁 무렵까지 중국을 거쳐 들어왔고, 1904년 이전까지는 중국 80%, 일본 20%로 중국이 압도적이었다. 일본당은 1900~1901년과 1905년 조선에서 비중이 급증하는 데, 1900~1901년은 의화단운동으로 항로가 막혀 일본으로 우회해서 나타난 일시적 현상이었다. 하지만 1905년 이후 수입로가 일본으로 완전히 바뀌었다. 생산품도 홍콩 정제당에서 일본 정제당으로 변경되었다.[224]

　러시아를 비롯한 서구열강이 만주, 조선을 둘러싼 이권을 차지하면서 중국, 일본, 조선, 블라디보스토크를 잇는 동아시아 화물량이 급증했다. 이에 따라 서구 대자본과 연계하여 대리점 역할을 하는 홈링거양행(Holme Ringer & Co.) 같은 서양무역상이 급성장했다.[225] 1868년 나가사키에 설립한 홈링거양행은[226] 청일전쟁 후 동아시아무역량이 증가하자 인천지점을 열고, 곧이어 부산지점을 열었다.[227]

　1904년 러일전쟁이 일어나자 동아시아 무역량은 급격하게 위축되면서 서구 물품을 블라디보스토크로 연결하는 나가사키 무역붐도 꺼졌다. 홈링거양행도 나가사키 호텔마저 경매에 넘길 정도로 위기를 맞았다.[228] 한편, 청일전쟁 이후 일본정부는 제당업을 의도적으로 육성하기 시작했다. 개항 초기 일본은 1866년 서구와 맺은 불평등조약으로 홍콩 정제당이 대량유입 되었다.[229] 후쿠자와 유키치 같은 문명 개화론자가 육류와 설탕 소비를 장려하면서[230] 무역수지 적자의 한 요인이 될 정도로 소비량이 급증했다.

일본정부는 수입대체 산업화의 일환으로 문명화의 상징인 설탕을 국산화하는 정책을 전개했다.[231] 그래서 수입 정제당을 대체하는 정제당업 육성책과 원료부터 자급하기 위한 대만 분밀당 육성책을 펼쳤다. 우선, 일본정부의 정책으로 홍콩 정제당 무역상 출신이 경쟁적으로 정제당업에 뛰어들었다.[232] 다음으로 대만총독부는 자본이 부족한 일본 제당 회사를 위해 전통적 지주소작제를 온존시키고, 제당 회사가 독점수매하는 방식을 취했다. 따라서 자바당보다 생산비가 많이 들고 품질이 낮았다.[233] 공급량도 적어서 1920년대 말이 되어서야 비로소 일본 내 수요를 자급할 정도가 되었다.

일본 정제당 회사로서는 관세 환급 조치를 받으므로 굳이 비싸고 품질이 낮은 대만당을 사용할 필요가 없었다. 따라서 원료당으로는 자바당을 사용했다.[234] 홍콩 정제당이 독점하고 있는 가운데 1902년 무렵부터 오사카의 일본 정당주식회사 설탕이 수입[235]되는 것을 시작으로 후쿠오카 대리제당소 제품이 들어왔다.[236]

일본에 난립하던 정제당 회사들이 1907년 일당(日糖)으로 합병하면서 1920년대 중반까지 일당 제품이 조선 전체 설탕 소비량의 90%를 차지할 정도가 되었다.[237] 일당 제품 중 조선에 들어온 설탕은 일당이 매수한 대리제당소 제품이었다.[238] 일본 정제당은 정치적 영향력을 이용해 조선 설탕 시장을 독점했다. 가령 1904년 8월 22일 한일협약에 따라 재정고문으로 온 메가타 수타로(目賀田種太郎)는 일본 식료품 상인을 조선에 이식했다. 일본 정제당이 홍콩 정제당 보다 품질이 뒤떨어졌으나[239], 러일전쟁을 계기로 경제외적 영향력을 동원해 조선 설탕 시장을 독점했다.

사쓰마 번은 도쿠가와바쿠후 말기의 흑설탕 전매제 시행 등 상업무역의 독점적 이익지배를 통해 몰락하는 바쿠후와는 달리 경제력을 비축할 수 있었고, 이로써 메이지 유신의 주역이 될 수 있었다.240) 나고 시 야부(屋部) 촌에 관한 기록을 보면, 1903년 세율을 높이는 사탕 소비세법 개정에 대한 반대 청원서에 전체 337호 중 144호가 서명하여 36% 이상이 사탕 재배와 관련된 농업에 종사하고 있음을 알 수 있다. 1913년에는 정부의 사탕생산 5개년 계획이 실시되어 사탕수수 농가가 증가하고, 사탕수수재배를 위한 경지정리를 위해 1916년 8월에 야부경지정리조합이 결성되어 1917년 2월에 사업을 완료하였다. 1918년 8월에는 야부공동제당조합이 결성되어 분밀당공장을 건설하였으나, 1년 만인 1919년 12월에 도산하고 말았다.241)

남양군도로 간 오키나와인과 조선인

1차 대전 후의 세계 대공황과 그에 따른 설탕 가격의 폭락은 다시 그에 따른 오키나와 주력산업이었던 사탕수수 경작과 제당 산업의 몰락으로 이어졌다. 오키나와인들은 흔히 '소철(蘇鐵)지옥'242)의 시기라 불리는 1920~1930년대부터 이미 외부지역으로 대량 유출되어 일본 자본주의에 값싼 노동력을 공급하고 있었다. 오키나와인의 외부유출은 세계 설탕 산업에 의존해온 오키나와 경제의 전면적인 붕괴와 수년간의 극심한 기근을 배경으로 하고 있었다.243) 일본제국은 오키나와인을 이용해 식민 사업을 진척시켰다. 그 대상지는 태평양의 남양군도였다. 일본은 남양군도

주민의 '일본인화' 정책을 추진하는 동시에, 일본 본토 주민들이 이 지역으로 이주하도록 노력했다.

남양군도에 진출한 자본이 필요로 한 노동력은 부분적으로 남양군도 주민들로 채워졌지만, 대부분 소철지옥으로 형성된 오키나와의 과잉인구로 충당되었다.[244] 특히 1930년대를 거치면서 그 수는 1만176명에서 4만5,701명으로 급격히 늘어났다.[245] 물론 모든 노동력을 오키나와 주민으로 채운 것은 아니었다. 1930년대 들어 두 차례의 노동자들의 저항운동이 있었는데, 그 주동자들이 모두 오키나와 출신이었다. 그 때문에 이후에는 후쿠시마(福島), 야마가타(山形) 등 일본 다른 지방 사람들로 채우기도 하고, 그래도 부족한 인원은 조선에서 모집해서 충당하였다.

사이판 바로 밑에 있는 티니안(Tinian) 섬에는 남양흥발주식회사가 사탕수수를 재배했다. 초기에 이 섬에는 주민이 전혀 살고 있지 않았기 때문에 오키나와 주민을 주로 이민시켰고, 일부 조선인도 들어갔다. 특히 오키나와 주민은 원래 오키나와에서 사탕수수를 재배하던 경험이 있었기 때문에 매우 적합했다. 이 사업은 큰 성공을 거두어 티니안의 설탕 생산량은 1930년대 초에는 대만에 이어 동양 제2위를 차지할 정도까지 발달하였다.[246] 가장 사탕 산업이 번성할 때에는 민간인만 해도 약 2만 명에 육박했는데, 이는 일본인으로서의 오키나와인과 조선인으로 구성되어 있었다.

사실 남양군도 지역에 일하러 가겠다고 선뜻 나서는 일본인은 그리 많지 않았다. 그랬기 때문에 국가의 지원을 받아 남양흥발이 이주자를 모집하러 다녀야 했다. 모집은 전국적으로 실시했지만, 지원자의 대부분은 오키나와에서 나왔다.[247] 남양흥발주식회사는 짧은 시간 안에 돈을 많이 벌 수 있다고 했고, 오키나와 주민들은 이것을 출세의 기회로 여겼다.[248] 국가가 정책적으로 만주국으로 보냈던 만몽개척단(滿蒙開拓團)에 벽촌인 나가노 현(長野縣) 주민들이 가장 많았던 것과 마찬가지로, 남양군도 지역으로는 오키나와 주민을 대량 이주시킨 것이다. 오키나와의 설탕 산업을 다시 부흥시키는 대신 남양군도로 이주시킨 이유는 무엇일까? 이들 섬에 대한 일본의 정책은 경제적인 것이 아니라 군사적이었기 때문이다. 앞으로 미국과의 전쟁을 준비하기 위한 군사 요새화를 위해 대규모이민이 필요했다. 결국, 오키나와 설탕 산업의 운명은 태평양전쟁을 위한 볼모가 되고 만 셈이다.

오키나와 설탕 산업의 운명과 태평양전쟁

이처럼 사탕수수와 설탕은 세계경제의 최전선에 서 있던 상품이었기에 이에 의존해온 오키나와인의 구체적인 삶은 이미 세계체계의 위기를 고스란히 감당해야 하는 상황이었다. 위기상황은 오히려 냉정한 현실을 드러내 준다는 점에서 기회이다. 일류동조론을 주장하며 일본으로의 동화를 뒷받침하던 이하후유(伊波普猷)의 경우 소철지옥의 참상을 겪은 뒤 아이누나 타이완 원주민과의 차이를 강조하던 경향으로부터 공통성에 눈뜨는 방향으로 나아가기 시작했다. 1928년에는 하와이를 방문해 해외 이민자들의 애환을 경험하고서 마르크스주의적 논고를 남겼는데, 결국 '일국사'적 틀을 뛰어넘는 넓은 시야를 획득하는 계기로 작용했다.[249]

필화사건으로 번진 구시 후사코(久志美沙子)의 소설 「사라져 가는 류큐 여인의 수기」[250]는 소철지옥으로 몰락한 숙부의 집을 중심으로 오키나와의 궁상과 자기 입지를 유지하기 위해 끝내 출신을 숨기는 일부 본토 오키나와인의 비굴한 삶을 적나라하게 비판했다. 이 소설은 도쿄의 오키나와 현학생회와 현인회로부터 격렬한 항의를 받았는데, 요점은 궁핍한 오키나와인의 풍습이 낱낱이 묘사되어 자신들이 일본인으로부터 아이누인이나 조선인과 동일시되는 피해를 당하였다는 것이었다. 이에 구시는 석명문을 발표하여 다음과 같이 강조했다.

> 대표분들은 우리를 차별하고 모욕하는 것이라고 씩씩거리시지만, 그 말은 고스란히 아이누나 조선 사람에게 인종적 차별을 가하는 것이 아닐까 생각합니다. 저 자신은 오키나와 현인이 아이누 인종이라도 좋고, 야마토 민족이라도 좋고, 어느 쪽이든 때에 따라 다소 왜곡된다손 치더라도 인간으로서의 가치를 지닌, 본질에서 아무 차별도 없는 서로가 모두 동양인이라고 믿습니다.251)

후쿠자와 유키치가 문명발전을 위해 설탕 소비를 강조할 때, 그 설탕 생산에 서려 있는 노예노동의 가혹한 착취는 언급되지 않았다. 달콤한 설탕의 맛이 세계의 모순으로부터 나를 격리해 줄 만큼 매혹적이지만, 그 달콤함이 과잉생산되고, 과잉생산이 가격폭락을 초래하고, 가격폭락이 생활을 붕괴시키는 참상으로 드러날 때, 우리는 비로소 세계를 알게 된다. 뼈저리게.

Ⅲ 코민테른과 김명식, 도쿠다

아홉 │ 김명식 묘

상해파 고려공산당 참여한 사회주의 논객

조천공동묘지 김해 김씨 묘역 뒤편에 새로이 조성된 김명식 선생 부부의 묘에 핀 유채꽃

송산 김명식은 1891년 음력 9월 26일 조천면 조천리에서 현감을 지낸 김해 김씨 조천이동(梨洞)파 김문주와 어머니 송권숙 사이의 4남 2녀 가운데 넷째 아들로 태어났다.252) 일제강점기, 조천은 산지항과 함께 오사카를 운항하는 군대환, 신대환 등 여객선이 정기적으로 들렀던 해상교통의 중심지였다.

김명식은 1908년 계몽운동단체인 대한협회의 제주지회가 설립되자 고향 후배인 김문준과 함께 입회하였다. 그리고 신학문을 배우기 위해 상경하여 한성고등보통학교에 입학했다. 1910년 병탄조약이 체결되자 학교를 자퇴한 김명식은 향리인 조천으로 낙향했다. 낙향한 김명식은 조천에서 김문준과 함께 종교단체가 운영하던 독서회관의 교사로 활동하는 한편, 동향의 죽암 고순흠, 매원 홍두표와 함께 일생을 조국의 해방을 위해 바칠 것을 맹세하는 송죽매결의를 하였다. 그리고 이를 실현하기 위한 첫 단계로 신학문을 체계적으로 공부할 것을 다짐하고, 홍두표와 함께 일본으로 건너갔다. 1915년 송산이 스물 네살 되던 해였다.

도일 후 김명식과 홍두표는 와세다 대학과 메이지 대학에 입학하였고, 고순흠은 상경하여 경성법학전수학교에 진학하였다. 1910년에는 이동휘 등이 중국 동북지방 왕청현 나자구에 사관학교를 설치하고, 홍범도 장군이 이끄는 독립군이 서북 국경지대에서 활약한 시기였다.253) 김명식을 이해함에 두 개의 조직을 전제하지 않고는 불가능하다. 하나는 사회혁명당이요, 둘은 고려공산당이다. 둘은 병렬되지 않는다. 사회혁명당으로 시작하여 그것을 극복하고 고려공산당으로 옮겨갔다는 점에서 직렬적 발전으로 파악해야 한다.

일본의 아시아주의에 맞서는 신아동맹단

김명식은 1916년 향후 그의 삶의 궤적을 결정짓는 중요한 한 모임에 참여하게 된다. 1916년 봄 동경에서 결성된 비밀결사 신아동맹단이 바로 그것이다. 이 단체는 1년 남짓 유지되었다. 신아동맹단은 고토쿠 슈스이(幸德秋水)의 『사회주의신수』를 모태로 김철수와 장덕수가 주도하여 황개민(황각), 나할 등254) 중국, 대만, 조선의 청년 40여 명이 일본 제국주의를 타파하고 서로 도울 것과 민족평등, 국제평등을 실현할 목적으로 조직한 단체였다. 이들은 창립대회에서 일본제국주의를 타도하여 새 아시아를 세우는데 전력을 다할 것을 선언하고, 베트남이나 아시아 약소민족의 동지들까지 가입시킬 것을 결의하였다.255)

훗날 상해에서 여운형, 김규식, 이규형, 김립 등이 이 조직에 참여하였고, 중국인들과 함께 했으며, 이름도 대동단으로 고쳤다. 황각은 1921년 상해에서 중국공산당 조직의 주요 구성원이 된다.256) 김철수에 의하면, 중국공산당은 상해파 고려공산당과의 연계 속에서 이루어진 것이었다. 또한, 팽화영(彭華榮) 역시 상해파 사회주의자들과 연계하여 동경에서 대만 공산당을 조직한다.257) 중심인물인 김철수가 사회주의의 영향을 받았다고 주장되었으나, 조직원 전체가 그렇진 않았다.

김명식이 그랬다. 당시 김명식은 『학지광』에 쓴 글에서 "부자의 자선심, 강자의 의협심, 빈자의 경애심, 약자의 타협심을 환기함은 정의를 앞세운 도덕이 아니면 얻지 못할 것"이라며 "사회의 평화를 도모하는 것이 도덕에 있고, 경제의 교란을 방지하는 것 또한 도덕에 있다"고 강조했다.258) 이 같은 입장은 김명식만이 아니라 신아동맹단원의 일반적 인식이었다. 즉, 사회진화론에 입각하되 생존경쟁의 수단이 지식과 자본이라기보다는 건전한 사상과 도덕, 윤리라는 견해가 주요한 입장이었다.259)

신아동맹단이 구상한 사회정책의 핵심은 국가의 정책적 개입이었지만, 그들은 이미 국가에 대해 논술할 자유가 없다고 못 박고 있었다.260) 이는 식민지적 조건을 고려했기 때문이었다.261) 사회정책을 시행할 주체가 모호해진 신아동맹단의 '이상주의'는 그 방안을 민족에서 찾고 있었다.262) 만일 사회정책을 시행할 주체로서 현실의 국가권력인 조선총독부를 적극 용인할 경우, 신아동맹단의 신자유주의는 일제 총독부 권력에 그러한 근대적 사회정책을 요구하게 된다. 그리고 때로 협조적인 자세를 취할 수도 있었다.263)

신아동맹단은 일본이 메이지 유신이래 주창한 아시아주의를 극복하기 위한 저항조직이었으나, 논리적으로는 일본의 '아시아'라는 틀을 극복하지 못함으로 하여 모순에 빠질 우려가 있었다. 당시 일본은 메이지 유신 이래 오키나와 병탄과 조선 병탄의 논리로 아시아주의를 내세우고 있었다. 노골적인 매판세력도 있지만, 친일파 중에는 아시아주의 논리에 동화된 이가 많았다.

메이지 유신의 사상적 원천인 요시다 쇼인(吉田松陰)은 양명학자였는데 아시아의 근대를 고민하던 이들에게 요시다 쇼인의 양명학은 파급력이 컸다. 베트남에서 호찌민 이전 독립운동의 최고지도자였던 판보이쩌우가 만든 독립운동조직의 이름이 유신회였으며, 그에게서 요시다 쇼인은 베트남근대화의 기준이었다. 임시정부 2대 대통령 박은식 역시 초기에는 요시다 쇼인의 양명학을 받아들인다. 이미 조선에는 하곡 정제두로부터 이어진 양명학의 학통이 있었음에도 박은식이 하곡을 이어받았다는 근거는 보이지 않는다.

요시다 쇼인의 제자로서 아시아주의를 전수한 이토 히로부미는 일본 근대사에서 가장 원대한 이상을 가진 인물로 추앙되었다. 그를 암살하려던 청년을 설득하여 우익의 주도세력이 되게 한 일화에서 그의 세계를 가늠할 수 있다. 이 같은 아시아주의 발현이 오키나와, 대만, 조선의 병탄으로 이어졌다. 이미 공산당과 국공합작에 들어간 1924년 쑨원마저 일본의 강연에서 대아시아주의를 주창하기에 이른다. 이는 서양을 극복하기 위해서 일본의 병탄은 당연히 고마워해야 할 일로 생각해야 한다는 일본 우익의 강력한 이데올로기로 작용하였다.

아시아 각국의 초기 독립운동에서 보이는 아시아주의 사고 틀을 극복하지 않는 한 독립운동의 골간은 제대로 설 수 없었다. 비장한 결의만으로 독립이 쟁취되는 것은 아니다. 과학적 전망과 치밀한 조직이 전제되어야 하는 데, 신아동맹단이 그러한 조건을 만족시키긴 어려웠다. 그러나 1920년 이미 일본의 지정학주의를 극복할 사상적 대안이 놀랄만한 속도로 형성되고 있었다.

독서회 수준의 사회혁명당

신아동맹단 한국지부는 1920년 6월 서울에서 비밀리에 제5차 대회를 열고 사회혁명당으로 이름을 바꾸었다. 사회혁명당은 "계급타파와 사유제도 타파, 무산계급의 전제정치"를 목표로 설정한 사회주의 단체였다. 사회혁명당은 최초의 국내 사회주의정당으로 알려졌으나, 김철수의 회고에 의하면, 독서회 수준의 조직이었다.264) 이러한 독서와 토론을 기반으로 사회혁명당의 몇몇 이론가들은 마르크스주의에 대한 이론이나 현실 문제와 관련된 견해를 자신들이 활동하고 있던 단체의 기관지인 『공제』와 『아성』을 통해 발표하였다. 이 시기 활발하게 자신의 견해를 밝힌 대표적인 이가 김명식이었다.265) 김명식을 비롯한 당대의 논객들은 주로 『공제』가 표방했던 '노동 문제 연구'와 '신사상 선전',266) 그리고 『아성』이 표방했던 '시대사상의 선구'267)라는 슬로건에 걸맞게 노동 문제에 대한 글이나 마르크스주의(유물사관 요령기 등)와 크로폿킨의 학설(상호부조론 등) 등 '신사상'의 소개와 선전에 주력하였다.

그러나 『공제』에 실린 김명식의 글을 보면, 당시 김명식의 사상이 사회주의라고 할 만한 면모를 찾기는 힘들다. 예를 들면, 그는 「노동 문제는 사회의 근본 문제이라」에서 노동 문제를 현실적이고 근대적인 문제로 파악하기보다는 추상적이고 초역사적인 문제로 파악하고 있다.268) 이 같은 입장은 신아동맹단시절 사회주의자를 자처했던 김철수의 노동자·자본가협조주의와 크게 다르지 않다. 김철수는 "노동 문제의 대의로 말하면, 자본가와 노동자의 충돌을 여하히 조화시키며 노동자를 여하히 보호 구제할가 함에 있다"269)라고 말한 것이다. 『공제』 1기는 대체로 노·자타협노선이 주류를 형성했다. 그러나 2기는 사회주의적 색채를 분명히 드러내기 시작했으며, 따라서 『신생활』보다 앞서 공산주의 조직의 기관지로 코민테른에 보고되는 것도 큰 무리는 아니었다.270)

『공제』의 필진 중 눈에 띄는 것은 나경석이다. 그는 당시 사회를 자본계급과 노동계급의 계급투쟁 시기로 보았다. 그러나 독특한 것은 지식계급의 지도에 반대하고 있다는 점이다. 그에 의하면, 지식인들이 노동자들에게 무엇을 전수하려는 것은 곧 "노동자를 독살"하는 것이다. 지식계급은 노동자의 장래 자각을 촉진하려면 현재의 궁핍을 구제해야 하는데, 이를 위해서는 소비조합운동을 경영하여야 한다고 하였다. 그것은 '단결의 습관'을 길러주고, '호상부조의 덕의를 함양'케 해주기 때문이다. 이는 레닌의 외부역할설과 달리 모택동의 연안 강화시기에 등장하는 대중 주체론에 더 가까운 것이다.

또한, 그는 조선사회 문제의 대부분은 농촌에 있음을 지적하며, 소작조건의 완화를 위한 주장을 하고 있다. 그는 "조선의 대혁명의 복선은 농촌에 있다"고 한 것이다.[271] 나경석은 이미 1915년 김명식과 일본 유학생 시절부터 농민 문제에 주목하고 있었다. 그는 소작농민의 비참한 상황을 타개하기 위해서는 "제너럴 스트라익, 사보타지 이것이 그들의 자위 자존하는 유일 방법이요, 삶의 진리지마는 누가 '브 나로드, 브 나로드'하면서 붉은 기를 높이 들 사람이 있겠소?! 그 몇 사람이요!?"[272]라고 하여 지식인의 실천적 역할을 강조했다.

Y생이란 필명의 필자는 『노동가치설 연구』에서 마르크스의 노동가치설을 소개했다. "이 결정으로써 일체의 가치가 유통행정에 잇다고 화폐 쪼각을 가지고 놀고도라단이며 일꾼을 무시하든 경제학을 불사르겠다"고 했다.[273] 마르크스의 노동가치설은 스미스와 리카도에서 온 것이며, 아담 스미스는 『국부론』을 쓸 때 흄의 저서에서 이를 인용해 온다. 흄은 이미 이슬람으로부터 전래한 이론을 알고 있었는데, 그것은 튀니지 출신의 이븐 칼둔이 1377년에 완성한 『역사서설』(무깟디마, The Muqaddimah)에 등장한 내용이었다.[274] 당시는 이미 삼별초 진압 후 남송정벌에 성공한 쿠빌라이의 몽골제국에 의해 세계경제가 통합되어 소위 13세기 세

계체계가 백여 년 정도의 시간 속에 정착된 때였다. 따라서 노동가치설은 18세기 유럽의 것이 아니라 14세기 아시아의 것이었다. Y생이 누구인지는 모르나, 그가 내리고 있는 결론은 이븐 칼둔의 그것과 사실 크게 다르지 않은 것이었다.

상해파 고려공산당과 레닌의 민족·식민지 문제 테제

사회혁명당은 1921년 5월 20~23일 상해에서 열린 고려공산당창립대회에 8명의 대표단을 파견했으며, 고려공산당의 성립을 선포했다. 소위 상해파 고려공산당이다. 고려공산당의 출현은 국내 사회주의운동이 영국 신자유주의나 일본 사회주의를 학습한 지식인의 운동수준에서 드디어 현실을 변화시킬 혁명이론과 실천조직을 갖추었음을 의미했다.

우선 일본의 '아시아주의'라는 의제를 극복할 수 있는 세계적 의제는 레닌의 '민족·식민지 문제에 관한 테제'로 나타난다. 1917년 러시아혁명 후 1920년 코민테른 2차 대회에서 발표된 이 테제는 제2인터내셔널에서 식민지와 참전을 인정한 베른슈타인 일파의 사민주의에 대한 투쟁으로 기록된 1905년 슈투트가르트 선언에서부터 시작하였다. 즉, 일관되게 발전해 온 레닌혁명노선의 결정판이었다. 베트남의 또 한 명의 탁월한 지도자 호찌민은 선배인 판보이쩌우가 일본을, 판추친이 프랑스를 선택한 것과 달리 소비에트러시아로 향했다.

이 테제는 향후 20여 년 간 조선에서 일본의 아시아주의와 가장 치열하게 싸울 수 있는 지침이 되었으며, 유라시아에 가장 강력한 영향력을 행사하는 의제가 되었다. 레닌은 이론을 주었을 뿐만 아니라 자금도 주었으며, 코민테른 같은 국제연대조직까지 만들어주었다. 소련을 도둑놈의 정부라고까지 비난했던 안창호조차 레닌 자금을 받아들이기로 결정한 것을 보면, 레닌의 테제는 이념을 초월한 영향력을 가지고 있었다.

여기서 주목할 것은 이 테제가 레닌의 입을 통해 발표되었지만, 가장 결정적인 초안은 임시정부 초대총리인 이동휘의 비서 박진순에 의해 제출되었다는 사실이다. 불과 23세의 청년이었던 박진순은 1920년 초부터 6개월 동안 레닌과 로이를 중심으로 한 '민족식민지문제소위원회' 토론에 참석한다. 이 짧은 기간 동안 박진순은 제1인터네셔널에서의 마르크스의 논쟁과 제2인터네셔널에서의 레닌과 로자의 투쟁, 그리고 러시아혁명에서 제국주의 식민지론에 이르는 기나긴 사상적 궤적을 거의 정확히 간파한다. 그리고 무엇보다 그것을 조선의 현실에 적용해 사고하며, 다시 레닌의 이론을 세계혁명의 의제로 만드는 데 기여한다.

코민테른 2차 대회 직전인 1920년 7월 초에 쓰여진 박진순의 『혁명적 동방과 코민테른의 당면임무』는 이전의 도식적인 혁명론을 수정하여 부르주아민족주의자에 대해 반제부르주아혁명 단계에서 그들의 주도성을 인정하고 있다. 이것은 한인사회당의 상해 임정 참여와 당수인 이동휘의 국무총리직 수용이라는 현실 정치지형의 변화가 반영된 결과였다.275) 정치적 결단은 이동휘에 의해서 이루어졌고, 그에 대한 이론화는 박진순이 했으며, 레닌은 그것을 세계적 의제 속에 수렴하여 발표한 것이다.

1921년 극동민족대회 전후로 레닌을 방문한 여운형 일행의 회고에 의하면, 레닌은 인도 출신 공산주의자 로이나 이르쿠츠크파의 좌경화된 노선 대신 이동휘의 상해파 노선과 입장을 같이 했다. '민족과 식민지 문제에 대한 테제'는 1924년 중국에서 국공합작으로 귀결되고, 1927년 식민지 조선에서 신간회의 창립을 가져왔다.[276] 2차 대전을 기화로 폭발하는 민족해방혁명의 흐름은 이미 20여 년간 준비된 잠류의 결과였다.

고려공산당은 그 자체가 레닌의 사상과 이동휘의 지도력, 박진순의 이론을 바탕으로 한 세계적 의제 속에 탄생한 당이었기에 활동반경이 조선에만 머물지 않았다. 그들의 눈앞엔 세계혁명이 놓여 있었다. 1921년 창당 시 이동휘는 조선혁명의 조직 대오를 건설함과 동시에 아시아총국의 건설에 돌입한다. 이는 일본의 아시아주의를 극복할 가장 위력한 이론과 조직을 제공할 가능성이 높았다. 김명식이 『동아일보』를 통해 새로운 혁명론을 전파하고 있을 때, 일본 중국 사회주의자에 대한 조직사업이 진행되었다.

일본 공산주의 운동사에는 이동휘의 한인사회당이 깊숙이 개입되어 있었다. 아직도 일부 일본인 연구자들은 이동휘가 일본공산당 창당을 지원했다는 사실을 꺼려 '코민테른 밀사'라는 모호한 표현을 쓰지만, 코민테른의 밀사가 아니라 한인사회당의 밀사였다. 일본공산당 중앙위원이 되는 곤도 에이조(近藤榮藏)는 『코민테른 밀사—일본공산당 창생비화(創生秘話)』(1949)에서 1920년 이동휘가 상해에서 파견한 이증림(李增林)을 만났다고 전하고 있다. 1920년 7월 이동휘가 도쿄에 파견한 일본 주오대(中央大) 출신 이춘숙은 메이지 대학에 재학 중인 이증림을 만났고, 그의 소개로 아나키스트 오스기 사카에(大杉榮)를 만났다. 이동휘는 레닌 자금 일부를 오스기 사카에에게 지원하면서 일본공산당을 만들라고 권했지만, 오스기가 아나키즘을 포기하지 않는 바람에 무산되었다.

그러자 이증림은 곤도 에이조를 대동하고 상해로 가서 이동휘를 만나게 했다. 이동휘는 곤도에게 6,300엔의 거금을 지원했다. 하지만 곤도는 시모노세키에서 도쿄행 급행열차를 두 번이나 놓쳐가면서 유흥에 빠졌다가 경찰에 체포되는 '시모노세키 유흥사건(下關遊興事件)'을 일으켰다. 그러나 곤도는 결국 이동휘의 지원 자금을 가지고 돌아와, 와세다 대학의 사상 서클을 중심으로 효민공산당(曉民共産黨)을 결성하는 데 성공했다. 효민공산당은 1921년 11월 육군대연습일(陸軍大練習日)에 '공산당 본부' 명의의 반전·반군 유인물을 군인기숙사에 뿌린 '효민공산당 사건'으로 붕괴되고, 1922년 7월 다시 결성되는 것이 사카이 도시히코(堺利彦)가 위원장으로 선출되는 일본공산당이었다. 이동휘의 시도가 결과적으로는 실패했지만, 그의 시도는 아시아 사회주의가 어떻게 움직여야할 지에 대한 기준이 되었다.

1921년 5월 20일 상해에서 조선·일본·중국·노령의 대표자 100여명이 참가한 가운데 열린 고려공산당창립대회에서는 위원장에 이동휘, 비서부장에 김립, 중앙위원에 김철수·최팔용·장덕수 등 12명이 선임되었다. 김명식은 유진희·한위건·장덕수·이봉수·최팔용 등과 함께 9명의 국내 간부 중 일인으로 선정되었다. 또한, 주종건·유진희·윤자영과 함께 국내 기관지 주간이 되었다.277) 이때 사회혁명당은 상해파 고려공산당의 국내 지부로 자신의 위상을 전환하였다. 상해파는 조선청년회연합회와 조선노동공제회를 실질적으로 장악했으며, 국내 간부 가운데 장덕수와 김명식은 동아일보사 주필과 논설반원으로 『동아일보』의 중심 논진을 형성하고 있었다.

김윤식이 죽자 조문객이 물밀 듯이 몰려들었다. 그리고 그의 문장과 절개를 높이 평가하는 추모의 기사들이 이어졌다. 김윤식이 죽은 지 사흘 만인 1월 24일에 사회장 위원회가 신속하게 꾸려졌다. 사회장 위원들이 염두에 둔 장례식은 얼마 전에 일본에서 성대히 거행된 오쿠마 시게노부(大隈重信)의 국민장이었다. 오쿠마는 두 차례 내각 총리대신을 지낸 거물 정치인이었다. 추모 열기가 대단했다. 김윤식보다도 열하루 앞선 1922년 1월 10일에 사망한 그의 장례식은 도쿄 히비야(日比谷) 공원에 마련한 특별 예식장에서 국민장 형식으로 거행되었다. 그러나 조선은 식민지였고, 국권을 상실한 처지인 만큼 국민장이라는 명칭은 실제에 부합하지 않았다. 그들은 다른 이름을 고안해 냈다. 바로 사회장이었다. 이 용어에는 식민지 조선인의 광범한 심리적 결집이 필요하다고 판단한 사람들의 열의와 창의성이 배어 있었다.[278]

『신생활』 주필 김명식과 상해파의 민족통일전선 노선

사회장위원회의 두 축 중 하나는 민족주의 기호파이고, 다른 하나는 사회주의 상해파 세력이었다. 사회장위원회는 사회주의, 민족주의 양대 세력의 한시적인 연합기관이었던 셈이다. 사회주의 세력이 김윤식 사회장위원회에 가담한 것은 상해파가 폭넓은 민족통일전선정책을 견지했기 때문이었다. 그들은 민족 내부의 투쟁을 지양하고, 민족의 총체적 역량을 강화하는 속에서 노동계급의 성장을 도모해야 한다고 생각했다.[279]

이에 대한 반대파가 즉각 결성되었다. 항의자들이 말한 바에 따르면, 김윤식은 경술국치 당시에 선명한 태도를 취하지 않고 기회주의적 행태를 보였다. 그뿐 아니라 사회를 위해 아무런 공헌도 끼친 바가 없다는 것이었다.[280] 실제 김윤식은 일본정부로부터 귀족 칭호를 받은 76명 가운데 한 사람이었다. 병합이 이뤄진 지 달포 가량 지난 1910년 10월,

그에게는 자작(子爵)의 작위와 은사금 5만 원이 제공되었다. 또한, 조선 총독부의 자문기관인 중추원 부의장직에 선임되었다. 김윤식은 중추원 부의장직은 사양하였지만, 작위와 은사금은 끝내 거절하지 않았다.

김명식은 같은 상해파였음에도 장덕수가 추진한 김윤식 사회장에 반대하여 각을 세운다. 김윤식의 제주도 유배 시절 김명식은 이미 면식이 있었다. 사회장 반대회에 결집한 단체들은 고려공산당의 통일전선 정책에 반대하는 4개 신흥사회주의 단체였다.281) 조선공산당(중립당), 사회혁명당(서울파), 재일본조선인 공산주의단체, 이르쿠츠크파 고려공산당 국내부가 그것이다. 사회장 반대를 외쳤던 김명식마저 4월 청년회연합회 총회와 6월 조선노동공제회 총회에서 장덕수와 함께 제명된 것은 이들 단페의 조직적 활동의 결과였다.

1922년 2월의 김윤식 사회장 반대, 4월 서울청년연합회에서 상해파의 제명, 6월 노동공제회에서의 제명은 서로 긴밀히 연계되어 있었다. 김사국을 필두로 일치된 행동을 보여줬던 배후는 상해파, 이르쿠츠크파와 무관하게 서울에서 독자적으로 출범한 '조선공산당'(이후의 조공과 구별하여 중립당)의 비밀결사 구성원들이었다.282) 이 사건은 상해파 공산당이 쥐고 있던 국내 사회운동의 헤게모니 약화283)는 물론, 그해 연말 베르흐네우딘스크에서 열린 고려공산당 통합대회의 결렬로까지 이어지는 반상해파 반격의 시작이었다. 신흥 사회주의자들은 식민지 조선의 민족주의자들이 반일운동의 동맹자가 될 가능성을 전혀 인정하지 않았다. 이 단계까지만 해도 그들은 민족통일전선 전술의 의의와 유용성을 승인하지 않았다.

1922년 4월 시점 청년회연합회 3차 총회 집행위원회 「건의안」을 통해 상해파 공산당은 문화운동론에 입각하여 물산장려운동과 민립 대학기성운동을 주창하고 나섰다. 상해파 공산당의 입장에서 보면, 이 운동론은 혁명의 결정적 계기가 성숙하지 않는 조건에 조응해서 제기된 전술이었다. 또한, 식민지해방을 위해 민족부르주아적 요소와 협력한다는 관점이 뚜렷이 드러나 있다. 민족통일전선론의 골자가 관철되고 있었다.[284] 상해파 공산당이 목적 의식적으로 민족통일전선론을 주창하고 있었던 증거가 있다. 1922년 해외에서 간행되던 상해파 공산당 기관지 『효종(曉鍾)』 지상에 유진희가 무아생이란 필명으로 운동론을 개진한 논문을 발표했다. 이 글은 '레닌의 민족유일전선사상'을 수입한 첫 문장이므로 '문헌적으로 가치가 있는 것'이라고 평가받았다.[285] 단, 상해파 운동론에는 민족주의의 개량주의적 성격을 문젯거리로 삼은 흔적이 없다. 이 점에서 상해파는 신흥 사회주의이론가들의 거듭된 공격을 감내해야 했다.

상해파 최고의 이론가였던 박진순은 상해에서 한국 내의 사회주의운동과 관련을 가지려고 노력했다. 그 결실로 1922년 국내 최초의 좌파잡지 『신생활』이 창간된다. 이 잡지는 상해파 고려공산당의 자금으로 창간된 것이었다.[286] 박진순은 1922년에 『신생활』에 몇 개의 논문을 발표했다고 한다.[287] 김명식은 상해파 탈퇴를 선언한 상태였지만 『신생활』의 주필로 등장한다. 이는 김명식이 상해파와 실질적 관계를 형성하고 있었음을 의미한다. 김명식을 비롯한 유진희·신일용·이혁노·이성태·정백 등은 '신생활 그룹'을 형성하여, 1922년 1월 15일 박희도·이승준 등과 자본금 1만5천 원으로 신생활사를 창립하고, 1922년 3월 11일 『신생활』을 창간했다는 것이 표면에 드러난 사실이다.[288] 그러나 러시아에서 수십만 원의 선전비가 국내에 들어왔다는 풍문이 이어졌고, 총독부

검사국에서 그에 대해 조사하던 중 『신생활』 11호가 러시아혁명 5주년 기념호로 발행되자 박희도, 김명식 등을 구속하고, 1922년 11월 22일 발행금지 처분을 한다.[289]

이 돈은 독립운동사에서 가장 큰 말썽의 소재가 되었던 레닌 자금일 가능성이 많다. 1921년 5월 고려공산당이 창당되고, 재무책임자는 김명식의 동지인 사회혁명당 출신의 김철수였다. 1921년 말 모스크바 극동민족대회 참석을 위해 출발한 김규식·여운형·나용균의 모스크바행 여비도 김철수가 지출한 것이다. 1921년 이동휘와 박진순이 동방혁명을 위한 동아시아 혁명조직 건설에 착수한 자금도 이 돈이었다. 이때 상당액의 자금이 상해회의에 참석했던 이봉수를 통해 국내 공산주의자들에게도 흘러들어 간다. 레닌 자금 중 국내로 들어온 자금은 최팔용 등 문화운동가들이 출판과 문화운동에 써 공산주의 이외의 일에 낭비했다는 비난을 받았다.[290]

신생활사를 장악한 주필 김명식의 노선이 상해파의 전략과 항상 일치한 것은 아니었다. 신생활그룹이 개조의 목적, 의의, 실현 가능성, 접근방법, 예상 결과와 그 유용성, 수행기간과 일정 등 개혁을 위한 일목요연한 프로그램을 갖지 못했던 것은 한계였다.[291] 그러나 중요한 논쟁의 지점마다 김명식은 상해파의 노선을 취하고 있다. 특히 1928년 스탈린 치하에서 열린 코민테른 대회의 6월 테제는 또 한 번 운동노선의 논쟁을 불러일으키는데 김명식의 후배 박일형과 격한 논쟁을 벌인다.

박일형이 "우리의 선진"으로 인정하며 "발표한 일문일장을 금옥같이 경애"하였던 김명식이 민족주의자들과 매한가지로 '자치구 설정 문제'를 제기하고 나섰다며 포문을 연 것이다. 이에 김명식은 "재만 조선인 문제는 반제국주의운동에 귀착"되지만 "현재의 화난을 구하기 위하여"[292] 자치구 설정 문제를 제기한다고 하였다. 그러나 박일형에게 이러한 김명식의 주장은 장개석 정권을 인정하는 것으로밖에 보이지 않았다. "장개석 내지 그와 동일한 부류에서 중국의 정권이 장악되어 있는 동안까지는 그들의 영토적 욕망이 이를 불허"[293]할 것인데도 이를 주장하는 것은 곧 국민당 정부를 용인하자는 말과 다를 것이 없다는 것이다. 이후 논쟁은 박일형의 글에 대한 김명식의 반박과 박일형의 재반박으로 이어진다. 논쟁의 핵심은 '장개석의 국민당 정권을 어떻게 이해하느냐'였다.

민족부르주아지 비판한 코민테른 노선과 김명식

그렇다면 국민당에 대한 사회주의자들의 인식의 차이는 어디에서 오는 것일까? 1928년 개최된 코민테른 6차 대회는 사회파시즘론을 내세우며 식민지 반식민지 국가의 혁명운동에서 민족부르주아지를 폭로하고 타격하는 방침을 분명하게 드러냈다. 이러한 코민테른 6차 대회의 노선은 '12월 테제' 등을 통해 조선에 전달된다. 조선의 사회주의자들은 이에 따라 아래로부터 조선공산당을 재건하기 위해 혁명적 농노조운동에 뛰어들었다.[294] 국민당을 용인할 수도, 이용할 수도 없다는 박일형의 주장은 코민테른 6차 대회의 노선과 궤를 같이하고 있다. 박종린은 김명식이 오랜 세월 동안 운동의 공간과 격리된 채 외롭게 투쟁해왔음을 짐작케 해준다고 평가했다.[295]

그러나 이는 비단 조선에서만 일어났던 혼란이 아니었다. 베트남을 보자. 1928년 7월 코민테른 제6차 대회에서 채택되었던 전략의 변화가 호찌민의 사고에도 어느 정도 영향을 주긴 하였다. 프랑스 제국주의, 봉건주의만이 아니라 반혁명적인 부르주아지를 타도하고 '노동자—농민과 병사의 정부'를 만들기 위해 투쟁할 것이라고 밝혔다.296) 호찌민은 식민지 지역에서 레닌주의 전략을 충실하게 고수하고 있었지만, 모스크바는 이미 거기에서 앞으로 더 나간 상태였다.297)

1930년 10월 20일 홍콩에서 열린 베트남공산당 중앙위원회에서 호찌민의 지도하에 작성한 임시강령을 대체했다. 임시강령에는 통일전선전략은 민족독립이라는 대의에서 부르주아지와 소지주의 지원에 기대는 내용이 포함되어 있었다. 반면, 젊은 지도자 찬푸가 제시한 새 강령은 이제 그런 분자들이 속속들이 반동적이며, 결국 혁명의 대의를 배반할 것이라고 강조했다. 1927년 중국공산당의 비극적 경험에 바탕을 둔 예상이었다.298)

코민테른의 새로운 노선은 단지 호찌민의 입장을 거부한 것일 뿐만 아니라 민족독립 문제에 집중하면서 중간계급과 농촌 향신계급 내 진보적 분자들의 적극적 협조를 얻으라는 레닌의 1920년 전략으로부터도 분명히 달라진 것이었다. 새로운 시대를 맞이하여 중국이나 네덜란드령 동인도제도의 민족주의 정당들과 효과적인 동맹을 맺으려는 시도가 무산되면서 인도차이나를 통틀어 가장 경험이 풍부한 혁명가 호찌민의 사상은 타당성을 잃은 것처럼 보였다.299) 그러나 이후 호찌민 노선은 그의 승리로 결국 타당성을 입증받았다.

김명식은 상해파 고려공산당의 노선과 완전히 일치하지는 않았지만 대체로 그 영향하에 있었음을 알 수 있다. 상해파 고려공산당의 전략은 칼 슈미트[1888~1985, 법학자이자 정치학자]조차 유일한 초국가적 기구로 평가한 코민테른의 초기전략 그대로였다. 중요한 것은 상해파 고려공산당이 코민테른 전략의 수혜자일 뿐 아니라 적극적인 제공자였다는 점이다. 풍찬노숙하던 어려운 독립운동의 나날에도 세계를 응시하며 세계적 의제를 설정할 수 있는 능력을 갖춘 보기 드문 지도력이 조선이 있었다는 사실은 가치판단을 떠나 주목할 일이다. 김명식은 상해파 고려공산당 참여와 『신생활』을 통해 불같은 사회주의 논객으로 이름을 날리는 때로부터 그의 말년까지 세계를 응시하며 조선의 현실을 변혁하려는 입장을 놓친 적이 없다. 이것은 항일시기로부터 제주 4·3에 이르기까지 운동가들이 한 번도 흔들림 없이 견지한 운동의 전제였다.

열 | 도쿠다 큐이치 기념비

천황제 폐지 주장했던 일본공산당 당수 도쿠다 큐이치

1998년 10월 14일 수요일 오후 3시, 오키나와 현 나고 시의 가쥬마루 공원에서는 도쿠다 큐이치 현창 기념사업기성회 주최로 도쿠다 큐이치 기념비 제막식이 열렸다. 기념비에는 "爲人民無期待獻身"(위인민무기대헌신, 인민을 위해 무조건 헌신한다)라고 쓰여 있다. 인민에 대해 어떤 기대나 보상도 바라지 않고 무조건의 헌신할 것을 주장한 그의 어록비는 '과연 그것이 가능한가?'라는 의문과 함께 더욱 엄숙하게 다가온다.

도쿠다 큐이치. 나에게 그는 낯설은 이름이었다. 우연히 그가 오키나와 출신이란 것을 알고 오키나와의 평화운동가들에게 혹시 그에 대해 아는 정보가 있으면 알려달라고 편지를 보냈을 때, 그들도 잘 몰라서 도서관에서 자료를 찾아본 뒤에야 내게 간단한 메모를 적어 보내줄 정도였다. 그러니 내가 모르는 것이 큰 흠이 될 일은 아니었다. 그런데 일본 사회주의운동 관련 책과 자료를 검토하다 그의 이름이 곳곳에서 나오는 것을 발견했다. 나는 그동안 그의 이름을 건성으로 지나치고 있었다.

그는 1894년 9월 12일 오키나와 현 나고 시에서 태어났다. 큐이치라는 이름은 류큐 제1의 인물이 될 것을 바라는 마음에서 지어졌다 한다. 이름과 달리 유년기의 도쿠다는 작은 체구에 머리와 눈만 두드러지게 컸지만 팔과 다리가 극도로 가늘고 짧은 약골이었다고 전해진다. 도쿠다의 자전에 의하면, 그의 조부는 바쿠후 말기 가고시마 현 내에서 상선을 대상으로 한 대규모 회선사업을 했었다. 1905년에 가고시마에서 자본금 150만 엔으로 설립되어 오사카−오키나와 항로에 배 3척을 취항하는 가고시마우선이 있었는데,[300] 이것이 그의 집안과 연관이 있는지도 모르겠다.

가고시마인의 자부심과 오키나와인의 열등감이 공존

아버지 도쿠다 사헤이(德田佐平)는 나고 시에 있던 오키나와 현 구니가미 군청의 서기였다. 그는 가고시마 현, 즉 사쓰마의 토족 출신이었다. 1609년 사쓰마는 류큐를 정벌하여 조공을 받고 있었으므로 자신들이 토착 오키나와인보다 우수한 인종이라고 믿고 있었다. 그의 어머니 또한 가고시마 현의 거대상인과 오키나와 처 사이에서 출생했다.

오키나와 무역에 종사하는 가고시마 상인은 가고시마 본가의 처 외에, 오키나와에 현지처를 두는 습관이 있었다. 다른 현지처들과 달리 모든 면에서 본처와 동등한 대우를 받았고, 그 사이에 태어난 자식들 또한 입적시키는 것이 통례였다. 가고시마의 처는 가사를 담당하지만, 오키나와의 처는 남편의 부재중 오키나와 지점의 경영을 맡았다. 따라서 현지처가 아닌 오키나와 처라는 호칭이 붙여졌다.[301] 오키나와의 가고시마인들은 그들만의 사교사회를 가지고 있었다. 그들은 마치 인도의 영국인, 만주의 일본인, 일본의 미국인처럼 특권계층이었다. 도쿠다 일가는 오키나와의 가고시마인 중에서도 선별된 계층에 속해 있었다.

당연히 젊은 도쿠다는 특권계층의 자부심과 더불어 어쩔 수 없는 오키나와인으로서 열등감이 공존하였을 것이다. 그리고 본토에 대한 열등감은 저항의식의 뿌리이기도 했을 것이다.[302] 저항의식이 표면으로 드러난 것은 그가 사회주의 사상을 수용하면서부터이다. 도쿠다는 구제(舊制) 오키나와 현립 제1중학교(현 오키나와 현립 슈리 고등학교) 졸업 후, 구제 제7고등학교에 입학했다. 하지만 교관의 오키나와 출신자에 대한 차별에 반발해 퇴학하고, 고학으로 니혼 대학 야간부를 졸업하여 변호사가 되었다.

1차대전 후 1918년 쌀값 폭등으로 일어난 쌀 소동은 노동운동의 기폭제가 된다. 당시 도쿠다의 고향인 오키나와 역시 소철지옥이라 불리던 극심한 빈곤의 시기였다. 두 달 간 군대가 출동한 지역이 107개 시정촌에 해당할 만큼 전국적으로 격렬한 저항이 일어났다.[303] 자연 발생적 사건이었지만 노동자들은 이를 통해 집단행동의 위력을 경험할 수 있었다. 이것이 객관적 조건이었다면, 사회주의자의 활동을 활성화한 직접적 계기는 러시아혁명이었다.

이러한 세계조류 변화의 영향을 받아 변호사가 된 도쿠다는 1920년엔 일본 사회주의동맹에 참가했다. 사회주의동맹은 1920년 종래의 원로 사회주의자 외에 신인회, 효민회, 건설자동맹, 부신회 등의 학생사상단체, 총동맹, 신우회, 정진회, 교통노동조합, 시계공조합, 광부총동맹 등의 노동단체, 저작가조합, 문화학회 등의 문화사상단체에 각각 속한 사람들이 망라되어 결성했다. 사회주의동맹은 사회주의자가 사상운동에서 정치운동으로 진출하려는 최초의 움직임이었다. 사회주의동맹은 느슨한 사회주의자의 공동전선이며 '모든 색채의 사회주의를 규합하여 일대단체를 조직할 것을 목적'으로 하였다. 창립준비회의 정력적인 활동에 의해 회원은 관동·관서에 망라되어 있었고, 10월 14일 전국으로부터 받은 가맹신청은 천 명에 가까웠다. 그러나 1년도 채 되지 않은 1921년 5월에 단체활동은 금지되었다.304)

당시는 이동휘와 박진순이 코민테른 2차 대회의 민족·식민지테제에 따라 극동코민테른을 조직하던 때이다. 이동휘가 중국 사회주의자 진독수와 만나는 자리에 합석했던 국제공산당 파견원 보이틴스키는 이동휘에게 일본 사회주의자들과의 접촉을 부탁했고, 이에 이동휘는 1920년 6월 상해 임정 군무 차장이었던 이춘숙을 일본에 파견하였다.305) 당시 저명한 일본 무정부주의자 오스기 사카에는 1918년부터 노동자 마을인 가메(龜戸)에 살면서 『노동신문』을 발행하는 등 노동자와 일찍부터 접촉하였다. 이런 오스기의 활동은 원로 사회주의자인 사카이 도시히코 보다 1년 반이나 앞선 것이었다. 더욱이 최초로 일본에서 『자본론』을 해설한 가타야마 센(片山潛)이 일본에서 운동도 할 수 없고, 생활도 곤란해지자 미국으로 망명한 것과도 대조를 이루었다.306) 이증림은 오스기에게 상해에서 개최될 동아사회주의자회의(원동혁명가회의)에 참가할 것을 요청하여 상해로 밀항하여 올 것을 약속받았다.

이춘숙은 오스기 외에도 사카이 토시히코(堺利彦), 야마카와 히토시(山川均) 등을 만났으나, 이들은 이춘숙의 초청을 거부하였다.307) 이춘숙은 1920년 8월에 상해로 돌아갔으며, 얼마 후에는 오스기도 상해로 갔다. 그는 이동휘, 여운형 등 다수의 한국인을 포함해 많은 중국인과 러시아인 공산주의자들과 만났다. 오스기는 이동휘에게서 돈을 받았고, 이를 폐간된 자신의 무정부주의 기관지 『노동운동』을 재발간하는 데 사용했다. 이증림은 1921년 초 다시 오스기와 접촉했으나 아나키스트인 오스기는 코민테른 가입을 거부했다.

이증림은 공산주의 진영이었던 야마카와 히토시와 사카이 도시히코에게 관심이 있었다. 그러나 그들은 상하이로 가는 것을 꺼렸다. 그러자 그는 최근에 미국에서 돌아온 학생으로 뉴욕에서 공산주의에 심취하게 된, 그리고 무엇보다 가타야마 센과 관련된 곤도 에이조(近藤榮藏)를 골랐다.[308]

1921년 4월에 상해로 간 곤도는 13명으로 된 집단을 만났는데, 그들 대부분은 한국인이었다. 이 회합에서 3차 코민테른회의에 보낼 일본대표에 관한 토의가 진행됐다. 모스크바에서 파견된 코민테른 대표인 박진순은 야마카와의 이름을 거론했으나, 곤도는 그가 상해에 올 수 없을 만큼 아프다고 지적하여 곤도로 대체되었다.[309] 박진순은 야마카와와 연결되길 바랐으나 결국 성사되지 않은 것이다.

당시 도쿠다는 야마카와 수요회라는 사회주의 사상단체에 속해 있었다.[310] 조선의 현실에 맞는 최초의 혁명이론 생산자가 박진순이었다면, 일본에서의 박진순은 야마카와였다. '야마카와주의'는 크게 1922년 여름부터 제창된 방향전환론[311]과 1924~1925년경에 체계적으로 제기된 공동전선당[312] 조직이론의 두 부분으로 이루어져 있다. 야마카와주의는 "마르크스주의를 일본 현실에 적용하여 독자적인 조직과 전술을 만들어 내려고 한 최초의 체계적 이론"이라고 할 수 있다.[313] 상해파 고려공산당의 극동코민테른 건설시도는 실패했으나, 코민테른은 일본혁명의 중요성을 간과하지 않고 있었다. 코민테른 의장 지노비예프(1883~1936)는 다음과 같이 정세분석 했다.

> 현재 전후 시대의 주요한 특징은 유럽 문제가 아니라 아시아 극동 문제가 점점 정면으로 나오고 있다. (…) 가까운 장래에 아시아 극동 문제는 실제 세계정치의 모든 문제 가운데 중요시될 것이다. (…) 우리들은 제국주의자들이 싸우고 있는 문제가 다른 어떤 시대보다도 현재 아시아로 옮겨가는 것을 본다. 극동문제는 지금까지보다도 훨씬 현실적으로 되어가고 있다. 극동 문제는 문제 중의 문제, 세계정치의 요점, 프롤레타리아와 피억압 민족의 전 해방운동의 요점이 되고 있다.314)

코민테른은 세계혁명이 유럽혁명을 중심으로 논의된 것에 대해 반성하며, 극동 제민족의 특징에 대해 분석하였다.315) 극동 제민족은 유럽 노동자보다도 제국주의의 현실을 가장 잘 알고 있다는 것이다. 가장 문명화된 유럽의 계발된 노동자조차 제국주의에 타락하고 국가주의의 독이 퍼져 신뢰할 수 없게 되었지만, 수억의 극동 피억압민족은 제국주의에 의해 매수되기가 불가능하여 제국주의를 타도할 주력이 될 수 있다는 것이다.316)

일본혁명 중시한 코민테른 의장 지노비예프

코민테른은 영국 노동자의 경우 애국주의로 아일랜드 혁명운동에 등을 돌렸지만, 일본 노동자는 이러한 애국주의를 극복하고 중국과 조선의 혁명에 도움을 줄 수 있다고 기대했다.317) 중국, 조선, 몽골 수억 인의 운명이 일본 프롤레타리아의 수중에 있다고 하였다.318) 이 같은 낙관적인 평가는 1차 대전 이후 일어난 전국의 쌀 소동, 스트라이크의 대폭적인 증가 등에 기인하고 있었다. 지노비예프는 이러한 일본의 위치를 다음과 같이 지적했다.

영국에서 혁명이 일어나지 않는다면 유럽혁명은 찻잔 속의 폭풍에 불과할 것이라고 마르크스는 말했다. 일본혁명이 일어나지 않는다면 극동의 다른 나라의 어떤 혁명도 중요하지 않은 지방적인 사건에 지나지 않는다.319)

1921년 6월 코민테른 3차 대회의 「공산주의 인터내셔널 집행위원회의 활동에 관한 보고」에서 지노비예프는 "우리들은 일본과 보다 잘 연락을 취하지 않으면 안 된다. 우리들은 일본에서 확고한 위치를 점하지 않으면 안된다"고 말하고 있으며,320) 1921년 9월 14일 집행위원회 간부회 회의는 일본과의 연락에 대해 토의한 결과, 서기국이 일본의 노동운동에 관한 정보수집과 연락을 위한 특별조치를 취할 것을 결정하였다.321)

마침 코민테른은 1922년 1차대전 후의 분할을 마무리하기 위한 워싱턴회의가 열리는 시점에 대응하여 극동민족대회를 개최한다. 이에 코민테른 밀사가 파견되어 일본 사회주의자들의 대회참가를 적극적으로 권유했고, 도쿠다 큐이치를 비롯한 22명이 참가하게 된다. 극동 민족대회에는 재미 사회주의자 가타야마 센(片山潛), 마니와 스에키치(間庭末吉), 다구치 운조(田口運藏) 등 16명이 참가했고, 일본 국내에서는 도쿠다 큐이치(德田球一) 다카세 기요시(高瀬淸), 요시다 하지메(吉田一) 기타무라 에이이치(北

村英一) 등 6명이 참가했다.

이 대회에 가장 많은 인원이 참가한 나라는 조선이었다. 이동휘는 물론 김규식, 여운형 등이 참석해 레닌과 직접 담화했다. 그리고 이 대회는 일본공산당 창건의 결정적 계기가 되었다. 코민테른 측은 작심한 듯이 극동민족대회를 일본 대표에 대한 교육으로 장으로 활용하였다. 총회 이후 열린 일본 분과회의에서 코민테른 집행위원인 가타야마 센과 사파로프는 일본 대표에게 세포조직의 방법, 노동조합 기타 외곽단체와의 관계설정 등 볼비세키 조직방법을 교육하였다. 특히 스탈린은 일본 대표단이 묵고 있는 호텔에 직접 와서 거의 매일 몇 시간씩 무정부주의와 공산주의 이론의 차이를 비롯한 초보적인 공산주의에 대해 쉽게 강의하였다. 더욱이 코민테른 측은 일본 대표들에게 당시 병상에 누워있던 레닌과도 직접 만날 수 있는 자리를 마련해 주었다.[322]

이런 정성에 힘입어 일본 대표로 온 무정부주의자 5명 중 4명이 볼세비즘으로 전향하는 성과를 올렸다. 대표단은 철저한 교육과 활동자금을 받고 돌아왔다.[323] 코민테른 본부가 직접 나서서 일본공산당 창당을 지도한 것이다. 도쿠다는 그다음 해에 비합법 일본공산당(제1차 공산당) 결성을 주도하고 중앙위원에 선출되었다. 그의 나이 27세였다.[324] 도쿠다와 코민테른, 일본공산당은 이제 뗄 수 없는 운명의 수레바퀴가 되어 구르기 시작했다. 교사에게 대들어 자퇴해야 했던 오키나와의 저항심 가득한 청년 도쿠다는 이제 세계의 본질을 꿰뚫는 이론과 조직과 자금을 쥐고 새로운 세계를 건설하기 위해 큰걸음을 내디딘 것이다.

러시아와 일본 사이에 놓여 있는 한국의 지리적 여건에다 러시아어, 일본어, 중국어에 유창했던 한국인 공산주의자들의 언어능력 등으로 인하여, 일본 제국주의가 아시아지역을 침략하고 있던 시기 내내 한일혁명가들 사이엔 지극히 자연스러운 동지애가 있었던 것이 확실하다. 유학생과 도일 노동자, 불법 체류자 등 재일한국인들에게는 특히 공산주의운동이 민족운동이나 무정부주의운동 등보다 유리한 배경이 되었다. 즉, 일본 공산주의자들로부터 일종의 특수대우를 받았다는 것이다.

　일본 공산주의자들은 재일한국인공산주의자에 대해 민족적 경멸을 갖지 않았다. 그 이유의 하나는 공산주의의 본질상 그것이 계급투쟁이므로 민족보다는 계급을 중시하여 같은 계급이라는 연대감을 가지고 있었기 때문이다. 다른 하나는 일본공산당 창당이 해외에 있는 한국인들과 긴밀한 연관하에 시도되었다는 사실 때문에 해외 한인들에 대해서 최소한의 평등한 대우가 유지되었다. 재일한국인공산주의자들 역시 이런 역사적 사실을 항상 자랑으로 생각했으며, 이 자랑이 그들의 정신적 지주이기도 했다. 일반 일본인들은 이런 이유로 공산주의자들에 대해 매국노라는 인상을 받게 되었다.[325]

한일 혁명가들 사이엔 공동운명체 의식이

　특히 1923년 간토대지진 때의 일본인 공산주의자들과 한국인들에 대한 집단학살사건은 양자가 피할 수 없는 공동운명체라는 점을 선명하게 드러내 주는 사건이라 하겠다. 간토대지진을 계기로 일본공산당은 본격적인 지하활동으로 들어가고, 점차 당원과 공산당계 노조의 조합원을 상당수 재일한국인사회로부터 충원받게 된다. 천황제 폐지라는 일본공산당의 슬로건을 입에 담는 것만으로도 대역죄가 되는 일본 내에서 식민지

조선의 해방과 독립을 추구하는 한국인 말고는 감히 열성 당원으로 나설만한 용기를 가진 자는 드물었을 것이 분명하다.[326]

도쿠다는 1928년 제1회 보통선거 시 후쿠오카에서 출마하였으나 낙선하였다. 그 직후인 2월 26일 치안유지법 위반으로 체포되었고, 곧이어 2차 공산당사건(3·15사건)이 발생했다. 도쿠다의 긴 옥중생활의 시작이었다. 1928년 7월에 코민테른 6차 대회가 개최된 뒤, 11월 '식민지 및 반식민지제국의 혁명운동에 관한 테제', 12월 '조선의 혁명적 농민 및 노동자의 임무에 관한 코민테른의 결의' 등이 나온다. 여기에는 재일한국 공산주의자들이 자기 민족의 독립에만 치중하여 일본 공산주의자나 조직과는 전혀 연대를 갖지 않는 것은 오류라는 지적이 있었다. 민족운동에서 점차 공산주의운동에 참여하게 된 사람에게는 그 같은 전환 요구는 수용하기 매우 힘든 일이었다.[327] 우여곡절 끝에 1929년 12월 재일본조선청년동맹 해체 및 재일본조선노동총동맹 해산, 1931년 2월 1일 동경 조선인유학생학우회 해산, 1931년 5월 신간회동경지부 소멸, 1931년 12월 23일 조선공산당 일본총국 및 고려공산청년회 일 본부 해체 등 재일조선인의 독자조직은 사라지고 일본공산당 조직에 가입하는 절차를 밟는다.

제주 출신이자 김명식의 후배인 김문준과 조몽구는 1927년 7월에 일본으로 건너가 재일본 조선노동총연맹의 지도자로 급부상한 지도자였다. 그러나 1928년 테제는 이들에게 극심한 혼란을 안겼다. 김문준 등의 전협에 대한 무조건 해소파와 김호영 등의 전협조선인위원회파가 완전히 결별한 것은 1930년 1월 이후였다. 그럼에도 불구하고 김문준은 일본공산당의 당원이 되어 경이로운 활동을 펼친다.

1936년 5월 26일 김문준이 사망하자 조선인과 일본인 노동계가 합동으로 시신을 유리관에 안치, 오사카 시 노동장으로 장례식을 엄수하면서 시가행진을 감행하였다. 시신은 화장한 후 고향 제주도로 운구하여 조천 공동묘지에 안장하였다.[328] 일본패전 이후 사회주의운동에 이바지한 인사들을 위해 오사카 성(大阪城) 공원에 현창대판사회운동지전사(顯彰大阪社會運動之戰士)라는 비가 세워졌는데, 이 비에 김문준·조몽구의 이름도 일본인과 함께 적혀 있다. 이는 일본공산당이 조선인 지도자들에 대해 얼마나 존경과 감사의 마음을 가졌는지를 보여주는 사례이다.

1929년 이후 일본공산당은 한국 문제를 보다 중시하게 됐고, 가장 높은 비율의 당원을 재일조선인사회로부터 충원하기에 이르렀다. 일본공산당 당원이 지하로 잠적하는 데 가장 중요한 후원자도 재일한국인이었다. 일본공산당이 여타 좌파세력과의 헤게모니 쟁탈전이나 조직주도권을 둘러싼 내부투쟁에서도 한국인이 전위에 서는 사례가 허다했다.

일본의 무산계급정당들은 1920년대부터 식민지해방을 주장해왔으나, 공산주의자들을 제외하고는 한국과 대만을 구체적으로 염두에 두거나 거명하지는 않았다. 또 점차 그런 구호는 국가사회주의적인 경향으로 왜곡되면서 일본군에 의해 영국과 여타 유럽 국가의 아시아지역 식민지를 해방한다는 전혀 다른 의미를 띠게 되었다. 따라서 일본 내에서 민족해방과 식민지독립을 포기하지 않으려는 한국인에게 유일한 민족주의적 탈출구는 공산주의운동뿐이었다는 사실은 결코 간과되어서는 안 된다.[329]

일본공산당이 식민지 문제에 대해 식민지독립을 슬로건으로 내세운 것은 1931년 3월 7일 자 기관지 『아카하타』 제7호에서 "조선, 대만 등

식민지의 독립"이란 표현을 사용한 것이 처음이다. 그 이전까지 일본공
산당도 조선의 독립을 적극적으로 제시하지는 않았다. 이어 1931년 8월
30일 자 『아카하타』 제51호에는 보다 분명하게 한국인공산주의자들을
당원으로 흡수하려는 의지가 담겨 있다.

> 일본 내에 있는 조선인노동자들을 조직하는 것은 일본프롤레타리아의 중대한 임
> 무다.

일본공산당 지도자들이 대거 전향하는 배반의 시절에도 한국인 당원
들은 전혀 흔들리지 않았다. 폭력혁명을 통한 천황제 타도와 식민지독립
은 너무도 당연한 목표이고, 이런 목표를 위한 급진주의에 대한 거부감
이 있을 수 없었기 때문이다. 따라서 일본패망 직전 일본공산당의 명맥
은 상당 부분 한국인 당원들이 이어갔다고 보아야 한다.[330]

1932년 5월 코민테른 집행위원회는 일본에 대해 새로운 테제[331]를
냈다. 새로운 테제는 일본의 국가권력을 처음으로 절대주의적 천황제로
서 규정하여 그 내용·성격·역할을 일본 자본주의 역사와 구조에 맞게
명확히 했다. 그런 점에서 새 테제는 지금까지 코민테른의 제 방침 및
내외 마르크스주의자의 분석 틀을 능가하는 획기적인 것이었다. 여전히
사회민주주의자들을 맹렬히 공격하였다.

당은 일관하여 전쟁 반대 원칙을 고수하였고, 천황제 군부의 핵심인
사활적인 육·해군 내에까지 당조직을 만들고 기관지를 발행하였다. 그
러나 당 상층부에 잠입한 경찰 스파이에 의해 중추조직이 드러나고 말
았다. 1932년 10월 30일 전국대표자회의 때부터 연말까지 전국에서

1,500여 명이 검거됨으로써 당은 거의 와해되었다.

비전향수의 아버지였던 도쿠다

석방 직전까지 후츄에 위치한 예방구금소에서 도쿠다는 비전향자들 사이에서 아버지라는 의미의 '오야지'로 불리었다. 당시 도쿠다는 52세로 최고 연장자였다. 또한, 약관 35세에 옥중생활을 시작하여 18년간 비전향 장기수로서 자신을 버텨냈다. 일본공산당 건설의 주역이자 상징적 존재로서 그는 전후 합법공산당이 결성되기 전에 이미 옥중에서도 지도력을 발휘하고 있었다. 오야지라는 호칭은 이른바 '수령'을 의미하는 경칭이기도 했다.[332]

1945년 8월 15일 일본의 항복이 발표되자 도쿠다는 감옥 내에서 세포조직(프랙션)의 결성을 서둘렀다. 도쿠다는 이미 감방을 자유롭게 넘나들 수 있을 정도의 권위를 가졌다고 전해진다. 그리고 출옥 후의 활동방침에 대한 이론적 연구의 필요성을 절실하게 느끼고 '1932년 볼셰비키 혁명테제'(이하 32년 테제)의 전문과 인민전선전술을 학습했다. 특히 인민전선전술은 코민테른이 일본 국내에 보낸 '일본 공산주의자 앞으로 보내는 편지'가 교재가 되었고, 이를 전달해 준 것은 '전향자'들이었다. 도쿠다가 체계적으로 인민전선이론에 대해 이해했던 것은 아니며, 구체적인 강령적 내용 또한 소비에트동맹의 공산당규약을 주로 참고했다고 알려졌다.[333]

패전 직후 후츄 형무소를 방문한 로베르 기란 등 프랑스인 저널리스트의 제보에 의해 도쿠다의 존재가 알려졌다. 당시 기란 일행에게 발견

된 일본공산당원 중에는 도쿠다, 시가 요시오(志賀義雄), 미타무라 시로
(三田村四郎), 니시자와 다카지(西澤隆二), 구로키 시게노리(黑木重德), 야마
베 겐타로(山辺健太郎), 마쓰모토 가즈미(松本一三), 재일조선인 이강훈, 김
천해 등이 있었다. 재일조선인들은 1931년 코민테른으로부터 '일국일당'
원칙이 발표된 후로 일본공산당 당원으로서 천황제 폐지를 목표로 하면
서 공동투쟁을 전개한 바 있다. 당시 김일성이 중국공산당에 당적을 둔
것과 마찬가지로, 조공 일본총국의 책임비서로 재일조선인운동을 일본공
산당에 합류시킨 대표적 인물은 김천해였다.

한편, 1945년 9월 10일 재일조선인연맹(조련) 준비위원회가 설립되었
다. 한국인단체의 창구 단일화를 원하는 점령군사령부의 후원을 받는 조
득성이 위원장을 맡고, 일본정부와 끈이 닿는 권혁주, 공산계열 김정홍
이 각각 부위원장이 되는 좌우익을 불문한 한국인의 총집결체의 모양새
였다.334) 이들은 로베르 기란 등 프랑스 기자단에 의해 알려진 후츄 형
무소의 수감자 석방을 위한 진정단을 만들어, 9월 25일 연합군총사령부
에 출두, 정치범과 사상범의 석방을 진정했다. 이 진정은 총사령부 설치
이후 사실상 첫 진정이었고, 총사령부는 진정인이 재일한국인이라는 점
에서 지극히 동정적이었다.335)

진정단은 김천해의 석방을 내세우며, 일본공산당 간부들의 동시 석방
을 요구했다. 그리하여 10월 10일 총사령부에서 정치범 석방령이 나오
게 되고, 후츄(府中) 형무소에서 김천해와 도쿠다 큐이치, 시가 요시오(志
賀義雄) 등 16명이 이날 석방됐다. 오전 10시 후츄 형무소의 철문 앞에
는 조련준비위를 중심으로 8백여 명이 운집했다. 그중 일본인은 100여
명이었으며, 나머지는 조선인이었다. 도쿠다의 연설순서가 되자 이들에

게는 「인민에 맹세한다」라는 문건이 배포되었고, 모인 사람들은 이를 매우 감격스럽게 받아 들었다고 한다.336) 이 문건은 도쿠다 리더십의 이념적 지향을 담은 최초의 문서라는 점에서 중요한 의미를 가진다. 그의 새로운 일본 공산주의운동 구상은 출옥 직전 구체화되었다.

「인민에 맹세한다」는 연합국 군대의 일본 진주에 의해 일본의 민주주의 혁명의 실마리가 열린 것에 '감사'를 표하는 것으로 시작된다. 점령군인 연합군총사령부(GHQ)와 그 정책에 대한 도쿠다의 이런 인식은 일본공산당의 노선과 투쟁에 결정적인 명운을 드리우게 된다. 「맹세」에서 가장 핵심적인 대목은 "천황제를 타도하고, 인민의 전체 뜻에 기초하여 인민공화정부를 수립"한다는 목표를 명시한 제3항이다. 「맹세」는 이러한 '목표와 임무에 동의하는 모든 단체 및 세력과 통일전선을 만들고, 인민공화정부도 이런 기반 위에 수립될 것'이라고 했었다. 하지만 '천황제권력과 타협해 발전해 온 가짜 자유주의, 가짜 사회주의인 천황제 지지자들의 지도자들'과의 협력에 대해서는 거부 의사를 분명히 하고 있다.337)

이어 도쿄 시내에서 '출옥동지환영인민대회'가 열려 2천여 명이 참가했는데 적기와 태극기가 함께 휘날렸다. 대회가 끝난 뒤 일행은 곧바로 조련준비위 사무실로 가 이날 밤 일본공산당 재건강화촉진위원회를 조직하였다. 재건일본공산당 중앙위원에는 도쿠다, 시가, 김천해, 미야모토 겐지 등 7명이 선출됐다. 일본공산당 재건운동은 이처럼 조련준비위 사무소를 근거로 시작됐고, 출판물, 기관지 발행, 집회장, 자동차 등 일체의 경비가 조련준비위 헌금으로 충당됐다.338) 10월 19일 오사카에서 열린 출옥동지환영인민대회에서 도쿠다는 연설을 마친 후 "조선민주주의인민공화정부 만세, 일본인민공화정부 만세"를 삼창했다. 그리고 11월 20

일 일본공산당 제1회 전국협의회가 있기 한 달 전에 재일조선인연맹(조련)이 결성되었다.

일본공산당 1,083명 중 재일한국인이 250명

일본공산당의 재건에서 그 조직적 기반은 사실상 조련이었다.[339] 1945년 12월 1일 일본공산당 제4차 대회가 열려 당원명부를 정리했는데, 전 당원은 1,083명이었고 이 중 재일한국인이 약 250명을 차지했다. 이 대회에서는 당 규약 18조에 의해 당중앙위 산하에 조선인부를 설치하고, 부장에 김천해, 부부장에 김두용을 임명했다. 조련은 이처럼 일본공산당과 연계된 김천해 등이 지도에 나서면서 정치 결사적 성격으로 변화하였다.[340] 전후 재일조선인운동의 태동과 전개는 도쿠다의 노선과 사실상 일체화되어 있었다.

천황제 반대 구호는 계속해서 논쟁의 불씨가 꺼지지 않았다. 공산주의자 대부분이 천황제를 부정했다는 이유로 감옥살이한 경험이 있었기 때문에 천황에 대한 증오나 분노는 이론의 영역을 넘어 거의 편집증적인 감정까지 올라온 상태였다. 그 대표적인 사람이 다름 아닌 도쿠다였다. 도쿠다는 오키나와 출신자라는 특별한 입장에서 처음에는 먼저 오키나와의 권력자인 가고시마인을 증오했고, 그 연장에서 본토에 있는 모든 권력자와 권력기구를 증오했다. 그 정점에 다름 아닌 천황이 있었다. 따라서 천황제에 대한 부정은 오키나와 독립이라는 논리로 이어졌다.

1946년 2월 일본공산당 제5차 대회는 일본 본토 주재 오키나와 현민 조직인 오키나와인 연맹의 전국대회에 즈음하여 "오키나와 민족의 독립을 축하하는 메시지"341)를 보냈다. 오키나와인은 "일본의 천황제 제국주의의 착취와 탄압을 받아" 왔던 '소수민족'이며, "다년간의 염원이었던 독립과 자유를 획득하는 길에 서게 된 것"에 축의를 표하면서 "제군의 해방은 세계혁명의 성공에 의해서만 진정으로 보호될 것"이라고 하여 '민주주의 혁명'으로의 적극적 참가를 강조했다.

오키나와인연맹의 지도부도 이에 호응하여 "오키나와인은 세계인"이어야 한다고 주장했다.342) 여기서 강조된 일본의 민주주의 혁명은 제국주의적 천황제 국가를 부정하는 인민공화국의 건설을 뜻한다. 오키나와가 미국의 전면적 점령하에 놓여 일본 본토와 분리된 상황에서는 각자가 민주혁명을 수행한 뒤 재결합을 모색한다. 즉, 오키나와에서 "민족적이고 민주주의적으로 완전한 자치를 획득하더라도 국가적으로는 일본이 완전히 민주주의화 되었을 때 연방체를 이루어야" 한다는 전망이었다.343) 여기서 '독립'의 의미가 일본으로부터의 완전독립이 아니라 기본적으로 '분리-재결합'의 발상에 선 것이었음에 유의해야 한다.344)

1947년 12월의 제6차 대회에서도 오키나와를 독립시켜야 한다는 항목이 행동강령 안에 들어갔다. 이는 도쿠다의 요구에 의한 것이었지만 일본공산당의 당세확장에 있어 현저한 장애요인이었다. 오키나와를 식민지로서도 또는 속령으로서도 생각해본 적이 없으며, 그저 일본 일부로만 배워오고, 실제로 그렇게 믿어왔던 대다수의 일본인의 입장에서 보면 "자신들에게 불만이 있을 리가 없을 것이라고 안심하고 있던 아내에게 갑작스럽게 이별통지를 송부"한 폭군과 같은 행위였다.345)

현실적으로도 오키나와가 일본으로부터 떨어져 나갈 경우 정치·경제적으로 자립이 가능한지에 대한 논의도 공백 상태였다. 도쿠다의 입장은 공교롭게도 미군정의 입장과 유사했다. 미군은 오키나와를 일본과 관계 없는 민족으로 선전하여 자신들의 분리점령을 합리화하고, 군사 기지화 하기 위한 목적이었다. 도쿠다는 진정한 독립과 평등한 연방이 목적이었 다. 도쿠다의 독립론에 오해의 소지가 있다고 해서 당시의 보수적인 일 본 '복귀론'이 정당했다고 볼 수는 없다.

도쿠다의 활동은 그야말로 종횡무진이었다. 장기간 옥중생활에서 축적 해 온 정력을 한 번에 분출하듯, 도쿠다의 리더십은 마치 불을 뿜는 듯 했다. 특히 일본공산당의 의회진출과 당세 확장은 경이로운 것이었다. 1946년 4월 전후 첫 중의원 선거운동 당시, 가두의 선두에서 당원들의 기마에 올라 기대하라 총리 관저 안까지 입성한 행위는 행동파로서 도 쿠다의 면모를 여실히 보여주었다.346)

의회에서 도쿠다의 정부공세도 물론 통렬했다. 그런데 여기서 도쿠다 는 대중정치인으로서 유연성을 동시에 보여주기도 한다. 총리인 요시다 시게루(吉田茂)는 사회당과 공산당에 적대적이고 노골적인 반감을 드러내 는 것으로 유명하지만, 유독 도쿠다에 대해서는 "뒤끝 없는 화끈한 사람 으로 개인적으로 좋아하는 스타일의 사람이었다. 적이었지만 유쾌한 인 물이었다"라고 회상하고 있다.347) 제1차 요시다 내각에서 대장상을 지낸 이시바시 단잔(石橋湛山)도 다음과 같은 말을 남겼다.

재미있는 친구였지. 매우 솔직한 인간이었습니다. 게다가 말이 통하는 사람이었 습니다.348)

도쿠다가 보수정치인들에까지 호감을 얻을 수 있었던 것은 의회의 장

에서 매우 격렬한 공세를 하면서도 정치인의 사적 스캔들에 대해서는 언급하지 않는 현실정치인으로서의 대범함을 보였기 때문에 가능한 것이었다. 국회에서 연설이 너무 길다고 야유가 터져 나올 때에는 "그럼 도쿠로 가겠습니다!"라고 되받아칠 정도로 미워할 수 없는 재기와 유모도 겸비하고 있었다. '도쿠'(德球, とっきゅう)는 도쿠다 큐이치의 약어이자 그의 빠른 언술과 행동력을 비유하는 특급열차 '특급(特級, とっきゅう)'을 의미하기도 한다.

동란 시대의 영웅

'동란 시대의 영웅'이라 불릴 정도로 도쿠다의 이러한 개성은 대중의 에너지를 끌어들이는데도 발휘되었다. 당시 일본공산당은 의회활동뿐만 아니라 노동자운동 진영 내에서도 세력을 구축하는 한편, 식량 데모와 식량 메이데이를 통해 광범위한 민중투쟁을 조직하고 있었다. 이 식량데모는 전년도부터 비축된 식량이 소진되는 시기에서 가을 수확기까지 집중된 투쟁으로서 도쿠다의 발상으로 조직된 것이었다.349) 가두에서의 도쿠다의 호소는 곧 중의원 선거의 준비와 당세 확장으로 이어졌다. 도쿠다의 리더십에 의해 노동운동과 민중운동이 고양되고, "사랑받는 공산당" 구호에서 표출된 천황제에 대한 유연한 대응과 민주전선의 구상이 더해지면서 점차 통일전선의 기운이 확대되는 듯했다.

하지만 통전의 첫 파트너가 되어야할 사회당이 돌연 거부 의사를 보였다. 일본공산당이 노동조합 연합체인 '산별회의'(全日本産別勞働組合會議)를 결성한다고 선언한 것이 결정적인 계기였다. 당시에는 노동자총동맹 외에 중립계열의 노동조합회의가 만들어져 있었고, 그 외에 독립적으로 활동하던 국철과 전기산업 등의 대규모 노동조합이 병존하고 있었다. 일본 공산당은 이들과의 연대 대신에 독자적인 노동운동의 재편을 택한 것이다. 여기에는 자신감이 깃들어 있었다. 실제로 1946년 8월에 결성된 '산별회의'에는 155만 명이 결집해 85만 명의 '총동맹'을 압도하고 있었다.[350]

하지만 산별회의 결성 후, 통일전선의 분위기는 사라져 갔다. 이러한 강경노선의 이면에는 도쿠다만의 통일전선관이 강하게 작용하고 있었다. 식량투쟁의 승리와 산별노조결성의 성공은 곧 거대 정치투쟁 시도로 이어졌다. 요요기 공산당 본부에서 1947년 2월 1일을 목표일로, 산별 회의와 총동맹이 연대하고, 국가공무원, 공공기업체 노동조합까지 총동원해 총파업을 단행한다는 방침을 결정했다. 소위 2·1총파업이었다. 동원될 조합원 수만 해도 260만을 넘는 대규모였다. 게다가 내각을 퇴진시키고 '인민정부'를 수립한다는 급진적인 목표설정도 함께했다. 그 내용 또한 매우 구체적이어서 총리에 마츠모토 지이치로(松本治一郎), 내상에 도쿠다, 외상에 노사카, 농상에 이토 리츠(伊藤律) 등 인민정부 수립 후 내각구성까지 미리 그렸다.[351] 마쓰모토는 사회당 소속이었다. 일종의 사·공연립정부 구상으로, 사회당의 현실적인 영향력을 고려했다는 점에서 일면 현실적인 것으로 보인다.

하지만 총파업결행 직전인 1947년 1월 31일 GHQ(연합군총사령부)로부터 전면금지령이 내려졌고, 이 때문에 도쿠다와 일본공산당의 총동원계획은 어이없이 무산되고 만다. 도쿠다는 직접 2·1총파업 금지방송을 하라는 맥아더 사령관의 명령을 전면 수용하는 기민한 대응을 보였지만,

실패의 여파는 오히려 확대되었다. 노동운동에 대한 일본공산당의 영향력은 급격히 하락했다.[352]

그런데 1949년 봄부터 불현듯, '인민혁명'의 가능성이 유령처럼 등장해 급속도로 확산되기 시작했다. 그 직접적인 계기는 동년 1월 24일 제3회 중의원 총선거 개표뉴스였다. 가타야마 전 총리 및 각료를 거친 거물들마저 낙선한 것은 물론이고 사회당의 의석도 급감한 것이다. 전후 2회에 걸친 총선에서 사회당은 제1당(143석)이 되었고, 이후 보수당과 연립정권을 수립해 가타야마, 아시다 등의 2대에 걸친 내각을 유지하고 있었다. 그 사회당이 1/3 규모로 축소되는 참패를 한 것이다. 반면, 일본공산당은 의석이 4석에서 35석으로 10배 가까이 늘어 그야말로 대약진을 보였다.

선거 직후인 2월 초 일본공산당은 중앙위원회를 열어 "내외적으로 혁명의 객관적, 주관적 조건이 성숙"하고 있다는 내용의 방침을 발표했다. 민주인민정권은 이미 현실 문제가 되었으며, 정권 문제는 바로 지금 코앞의 문제라는 결론이었다.[353] 이른바 '9월 혁명설'의 등장이다. '신국회 대책에 관한 보고'에서 혁명의 '객관적 조건'으로 거론한 것은 "중국과 동구에서 사회주의 세력의 확장 및 정권탈취"였다. 대규모 노동공세를 취하게 되면, 내각의 타도는 시간 문제라는 인식이었다.

평화혁명론에서 반미무장투쟁론으로

이때 이후 일본공산당은 도쿠다의 이런 낙관론에 도취하여 마치 혁명이 실현될 것이라는 가정에 서서 노선과 계획을 내놓기 시작했다.[354]

이런 분위기를 선두에서 조성하고 있던 인물은 다름 아닌 도쿠다 자신이었다. 하지만 9월이 되어도 혁명은 일어나지 않았다. 오히려 동서냉전이 심화하면서 GHQ의 점령정책의 개혁성을 후퇴시키고 있었다. 일본공산당의 의석이 많이 늘어난 것은 사실이었지만, 연립내각에 가담하지 않고 있던 민주자유당이 단독과반을 획득해 사실상 혁신세력은 득표도 의석도 모두 줄어든 셈이었다. 도쿠다가 꿈꾸었던 9월은 결코 혁명과 인민정부를 운운 할 만한 상황은 아니었다.[355]

도쿠다가 9월 혁명론을 공론화시킬 즈음 GHQ는 이른바 '단체규정령'을 일본공산당에도 적용했다. 당원명부를 행정기관에 등록시키라는 것이다. 도쿠다는 이 명령에도 일단 순응했다. 행정 및 기업의 개혁을 위한 조치로만 이해한 것이었다. 그러나 당원명부는 공산주의자라는 이유로 해고가 강행되는 '레드 퍼지(Red Purge, 적색분자 추방)'의 공식자료가 되어 버린다.[356] 이에 대한 경고는 1950년 1월 초에 국제공산주의운동 진영으로부터 제기되었다. 코민포름 기관지에 「일본의 정세에 대하여」라는 논문이 게재되었다는 소식을 각 일간지에서 모스크바 방송을 인용해 보도했다. "점령하에서도 사회주의로의 평화적 이행이 가능"하다는 노사카 산조(野坂參三)의 '평화혁명론'에 대한 정면 비판이 그 내용이었다. 1월 17일 중국공산당 기관지 「인민일보」도 코민포름의 비판을 받아들일 것을 촉구하고 나섰다.[357]

일본공산당은 결국 3월 22일 중앙위원회 호소문 "민족의 독립을 위하여 전 인민 제군에게 호소한다"를 통해 미 점령군과의 투쟁을 선언하는 노선전환을 하게 된다.[358] 조련은 1949년 9월 8일에 그 산하단체인 재일본조선민주청년동맹(민청)과 더불어 강제해산 되었다. 조련 해산에 이어 김천해는 한덕수 등과 추방처분을 받았다. 김천해는 일본공산당 재건대회인 제4회 대회 결정으로 선임된 7명의 중앙위원에 포함되어 있었고, 당시 설치된 중앙위의 전문부서 조선인부의 수장으로 재일조선인운동에 대한 일체의 책임을 지고 있었다.

조련 해산과 김천해의 추방은 1950년 6월 6일 맥아더의 일본공산당에 대한 레드 퍼지와 도쿠다의 운명을 예견하는 것이었다. 일본공산당 중앙위원 24명의 추방처분이 있던 바로 다음 날 도쿠다 서기장 이하 9명의 중앙위원은 지하로 잠적했다. 이즈음 도쿠다의 건강상태가 급속히 악화하였다.[359] 한국전쟁 발발 이후인 1950년 9월 10일, 길게 수염을 기르고 머리에는 가발을 쓴 채 일본을 탈출한 도쿠다는 잠시 중국에 체재한 후, 다음 해 여름 모스크바로 갔다.[360]

스탈린은 도쿠다에게 일본공산당의 평화혁명론을 대신할 새로운 행동강령을 작성하도록 촉구했다. 한국전쟁에 대해 국제공산주의 운동의 일치된 대응이 필요했기 때문이다. 특히 대일 강화에 즈음하여 소련은 일본공산당을 통해 대일 개입력을 확보할 필요성이 시급했다.[361] 모스크바에서 스탈린과 도쿠다가 의견일치를 본 것은 제국주의 지배로부터의 해방과 농업혁명이 일체화된 반제반봉건혁명이었고, 그 방식은 무력을 불사하는 것이었다.

이 지령이 일본공산당 지하지도부에 전달된 것은 1951년 8월경이었다. 뒤이어 9월 8일 대일강화조약이 체결되자 10월 16~17일 일본공산당 제5회 전국협의회가 개최되었다. 여기서 '민족해방, 민주혁명' 신강령의 정식채택이 이루어졌다. 반미무장투쟁을 내용으로 하는 이른바 '51년 강령'이다.[362] 신강령이 채택된 후 일본공산당 지하지도부는 당조직의 군사 체제화를 확립했다. 그리고 '산촌공작대'(山村工作隊)를 조직해 농촌 지역에서의 반봉건투쟁을 실행에 옮기는 한편, 1952년 '피의 메이데이' 등 가두에서 화염병 투쟁과 무력시위를 전개해 갔다.[363]

1952년 7월 15일 북경의 도쿠다 조직 일명 손기관은 당 창건 30주년을 기념해 축하연을 열었다. 당시 도쿠다는 고향 오키나와의 민요를 부른 것으로 전해진다. 당시 도쿠다는 당뇨와 고혈압으로 이미 병상생활 속에 있었다. 이때 발표된 그의 논문 '일본공산당 30주년에 즈음해'는 일본 국내지도부에 보내진 사실상 마지막 지령이었다. 논문은 강화조약 체결 후 예정된 중의원 선거에 즈음해 전술변화의 필요성을 제기하고 있었다. 즉, 국내 운동이 파업과 데모에 몰두해 선거 문제를 경시하고 있다는 점에 대한 비판이었다.[364]

이 논문 발표 후 가두에서 화염병이 사라지는 구체적인 변화가 있었지만, 10월에 있었던 총선거에서 일본공산당의 의석은 '0'으로 전락했다. 더불어 과거 170만 조직력을 과시하던 산별 회의는 3만여 명의 군소세력이 되어버렸다. 도쿠다로서는 충격이 아닐 수 없었다.[365] 도쿠다는 1953년부터 병원에 입원했고, 곧 의식불명이 되었다. 1953년 10월 14일 오후 5시 도쿠다는 북경병원에서 뇌졸증으로 사망했다. 사망 당시 도쿠다는 59세였다. 도쿠다의 사망은 2년 동안 엄중히 비밀에 부쳐졌고, 도쿠다의 공산당사도 지워졌다.

도쿠다 큐이치가 천황제 폐지 주장할 수 있었던 이유

1998년 도쿠다 큐이치 기념비 건립에 대해 당시 자민당, 공명당, 사회당 등 모든 정당이 찬성했지만 일본공산당만은 태도를 달리했다. 기념비뿐만 아니라 도쿠다 관계자료는 일본공산당이 폐기처분을 해, 현재도 그 소재가 불분명한 상태이다. 뒤늦게 발간된 『도쿠다 큐이치 전집』 또한 도쿠다를 일본공산당사의 적자, 파벌의 잔류로써 평가하고 있다.[366]

도쿠다 큐이치의 일본공산당이 모든 정치세력이 꺼리는 천황제 폐지를 견결하게 주장할 수 있었던 것은 무엇일까? 그것은 코민테른이 제시한 노선이었다는 점이 가장 주효할 것이다. 그러나 천황제 폐지에 대한 주장은 곧 사형을 의미하는 일본사회에서 공산당 지도부조차 코민테른의 강령을 따르기란 쉽지 않은 일이었다. 그러나 최고지도자인 도쿠다가 오키나와 출신이란 점, 최대 조직기반이 천황제 폐지에 만장일치를 보이는 재일조선인 당원들이었다는 점을 간과하고는 설명하기 힘들 것이다. 그러나 지금은 도쿠다의 기억도 재일조선인의 기억도 찾아보기 힘들다. 이 글을 쓰기 전 나는 후텐마 기지 폭음소송단 활동을 하고 계신 다카하시 토시오(高橋年男) 선생에게 도쿠다 큐이치에 대한 평가를 부탁했다. 다음과 같은 답장이 왔다.

평가는 어려워요. 그래도 도쿠다 큐이치는 우리가 존경하고 좋아하는 인물입니다.

IV 미일전쟁과 제주, 오키나와

열하나 │ # 제주항

'우리들은 우리들의 배로'

비행기에서 내려다본 제주항.

일제강점기 들어 건입포의 항만개발이 본격적으로 시작되었다. 그리고 건입포항은 1920년 조선총독부령 제41호에 의거 서귀포항, 성산포항과 함께 2등급에 해당하는 지정항이 되었다. 1926년 방파제 축조공사가 시작되어 1929년에 완공되었다. 이로부터 건입포는 산지항이라 일컬어지는 한편 제주도 내 최대 항만이 되었다. 오늘의 제주항이다.

일본은 1907년 보호국이었던 조선을 비롯한 일본제국 전체에 1907년 만들어진 일본 외무성령 '외국여권규칙'과 유사한 여권 규칙을 적용하는데, 조선의 경우 1910년 국권침탈(경술국치) 이후에도 거의 같은 내용의 조선총독부령이 적용되었다.[367] 이후 1914년 제1차 세계대전의 발발로 일본 내지의 노동인력이 부족해지자, 조선인을 내지의 노동력으로 확보하기 위하여 도항을 유도한다. 그 결과 조선인 노동자가 급격히 증가했다. 이때 조선총독부는 무절제한 노동자모집을 단속한다고 하면서 조선 내의 노무 수급사정을 조절하는 형태로 관리하였다.[368]

오사카에 조선인이 본격적으로 생활하기 시작한 것은 1909년이지만 본격적인 제주도에서의 도항은 노동자모집으로 시작되었다고 본다. 쓰기하라는 "1911년 셋츠 방적(攝津紡績), 기즈가와(木津川) 방적, 1914년에는 도요 방적(東洋紡績), 산겐야(三軒家) 공장의 사무원이 직공모집을 위해 제주도를 방문하고 있다. 이 시기에 근대공업노동자로서 제주도민의 일본 도항이 개시되었다고 말할 수 있을 것이다"[369]라고 말한다. 당시 신문기사(「조일신문」 1917. 7. 12.)는 도항 풍경을 다음과 같이 묘사하고 있다.

소규모 유리공장이 많았던 오사카 난바(難波)에 특히 제주도 출신자가 많았다. 내지의 경기를 들은 조선인이 오사카에 가면 돈을 벌 수 있다고 생각하여 배가 도착할 때마다 10명, 15명 많을 때는 30명 정도가 오사카 축항370)부두에 상륙한다. 승선할 때는 오사카에 가면 친척이 있다든가 친구가 있다든가 적당히 말을 하고 있지만, 상륙해보면 자신이 잘 장소부터 찾지 않으면 안 되는 형편이어서, 부두 근처 파출소의 순경이 전철을 탈 수 있도록 도와주고, 조선인이 경영하는 노동하숙으로 향하게 하는 것이 보통이다. 실제로 시내에 사는 조선인 노동자는 천사오백 명에 달하고 대부분은 난바, 구죠(九條), 후쿠시마 근처에 군집해 있다. 이 다수의 노동자는 대부분 주인 겸 하숙집과 같은 조선 이주자의 선배 집에 몸을 의지해서 비좁은 집에 20명, 30명 동거하고 그 생활 정도가 매우 낮고, 돈만 모으면 좋다는 식민지 기질을 유감 없이 발휘함에 있어서는 중미, 남미 근처의 이태리 노동자를 그립게 하는 점이 있다. 공장이 많은 만큼 이런 류의 노동자가 가장 모여들기 쉬운 곳은 난바이다.371)

초기 도일자 42명은 대부분이 난바 부근에서 생활하며 조선 엿을 팔았다. 메이지 유신 때부터 목표로 했던 조선 정복이 눈앞으로 다가오자, 한국 병탄 직전에는 조선에 대한 관심이 급증하며 조선 엿이 팔렸다고 한다.372) 조선 사람이 파는 엿을 먹으며 '조선을 먹는다'는 이중의 심리가 작용했을 듯하다. 또 후쿠시마(福島)에는 후쿠시마 방적과 아마사키 방적(尼崎紡績) 후쿠시마 공장이 있었다. 후쿠시마는 도항한 제주도 출신자가 정착한 장소로 보인다.

1910년 말에는 도일자가 206명373)으로 증가하는데, 이는 시영 전철 공사에 종사한 토목노동자가 중심이었다.374) 도일 초기 단계와 달리 토목노동 종사가 증가하며 노동자들도 대규모화했다. 1913년에는 다이키 (大軌, 현 킨테츠(近鐵)의 이코마) 터널공사에 상당수 조선인이 종사, 현지주민과의 충돌사건이 일어났다.[375] 그럼에도 불구하고 아직 일본 당국이 조선 노동자들의 동태를 경계하고, 도일을 통제할 정도는 아니었다. "유리공장은 1916년 9월 공장법시행으로 도제제도가 완화됨에 따라 조선 노동자로 대신하여 능률을 유지해 왔다."[376] 공장법으로 어린 노동자 고용이 제한되었기 때문에 그 대신에 조선인을 고용했다.

오사카 쓰루하시(鶴橋) 조선인 거리의 낡은 창고.

내선일치와 모순되는 여행증명제도

유리공업과 같은 영세기업이 집단모집하는 예는 적었다.[377] 노동자모집이 도항 개시의 방아쇠를 당긴 것은 부인할 수 없으나 자주도항도 일정한 흐름을 이루기 시작했다. 이는 1915년 4월 제주–부산항로가 개설되어 부산–시모노세키 경유로 도일하기가 쉬워졌기 때문이라고 생각된다. 게다가 1916년과 1917년 1차 대전의 호황이 뒷받침되었다.[378]

그러나 1919년 3·1운동이 발발하자, 조선총독부 치안당국은 같은 해 4월 1일 경무총감 부령 제3호 「조선인여행 취체[단속]에 관한 건」[379]를 발포하여, 조선인의 해외 도항을 규제하기 시작하였다.[380] 경무총감 부령 제3호의 구체적 내용은 다음과 같다.

조선인은 조선 밖으로 여행하고자 할 때, 거주지 경찰관서에 여행목적과 여행지를 신고하고 여행증명서를 발급받아 조선을 떠나는 항구의 경찰관이나 헌병에게 제시해야 한다.(제1조 1) 조선 밖에서 조선으로 들어오는 자는 위의 여행증명서나 재외 제국공관이 발급한 증명서를 조선에 처음 도착한 곳의 경찰관에게 제시해야 한다. (제1조 2) 만약 밖에서 들어오는 자로 여행증명서나 여권이 없으면 경찰관서에 스스로 출두해서 여행목적과 여행지를 신고하여야 한다.(제1조 3)381)

건입동 포구 옆 현 가온식당(1319-118번지) 앞에는 수상파출소가 있었다.382) 파출소 옆에는 종대를 세워 입출항 시각을 알렸다. 이 파출소는 법령에 따라 승하선 승객을 검문, 검색하고 도항에 관련된 모든 업무를 수행했다. 이때부터 여행증명서라는 증서가 등장하였다. 1919년 여행증명서 제도는 3·1운동으로 인한 독립운동의 확산과 국내외 독립운동가들의 연락을 저지하고자 하는 목적과 일본 제국주의자들에게 거슬리는 조선인들을 불령선인(不逞鮮人)으로 몰아 단속하고자 시행되었다. 그러나 1919년 시행되기 시작한 여행증명서제도는 이후로 일반조선인의 도일을 규

건입동 포구 옆 수상파출소 터.

제·조절하기 위한 수단으로 확대·적용되었다.383)

이러한 여행증명서 제도에 대해 한편으로는 비판적 여론이 거세었다. 왜냐하면, 같은 제국 영토 내에서 국민 간에 교통이 보장되지 않는다는 것은 일본이 말하는 조선통치의 근본지침인 내선융화, 내선일체에 위배되는 상황이었다. 이에 1922년 12월 15일 「촌령 제153호」로 여행증명서 제도는 폐지되었다.384) 그러나 도일자는 기존의 여행증명서 대신, 신분증명 용도로 관헌발행의 호적등본을 소지하여야 했다.385)

1923년 9월 1일, 관동대지진으로 조선인이 학살당하자 정보통제를 위하여 경보국은 조선총독부에 조선인 도일제한을 요청하였다. 제한대상은 관공리, 학생, 상인은 제외한 노동자였다.386) 약 3개월에 걸친 도항 전면금지조치는 같은 해인 1923년 12월 19일 경찰의 증명을 얻은 조선인 45명이 부산항을 출발하면서 비로소 해제되었다.

1924년 5월 도항을 목적으로 부산에 모인 노동자 4천여 명이 부산수상서에서 도항증을 얻지 못하고 발이 묶이자, 5월 17일 부산청년회에서 부산 시민대회를 개최하는 사태로 발전했다. 그러자 총독부 당국은 내무성 경보국과 협의한 끝에 1924년 6월 1일부터 도일제한을 폐지하고, 거주지 관헌 발행증명만 있으면 도일이 가능하다고 발표하였다.387) 그러나 1925년 한 해에만 해도 조선인 도일자 수가 13만으로 급증하고 일본 내 실업 문제가 대두하자, 내무성 경보국은 조선총독부에 구직조선인의 도일에 대한 규제를 다시 마련토록 하였다.388) 새로운 규제로 1925년 10월부터 다음과 같은 일정한 조건을 구비하지 않는 자에 대해서 도항을 저지하는 도항 제한정책을 실시하였다.389) 무허가노동자모집으로 도항하는 자, 일본에서의 취직자리가 불확실한 자, 일본어를 해독할 수 없는 자, 필요한 여비 이외의 소지금이 10원 이하인 자, 아편 중독자가 그 대상이었다.[390] 이로써 선별, 제한, 배제의 도항제가 시작된 것이다.

1928년 들어 도일규제는 더욱 엄격해졌다. 출발항에서의 경찰관 허가는 말할 것도 없고, 거주지 경찰기관에게 심사를 받아야 했다. 그 구체적 방식은 거주지 경찰로부터 호적등본 뒤에 소개장을 기재하고, 수상경찰서에 제시하여 심사를 받는 것이었다.[391] 그러나 도항자는 더욱 늘어 1928년 연간 도항자수는 전 년도 보다 늘어난 16만 명을 넘어섰다.[392] 일제강점기 1905년부터 1945년까지 부산과 시모노세키를 왕복하는 관부연락선의 이용객 수는 3천만 명을 넘었다.[393] 이러한 도일자 증가상황에서 한편으로는 도항저지가 시작된 1925년부터 1929년 말까지 5년 동안 14만여 명이 조선에서 도항을 저지당하는 사태가 일어났다.[394] 이같은 상황이 조선 인민에게 안겨준 모멸감과 분노는 비등점을 향해가고 있었다. 염상섭의 소설 『만세전』(1924)은 시모노세키–부산 간 관부연락선에서 느낀 불쾌함을 다음과 같이 표현하고 있다.

동경서 하관(시모노세키)까지 올 동안은 일부러 일본 사람 행세를 하려는 것은 아니라도 또 애를 써서 조선 사람 행세를 할 필요도 업슨 고로, 그럭저럭 마음을 놓고 지낼 수가 있지만, 연락선에 들어오기만 하면 웬 셈인지 공기가 험악해지는 것 같고 어떠한 기분이 덜미를 잡는 것 같은 것이 보통이다. 그러나 이번처럼 휴대품까지 수색을 당하고 나니 불쾌한 기분이 한층 더하지 않을 수 없었다. 눈을 감고 드러누워서도 분한 생각이 목줄띠까지 치밀어 올라와서 무심코 입술을 악물어보았다.[395]

이병주 소설 『관부연락선』(2006)에서도 역시 치욕적인 기분을 드러냈다.

관부연락선을 도버 칼레 간의 배, 르아브르와 사우셈프턴 간의 배에 비할 때 영락없는 수인선이라고 해도 과언은 아니다. 연락선이 한국사람을 수인[죄인] 취급을 한다는 건 지배자인 일본인이 피지배자인 한국인을 수인 취급을 하고 있다는 집약적 표현일 따름이다.[396)

그러나 진정한 굴욕은 조선의 수상파출소에서 벌어지는 검문절차였다. 『만세전』의 다음 장면은 부산수상파출소가 무대이지만 제주수상파출소 역시 크게 다르지 않았을 것이다.

파출소에 들어선 나는 하관에서 조사를 당할 때와도 다른 일종의 막연한 공포와 불안에 말이 얼얼해졌다. 더구나 일본서 그런 종류의 사람들에게 대하듯이 다소 산만하게 할 수 없다는 생각이 머리에 떠올라와서, 제풀에 자기를 위압하는 자기의 비겁을 내심 스스로 웃으면서도, 어쩐지 말씨도 자연 곱살스러워지고 저절로 고개가 수그러지는 것을 깨달았다.[397)

지주보다 마름의 횡포가 더하듯이 일본보다 조선땅에서 받는 수모는 더한 것이었다. 법의 지배는 받으면서 법의 보호는 받지 못하는 예외적 존재이자 버림받은 존재는 합법적인 존재 앞에서 살아남기 위해 비굴함을 택하고, 자기를 검열하지 않으면 안 되었다.

도항 증명서제는 처음부터 노동자라는 특정 집단, 즉 일본사회가 원하지 않는 특정집단이 일본으로 유입되는 것을 저지하기 위해 시행된 정책이다. 따라서 도항 증명서제 실시도 일본 내지의 노동상황, 경제상황에 의하여 좌지우지되었다. 도항 증명서제는 학생이나 상인의 도일에는 관대하였다.[398] 일본 내지인과 조선인은 구분되며, 조선인 중에서도 학생·상인과 노동자는 다시 구분된다.[399] 도일을 둘러싼 치욕과 탄압, 이에 대한 저항과 대안 모색은 제주 혁명운동진영의 '기업동맹기선부'와 '동아통항조합' 결성으로 나타났다.

기업동맹기선부를 주도한 아나키스트 고순흠

제주도 상선의 패퇴로 비싼 뱃삯에 고통받게 된 제주도민은 1928년 4월 오사카의 덴노지(天王寺) 공회당에서 제주도민대회를 열었다. 1927년 말에는 신간회 오사카지회가 결성되어 오사카에서도 1928년은 조선민족운동이 고양된 시기였다. 이 대회는 소위 볼셰비키파가 주도했다. 대회에서는 일본의 아마사키기선, 조선우선의 뱃삯(당시 12엔)의 3할 인하 및 승객대우개선을 결의하고, 결의사항실행위원회가 양쪽 회사에 교섭하였다.[400] 그러나 거절당했다. 대안을 마련해야 할 상황이 되었다. 먼저 움직인 것은 아나키스트 고순흠이었다. 같은 제주 출신이지만 그는 볼셰비키파가 주도하는 제주도민대회 관계자와는 분명히 선을 그었다. 그해 12월에 고순흠을 중심으로 한 기업동맹기선부가 오사카-제주 간 판제항로에 참가하여 '싼 뱃삯'을 실현하기 시작했다.[401]

기업동맹의 판제항로 진출은 두 일본 회사에는 상당한 위협이었을 것이다. 이미 오사카 항을 중심으로 선박회사의 경쟁은 점점 격렬하여 극에 달했다. 특히 매년 약 3만 조선인이 오가는 제주도를 최우선 단골손님으로 하는 아마사키기선과 조선우선 두 일본회사는 어느 때라도 속력이 빠른 최고의 대형 선박을 배치해서 선체경쟁은 물론, 임금할인경쟁을 벌였다. 어떤 때는 제주도행 10엔 60전이 불과 3엔이라는 터무니없는 가격으로 폭락한 경우도 있었다. 아마사키와 조선우선의 배가 동시에 부두를 출항할 때는 몇 백에 가까운 백의의 손님을 양쪽 배의 직원이 잡아 끌어들여 손님 중에는 나들이의 백의가 찢어졌다는 일화가 있을 정도였다.402) 이 경쟁기간 동안 아마사키기선조차도 1년 간 8천 엔의 적자를 냈다. 더욱이 아마사키기선에서는 1932년에 선원 대우가 타사와 비교해 열악하고 상여, 근속수당도 철폐되어 대규모 노동쟁의도 일어났다.403)

기업동맹은 홋카이우선의 제2홋카이마루를 전세 내 판제항로의 운항을 시작했지만, 1929년 4월에 가고시마우선의 쥰키치마루(順吉丸)에 '업무위탁'을 했다. 여기서 흥미로운 것은 가고시마우선을 통해 제주와 오키나와가 연결되는 장면을 보게 되는 것이다. 가고시마우선은 1905년에 가고시마에서 자본금 150만 엔으로 설립되어 오사카-오키나와 항로에 배 3척을 취항하고 있었다. 1925년 말에는 혼자 힘으로의 경영을 포기하고, 오사카상선(大阪商船)의 오사카-오키나와 항로에 배 3척을 임대한 것과 같은 상태였다. 그리고 자본금도 1926년에는 100만 엔, 1927년에는 30만 엔, 1932년에는 15만 엔으로 감소했다.404) 그런 회사가 단독으로 아마사키기선, 조선우선과 5년간이나 가격인하 경쟁을 하면서 대항할 수 있었던 것은 기업동맹과의 연합 때문이었을 것이다.

1929년 9월 8일과 1931년 1월 17일의 「아사히」 기사에서 보듯이, 기업동맹은 회사 존망의 위기에 있었던 가고시마우선에 운항의 실무면을 '업무위탁' 하고, 선객취급 집하 등의 경영면을 기업동맹이 담당했다.

그러니 준키치마루는 양자가 공동경영으로 운항했다. 나중에 볼셰비키파로서 활동한 고준석405)은 1930년 여름, 제주도에서 오사카로 돌아갈 때에 이 준키치마루에 올라탔다. 그의 자서전에 쓴 인상기는 준키치마루의 성격을 잘 보여준다.

배가 제주도 앞바다를 떠날 때 2~3명의 청년들이 3등 선실에 나타나 "지금부터 우리들이 존경하는 고순흠 선생님의 연설이 있습니다. 경청해주십시오"라고 했다. 그리고 나서 곧 여자아이와 같이 머리를 엉덩이까지 길러서 이가 들끓고 있는 것은 아닐까라고 생각되는 풍채의 남자가 나타났다. 선실에서는 힘찬 박수가 울려 퍼졌다. 나는 이미 고순흠이 제주도뿐만 아니라 조선 전체에서도 유명한 무정부주의자인 것을 들어서 알고 있었다. 고순흠은 첫 발언으로 "태산을 끼고 북해를 넘어…"라고 한바탕 변설을 유창하게 하였다. 그 의미는 큰 산을 옆에 끼고 대해를 건널 수는 없지만 조선 민족은 자각과 단결만 있으면 독립이 가능하다는 것이었다.406)

준키치마루는 매우 정치적·민족적인 목적을 가진 배였음을 알 수 있다. 고순흠이 준키치마루의 사무장을 하고 있었다는 증언도 있다.407) 제주도에서 발행된 『제주항일인사』의 고순흠 항목에는 "1928년 말경, 죽암은 제주항해조합과 기업동맹기선부를 설립, 일본 기선회사의 횡포에 대처하면서 제주와 오사카 간의 독립항로를 개설, 준키치마루를 취항했지만 일제에 맞서기에는 역부족이었다"408)라고 되어 있다. 쓰기하라 도오루(杉原達)는 『월경하는 국민』이란 책에서 "기업동맹기선부에 대해서는 대중적인 기반의 결여, 자본력의 불충분함 등의 점에서 약점을 가지고 있었지만, 민족적·사상적으로 강고하고 농밀한 성격을 가지고 있었던 점을 과소평가해서는 안 된다"409)라고 했다.

제주통항조합과 조선인 볼셰비키

1928년 제주 도민대회를 개최할 때까지만 해도 볼셰비키파는 스스로 선박을 운항할 계획은 없었다. 그런데 1928년 말에 아나키스트파의 고순흠 등이 먼저 움직이기 시작하자, 1929년 4월에 김문준이 중심이 되어 제주도민 유지자 간담회가 열렸다. 그리고 제주통항조합준비회를 조직할 것이 가결되었다. 그러나 상황이 안 좋았다.

1928년 여름의 코민테른 제6회 대회의 1국 1당 원칙에 따라 오사카의 조선인 볼셰비키파 활동가들은 1929년 가을부터 재일본조선노동총동맹을 해체하고, 일본노동조합전국협의회(전협)에 가맹할 움직임을 본격화하였다. 민족운동과 공산주의운동을 분리하고, 민족해방투쟁보다도 일본공산당의 지도 아래 일본 인민과 공동으로 수행하는 계급투쟁을 중시하게 된 것이다.

그 과정을 둘러싸고 오사카 거주 조선인 볼셰비키파 속에서 큰 혼란이 일어났다. 또 1928년 3·15사건410), 1929

김문준 비석.

년 4·16사건으로 볼셰비키파에 대한 탄압이 강해지고 있을 때이기도 했다. 제주도민대회의 중심이었던 김문준·문창래·김달준 등 활동가의 판제항로 개설에 대한 움직임은 둔해졌다. 제주통항조합준비회가 본격적으로 움직이기 시작한 것은 김문준 등의 전협에 대한 무조건 해소파와 김호영 등의 전협조선인위원회파가 완전히 결별하고, 해소에 대한 이치가 어느 정도 명확해진 1930년 1월 이후였다. 조선인위원회파에서 배제된 문창래·현길홍 등이 김문준 등의 제주통항조합준비위원회에 합류하고, 단숨에 제주도에서 통항 조합의 조직화가 진전되었다고 한다.

1930년 3월부터는 『제주통항조합뉴스』(6월부터는 『동아통항조합뉴스』)를 간행했다. 1930년 4월 제주도 출신자를 중심으로 한 오사카 거주 조선인은 제주도 162개 마을(里) 중 119개 마을의 가입을 받아서 '동아통항조합'을 창립했다. 이름이 '제주통항조합'에서 '동아통항조합'으로 바뀐 것은 무슨 이유 때문이었을까? 그것은 단적으로 말하면 사상적 이유 때문이었다.411)

이 창립대회의 중심인물인 현길홍·김달준·문창래·김서옥 등은 코민테른에 충실한 일본공산당 전협하에 있었고, 본래대로라면 민족주의적인 운동은 부정되어야만 했다. 이 명칭 변경은 민족주의적인 운동이었던 판제항로에 대한 참여를, 민족주의적인 색채를 조금이라도 엷게 하기 위해 간부들이 고심하여 명명했다. 또 코민테른은 사회민주주의와의 대결도 내세우고 있었을 뿐 아니라 아나키스트와는 이미 제1인터내셔널에서 마르크스와 프루동[1809~1865, 프랑스 무정부주의자]의 투쟁을 통해 선이 그어져 있었다. 따라서 기업동맹과의 타협도 있을 수 없었다.412)

동아통항조합은 소비조합운동의 수법을 받아들여 오사카 거주 조선인과 제주도민 조합원 4,500명을 조직하고 출자금을 모았다. 1930년 7월에 개항을 목표로 했지만 자금부족으로 연기되고, 더욱이 1가구 5엔 기금 기부활동을 행하여 6천 엔을 융통하였다. 11월에 전협활동가 오타히로시(太田博) 등의 알선으로 고류마루(蛟龍丸)를 임대하여 드디어 취항하게 되었다. '우리들은 우리들의 배로'라는 슬로건 아래 오사카(大阪)-제주간 판제항로가 개설된 것이다.

한편, 동아통항조합 간부들의 사상·행동의 특징을 보강하기 위해서 많은 간부가 관계된 오사카 조선무산자진료소가 개설된다. 조선무산자진료소는 많은 조선인 일반대중의 지지와 자금 아래 1931년 2월에 개설된 합법무산정당계에 가까운 입장의 무산진료소였다. 동아통항조합에 관계된 활동가들은 1931년 9월 권력의 탄압으로 조선무산자진료소를 폐쇄할 수밖에 없게 되자, 그 기회를 역으로 이용하여 조선무산자진료소의 자금을 일본공산당계의 츠루하시 무산자진료소의 개설자금으로 유용한 것이다.413) 동아통항조합의 간부들은 사회민주주의와의 대결·민족주의 운동의 부정을 제기한 당시의 코민테른 방침에 충실했다. 동아통항조합은 일본공산당, 전협에 대한 정치적 탄압이 강해지고, 전협 가맹자 수가 저조해진 가운데 민족적인 이익을 표면적으로 나타냈다. 그러면서도 일본공산당, 전협의 운동을 지지하는 대중의 조직화라는 이데올로기적인 의도 아래에 볼셰비키파 활동가 간부에 의해 운영된 측면이 강한 점은 부정할 수 없을 것이다.414)

박경식은 이를 "조선우선, 아마사키기선 등의 독점적인 선박업 자본에 대항해 싼 뱃삯으로 일본으로 도항, 고향으로의 왕래를 실현하고, 더욱이 도항제한·저지 반대, 도항의 자유, 민족차별 반대, 정치적·경제적

투쟁에 대한 참가, 무산계급의 통일전선 강화 등의 목표를 내세워 싸운 대중적인 민족단체"[415]였다고 평가했다. 오사카의 사상검사였던 미키이마지(三木今二)는 "이 조합의 간부는 모두 이 조합으로 민족단결의 도구로 삼으려는 기획으로 항상 이 조합을 이용해 민족적 반감을 선동한 사실을 간과할 수는 없다"[416]고 했다.

동아통항조합과 기업동맹은 1933년 말에 함께 무너졌다. 1934년에는 이미 10만에 이르는 재일조선인과 계속되어 이주해 들어오는 조선인 문제(실업, 주거난, 민족 간 마찰)로 내무성 사회국, 경보국, 척무성, 조선총독부 고관 등이 한자리에 모인 회의가 개최되었다. 그 회의 결과는 '조선인 이주 대책건'(「朝鮮人移住対策要目」)으로 나타났는데, 항목별로 보면 다음과 같다.

1. 조선인을 북선개척철도시설 촉진 등을 통해 조선에 안주시키는 조치.
2. 인구조절을 위해 만주 및 북선으로 이주시키는 조치.
3. 내지도항을 한층 감소시키는 조치.
4. 내지의 조선인을 지도, 내지에 융화토록 하는 조치.[417]

이 대책으로 인해 같은 해 1934년 17만5천여 명의 도항자가 다음 해 1935년에는 11만2천여 명으로 대폭 감소하였다. 무려 6만3천여 명이 감소한 것이었다. 1935년 5월에는 조선우선이 판제항로에서 퇴장했다.[418] 결국, 아마사키기선만이 이겨 남은 것이다.

도항증명서 제도는 20년 뒤 오키나와에서도 재현된다. 샌프란시스코 조약을 전후한 시기에 오키나와인의 국제법상 지위는 재일조선인과는 다르게 '일본인'으로서 확실히 인정된 것처럼 보였다. 류큐 미군정은 오키나와-일본 간 여행자에게 여행증명서, 도항증명서, 검역증명서, 신분증명서를 발급했다. 그것은 1920년 대 일본제국이 조선에 가한 것보다 훨씬 강력한 통항 제한이자 배제조치였다.[419]

법으로 지배할 때만 내선일체 강조

오키나와인이 일본 본토를 여행하고자 할 때는 미 민정부가 발행하는 도항증명서가 일종의 여권 역할을 했다. 민정부는 종종 뚜렷한 이유도 없이 증명서 발급을 중지하고 했는데, 특히 노동운동이나 혁신정당관계자에 대한 규제가 가장 심했다. 민정부는 도항증명서 신청자에게 신원조사서 작성을 의무화했다. 설문은 '당신은 공산주의 단체에 참가하거나 관계한 적이 있는가?', '친구 중에 공산주의자나 그 동조자가 있는가?' 같은 것이었다. 응답하지 않으면 증명서가 발급되지 않고, 허위로 기재하면 위증죄가 되며, 사실을 기재하면 일종의 스파이가 된다.[420] 이런 와중에 심지어 도쿄 소재 대학에 진학해 있던 오키나와인 학생이 여름방학 때 귀성했다가 도쿄로 돌아가는 도항증명서를 발급받지 못해 퇴학을 당하는 사태도 발생했다.[421] 최근 강정 해군기지건설을 반대하는 외국 활동가들의 입국을 거부하는 한국정부의 조치도 근본적으로 이 같은 역사의 연장선에 있다고 볼 수도 있다.

미국 외교협회 회장 리처드 하스는 악의적인 목적으로 주권을 네 가지로 나눈 적이 있다. 그중 국경 주권은 양국이 국경을 유지하기 위해 불가피하게 자기 주권의 일부를 양보할 수밖에 없다. 병합은 두 나라가 한나라가 됨을 의미한다. 국경개념이 존재할 수 없다. 그런데도 조선과 오키나와는 다른 나라 사람으로 취급되었다. 법적으로 지배할 때는 내선일체를 강조했지만, 법적 권리를 행사하고자 할 때는 식민지국의 무자격자로 전락시켰다. 조선과 오키나와 뿐 아니라 모든 점령국의 항구에서 도항을 둘러싸고 벌어지는 풍경은 '법에 의한 지배'라는 선전이 얼마나 위선에 찬 것인가를 보여준다.

열둘 │ # 알뜨르비행장

일제 파시즘의 적나라한 보고서

제주 알뜨르비행장 유적 위로 자유롭게 비행하는 새털구름.

비 온 뒤 무더운 날이었다. 모슬포에서 알뜨르비행장까지 걸어서 먼 길은 아니었지만, 숨구멍을 막아버린 습기가 문제였다. 진정한 더위는 태양이 아니라 바로 이 습기에서 온다. 땀이 비 오듯 흘러내리고 집중력도 떨어졌다. 밭 사이로 걷다가 돌을 잘못 딛는 바람에 손 쓸길 없이 흙 속에 얼굴을 박고 말았다. 그쯤 되면 짜증이 절망으로 변하기 십상이다. 그 절망을 간신히 이기고, 걷고 걸어 반원의 격납고 앞에 섰다. 이제 어떻게 할 것인가? 이 고생해서 온 곳이 고생을 위로하고 안식을 주는 곳이 아니라 더 큰 짜증을 안기는 곳이라면. 알뜨르비행장은 여름날 그렇게 다가왔다.

과학기술에 의해 시대정신이 규정되는 게 아니라 시대정신에 의해 과학기술이 발명되거나 채택된다. 무기도 마찬가지다. 무기를 이길 수 있는 무기는 없다. 무기 자체를 출생케 한 그 시대사상을 해체하는 것이 평화의 첫 단추가 되는 것은 바로 그런 이유이다. 알뜨르비행장은 일제 강점기에 이어 한국 국방부에 의해서까지 끊임없이 비행장으로 부활하려 하고 있다. 거기엔 항상 국가주의와 지정학의 필요가, 달리 말하면 주권체계와 세력균형체계의 잔영이 꿈틀거리고 있다.

만주보다 중요한 천황 결사옹호

요시다 쇼인으로부터 기원하여 기타 잇키(北一輝)와 오오카와 슈메이(大川周明), 다카쿠스 준지로(高楠順次郎) 등으로 이어지는 일본 군국주의사상은 어떻게 물질적인 형식으로 나타났을까? 여기 알뜨르에 답이 있다.

111사단은 관동군의 정예부대로서 1936년 황도파 쿠데타[422]의 물질적 화신이었다. 때문에 그들은 자신들이 그토록 중요시하던 만주조차 버리고 제주도로 왔다. 만주보다 더 중요한 것은 국체호지, 즉 천황을 목숨으로 결사옹호하는 것이었기 때문이다. 그리고 모슬포를 컴퍼스의 원점으로 하여 서남부 지역의 오름이란 오름은 동굴형 진지로 요새화한다.

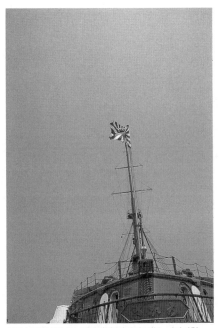

요코스카에 전시된 러일전쟁 당시의 일본 미카사함.

그들이 중일전쟁 이후 중국에서 건설한 지하요새 전략이 그대로 제주도에 투영된 것이다. 이야말로 사상이 수많은 시행착오를 거쳐 물질적인 옷을 입는 순간이었다.

영국과 러시아는 크림전쟁(1853~1865) 이후 동아시아의 패권 다툼을 위해 거문도와 제주도에 대한 탐사 및 점령을 시도한다. 영국은 자신들의 방어망을 유럽과 더불어 동아시아에서도 러시아에 뚫려서는 안 된다는 목적으로 1885년 4월 거문도를 무단으로 점령한다. 같은 시기 러시아는 제주도를 무단 점령 혹은 조선정부에 임대하려는 시도를 한다. 하지만 일본은 러일전쟁의 압승과 한일합방을 통해 제주도와 거문도에 군사시설을 구축하게 된다.[423]

일제강점기 초기부터 제주도는 일본 해군의 관할 구역이었다. 1910년 강제합병 이후 조선 연해 해역의 경비작전을 담당하는 진해요항부(鎭海要港部)가 생겼는데,[424] 이 부대의 지휘를 받는 수비대 약 300명 정도가 성산포(우도)와 마라도에 배치되었다. 그 뒤 상당히 오랫동안 제주도에는 대규모 병력이 주둔한 적이 없었다. 그런 점에서 보면, 제주도는 일본군이 볼 때 군사작전 상 결코 중요한 지역이 아니었다.

제주도의 첫 비행장은 지금 제주 국제공항이 들어선 육군 서비행장이 아니라 대정읍에 있는 알뜨르비행장이었다. 대정 지역에는 대정 사람들이 낮은 지역이라고 해서 알뜨르라고 부르던 넓은 들판이 있었다. 일본 해군이 이 지역을 선택해서 비행장을 건설한 것이다. 비행장 건설은 1926년부터 계획되었다. 대정 지역주민 강필봉(1921년 생)의 증언에 따르면, 비행장 건설은 1928년부터 시작되어 1930년에 완성했다고 한다.[425]

싱트 페테르부르크 해군성 앞에 전시된 러일전쟁(1904~1905) 당시 쓰시마 해전에서 살아 남은 순양함 오로라호.

제주도 알뜨르 지역에 해군이 비행장을 건립하는 내용을 담은 문서는 「제3537호 8.8.1 제주도비행」이다.[426] 이 문서는 1933년 8월 1일 나가사키 지역에 있는 사세보진수부 사령관이 해군대신에게 보낸 것으로 '제주도비행기 불시착륙장'을 조성하고 있다고 밝혀 놓았다. 즉, 처음 알뜨르에 항공기지를 조성한 것은 해군항공대가 본격적으로 주둔하려는 목적은 아니었다. 규모도 크지 않아서 약 6만 평(약 20만㎡) 규모의 비행장이 공사 중이라고 하였다. 따라서 언제 공사를 계획하고 시작했는지는 알 수 없지만, 적어도 1933년에는 착공되었을 것이다. 1930년대 중반까지 20만 평의 비행장이 건설됐다.

일본 제국이 1931년 9월 18일 류탸오후 사건(柳條湖事件, 만주철도 폭파사건)을 조작했는데, 흔히 만주사변이라고 부른다. 바로 그 시기에 해군이 알뜨르에 비행장을 건설하기 시작했고, 이 비행장을 불시착용으로 사용하겠다고 했으니, 중국 침공을 염두에 두고 모슬포에 비행장을 만든 것이라고 보아도 좋지 않을까 생각한다.

중일전쟁이 본격적으로 터지기 얼마 전인 1936년 11월, 제주도 착륙장 증설공사훈령이 내려진다.[427] 증설 훈령 내용을 담은 문서는 「제2373호 12. 7. 1. 토지매입의 건 조선 전라남도 제주도 대정면」이다.[428] 이 문서는 1937년 6월 20일 사세보진수부 사령관이 해군 대신에게 보낸 것으로 알뜨르비행장 부지 확장을 위한 토지 매입을 보고하는 내용을 담고 있다. 자료에 의하면 "사세보진수부 소속 제1제주도피난장" 증설을 위해 토지 14만7,257평(48만6,800㎡)을 2만7,582원 77전에 매입했다. 1936년 11월 15일에 사들이기 시작해서 이듬해인 1937년 2월 26일에 완료했다. 비용은 1936년도 만주사변 비용 항목에서 지출하게 되어있었다. 이렇게 제주도 피난용 착륙장을 6만 평 규모에서 14만7천여 평을 늘려 20만여 평으로 증설하는 공사는 중국과의 전쟁을 염두에 두고, 비행장의 필요성이 훨씬 커졌기 때문에 진행한 것임이 확실하다. 사람들이 사는 마을과 농경지를 석 달 열흘 만에 모두 매입하였다고 하는 데, 이처럼 신속한 매입은 경찰의 입회하에 일방적 강제적인 방법을 동원하지 않고는 불가능했을 것이다.

중일전쟁 이후 주목 받은 알뜨르비행장

알뜨르비행장이 실제로 사용되고 주목을 받기 시작한 것은, 1937년 8월 중순의 일이다. 7월 7일 루거우차오(盧溝橋, 노구교) 사건을 계기로 중국 북부에서 시작된 중일전쟁은, 8월에 들어서자 중부 지역으로 확대되면서 전면전으로 발전한다. 이때 8월 13일의 일본 각료회의에서 육군 2개 사단의 상하이 증파를 결정했다. 그러자 해군은 이에 경쟁이라도 하듯, 15일부터 국민당 정부의 수도 난징에 대한 도양폭격(渡洋爆擊)을 결정했다. 일각에서는 공군 창설 제안도 있었지만, 진지하게 검토된 적은 한 번도 없었다. 공군을 창설하기 위해서는 육군과 해군이 서로 크게 양보를 해야 했는데, 그런 일은 없었다. 결국, 육군항공부대와 해군항공부대가 별개로 태평양 전쟁까지 활동했다.[429]

그 때문에 용어도 제각각인데 비행장을 건설하면서도 육군은 비행장, 해군은 항공기지라 불렀다. 그러니 해군이 건설한 알뜨르는 항공기지라고 불렀을 것이다. 일본군은 초기부터 육군과 해군의 사이가 좋지 않아 서로 협력하기보다는 대립하고 갈등을 빚는 일이 많았으며, 작전도 각기

따로 수립하고 진행했다. 따라서 육군과는 분리해서 해군의 작전 수립과 활동을 볼 필요가 있다.[430]

미군에도 이런 군종별 문화가 있다. 해군 장교는 운전을 부하가 하고 뒷좌석에 앉는 데 비해, 공군 장교는 운전을 본인이 하고 부하를 뒷좌석에 앉힌다. 왜냐하면, 해군은 함상 지휘실에서 아래를 내려다보며 지휘하는 반면 공군은 조종사가 반드시 조종석에 앉기 때문이다. 이러한 군종 간 경쟁은 대체로 부정적일 때가 많다. 공군이 가미카제 특공대를 만들자 해군도 특공정보트부대를 만들어서 경쟁한 것도 군종 간 경쟁의 부산물이다.

해군항공대에는 항공모함에 실린 비행기부대인 함재항공대와 주로 폭격기를 운용하는 지상항공대가 있었다. 독일 폭격기 슈튜카의 위력은 1937년 스페인 내전 당시 프랑코 파시스트 정부를 지원하기 위해 파견된 콘도르 군단의 게르니카 공격에서 발휘되었다. 폐기하려던 급강하 폭격기는 2차대전 말까지 살아남았다. 잘 죽여야 살아남는 기계였던 셈이다. 히틀러는 전쟁의 심리적 효과, 즉 공포심을 잘 이해하고 있었기에 폭격기가 급강하하며 폭격할 때는 엄청난 사이렌 굉음이 나도록 장치를 달았다. 사람들은 폭격보다도 폭격기의 굉음에 벌써 공포에 떨게 된다.

항공모함에서 발진할 수 있는 비행기는 단발 엔진의 공격기뿐이지만, 지상항공기지에서 발진하는 육상공격기는 많은 폭탄을 싣고 먼 거리를 날아갈 수 있는 장점을 갖추고 있었다. 일본 해군은 장거리 폭격이 가능한 폭격기를 개발했는데, 1차대전 후 항공병력증강에 대응할 목적으로 1921년 1월 15일 히로시마 현 구레의 해군공창지창 소위 히로 해군공창에서 95식육상공격기(Hiro G2H)가 탄생한 배경이다. 그러나 이는 일종의 시제기로 여덟 대만이 만들어졌다. 뒤이어 1936년부터 생산될 미쓰비시 중공업의 96식육상공격기가 폭격기 주종이 될 것이었기 때문이다. 96식육상공격기(G3M)는 95식보다 크기는 작은 중형이었지만, 성능이 훨씬 뛰어났기 때문에 1937년부터 시작된 중일전쟁에 본격적으로 투입되었다.431)

중국 본토 폭격을 위해서 일본 해군은 여러 지역의 항공대를 모아서 제1연합항공대를 편성하였다. 1차 목표로 난징을 공습하기로 하고, 이를 위해서 지바현(千葉縣)에 있는 키사라즈(木更津) 항공기지와 규슈의 가노야(鹿野) 항공기지로부터 비행기들이 나가사키 현(長崎縣)의 오오무라(大村) 항공기지로 이동 집결했다.432) 이 항공기지가 중국에 가장 가까운 곳이었기 때문에 모든 폭격기가 이곳에 모여 출격하기로 했다. 그러나 폭격기의 비행가능거리를 생각할 때, 오오무라에서 출발하더라도 폭격을 하고 일본으로 돌아오는 것이 불가능했다. 그래서 결국 오오무라 항공기지에서 이륙하여 난징을 폭격한 다음에는 제주도 알뜨르항공기지에 착륙하도록 한 것이었다. 당시 제주도 항공기지에는 활주로만 덩그러니 건설되어 있었고, 약간의 임시 막사만 있었지 별다른 시설이 없었던 듯하다.

폭격기들이 알뜨르비행장에 속속 도착하면 부상자 치료와 사망자 시신 수습 등으로 바쁠 수밖에 없었다. 그리고 제주도 알뜨르비행장에 착륙한 비행기들이 다음 날 다시 난징 공격을 떠나도록 명령이 내려졌기 때문에, 이른 시일 안에 폭격기 정비를 마쳐야 했다.433) 이 난징 도양폭격(渡洋爆擊)을 일본 해군성은 '세계 항공전 사상 미증유의 대공습'이라고 발표하였고, 당시의 신문도 '쾌거'로 칭송하고 많은 기사를 게재했다. 당시 일본 언론에서는 일제히 "일부러 악천후를 이용해서 적의 수도 남경을 비롯한 남창 기습을 결행하였다고 보도하였기 때문에, 제주도를 발판으로 시행된 폭격은 '도양폭격의 장도(壯圖)'로 알려지면서 유명해졌다.[434] 이후 난징, 상하이 등지로의 해양폭격거점은 아예 제주도로 옮겨져, 제주에서 출발해서 폭격을 실시하게 되었다.

2차 상하이 사변에서 도양폭격, 즉 바다를 건너가는 폭격을 감행한 96식육공의 피해가 커지자 전력보충이 필요해졌고, 95식육상공격기(육공)가 실전부대에 배치되었다. 1937년 9월 14일 키사라즈 항공대의 미히라 겐이치(三原元一) 대위가 이끄는 95식육공 6대가 알뜨르비행장에 파견되었다. 첫 출격은 9월 30일로 상하이 쟝만(江灣) 방면의 폭격이었지만 악천후 때문에 폭격에 성공한 기체는 겨우 3대 정도였다. 전반적인 비행성능이 떨어지는 95식육공이었으나 중국군 전투기의 위협이 줄어든 이 방면에서는 많은 폭탄탑재량의 장점을 살려 중국에 큰 피해를 줬다. 그러나 10월 24일 제주기지에서 출격 직전 브레이크용 공기펌프 부팅장치에서 난 작은 화재가 연료에 옮겨붙는 바람에 줄지어 선 95식육공 4대가 일순간에 대폭발을 일으켜 불타버리고, 1대는 중파되어 가동기체는 단 1대만 남게 되었다.[435] 무릉리 주민 강필봉 씨는 그 당시에 비행장에서 대규모 폭발이 있었다고 기억하고 있었다.

이 모슬포비행장에서 비행기가 뜨다가 폭탄이 떨어진 거주. 가을 때인데, 우리가 농장에 가면서 보니까 '쾅'하는 소리가 무릉리까지 나고, 땅이 '드르르' 해. 아! 보니까 비행장에서 폭발된 거라. 연기가 이 집 정도로 뭉크러져서 둥둥 하늘 위로 떴어.[436]

그런데도 이 1대의 95식은 도양폭격을 속행했다. 이 기체는 11월 25

일에는 상하이 북동의 왕방비행장까지 날아가 폭격했으나, 27일 중국에 피탄 당해 사용할 수 없게 되었다. 해군은 95식육공 2대를 미쓰비시 생산분으로 보충하고, 마지막 1대는 알뜨르 현지에서 수리해 11월 2일까지 가동기 3대를 보유하게 되자 재차 상하이에 파견했다.[437] 전투기들이 중국 상하이를 폭격할 때는 일본군 '물차'가 서림 수원지의 물을 떠와서 전투기에 넣고 출격을 했다. 그러나 태평양전쟁 막바지에는 전투기가 부족, 실제 이곳에는 배치되지 않았을 수 있다.

난징대학살과 제주도의 연관성

제주도로부터의 난징공습은 36회, 연 600기, 투하폭탄총계는 300톤에 이르고, 난징의 많은 시민이 살상되었다. 난징대학살에 제주도가 어떻게든 연루되어 있다는 것은 우리의 마음을 무겁게한다. 힘이 없다는 것이 나만의 피해로 끝나지 않고 남에게까지 피해를 줄 수 있다는 사실, 미필적 고의나 강압에 의한 것이라 해도 결과적으로 그렇게 될 수밖에 없다는 사실 앞에서 평화가 비단 우리만의 문제가 아님을 뼈저리게 깨닫게 된다.

1937년 11월에 일본군이 상하이 부근을 점령하여 그곳에 비행장을 마련하면서 오오무라 해군항공대의 본부는 상해로 이동하였다. 그후 제주도는 다시 조용한 섬으로 돌아갔지만, 제주도 항공기지에는 오오무라 해군항공대의 연습항공대가 설치되었다. 제주도에 주둔한 오오무라 해군항공부대는 모슬봉 앞, 지금의 해군 9506부대 자리에 위치하였다. 이곳은 혈 자리로서 일본군이 들어오기 전까지만 해도 절터가 남아 있었다고 한다. 그래서 지역민들은 지금도 '대촌병사', '절왓'이라 부르기도 한다.

1. 격납고.
2. 격납고 뒤로 보이는 산방산.
3. 격납고 뒤로 보이는 모슬봉.

4. 격납고 뒤로 보이는 모슬봉.
5. 알뜨르비행장 지하 벙커 내부.
6. 고구마 저장고로 쓰였던 발전소.

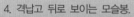

문공학 씨(1921년 생, 일과리)는 알뜨르비행장이 완공된 후 잠자리비행기(아카톰보)로 연습도 하고 탄약고도 만들었다고 증언했다. "당시 잠자리비행기는 격납고 안에 집어넣어 위장했어. 당시만 해도 격납고는 31개 정도로 기억하는 데 상모리 산이수동 등 인근 바닷가에서 자갈 등을 많이 가져다 만들었지."[438] 통칭 아카톰보(Akatombo, 빨간 잠자리비행기)는 주황색을 칠했고, 잠자리처럼 날아다닌다고 해서 이름 붙여진 연습기로 조종석이 앞뒤로 2개가 있다. 항공기술공창과 가와니시 회사가 협력해서 개발했으며, 정식명칭은 해군93식중간연습기이다. 1934년에 제작되기 시작하여 미쓰비시 등 여러 회사가 5,600대를 생산했다. 전투기와는 달리 사람들이 눈으로 볼 기회가 많았기 때문에 아카톰보라는 별칭이 붙여졌다.

태평양전쟁 말기 미군상륙 가능성이 가장 높았던 모슬포는 해안 진지 거점지역으로 진지화되었다. 1944년 10월 3차 공사로 비행장 규모는 66만7천 평으로 확대된다. 일제는 1944년 중반 무렵에 당시 최고성능을 자랑하던 미국의 B29 폭격기의 일본 본토 공습을 감시하기 위해 모슬포에 레이더기지를 건설한다. 실제로도 모슬포 기지에서는 일곱 차례의 B29 폭격기 포착에 성공한 기록을 남기고 있다. 대정읍 상모1리 이교동에 있는 통신시설은 마을 상여 창고로 쓰이고 있다. 이 통신시설은 규모 등으로 볼 때 제주도 주둔 일본군만이 아니고, 일 본토와도 통신이 가능한 통신시설로서 활용됐을 것으로 추측된다.

또한, 대정고 옆의 고구마 저장고는 지역 주민들 사이에서는 탄약고시설로 알려지고 있으나, 일본 전문가에 의하면 발전소 시설이었던 것으로 밝혀졌다. 이 시설 역시 고구마저장고로 이용되면서 내부구조가 변형돼 왜곡된 상태다.[439] 한편, 일본은 미군 공격으로부터 사람과 물자를 보호하기 위한 항공기지 지하격납을 시작하였다. 전투사령실, 프로펠러 조정장, 발동기 정비장, 계기시험장, 연료고, 섯알오름탄약고 등의 지하시설을 마련하였다. 나아가 미군 상륙에 대비, 사령부 등 군사 주요시설의 지하수용을 목적으로 하는 갱도 진지를 구축했다.440)

일본 파시즘의 거대한 보고서

일제의 군사시설을 볼 때 결코 간과할 수 없는 것이 조선인들의 강제노역이다. 이 시설을 기억해야 하는 것은 일제의 군사전략에 대한 지식이 아니라 이 속에 감춰진 수많은 사람의 희생 때문이다.

일본 파시스트의 사상이 군사를 통해 어떻게 구현되며, 그 과정에서 평화를 원하는 한 민족의 구성원들이 어떻게 압살 되는지에 대해 경종을 울리기 위함이다.

강문팔 씨(1932년 생, 화순리)는 1943년 3월경부터 무렵부터 6개월 동안 알뜨르비행장 확장 공사 때 '십장'으로 노역했다. 일본 고베에서 고무 관련 회사에 근무했었기 때문에 알뜨르비행장 확장공사에 동원됐고, 진해 경비시설부 소속으로 노역현장에 투입됐다. 강 씨는 "그때 6개월 동안 매월 60원씩의 월급(면장은 45원)을 받았고, 당시 귀했던 담배(興亞, 흥아)까지 배급받았다"고 말했다. 강 씨는 당시 송악산 알오름에 굴 파는 것을 알았고, '다데마구미'(多手心)란 회사가 노무자를 동원해서 팠다고 증언했다.441)

십장이 아닌 일반 노무자들은 어땠을까? 1945년 당시 북제주군 한림읍 월령리에 살던 고태춘 씨(78세, 도남동)는 열 일곱 살의 나이로 대정읍 알뜨르비행장 건설현장에서 고달픈 징용생활을 해야 했다. 노무비를 받지 못했으니 식사도 늘 변변치 못했다. 일을 하는 5개 월여 동안 하루 세끼 강냉이죽으로 때웠다. 하루는 강냉이죽을 끓이는 장면을 그대로 목격했다.

가마니 솥에 된장을 풀어놓고 소금 가마니를 뒤집어 통째로 쏟아 부었는데 가마니 찌꺼기가 둥둥 떠오르더라고. 그걸 '긁갱이'(갈퀴)로 긁어내는 걸 봤는데 도대체가 밥이라고 할 수 없는 것이었어 ….

된장은 '절간 감자'로 만들었다. 고 씨와 함께 송악산 해안가 일대에서 일한 사람들은 700~800명 정도 되는 것으로 추측했다. 고 씨에 따르면, 군부대가 하청을 주면 공사현장의 십장이 행정기관을 통해서 사람을

일제가 패전 후 탄약 소비 위한 표적으로 사용했던 형제섬. 탄약은 소비되었지만 전쟁은 소비되지 않았다.

동원하는 체제였다고 한다.442) 문공학 씨는 부친이 알뜨르비행장 확장공
사에 강제동원된 후 1개월 쯤 지나 병이 나자, 부친 대신 현장에서 노역
해 당시 상황을 잘 기억하고 있었다. 문 씨는 1943년~1944년 겨울철
에 동원돼 1945년 4월 무렵까지 18개월 동안 노역에 시달렸다고 했다.

일본군은 '진해 시설부' 주관으로 알뜨르비행장을 건설하면서 서쪽·남쪽·동쪽
지역 등 세 군데로 구분 공사를 진행했다. 당시 강제동원된 사람들은 1백 평 정도
되는 숙소에 2백 명가량이 널빤지를 깔고 공동생활을 해야 했어. 그 수는 천 명정도
됐지. 함바도 처음에는 3동이었다가 나중에는 5동으로 늘어났고, 사람들도 대정은
물론 한경·중문지역에서까지 끌어왔어.

또 "동원된 사람들은 3개월 동안 공사현장과 숙소(함바)를 왔다 갔다
하면서 아침 8시부터 저녁 6시까지 하루 평균 10시간 동안 죽어라 노
역에 시달려야 했다"고 말했다.443) 일제의 패전이 확인될 무렵 제주사람
들은 다음과 같은 장면을 목격한다. 강용택 씨(1931년 생, 도남동)는 "일본
군은 패전하자 모슬포비행장에서 형제섬을 과녁 삼아 탄약을 소모하기
위해 계속 밤에 포사격을 가했다"고 당시 상황을 설명했다.444)

적이 아닌 대상을 향해 밤새 쏘아대는 포사격의 장면은 말기 일본 파
시즘이 도달한 절망적 상황에서의 광기를 느끼게 한다. 전쟁은 적을 향
한 통제된 무력이 아니라 소모와 배설을 위한 무기력한 폭력이 되었다.
알뜨르비행장은 일제의 태평양전쟁 참전 초기부터 파시즘이 어떻게 뼈
와 살을 만들고, 자기 자신에게 옷을 입혀가며 세상에 형체를 드러내는

지를 보여주는 거대한 보고서이다. 일본보다 더 큰 규모로 남아있는 이 '보고서'를 읽고 또 읽어 다시는 파시즘이 발원하지 않게 해야 할 것이다. 우리는 비행장 건설을 막기 위한 평화운동 훨씬 전에 그들의 사상을 막아야 한다는 사실을 주목해야 한다. 그러나 우리는 이 보고서를 과연 숙독하고 있는가?

열셋 | # 요미탄 비행장

공습사상에 맞설 평화사상은 무엇일까?

요미탄 비행장의 활주로 터. 지금은 사탕수수가 경작되고 있다.

『80일간의 세계일주』로 유명한 쥘 베른(Jules Verne)의 『엔지니어 로부르의 비행』(1886)에 실린 한 삽화에서는 비행선이 유럽의 수도 파리 상공에 떠서 강한 탐조등으로 센 강을 비춘다. 사람들은 이 광경을 보고 경이로워한다. 다음 장의 삽화에서 비행선은 아프리카 상공에 떠 있다. 여기서 엔지니어는 문명인들이 천부적이라고 상정하는 미개인을 단속한다. 비행선의 무기들이 작동하기 시작하고, 흑인 범죄자들의 머리 위로 죽음과 파괴가 빗발친다. 이들은 공포로 비명을 지르면서 이 살인적 포화를 피해 달아난다.[445] 파리 시민들에겐 빛을 주고 미개인들에겐 폭격을 선사한다. 공습사상은 비행기가 발명되기 전에 이미 존재했다. 과학기술의 발명으로 시대사상이 바뀌는 게 아니라 시대사상의 변화가 과학기술의 발명을 요구한다.

베른의 소설은 문명과 야만의 이분법하에서 '문명이 야만을 대하는 방식'에 대한 당시 시대사상의 전형적 표현이다. 똑같은 과학기술도 문명세계엔 빛을, 야만세계엔 초토화의 공포를 심어주어야 한다는 공습사상의 발명으로부터 공습무기의 극단적 발달이 추진되었다.

시대사상의 변화가 과학기술의 발명을 요구

세계경찰관으로서의 파일럿, 경찰봉으로서의 폭탄, 이러한 사고방식은 『평화와 전쟁에서의 비행선』(1910)에서 헌(R. P. Hearne)에 의해 일찍이 발전되었다. 토벌대는 비용이 들고 시간이 걸린다. 그러나 공중으로부터의 응징은 훨씬 저렴한 비용으로 당장 집행될 수 있다.

비행선의 출현은 종족들에게 공포를 투하할 것이다." "토벌과정에서 백인부대에 야기되는 끔찍한 생명의 허비도 피할 수 있다.446)

그럼에도 불구하고 토벌대보다도 더 인도적이다. 왜냐하면, 폭탄은 범법자들에게만 영향을 미칠 것이고, 무고한 사람들은 해를 입지 않을 것이기 때문이다. 그러나 이것은 완전한 공상이다. 1913년 스페인이 모로코를 포격하기 시작했을 때, 그들은 폭약과 강철탄환이 가득 들어있는 독일제 카르투시(cartouche) 폭탄을 사용했는데, 이 폭탄은 그 효과를 집중시킨 것이 아니라 가능한 한 많은 살아있는 목표물에 효과를 확산시키기 위해 특별히 제작한 것이었다.447)

최초로 비행을 시도한 사람은 이븐 파르나스다. 그는 비행은 성공했으나 착륙에 실패하였다. 비행의 자유란 착륙의 성공으로 이어질 때만 의미 있다는 사실이 확인되었다. 자유로운 상품의 교환이 화폐체계에 수렴되듯 비행의 자유는 비행장이란 체계에 수렴된다. 그리하여 화폐가 권력이듯 비행장도 권력이다. 전쟁의 최우선 순위가 비행장 확보거나 비행장 파괴인 것이 그것을 잘 증명한다. 전투기간의 공대공 전투란 결국 공습의 자유, 공습의 권력을 획득하는 수단이기에 항공전력은 폭격과 공습의 패권을 장악하는 데 그 목표가 있다. 폭격기의 위력과 공포는 게르니카의 학살로 충분히 입증되었다. 공대공 전투의 목표가 조종사와 항공기라면, 공대지 전투의 목표는 대개 무방비의 민간인과 시설과 같은 비대칭적, 무차별적, 일방적 대상이 된다.

태평양전쟁의 중심 무대는 태평양의 섬들이었다. 이름도 낯선 이들 섬이 전선이 되었던 것은 일본군이 오래전부터 이들 섬을 군사적으로 무장시키고 있었기 때문이다. 태평양전쟁은 이들 섬을 거쳐 오키나와와 제주까지 번질 예정이었으나 오키나와에서 멈췄다. 따라서 오키나와와 제주의 연관만이 아니라 남양군도까지의 연관 아래서 전쟁의 준비와 진행 과정을 재구성해 볼 필요가 있다.

일본은 독일의 지배하에 있던 미크로네시아를 1914년 점령하였고, 1921년부터 1933년까지의 신탁통치 기간을 거쳐, 미군에게 빼앗기는 1945년까지 지배하였다. 남양군도는 제국 일본이 필리핀과 인도네시아로 침략을 확대해 가기 위한 거점이었다. 이를 위해 1921년 남양청이 설치된 이후에도, 실제로는 해군이 남양군도를 통치했다. 1920년대와 1930년대 내내 해군이 주요 섬에 군사시설을 설치하고 장기전에 대비하는 준비를 진행했으며, 태평양 전쟁 기간에는 이 섬들을 무대로 미군과 전투를 전개했다.[448] 점령은 영국의 도움을 얻어서 가능했다.

일본은 이 지역을 1914년부터 1945년까지 지배했다. 그러나 정확히 말하면 자신의 영토로 편입시켰다기보다는 국제연맹에게 위임받아 위임통치를 했던 지역이다. 이승만의 위임통치 주장이 어떤 결과를 초래했을지를 보고자 한다면 남양군도를 보면 된다. 일본은 이 지역을 일본의 영토로 편입시키고 싶었지만, 미국의 방해로 어렵게 되었다. 그래서 제1차 세계대전이 끝나자, 이 지역을 국제연맹의 결의를 따라 위임통치 지역으로 지정 받았다.[449]

일본은 1914년 점령 직후부터 군대가 직접 지배하던 통치 방식을 바꾸어 1921년 민간기구인 남양청(南洋廳)이라는 기관을 설치하고, 이 민정을 통해 통치하기 시작했다. 하지만 그것은 겉으로만 그럴 뿐 내용적으로는 여전히 일본 해군의 통치하에 있었다. 해군에게 가장 필요한 것은 이 지역을 군사 요새로 만드는 작업이었다. 각종 포대를 구축하고, 군항을 넓히고, 비행장을 건설하는 작업을 시행하고 싶었다. 일본은 이 지역 섬들을 발판삼아 필리핀, 말레이시아, 뉴기니 등 더 넓은 지역을 향해 나가고 싶었다.

일본인들의 남쪽으로의 식민지 확보정책을 뒷받침하는 사상을 남진론이라고 하는 데, 남양군도는 바로 이 남진론의 거점이었다.[450] 그들은 미크로네시아뿐만 아니라 멜라네시아, 폴리네시아, 동남아시아 전역을 제국의 영역으로 삼고자 했다. 그런 점에서 남양군도는 일본 제국에게 태평양 진출의 교두보요, 전진기지로 생각되었다.[451] 하지만 신탁통치는 이것을 실행하기 어렵게 만들었다.[452] 그럼에도 불구하고 1920년 대 내내 해군이 주요 섬에 군사시설을 설치하고, 장기전에 대비하는 준비를 진행했다. 1930년 대 들어서 국제연맹을 탈퇴한 이후에는 노골적으로 남양군도를 군사기지로 재편하기 시작했다.[453]

대동아공영권 향한 남진의 거점, 남양군도

일본 제국주의에게 남양군도의 의미는 식민지 경영으로 얻어지는 경제적 이득보다 오히려 필리핀과 인도네시아로 침략을 확대해 가기 위한 거점이라는 측면이 더 중요했다. 이는 남양군도를 1930년대 중반 이후 '내남양'(內南洋)이라고 불렀다는 데에서도 상징적으로 드러난다. 필리핀과 인도네시아는 '외남양'(外南洋)이라고 불렀다. 즉, 남양군도는 안에서 바깥으로 '대동아공영권'을 향해 남진하기 위한 거점으로서 존재했다.

일본은 남양군도 지역을 이른 시일 내에 일본화하고 싶었다. 그래서 일본인 이주정책을 폈지만 대부분의 노동력은 소철지옥으로 고향을 떠나온 오키나와 주민으로 충당되었다. 1930년대 들어 두 차례의 노동자 저항운동이 있었는데, 그 주동자들이 모두 오키나와 출신이었다. 그 이후에는 후쿠시마(福島), 야마가타(山形) 등 일본 다른 지방 사람들로 채우기도 하고, 그래도 부족한 인원은 조선에서 모집해서 충당하였다.

남양군도 중에서도 마킨 섬과 타라와 섬은 조선인 군부로 끌려가서 비행장을 닦고, 각종 군사시설을 만드는 데 동원되었다. 마킨 섬에서는 일본군이 500명가량인데, 조선 출신 군무원이 200명이 넘었다. 마킨 섬과 타라와 섬에서의 전투로 수비대 병사들보다 훨씬 많았던 조선인 노동자들이 전투의 소용돌이 속에서 죽어간 이야기는 일본사 연구자들 사이에서 유명하다. 과달카날은 물론, 트럭 섬, 마킨 섬, 타라와 섬 등 대부분의 섬에 일본군 병력이 배치되어 싸웠는데, 미군과 일본군의 전투로만 태평양 전쟁을 설명하고 있는 것은 크나큰 오류이다.

실제로 그 섬에는 원주민들이 있고, 조선인 노동자들이 있고, 위안부들도 있었다.454) 경우에 따라서는 병사들보다 참호를 파고 비행장을 닦기 위해 동원되었던 민간인들, 특히 군부(軍夫)라는 이름의 조선인 강제징용자들의 희생이 더 많았다. 바로 이 남양군도의 여러 섬에 조선인 노동자들이 강제로 끌려가 군사시설 구축에 동원되거나, 전쟁의 총알받이가 된 것이다.

오키나와에서 동쪽으로 350km 떨어진 태평양의 섬 다이토(大東島) 제도에 병력이 주둔하게 된 것은 1931년 남다이토 섬에 소규모의 비행장을 건설, 특설항공대를 배치하여 해군 특별연습을 실시하면서부터이다.

1941년 9월 21일부터 10월 7일까지 약 15일간 남다이토 섬을 거점으로 사세보 해군에 의한 특별연습이 실시돼 특설항공대의 설치와 함께 약 7천 평의 소규모 비행장이 마루야마(丸山) 북동부에 건설됐다.

1944년 3월경까지 소수의 군인이 있었을 뿐이었던 다이토 제도에 본격적인 대부대 주둔이 시작된 것은 1944년 4월 이후였다. 일본 본토로의 공격위협에 대응하기 위해 본격적으로 오키나와에 다수의 부대를 배치하면서부터이다. 다이토에 배치된 보병 36연대는 28사단 예하 부대로 만주 치치얼에서 이동해왔다.455) 다이토 제도에 조선인 노무자와 위안부가 처음 동원된 것은 1941년이다. 미국과 일본의 전투는 대부분 남양군도를 무대로 진행되었다. 일본군 총사령부인 대본영은 가능한 한 항복하지 않고 오래 시간을 끌도록 지시했고, 그렇게 죽어간 이들의 죽음을 옥쇄(玉碎)라고 칭송하곤 했다. 그렇게 죽어간 일본군 병사들도 2백만 명을 넘었다.

태평양전쟁 초기만해도 오키나와 지역은 메이지 시대 육군 최대 편제 단위인 구마모토(熊本) 진대(鎭台), 오키나와 분견대나 징병사무를 다루는 오키나와 연대 구사령부만이 있었다. 즉, 군사적으로 완전한 공백 지대였다. 일본 본토와 달리 오키나와는 징병령도 20여 년 정도 늦게 시행된 향토부대가 없는 유일한 현이었다. 1941년 7월 남진정책이 구체화하여 오키나와 본섬의 나카구스쿠(中城) 만과 이리오모테지마(西表島)에 임시요새가 건설되면서 오키나와는 처음으로 기지화를 경험하게 되었다. 1941년 8월과 10월에 걸쳐 오키나와 본섬, 나카구스쿠 만(中城灣)의 쓰켄지마(津堅島), 이리오모테(西表) 섬에 육군요새가 건설됨에 따라 소규모 포병부대가 남동제도에 주둔하는 정도였고, 비행장도 해군불시착용으로

만들어져 있는 상태였다.456)

　1941년 8월 아마미오시마(庵美大島)의 요새화와 더불어 오키나와에 소규모 포병부대가 주둔하기 시작했다. 1942년 중반 이후에는 오키나와 근해에 미 잠수함이 출몰하여 수송선의 피해가 커지면서 남방 연락선을 지키기 위한 항공기지군의 건설이 계획되었다. 1942년 6월 미드웨이 해전에서의 참패 후 일본군 대본영은 시급한 대책으로 항공 전력의 재건・강화를 통감하면서 국가총동원태세로 비행기 증산을 독촉하고, 다른 한편으로 항공모함군의 손실을 보충하려는 방편으로 '불침항모' 구상을 내놓았다. 서태평양의 크고 작은 섬들에 비행장을 건설하여 지상기지로부터 항공작전을 전개한다는 것이었다.

　1943년 9월 일본군 대본영은 전쟁 열세를 만회하기 위해 확보해야 할 권역으로 '절대 국방권'을 설정하면서 사이판, 테니안, 괌 등 마리아나 제도의 항공기지에 전개한 항공부대를 지원하기 위해 남서제도에 중계 기지를 설정할 필요가 있었다. 육군항공본부는 1943년 여름부터 남서제도에 다수의 비행장을 건설할 계획을 수립하여 이를 시행하고 있었다.457) 일본 육군항공본부가 1943년 여름부터 현지 토건회사에 위탁하여 요미탄 촌과 이에 섬에서 진행하고 있던 비행장 건설은 1944년 중반까지 자재와 노동력 부족으로 공사가 진척되지 않고 있었다.458)

오키나와의 불침항모화

　1944년 3월 일본은 오키나와에 본격적으로 군대를 주둔시킨다. 소련과 독일 사이의 전쟁을 틈타 소련을 침공하려는 군사작전계획에 따라 관동군 부대는 비대해져 있었다. 그러나 전쟁에서 열세로 되자, 인적자원도 고갈된 상태에서 남으로, 남으로 이동을 계속하였다. 오키나와도 많은 부대가 만주에서 이동배치 되었다. 이들 부대가 조선을 통과하여 오키나와를 향하는 이동선을 따라 조선인 군부나 '위안부'도 수송되었다. 2월에 트럭(Truk) 섬의 일본 해군을 미 기동부대가 급습하여 중부 태평양지역에서 일본 해군의 항공전력이 타격을 입게 되자 오키나와의 불침항모화가 긴급한 과제로 제기되었다. 이에 대본영 직할의 오키나와 수비군, 즉 32군을 창설했다. 그리고 4월 이를 강화하기 위해 혼성 제44여단, 독립혼성 제45여단, 제9사단, 28사단, 24사단, 62사단을 편성했다. 해군도 오키나와 방면 근거지대와 제4해상호위대를 편제했다. 인구가 59만 명 정도 되는 오키나와에 제32군과 해군 오키나와 방면 근거지대 등 10만이 넘는 군대가 주둔하기에 이르렀다.

그 결과 9월 오키나와 수비군의 진용이 완성되었다. 제32군이 타이완에 근거를 두었던 제10방면군의 휘하에 편제되고, 오키나와 방면 근거지대가 사세보 진수부 휘하에 편제된 것에서 알 수 있듯이 오키나와 작전은 주변 지역과의 연합작전에 의해 달성될 수 있었다. 수비군의 진용이 갖추어진 시점에서 1944년 3월 제32군과 타이완군에 대한 '10호 작전 준비요강'이 발령되었다. 이 시점에서 오키나와 수비군의 주 임무는 항공작전을 위한 기지건설에 맞춰져 있었기 때문에 지상 작전 부대는 포함되지 않았다.[459] 기지건설은 7월 말을 목표로 하고 있었지만, 4월까지도 완성된 육군비행장이 없었기에 4~5월에 걸쳐 비행장 건설에 종사할 부대를 급파한다. 6월에 있었던 마리아나 해전과 사이판 섬 공방전에서 일본군이 괴멸됨에 따라 오키나와를 비롯한 남서제도는 본토방

위의 방파제로서 더욱 큰 중요성을 지니게 되었고 병력도 증강되었다.[460]

1944년 7월 24일 대본영은 '육·해군 이후의 작전지도 대강'을 책정하여 본토 결전에 대비한 '첩1-4호 작전'을 마련하는데 남서제도 방면은 '첩2호 작전'이라고 불렀다. 이 첩호작전의 주목적은 공격하는 적함선을 항공병력으로 격퇴하는 것이었다. 9월 말까지 오키나와 본섬을 비롯하여 미야코지마, 이시가키지마, 도쿠노지마 등에 다수의 비행장이 건설된다. 하지만 10월 10일에 남서제도 전역에 걸쳐 진행된 미 비행기동부대의 5차에 걸친 대규모 공습, 이른바 10·10공습에 의해 주요 항만시설과 비행장이 파괴된다.[461]

이에 오키나와 수비군은 주야로 주민들을 독촉하고 전투부대까지 동원하여, 오키나와 현 내에 요미탄과 이에지마를 포함 총 16개의 비행장을 건설하였다. 비행장 외에 병사, 포대, 물자보급기지, 기지구축 등의 부지로 반강제적으로 접수되었다. 이때 국유지가 된 토지는 오키나와 현 12개 시정촌에 걸쳐 지주수 2,024명, 면적 약 1,414만㎡에 달한다.[462] 11월에는 B29 전투기가 동경에 첫 공습을 시작, 일본 본토 폭격을 본격화하였다. 패망은 이미 결정적이었으나 일제는 '본토사수, 최후의 결전' 운운하면서 최후의 순간까지 전쟁을 수행하고자 했다.

1944년 10월 레이테 해전 패배 후, 1945년 1월 20일 일본군은 본토 결전을 전제로 한 동중국해 주변에서의 작전으로 '제국 육·해군작전계획 대강'을 결정했다. 그 일환인 '천호항공작전'에서 남서제도 및 타이완으로 공격해 올 경우를 '천1호', 타이완으로 공격해 올 경우를 '천2호', 동남 중국해안으로 공격해 올 경우를 '천3호', 해남 도서 쪽으로 공격해

올 경우를 '천4호'로 명명했다. 천1호 작전에서는 제6 항공군이 오키나와 본섬을 포함한 북쪽 지역을, 제8 비행사단이 오키나와 본섬을 포함한 남쪽 지역을 작전지역으로 하는 협정이 맺어졌다.[463]

이에 따라 32군의 임무는 항공작전의 일환으로 "남서제도를 확보하고 특히 적의 항공기 진출을 파쇄함과 동시에 동중국해 주변에서 항공작전 대행(代行)의 근거지를 확보하는 것"이었다.[464] 즉, 해군의 대패배에 따라 본토 결전을 위한 오키나와 방어구상으로 전환되었다.

일본군 결호작전을 위한 도구, 제주와 오키나와

본토 결전을 위한 일본군의 작전은 결호작전이라고 불린다. 1945년 2월 9일 일본군 지도부는 미군과의 본토 결전에 대비하여 '결호작전'이란 이름으로 7개 방면의 육·해군 공동작전을 준비하는 데 제주도와 오키나와는 일본제국의 방위를 위한 도구로서 동일한 운명의 연쇄에 처해 있었다.[465] 제주도에 알뜨르 항공기지를 증축하듯이 오키나와에서는 요미탄 항공기지를 중심으로 한 비행장이 속속 건설되어갔다. 일본 연합함대는 3월 26일 천1호작전을 발동하지만, 오키나와 방면의 일본군 항공전력은 이미 괴멸된 상태였다.

반면 일본군 수비대는 중남부지역 중심의 '전략지구'에 치중하느라 중부지역의 핵심항공기지인 북(요미탄)비행장과 중(가테나)비행장의 방어를 포기하고 있었다. 미군 상륙 시 타격계획도 역시 포기되었다. 4월 1일 미군은 아무런 피해 없이 오키나와 본섬에 상륙하여 양 비행장을 접수할 수 있었다. 오키나와전에서 일본군의 항공작전은 오히려 규슈 지역에서 발진한 '가미카제 특공대'에 의해 이루어졌으며, 그것도 미군이 상륙한 며칠 후에 뒤늦게 시작되었다.[466] 일본군 수비대가 집중된 오키나와 중남부에 이르는 50km 구간에서는 2개월에 걸친 사투가 벌어지는데, 이때 미군은 이미 점령한 중부지역을 중심으로 본토공격을 위한 기지건설에 착수하고 있었다.

1945년 1월 6일에 작성된 아이스버그 작전의 공병대 계획에 따르면, 공병대의 특수임무로 제1901공병대 항공대대와 제802공병대 항공대대에게 가능한 한 빨리 제5비행장(가테나 비행장), 제6비행장(요미탄 비행장)의 건설공사에 착수할 것을 지시하고 있다. 동시에 제1395공병대 건설대대에게는 나하 항의 수복공사임무가 부여되었다.[467] 상륙지점인 요미탄 촌과 자탄(北谷) 촌에 있던 일본군의 북(요미탄)비행장과 가테나 비행장을 큰 피해 없이 획득한 미군은 상륙 당일부터 양 비행장의 정비에 착수하여 3일 후부터 항공기 운항을 실시하였고, 이미 소형비행기를 발착시켰다.[468]

1945년을 전후하여 오키나와를 지배했던 두 제국은 오키나와를 지정학적 항공기지로 간주했다는 점에서 공통적이다. 이는 일본군의 오키나와 전략에 대한 학습과 오키나와전 직후 오키나와로부터 일본 본토를 실제로 항공폭격해 본 경험이 작용한 것이다.[469] 한국전쟁 때까지 항공기가 이착륙을 했으며, 이후에는 비행장으로 사용하지는 않는 대신 미 육군 특수부대 그린베레의 낙하산 강습훈련장으로 사용되었다. 2천m 길이의 제1활주로, 1,200m 길이의 제2활주로가 지난 2007년 모두 반환되어 현재는 도로로 쓰이고 있다. 1, 2활주로 북쪽 끝 지점에는 요미탄 촌 청사와 촌의회 청사가 1997년에 지어져 활용되고 있다.

이렇게 시청사가 비행장 반환 전임에도 이 지역에 건립될 수 있었던 이유는 당시 요미탄 촌장님이 일미지위협정을 열심히 공부해서 "미군과 일본정부가 공동으로 쓸 수 있다"라는 기술을 역으로 해석해 '일본정부 또한 미군 땅을 사용할 수 있다'라고 주장해 쟁취해냈기 때문이다. 이는 다른 지역에서도 미군 땅을 이렇게 사용할 수 있음을 보여준 사례다. 문맥이 단어의 의미를 결정하듯이 공습사상과 항공전략의 변화에 따라 비행의 전략적 토대인 비행장의 용도도 변했다. 전시출격기지에서 훈련 장으로, 훈련장에서 지방도로로, 그리고 반미지자체운동의 상징공간으로 바뀌어 온 것이다. 전쟁수단이 사람의 힘에 의해 평화수단으로 변해온 역사를 요미탄 비행장은 극적으로 보여준다.

또 일본강점기 당시 12개의 격납고가 있었던 항공기지부지는 현재는 1개의 격납고가 남아 있어, 오키나와 현 지정문화재로 지정되어 있다. 내부시설은 붕괴와 출입을 막으려는 조치가 취해져 있었다. 문화재로 지 정되기 전에는 소를 키우기도 했다. 반환된 현재의 소유주는 요미탄 촌 이며, 앞으로 60만 평의 땅에 올리브 나무를 심어 농업용지로 만들 계 획이다. 왜 올리브 나무를 심었느냐고 물어보니, 올리브는 기름을 짜서 팔 수도 있고, 한편 '올리브 나무'는 평화의 나무라는 의미도 있기 때문 이라 한다.

평화사상의 출발점, 상대를 적이 아닌 낯선 자로 이해하기

물질적 수단을 완성한 공습전략에 맞설 평화전략은 무엇일까를 생각 해본다. 맨 처음 공습사상의 출발지점으로 돌아가 보면, 그것은 문명과 야만의 이분법 구도로 출발하여 야만세계를 초토함으로써 문명을 전파할 수 있다는 폭력사상으로부터 비롯된 것임을 알 수 있다. 평화사상은 바로 그 지점에서부터 다시 시작되어야 하지 않을까? 상대를 대할 때 적과 아로 구분하지 않고 항상 상대를 낯선 자로 인식하며, 그로부터 배우기 위해 무조건 자기를 낮추는 자세말이다.

이해를 뜻하는 영어 단어는 언더스탠드(understand)이다. 이는 아래에 선다는 뜻이다. 상대보다 위에 서서는 상대를 이해할 수 없다. 백 보 양보하여 상대와 같은 자리에 서더라도 역시 상대를 이해할 수 없다. 오로지 상대보다 낮은 자리에 설 때 비로소 상대를 이해할 수 있다. 마르크스식으로 이야기하면, 이해란 '목숨을 건 비약'을 통해 성사되는 현상이다. 상대와의 소통을 위해 상대방과 나의 가능성을 위해 목숨을 거는 노력을 회피하기 시작할 때 우리는 편한 방법으로 '무기'를 택한다. 따라서 진정으로 평화를 원한다면 우리는 무기를 막기 전에 무시를 막아야 한다. 상대방의 위에 서서 상대를 무시하는 태도와 그를 뒷받침하는 사상이야말로 무기를 들어야 할 상황으로 내몰기 때문이다. 무기를 막을 수 있는 궁극의 무기는 '이해'이다.

열넷 | # 도카시키 섬의 빨간 기와집

"도카시쿠 해변에서 미군정이 시작되었습니다"

1991년 10월 18일, 오키나와 나하 시의 작은 아파트 다다미방에서 한 할머니가 시체로 발견되었다. 시체를 검안한 의사는 부패한 정도로 보아 사망일은 10월 14일이며, 사인은 심부전증으로 진단했다. 사망한 지 무려 5일이 지나는 동안 그는 세상의 기억 속에 지워져 있었다. 그 시간 동안 아무도 그의 죽음을 슬퍼하지 않았다. 할머니의 나이는 77세였다.

1988년 2월 어느 날, 할머니 아파트에 벨 소리가 울렸다. 아파트 현관문을 열고 손님들을 확인했다. 8년 전, 그러니까 1980년 11월에 뵌적이 있다며 인사를 하는 방문객을 알아본 할머니는 이내 손을 저으며 귀찮으니 돌아가라고 하고는 문을 닫아버렸다. 할머니와 말 한마디 붙여보지 못하고 문전박대를 당한 손님은 그 자리에 주저앉아 울어버렸다.

그 손님의 이름은 윤정옥 교수. 한국에서 최초로 일본군 위안부 문제에 대한 조사연구와 위안부 문제 해결운동을 전개했던 분이다. 그 날 동행했던 나하 시 매매춘여성 관리담당 공무원은 "배봉기 할머니가 사람 기피증에 걸려서 고통을 받고 있는데, 현재는 김현옥 씨의 요청에만 응하고 있다"라고 설명하며 위로했다. 귀국 후 답사기에 윤 교수는 할머니가 일행과의 면담을 거절한 사정의 이면에는 위안부 피해경험을 기억해내고 싶지 않은 개인적인 고통이 있었다고 적었다.

빨간기와집 위안부 할머니의 죽음

앞서 언급된 김현옥 선생은 2008년 스톤워크코리아라는 모임에서 도카시키 섬을 답사하러 갈 때 배봉기 할머니 이야기를 소개해주신 분이었다. 섬으로 가는 배 안에서 김현옥 선생은 참고자료라며 자신이 쓴 신문기사를 일행에게 돌렸다. 첫눈에 들어온 것은 내용이 아니라 북한 글씨체였다. 김현옥 선생은 조총련 소속이셨다. 조총련은 1972년 오키나와 복귀 직후부터 활동가를 파견하여 '2차 대전 시 오키나와 조선인 강제연행학살 진상조사단'을 결성하여 보고서를 출판하는 등 활발하게 움직였다. 할머니를 보

배봉기 할머니가 살던 오키나와의 집.

호해주던 김현옥 선생님 부부가 조총련 소속이란 이유로 남한에서는 배봉기란 이름도 위안부란 존재도 1990년대까지 알려지지 않았다. 그러나 이들은 오키나와 현과 시의 공무원노조와 긴밀한 협력하에 영향력을 발휘하였다. 침묵하던 유신정부는 조총련이 위령탑을 건립하려는 계획이 있음을 알고, 이에 대해서는 민감하게 반응한다. 그리하여 1974년 박정희 대통령의 특별지시로 마부니의 오키나와 평화기념관 언덕에 위령탑을 건설하였다.470)

유신정부는 강제동원조선인의 죽음에 대한 진상조사와 보상, 위령 문제를 고민하는 과정에서 위령탑을 건설한 것이 아니라 북한과의 '시간을

평화기념관 한 켠에 세워진 위령탑에는 '대통령 박정희'란 이름이 강조되어 있다. 그러나 당시까지 한국정부가 위안부 문제 해결을 위해 기울인 노력은 거의 없었다.

다투는 정치적인 목적' 때문에, 즉 정치적 동기에서 위령탑 건설을 추진한 것이다. 당시 유신정부는 오키나와에서 몇 명의 조선인이 희생되었는지 조사할 의지도 없었으며, 일본 정부에 공식해명을 요구할 의사도 없었다.471)

할머니는 한국의 고향땅을 밟아보고 싶어 했다. 하지만 '간다', '못 간다'를 반복하며 망설이다가 끝내 고향 땅을 밟아보지 못했다. 생전에 할머니는 일본인 기자에게 고향에 다녀오지 못했던 것을 후회하며 통곡했다고 한다. 당시 재일본조선인총연합회 오키나와 현 본부위원장 부부의 지원과 배려를 받고 있던 할머니로서 자발적으로 남측 사람들을 만나거나 고향에 갈 수 있는 처지는 아니었을 것이다.472)

충남 부여가 고향인 일평 조남권 선생님은 내가 한문을 배운 선생님이다. 선생님은 자신이 결혼을 일찍 했다며 그렇게 된 것은 사모님 되실 분이 일본군 강제위안부로 끌려갈까 봐 서둘러 결혼을 했기 때문이라 했다. 그 얘기를 듣고 어릴 적 할머니한테서 들었던 얘기가 생각났다. 일본놈들이 빨래터에 와서 처녀들을 막 끌고 갔기 때문에 옛날엔 결혼을 일찍 했다는 ….

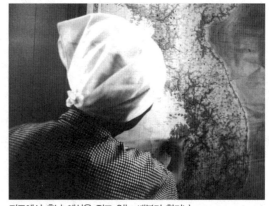

지도에서 충남 예산을 짚고 있는 배봉기 할머니.

배봉기 할머니의 고향 예산은 나의 고향이기도

나는 충남 예산 사람이다. 예산에 신례원이란 동네가 있다. 김환태 감독이 다큐멘터리를 제작하며 배봉기 할머니의 옛날 사진이 필요하다고 해서 나는 다시 김현옥 선생을 만났다. 그녀는 배봉기 할머니의 자식처럼 놀랍게도 사진이며 모든 것을 가지고 있었다. 나는 사진을 넘겨보다 할머니가 손으로 지도를 가리키는 장면에서 시선이 멈췄다. 김 선생님께 이 사진은 어떤 사진이냐고 여쭸다. 자기가 떠나온 고향을 기자에게 가리키는 장면이라고 하셨다. "고향이 어디신데요?" "충남 예산 신례원이란 곳이에요." 나는 갑자기 등줄기를 타고 전기 같은 충격이 지나가는 듯했다. 나의 고향 예산분이셨다니. 나는 한동안 말을 잊지 못했다. 혹시 할머니의 친구는 아니었을까? 이런 저런 생각 끝에 결론 내린 것은 어쨌든 분명 동네 할머니였다는 사실이었다.

배봉기 할머니. 할머니는 1914년 충청남도 예산군 신례원에서 태어났다. 언니와 남동생과 머슴살이로 가족을 부양하는 아버지가 있었다. 빈곤 속에서 홀로 삼 남매의 육아를 책임졌던 어머니는 어느 날 집을 나가서 영영 돌아오지 않았다. 배봉기 할머니는 일곱 살의 어린 나이에 집을 떠나 스스로 생계를 유지해야 했다. 이집저집을 떠돌다 17세가 되는 해 결혼했으나, 남편의 잦은 가출과 불행한 일상을 견디지 못해 결국은 남편과 헤어진다. 이후 두세 번 남자를 만나서 새로운 삶을 시도했으나 불행한 삶은 끝이 없었다. 그는 북녘의 신흥공업도시이며 항구인 흥남으로 갔다. 흥남에는 큰 선창이 있었는데, 그는 부둣가에서 생선손질 같은 막노동을 하며 홀로 살았다.

그러다가 환상적인 조건의 취업 사기에 걸려 부산에서 일본군 함대에 승선한 게 1943년 초겨울이었다. 부산에서 곤도라는 일본인을 만난다. 당시 나이 29세였던 배봉기 할머니는 일행 51명과 부산에서 일본 모지까지는 연락선을 타고, 1944년 11월 3일엔 가고시마에서 5천톤급 징용수송선 마라이마루를 탄다. 할머니는 이 이동하는 군함 속에서 군사훈련을 받았다고 했다. 이들 수송선은 군사적 성격을 가지고 있었다.

일본군과 민간인 군 위안부가 함께 수송되는 예는 미얀마로의 수송사례에서 나타난 바 있고, 오키나와인의 증언에도 나온다. 1945년 1월 당시 18세던, 긴죠 요시노부(金城喜慶) 씨는 1945년 1월 가고시마에서 탄 오키나와 행 배에 90명쯤 되는 조선여자가 타고 있었는데, 그 배에는 군인도 함께 타고 있었다고 증언했다.[473] 마라이마루는 11월 7일 오키나와 나하 항에 도착했다. 그리고 여기에서 동행했던 여성 중 10명은 다이토 섬으로[474], 할머니는 도카시키 섬으로 끌려갔다.

끌려간 곳은 군대위안소였다. 일제강점기 말 일본 내에 각종 군 혹은 기업시설 작업장에 위안소를 두었다. 일본의 혼슈에 주둔하고 있던 제3어뢰정대와 같이 일본 내 군대주둔지, 군에 의해 사업이 추진되던 나가노(長野) 현 마츠시로(松代) 대본영 등에 위안소가 분포되어 있었다.[475] 오키나와 본섬 남서쪽에 있는 이리오모테 섬(西表島)에 요새가 배치된 것이 1941년인데, 이때부터 위안소가 있었다.[476]

배봉기 할머니가 다이토 섬으로 갔다는 1944년 11월[477]이전에 다이토 섬엔 이미 조선인 여성들이 들어와 있었다. 인근 라사 섬에는 1944년 11월 23일 조선인 여성 7명이 도착한다. 이때는 미군의 공격이 임박하였다고 판단하여 라사 섬의 일본인 민간인들을 철수시키던 때였다.[478] 할머니는 "민간인은 아니었어요. 일본군이 오키나와로 데려왔어요"라고 증언했다.[479] 배봉기 할머니를 위안소로 연행할 수 있었던 것은 그가 일본어를 한마디도 들을 수도 말할 수도 없었기 때문에 가능했다고 본다. 어디로 가는지 무슨 일을 하는지 물을 수도 알려주지도 않았다고 한다. 소통이 단절된 상태였다. 단지 낯선 조선 남자가 통역으로 알려준 "배불리 먹고 큰돈도 벌 수 있다"는 말이 그가 지닌 정보의 전부였다. 배봉기 할머니의 증언 속에는 '말을 몰랐다'라는 구술이 자주 나온다.[480]

군 위안부들의 생활물자와 주거지는 미군폭격이 심해질수록 거의 군에 의존하게 되었다. 1945년 8월 들어서는 군인들이 군용피복을 지급해도 되는가에 대한 질문을 상급부대에 제기할 정도가 되었다.[481] 공습이 심해진 시기에는 군인과 같이 동굴에 들어가 생활하였다.[482] 전쟁 마지막 시기에는 군인은 돈이 없어 장교급 군인들이 '위안부'와 함께 사는 식으로 되었다. 2월 들어 연합군이 마리아나 군도, 마셜 군도 방면에서 대작전을 준비 중이고, 필리핀 루손 섬 전투가 끝나는 3월경에 난세이

제도로 공격해 올 것이 예상되자, 라사 섬에선 군의가 위안소원에게 구급법 교육을 하고, 위안부에게 급식을 만들게 하는 등의 일을 하게 하였다.[483] 이는 군 위안부가 민간인이지만 민간인으로 취급되지 않은 증거이다. 김복동 할머니의 경우와 같이 싱가포르로 연행된 경우엔 '위안부'였던 여성을 간호사로 전환하였다. 이는 전쟁 말기 '위안부'라는 존재를 연합군에게 드러내지 않기 위한 조치로 생각된다.[484]

배봉기 할머니, 일본군이 패해서 너무 분했다

그는 위안소에 수용되는 순간부터 감시와 통제를 받으며, 일본군에게 집단적이며 지속적인 성폭력을 당한다. 약속했던 말과는 전혀 다른 상황이었다. 속았다는 울분과 불행의 끝이 보이지 않는 자신의 운명을 저주하며 지옥 같은 몇 달을 보냈다. 그리고 1945년 3월 23일부터 시작된 오키나와 전쟁에 말려든다. 도주하는 일본군을 따라가 산속의 동굴로 피신한다. 산속에서 땔 나무를 해오고 물을 구해 식사준비를 하고 피 묻은 군복을 빨면서 불안한 나날을 보낸다. 패전 후 그곳에서 굶주림과 죽음에 대한 공포에 싸여 5개월 이상을 버티다가 미군에 투항하는 일본군에 섞여서 이시카와(石川) 미군 포로수용소로 넘어간다. 이 기간 동안 극도로 황폐한 상태에 빠졌던 일본군과 위안부 사이에 어떤 일이 있었는지를 상상하는 데 있어서 노다(野田實)의 글은 특히 주목된다. 6월 말 32군이 지휘하는 조직적 전투가 끝나고, 10월 일본 본토로 귀환하는 동안 라사 섬의 상황을 노다는 다음과 같이 전한다.

이곳에 와서 엄격했던 군규도 이완하여 차례로 황폐한 심정으로 어지러워졌기 때문일까. 메틸알코올로 취한 육군병이 울분이나 분노를 씻으려고 위안부를 독점한 장교의 개인실에 들어가서 행패를 부렸다는 소문 등 트러블이 이곳저곳에서 일어났다. 또 대우가 다른 육·해군 사이에도 그것으로 약간의 경쟁이 끊이지 않았다. 위안부를 둘러싼 동굴 부근에서는 매일 밤 여자를 둘러싼 싸움이 그치지 않았고 (…) 7명의 위안부는 육군 간부의 개인실로 분산되어져, 그들 간부가 독점하는 상황이 되었다. 그중의 한사람인 타마에(玉惠)라는 여성은 안경을 끼었던 극히 빈약한 언뜻 보기에 군인 같지 않은 군 소위의 아이를 배고 있었다. 신념과 희망을 잃은 남자들이 절해고도에 방치된 끝에 드디어 광인같이 변신하여 간 모습은 비참의 극이었다.[485]

위안부 여성을 둘러싼 마찰은 오키나와 본섬에도 32연대 내무규정 부칙에 "일반적으로 영업부의 공유관념을 철저히 하고 점유관념을 엄금할 것"[486]이라 하였는데, 이는 위안부를 둘러싼 군인범죄 혹은 싸움에 대한 대응이었다. 할머니는 일본군이 미군에게 이기지 못하면 자신은 살아남지 못한다고 믿었기에 일본군의 승리를 기원했다고 한다. 그에게 일본군은 생사를 함께한 '전우'이며, 자신은 '국가를 위해 너무 고생한 국민'이다. 국가는 이러한 자신에게 보상하지 않으면 안 된다고 강렬하게 주장한다. 이때 그의 국가는 일본이다. 그래서 배봉기 할머니는 미군에 패해서 일본군이 무장해제 할 때 너무 '섭섭'했고, 일본이 전쟁에서 패했다는 게 너무 '분했다'고 말한다. 이점은 강제 집단자결사한 섬 주민들과 공통된 심리를 보여준다.

배봉기 할머니는 1980년대에 비로소 일본이 조국인 조선을 강제 점령하고, 자신의 삶을 짓밟은 가해자라는 것을 인식하기 시작한다.[487] 일본

패전 후 군 위안부 피해자들에 대해 어떤 조처를 하였는가는 국제법상으로도 중요한 문제이다. 오키나와는 전후 1972년까지 미국점령하에 있었기에 미군 측에 의해 귀환하지 않았을 경우 오키나와에서의 삶도 다른 지역으로의 이동도 그리 쉬운 일이 아니었다. 배봉기 할머니가 주목받게 된 과정도 이와 관련이 있다.[488]

이시카와 수용소에서 몇 년인가를 살다 석방되었지만, 고향인 충남의 신례원으로 돌아갈 용기가 나지 않아 오키나와에 남게 된다. 그러나 마땅히 안주할 공간도 마음도 없었기에 그는 미군 통치하의 오키나와 전역을 걷고 걸으며, 막노동과 성매매로 생계를 유지할 수밖에 없었다.

1972년 오키나와가 미군정에서 일본으로 반환되는 즈음에 일본 당국은 배봉기 할머니를 외국인 불법 체류자로 분류한다. 일본 법무성 나하 출입국관리소는 불법 체류자인 그를 강제추방하기에 앞서 면담조사를 한다. 당시 조사를 담당했던 공무원에게 배봉기 할머니는 처음으로 30년 넘게 가슴에 묻어 두었던 일본군 위안부 피해 경험을 밝히게 된다. 그 결과 1975년 1월 29일 외국인 등록을 마칠 수 있었다. 그렇게 받은 외국인등록증은 그의 삶에 대전환을 가져온다. 그는 "호적등본을 받고, 그때부터 술을 끊고 안정을 찾았다"며 그 당시를 중요하게 기억하고 있었다. 그는 오키나와 남부 사탕수수밭 귀퉁이에 꾸려진 한 평 남짓한 판잣집에 살고 있었다고 한다.

1975년 10월 22일 일본 「류큐신보(琉球新報)」 사회면에는 '30년 만에 자유의 몸으로'라는 제목 아래 일본군 위안부로 충청남도에서 오키나와까지 온 한국인 A 씨의 이야기가 실렸다. 기사는 불법 체류자인 A 씨의 희망과 그의 불행했던 과거를 고려해서 일본 법무성 나하 출입국관리소는 강제추방이 아닌 특별체류를 허가했다는 내용이었다. A 씨의 이야기를 통해서 일본군 위안부 문제가 세상 밖으로 모습을 드러냈다. 그동안 이 문제는 가해자의 은폐와 피해생존자의 침묵으로 인해서 역사의 수면으로 떠오르지 못했다.

빨간기와집 위안소와 아리랑의 비

배봉기 할머니에 대한 신문기사를 보고 가와다 후미코(川田文子) 씨가 배봉기 할머니를 찾아간 것은 1977년 초겨울이었다. 당시 할머니의 나이는 63세였다. 그 이후 10여 년 동안 배봉기 할머니를 만나 인터뷰를 하면서, 함께 도카시키의 위안소였던 빨간 기와집을 답사하고, 혼자서 배봉기 할머니의 고향 예산을 찾아가 그의 언니와 친척들을 만난다.[489]

배봉기 할머니가 말년에 소일하던 나하 시의 길모퉁이. 이 길모퉁이 벽에 기대 햇볕을 쪼이곤 했다.

그 결과 가와다 씨는 1987년 그의 이야기를 『빨간 기와집』이라는 소설로 출간한다. 작가는 소설 후기에서 "배봉기 할머니는 만신창이 된 자신의 몸을 도려내듯이 지난 이야기를 토해냈다. 처음에는 일본의 과거사를 고발해야겠다는 목적으로 시작한 일인데 결과적으로 한 개인의 아픈 상처를 가혹할 정도로 적나라하게 들춰내고 말았다. 그 죄책감 때문에 그에게 용서를 빌고 싶다"고 했다. 한 개인의 처절한 생애를 역사로 재현해 내는 일은 그 인간에 대한 모독일 수도 있다며, 논픽션 작가로서의 고뇌와 갈등을 털어놓는다.

배 할머니가 있었던 위안소, '빨간 기와집'으로 불렸던 그곳은 지금 다른 집으로 개조됐다. 하지만 할머니를 애도하고 기억하는 사람이 많다. 1991년 재일한국인 박수남 씨에 의해 「아리랑의 노래-오키나와로부터의

아리랑의 비. 조선의 군 위안부와 징용자의 무고한 희생을 기리며, 재일교포 영화감독 박수남 감독의 주도로 세웠다.

증언」이라는 영화가 제작된 바 있고, 이를 바탕으로 1992년부터 시작된 민간모금에 의해 1997년 '위안부'로 끌려와 희생된 수많은 한국인 여성들을 추모하기 위해 '아리랑의 비'가 세워졌다. 할머니를 추모해 만든 아리랑의 비엔 일본의 도자기 작가가 직접 만든 도자기 작품이 있다. 굽이치는 파도 같이, 골이 깊은 산줄기 같이, 찾아오는 모든 사람들을 맞는다. '환생'의 탑에는 미처 그의 생에서 못다 이룬 '보통의 삶'을 염원하는 많은 사람의 기도가 녹아있다.

「지금 너는 어느 곳에서 어디로 가려는가. 나는 자신을 찾고자 아버님의 나라 어머님의 고향을 찾아가노라. 한줄기 원한의 길을 한줄기 원한의 그 길을 더듬어가며 고인들의 통곡소리 들려오누나. 어른들이여, 굴욕에 빠진 아낙네들이여, 나는 방금 그대들의 원한의 품속에서 태어났노라. 그대들이자 바로 나 자신이로다. 그대들 품속에서 다시 소생하리라. 모두의 영원한 새로운 생을 영위하리로니.」 -아리랑의 비 시문(詩文) 중에서-490)

조선인 강제징용

배봉기 할머니의 시신은 나하 시 당국이 무연고자로 처리한 뒤 현지의 납골당에 보관하고 있다고 한다. 도카시키 섬에 끌려온 것은 비단 배봉기 할머니를 비롯한 군 위안부만이 아니었다. 1945년 1월 스즈키 부대가 오키나와 본도로 이동하더니, 거꾸로 그 배를 타고 조선인 군부 220명이 입도했다.491) 강제징용 조선인들이었다. 이제 이들의 이야기를 시작해보자.

일본은 언제 본토에서 지상전이 시작될지 모르는 상황이 되자, 연합군이 들어올 예상경로로 대만과 오키나와 두 갈래를 상정하였다. 1944년에 들어와서야 일본 본토에서 제32군을 편성하고 새로운 부대를 만들랴, 광동군, 만주 주둔군 등에서 병력을 빼서 이동 배치하랴, 매우 분주하였다. 게다가 일본군은 예상한 연합군의 공격 경로에 따라 1944년 12월에도 오키나와에 배치된 제9사단을 대만으로 옮기는 등 당시 전황 추이를 제대로 파악하지 못하여 부대 이동 등에서 갈팡질팡하고 있었다.

그런데 군부대 편성과 배치만큼이나 시급하고 중요한 것이 노동력 동원이었다. 기본적인 군사시설은 제대로 만들어져 있지 않았고, 당시 주민 수가 현민 전체를 합해도 59만에 불과하였으며, 게다가 많은 섬으로 구성되어 있던 오키나와였기에 부족한 노동력을 메우기 위한 특단의 조치가 필요하였다. 노동력 동원을 위해 대본영은 제32군 등과의 협의 하에 오키나와 주민을 철저히 동원하는 것은 물론 그때까지 군인 군속으로의 동원이 본격화되지 않았던 조선에서 군속을 동원하기로 정하였다. 국민총동원체제가 마지막 최악의 방법으로 가동되는 순간이었다.

조선인 군속을 동원하는 첫 번째 방법은 관 알선이었다. 군속충원을 위해 대규모로 동원한 방식도 관 알선에서부터 시작되었다. 관 알선은 법률적 적용만 피한 강제동원이라고 할 수 있는 면이 많았다.[492] 관 알선에 의해 동원된 조선인 군속 중 대표적 사례가 1942년 5월 22일 조선총독부 정보과에서 발표한[493] 연합군 포로 감시원 '모집'이었다. 이 모집은 상대적으로 쉬웠던 것으로 보인다. 그것은 일제가 1942년 5월 8일 각의에서 조선에서의 징병제시행을 결정하는 등 대대적인 동원정책이 결정되던 정세와 연결되어 있다. 즉, 어차피 강제로 동원되는 것 보다 선택의 여지가 조금이라도 있을 때 자신이 결정하는 것이 좋을 것이라고 보아 군속 '모집'에 응하는 이들이 있었다.494)

군속 동원의 또 다른 방식은 징용이다. 1939년 10월 1일 국민징용령이 공포되었지만, 조선에서는 노동력 조달 자체가 일본보다 그리 급하지 않다는 것과 또 정치적인 이유를495) 내세워 1944년까지 전면적으로 실시하지는 않았다. 1939년 국민징용령에선 국민직업능력신고령에 의한 요신고자에 한하여 징용을 행했다. 그러나 1940년 10월 첫 번째 개정으로 징용범위 나이 '12세 이상 50세 미만의 남자' 이외에 법적 실행 여부는 확인할 수 없지만, 여성도 동원할 수 있게 되었다.496)

1943년 7월 20일 국민징용령을 3차로 개정·공포하였는데, 이제 조선인 모든 사람이 징용대상자가 될 수 있게 하였다. 피징용군속대상자는 징병대상자였던 1923년 12월 1일을 경계로 그 이전에 태어난 사람이었다. 징병제를 실시할 수 없어 전쟁 막바지에 징병제를 실시한 조선에서는 징병대상자가 아닌 조선인을 대상으로 군속으로 징용하여 전장의 계급구조 최하단에서 일본군의 감시를 받아가며 전쟁수행물자 및 진지구축에 동원되었다.497) 피징용군속동원은 일반징용과 달리 비밀리에 진행되었던 것으로 보인다. 1944년 6월 말이나 7월 초쯤 오키나와로의 군속징용이 있었으나 신문 잡지에는 전혀 언급되지 않았다.498)

동원의 통상적인 방법은 일본군 내 오키나와 군속배치의 필요성과 수에 대한 논의가 있은 후 제32군(사령관 와타나베 마사오) 혹은 대본영 혹은 서부군(32군은 처음엔 대본영, 다음엔 서부군에 속했다) 등에서 주무청인 후생성으로 후생성에서 조선총독부로 군속동원을 요구하였다. 조선총독의 기능이 1942년 이전에는 육군성에서 바로 조선총독에게 요청하였을 것이나,

1942년 이후부터는 형식적으로는 조선총독의 독자적 기능이 약해졌으므로 이러한 과정을 거쳤을 것이다. 이때 조선군사령부(조선군 사령관 이타가키 세이시로)도 나름대로 기능을 하였을 것으로 본다. 조선총독부는 자기 앞으로 요구가 전달된 이후 도별 인원구성이나 유휴노동력의 정도를 고려하여 동원할 도를 결정했을 것이다.

1944년 2월 이미 중국으로 경기도 출신 646명가량이 육군 특설건축근무대로의 피징용군속이 되었다. 그러므로 상대적으로 노동력이 많았던 경북을 지목했을 가능성이 많다.[499] 도가 결정되면 지정된 도에서 다시 군·면으로 지시가 내려가고, 면에서 할당된 수를 구체적인 인물로 확정하는 작업을 거쳐 각 개인을 동원하게 된다. 면 관련자, 구장, 경찰 관계자, 면 유력자 등이 협력하여 개인 신상에 관한 확인을 거쳐 확정하면, 면 직원이나 경찰이 감시하여 이들을 면사무소로 동원하였다.[500] 32군사령부가 구성된 시점이 3월 말, 실제 동원이 구체화한 것이 6월 말~7월 초란 점을 생각하면, 거의 두 달 내에 현실화한 것이다. 오키나와로의 동원이 엄청나게 빨리 수행되었음을 알 수 있다.

강인창 할아버지는 당시를 다음과 같이 증언하고 있다. 1944년 여름, 강 씨는 가족과 보리 추수를 하던 중이었다. 일본인 경무주임과 조선인 면 서기가 추수 중인 그의 팔을 잡아 영양경찰서로 연행했다.

강인창 할아버지의 증언

경찰은 강 씨에게 "대구에서 비행장 닦는 일을 하는 데 길면 석 달, 짧으면 두 달이면 끝난다"고 말했다. 그날 밤 군청에서 잠을 잤고, 이튿

날 9시 30분 사람들과 목탄차 8대에 나눠 타고 안동으로, 안동에서 기차로 대구로 이동했다. 그 와중에 도망치는 사람들이 있었다.

속았다는 사실을 안 것은 대구에서였다. 대구에서 군복을 나눠줘 입었다. 겨울 군복이었다. 소대장의 이름은 하세가와였고, 부대 이름은 '큐 8885'였다. 일주일 동안 경례, 정렬 보행, 방공호 대피 요령 등 군사훈련을 받고, 7월 25일 오후 5시 30분 화물차를 타고 부산으로 갔다. 맞는 게 두려워 어디로 가는지 묻지 못했다. 부산에서 탄 배가 향한 곳은 시모노세키였다. 다시 5일 동안 훈련을 받았다.

7월 31일 배를 타고 가고시마로 이동했다. 가고시마 앞에서 배는 암초에 걸렸는지, 잠수함의 어뢰 공격을 받았는지 휘청거렸다. 오키나와에 상륙한 것은 8월 12일이다. 강 씨와 같이 경북 북부지방에서 오키나와로

일본의 평화단체 '평화실현을 위한 모임'에서 2005년 강제 징용된 한국인을 기리기 위해 세운 '한의 비'. 이 비는 1999년 경북 영양에 세운 징용피해자 위령비를 향해 마주보는 각도로 요미탄 촌의 한 언덕에 세워졌다.

끌려온 조선인 강제 징용자들은 3천 명에 달했다.

하루 쉬고 선창에서 등짐을 날랐다. 1,500명씩 두 개 조로 나눠 반은 아침에, 반은 오후에 폭탄·총알·군량미 등을 날랐다. 오키나와 본섬의 남쪽에 있는 요나바루에서 일하다 이듬해 2월 오키나와 본섬의 부속 도서 중 하나인 게라마 제도의 아카 섬으로 이동했다. 섬에서의 훈련은 단순했다. 배에 '바다의 가미카제'인 특공정을 2대 싣고, 동굴 속에 감췄다가 바다에 띄웠다 하는 훈련을 반복했다. 특공정은 폭탄을 설치한 어뢰 모양의 작은 잠수함을 타고 적 함정에 몸을 부딪쳐 자폭하는 배를 말한다. 일본군은 한 달에 집에다 100원, 용돈으로 30원을 준다고 했지만, 지켜지지 않았다. 아카 섬에 대한 미군의 함포 공격은 1945년 3월 14일부터 이틀 동안 계속됐다. 일본군은 산으로 도망쳤다.

1945년 3월 26일 미군이 상륙했다. 훈련했던 특공정은 하나도 띄우지 못했다. 식량이 떨어진 조선인 군속들은 오키나와 주민들의 고구마를 훔쳐 먹었다. 13명이 잡혔다. 4월 19일 저녁 8시 일본군 3명은 고구마를 훔친 다른 조선인 13명을 붙들어 매고 길을 떠났다. 한 명이 도망쳤다. 강 씨는 "나를 포함한 세 명은 이들을 묻으러 따라갔다"고 말했다. 12명이 총을 맞고 쓰러졌다. 구덩이는 배가 고파 깊이 파지 못 했다. 채 숨이 끊어지지 않은 동료들을 묻고 흙으로 덮었다. 그 사건은 강 씨의 평생 한으로 남았다. 이후 강 씨는 미군에 투항해 포로가 됐고, 이듬해 고국으로 돌아왔다. 함께 떠났던 3천 명 가운데 1,200명이 돌아오지 못 했다.[501]

관동군은 육로로 경부선을 이용하여 부산에 도착한 다음 현해탄을 건너 시모노세키와 가고시마를 거쳐 오키나와 나하로 이동하였다. 배봉기 할머니 일행도 이러한 과정을 거쳐 오키나와 여러 섬으로 배치되었다.[502] 도카시키 섬에 끌려온 조선인 200여 명에 대해 기억하고 있는 촌장 자마미 씨는 "같은 해 8월 해방되기 전까지 일본군은 조선 군속들을 모질게 다뤘는데, 영양실조로 죽는 사람이 대다수였다. 일례로 군 식량을 먹었다는 이유로 처형시키거나 미군 간첩으로 몰아 참살된 사람도 있다"고 설명했다. 일부 오키나와 현 주민들의 증언록에는 다음과 같은 조선인의 기록이 있다.

조선인 30명쯤 있었다. 그들은 벌거벗고 손을 올려 밑으로 내려갔다. 바다 물속에 뛰어들었다. 그러자 뒤에서 일본군이 총을 막 쐈다. 미군 배로 달아나며 조선인 군부 5명이 옷을 다 벗어던지고 바닷가로 달려갔다. 그러자 내 옆에 있던 일본군이 "이놈들"이라고 하면서 해변까지 간 조선 사람을 쏴 죽였다.

그렇게 죽어간 사람들을 기념하기 위해 1951년 3월 28일 '백옥의 탑'을 세웠다. 탑 밑에는 희생자의 유골이 묻혀있고 탑 주변엔 희생자의 이름이 각명되어 있으나, 그 안에 조선인의 이름은 새겨져 있지 않다. 현재 오키나와 현 역사기록에 남아있는 한국·조선인 희생자는 총 10명(처형 3명, 사고사 7명)이다. 참으로 어이없는 숫자이다.

수류탄, 칼, 몽둥이, 낫으로 집단자결

1944년 9월 8일 가다랑어 어선을 비롯한 4척의 어선과 승무원 130명이 군수부 어로반에 징용당하고, 마을에서 운영하는 항로선박도 군선박대에 징용당했다.

집단자결비. 1945년 미군상륙 시 일본군의 강압과 왜곡선전에 의해 강제 자결당한 도카시키 섬 희생자를 추모하기 위해 세워졌다.

일본군 기지대 스즈모토(鈴本) 소좌 이하 1천여 명이 주둔지 부락 내의 민가와 소학교를 대원들 숙소로 사용하였다. 9월 20일 아카마츠 요시츠구(赤松嘉次) 대위를 대장으로 하는 특간선박대 130명이 섬으로 들어와 도카사키, 도카시쿠(渡嘉志久), 아하렌(阿波連)에 각각 주둔했다. 그러자 10월 10일부터 미군기의 공습이 시작되어 가다랑어 어선 등 모든 징발된 선박이 피탄되어 사망자가 발생하기 시작했다. 이에 방위대원 79명을 섬사람들 중에서 징집했다. 1945년 1월 청년회와 부인회에 징용령이 떨어져 초등학교 6학년 이상은 모두 군에 협력해야 했다. 스즈키 부대가 오키나와 본도로 이동한 반면 조선인 군부들이 이곳으로 배치됐다. 3월 23일에는 미군의 공습을 받은 면사무소, 우체국, 초등학교, 가다랑어 가공공장, 면 내 주요 건물 태반이 파괴당했다. 섬 전체 산이 불타고, 주민

도카시키 섬에서 미군상륙에 대비하여 주민들에게 집단자결을 강요한 아카마츠 사령관 부대가 본부를 동굴로 옮겨가며 최후까지 저항한 계곡을 스톤워크 코리아답사단이 방문했다.

10명이 희생당했다. 그 후로도 포격은 계속되었고, 3월 27일 도카시쿠와 아하렌 등 남서해안 근처로 미군이 상륙했다.503)

다음 날인 3월 28일 아카마츠 부대 본부 동굴에서 그리 멀지 않은 산속 골짜기에서 주민들이 강제 집단사하였다. 이곳은 오키나와 전쟁 중 최초로 일어난 집단자살지이다. 2007년 말, 오키나와에서는 바로 도카시키 섬 주민 집단자결을 둘러싼 역사교과서 기술 문제로 파문이 일었다.

일본정부는 다음 해 신학기부터 사용하는 일본 역사교과서 검정에서 '오키나와 전쟁의 실태에 대해 오해를 살 우려가 있는 표현'이라는 이유로 '일본군에 의해' 주민들이 '집단자살'에 몰렸다고 적어왔던 기술 부분 중 '일본군에 의해'를 빼도록 했다.

실제 어떤 일이 일어났던 것일까?

아카마츠 부대 동굴호 입구를 갈퀴처럼 움켜쥐고 있는 나무뿌리.

1945년 3월 26일 미군 제3대대 상륙팀, 제305연대 전투팀 제77사단이 게라마 열도의 아카 섬 해변에 처음 상륙했다.504) 이어 인근 자마미섬에 그리고 27일 도카시키 섬에 들어오면서 전세가 불리해진 일본군은 주민들에게 미군에 잡혔을 경우, 일본군의 전략 및 동향을 발설할까 봐 강제집단자결을 획책한다. 일본군은 미군에 사로잡히면 잔인하게 살해당할 것이라면서 일부 주민에게 직접 수류탄을 건네는 등 실제로 자살을 강제 유도했다.

이는 미군이 상륙하게 되면 수류탄으로 죽으라는 의미였다. 미군의 박격포 공격으로 포탄이 날아오면서 공황상태에 빠진 주민들, 천황을 신으로 모시고, 천황을 위해 목숨을 바쳐야 한다는 '황민화 교육'을 받은 주민들, 작은 섬이라 도망갈 곳 없던 주민들은 집단자결을 선택할 수밖에 없었다.

도카시키 촌장인 자마미 마사시게 씨는 "당시 사람들에게 군 관리들이 수류탄을 직접 나눠주긴 했으나 그중 절반 정도가 불량품이라 폭발하지 않는 경우가 많았다. 죽지 못한 사람들은 칼이나 면도날, 몽둥이, 혹은 낫 같은 농기구로 서로서로 죽였다. 부모가 아이를 죽이고, 아들이 부모를 죽이는 경우가 빈번했다"고 설명했다. 그렇게 숨진 자만 329명. 당시 불발탄으로 남은 수류탄이 아직도 오키나와 주변 바다에서 발견되고 있다.

자결유적지의 비석이 있는 뒤편으로 난 오솔길을 따라 숲으로 들어가면, 가족들에 의해 나무에 묶여 죽어갔다는 사람들의 이야기도 들을 수 있다. 20도 전후 날씨지만 그곳만큼은 자결의 슬픔을 지니고 있기 때문인지 서늘함과 오싹함마저 느껴진다. 미군 공격을 피해 산속으로 도망치다 공황 상태에 빠진 주민들이 선택한 것은 자신을, 그리고 소중한 가족을 제 손으로 죽이는 일뿐이었다는 것을 상기하면 그 오싹함은 배가된다.

그러나 집단자결유적지의 비석엔 "조국의 승리를 기념해 기뻐하며, 죽는 것에 대한 비장한 결의가 있었다"라고 적혀 있다. 도카시쿠 해변으로 가는 길에서 소설가 소노 아야코(曾野綾子)의 비석을 마주쳤다. 그는 이에나가 교과서 재판에 일본정부 측 증인으로 나와서 오키나와인들의 죽음을 그들 '스스로 선택한 장거'라고 주장하면서 자결을 윤리적으로 미화하였다.505) 도카시키 섬 주민 집단자결에서 주목되는 것은 일본군이 직접 죽이지 않고 수류탄을 줘서 자결을 유도했다는 것이다. 무책임의 체계이다.

도카시키 섬을 공격한 미군의 첫 상륙 지점인 도카시쿠 해변. 오키나와, 제주, 이라크까지 적용된 미군정교범과 점령정책도 여기에 같이 상륙했다.

'국경은 없다'

오키나와 바다는 제주 바다 만큼이나 맑고 투명하다. 게다가 비릿한 바다냄새조차 나지 않는다. 오키나와는 석회질의 암반 위에 조성된 섬으로, 섬 주변을 둘러싸고 있는 넓은 산호 군락과 이 산호초에 자생하는 각종 어류들이 해수의 플랑크톤을 잡아먹기 때문에 갯내음이 없다. 파도는 해변에 이르기 전에 산호초에 부서져 바닷가는 호수만큼이나 잔잔하다. 자마미 촌장님은 도카시키 섬에 대한 예찬론자이다. 전날에도 자기가 찍은 사진을 보여주겠다며 우리 일행을 집으로 초대하여 밤늦게까지 음주 담화를 즐겼다.

도카시쿠 해변의 모래를 밟는다. 모래는 너무 고와서 신발을 신고서는 걸을 수 없을 지경이다. 사색하듯 걷지 않을 수 없어 나와 일행은 맨발로 느릿느릿 해변을 걷는다. 오키나와 여행에서 가장 호사스러운 시간이었다. 그러나 이곳은 70년 전인 1945년 3월 말 오키나와 본도 상륙전 미군이 먼저 상륙한 해변이었다. 오키나와전은 여기서부터 시작된 셈이다. 미군은 게라마 열도에 상륙하여 미 해군 군정부 포고 제1호를 공포함으로써 이 지역에서의 일본제국 정부와 재판소의 행정권, 사법권을 전면 중지시켰다. 오키나와 본도 침공 시에도 같은 내용의 포고가 공포되었다. 이후 27년에 걸친 미국의 오키나와 지배의 원형은 이렇게 도카시쿠 해변에서 시작되었다.506)

이 아름다운 해변에서 거대한 역사의 한순간을 기억하며 화두를 붙잡고 있기란 힘겹고 잔인한 일이다. 백색 모래에 눈이 부셔 눈을 제대로 뜨고 있기가 어려웠다.

습기를 머금었지만 시원한 바람에 그나마 이 해변은 꿈속같이 편안하게 느껴졌다. 집요하게 마이크를 들이대는 김환태 감독에게 나는 건성으로 답했다. 나중에 김 감독은 이 장면을 마지막으로 해서 영화의 제목 〈국경은 없다〉를 뽑았다. "이 해변에서부터 미군정이 시작되었습니다." 카메라의 시선은 드디어 나를 떠나 멀리 수평선에 머물렀다. 그리고 그 위에 다음과 같은 글씨가 새겨졌다. '국경은 없다.'

열다섯 | 요미탄 특공정기지

1기로 1척을, 1정으로 1선을, 한 사람이 전차 1대를

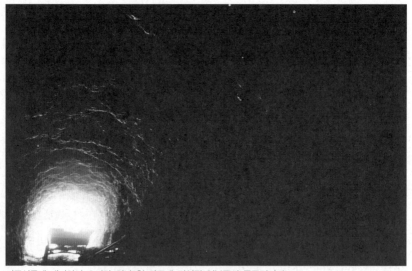

미군상륙에 대비하여 요미탄 히쟈 천 하구에 건설된 일본군의 특공정기지.

요미탄 비행장 인근 히쟈 하구에 있는 특공정기지는 제주
도 모슬포 지역의 송악산 해안가에 남아있는 해안 진지와 똑같다. 이
지점은 미군상륙작전의 중심지로 이에 맞서 일본군은 해안가에 인공 굴

을 파고, 폭뢰를 탑재한 특공정인 진양대(震洋隊)를 배치했다. 이곳 해안 가에는 이러한 특공정을 숨겨놓기 위한 인공 굴 4개가 뚜렷이 남아 있다. 길이는 대략 30m 정도, 폭 2m 내외, 높이 역시 1.5~2m 내외로 마치 송악산 해안의 특공기지인 카이텐 기지를 연상케 했다.

카이텐이란 태평양전쟁 말기 일본의 패색이 짙어지자 최후의 수단으로 미군 항모나 구축함을 격침하기 위해 만든 '인간어뢰'라 불린 자살공격용 어뢰이다. '카이텐'(Kaiten, 回天, 회천)은 인간이 어뢰를 조종해서 적함에 돌진, 타격을 가하는 특공병기다. 당시 일본 해군이 세계 최고라고 자랑하던 93식 산소어뢰(전장 8.5m)를 개량하고, 대량의 폭탄을 실어 잠수함에 최대 6기까지 탑재하여 출격했다. 수중에서의 최고속력은 시속 약 56km, 1944년 일본 해군의 정식 병기가 되고 '카이텐'이라 이름 붙였다. '카이텐' 이름은 도쿠가와 바쿠후의 군함 'Kaiten'에서 빌려왔다.

요미탄 해안갱도진지는 어뢰용이 아니라 보트용이다. 굴에서 바다까지는 레일이 깔리고, 굴 속에는 '마루레'라는 암호명을 가진 특공정을 배치했다. 그러다가 미군 함정이 접근하면, 특공대원 한 명이 20노트의 속력으로 돌진해서 폭뢰를 투하하도록 계획한 것이다. '마루레'는 길이 5.6m, 무게 약 1톤으로 합판으로 제작한 엔진이 붙어있는 보트지만, 실제로는 몸으로 부딪치는 자살 특공용 인간병기이다.

'아이고' 비명소리 지르던 조선인 노무자들

특공정기지를 안내한 이곳 주민에 따르면 "당시 노무에 동원된 병사들이 구타 등을 당하면 '아이고' 하는 비명을 질렀다는 이야기를 들었다"

며, "이런 말을 하는 민족은 조선인이며, 당시 조선인들이 많이 동원됐고 조선인은 인간도 아니었다"고 말했다. 하지만 오키나와전이 끝나자 이 주민은 조선인을 한 명도 만날 수 없었는데 "아마도 전부 죽지 않았나 생각한다"고 덧붙였다.507)

일본군은 태평양에서 연합군의 공격작전 유형, 즉 공격방식을 잘 알고 있었으므로 해안진지에 머물러 싸우기란 불가능했다. 상륙군이 해안에 도달하기 전에 미군의 함포사격이 모든 해안의 방어진지를 파괴해 버리고 만다. 운 좋게 파괴를 모면하더라도 압도적인 제공권을 행사하는 미군 비행기의 목표물이 될 뿐이다. 그리하여 일본군으로서는 방어진지를 내륙 깊이 구축하고 여기에 미군을 유인하여 격파하고자 했다. 제32군의 사기를 고무하기 위해 우시지마의 참모는 다음과 같은 전투구호를 내걸었다.

"1기로 1척을!"
"1정으로 1선을!"
"한 사람이 열 명의 적을, 전차 1대를!"

우시지마가 최종적인 방위계획 작성 시 고려한 것은 병력과 섬의 지형적 특질이었다. 미 10군이 작전개시 후 입수한 일본군의 문서에 의하면, 일본군은 해안지구에서의 전투를 강행하는 것이 아니라 "참호를 깊이 파서 진지를 만들어 미군이 어리둥절하게끔 하는 데 뜻이 있다"는 내용이었다. 쬬 소장은 지하와 동굴 내에 방어진지를 완성할 것을 강력히 추진했다. 이 의도를 숨기기 위하여 32군 각 부대는 미 상륙부대에 대하여 '서둘러 사격을 하지 않도록' 경고하고 있었다.

동굴진지에서 바다로 특공정을 이동시키기 위해 만들어 놓은 유도 레일의 잔해.

이 섬의 지형은 방어하는 일본 측에 유리했다. 방어에 가장 알맞은 지형이 선택되어 진지로 만들어졌고, 각 포병 진지가 연락할 수 있도록 지하도가 곳곳에 거미줄처럼 만들어졌다. 이는 일본군이 조준하는 사격 지대에 미군을 끌어들이도록 연구되어 있었다. 고지의 반대 사면이나 전방 사면도 잘 방비되고, 중포·야포·박격포·기관총 같은 화기는 동굴 입구에 배치되어 전반적인 화력운용 계획에 따라 완전히 통제됐다. 커다란 동굴은 확장·보강하여 병원이나 병영, 전투지휘소 등에 사용되었다. 동굴의 크기에 따라서는 두 개 혹은 그 이상의 입구가 마련되고, 시간과 작업력에 여유가 있으면 2층 구조로 만들어졌다.[508]

최종적인 방위계획을 검토한 결과 32군은 주 방위지대를 나하 북방지구, 슈리 북방지구, 요나바루 북방지구를 잇는 선에 두기로 결정했다. 이 선보다 북쪽으로 미군이 상륙할 때는 큰 저항을 하지 않기로 하고, 이 선 남쪽으로 상륙할 때는 해안에서 맞서 싸우기로 했다. 주진지는 슈리 지구에 구축했고, 이 지대의 북서쪽인 하구시(渡具知) 해안 방면을 향해 가장 강력한 진지를 구축하였다.

우시지마 장군은 미군의 큰 공격이 이 섬의 남동부, 즉 미나토가와 해안에 대해 가해지리라고 판단했다. 역설적이게도 '빙산'작전의 계획수립자는 미나토가와 지구를 제2안으로 하였고, 하구시 해안을 1안으로 선택했다. 동해안인 지넨 반도의 고지는 남쪽에 미나토가와 해안과 북쪽에 나카구스쿠 만을 동시에 굽어볼 수 있는 장소로서 이 양 방면을 제압하는 데 알맞은 지역이었다. 그리하여 제32군 포병과 보병의 상당한 전투력을 가진 44여단 주력이 이 지구에 배치되었다. 그래서 이 남부해안에 배치된 병력은 전투개시 후 몇 주 동안 거의 쓸모없는 채로 대기하고 있었던 셈이다.509)

'뱀의 눈독이 들여진 개구리' 같던 일본군

일본군 배치의 수정, 재전개, 미치광이 같은 최종적인 전투준비 등이 의미하는 것, 그리고 이런 움직임에 동반하는 불안스런 걱정은 후방부대의 구석구석에까지 느껴졌다. 어떤 병사는 일기에 썼다. '뱀의 눈독이 들여진 개구리 같다'고. 1945년 3월 20일부터 23일 사이에 오키나와의 일본군사령부는 앞으로의 일에 관해서 일반 장병이 생각했던 것보다 현실적인 판단을 내렸다. 3월 초순 킹제독과 니밋츠 제독이 워싱톤에서 만났다고 하는 정보에 따라 미군의 오키나와 상륙은 3월 말이나 4월 초라는 경고를 내렸다. 통계에 나타난 바로는 전략에 관한 미군의 주요회의 후 20일에서 한 달 후에 새로운 작전이 전개되는 것이 관례였기 때문이다.

니밋츠 제독의 태평양지구 총사령부는 통합참모본부의 오키나와 작전에 관한 명령을 수령하고 나서 3주일 뒤인 1944년 10월 25일 빙산작전의 실

특공정기지 앞의 포탄 잔해.

시계획을 명백히 밝히고, 즉각 계획서를 각급 지휘관에게 하달했다. 이에 의하면, 작전은 3기에 걸쳐 실시하게 되어 있었다. 제1기는 오키나와 남부지구와 그 부근의 작은 섬들을 점령하고, 이와 더불어 담당부대는 오키나와를 일본에 대한 대규모 출격기지로 삼는 작업을 시작한다. 제2기는 이에지마와 오키나와 본도의 나머지를 점령하고 기지조성작업을 계속한다. 제3기는 남서제도의 연합군기지를 확보한다. 또한, 니밋츠 제독의 명령이 있으면 류큐 열도의 다른 섬들도 점령하기로 되어 있었다.510)

미 합참은 빙산작전을 위해 사상 최대의 해군병력을 집중했다. 이 부대는 일본의 현관 바로 근처까지 18만2천 명의 상륙부대를 수송키로 되어 있었다. 이는 노르망디 해안에 첫날 상륙한 병력보다 7만5천 명이 더 많다. 이 섬 점령까지 합계 약 54만8천 명의 병력과 318척의 전투

함정, 병력 양륙용의 주정을 제외한 보조함선 1,139척이 사용되도록 계획되었다. 우시지마의 상륙지점에 대한 오판과 상륙 시에 공격을 집중하지 않고, 내륙 깊숙이 유인하여 공격한다는 전술방침 등은 미군이 결국 아무런 저항을 받지 않고 상륙에 성공하도록 길을 터준 셈이 되었다. 미군은 수많은 태평양섬에서의 상륙 중 가장 평온한 상륙을 경험하게 되었다.

1945년 3월 게라마 제도에 상륙한 미군은 4월 1일 요미탄 촌을 통해 오키나와 본토에 상륙했다. 당시 일본군은 미군의 상륙을 저지하기 위해 육탄으로 미군 군함에 뛰어드는 특공정 기지를 해안가 곳곳에 조선인 강제연행자를 동원해 만들었다. 낮에는 숨어 있다가 밤에 나가 공격을 했는데, 이러한 특공정에 대해 미리 알고 있던 미군들은 그물을 쳐놓아 이들의 공격을 차단했다. 당시에 이 특공정을 조종한 사람은 도쿄에서 온 매우 젊은 사람들이었다. 그들 대부분이 공격을 하다 그물에 걸려 폭발해 죽었다. 당시 만들어진 특공정 기지는 그 주변에 10개가 남아있다.

아직 요미탄 비행장의 격납고와 충혼비처럼 특공정 기지와 활주로는 문화재로 지정되지 않았으나, 현재 지정을 위한 조사 중이다. 일본 법률에는 전쟁유적을 보호하는 것이 없었다. 최근에 법률이 바뀌어 전쟁유적도 문화재로 지정 할 수 있다고 했다. 또한, 요미탄 촌에는 현재 전쟁유적을 문화재로 지정할 수 있는 조례가 있다고 한다. 요미탄 촌에는 일제강점기에 만들어졌고, 이후 미군이 사용했던 요미탄 비행장과 소베 통신소가 반환되었다. 현재는 그린베레가 있는 '토리 스테이션'과 가테나 기지 인근의 탄약고만이 미군기지다. 오키나와 전쟁 이후의 지난한 투쟁 끝에 얻어낸 승리다.

열여섯 | 섯알오름

일본군 지하진지 섯알오름과 양민학살

서귀포시 송악산 해안가 암벽에 굴을 파서 만든 일본군의 특공정진지.

모슬포에 도착했을 때는 이미 해가 기운 뒤였다. 헐렁한 주머
니는 일정을 항상 촉박하게 재촉했다. 돌아가야 할 날이 다가오기 전에
시간을 아껴 한 곳이라도 더 답사해야 한다는 생각을 비웃듯 금방 이

동네에 밤이 내려와 앉았다. 이 동네에서 무엇을 해야 할지 막막함이 갈증을 몰고 왔다. 시원하고 맛있는 것을 먹으면 좀 기분이 나아지겠지 싶어 식당을 들어갔다. 그러나 그 식당의 냉면 맛은 기대했던 것과 달랐는지 갈증이 풀리긴 커녕 더 막막해졌다. 게다가 돈까지 허비했으니…. 버스가 다니는 중심가에서 너무 멀어지면 안 된다는 생각을 하면서도 나는 무작정 걷기 시작했다. 시내를 벗어나는 듯했다. 막차운행이 끝나기 전에는 다시 돌아가야 할 것 같았는데 발은 어딘가로 나를 자꾸 떠밀고 있었다.

그러고 보니 서귀포시 모슬포 행 버스를 탈 때 어디를 가야겠다는 계획도 없었다는 것을 깨달았다. 워낙 많은 유적이 있으니 그런 것일까? 그런저런 잡념에 끌려 내가 걷기를 포기하고 주저앉은 곳은 바닷가였다. 고맙게도 모래밭이 모든 것을 포기하게 해 주었다. 밤하늘의 별을 보며 여기서 자기로 했다. 그리고 눈을 감았다. 그러나 자연은 낭만의 장소가 아니라 생존투쟁의 장소였다. 모기들이 간간이 괴롭혔다. 떼거리로 달려들었으면 분명 무슨 수를 냈을 텐데, 간간이 덤벼드는 모기는 피곤한 몸을 일으킬 것인가, 그냥 참을 것인가를 갈등하게 했다. 그 무기력한 판단정지가 눈은 감고도 잠은 못 자는 결박 아닌 결박상태로 밤을 새우게 했다.

아침 해가 떴으나 여기서 시간을 허비하면 안 된다는 생각과 여전히 일어날 수 없는 몸은 갈등을 정리하지 못하고 있었다. 어딘가 갈 곳을 정해야지 몸을 일으켜 세울 수 있을 것 같았다. 그러나 갈 곳을 머릿속에 그려보다 다시 수명 다한 건전지처럼 흐리멍덩해지기를 몇 차례. 더는 안 되겠다 싶어 몸을 벌떡 일으키고 보니, 그제야 그 모든 갈등이 정리됐다. 마음대로 할 일이 아니라 몸대로 할 일이었다. '몸대로'. 이 말을 제 딴에는 굉장한 깨달음이라고 생각한 순간, 내 눈앞으로 멀리 송악산이 보였다. 그렇게 해서 섯알오름을 찾아갔다.

백조일손 학살현장이 된 섯알오름 탄약고 웅덩이

섯알오름은 모슬포비행장과 연결되는 유적이지만, 1945년 일본이 패망을 앞두고 발악하던 일본 파시즘 최후의 광경을 볼 수 있는 곳이다. 제주 전역에 건설된 일본군 요새를 가장 압축하고 있는 곳 중의 하나가 섯알오름이다. 게다가 일본군이 폭파하고 간 탄약고의 웅덩이가 백조일손(百祖一孫)의 학살현장이 되었으니, 이곳이야말로 질기고 질긴 전쟁의 근육을 볼 수 있는 곳이다.

한국전쟁기 예비검속으로 체포된 양민을 집단학살한 섯알오름 학살터.

그러니까 필리핀이 미군에 의해 함락되면서부터였다. 일본군사령부가 제주도 방어를 시작한 것은 1944년 10월의 일이다. 이 시기는 일본 스스로 절대 물러설 수 없는 선으로 정한 전시국방경계선인 '절대국방권' (絶對國防圈)이 무너진 직후다. 7월 사이판 섬이 함락되고, 이제 전황의 유불리를 계산하는 것은 무의미한 일이 되었다. 아무도 말하지 않지만 모두 아는 사실. 이제 대본영은 일본 본토에서의 피할 수 없는 결전이라는 비장한 결의를 해야 할 시간이 온 것이다. 가장 필요한 것은 주요시설을 지하로 숨기는 것이었다. 일본 내부에서도 1944년 하반기 들어 본격적으로 마쓰시로 대본영 등을 지하화하기 시작한다.

비장한 결의에도 불구하고 1945년 초 전황은 더 불리해졌다. 그러자 일본방위총사령관은 1945년 2월 9일 미군과의 본토 결전에 대비해 7개 방면의 육·해군 결전작전 준비를 명령했다. 작전암호명은 '결호(決號) 작전'. 결1호 작전은 홋카이도·지시마 방면, 결2호 작전은 도호쿠 방면, 결3호 작전은 간토 방면, 결4호 작전은 도카이 방면, 결5호 작전은 주부방면, 결6호 작전은 규슈 방면, 그리고 결7호 작전은 제주도·조선 방면으로 구분되었다.511)

1945년 3월 12일 대본영은 각 군 참모회의에서 '결7호 작전' 시행을 한반도 방어 책임을 지고 있던 제17방면 군사령관에게 하달했다. 이에 따라 작성된 '결7호 작전 준비요강'에는 "적은 규슈 북부 방면 상륙, 또는 조선해협 돌파를 위한 기지를 설치하기 위해 제주도를 공략할 것으로 예상한다"면서 "제주도에는 애초부터 유력한 병력을 배치하여 독자적으로 이 섬을 사수해야 한다"는 방침을 적고 있다.512) 이러한 방침에 따라 제주도에는 1945년 4월 15일 제58군 사령부가 신설513)되어 7만5천여 명의 병력을 결집하는 것과 동시에 제주도 전역을 요새화해간다. 이 때부터 제58군이 제주도의 모든 군을 통솔하기 시작했다. 이미 미군이 오키나와에 상륙한 후였다. 오키나와와 제주도는 시차를 두고 일본제국 방위를 위한 총알받이로 내몰리고 있었다.

관동군 제111사단 244연대 3중대 가미키 사투루 씨의 증언

아무리 들어도 낯선 얘기지만 기록을 위해 적어두자. 제58군사령부 초대 사령관은 나가즈(永津佐比重) 중장이며, 종전 당시의 사령관은 도야마 노보루(遠山登) 중장이었다. 그 휘하에 제96사단, 제111사단, 제121사단 등 3개 사단과 1개여단(독립혼성 제108여단) 및 야포병 연대, 공병연대, 치중병(輜重兵)연대 등이 배속되었다. 제96사단은 1945년 4월 서울에서 제주도 북부지역으로 이동해왔으며, 제111사단은 만주 관동군으로 활동하다 그해 5월 제주 서부해안에, 역시 관동군 예하 부대였던 제121사단은 제주도 서부지역에 각각 배치되었다. 독립 혼성 제108여단은 일본 본토에서 5월 제주로 이동하여 동부지역 방어를 담당했다.[514]

일본 파시즘의 심장, 만주 관동군조차 이젠 만주를 버리고 대대적인 이동이 불가피했다. 제111사단 244연대 3중대에 소속되어 있던 가미키 사토루(神木悟) 씨의 기억을 따라 이들의 이동장면을 추적해 보자. 1945년 3월 20일쯤 가미키는 부대동원령에 따라 만주 이도구를 출발, 4월 11일 목포를 거쳐 다음 날 제주 산지항에 상륙했다. 그의 부대는 제주로 향했지만 정작 부대원들은 그 사실을 몰랐다. 목포에 도착할 때까지는 오키나와로 가는 줄 알았다. 수송선은 화물선으로 배의 맨 아래층에는 '군마'를 태우고 있었다. 그는 만주 주둔 당시 "각 연대별로 조선인, 일본인 등 여자(위안부) 12~13명이 있었다"며, "이들은 부대를 옮길 때마다 따라서 이동해서 따로 건물을 지어 생활했다"고 증언해, 당시 강제 위안부 실상을 폭로했다. 그의 부대는 산지 항에 도착하자마자 바로 이동을 시작했다. 왕벚꽃이 병사들의 머리 위로 떨어지는 장면을 그는 인상 깊게 기억하고 있었다.

가미키 씨의 증언에 따르면, 그의 부대는 지금의 제주공항인 정뜨르비행장을 우회하면서 무수천 부근(추정)에서 1주일 정도 숙영했다. 그리고 이어 바리메오름 부근에서 다시 일주일 정도 머문다. 이어 해발 1,200m 고지인 '노로악'에서 15~16일 정도 주둔하며, 갱도 진지를 구축하다가 주지동(한경면 조수2리) 굽은오름 일대에 최종 주둔한다. 그때가 6월로 그들은 종전 때까지 갱도 파는 일에만 매달렸다고 한다. 진지를 구축하는 데 사용한 괭이·삽 등 장비는 각자 중국 만주지방에서부터 갖고 왔다. 가미키 씨에 따르면, 보병은 반드시 괭이와 삽 중 하나는 지니고 있어야 했다. 갱도를 파면서 나온 송이 등은 운반 도구에 담아 어깨에 메고 밖으로 날라 내쳤다.515) 이것이 모슬포를 정점으로 한 제주 서남부에 주둔하기까지의 과정이다. 그런데 왜 모슬포 쪽이었을까?

일본군은 미군의 상륙에 가장 적합하고 해군과 공군기지 건설에도 가장 적합한 최적지로 모슬포 알뜨르비행장과 화순항 일대를 예측하고 있었다. 이곳에 배치된 부대의 역할은 '일사필쇄의 특공에 의한 육박공격' 이었다. 육박공격이란 병종을 불문하고 폭탄을 안고 몸 하나로 적에게 돌진해 나가는 것을 의미한다. 즉, 미군 부대가 공중해상공격 후 육지로 상륙해오면 생명을 무기로 특공을 진행한다는 것이다. 이를 염두에 두고 이 지역의 오름 정상에 오르면, 화순항에서 상륙하여 안덕 곶자왈로 들어오는 미군의 동태를 지척에서 파악할 수 있을 뿐만 아니라 작전 개시와 더불어 쉽게 적을 격멸할 수 있는 지역임을 판단할 수 있다.516)

제111사단은 중국 관동군의 경력을 지니고 있는 3개의 예하연대(234, 244, 245연대), 1만2천 명의 중무장 병력으로 구성된 제주도 주둔 일본군 최정예 부대로 알려졌다. 따라서 제주 서남부지역인 단산~산방산~월라봉~군산 일대에는 제111사단 예하 부대가 배치된다. 가마오름과 새신오름 일대에 243, 244연대가 주둔했지만, 245연대는 특공유격작전을 통한 적 섬멸을 목적으로 송악산과 화순항 지역에 주둔했다. 이처럼 제111사단은 미군의 공격에 저항할 뿐만 아니라 해안가에서 전면전을 시도할 의도를 지닌 강력한 부대를 지휘하였다.517) 일제로서는 이곳이 무너지면 한라산 깊숙한 복곽진지518)로 후퇴, 최후의 결전을 준비해야 한다. 그 만큼 산방산·송악산 일대의 해안선은 전방의 최고 전략요충지였다.

송악산 해안에 특공정 가미카제 공격 기지 건설

일본군은 오키나와에서와 마찬가지로 송악산을 비롯하여 서우봉·삼매봉·일출봉·수월봉 등 해안가에 굴을 파 특공대원들이 특공정을 타고 가미카제 공격을 할 특공기지를 설치했다.519) 일본 방위성 기록에 의하면, 제주도에는 교룡(蛟龍)·해룡(海龍)·회천(回天)·진양(震洋)과 주요 해상 특공병기가 배치될 예정이었다. '교룡'은 특수 잠항정, '해룡'은 날개 달린 잠수정, '회천'은 어뢰정, '진양'은 모터보트이다.

서우봉 갱도진지(위)
황우지 갱도진지(가운데)
수월봉 갱도진지(아래)

카이텐 기지는 송악산과 서우봉에 구축됐으나 병력이 실제 배치되지는 않은 것으로 알려진다. 종전되었기 때문이다. 송악산 밑 해안 갱도 부근에는 해상특공병기를 접안시키거나 끌어올리기 위한 시설물을 바닷속에서부터 갱도까지 50~60m 가량의 길이로 만들어놓았다. 현재는 점차 해안절벽이 무너져 내리면서 그 길이가 짧아졌다. 이 작업에 동원된 사람들은 석탄을 캐서 나르듯이 레일을 깔아서 흙을 날랐는데, 가스등과 군용 삽 하나로 작업을 했다. 이 작업은 전적으로 제주사람을 비롯한 조선인에게 맡겨졌다.

카이텐 기지와 달리 진양기지는 일출봉과 삼매봉, 수월봉에 실제로 배치되었다. 진양이란 좀 더 자세히 말하면, 구일본 해군 유일의 수상특공정으로써 승무원 1인이 타는 1형과 2인이 타는 5형이 있다. 자동차 엔진을 탑재한 이 특공정은 나무합판으로 만든 고속보트인데, 뱃머리에 250kg의 폭약을 실었다. 적의 상륙부대가 상륙지점에 진입하는 전후에 밤의 어두움을 틈타서 집단으로 기습 공격하여 선박을 격침한다.

일본 (주)국서간행회가 발간한 사진집인 『인간병기 진양특별공격대』에 실려 있는 사진은 실제 제주에 일본 해군 자살특공대원들이 배치됐음을 보여주는 귀중한 자료다. 이 사진에는 '소화 20년 5월 제주도 고산리 소학교 전(前)'이라는 설명이 적혀 있어, 1945년 5월에 당시 고산국민학교 앞에서 찍은 기념사진임을 알 수 있다. 한경면 고산리 강공익 씨(1936년 생)는 광복 당시 9세로 고산국민학교 1학년에 다니고 있었다. 강 씨에 따르면, 수월봉 앞 해안가는 통제구역으로 일본군들이 이곳에서 비밀리에 작업했다고 말했다.

콘크리트로 된 시설물은 해안가에 파놓은 굴(갱도)과 연결되도록 했었지. 그 후 광복이 되고 파도에 의해 시설물이 점차 파괴돼버린 거야.

강 씨는 또 당시 실제로 보트(진양특공정)가 왔었다는 이야기도 들었다고 말했다. 수월봉 해군특공기지에는 어떤 부대가 배치됐을까. 이곳에는 제120진양대인 오노(小野) 부대가 주둔한 것으로 알려진다. 제120진양대는 1945년 3월 25일 편성된다. 총 병력은 191명으로 '진양 5형' 26척을 보유했다. 진양대가 제주를 향해 출발한 것은 1945년 4월 6일이다. 수송선인 성산환으로 사세보항을 출발, 8일에 45진양대가 성산포에, 119진양대는 서귀포에 상륙한다. 고산에 주둔한 120진양대는 4월 9일 한림에 상륙한 뒤 4월 29일에 고산국민학교와 민가로 대부분 이동한다. 이들 제120진양대 기지가 바로 수월봉 해안이다. 지금도 수월봉 해안에는 10여 곳의 갱도를 볼 수 있으며, 해안으로의 유도로가 남아있어 진양대의 주둔흔적을 눈으로 확인할 수 있다.

제주도 항공기지 위치도

섯알오름 지하진지 구축의 본격적인 시작은 1945년 2월부터로 추정된다. 일본군 방위총사령관은 1월 중순부터 사단 막료와 함께 진지구축공사 담당부대에 필요한 정찰반을 편성하고, 제주도에 도착하여 정찰을 실시하면서 진지구축 계획을 세웠다. 2월 상순부터 공사부대의 수송을 개시하였고, 2월 중순부터는 세부정찰과 아울러 진지구축에 착수하였다. 츠카사키 씨는 모슬포 섯알오름 지하 갱도의 경우, 1944년 말 계획해서

1945년 초부터 파기 시작한 것으로 추정했다.

이때부터 '제주도 항공기지 위치도'에 보이는 시설들을 위한 지하 땅파기가 전개된다. 츠카사키 씨에 따르면, 갱도구축을 위한 암반굴착은 착암기로 구멍을 뚫고 다이너마이트를 집어넣은 다음 하루에 서너 번씩 폭파시켰다. 한번 폭파하면 1m 정도씩 파고들어 가는데, 아무리 해도 하루에 6m 정도 밖에 팔 수 없다고 한다.[520] 1945년 3월 말경에는 제주도 전체 공정의 30% 정도가 진척되었고, 일본 규슈에서 제11공사대가 제주도에 도착하였다. 2월 상순부터 방위축성부에서 파견된 교관이 공사를 지도할 기간요원 80명에 대하여 진지구축 교육을 실시하였다.

일본군 기밀문서에는 이때 '동굴식 갱도'와 '굴개식 포병 엄체(堀開式砲兵 掩體)'공사교육이 10일간 실시되었다고 하여, 제주도에 구축된 진지의 성격을 가늠할 수 있다.[521] 기존의 모슬포비행장 이외에도 제주읍내 동쪽 10km 지점의 진드르와 서쪽 2km 지점의 정뜨르에 동서비행장 건설에 박차를 가하였다. 당시 징용된 임경재 씨의 증언에 의하면 "약 70만 평 정도 되는 청수곶자왈의 참가시나무(촘가시낭)는 제주에서 제일 재질이 좋고 수량 또한 많았는데, 당시 일본군은 이 참가시나무를 베어다가 정뜨르·알뜨르비행장을 건설할 때 사용한 삽·곡괭이 자루용으로 공급했다"고 설명했다. 또한, 선흘곶에서도 상당량을 조달했다.[522]

병력의 주력은 포대를 중심으로 중산간지대에 설치되었다. 어승생악, 관음사, 녹산장 등에 거점 진지를 구축하고, 전도에 걸쳐 산봉우리마다 토치카를 만들었으며, 이들을 그물과 같은 갱도로 연결해 놓았다. 역시 오키나와에서의 진지배치와 같은 원리가 작용하고 있음을 알 수 있다. 일본군 측에서 예상했던 미군의 상륙병력은 2~5개 사단이었다. 그것은 제주도를 제2의 오키나와로 예정하고 있었음을 의미한다. 4월 1일 미군이 오키나와 본섬에 상륙하자 제주 요새화 작업은 더한층 속도를 내야 했다. 섯알오름 지하의 거대한 참호는 이러한 당시 긴급한 상황 속에서 치밀한 계획 아래 구축이 시도됐음을 보여준다.

'1945년 5월 1일 현재'로 돼 있는 '제주도 항공기지 위치도'를 보면, 이 시점에 고각포지휘소 · 어뢰고 · 연료고 · 통신소 등이 들어가게 돼 있었다. 참고로 일본 육군은 고사포, 해군은 고각포(高角砲)라고 부른다. 섯알오름 지하 진지를 조사한 바 있는 제주도동굴연구소에 의하면, 현재 이 지하진지의 총 길이는 1,220m다. 남태평양이 한눈에 보이는 섯알오름 정상부에는 일제가 구축해놓은 고사포 시설 3기가 잘 남아 있다.

고사포 시설은 오름 지하 진지의 지휘소와 연결됐을 것으로 보인다. 오름의 남단 기슭에 깊게 팬 웅덩이는 일제 당시 도내 최대의 탄약고 터로 알려진다. 애초에는 지하에 건설했으나 일제가 패전 후 폭파하면서 커다란 웅덩이가 돼 버렸다. 이곳은 그 후 4·3의 비극과 6·25전쟁의 혼란기에 예비검속으로 인해 수백 명의 양민이 학살당하면서 또 한 번 비극의 현장으로 역사에 등장한다. 탄약고 터 남쪽에는 연료고 터도 남아있다.523) 일본군이었던 가미키 씨의 다음 증언은 엉뚱해 보이지만 오히려 현실감이 있다.

굴을 관통시킨 후에는 내부가 시원하기 때문에 그 안에서 낮잠 자는 일이 많았습니다. 당시 미군의 공격을 유인하기 위한 용도로 굴을 팠고, 오키나와에서도 화염방사기 공격으로 굴 안에서 많은 사람이 죽은 것을 알고 있었지만, 전쟁이 주는 공포감 같은 것은 없었습니다. 전쟁을 하러 왔는지…, 놀러 왔는지…, 왜 이런 일을 해야 하는지를 몰랐습니다." "8월 17일 날 아침에 중대장이 '전쟁이 끝났다'고 했습니다. 전쟁에 졌다고 한 것이 아니라…, 그래서 솔직한 마음으로는 병사들은 전쟁이 끝났다, 이제는 쉴 수 있다, 그런 느낌뿐이었습니다.524)

어떤 사태의 실감은 당사자보다 그 주변 인물에게서 나올 때가 있다. 그의 말대로 정작 일본군은 교전 없는 시간 동안 망중한을 보내는 여유도 느낄 수 있었겠지만, 징용된 조선인들의 삶에는 그런 여유란 존재하지 않았다. 섬 전체가 요새화 되면서 제주민들이 당한 고초는 조선 전체에서 가장 심하였다. 일제는 당시 일반적으로 '국민직업능력신고령'에 의해 만 16~50세 사이의 노무자를 강제동원했다. 그러나 제주에서는 이미 청년들이 강제징용이나 징병을 당하여 사할린이나 홋카이도 탄광, 남양군도 등으로 보내진 상태였기에 일손을 구하기 힘들었고, 심지어 일흔 살의 노인까지 강제동원 했다.525)

당시 북제주군 한림읍 월령리에 살던 고태춘 씨는 처음에 알뜨르비행장에서 갱도 진지 위에 흙을 져 나르는 위장작업을 하다가 그해 4~5월 무렵 이후에는 송악산 해안동굴을 파는 데 동원됐다. 새벽 7시에 일어나 저녁 8시까지 중노동에 시달려야 했다. 굴에서 피우는 가스 불 연기 때문에 폐가 심각하게 망가졌다. 당시 17세였던 고 씨는 이미 파놓은 첫 번째 굴에 양옆으로 나무를 세워서 2층으로 숙소를 만들고, 그 위에서 잠을 자면서 일했다고 한다. 그 안에 같이 수용된 인원은 대략 50명 정도로 기억했다. 그야말로 고난의 역사현장이었다.

당시 현장에 일본군은 없었고 '오야가다'라고 부르는 일본인 사장과 경상도 말씨를 쓰는 십장(감독)이 있었다. 전라도 말씨를 쓰는 기술자들

은 기계로 굴을 팠으며, 고 씨 등 노무자들은 '도로코'(鑛車, 광차)를 이용
해 흙 운반작업을 했다. 십장은 몽둥이를 들고 다니면서 일을 게을리하
는 사람에 대한 구타도 서슴지 않았다. 그러다가 당시 공사현장에서 동
갑내기가 죽어가는 장면을 목격했지만 어쩔 수 없었다. 노무비를 받지
못했으니, 식사라고 해서 나을 리가 만무했다. 일을 하는 5개월여간 하
루 세 끼 강냉이죽으로만 때웠다.

제주도 지하갱도 32km

태평양전쟁에서 일본의 패전이 임박한 1945년 7월 1일 일본군 제17
방면군 미야자키(宮崎) 제1부장이 제주를 방문한다. 방문 목적은 미군 등
연합군의 상륙에 대비한 작전상황을 점검하는 것이었다. 미야자키는 다
음 날 짧고 단호한 메모를 남기고 떠났다.

　　　　금후 중점을 서남부에 집중하기 바란다.

패전위기에 몰린 일본이 제주 서남부를 반드시 사수해야 할 전략적
요충지로 인식하고 있음을 보여준다. 그가 떠난 바로 다음 날인 1945년
7월 3일, 제주도 제58군 총사령부의 우메즈(梅津) 참모부장은 제주도에
주둔한 일본군의 작전목적을 조선 제17방면군 고즈키 요시오(上月良夫)
총사령관에게 다음과 같이 보고했다. "제주도에 있어서 작전목적은 적의
공중·해상기지 설정 기도를 분쇄하는 데 있고, 이를 위해 작전 초기에
공세를 펼쳐 적을 격멸하는 것이다." 그리고 이 보고를 토대로 7월 13

일 일본군 참모총장은 제주도 작전에 대한 특별지시를 제17방면군 사령관에게 시달했다.

1. 제주도에서의 작전목적은 적의 공중·해상기지설정 시도를 파쇄함에 있다. 이를 위해 작전 초동에서 공세를 취할 것.
2. 제17방면군 사령관은 1개 사단 병력을 남선(南鮮)에 준비하고 제주도에 대한 적의 침공 공산이 다대해지면 적시 이를 제주도에 투입, 제58군의 전력을 증강할 것.526)

이 지시에 따라 8월 중순에 제주도에 제120사단을 증파할 계획이었으나 종전으로 실행되지 않았다. 일본 방위성 「대본영 육군부」 기록에는 제주도의 지하갱도에 대해 '6·7갈래, 동굴 3만2000m'라는 문구가 남겨져 있다. 이는 일본대본영 참모본부 미야자키 제1부장이 그 해 7월 1, 2일 제주를 찾아 일본군의 제주에서의 전쟁준비상황을 시찰하며 남긴 메모였다. 미야자키의 32km라는 기록은 해군과는 따로 육군이 제주도 각지에서 판 지하참호를 나타낸 것이다. 여기서 동굴은 대부분 '지하갱도'라 불리는 것이다. 일본군은 제주도에 32km에 이르는 지하갱도를 만들고 최후까지 미군을 상대로 게릴라전을 벌이려 했다. 1945년 6월 말~7월 초 시점이면 일본군 제96사단, 108여단, 111사단, 121사단의 배치가 완료되고, 미군의 상륙에 대비해 각종 진지구축이 한창이던 무렵이다.

단일 규모가 아닐지라도 '32km'라는 지하갱도는 좀체 실감이 나지 않는다. 지하갱도를 보면, 오키나와 도미구스쿠 시(豊見城市)의 구해군사령

부 호가 연상된다. 구해군사령부 호는 오키나와 전쟁 당시 실제 미군과
전투가 벌어진 곳으로 구불구불 이어진 갱도 내부에는 사령관실과 막료
실, 암호실, 의료실, 하사관실, 작전실, 발전실, 비상통로 등이 갖춰져
있다. 미군이 진입하자 이곳의 일본군은 최후까지 저항하다 수류탄을 터
뜨려 자폭을 했고, 벽면에는 그 흔적이 선명히 남아있다.[527]

「조선에서의 전쟁준비」문건에 기록된 1945년 8월의 제주도 병력 기
초배치도에 의하면, 일본군은 주력진지가 1차 저지선인 해안 진지에서
훨씬 후퇴한 중산간 지대에 집중되었다. 이는 오키나와에서의 경험이 그
대로 반영된 결과였다. 이미 미군과 벌였던 상륙전 경험에 의해 해안선
방어는 무의미하며, 내륙으로 유인하여 유격전을 벌인다는 구상이다. 제
주도 지역에 광범위하게 존재하고 있는 '전투형' 땅굴 진지들과 유사한
형태를 띠고 있는 것이 바로 오키나와의 '구해군사령부 기지'이다. 오키
나와 '구해군사령부 기지'는 그 내부의 벽과 천정이 상당 부분 콘크리트
로 마무리되어 있어, 목재로 마무리를 하였다고 하는 제주도의 그것들과
는 차이를 보이고 있다. 그러나 기본적인 구조는 유사하다고 판단된다.
이와 같은 형태의 '땅굴 진지'에서 일본군은 미군에 저항하였고, 또 저
항하려고 준비하였다.

제주도에서도 옥쇄작전, 집단자결 일어날 뻔

이처럼 일본군들이 '땅굴 진지'를 조성하고 여기에 의존할 수밖에 없
었던 이유는 미군의 항공전력에 대한 두려움 때문이었다. 1945년 8월
15일 당시 제주도 58군사령부 휘하의 일본군 병력은 6만여 명에 이르

렀다. 제주 주둔 일본군의 방침은 미군상륙 시 최후까지 싸운다는 이른바 '옥쇄(玉碎) 작전'이었다. 오키나와 해안의 전투진지가 무너졌을 때 일본군은 천연동굴에서 주민들에게 집단자결을 강요하며 옥쇄작전을 펼쳤다. 만약 전쟁이 좀 더 지속되고 미군이 일본 본토에 상륙하였을 것이라는 가정을 한다면, 천연동굴이 산재한 제주도에서 어떠한 형태의 전투가 전개되고, 또 얼마만큼의 인명피해가 발생했을지에 대해서는 상당 부분 유추가 가능하다.528) 이와 관련 임경재 씨의 증언에 주목할 부분이 있다.

　　일본군들은 패전 직후에 구덩이를 파고 많은 양의 방독면과 옷 등을 꺼내서 불태웠는데 '청산가리'와 같은 약품을 웅덩이에 쏟아 넣어 뭣도 모르고 방독면 있는 우비 등을 가져가려다가 죽을 뻔했다.529)

　청산가리는 공격용이 아니라 오키나와에서 집단자결을 강요할 때 사용한 것이다. 도카시키 섬 등을 비롯한 오키나와 전체에서 벌어진 집단자결의 학살극이 재연될뻔한 상황이었다.

　법에 의하면, 오키나와와 제주는 국경을 둔 두 나라의 섬이다. 그러나 현실은 소름 끼치도록 하나의 전장일 뿐이었다. 일본 지배의 과거에도, 그리고 미국패권하의 현재에도. 마음대로가 아닌 몸대로 반응하듯이, 상징대로가 아닌 현실대로 반응하는 법을 배워야 하는 것이 아닐까? 송악산 절벽을 치는 세찬 파도가 나의 정신을 치고 달아난다.

열일곱 | 치비치리 가마

집단자결인가, 학살인가?

치비치리 가마 앞에서 집단자결론의 모순을 설명하는 치바나 쇼이치 씨.

　　메도루마 슌의 『물방울』[1997, 아쿠타가와상 수상]은 오키나와
전 당시 숨어들어 간 동굴에서 혼자 살아남은 자의 평생의 죄책감과 고

통을 그린 소설이다. 문득 그 한 구절이 떠올랐다.

쓰러진 이시미네에게 줄 물을 자기가 정신없이 다 마셔버리고 수통이 텅 비어 있는 것을 보았을 때 물의 입자가 유릿가루처럼 콕콕 쑤시며 전신으로 퍼져나갔다.

치비치리 가마 입구에서 치바나 쇼이치(知花昌一)의 이야기를 듣는 내내 그의 이야기는 유릿가루처럼 콕콕 쑤시며 나의 전신으로 퍼져나가는 듯했다. 아팠다. 치비치리라는 이 동굴에서는 무슨 일이 있었던 것일까?

오키나와인에게 동굴은 삶의 공간이자 신의 공간

1944년 7월 7일 사이판에 있던 일본군이 전멸한다. 그러자 오키나와에서는 노약자와 부녀자, 학생들을 현 밖으로 소개하는 계획이 결정되었다. 애초 계획은 규슈에 8만 명, 대만에 2만 명, 총 10만 명을 소개하는 계획이었다. 주민이 전투에 방해되는 것은 일찍부터 예견된 일이며, 현지에서 자급자족하는 32군의 식량 확보 면에서도 주민소개는 절대적으로 필요한 것이었다.

그러나 이미 해상은 매우 위험한 상황이었다.530) 8월 22일 어린 학생과 일반소개자 1,661명을 태운 쓰시마마루(對馬丸)가 가고시마 남쪽 아쿠세키지마 부근에서 미 잠수함에 격침당했다. 826명의 학생 가운데 구조된 학생은 59명에 지나지 않았다. 쓰시마마루의 조난은 극비에 부쳐졌지만, 사람들은 조난 사실을 대부분 알고 있었다. '어차피 죽을 거라면 내가 태어난 곳에서'라며 노인들은 소개를 꺼려 결국 규슈로 소개된 사람은 약 6만5천 명, 대만으로는 1만여 명에 그쳤다. 대만은 미야코, 야에야마 주민 중심으로 소개되었기 때문에 오키나와 본섬엔 여전히 많은 주민이 떠나지 못한 채 공포에 떨고 있었다.

1945년 2월에는 본토 중남부에 거주하는 민간인들을 밀림 지역인 북부로 소개하기 시작했다. 약 50~60km의 여정을 대부분의 사람이 들 수 있을 정도의 짐만 가지고 어린아이들의 손을 잡아끌면서 걸어갔다. 주거를 위해 준비된 것은 깊은 산중에 지어진 초라한 오두막이었다. 식량 배급도 없었고, 특히 미군이 상륙한 후에는 산중으로 피해 다니며 굶주림에 허덕이는 날이 계속되었다. 피난처에는 굶주림과 말라리아와의 싸움이 기다리고 있었다. 그런 고생을 예견해서였을까? 아니면 미군의 상륙지점은 섬의 동쪽이 될 것이라고 확신하고 있었기 때문일까? 섬의 중간 서쪽에 위치한 요미탄 촌의 나미하라 마을 사람들은 대부분 동네를 지키고 있었다. 요미탄 촌 나미하라 마을은 사탕수수밭이 펼쳐진 여느 마을과 다를 바가 없었다. 차이가 있다면 융기 석회암지대인 오키나와 중에서도 제법 길고 큰 동굴이 산재해 있다는 것이었다.

오키나와인에게 동굴은 친숙한 공간이다. 오키나와의 소설가 메도루마 슌이 실감 나게 그린 것처럼 오키나와인들의 삶의 곳곳엔 동굴과 그 인근에 뻗은 가지마루 나무가 그물처럼 감싸고 있다.[531] 자연동굴이 많은 오키나와는 본토보다 인골이 화석으로 남기 쉬웠던 탓에 여덟 군데에서나 구석기인골이 발견되었다. 이는 본토의 조몬(繩文)시대(1만3천 년 전~B.C. 3세기)이전부터 오키나와에 인류가 거주하고 있음을 보여준다. 또한, 일본인의 신화에서 동굴은 시원의 존재가 거주하는 곳으로 알려져 있다.[532]

치비치리 가마 입구.

　민간에서 전승되는 설화에서도 가테나 읍의 한 동굴에 괴기석을 봉안한 동굴을 만들어 영신으로 믿었다는 기록이 있다.[533] 좀 더 구체적인 것으로는 요미탄 내 산속의 어느 작은 동굴에는 사람들이 신으로 숭배하는 거울이 있었다는 설화도 있다. 그 거울을 어느 장사꾼이 훔쳐가는 바람에 오랫동안 순풍이 사라졌고, 죄를 깨달은 상인이 다시 가져다 놓으니 순풍이 이어졌다는 것이다.[534] 곧 류큐인들에게 동굴은 삶의 공간이자 신의 공간이다. 위기를 피해 동굴로 들어간다는 것이 자연스러웠다. 그래서 굳이 북부 산악지대로 피난을 가지 않았는지 모른다.

　가마는 굴을 뜻하는 말이다. 치비치리 가마는 사탕수수밭을 지나 조그만 산길로 접어 들어가자마자 땅이 수직으로 꺼져 내린 곳에 있다. 동굴 입구는 좁지만 안쪽은 넓으며, 안으로 들어가면 여러 갈래로 동굴이 나누어져 있다.[535] '치비치리'라는 말은 '도중에 끊어진다'라는 의미로, 이는 마을을 흐르는 개울이 이 동굴에 막혀 끊어졌기 때문에 붙여진 이름이라고 한다.[536] 입구 우측에는 형형색색의 천년학이 마치 우리네 굿당의 지화처럼 매달려 있다. 학을 하나하나 접었을 고사리 같은 손들의 정성이 숙연하게 다가온다.

비밀이 묻혀 있던 동굴 이야기

이 동굴에 얽힌 사연이 알려진 것은 비교적 최근이다. 중일전쟁 당시 남양으로 출정하였다가 포로로 잡혀 2년간 감금생활을 한 뒤 살아 돌아온 히가 헤이신(比嘉平信)은 15명의 친척이 동굴에서 죽었다는데, 언제 어떻게 왜 죽었는지를 말해주는 이가 없었다고 한다. 집에 돌아온 날부터 꿈속에서 40여 년 전에 고인이 된 숙부가 나타났다. 이 때문에 부모를 채근하였지만, 친족 15명이 죽었다는 말만 할 뿐 사건의 경위에 대해서는 침묵하였다고 한다. 그렇게 해서 38년의 세월이 흘렀다.

또 한사람. 치바나 쇼이치(知花昌一)는 어릴 적부터 이곳에 놀러 와서는 안 되는 곳이라고 들으면서 성장하였다고 한다. 치바나 쇼이치 씨는 중학교에 다닐 때 동굴 안에서 어른 몰래 친구들과 술도 마시고, 담배도 피웠다고 한다. 그러다가 선생님이 찾으러 와서 부르면, 굴 안쪽 깊숙한 곳으로 도망갔다는 개구쟁이의 추억이 묻어있는 곳이었다. 그가 비극적 사실을 알게 된 때는 30대 중반에 이르러서였다. 자신의 가족이 '자결'한 사람 중의 한사람이었다.[537] 누구도 이 동굴에 대해 세밀하게 조사한 사람이 없었기 때문에 강제집단학살 당시의 상황은 역사적 시간이 멈춘 채 자연적 시간만이 무심하게 흐르고 있었다. 뼈는 거의 삭아 있었고, 그 위에 흙이 쌓이면서 원형도 점차 사라져 가고 있었다.

다시 또 한사람. 상업미술가였던 시모지마 테쯔로(下嶋哲朗)는 자기 일에서 큰 성공을 거두었다. 광고회사에 근무하던 때, 본토와는 다른 독특한 거리의 모습에 끌려 1975년 오키나와로 이주했다. 광고영화제작자의 자살을 계기로 방향을 전환하여 이곳저곳을 돌아다니며 옛이야기를 모아 어린이용 그림책을 만들게 되었다고 한다. 그리고 오키나와 요미탄 촌에서 일어난 집단자결 사건에 대해 들었다. 확실한 강제성도 명령도 없이 "자, 죽읍시다"라는 발언이 있은 후, 마을 주민은 연이어 숨을 끊었다. 이것을 '개죽음'이라고 회상하는 사람이 있었다. "마음이 요동쳤다"고 한다. 자세한 내용을 물었지만 마을 사람들의 무거운 입은 열리지 않았다. 이야기를 듣기까지 7년이 걸렸지만 이해할 수 없었다. "보통 사람이 자발적으로 죽다니…."538)

동반 타살, 자살한 82명 중 47명이 어린이

1983년 7월 21일 오후 4시 반에 시모지마가 요미탄 촌에 도착하면서 현장조사는 시작되었다. 그가 만난 사람은 당시 63세의 히가 헤이신 씨이다. 히가는 중앙공민관의 야경 일을 맡고 있었다. 그리고 슈퍼마켓을 운영하던 청년 치바나 쇼이치. 이렇게 셋이서 의기투합하여 망자와 생존자들이 같이 침묵한 비극의 현장을 탐색하기로 하였다.539) 그리고 세 남자의 억척스러운 노력에 의해 비밀에 묻혀있던 동굴 내 이야기가 마

침내 세상에 드러나게 되었다.540)

　1945년 4월 1일에 오키나와에 공격을 개시한 미군이 본섬에서 처음 점령한 곳이 바로 요미탄 마을이다. 이 마을 주민 139명이 미군을 피해 이곳 '치비치리' 동굴로 피신하자마자 미군이 그들을 포위하였다. 동굴 밖을 경계하던 청소년 2명이 죽창을 들고 미군 병사에 대항하다가 중상을 입고 돌아온 모습을 목격한 주민들은 극도의 공포상태에 빠지게 된다. 왜냐하면, 당시에 학교나 일본군들로부터 받은 교육은 귀축영미, 즉 영국과 미국놈은 짐승 같아서 미군에게 붙잡히면 남자는 비참한 죽임을 당하고, 여성은 강간당하리라는 것이었다. 17세 미만의 청소년은 황민화 교육의 가장 큰 영향을 받은 집단이자 교육수준도 높은 집단이었다. 특히 열등한 오키나와가 아닌 문명화된 일본과의 동일시가 강했다. 그래서 이들은 주로 학도대와 경방단에 조직되어 죽창 들고 전쟁에 참가했고, 미군이 다가왔을 때 죽창을 들고 돌격하며 투쟁을 선동했다.

　다음 날인 4월 2일, 다시 찾아온 미군은 이곳에 일본군이 없음을 확인하고 "밖으로 나오면 죽이지 않고 살려 주겠다"라는 일본어로 된 종이를 전달했다.541) 미군이 통역을 대동하고 이들에게 항복을 권했지만, 아무도 밖으로 나가지 않았다. 이때 두 명의 사나이가 명예로운 죽음을 맞이할 시기가 왔다면서 자신들이 사이판에서 경험한 이른바 옥쇄를 거론하였다. 이들은 참전경험이 있는 재향군인이었다. 이들은 옥쇄를 명령했던 전진훈에 가장 충실한 이들이었다. 특히 이들은 이미 일본군과 함께 전선에서 잔학한 만행을 자행하거나 혹은 이를 목격한 이들이었다. 그 때문에 일본군이 저지른 만행의 책임이 자신들에게 돌아올 것으로 생각했다. 이들은 방위대와 호향대에서 혹은 스스로 의용대를 결성해 끝까지 싸웠고, 피신한 동굴에서 모든 사람의 자결을 유도했다.[542] '집단 자결' 분위기가 급속하게 조성된 것이다. 결국, 모든 인화물을 모아놓은 다음 불을 붙이는 것으로 그것을 시도하였다. 미군이 다시 설득하려고 하였으나 듣지 않았다.[543] 미군이 다시 동굴로 찾아왔을 때 첫 번째 죽음이 발생했다. 우에치 하루라는 18세의 한 처녀가 자기 어머니에게 "아직 깨끗한 몸일 때 어머니가 죽여주세요"라는 말을 하였고, 종군간호사였던 어머니는 칼로 딸을 죽인 뒤, 독극물이 든 주사기로 나머지 가족을 죽이고 자신도 자살한다. 종군간호사 역시 참전군인과 같은 의식을 공유한 사람이었다.

이 모습을 본 사람들은 각자 갖고 있던 칼이나 청산가리로 "나도 죽여달라"고 하면서 서로를 죽이기 시작했다. 간호사는 독을 주사했고, 농부들은 농기구를 사용했으며, 칼을 가진 사람은 칼로 찔렀다. 부모가 자식들을 먼저 죽인 다음 부모들의 동반 자살이 뒤따랐다. 완전한 혼돈상태였다. 순식간에 82명이 서로에게 죽임을 당했다. 그중 47명이 12세 이하의 어린이였다. 동굴 입구에 세워진 평화기원 비석의 사망자 명단에서 이런 사실이 확인된다.[544] 이들은 스스로 자결을 결행할 판단력이 있었다고 보기 힘들다. 이것이 자발적 동의에 의한 자결만으로 볼 수 없는 결정적인 이유이다. 그러나 일본군도 없는 상황에서 벌어진 이 참상을 일본군의 강제에 의한 것이라고 규정하기에도 어려움이 존재한다.

일본정부는 과연 오키나와 주민들에게 집단자결을 직접 강제했던 것일까? 1945년 3월 말, 고교 2년생이었던 긴조 시게아키의 증언을 들어보자.

'천황 폐하 만세'를 삼창한 후에 일본군들과 동사무소 직원들은 주민들에게 수류탄을 나눠줬습니다. 그것은 자결명령을 의미하는 것이었습니다. 곳곳에서 수류탄의 폭음과 비명, 통곡 소리가 뒤섞여 그야말로 아비규환과 같은 상황이 발생했습니다. 불발탄이 많았던 탓에, 살아남은 사람들은 돌과 죽창을 들고 자신의 가족과 친지들을 죽이기 시작했습니다. 저도 형과 함께 어머니를 돌로 내리쳤고, 여동생과 남동생도 때려죽였습니다. 바로 그때 한 청년이 외쳤습니다. '이대로 죽느니 미군을 한 놈이라도 죽이고 죽자!' 그런데 저를 포함해 5명의 청년들이 처음으로 만난 사람은 미군이 아니라 일본군이었습니다. 우리는 살았다는 안도감이 아니라 배신감에 치를 떨었습니다. '군관민 공생공사(軍官民 共生共死)'라고 했는데, 일본군은 멀쩡히 살아 있었던 것입니다.[545]

'천황 폐하 만세' 외치고 82명이 자결한 치비치리 가마에 남아 있는 당시의 유물.

처음부터 오키나와의 모든 자원을 동원해서 최대한 지구전을 벌인다는 계획이었고, 일본 수뇌부는 "오키나와는 100% 희생해도 괜찮다"는 전략이 짜여 있었다. 이를 통해 일본 본토, 나아가 천황제를 지킨다는 이른바 '고쿠타이고지(國體護持)'의 철저한 도구가 된 것이다.

일본 군부의 황민화 교육이 낳은 동물적 충성심

긴조처럼 살아남은 자들의 아픔 역시 죽은 이 못지않게 컸던 것으로 보인다. 흔히 말하듯이 지옥에서 살아남은 자의 트라우마는 넓고 깊으며 오래가기 때문이다. 그들은 특히 잃어버린 가족을 생각하는 괴로움과 살아남았다는 죄의식으로 인해 고통을 받았다.546) 예컨대, 생존자로서 당시의 참상을 증언한 요기 토시 할머니는 동굴 속에서 다섯 살짜리, 다섯 달짜리 두 아이와 해수병을 앓고 있던 시어머니를 돌보면서 고역을 견뎌낸 것 이상으로 죽음 직전에 그곳을 벗어날 용기를 가졌던 사람이다. 죽음을 각오하고 실행에 옮기기 전, 그의 아들이 "난 싫어, 커서 미국놈들을 죽일 거야"라고 하는 말을 듣고는 그 말도 일리가 있다고 생각해 동굴에서 나왔다고 한다.

치바나 카마도 할머니는 미군의 공격으로 동굴에 연기가 꽉 차게 되자 젖먹이 딸과 여섯 살짜리 아들의 손을 잡고 동굴 밖으로 나왔다. 그러나 순간 아들이 시체에 발이 걸려 넘어지는 바람에 살아남지 못하였고, 딸은 미군이 사탕수숫대 한 토막을 입에 물려준 덕분에 살아남았다고 한다. 아들을 잃은 내상은 40여 년이 지난 이후에 꿈에서도 잊을 수 없을 정도로 큰 상처를 입었다. 또 어느 아버지는 아들을 죽인 뒤 딸의

목까지 졸랐으나, 기절하는 바람에 미군에 의해 구출되었다. 이를 현장
에서 목격한 어머니와 그의 손녀는 지금까지 그러한 행동을 강요한 전
쟁과 그 풍토에 분노하면서 자신들 역시 공범이라는 인식을 하게 되었
다고 말한다.547) 당시 열 여섯 살이던 소년 긴조 시게아키 역시 어머니
를 죽인 까닭에 깊은 내상을 안고 있는 현직 목사로서, 2007년에 당시
의 상황을 다음과 같이 회상하였다.

> 당시는 살아남는 게 두려웠다. 미군에게 체포되면 팔다리가 잘리고, 여자들은 '욕
> 을 본다'는 강한 공포감이 있었다. 그 배경에는 오키나와인들을 총동원하기 위해 일
> 본 군부가 주입시킨 황민화 교육이 있었다.

고미네 마사오 씨의 회상에 의하면, 중일전쟁이 시작된 1937년 무렵
부터 초등학교에서 학생들에게 매일 아침 도쿄의 황궁을 향해 경례하게
시켰다고 한다. 나중에 '집단자결'이 있었던 산과 같은 방향이었다. 도덕
시간에는 청일전쟁 때 적의 총에 맞아도 돌격나팔을 손에서 놓지 않은
채 죽은 병사의 이야기에 감동했다. 역사 시간에는 1900년 전후부터 일
본이 승리한 전쟁에 관해 배우고, 체육 시간에는 죽창훈련을 했다. 어느
새 수업은 전쟁에 관한 내용으로 거의 채워졌다. '훌륭한 황국신민이 되
어 천황폐하를 위해 목숨을 바친다'는 생각에 해군에 입대하려는 꿈도
가졌다.
또한 아카지마(阿嘉島)에서 오키나와 본섬의 중학교로 진학한 가키노하
나 다케이치(垣花武一) 씨는 1944년, 나하(那覇) 시의 공회당에서 오키나
와 수비대 사령관이 "드디어 다음은 오키나와다. 향토방위를 위해 몸 바

칠 기회"라고 눈물을 흘리며 연설하는 것을 듣고, 소름이 돋을 정도로 감동했다고 한다.[548] 치바나 역시 말한다.

이것은 자결이 아니라고 생각한다. 죽은 85명 중 47명이 어린아이였다. 어째서 어린아이들이 스스로 죽겠다고 생각하겠는가? 그중에서도 가장 어린아이는 생후 3개월인 유아였다. 이렇게 어린아이가 자결할 수는 없다. 이런 어린아이가 죽은 이유는 엄마가 죽였기 때문이다. 왜 엄마가 자기가 낳은 아이를 죽였는지 살아남은 엄마에게 물어봤다. 그러면 다들 같은 이야기를 한다. "그때 일본 교육은 그런 것이었다"고. 원래 엄마는 아이를 지키려는 것이 당연하다. 그러기에 당시에 주민들이 받은 교육이 어떤 것이었는지 말해준다. 그것은 '동물적 충성심'이다. 오키나와 사람들이 그렇게 행동한 이유는 결국 당시의 나쁜 교육이 있었기 때문이다.

만약 바른 교육이 있었다면 이러한 참상을 피할 수 있었을까? 그에 대한 답은 멀지 않은 다른 동굴에서 확인된다. 시무쿠 가마는 오키나와에서 두 번째로 긴 동굴이다. 요미탄 촌에 상륙한 미군은 이 동굴에 사람이 숨어있음을 알아냈다. 사람들은 처음에 미군을 보고 죽창을 들고 저항하려고 했지만, 하와이에서 살아본 경험이 있던 두 사람이 미군의 상륙 때 주민들을 동굴로 피신시킨 뒤 공포에 떨고 있는 주민들에게 "미국인은 죽이지 않는다"라고 설득하면서 미군과 교섭하여 주민을 모두 살려낸 것이다. 이 두 명은 하와이에서 꽤 오랜 기간 이민생활을 했다. 한 명은 5년이고, 다른 한 명은 25년이었다. 즉, 1920년경 소철지옥 시기에 오키나와를 떠난 세대이다. 이들은 이민체험에 비추어 일본과 일본군을 비판하는 위험한 언동을 해왔다. 그래서 마을 사람들은 그 두 명

을 비국민으로 인식하고 있었다.549) 주민들로부터 스파이 혹은 '비국민'
으로 인식되었던 두 사람이 많은 주민을 구한 셈이었다.

이민체험으로 일본 국가주의에서 해방되기도

이렇게 볼 때 시무쿠에서 발견되는 이민체험은 치비치리의 재향군인
과 종군간호사의 전쟁체험과 대조를 이루고 있다. 시무쿠의 두 사람은
개인적 자질이 훌륭해서라기보다는 아메리카 이민체험과 이에 근거한
비국민으로서의 행위성 때문에 주민들을 설득할 수 있었다. 이러한 이민
체험으로 일본 국가주의에서 해방되었다는 평가도 타당하다.550) 이민체
험에서 중요한 것은 '누구의' 체험이었는가가 아니라 '어느 지역에서의'
체험이었는가가 중요하다. 남양군도로 간 이민자들은 '일본인'을 지향하
며 제국의식을 가졌고, 이들의 체험은 옥쇄로 연결된다.551)

그러나 하와이에서 오키나와인들은 미국인의 차별과 이민사회 최상층
인 일본 내지인의 차별에 대하여 하와이 선주민과 우호와 신뢰를 쌓아
융화되어 갔다. 이들은 마을 사람들에게 일본인이 아닌 오키나와인임을
자각케 하며, 옥쇄를 거부하고 와전[瓦全, 안전하게 살아 남음]을 택하게 했을
수 있다. 나아가 천황 항복선언 후에도 오키나와에서 지속되는 일본군의
저항을 오키나와인 스스로 무장하여 토벌하자는 방향으로 나아간다.

결국, 소철지옥 시기의 극단적인 경제위기가 해외노동력유출, 즉 이민
으로 이어졌고, 그 이민체험에서 민중 간 연대경험이 일제가 획책한 죽
음으로의 동원에 저항할 힘을 만들어 준 것이다.552) 국가주의, 지정학주
의가 아닌 세계적 차원의 민중연대주의가 치비치리 가마의 비극을 막을

수 있는 요소가 아닌가 생각해본다. '시무쿠 가마'에서 1천여 명의 생명을 구한 이야기를 전하기 위해 '구명동굴의 비(救命洞窟之碑)'를 세웠다. 그 전문은 다음과 같다.553)

제2차 세계대전, 오키나와 상륙 당시(1945년 4월 1일), 나미히라 구민(波平区民) 약 1천여 명이 하와이에서 돌아온 고 히가 헤이지 씨, 히가 헤이조 씨(故 比嘉平治氏, 比嘉平三氏)에 의해 구조된 시무쿠 동굴이다. 종전 50주년(終戦五十周年)을 기념(記念)하여 건립(建立)한다. 1995년 4월 1일 나미히라 공민(波平公民).

한편, 증언자들은 '집단자살'만이 죽음의 전부는 아니었다고 증언하였다. 일본군의 서슴없는 주민학살이 또 다른 죽음의 원인이었다. 포로가 되는 것을 수치로 아는 일본군의 습성과 오키나와 사람을 신용하지 않고, 스파이처럼 여기는 의심이 학살의 사회 심리적 배경이었다. 우시지마(牛島) 사령관은 부임해오자마자 "군인 군속을 불문하고 표준어 이외의 사용을 금한다. 오키나와어로 얘기하는 사람은 간첩으로 처벌한다"는 군 회보를 공포하였다. 당시 오키나와 주민들은 일상적으로 오키나와 방언을 사용하고 있었기 때문에 이 말은 모두 스파이라는 말이 되는 것이다.

일본군의 조직적 저항이 끝나고 무조건 항복한 후에 나하에서 100km 서쪽 해상에 위치한 구메지마(久米島)에선 연달아 학살이 일어났다. 구메지마에 미군이 상륙한 것은 제32군의 우시지마 사령관이 자결한 뒤인 6월 26일이다. 섬에는 해군 전파탐신대원 약 30명이 배치돼 있었지만, 미군에게 저항도 하지 않고, 그렇다고 투항도 하지 않으면서 해발 30m의 산중에 숨어 있었다. 주민들은 일본군에게 식량을 공출하는 등 협조적이었다.

우체국 전신기사인 A 씨는 6월 27일 피난소로 향하던 도중 운 나쁘게 미군과 우연히 마주쳤고 투항권고서를 받았다. 그는 그 길로 대장에게 갔으나 이적행위자로 몰려 그 자리에서 총살당했다. 최초의 피해자였다. 6월 29일 한밤중. 미군이 상륙하기 전 H 씨와 M 씨는 미군 척후병에게 납치당했으나 며칠 뒤 귀가했다. 얼마 지나지 않아 주민으로 변장한 일본군 연락책으로부터 M 씨 집으로 집합하라는 명령을 받았다. 불려 나간 것은 M, H 씨 가족 외에 구장과 경방 단장 등 모두 9명이었다. 그날 밤 M 씨 집엔 불이 났다. 다음 날 아침 불타 무너진 집안에서 M 씨를 비롯한 9명의 시체가 발견되었다. 그들은 모두 사살되어 불태워진 것이다.554)

N 씨는 구메지마 출신의 해군이었으나 본토에서 포로가 되었다. 수용소에서 미군이 구메지마에 상륙한다는 말을 듣고 걱정이 된 그는 미군에게 뱃길을 안내하고 고향에 돌아와 주민과 패잔병에게 투항을 권하는 역할을 맡고 있었다. 부인과 한 살짜리 아이와 함께 세 명이 은신처에서 몰래 살고 있었으나, 8월 18일 은신처의 불탄 자리에서 칼에 찔린 자국이 있는 세 명의 불탄 시체가 발견되었다.

8월 20일에는 조선인 일가족 7명이 참살되었다. 가장은 다니가와(谷川)라고 불렸으나, 부산 출신인 그는 본명이 구중회라고 하였다. 부인은 오키나와 현 사람이었다. 행상으로 생활하는 구중회 씨는 미군과 물물교환을 하기도 했다. 그것을 목격한 섬 주민이 일본군에게 고발한 것 같다. 그렇지 않아도 '조선인은 스파이'라고 군으로부터 주시받고 있었다. 일본군이 집을 향하고 있다는 연락을 받고 부부는 따로따로 도망쳤다.

부인은 장남과 아기를 데리고 있었다. 일본군에게 발견되어 "아이만이라도 목숨을 살려달라"고 애원했지만, 무참히 참살당했다. 차남(5세)을 데려간 구중회 씨는 새끼줄에 목이 매여 해안으로 끌려가는 동안 절명했다. 일본군은 아버지에게 매달려 우는 아이를 총검으로 찔러 죽였다. 집에 남아 있던 두 명의 아이는 어머니가 있는 곳으로 가자며 데리고나와 죽인 듯, 마을에서 떨어진 소나무 숲에서 시체가 발견되었다.

세 살 이하는 주사 놓아 죽였다

미군에 투항을 계속 거부하던 일본군은 마침내 9월 7일 섬으로 건너온 상관의 설득으로 전원 산에서 내려왔다. 미군 측이나 주민들 어느 쪽에서도 구메지마에서 일어난 사건을 전쟁범죄로 고발하지 않았다. 1972년 「마이니치신문」 기자가 이 사건을 취재하고 나중에 책으로까지 냈다.555) 책에 따르면 당시 대장은 인터뷰를 통해 "스파이 행위에 대해 엄격한 조치를 취하지 않으면 주민들에게 먼저 당한다. (…) 일본 군인으로서 당시의 조치에 대해 잘못이 있었다고는 생각하지 않는다"고 말하고 있다.556)

노마 필드의 책 『죽어가는 천황의 나라에서』에 나오는 나카죠 미츠토시(당시 16세)의 회상 역시 충격적이다. 그는 가족, 친척들과 함께 피란해 있던 동굴에 일본병들이 들어왔을 때를 이렇게 회상한다.

그들은 아이들이 있으면 적군에게 들켜 폭파될 우려가 많다, 그러니 세 살짜리 이하는 처치해 버려야 한다고 말하더라구요. 세 살짜리 이하가 다섯 있었소. 주사를 놓아 죽였소. 그중에는 내 아우와 조카도 있었다오. 처음에 다섯 아이를 죽인다고 할 때 우리가 굴 밖으로 데리고 나가겠다고 대장에게 간청했소만, 네놈들이 스파이가 될지도 모르니까 안 된다고 하고는 입구 앞에 보초를 세워 두고 모두 꼼짝 못 하게 해놓구서, 대여섯 명이 덤벼들어서 아이를 하나씩 집어 들고 주사를 찔렀다구요. 그 다음 날 아침이었죠. 민간인으로서 살아 있는 건 당신들뿐이니까 미군에게 잡혀서 탱크 바퀴에 깔려 죽느니 차라리 우리 처분을 받아라, 그러더군요. 우리를 처치해 버리고 남은 양식을 차지하려는 게지, 누구나 그렇게 생각했지만 가만히 있었죠.

이처럼 주민들의 피난장소로 들어온 일본군들은 위치를 발각당하지 않기 위해 유아나 어린이들을 내쫓거나 죽였다. 군 비행장이나 진지구축에 동원됐던 주민들이 군사기밀을 유출할 것을 두려워해 미군에 투항하는 것을 허락하지 않았을 뿐만 아니라 바로 죽였다. '군관민 공생공사'라는 지도방침을 내려보내 많은 곳에서 부모, 형제, 자식, 친척, 지인들이 서로 죽이도록 명령하거나 이를 강요했다. 소위 '집단자결'이란 미군에 대해 그릇된 적대적 편견의 주입, 천황을 위해 자폭 자결을 미화하는 황국신민화 교육, 구체적으로는 일본군의 학살과 약탈, 자폭지시 등 관성과 폭력이 혼연일치 된 상황에서 발생했다. 이러한 일들은 오키나와 전역에서 벌어졌고, 특히 일본군이 전략지구전을 펼쳤던 오키나와 중·남부에서 많은 사례가 발견된다.

전쟁의 책임은 히노마루, 기미가요, 천황제에 있다

그러나 오키나와는 제국체제로부터 항시 버림받는 곳이면서 제국체제의 일원이기도 하였다. 그 때문에 타민족을 희생시킨 어두운 그늘도 가지고 있다. 치비치리 동굴의 유족회 회장이었던 히가 헤이신의 사례가 바로 그렇다. 그는 식민지 조선에서 군사훈련을 받을 때 허수아비를 군도로 찌르는 연습을 하였고, 중국 전선에서는 실제로 이를 실행하였다고 한다. 처음에는 이를 두려워했지만, 지휘관이 시범을 보인 이후에는 부대가 새로운 마을로 이동해 갈 때마다 부대원들은 안내역을 맡아준 민간인의 목을 잘랐다는 것이다.[557]

노마 씨에 따르면, 헤이신은 이 부분에 대해서는 이야기하고 싶어 하지 않는다고 말한다. 그는 또한 타일랜드에서 죽은 전우들의 기념비를 건립한 단체에도 속해 그 사업을 진행한 적이 있다.[558] 그는 치비치리 동굴의 집단학살을 조사하던 중에 조사에서 손을 떼고 싶다고 말한 적이 있다. 시모지마 씨는 그 진의를 잘 몰랐다고 하였다. 아마도 피로한 탓도 있었겠지만, 심혈을 기울인 조사에 더는 기력을 쓸 수 없었던 것도 이유일 것이라고 밝혔다.[559] 그러나 자신의 과거 군대에서의 살인행위가 조사작업을 더 진행하지 못하게 한 이유가 아니었을까, 조심스러운 추측을 해본다. 치비치리 동굴에 얽힌 내막이나 해외에서 전사한 동료에 대해서는 그처럼 진실을 파헤치고 헌신하면서도, 자신들의 가해에 대해서는 침묵하는 오키나와인이 있는 것이다. 한 몸에 가해자와 피해자가 공존하는 이 아이러니가 헤이신에게 있는 셈이다. 오키나와인들을 희생자로서만 강조하다 보면, 그들의 내면세계에 깊이 숨겨진 이런 진실은 잘 드러나지 않는다.

이처럼 치비치리 현장과 그 내면은 단순하지 않다. 희생당할 때의 현장, 또 그 현장이 오랫동안 묻힌 이유와 시간, 그리고 재발견된 이후 그

간 트라우마 속에서 살았던 생존자와 희생자의 유족들을 분석해보면, 요미탄 주민은 정말로 천황체제 아래서 강제로 집단자살을 당한 사람임이 틀림없다. 하지만 히가 헤이신의 경우처럼 자신들이 일본이라는 국경 너머에 있는 다른 민족에게 천황체제를 강제로 전이시켜 희생을 강요한 사실을 상기하면, 천황제하의 식민지에서 자신이 오직 희생자일 뿐이라는 생각은 보편성을 얻기 어렵다. 피해자로서의 발언도 용기가 필요하지만, 가해자로서의 반성은 더 큰 용기가 필요하다. 그러나 뼈를 깎는 반성을 통해서만 우리는 진정한 정의의 문을 열 수 있다. 그 가능성을 보여준 것이 치바나 쇼이치이다. 그는 시모지마와 함께 치비치리 동굴 현장을 함께 조사하면서 이 비극이 천황제에서 비롯된 것이라는 결론에 이르게 된다. 치바나는 "우리 마을의 집단 자결 사건을 조사하면서 전쟁의 책임은 히노마루, 기미가요, 천황제에 있다는 점을 알게 됐다"고 말했다.

1945년 2월 고노에 후미마로(近衛文麿) 전 총리가 천황에게 "이제 일본의 패전은 불가피하므로 화평의 결단을 해야 한다"고 진언한 데 대해 천황이 "그것은 다시 한 번 전과를 올린 후가 아니면 어렵지 않겠느냐"고 거부하여 오키나와전에 돌입했다는 사실이 알려졌다. 이 대화는 학술적으로는 알려져 있었지만, 오키나와 민중의 인식으로 공유된 것은 카이호우 국민체육대회 즈음이었다.560) 이때는 치비치리 가마에 대한 현장조사로 실상이 하나씩 알려지던 시점이기도 하다.

치바나 쇼이치 씨의 일장기 소각사건

1987년 오키나와에서 개최되는 국민체육대회가 다가오면서 천황의 참가 문제가 비상한 관심사가 되었고, 천황의 전쟁책임을 묻는 논의가 강해졌다. 그러나 반론도 만만치 않았다. 자결은 국체호지를 위한 것이지만, 천황은 그것을 지시한 바 없으므로 책임질 필요가 없다. 그것은 고도의 충성심이며, 고도의 충성심이란 일방적이고 또한 편당적이다. 즉, 등가교환같이 주고받는 거래의 관계가 아니다. 천황은 추상적인 의무만 있을 뿐 구체적인 책임으로부터 자유롭다는 논리 체계이다. 마루야마 마사오가 일본 파시즘의 본질로 통렬하게 비판했던 '무책임의 체계'인 것이다.561) 이처럼 국체호지를 위한 집단자결, 자폭이데올로기가 존재하는 한 천황제는 구체적 책임을 지지 않고도 또다시 전쟁을 일으킬 수 있는 체계가 된다. 따라서 치바나의 천황제 비판은 천황 개인의 교체나 거부가 아니라 일본 파시즘의 뿌리로서의 체계에 대한 비판이 아닐까 싶다.

1987년 10월 26일. 천황이 일본 복귀 후 처음으로 국민체육대회 개최지인 오키나와를 순행할 예정이었으나 건강상의 이유로 취소되었다. 대신 '히노마루' 게양과 '기미가요' 제창은 반드시 관철한다는 방침이었다. 이미 1년 전 요미탄 고등학교 졸업식장에서 졸업생이 무대 위의 히노마루를 빼버려 게양을 못 하는 사건이 있을 정도로 이 문제는 예민해져 있었다. 혼란과 긴장 속에 기미가요 없이 히노마루 게양만 하는 것으로 타협이 이루어졌다.

요미탄 촌의 '평화의 숲 경기장'에서 열린 국민체육대회 소년부 소프트볼 경기장 메인 폴에는 '히노마루'가 휘날렸다. 그때 갑자기 한 청년이 게양대로 올라가 히노마루를 끌어내리는가 싶더니 불태워 버렸다. 순식간에 일어난 일이었다. 그가 바로 치바나 쇼이치였다. 그는 "히노마루를 태움으로써 '집단자결'이 과거의 이야기가 아니라 지금 또 강제화할 수도 있음을 많은 사람에게 경고할 생각이었다"라고 말했다.

이 일장기 소각사건 이후 극우파로부터 불 공격을 받아 가게가 불타는 등 헤아릴 수 없을 정도로 많은 협박을 받았다.562) 12년 전인 1975년 황태자가 히메유리 탑에서 화염병 세례를 받았을 때는 전혀 볼 수 없었던 현상이었다. 불과 10년 사이에 히스테릭한 내셔널리즘이 오키나와 사회를 침식하고 있었다.563)

그럼에도 불구하고 그는 '히노마루' 소각 자체에 반드시 찬성하지는 않는 사람들까지 포함한 지역 민중들의 도움으로 일상적인 생활을 할 수 있었다. 그것은 어떤 의미에서는 오키나와 역사를 살아온 사람들의 지혜였으며, 또 다른 의미에서는 그의 일상이 지역에 밀착되어 있었음을 나타내고 있다. 치바나 씨는 집 골목을 나서다 동네할머니가 문고리를 열지 못하고 애쓰고 있는 모습을 보더니 반사적으로 달려가 해결해 주었다. 지금은 지역민들이 어떻게 생각하느냐는 나의 질문에 "저를 지방의원으로 뽑아준 것을 보면, 아마 제가 틀리지 않았다고 생각해주시는 것 같다"며 수줍게 웃으셨다.

오키나와는 내부식민지, 오키나와인은 비국민

1920년대 오키나와 출신 도쿠다 큐이치가 감옥생활 할 때 천황제 폐지를 외치다 검거되면 사형감이었다. 1993년 히노마루(일장기) 재판에서 치바나 씨는 징역 1년 판결을 받고 감옥살이를 해야 했다. 비록 처벌이 경감됐다고는 하나 여전히 일본에서 천황제 문제는 감옥감이다. 전후 헌법에서 천황이 단순한 상징 천황으로 바뀌었다지만, 치바나 씨는 현실에서 천황제의 위력이 얼마나 강고한가를 보여주었다.

치비치리 가마 사건은 오키나와인은 '비국민'이라고 하는 인식을 환기해 주는 계기가 되었다. 일본군이 학살의 또 다른 주인공이었다는 사실에서 명백히 드러난다. 노마 필드가 지적하였듯이 일본군이나 일본정부는 오키나와는 기껏해야 불완전한 일본인에 불과하다는 인식을 내장하고 있었다. 일본의 일부이기는 하지만, 이른바 내부 식민지나 다름없는 존재로 인식하고, 그것이 싸움터에서 그대로 투영이 되었다. 따라서 오키나와란 어떻게 보아도 식민주의라는 명제를 전제하지 않고는 기술하기에 부적절한 곳인 셈이다.564) 다시 말해 오키나와는 일본국의 국민이 아니며, 차별받는 사람이라는 의식이 근대화, 곧 천황제를 비판하고, 일장기를 소각하는 데까지 이르게 된 것이다.565)

사람의 수만큼 비참한 기억이 존재한다. 자기 손으로 아이를 죽였을 때의 감촉을 잊지 못하는 사람. 마지막으로 건넨 말에 대해 끊임없이 한스러워하는 사람. 그러나 그 후의 인생은 두 가지뿐이었다고 한다.

"일에만 일부러 몰두하든지 술에 빠져 살든지. 그러나 어느 쪽도 과거에 대해 말하려 하지 않는다."566) 그리하여 힘들어도 과거를 기억하는 것은 미래를 위한 투쟁이다.

열여덟 | 하에바루 옛 일본 육군병원호

학도대의 옥쇄, 청춘 제노사이드

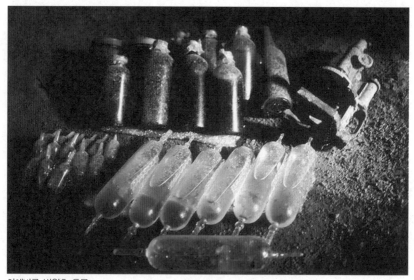

하에바루 병원호 유물.

　　주위엔 학교와 운동장이 둘러싸여 있었다. 아이들이 신나
게 운동하는 모습, 뭐라고 소리 지르는 함성, 깔깔거리는 웃음소리. 나

는 오키나와에 도착한 후 처음으로 사람 사는 동네에 서 있다는 느낌을 받았다. 연비어약(鳶飛魚躍). 제비가 날고 물고기가 뛰어오르는 장면을 유교에선 도의 최고경지라 칭한다. 있는 그대로의 살아 넘치는 생명력. 이 순간이 그랬다. 마침 연녹색을 흠뻑 머금은 해가 야산에 걸리기 시작했다. 황금의 숲 공원이라는 이름이 가장 걸맞은 시간에 이곳을 방문한 것도 행운이리라. 이 야산에 구일본육군병원유적지가 있다.

지하동굴에 새겨진 글자 '姜'

오키나와 현 시마지리 군 하에바루(南風原) 초는 오키나와 전쟁 때 오키나와 육군병원이 자리한 곳으로, 슈리 성의 바로 남단에 있다. 당시 슈리 성에는 일본군 오키나와 수비군사령부가 있었으므로, 하에바루는 미군의 상륙에 대비한 최후방어선이라 할 수 있다.[567] 미군은 게라마(慶良間) 제도를 거쳐, 1945년 4월 1일에 오키나와 서해안인 가테나 일대에 상륙하였으므로, 사실상 하에바루는 직접적인 전투현장에서 비켜간 곳에 해당한다.[568]

지하동굴의 출입문으로는 약간 어울리지 않아 안내원인 고가 씨가 문을 열어주었을 때야 이곳이 동굴병원임을 알 수 있었다. 우선 나의 시선을 잡은 것은 동굴 입구에, 전시했다기 보다는 원래 자리에 있었던 것처럼 놓인 작은 현미경과 주사 약병들이었다. 이것을 사진 찍느라 나는 일행과 벌써 떨어지고 말았다. 아무런 설명을 들을 수 없었지만, 굳이 설명이 필요 없을 만큼 어두운 굴의 풍취는 강렬했다. 굴의 재질은 돌이 아닌 굵은 흙에 가까웠다. 굴 안에서 느껴지는 공포는 앞이 아니라 뒤에서 온다. 흐린 등불이 지나치면서 무엇인가 보인 것 같았다. 그 무엇인가는 천정에 있었다. 못 같은 것으로 긁어서 쓴 글자 '姜(강)'이었다. 설마 한국의 강 씨, 오키나와 요새건축을 위해 동원된 징용자 중에서 자기 성을 써놓은 것이리라.

앞이 멈추었기에 안내원에게 물어보니 나의 예상은 맞았다. 그리고 이런 말을 덧붙였다. "현재 이 문자를 보존하기 위해 전문가들이 투입될 예정"이라면서 "시간이 지나면서 없어질 위기에 놓여있어 지자체에서 관리보존에 나섰지만, 전문가를 투입해도 해결하기엔 어려울 것으로 보인다"고 전했다. 그러면서 동굴 벽이 단단한 돌이 아니라 마사토(굵은 모래)처럼 표면이 부서지고 있다는 것을 다시 상기시켰다. 육군병원동굴 내부의 당시 상황을 재현한 문화센터가 육군병원에서 멀지 않은 곳에 있다. 당시 동굴에 숨어있던 군의관, 간호사, 조선인 군부 등에 화염을 발사하면서 동굴 벽 전체가 새까맣게 그을려 있는 흔적이라든지, 약 30kg의 무게 탓에 도망갈 때 미처 들고 가지 못하고 땅속에 묻어두었던 소독약, 링거 등과 같은 의약품이라든지, 조선인 군부 대다수가 손수 팠다고 하는 곡괭이 등이 이곳에 전시되어 있다. 그러나 하에바루 병원유적은 치비치리 가마와는 또 다른 성격이 느껴진다. 뭔가 석연치 않다.

전쟁주도자가 평화주의자로 변신

이곳의 대표적인 기념물인 '히메유리 탑'을 세운 것은 나하 시에 속한 마와시손(眞和志村)의 촌장이던 긴조와신(金城和信) 부부이다. 제1고녀(오토히메)에 다니던 그의 두 딸은 학도대로 징집되어 제3외과병원의 외과호에서 사망하였다. 유족이었다. 유족이 희생자를 추모하는 것은 당연하고도 엄숙한 일이다. 당시 유족들은 히메유리의 여학생들이 전쟁터에서 '전사'하여 야스쿠니 신사에 들어갈 수 있을 정도로 '명예로운 죽음'을 하였다고 판단하였던 것 같다.569) 긴조 씨는 1965년에 오키나와를 방문한 사토(佐藤榮作) 총리에게 전몰자처우 문제의 해결을 청원한 결과 국고보조를 얻을 수 있었다.570)

이렇게 보면 그는 오키나와 내의 대표적인 일본적 엘리트로서 전쟁 유족과 일본정부를 연계시켜 오키나와의 전몰자, 특히 희생 학도들을 일본의 애국자로 전환한 인물이라고 할 수 있겠다. 전쟁을 지도하고 동원했으면서도 전후에 오키나와의 비극을 운운하면서 평화주의자로 등장하는 오키나와 엘리트의 한 전형이라고 할 수 있을 것이다.

평화헌법 9조 비. 안내원이 일본헌법 9조의 의미에 대해 설명하고 있다.

긴조와신의 아들이자 전쟁 중, 오토히메에 재학 중이던 두 여동생을 학도대로 잃은 긴조 가즈히코(金城和彦)는 뒷날 학도대의 '순국'을 조사하면서 "이 학도들을 위해서라도 우리나라 사람들은 빨리 오키나와를 일본의 행정 아래 복귀시켜야 한다고 생각"하였다.571) 곧 긴조 씨 부자는 야스쿠니 신사에 위패를 안치한 병사들처럼 히메유리 탑의 망자들을 위무하면서, 이러한 기억화 작업을 통해 자기 자신들이 진혼을 받으려 했던 것으로 보인다.572)

그러나 고가 씨를 비롯한 안내원들은 조선인징용자들의 아픔을 이해하고 있었고, 그것을 기억할 방법을 찾고 있는 것 같았다. 밖에 세워진 평화헌법 9조비의 비문보다 어쩌면 그녀의 말이 실제 평화의 마음과 의지를 보여주는 것이 아닌가 생각되었다.

부추를 먹고 싶다던 조선인 부상자

하에바루 육군병원은 정식으로는 오키나와 육군병원이라고 부른다. 병원이라는 이름을 갖고 있긴 하지만, 이곳은 강제연행 된 조선인들이 곡괭이로 파서 만든 인공동굴이다. 곡괭이로 동굴을 파다가 무너져 죽은 사람도 있고, 미군의 화염방사기 공격에 일본인의 방패막이가 되어 죽어간 조선인들의 원혼도 이곳에 있다. 이 동굴은 총 길이 약 70m의 인공호로 높이는 약 1.8m, 넓이 1.8m다. 동굴의 동쪽에는 환자의 병실, 중앙부가 수술실, 서쪽이 근무자실로 사용되었다고 한다. '姜'이란 글자는 수술실이 있던 중앙부 쪽에 입원했던 조선인 병사가 새겨놓은 것으로 보인다. 당시 조선인을 기억하는 생존자들의 증언에 따르면 "부추를 먹고 싶다"고 하는 조선인이 많았던 것으로 전해진다.

오키나와 육군병원은 1944년 5월에 제32군 직속의 육군병원으로 편성됐다. 히로이 케후미 병원장 이하 군의관, 간호사, 학도병 등 약 350명의 부대였던 이곳은 애초 오키나와 현 나하 시의 한 국민학교를 병원으로 사용하다가 미군의 공습과 사격으로 시설들이 소실되면서 동굴로 옮겨졌다. 미군이 상륙하고 이 동굴로 점차 부상병이 운송되어 들어오자 안에서는 피로 흘러넘쳤고, 신음하는 목소리나 울부짖는 목소리까지 더해져 비참하기 그지없었다. 의료기구도 약품도 충분하지 않아 수술도 마취 없이 이뤄졌다.

미군의 오키나와 상륙작전이 시작된 1945년 3월 23일 밤, 오키나와 사범학교 여자부, 오키나와 현립 제1고등여학교 학생 222명과 교사 18명은 일주일쯤 행군하여 나하시 남동쪽 5km에 위치한 이곳 오키나와 육군병원에 배속되었다.[573] 나중에 히메유리 학도대라 불린 이 여학생들은 부상자치료를 돕고, 수술하던 도중 환자를 강제로 눕혀 절단했던 손발이나 시신을 매장하는 임무에 투입되었다. 그런데 미군의 공격이 거세지던 6월 18일에 갑작스러운 해산명령을 받게 된다.[574] 육군병원에도 철수명령이 내려졌는데, 당시 일본군은 중증환자에게 청산가리를 마시도록 해 자결을 강요했다. 또 일부는 교육받은 대로 자신이 지니고 있던 수류탄이나 칼로 자결하였다고 한다.

곡괭이로 파인 동굴 내부 벽은 실제 검게 타 있는데, 고가 씨 말에 따르면 "미군이 동굴에서 나온 사람은 죽이지 않았지만, 일본군이 투항하지 못하도록 했던 교육 탓에 동굴에서 나가지 않았던 사람들은 화염방사기에 타죽기도 했다"고 설명했다.[575] 또한, 육군 야전병원이 지하

동굴에 있었던 관계로 가스탄 공격에 많은 학도간호사가 사망하였다고 한다. 해산명령이란 동원은 강제였으나, 위기에 처하자 그들에게 알아서 살아가라는 식으로 내동댕이친 것을 의미한다. 이 때문에 학생 간호대와 교사 240여 명은 미군에 의해 포위된 전장을 헤매며 도망치다가 일부는 포탄으로, 일부는 가스탄으로 인해 사망하였다.576) 육군병원에 동원되었 던 교사와 학생 총 240명 중 136명이, 재향부대 등에서 90명이 사망하 였다. 주목할 만한 사실은 해산명령을 받은 그 다음 날부터 대략 1주일 여 동안에 수많은 학생이 희생을 당하였는데, 80% 정도가 해산 이후에 사망하였다고 한다.

3만5천여 유골 합장한 전후 최초의 위령탑, 혼백의 탑

마와시손이 미군의 강요로 이토만 시 고메수로 옮겨가게 되자, 긴조 씨가 촌민들에게 유골의 수습을 호소하였고, 이에 따라 그걸 수습하여 매장하고 난 뒤에 '혼백의 탑'을 건립하였다. 이것이 전후 최초의 위령 탑이었다.577) 이 탑은 약 3만5천여 유골을 합장한 것이어서 온전히 히 메유리의 그것이라고는 볼 수 없다. 긴조 씨는 또 우연히 만난 인근의 쓰바지라우(津波次郎)로부터 히메유리 학도대의 사망현장을 듣고 난 뒤 미군의 가스탄 공격으로 사망자가 많았던 곳을 찾아냈다. 그곳에 세워진 것이 '히메유리 탑'이었으며, 건립일은 1946년 4월 5일이었다.578) 남학 생들의 혼백을 위로하는 위령탑인 '건아의 탑'도 거의 같은 시기인 4월 9일에 세워졌다. 그리하여 혼백의 탑, 히메유리 탑, 건아의 탑이 합해져 서 평화를 기원하는 탑으로 귀결되었다. 이 히메유리 탑으로 시작된 평화기원관은 처음부터 두 여학교의 학도대가 사망하였던 이하라(伊原) 제3외과호(外科壕)에 건립되었다. 일본 육군병원이 있던 곳이다.

좀 더 종합적인 형태의 자료관을 세운 때는 1989년 6월 23일이다. 그 뒤 2004년에 다시 전시관을 개조하여 지금과 같은 공간구조를 갖게 되었다. 그 전시관 공간의 구성은 6개의 전시실로 되어 있는데, 그것은 각각 '히메유리의 청춘'(제1전시실), '히메유리의 전장(제2전시실)', '해산 명령과 죽음의 방황(제3전시실)', '진혼(제4전시실)', '회상(제5전시실)', '평화의 광장(제6전시실)' 등으로 구성되어 있다.

박물관이든 전람회든 만국박람회든 전시는 좁은 공간에서 펼쳐지는 정치의 장이다.[579] 그렇다면 기억주체들은 히메유리 탑을 비롯한 기념관을 왜 건립하려고 하였을까? 우리는 이 점을 히메유리 탑의 원조격인 긴조와신 씨(1898~1978)와 연관 지어 검토해 볼 수 있을 것이다. 그를 단순한 유가족이라고 보기는 어렵기 때문이다. 긴조는 메이지 정부가 오키나와의 일본화를 위해 1880년에 설립한 오키나와 사범학교를 졸업한 이후 오키나와 전쟁 때 대리(大里)제2국민소학교의 교장으로 재직 중이었고, 이때 소학생들에게 이른바 '교육칙어'를 지키도록 하였다고 한다. 전후 미군정에 의해 촌장으로 임명된 그는 유가족과 함께 위의 세 탑을 건립하는 데 주력하였다. 그는 또 유족회를 만들어 활동하던 중 일본이 미군의 지배에서 벗어난 1952년에 오키나와현유족회연합회를 정식으로 일본유족회에 가입시켰다.

우리는 기억 주체들이 위와 같은 시대적 분위기 속에서 구성한 전시 공간에서 도미야마가 말한 일종의 '희생공동체'라는 기획의도를 간파할 수 있을 것이다. 도미야마는 희생자를 내세워 그 전쟁터에 젊은이를 몰아넣은 인물들조차 반성은커녕 자신들도 희생자로 인식되도록 만든다는 것이다. 마치 야스쿠니 신사처럼 말이다.[580] 전몰자를 앞세워 자신들도 희생자라는 인식을 기원 관련 조형물로 강화하여 갔던 셈이다.

치비치리 동굴의 희생자들과 달리 히메유리 희생자는 외형상 희생자 이면서도 일본군에 소속되어 부상병을 치료해 주는 일본군의 보조자였 다. 여자 사범과 제1고녀 학생이었던 그들은 대부분 일상생활에서 교육, 계몽, 예의, 위생, 언어 등을 통해 오키나와인으로부터 일본인이 되는 방식을 실천하려던 선구자였다. 여기에 더하여 사범학교생들은 입학하자 마자 군사훈련을 받았고, 그 내용에서 황민화 교육 역시 중요한 부분이 었다.[581] 오키나와의 일본화는 이미 20세기 초에 엘리트층에서 상당한 성과를 거두고 있었기 때문에 사범학교학생도 말하자면 그 예비군인 셈 이었다.

예컨대, 오키나와에서 교토 제국대학의 가와카미 하지메(河上肇) 교수가 1911년 4월 초에 오키나와인에게 '신시대가 다가온다'라는 주제 아래 강 의를 하던 중, 오키나와 현 사람들은 충군애국사상이 부족하다는 말을 하였다는 이유로 설화사건까지 당한 경우도 있었다. 오키나와의 엘리트 들은 이 발언이야말로 오키나와인에게 침을 뱉는 행태나 다름없다고 비 난하면서 더는 오키나와에서 조사하는 일을 하지 못하도록 방해하였다. 그는 이 설화사건으로 인해 조사를 마치지 못한 채, 오키나와를 떠났 다.[582]

따라서 두 고등여학교의 학생들이나 교사들이야말로 저와 같이 일본 적 엘리트로의 전향을 꿈꾸면서, 오랫동안 일상생활을 유지해 온 오키나 와의 원형 문화를 제 땅에서 지우는 작업을 솔선수범하려고 했던 사람들이었다. 그러므로 진정으로 일본인이라는 의식을 체화한 채, 온몸을 던져 멸사봉공하려는 사례들도 있었다.[583] 오히려 전장에서 승리함으로써 아직 완성되지 못한 반일본인이었던 단계에서 완벽하게 일본인으로 재탄생할 것이라는 믿음을 갖고 있었다.[584]

하지만, 전쟁터에서 저와는 다른 사고를 하는 오키나와인도 있었다. 받아들이기 힘든 명령이 내려왔을 경우, 오키나와어를 구사하면서 상황을 모면한 방위대원, 자결명령이 떨어지자 갑자기 튀어나온 '리카시만카이'라는 말도 있었다고 한다. 이는 '자, 마을로 돌아가자'라는 뜻의 오키나와 말이다. 또 일본군을 비방하는 오키나와어도 전쟁터에서 주고받는 말 중에 포함되어 있었다. 말하자면 오키나와인들은 자신들의 고유어로 저항의 담론을 만들어냈을 뿐만 아니라 분명하게 일본군 반대운동을 전개한 지도자도 있었다.[585]

따라서 히메유리 희생자들을 전쟁을 통해 일본인이 되려고 하는 아류로 몰아붙이는 것은 한 측면만을 보는 것일 수 있다. 어떤 측면에서는 이들이 전쟁터에서 살아남은 뒤 오키나인으로의 정체성을 더 확실하게 다짐하였을 수도 있다.

황민화 교육의 수혜자이자 피해자인 학도대의 옥쇄

좀 더 큰 문제는 그 여학생들이 오키나와가 일본의 내부식민지로 강제 전환된 이후 시행된 황민화 교육의 수혜자인 것처럼 보이지만, 사실상은 피해자였다는 사실에 있다. 그들 중에서도 미군에 쫓겨 집단자결한 사람이 있다는 사실은 주목을 요구하는 부분이다. 곧 천황제하에서 장려한

'옥쇄(玉碎)'를 실행한 주인공들이다. 이 점에서 치비치리 가마의 집단자결이나 히메유리 학도대의 전몰 모두 '옥쇄'[586]라는 본질을 내포하고 있었다고 보는 편이 당시의 전몰학생을 이해하는 데 유익하다.

이런 연유로 인해 오키나와 전쟁의 현장을 조사한 시모지마 데쓰로(下嶋哲朗)는 이 학도대야말로 '청춘 제노사이드'였다고 말한다.[587] 그렇다면 시모지마가 말한 바와 같이 이들의 사망을 제노사이드(genocide, 대량학살) 차원에서 검토할 수 있을까? 20세기에 벌어진 국가 사이의 전쟁 자체를 제노사이드로 보는 시각도 존재하지만, 전쟁은 두 대칭적 갈등의 폭발인 데 비해 제노사이드는 조직화한 세력이 그렇지 못한 집단을 일방적으로 살육하는 비대칭성을 특징으로 한다. 곧 제노사이드 희생자들 대부분 저항에 필요한 무력수단을 전혀 갖지 못한 사람들이었다.[588]

이러한 입론을 근거로 판단해 보건대, 히메유리 학생들은 천황제 국가에서 강제한 오키나와의 황민화 교육을 받고 전쟁에 동원된 민간인 중의 일부였음이 분명하다고 하겠다.[589] 중요한 문제는 그들이 왜 이렇게 열심히 황민화 교육을 받았는가 하는 데 있다. 그 이유는 오키나와에 대한 본국의 차별을 극복하는 하나의 방법으로 사범교육을 선택하였다는 사실일 것이다. 그들은 전쟁기간에 일본군에 저항하는 방법으로 오키나와어를 사용하기도 했지만,[590] 대부분은 차별을 용인한 채 황민화를 통해 일본적 정체성을 체득하는 방향으로 행동하였던 것으로 보인다.

오키나와에서는 당시 독자적인 문화를 버리고 서둘러 본토에 동화하려는 정책이 오키나와 현 당국의 지도로 진행되고 있었다. 무심코 친구를 "야"('너'의 오키나와 방언)라고 부르면, 사투리를 쓴 벌로 삼나무 판자로 만든 '사투리 판자'를 목에 걸어야 했다. 온종일 걸고 있으면 목이 아프고 굴욕적이기도 했다. 일본 병사로부터는 "제대로 일본어도 못하면서 그래도 일본인이냐"라고 조롱당했다. "차별받은 것을 되갚아주자, 더 나은 일본인이 되자는 의식이 우리를 철저히 황국신민으로 만들었다"고 가키노하나 다케이치(垣花武一) 씨는 회상한다.[591]

또한, 그들은 간호대나 통신대 등 모두 비전투원으로 활동하였다는 점에서 자신을 방어할 무력이 없었다. 더구나 국가는 이들을 강제로 동원한 뒤 전쟁의 보조요원으로 활용하다가 위기에 빠지자 그들을 버렸다. '갑작스러운 해산'이란 요컨대, 비무장 요원을 전쟁터에 버리는 것이나 마찬가지였다. 강제동원과 무책임한 해산이 이들을 사지에 몰아넣은 것으로 볼 수 있으며, 이 점에서 히메유리 학도대의 전몰은 제노사이드였다고 말할 수 있다.

오타 마사히데(大田昌秀) 전 지사는 전쟁 당시에 오키나와 사범학교에 재학 중이던 '철혈근황대(鐵血勤皇隊)'로 동원되어 오키나와 전투를 직접 치렀다고 했다. 동기생 125명 중 살아남은 학생은 불과 37명이었다. 그는 한 언론과의 인터뷰에서 "전후 저의 인생은 위령의 인생이었습니다. '행복해지면 안 된다'라는 마음이 늘 가슴 속에 있었어요"라고 말한 바 있다. 누구도 빼앗을 수 없는 천부인권인 행복할 권리를 오키나와인들은 스스로 포기하고 있다. 위령이 끝날 때까지….

선을 원하면서도 언제나 악을 행한 권력

천부인권의 권리를 포기하도록 만든 두 파시스트의 어록을 비교해 보자. 히틀러는 1939년 8월 22일, 폴란드 침공을 앞두고 군사령관에게 다음과 같이 말했다.

나는 여기서 선전가들을 위해서 전쟁을 개시하는 이유를 밝히고자 한다. 그것이 지당한 논의인지 아닌지는 관계가 없다. 승자는 훗날 우리가 진실을 말했는지 아닌지에 대해서 질문을 받지 않을 것이다. 전쟁을 개시하고 전쟁을 수행하는 데 정의 같은 것은 문제가 되지 않으며, 요는 승리에 있는 것이다.[592]

전범재판장에서 조선총독 미나미 지로오(南次郎) 대장이 한 답변을 보자.[593]

재판장 : 어떻게 해서 당신은 그것을 성전이라 불렀는가?

미나미 증인 : 그 당시에는 일반적으로 '성전'이라고 부르고 있었기 때문에 그렇게 부른 것입니다.

코민즈 카 검찰관 : 그 '성'(聖)이라는 것. 중국과의 전쟁 어디에 그 '성'이라는 글자를 쓸 만한 부분이 있었습니까? (후략)

미나미 증인 : 그렇게 자세하게 생각했던 것은 아니며 당시 일반적으로 그것을 '성전'이라고 부르고 있었기 때문에, 마침내 그런 용어를 쓰게 된 것입니다. 침략적인 전쟁이 아니라 상황으로 보아 어쩔 수 없는 전쟁이라고 생각하고 있었다는 말입니다.

자기 행동의 의미와 결과를 어디까지나 자각하면서 수행하는 나치 지도자와 자신의 현실 행동이 끊임없이 주관적 의도를 배반해가는 일본의 군국지도자와는 대비를 이룬다. 어느 쪽이든 죄의식은 없다. 그러나 한

쪽은 죄의 의식에 정면으로 도전함으로써 그것을 극복하려고 하는 데 대해서 다른 쪽은 자신의 행동에 끊임없이 윤리적인 분위기를 고취함으로써 그것을 회피하려고 한다. 그야말로『파우스트』에 나오는 악마 메피스토펠레스와 반대로 "선을 원하면서도 언제나 악을 행한" 것이 일본의 지배권력이었다.594)

  병원호를 나오니 해는 완전히 기울었지만, 아이들은 여전히 뛰어놀고 있었다. 히메유리 학생들 역시 어린 시절에 이들과 같았으리라. 천황을 위해 학생들을 전쟁에 동원해놓고, 죽게 했으며, 죽이게 했던 전범자들은 이구동성으로 말했다. 나는 책임이 없다. 천황에게도 책임이 없다. 그렇다면 누구에게 책임이 있는 것일까? 책임지지 않을 수 있는 권력은 언제든지 무슨 일이든지 저지를 수 있다. 따라서 책임을 묻지 않는 일은 그들을 다시 파시스트로 만드는 일이다.

열아홉 │ # 요미탄 촌 히쟈의 미군정부

미군정의 온정주의 점령정책으로 무력화된 독립론

1945년 3월 말 미군은 게라마 열도에 상륙하여 미 해군 니미츠 제독의 군정부 포고 제1호를 공포함으로써 이 지역에서의 일본 제국 정부와 재판소의 행정권, 사법권을 전면 중지시켰다.[595] 오키나와 요미탄에 상륙하자 미군은 똑같은 포고를 발령했다. 이는 27년간 이어진 오키나와 지배의 원형이자, 1945년 미국의 남한 점령과 그 정점에서 벌어진 제주 4·3 처리 과정의 원형이자, 한국전쟁 시기 북한 지역 점령의 원형이자, 최근의 이라크 점령의 원형이었다.

1945년 유엔헌장 제정 회의 시 덜레스 등 미국 공화당세력은 집단적 자위와 지역 안보조항을 삽입하는 데 성공한다. 미국의 패권은 유엔체계를 통해 이루어진다는 구상을 항상 간과해선 안 된다. 미국은 유럽의 세력균형정책을 거부하고, 1900년 초에 집단안보정책을 수립했다. 힘에 의한 평화가 아닌 법에 의한 평화를 내세운 것이다. 집단안보란 그때그때의 힘 관계가 아니라 모든 회원국이 합의한 국제법적 규정을 위반하는 국가에 대해 응징을 가하는 정책이다. 미국으로서는 사회주의의 위협보다 이미 존재하는 유럽중심의 구세계체계를 붕괴시키는 것이 더 중요했고, 이를 실현할 전략 의제가 바로 집단안보론이었다.

미군의 오키나와 통치 매뉴얼 『민사핸드북』

지정학적 관심에 의해서만 오키나와·일본·한국의 점령정책을 관찰하는 것은 부적절하다. 그것은 미국 본연의 의도가 아니기 때문이다. 왜 오키나와와 한국 점령정책에 신탁통치가 항상 논쟁거리로 등장했겠는가? 신탁통치야말로 유엔체계 아래 미국 점령정책의 신발명품이었다. 1945년부터 1950년 한국전쟁까지의 전간기는 미국이 원래의 이상적 신탁통치 정책을 점령지의 현실에 적용하는 과정에서 폐기하고, 좀 더 현실적인 패권 정책으로 복귀하는 조정기였다. 전자가 루스벨트로 대표된다면, 후자는 트루먼으로 대표된다.

전통적 점령이 식민지로 귀결된 것과 달리 미국식 점령은 새로운 국가 만들기, 노골적으로 말하면 '미국식 국가 만들기'로 귀결된다. 그리고 미국에 의해 자가증식한 신생국가와 지역동맹을 맺어 유엔이 가동되기 전에도 미국동맹국과 선제행동을 취할 수 있도록 했다. 유엔에서도 미국의 패권을 관철하는 체계를 만들어놓은 것이다. 점령-미국식 국가 만들기-미국과 동맹형성-유엔헌장 51조 집단적 자위권 행사로 이어지는 일련의 체계가 미군점령으로부터 시작된다. 이러한 세계차원의 구도에서 지역의 지정학적 가치에 따라 그에 부합하는 자리배치가 이루어진다. 동아시아에서는 일미동맹, 한미동맹 중에서 일미동맹을 동아시아의 중심축으로 자리배치했다.

오키나와 전투 이전에 미군은 오키나와 통치에 대비한 매뉴얼로서 『민사핸드북(Civil Affairs Handbook)』을 작성했다. 미국의 오키나와 점령 안내책자였던 『민사핸드북』의 작성과정에는 머독(G. P. Murdock) 등 예일대학 인류학자들의 '횡단문화(cross-cultural)파일'에 근거한 현지조사와 방법론이 대폭 적용되었다.596) 이 책자는 오키나와인이 일본인에 의해 차별·억압을 받아왔다고 분석하면서 그 피차별의식을 정치적으로 이용할 수 있다는 점을 강조하고 있다.

일본인과 류큐 도민의 밀접한 민족관계나 유사한 언어에도 불구하고 도민은 일본인에게 평등하게 간주되지 않는다. 류큐인은 그 투박한 언동 탓에 '시골에서 온 가난한 친척' 취급을 받으며 각종 차별을 당하고 있다. 한편 도민은 오히려 섬의 전통과 중국과의 오랜 문화적 연계에 긍지를 갖고 있다. 그러므로 류큐인과 일본인의 관계에 고유한 성질은 잠재적인 불화의 씨앗이며, 여기서 정치적으로 이용할 수 있는 요소를 만들 수 있을지도 모른다.597)

주목할 것은 이 자료에서 '류큐'라는 용어가 '오키나와' 대신 거듭 사용되고 있다는 것이다. '류큐'라는 용어의 채택은 점령 교범의 치밀한 적용이었다. 그러나 한편으로 미군의 초기점령 정책은 혼선과 혼돈으로 점철되어 있었다. 미국은 오키나와 점령과 동시에 통치기구로서 미 군정부(류큐 열도 미국 군정부, United States Military Government of the Ryukyu Islands)를 설치하였다. 그 위치는 현재 토리이스테이션과 가테나 기지 탄약고 사이에 위치한 마을, 요미탄 촌의 히쟈(比謝)이다.598)

미 군정부가 설치된 요미탄 촌 히쟈

미군이 오키나와 본도를 제압한 시점에서 군정부는 오키나와 공격을 책임졌던 니미츠 원수 지휘하의 미 해군이 담당했다. 미 해군은 1944년 6월 10일 간행된 『민사연구』(Civil Affairs Studies)에 의거하여 군정에 돌입했다. 이는 해군작전 교범(OPNAV 50E-10)에 의해 만들어진 것이다.599) 그러나 원래 점령업무는 육군 관할이기에 육군으로 넘어갔다. 그러나 1945년 9월에 육군 요원 전원이 일본 본토와 남한 군정부로 이동해갔기 때문에 다시 육군에서 해군으로, 1946년 7월 1일부터 다시 해군에서 육군으로 관할권이 넘어갔다. 군정주체의 잦은 변동은 초기 오키나와 지배에 상당한 혼란을 안겨줄 수밖에 없었다. 이와 더불어 또 하나의 근본적인 정책적 혼선이 존재했다. 점령 시점까지도 국무성과 합참 사이에 정리되지 않은 문제가 있었으니, 그것은 신탁통치 문제였다.

1945년 3월 미 군부 측이 적도 이북의 모든 일제 치하의 섬들을 '전략지역'으로 지정해달라고 요청했을 때, 루스벨트는 "이 지역에 대한 해군의 태도는 무엇인가? 모든 것을 손아귀에 넣겠다는 말인가?"600)라며 불만을 표출했다. 루스벨트는 전통적인 점령정책에 반대했다. 그 후 1945년 4월 9일 에드워드 릴리 스테티니우스 주니어(Edward Reilly Stettinius, Jr)가 루스벨트에게 보낸 비망록은 군부 측이 일부 지역에 대한 '완전한 지배'를 요구했다고 지적했으며, 그런 행위는 "국제적 신탁통치의 모든 가능성을 잘못 인식하게 할 것"이라고 진술했다. 며칠 후 스테티니우스는 군부가 유럽식 '합병정책'을 가지고 있다고 비판했다. 해군장관 제임스 포레스탈(James Forrestal)과 육군장관 헨리 스팀슨(Henry Stimson)은 국무성에 대해 신탁통치 같은 막연한 계획보다 '태평양에서의 방위체계'를 강조했으며, 또한 필요한 영토들에 대한 '완전한 지배'를 주장했다. 그러나 스테티니우스는 여전히 태평양의 전략적 가치를 허용받으면서도 미국이 '합병주의 및 팽창주의 정책'을 추구하고 있다는 비난을 피하고자 하였다.601) 에스파냐의 군사주의에 대해 네덜란드가 헤게모니를 중시하며 혼돈된 체계의 주도권을 장악한 것과 같이 루스벨트 역시 도덕적 헤게모니를 중시했다.

그러나 루스벨트 사후인 1945년 10월 미 합참은 그린랜드, 아이슬랜드, 파나마와 함께 오키나와를 '최중요기지군'(primary base areas)에 포함하기로 결정했다. 최중요기지군이란 미국이 절대적 관리권을 가진 군사기지들을 말한다. 당시 합참은 미국의 전 지구적 기지망을 '절대불가결'(absolutely vital)부터 '필요'(necessary)까지 네 범주로 나누고 있었다. 최중요기지군 아래 '제2중요'(secondary), '보조'(subsidiary), '부차'(minor) 기지 군으로 구분되었다.602) 합참은 1946년 1월에는 시정권자를 미국으로 하여 오키나와 기지를 무제한 사용할 수 있어야 한다는 내용을 골자로 한 오키나와의 전략적 신탁통치령화, 즉 유엔헌장에 근거한 신탁통치령 가운데 시정국이 군사적으로 이용할 수 있는 신탁통치령으로 만드는 구상을 제시했다.603)

신탁통치 포기하고 전통적 점령정책으로

오키나와 군정부의 지배체제가 군도단위로 성립되어 있던 1946년 1월 GHQ(General Headquarters, 연합군총사령부)는 한 걸음 더 나아가 「약간의 외곽지역을 정치·행정상 일본에서 분리하는 데 관한 각서」를 발표하여 북위 30도 이남 지역을 일본에서 분리한다는 것을 대외적으로 명시했다.604) 이는 오키나와에 대한 미국의 배타적인 군사지배를 GHQ의 이름으로 추인한 조치였다. 결국, 루스벨트의 유엔과 유엔헌장을 통한 집단안보적 패권정책은 힘의 우위를 우선시한 합참에 의해 파탄났다. 유엔창설 당시 11개 지역이 신탁통치제도 아래에 있었지만,605) 오키나와에 대한 신탁통치는 포기되었다. 이 같은 사태 진전은 현실주의를 채택한 트루먼에 의해 국가정책으로 격상되었으며, 오키나와와 남한에서의 점령

정책은 전통적인 점령 혹은 정복으로 회귀해 버렸다.

GHQ는 1946년 2월 「조선인·중국인·류큐인, 그리고 대만인의 등록에 관한 각서」(SCAPIN 746)를 발표하고, 이에 따라 1개월 이내에 등록하도록 지시했다.[606] GHQ는 미등록자와 귀국포기자는 귀국권리를 상실한다고 규정함으로써 귀환(인양)이 강제적임을 명시했다. 오키나와인을 조선인·중국인·대만인과 마찬가지로 취급한 이들 귀환문서에서 알 수 있는 것은 미국이 점령 당시 일본의 위임통치하에 있던 남양제도의 취급에 대해 신탁통치령화를 구상했던 것과 같은 맥락에서 오키나와인의 국적에 대해서도 조선인 등과 마찬가지로, 즉 외국인으로 취급할 가능성을 열어두고 있었다는 점이다. 신탁통치지역의 경우 해당 지역 주민은 그 지역에 시정권을 행사하는 수임국 정부의 외교적 보호를 받을 권리가 있었다. 또 국적이 아니더라도 시민권을 취득할 수 있었다. 1947년 4월의 태평양제도 신탁통치협정에 따르면, 신탁통치지역 주민은 지역시민권을 가지며, 미국은 이들에게 외교상, 영사상의 보호를 부여한다고 되어 있었다.[607] 그러나 중공혁명과 한국전쟁으로 미국 주도의 강화조약이 조기에 체결됨에 따라 이 가능성은 차단되기에 이른다.

1945년 6월 7일 오키나와 남부에서는 전투가 지속하고 있었음에도 난민수용소인 카마라 캠프에서는 촌장과 부촌장을 선출하는 선거가 실시되었다. 당시 야카 캠프는 전쟁포로 수용소였고, 종전 직후 오키나와 본도에는 12개의 난민수용소가 있었다. 남부 최대의 수용소는 카마라 캠프였고, 오키나와 시 고지에 위치한 또 다른 수용소는 이누미 해외귀환자 캠프였다.[608] 미 군정부는 1945년 8월부터 오키나와 각 수용소 지구의 대표자를 소집하여 오키나와자문위원회를 설치하고, 9월 가테나

미 10군 본부에서 항복문서가 조인된 직후 오키나와 군도의 16개 지구에서 일제히 시의회 선거를 실시했다. 오키나와 주민의 자치적 외양을 갖추려는 조치로서 선거가 치러진 것이다.[609]

초대 민정 장관은 맥아더 원수

이 선거는 전후 일본이 근대역사상 최초로 치르게 된 남녀 보통선거였다. 본토에서는 신헌법제정 뒤인 1948년에 적용되는 여성참정권이 오키나와에서는 이미 이때 시행되었다. 그러나 이는 오키나와를 '민주주의의 쇼윈도우'로 보이게 하려는 미군의 정책의도가 숨어 있었다. 신민법이 10년이나 늦게 적용된 오키나와의 상황을 고려할 때 참정권행사의 사실만으로 오키나와 여성의 지위가 향상되었다고 말할 수는 없기 때문이다. 미군정부는 자문위원회에 행정기구 개혁요강을 지시하는 한편, 1946년 4월에는 말단 행정의 담당자인 시정촌장을 임명했는데 대부분 예전의 시정촌장이 그대로 기용되었다.

미 군정부는 이러한 행정기구 '개혁' 위에서 4월에 오키나와 '민정부'를 창설하고, 자문위원회의 선출형식을 거쳐 초대 지사를 임명했다. 동시에 자문위원회는 해산되어 지사의 자문기구인 오키나와 의회로 탈바꿈하게 된다. 1946년 12월 류큐 민정부로 개칭된 이 오키나와 정부는 이제 육군으로 이관이 확정된 미 군정부의 명령을 오키나와 주민에게 전달하고, 그 정확한 실행을 단속하는 보조역할을 담당했다. 지사도 의회의원도 모두 미군정부의 임명제였고, 의회 의장도 민정부 부지사의 겸임제였기 때문에 군정부의 지시는 지상명령이나 다름없었다.[610] 그것은 전후 점령에 따른 임시군정이 아니라 정복에 의한 구식민지와 다를 바가 없었다. 따라서 미군정은 점령상태에서도 존중되어야 할 오키나와 자치정부나 주권 등에 대해서는 아무런 관심이 없었다.

군부의 생각이 미국의 대외정책의 일반적 기조로 자리 잡기 시작한 것은 1948년 중반부터였다. 중국 내전이 공산당에게 유리하게 전개되던 1948년 6월부터 검토에 들어간 미국가안보회의(NSC) 문서 NSC13시리즈는 몇 번의 수정을 거쳐 1949년 5월 NSC13/3으로서 대통령의 승인을 받아 확정되었다. 그 사이 1948년 10월 26일에는 오키나와 미군기지의 '장기적 유지'에 관한 항목이 추가되어 NSC의 승인을 받았다.611) 그 결정에 따라 1949년 미국정부는 오키나와 통치에 관한 기본정책을 결정, 군사시설비로서 5,800만 달러를 책정하고 본격적인 기지건설을 개시했다. 1949년 10월 1일 오키나와에서는 육군소장 제프 R. 시츠가 군정장관으로 임명되어 10월 27일에 취임, 오키나와·미야코·야에야마·아마미 등에 분산되어 있던 미 군정부를 통괄하여 차탄 마을에 소재한 캠프 구와에(桑江)에 류큐 군정부 본부를 설치했다. 10월 19일에는 대대적인 방공훈련(등화관제)이 시행되어 주민들은 오키나와의 군사기지화를 체감하기 시작했다.612)

1950년 12월 15일 장기적인 오키나와 통치를 위해 미 민정부(류큐 열도 미국 민정부, United States Civil Administration of the Ryukyu Islands, USCAR)로 개칭되었지만, 군정부와 민정부 간에는 사실상 아무런 차이점이 없었다. 통치의 책임자인 초대 민정 장관은 도쿄의 미 극동군사령관 맥아더 원수였으며, 민정 부(副)장관은 미 류큐 군사령관 비틀러(Robert S. Beightler)소장이었다. 때문에 실질적으로는 민정 부장관에게 통치권한

이 위임되어 있었다. 미 민정부는 전시점령하에서 오키나와에 설치되었던 4개의 군도정부와 대일평화조약 발효 이후 설치된 류큐 정부의 실질적인 상부 기구로서의 지위를 지니고 있었다. 미 극동군이 태평양군으로 통합되자, 1957년 6월 5일 아이젠하워 대통령의 행정명령으로 류큐 군사령관은 고등판무관(High Commissioner)이 되었다.

이로써 민정부 장관과 부장관의 직제는 폐지되었고, 미 국무부의 조언과 미 국방부의 지명으로 임명되는 고등판무관이 민정부의 점령통치를 총괄하였다. 고등판무관은 오키나와 통치의 최고 책임자이자 하와이의 미태평양 류큐 대표이고, 재류큐 미 육군사령관의 직위도 겸임하여 '세 개의 모자를 쓴 군인'으로 불렸다. 행정주석이나 류큐 상소재판소 재판관의 임명권 및 류큐 정부 전 직원의 파면권을 가지고 있었을 뿐만 아니라 입법원이 제정하는 입법의 거부권도 가지고 있었기 때문에 입법·사법·행정의 모든 영역에 걸쳐 전권을 행사했다.613) 군도(群島)별 민정부 역시 미군정부의 임명제였으며, 각 민정부 간의 관계는 독립적이었다. 이로써 오키나와 주민들 사이의 횡적인 결합은 구조적으로 단절되었다. 당연히 섬 간의 자유 도항마저 불가능했다.614)

일장기도 성조기도 달 수 없었던 오키나와 선박

미국은 오키나와에 일본정부연락사무소(Japanese Government Liaison Office)를 설치하여 도항사무, 준영사사무, 기타 지방적 처리사무를 담당하도록 했다.615) 그 전제 조건은 첫째, 연락사무소의 모든 사무는 미국 관리당국의 사전허가를 받아야 한다. 둘째, 류큐 제도에는 장래 일정 기간 미국의 '관할권'(Jurisdiction)이 존재하고, 연락사무소는 미 민정부와 그 후계기관에 파견되는 것이므로 연락사무소는 류큐 제도 주민에 대해 어떤 정치적·행정적 관할권도 행사할 수 없다. 셋째, 연락사무소의 직원은 외교관이라는 칭호나 면책특권을 갖지 못한다는 것이었다.616) 류큐 미군정은 오키나와-일본 간 여행자에게 여행증명서, 도항증명서, 검역증명서, 신분증명서를 발급했다.617)

외국여행의 경우에는 신분증명서의 유효성이 큰 문제가 되었다. 오키나와인은 본토와 해외여행 시 민정부장관 명의의 신분증명서(Certificate of Identity)가 발급되었다. 이 증명서에는 "본인이 류큐 거주자이며, 일정 목적지로 가기 때문에 차질없이 여행할 수 있게 하고, 필요한 보호·부조를 받을 수 있도록 관련 관리들에게 요청한다"고만 기재되어 있었다. 결국, 이 신분증명서가 여권으로 유효성을 인정받을 수 있는가, 여부는 전적으로 상대국 관리의 판단에 맡겨질 수 밖에 없었다. 그런데 증명서에 여행자는 '류큐 거주자(a Resident of Ryukyus)' 혹은 '류큐인(a Ryukyuan)'이라고만 기재되어 있고, 증명서 발급기관도 일본 관청이 아니기 때문에 상대국 관리의 입장에서 보면, 당사자의 국적이 불분명하다고 여겨질 가능성이 많았다.618) 실제 1958년 『오키나와타임스』에 보도된 사례를 보자.

'미국으로 유학 간 오키나와 학생이 방학을 이용해서 캐나다로 가려 했는데 패스포트가 아니라 신분증명서라는 이유로 거부당한 사례가 있다. 또 로마에서 스위스로 가려고 한 여행자가 민정부 발행의 신분증명서 때문에 거절당한 뒤 일본대사관에 가서 호소하자, "일본인이긴 하지만 미국 파견기관이 발행한 신분증명서이므로 미국대사관에서 처리해야 할 것"이라고, 또 미국 대사관에서는 "일본인이니까 일본대사관이 조치할 것"이라고 양쪽 모두에게 거부당한 실례도 있다. 이에 출입국관리부에서는 민정부를 통해 재외대사관에 "오키나와 여행자의 보호, 도항의 편의를 제공해주도록 연락해 주었으면 좋겠다"고 부탁한다.[619]

선박사고에서도 유사한 사례는 있다. 선박은 반드시 국적을 가져야 하고, 이를 증명하기 위해 소속국의 국기를 게양해야 한다. 안 그러면 무국적선으로 간주하여 국제법상 보호를 받을 수 없다. 그런데 오키나와 선박의 경우에는 성조기도 일장기도 달 수 없었다. 대신 오키나와 선박은 1950년 미 민정부 포령 12호에 근거해서 청색과 황색이 배합되고 오른쪽을 삼각형으로 잘라낸 깃발, 즉 국제신호 D기를 '류큐 선박기'라고 하여 사용했다. 그러나 이 깃발은 "우리 쪽의 항해상 안전을 위해 우리 배를 피해가라"는 내용의 신호일 뿐이어서 국제적으로 특정 국가의 선박기로는 인정되지 않았다.

1962년 4월 인도네시아 근해인 몰로타이 해협에서 참치잡이 조업 중이던 오키나와 선적의 140톤급 어선 제일구양호가 '국적불명 선박'으로 간주되어 인도네시아 군용기의 총격을 받는 사건이 발생했다. 총격으로 승무원 1명이 사망하고 3명이 중상을 입은 참극이었다. 오키나와 입법원에서는 선박에 일장기를 게양할 수 있도록 일미가 교섭하여 적절한 조치를 취해주기 바란다는 결의를 했지만, 미 민정부 측은 전혀 수용하지 않았다.[620] 1967년이 되어서야 미국은 일미협의위원회의 결의를 거쳐 일장기 게양을 승인했다. 단 일장기 윗부분에 '琉球(유구) RYUKYUS'라고 적어 넣은 흰색 바탕의 삼각기를 함께 게양하도록 했다.[621]

오키나와인의 국적 문제는 호적상의 문제로 한층 더 복잡해졌다. 아시아태평양전쟁 말기 이래 남서제도, 특히 오키나와 본도의 호적은 전쟁으로 말미암아 정본뿐만 아니라 부본조차 거의 소실된 상태였다. 당시 호적은 두 통을 작성해서 정본은 시정촌 사무소에, 부본은 관할구역 재판소에 보존하도록 되어 있었다. 일본정부는 나하 지방재판소 관할구역 밖에 거주하는 오키나와 재적자를 파악·보호하는 차원에서 가호적을 제작하는 한편, 1945년 8월 28일 호적사무 등은 당시 후쿠오카에 설치되어 있던 오키나와 현 내각 시정촌사무소에서 취급하도록 민사국에 통달하고, 후쿠오카 사법사무국장의 감독을 받게 했다.[622] 오키나와의 본토 복귀 시 후쿠오카법무국으로 인계된 임시호적은 2만4,183건, 본 호적은 5,932건으로 둘을 합쳐도 오키나와 전체 호적 수의 20%에 불과했다.[623] 구호적법과 신호적법 간의 모순이 두드러지게 나타날 수밖에 없었다.[624]

오키나와인에 대한 미국의 이중적 태도는 재일조선인에 대한 일본 정부의 태도와도 매우 유사했다. 일본정부는 재일조선인의 국적에 관해 강화조약체결 때까지는 일본 국적을 보유한다고 주장하면서도 일본 국민으로서의 권리를 인정하지 않았다. 1945년 말 중의원선거법 개정 시에 호적조항을 넣어서 재일조선인의 참정권을 정지시켰을뿐더러, 1947년에는 최후의 칙령으로서 외국인등록령을 시행하여 실질적인 외국인으로 간주했다. 재일조선인은 국민적 권리를 박탈당한 일본 국적자로서 관리되었다.[625]

미군의 온정주의 점령정책으로 무력화된 독립론

미군정에 대한 오키나와인의 반응은 우선 독립론으로 나타났다. '독립론'626)은 오키나와 출신인 도쿠다 큐이치가 이끄는 일본공산당의 「오키나와 민족의 독립을 축하하는 메시지」627)에서 대표적으로 나타난다. 이는 오키나와가 미국의 전면적 점령하에 놓여 일본 본토와 분리된 상황에서는 일본과 오키나와 각각이 민주혁명을 완성한 뒤 재결합을 모색한다는 전망이었다.628)

그러나 이는 미군의 온정주의적 점령정책 앞에서 무력화되고 말았다. 1946년 1월 GHQ가 일본정부에 내린 각서는 1945년 11월 오키나와인연맹이 창립대회에서 채택했던 영문청원서에 대한 응답이었는데, 이 각서는 '해방군'으로서의 미국의 온정주의를 여실히 드러낸다. 청원서는 오키나와로의 복귀, 통신 및 물자의 확보, 본토 거주자의 물질적 구제 등을 요구한 바 있다.629) GHQ 각서는 '오키나와인'(Okinawans)이 "식료 · 주택 · 의류 등의 부족과 생활수준 저하의 결과, 최근 두세 달 동안 다수의 사망자가 나온 상태"이므로 일본정부가 "궁핍한 류큐 피난민에 대해 지체없이 충분한 식료 · 주거 · 의료 · 침구 · 의류 등을 지급해야한다"고 명시하였다.630)

주목할 것은 오키나와인에 대한 선차적 보호조치가 강조된 이 GHQ 각서를 이끌어낸 오키나와인연맹의 청원서에서 오키나와인들이 자신을 '일본에 거주하는 민주주의적 지향의 오키나와인'(democratically inclined Okinawans who residing in Japan)혹은 '오키나와 인민'(the people of Okinawa)이라고 지칭하여 '오키나와 현인'으로서의 정체성을 부정했다. 민족을 강조하고 일본 국민임을 부정한 것이다. 연맹의 명칭 자체가 '오키나와현인연맹'이 아니라 '오키나와인연맹'이었다.631) 오키아와인연맹의 기관지 『자유 오키나와』의 사설도 다음과 같이 주장한다.

(우리는) 연합군총사령부에 대해서는 '비일본인'으로서의 보호를 요청해야 하는 입장에 처해 있다.[632]

실제로 오키나와인연맹은 초기 활동의 중심을 궁핍한 '동포'의 구제에 두었다. 오키나와 전투 직전에 약 6만 명의 주민이 소개된 규슈에는 구 식민지와 점령지로부터의 귀환자까지 겹쳐서 생활상의 궁핍이 생존권 자체를 위협하는 수준에 달하고 있었다. 더욱이 오키나와 전투의 패인이 오키나와인의 스파이행위 때문이라는 식의 유언비어도 널리 유포되어서 식량 배급을 지연당하는 사례도 빈발했다. 또 이제 오키나와는 "미국영 토가 되었으니 당장 돌아가라"거나 "너희는 미국인이 될 테니까 굳이 이 런 데서 일하지 않아도 되잖아"하는 말로 취업을 거절당하는 사태까지 발생했다.[633]

요컨대 오키나와인연맹으로 결집한 오키나와인들은 GHQ의 온정주의 를 역이용한 일본정부 비판을 유리하게 이끌기 위해 '일본인' 대신 '오키 나와인', '류큐인'임을 주장하며 생존권 수호를 꾀했다고 할 수 있다. 실 제로 위의 GHQ 각서는 상당한 위력을 발휘했다. "GHQ라고 하면 울던 아이도 울음을 뚝 그친다"[634]고 할 정도였다. 그러나 원조는 미국헤게모 니 아래 자본주의 세계질서를 구축하고, 그 안으로 포섭해내는 '재건의 첫 단계'로서 장기적 전환을 시작하는 도구였다.[635] 처음부터 그 국가의 누가 원조를 받을 것인지가 고도로 정치적인 과정이었다.[636]

유엔구제부흥기구(UNRRA, United Nations Relief and Rehabilitation Authority)의 원조는 그 국가가 승인한 시민만이 혜택을 받을 수 있었고,

원조업무를 담당하던 군인과 전문가들은 누가 이 원조를 받을 수 있는 가를 골라내는 것이 주요업무였다. 차별과 배제의 통치인 것이다. 독일의 경우 '나치즘 근절'이라는 정치적 구호가 제시될 경우, 원조업무는 누가 나치의 부역자인가, 어떻게 나치즘을 근절할 것인가? 라는 질문과 직결된 '국민만들기(nation-making)'작업이었던 셈이다. 또한, 원조는 유엔의 역량을 시험하는 중요사업으로 여겨졌고, 미국이 주도하는 냉전 헤게모니하에서 이 사업은 '공산주의'에 대항하는 '자유세계'의 상징적 사업으로 자리매김 되었다.637) 결국, 일부 원조프로그램은 미국의 냉전적 세계전략의 일환이자 1950년대 내내 추진된 '근대화 이론'638)의 초석이었고, '볼셰비즘과 식량으로 싸우자'는 후버[1895~1972, 미 FBI 국장] 야심의 또 다른 형식이었다.639)

　이런 점에서 원조 자체의 성공적인 수행보다는 원조에 대한 성공적인 선전과 홍보가 중요시되었다. 특히 기자, 사진사, 작가, 영화제작자들이 전 세계로 확산시킨 DDT(살충제)를 뿌리는 광경은 엄청난 프로파간다 효과를 가져왔다. 1945년 4월 오키나와의 카마라 포로수용소에 미군이 프로파간다 사령부를 만든 것은 예외없는 점령지 원조정책의 일환이었다. DDT 살포는 새로운 시대의 선포였고, 의료와 질병에 대한 '자유세계'의 우월성을 드러내는 상징이었다. 이로써 DDT를 살포당하는 피난민들의 신체는 냉전의 전선이 되었다. 많은 난민이 더욱 많은 원조를 갈구했고, 그것의 긍정적 측면도 없지 않았지만, 실질적 성과는 예상했던 것보다 형편없었다. 그러나 그 반대급부로 초래된 차별과 배제의 정치공학은 불평등한 사회구조, 다시 말하면 미국이 원하는 '국민'을 창조하는 원동력이었다.

따라서 오키나와인에 대한 미국인의 시선은 이중적으로 느껴졌다. 오키나와인이 순종적으로 협력해올 때에는 '해방군'의 온정주의(paternalism)로 대응하고, 통치에 비협조적일 경우에는 '점령군'의 권위주의로 응수했다.640) 그래서 오키나와 군사기지화를 지론으로 삼고 있던 맥아더는 1947년 6월 미국기자단과의 인터뷰에서 "류큐는 우리의 천연국경이다. 오키나와인은 일본인이 아니므로 미국의 오키나와 보유에 일본인이 반대하리라 생각하지 않는다"고 일방적으로 말할 수 있었다.641)

'민족독립' 대신 '국민복귀'로의 전이

전 세계 특히 동아시아에 밀어닥친 1948년의 진통은 오키나와인들의 독립의지를 고사시키는 결정적 순간들을 예고하고 있었다. 1948년 제주 4·3과 이와 관련을 갖는 재일조선인의 4월 한신(阪神)교육투쟁이 일어났다. 오키나와청년동맹은 재일조선인의 투쟁에 대한 격려연설에 나서는 등 연대를 표시했다. 그러나 이런 행동에 대한 논란이 7월의 오키나와인연맹중앙위원회대회에서 큰 쟁점이 되었다.642) 재일조선인에게 '빨갱이(あか, 아카)'라는 낙인이 다시 찍히고, 이들에 공감하는 재일오키나와인 역시 싸잡아 배제하는 움직임이 조성된 것이다.

1949년 중반부터 GHQ가 오키나와 귀환을 무기한 정지 조치시키는 가운데 본토 각지의 시정촌에서는 오키나와인을 재일조선인처럼 '외국인' 취급하는 폭력이 가해지기 시작했다. 오키나와인의 투표 포기 요청, 전적(轉籍) 권고, 오키나와인 초등학생에 대한 외국인등록 요구, 대학입시에서 오키나와인의 조선인 취급과 같은 노골적인 압박들이 점점 거세졌다.643) 이러한 폭압과는 반대로 미국은 당근을 제공하는 정책을 더욱 강화했다. 미국의 점령지구제기금(GARIOA Fund) 등의 원조에 의존하던 오키나와 경제는 1949년을 기점으로 기지 의존경제로 탈바꿈하게 된다.644) 1949년 중국혁명과 1950년 한국전쟁은 미일담합형태로 기획된 오키나와의 반영구적 군사기지화를 급진전시켰다.

1949년 10월 미국의회는 1950년도 회계에 5,800만 달러 규모의 오키나와기지 건설예산을 확정했다.645) 이 방대한 예산에 의거 오키나와인 노동자에 의한 대규모기지 건설공사가 발주되었다. 미국은 이 건설공사가 다수의 도민을 고용함으로써 오키나와 경제의 자립과 부흥에 크게 기여할 것이라고 선전했지만, 실제 기지건설의 최대 수혜자가 된 것은 일본 본토의 재계였다. 이른바 '오키나와붐'이라는 말이 나돌면서, 가시마 건설 등 9개의 대형 토건회사가 달려들어 자재판매와 토목공사의 수주를 독식했기 때문이다.646)

한국전쟁이 진행 중이던 1950년 12월 GHQ 섭외국은 오키나와 미군기지 건설에 필요한 자재를 일본에서 구입하는 데에만 2,500만 달러를 투자할 것이라고 발표했다. 한국전쟁 특수 가운데 오키나와 미군기지 수요가 적지 않은 비중을 점하고 있음에 유의해야 한다. 한국과의 관계에서 수혜자이자 피해자인 오키나와의 위상은 동아시아 냉전의 중층적 구조를 상징적으로 보여준다.647)

빨갱이 사냥 같은 폭압적 공세와 막대한 원조자금을 통한 개량화 정책 속에서 독립론은 급속도로 쇠퇴했고, 그 자리를 동화론적인 '복귀론'이 득세했다. '민족독립' 대신 '국민복귀'로 전이되는 과정에 국가주의와 맞설 체력이 쇠잔해진 것이다.

스물 | 제주농업학교 터

미 제59군정중대와 공포의 천막수용소

급했다. 오키나와에서의 출발예정일은 여러 번 변경되었다. 분산된 24군단과 필요한 선박을 모으는데 예상보다 더 많은 시간이 소요되었다. 더 빨리 작전을 개시하라는 트루먼 대통령의 촉구로 인해 계획이 또 한 번 변경되었다. 그러나 결국 태풍으로 인해 9월 5일 오후까지 출발이 지연되었다. 훗날 하지(John R. Hodge, 1893~1963)의 회고대로 '뒤죽박죽'이었다.[648] 태풍이 잦아들자 가까스로 구축함과 항공모함의 호위를 받는 5열의 밀집 종대형의 전함들이 한국을 향해 출발했다. 종전은 됐지만 이에 응하지 않고 항전을 지속하려는 가미카제 대원들이 미군에 대해 공격을 하는 사례가 있었으므로 이 항해의 안전이 보장된 것은 아니었다. 더구나 일본의 잠수함과 통신할 수 없었기 때문에 한국으로 항해 중에는 완전한 등화관제를 실시했다. 호위함은 1945년 9월 8일 아침이 되어서야 인천항에 들어섰다. 이처럼 인천항에 도착한 점령군은 다름 아닌 오키나와 주둔 미군이었다. 어떻게 해서 또다시 오키나와와 한국은 같은 운명의 수레바퀴를 타게 되었을까?

같은 운명의 수레바퀴 탄 오키나와와 한국

일본 항복 당시 미국에는 육군이나 해군이나 혹은 국무성에서나 한국에서 점령행정을 할 만한 지식과 경험을 가진 사람이 하나도 없었다. 그나마 아시아통인 스틸웰(Joseph W. Stillwell) 중장이 조선주둔 미군사령관으로 지목되었었다. 그러나 장개석은 '깍쟁이 장군'이 한국에 부임하는 것을 반대했고, 중장의 임명은 장 총통의 양해를 얻어야 한다는 국무부의 의견으로 중지되었다. 그 후 장 총통의 답변에 관하여 하등의 공식발표도 없는 채 결국 스틸웰 중장의 서울 부임은 보지 못하게 되었다. 이리하여 사령관 자리는 오키나와 가데나에 주둔 중이던 제24군단 사령관 하지 중장에게로 돌아갔다. 스틸웰의 10군 소속이었던 하지의 24군단은 8월 15일 태평양사령부로 소속이 바뀌었는데[649], 이는 독자적인 한국 점령작전을 준비하기 위해서였다.

1945년 9월 28일 오전 6시경 김포공항. 38명의 미군이 두 대의 거대한 C-47수송기 앞에 대열을 이루어 꼿꼿이 서 있었다. 잠시 뒤 그린(Roy A. Green) 대령이 그들 앞으로 걸어 나와 긴장된 얼굴로 지시사항을 주지시키기 시작했다.

1948년 5월 1일 촬영된 제주농업학교에 들어선 미 제59군정중대 막사.

그중에 인상 깊은 훈시는 '일본군으로부터 항복을 접수받는 과정에서 기념품이나 선물을 절대 받지 말라'는 것이었다. 이들을 실은 수송기의 문이 둔탁하게 닫히고 서서히 활주로를 달리기 시작했다. 두 대의 수송기는 7시경 김포공항을 이륙했다. 이들은 제184보병연대 소속으로 제주도 주둔 일본군에 대한 항복접수팀이었다. 이미 일본정부를 대표해서 항복문서가 조인되었는데, 미군은 왜 따로 제주도로 가서 항복문서를 받으려고 한 것일까? 미군은 제주도 주둔 제58군을 별개의 지휘계통으로 판단했다. 혹시 발생할지 모를 일본군 패잔병들의 명령 불복종으로 항복접수작전이 차질을 빚게 하지 않으려는 치밀한 조치였다. 그래서 별도의 항복문서를 받아내려는 것이었다.650)

두 시간 뒤 수송기는 제주읍에서 서쪽으로 1.5마일 떨어진 제주 서비행장의 상공에 다다랐다. 그들은 미국 비행기가 전에 착륙해 본 적이 없는 비행장 주위를 선회하며, 간밤에 폭우가 내리긴 했지만 착륙이 가능하다고 판단했다. 그리고 활주로에 착륙했다. 비행장에는 일본군 참모장교 7명이 나와 이들을 영접했다. 약간의 혼란이 있은 뒤, 접수팀은 여러대의 낡은 세단을 타고 조인식이 열리기로 된 읍내의 남쪽 끝에 있는 학교로 달렸다. 제주농업학교였다. 10시 45분 일본군 서명자들이 보좌관 3명을 대동하고 학교의 한 방으로 미군을 안내했다.

항복 조인식 열린 제주농업학교

그 방의 위치는 어디쯤일까? 농업학교는 지금은 KAL호텔 서쪽인 전농로와 서광로에 둘러싸인 한국통신과 삼성초등학교가 서 있는 터이다.

남아있는 당시의 사진 중에 학교 근처에 있는 오현단쪽을 향해 학생 조회하는 장면이 있다. 본 건물의 오른쪽으로는 목조건물인 유도장이 있었고, 운동장 오른쪽으로는 숙직실, 기숙사, 양잠실 좌측에는 돈사, 관사, 과수원이 있었다고 한다. 이는 현재 후쿠오카에 사는 다카하시 도오루씨가 확인한 사실이다. 그의 아버지 다카하시 겐지로는 1930년대 이 학교의 교감으로, 그는 1929년 제주에서 태어났다.651) '아마도 유도장이 그 방이 아니었을까?' 생각하며 어슬렁거리고 있는데, 학생들이 장난치며, 환호하며, 때론 고개를 땅이 닿도록 숙인 채 고민하며, 쏟아지듯 몰려나온다. 이 아이들이 이곳에서 있었던 일들을 혹시 알고 있을까? 아니 이 아이들에게 어른들은 사실을 제대로 말해주고 있기나 한 것인가?

방에 들어서자 제58군 사령관인 도야마 노보루(遠山 登) 중장이 일장기를 제외하고, 훈장·계급장 등 모든 제복 장식품을 떼어냈다. 일개 대령에게 항복해야 하는 난처함에서 벗어나기 위해 병든 것처럼 하지 않을까 염려했던 미국인들은 그를 보자 안도했다. 그린 대령과 월든 중령은 방 끝의 탁자에 앉아 있었으나 일어서지 않았다. 그들 뒤에는 일부 참모장교와 통역사 한 명이 서 있었고, 제184보병연대의 기를 가진 호위병이 한쪽에 비켜 서 있었다. 그린 대령이 자신을 소개하는 동안 나머지 미국인 참관자들은 차렷 자세로 서 있는 일본군들의 뒤에 서 있었다. 그린 대령은 항복문서를 받도록 그를 임명한 하지 장군의 명령서를 읽고 나서, 영어와 일본어로 된 각 3부씩의 서명할 문서를 가리켰다. 이어서 그는 일본군 대표들에게 자리에 앉도록 말했다.

문서 6부가 도야마 중장에게 건네졌고, 그다음에 중령 하마다 쇼이치(濱田昇一) 제주 주둔 해군사령관에게, 마지막으로 센다 센페이(千田專平)

제주도사민정관에게 건네졌다. 그는 3개의 펜으로 서명했다. 월든 중령이 마지막으로 서명했다. 미국인들이 모든 문서에 서명하는 데는 2분밖에 걸리지 않았다. 서명하는 동안 생긴 유일한 소음은 많은 카메라의 촬영소리뿐이었다. 오전 10시 59분 그린 대령은 "항복절차는 끝났다"고 선언했다.[652]

항복접수팀이 비행장에 내리기 1시간 전인 오전 8시 제주항에는 미 해군 구축함의 호위를 받으며, 2척의 중형 상륙함 편으로 제7보병사단 요원들이 입항하고 있었다.[653] 이들은 이미 9월 26일 군단 병기 장교 파우웰(G. F. Powell) 대령의 인솔 아래 인천항을 출항, 이날 제주에 도착한 것이다. 미24군단 작전참모부 보고서에 의하면, 이들은 무장해제팀이었다. 항복접수팀과 동시에 제주에 진주한 것이다. 무장해제팀은 완전무장한 군복차림으로 그들이 갖고 온 군용트럭을 타고 제주시가지를 통과했다. 사람들은 미군이 제주도에 진주하는 모습을 이때 처음 본 것이다. 제주사람들은 그들의 출현이 의미하는 바를 잘 알았다. 이제 미군의 눈치를 봐야 하는 시절이 된 것이다. 단 한 사람이라도 미군이 이곳에 나타난 것은 그가 거대한 체계의 일부이기에 가능한 것이다. 그들은 제주 비행장에 도착하여 그곳에 주둔했다.

한국을 미국의 51번째 주로

『주한미군사』에 의하면 "오키나와와 거의 같은 크기로 중무장된 요새나 다름없는 제주도의 일본군 무장해제는 중대한 문제"[654]였다. 무장해제팀은 그때까지도 처리되지 않았던 무기와 폭발물을 바다에 버리고 비행기를 폭파했다. 일본군의 항복과 패전은 무장해제팀의 작업에 의해 비로소 실감 났다. 드디어 일제 통치가 끝난 것이다. 무장해제와 별도로 이제 일본군을 축출하여 자국으로 송환하는 업무가 남았다. 제주도에서의 일본군 송환 작업은 그보다 한 달가량 늦어진 10월 23일에 이르러 비로소 시작되었다. 송환업무를 책임질 부대확보가 늦어졌기 때문이다. 일본군 송환업무를 전담할 임무를 띠고 10월 22일에 제주에 파견된 미군팀은 제749야전 포병대대였다. 이 부대는 인천항을 통한 일본군 후송 업무를 마치고 제주에 배치되었다.655)

제주도민에 대한 일본군의 행패는 여전했다. 그들은 미군 측으로부터 허용받은 무기를 들고 곧잘 위협적인 자세를 취했고, 모리배들과 전쟁물자에 대해 뒷거래를 하였다. 마지막 순간까지 일본군의 천인공노 할 짓이 이어졌다. 미군 보고서에 의하면 "10월 1일 현재 제58군은 4개월 분량의 군량미를 보유하고 있다. 이 군량미는 주로 쌀인데 도민들이 50일 동안 소비할 수 있는 양"656)이라고 언급하고 있다. 그런데 일본군은 철수 직전에 제주비행장에 산더미처럼 비축했던 군량미를 모두 불태웠다.657)

일본군 송환업무가 종료됨으로써 전투업무로서의 점령 작전은 마무리되었다. 다음은 계획대로 미국영토의 준주로 만들기 위한 2단계 점령작전으로 돌입해야 할 순간이 왔다. 맥아더의 참모들이 완벽하다고 자랑한 점령계획 블랙리스트는 일본에 적용된 계획이었기에 오키나와에 있으면서 그 계획을 한국에 적용해야 하는 사람들은 그 계획이 그저 '개괄적이고 암시적인 것'이라고 인식했다.658) 이것은 오키나와의 기획자들이 임무수행에 필요한 작전명령(Operations Order)의 작성에 직면했을 때 겪게 되는 많은 중요한 문제들에 대해서는 언급하지 않았다. 시간은 모자라고 정보는 부족했다. 군정계획 수립임무는 제10군의 군정계가 맡았다. 그들은 경험과 지식이 별로 없었지만 즉시 이 일에 착수했다.659)

8월 13일 기획자들은 육군과 해군의 군정교범인 소책자 『군정과 민정 (Military Government and Civil Affairs)』660)을 이용하여 한국상황에 적용될 네 가지 정부형태를 상정했다. 그리고 전문요원들이 도착할 때까지는 전투병력이 군사정부의 임무를 수행하면서 일본인들에 대한 완전한 전투경계태세를 취하다가, 상황이 변하면 미국의 영토에 준하는 준주(準州)의 형식으로 변해가는 계획이 채택되었다. 한국이 '미국의 51번째 주'라는 것은 미 점령기부터 미국 스스로 가진 군정 목표였다. 그러나 이 문제는 단순하지 않았다. 1945년은 미국의 전승국인 미소 양극체계, 그리고 민족주권체계까지 인류역사상 출현한 모든 국제체계가 남한에서 정신없이 충돌하며 100년 같은 1년을 보내고 있었다. 이 시기에 일어난 일들을 이해하기 위해서는 다시 미군정 계획 시기부터 복기해볼 필요가 있다.

"FM대로 해"

미국패권체계는 남한에서 미군정에 의해 주도되었고, 유엔체계는 신탁통치에 의해, 미소협조체계는 미소공동위원회에 의해, 주권체계는 사회주의세력이 중심이 된 건국준비위원회와 인민공화국에 의해 주도되었다. 오키나와와 비교해보면, 미소협조체계나 강력한 독립추진세력에 의한 주권체계가 더 추가된 양상이었다. 이 복잡한 체계의 중심에 선 것은 잘 알다시피 미군정이었다. 그러나 하지 장군은 한국 상륙 때 일본군의 무장해제 이외에 정치적·경제적 문제에 관하여 아무런 구체적인 복안도 없었다. 하지가 이런 상황에서 어떤 고민을 하고 결정을 했을까?

필자가 버스에서 그런 고민을 하고 있을 때 뒷자리에서 큰 목소리로 떠들던 휴가 나온 해병대원들 말이 귀에 걸렸다. "에프엠대로 해!"라는 말이었다. 군인들이 의미도 모르고 쓰는 말인 FM(Field Manual, 야전교범)의 약자이다. 복잡한 상황을 군인답게 단순명쾌하게 헤쳐나가게 하는 것은 야전교범이다. 이것이 가장 정확한 경험칙인지 모른다. 그러고 보니 하지가 의지했던 것은 미 국무부의 훈령도 맥아더의 지시도 아닌 군정교범이었다.

1945년 9월 6일 상륙에는 「미 육·해군 야전교범27-5(FM27-5)」가 적용되었는데, 1943년 12월 22일 간행된 이 교범은 민사업무의 목적을 세 가지로 규정하였다. 1.군사작전의 지원 2.국가정책의 추진 3.점령군으로서의 의무완수이다.661) 한국전 당시 쓰이던 「야전교범27-10」은 1940년 개정판이었다.662) 위의 세 가지 목적 가운데 첫 번째의 중요성은 다른 두 사안을 능가하는 것으로 계속 강조되었다.

　　언제든지 첫 번째 고려해야 할 점은 성공적 결론에 도달할 때까지 군사작전을 실행한다는 것이다. 군사적 필요는 군정의 운영보다 기본적으로 우선하는 원칙이다.663)

의사는 사람들을 환자냐 아니냐로 본다. 경찰은 사람을 범인이냐 아니냐로 본다. 군인은 사람들을 적이냐 아니냐로 본다. 이 군정교범은 정치·외교적 사안인 군정에 임해서 군인은 군인으로서의 판단기준이 흔들려서는 안 된다고 가르치고 있다. 군사적 필요가 군정운영보다 우선한다는 원칙이 그것이다. 여기서 군사적 필요를 지배하는 관점은 무엇일까? 바로 '적이냐 아니냐'이다. 적과 아를 구분하지 못하게 하는, 달리 말하면 모든 가능성을 열어두고 갈등을 조화로 만들어야 하는 상황처럼 군인에게 곤란한 상황은 없다. 그러나 점령은 가장 복잡한 혼란과 가능성의 시기이다.664)

정치의 예술이 필요한 시기에 정치를 가장 곤혹스러워하는 군인이 모든 주도권을 잡고 있다는 것이 군정 시기의 모든 모순과 갈등의 근원이다. 1945년 미군의 한국 점령 시까지 국무성의 정책은 극단을 오갔으며, 정리되어 있지 않았다. 이런 상황에서 점령주체인 미군정이 취한 조치들은 경쟁적 견해들 사이에서 선정되었다. 특히 군정의 총책임자인 하지의 개인적인 성향과 경험, 그가 기준으로 삼은 군정에 대한 야전교범의 영향은 컸다. 결국, 이 모든 상황을 책임져야 할 미국의 고위정책책임자가 야전사령관을 충분히 통제할 수 없는 상황에 놓여 있었다는 데 문제가 있었다.

이 과정에서 가장 중요한 것은 '한국민의 지위를 어떻게 볼 것인가?'였으며, 그것은 다시 말하면 '벗으로 볼 것인가, 적으로 볼 것인가?'의 문제였다. 맥아더는 8월 말, 24군단 하지 중장에게 한국인들을 '해방된 인민'으로 취급하라고 지시했다.665) 그러나 그에 앞서 모순되게도 "당신은 남한에서 앞으로의 사태에 관해 옳다고 생각하는 대로 행동하게 될 것이다"라고 언급했다. 이는 맥아더가 하지에게 백지위임장을 준 것이나 다름없었다.

하지는 그 백지위임장을 다음과 같이 자기 마음대로 사용했다. 9월 4

일 하지는 자신의 장교들에게 한국이 "미국의 적"이며 따라서 "항복의 조례와 규정의 작용을 받는다"라고 지시한 것이다. 미군정의 공식소식통은 후에 "정부와 그의 행동은 적국에서의 경험에 의하여 정해졌으며, 적대국 내에 있는 군의 지시 및 훈련방침에 따르도록 되었다"666)라고 보고했다. 그리하여 남한은 적국영토에 진주한 승자의 모든 권세로 무장한 적대적 점령하에 들어간 것이다. 그리고 점령군은 1948년 8월 15일까지 이 권력을 포기하지 않았다.667)

찬탁과 반탁, 반미와 반공, 민족과 반민족 구도로

미국패권과 유엔체계를 봉합하기 위한 미국외교의 발명품이었던 '신탁통치'668)는 그야말로 가장 복잡한 국제정치 쟁점이었다. 그것이 정치폭발의 분화구인 한국에 던져졌을 때 그 논쟁과 갈등의 폭발력은 이미 예상되고도 남는 것이었다. 그러나 미군정은 이 문제를 놀랍도록 단순한 구도로 만드는 데 성공한다. 찬탁 대 반탁이다. 이는 반미 대 반공으로, 민족 대 반민족으로 단숨에 치환되었다. 가장 치열한 독립운동세력으로서 해방정국의 주류를 이룬 사회주의세력은 갑자기 반민족세력으로 낙인찍혀 버렸다. 반탁운동의 시발은 「동아일보」의 1945년 12월 27일 자 기사였는데, 소련이 신탁통치를 주장했다는 말도 안 되는 기사였다. 이 같은 명백한 오보이자 왜곡기사를 제공한 배후에 미군정이 있음을 의심하지 않을 수 없었다.

신탁통치를 둘러싼 루스벨트와 합참의 갈등은 이미 오키나와 점령 이전부터 존재했지만, 미국의 공식정책인 신탁통치가 스탈린의 정책으로 둔갑

하는 조작을 통해 미군정은 드디어 복잡한 해방정국을 찬탁과 반탁, 적과 아로 나누는 데 성공한다. 미 국무부 극동 담당관들은 슬그머니 "한국 문제에 있어서 주된 요소는 신탁통치를 위한 후견의 필요성이 아니라 소련 주도하의 정부수립을 방지하는 데 있게 되었다"[669]고 결론 내렸다.

유엔체계를 미국패권체계의 수렁으로 빨아들이는 흡입이 이루어지고 있던 시점에서, 1947년 그리스 내전의 개입을 선포한 트루먼독트린이 발표된다. 트루먼은 그리스 내전의 배후로 소련을 지목하고, 소련봉쇄란 목표를 분명히 했다. 이로써 미소 협조체계도 붕괴하였다. 소위 냉전에 대한 미소 공동책임론은 터무니없는 여론조작이다. 스탈린은 오히려 그리스 내전을 지원하던 유고 티토정부를 압박하였다. 그런데도 트루먼이 소련을 배후로 지목한 것은 트루먼의 의도적 공세였고, 그로 인해 발생한 미소 협조의 붕괴와 대립은 미소 공동책임이 아니라 당연히 미국의 책임이다. 한반도 분할 문제에서도 미소 공동책임론은 조작된 여론에 불과하다. "극동에서 전혀 새로운 전략적 정세를" 조성한 것은 소련이 한국에 관심을 두고 있었다는 사실이 아니라 미국이 한국에 관심을 두게 되었다는 사실 때문이었다.[670]

소련은 이미 수십 년간 그러했다. 흔히 잘못 알려졌듯이 미군의 한국 진주는 소련 때문이 아니라 자체계획에 따른 것이었다. 1944년 3월의 미 국무성 계획은 미군의 한국 진주를 구상했으며, 전후 미국의 목적을 위하여 한국에서 일어나는 어떤 군사작전에도 미국이 참여해야 하는 중요성을 지적했다.

한국 내 혹은 그 주변에서 일어나는 군사작전에서의 미국의 참여는 대민업무와

과도정부의 국제적 감독에 있어서 미국이 취하게 될 중요한 역할을 크게 증진할 것이다.[671]

이 계획은 또한 군사정부의 가능성을 제기했는데, 짧은 기간이 되기를 바라지만 잠재적으로 '상당한 기간'의 것을 구상하였다. 계획작성자들은 소련이 '한국의 상당한 부분을 점령하게 될 것'을 예상했기 때문이다. 그래서 이들 문서에는 행정을 소련 측과 협조하게 되어 있었다.[672] 이 분석은 소련이 비협조적으로 나오든지 혹은 그들이 '철저히 교육된' 한인들을 이용한 경우를 예상하였다. 그래서 실제적인 점령이 더욱 믿음직한 길이기 때문에 우선 점령을 하고, 다음에 신탁통치를 추천했다.

이보다 2개월 후의 다른 문서는 만약 소련이 단독으로 한국을 점령한다면 "미국은 이러한 사태발전을 앞으로 태평양 안보에 대한 위협으로 인정해야 할지 모른다"[673]고 언급했다. 소련의 배신에 대해 이런 조기예상은 이후의 소련행위에 대한 미국의 편견을 초래했을지도 모른다. 이는 소위 '자기실현적 예측'이란 것인데, 소련이 배신할 것이라는 예측을 하고, 그런 예측이 실현되는 것을 입증하기 위해 미국이 먼저 행동하는 것이다.

파시즘과 차이가 없던 미군정

1946년 반탁시위를 통해 부활한 '반공'이냐 '빨갱이'냐의 전선은 1947년에는 친미냐 반미냐의 전선으로 이동했다. 1946년 반공 전선을 이끌었던 김구도 반미·반미군정이라고 판단되는 순간 제거되었다. 미군정은 그들이 그토록 혐오하며 투쟁했다던 파시즘과 차이가 없었다. 반혁명의 집중적인 표현으로서 파시즘은 혁명적 상황에 대응하는 것이며, 반드시 공산주의에 대응하는 것은 아니다.

파시즘에서 공산주의와 공산당이 무엇보다 제1의 적이라는 것은 지금까지의 각국의 역사가 보여주는 한 무릇 공산당이 혁명적 상황의 가장 정력적이며, 가장 전투적인 조직자—반드시 현실적인 조직자가 아니더라도 가능한 조직자—로서 나타났기 때문이다. 만약 사회민주주의 정당이 일정한 상황하에서 사회혁명의 전위가 된다면, 지체 없이 파시즘의 공격은 거기에 집중될 것이다. 파시스트가 사회민주주의자나 자유주의자의 존재에 대해 어디까지 '관용적'일 수 있는지는 물론 이데올로기적이고, 원리적 문제가 아니라 혁명의 한계상황의 문제이다. 사회민주주의나 자유주의가 '혁명의 온상'으로 판단되는 한에서 그것은 배제되거나 통제되며, 그것이 거꾸로 혁명의 방파제로서의 기능을 수행하는 한에서는 방임되거나 심지어 지지를 받기도 한다.

따라서 거꾸로 말하면, 한 국가의 내부에서 사회민주주의자나 자유주의자의 존재 내지 활동이 허용되어 있다는 사실 그것만으로는, 그 국가의 지배권력이 파쇼화되지 않았다는 증거가 되는 것은 아니다. 문제는 어디까지나 그런 사회민주주의자와 자유주의자의 일정한 상황에서의 구체적인 행동양식에 있는 것이다. 흔히 전투적인 자유주의가 '마르크스주의'를 신봉하는 사회민주주의자보다도 파시스트의 공격과 억압의 대상이 되는 까닭도 거기에 있다.674)

'빨갱이'여서 미군정의 탄압을 받는 것이 아니라 미군정에 반대하기 때문에 '빨갱이'가 되었다. 그리고 어느 순간부터는 미군정에 반대해서가 아니라 미군정의 탄압을 받았기 때문에 '빨갱이'가 되었다. 미군정의 탄압이 불법적이라도 탄압받는 자는 그럴만한 이유가 있어서 탄압받는 것이며, 굳이 빨갱이임을 증명할 필요도 없게 되었다. 1947년 제주에서 학생들을 중심으로 양과자 반대시위가 벌어진 것은 정세를 정확히 읽고 있었던 대응이었다. 하지 중장이나 맥아더 원수는 한국은 피정복국이 아니라는 것을 잊어버리고 있었다. 일본 총독의 관저였던 녹색저택에 하지 중장이 거주한 일년 반 동안 한국인들은 그에게 공포심을 가지고 있었다. 한국인들은 구왕을 대신하여 신왕이 임하였다고 보았다.

이 점에서 미국인은 한국인에 대해 또 하나의 심리적인 실책을 범하였다고 볼 수 있다. 또 1947년 봄 하지 중장은 실정 시찰차 남한 지방에 여행을 하였는데, 그때 중장은 일본 귀빈 전용인 진주장식을 한 특별차를 사용하였다.675) 반미적 감정이 극대화되기 시작한 것은 미군정이 유엔이나 미소협조체계 같은 국제체계를 한반도로부터 배제시키고, 이제 국내세력, 민족주권체계를 골간을 이루고 있었던 사회세력을 정조준하였기 때문이었다. 미국에 대해 환상을 가질 틈 같은 것은 더는 존재하지 않았다. 미국의 단독정부 수립 결정은 통일주권 수립을 열망했던 세력을 '국민 만들기'를 통해 차별·배제하기에 돌입했음을 의미했다. 이는 미국이 상황변화에 대응한 결과가 아니라 점령 초기부터 계획한 미 군정의 목표였다.

제주 그 시절을 아십니까?

해방을 맞이했을 때 제주농업학교는 해방이 초래한 정치의 폭발을 상징하는 장소였다. 1945년 9월 10일 이곳에서 제주도 건국준비위원회가 결성되었고, 9월 28일 이곳에서의 일본군 항복조인식으로 실질적인 해방을 실감했다. 그러나 11월 10일 미 20연대 59군정중대가 입도하면서 이곳을 중심으로 본격적인 군정 업무가 실시되었다. 본격적인 군정업무의 이미지는 어떤 것이었을까? 제주농업학교 하면 천막수용소였고, 천막수용소 하면 공포의 원천이었다.

1948년 3월 초, 김달삼의 연락부장이었던 김생민이 제주농업학교 운동장 천막수용소에 잡혀갔다. 1948년 5월 1일 촬영된 사진에 의하면, 제59 군정중대의 막사와 성조기가 휘날리는 모습을 볼 수 있다. 박진경은 11연대를 이곳에 주둔시켰다. 성조기와 태극기가 나란히 게양되었을 것이다. 6월 이전에는 남로당 간부만을 주로 잡아들였고, 3월 26일경 미군정에서 정치범을 석방하라고 해서 전부 석방도 해주었다. 그러나 6월경 다시 잡혀 들어갔고 천막에 수용되어 있던 1948년 6월 18일, 당시 11연대가 이곳에 주둔해 있었는데 박진경이 이곳에서 문상길에게 암살당했다.[676] 그 뒤로 농업학교 천막수용소는 제주에서 가장 무서운 곳으로 변한다.

「제주도정뉴스」의 '제주 그 시절을 아십니까?'에 실린 사진 한 장이 눈에 들어온다. 제주농업학교 정문에서 10여 명의 동기생들이 교복을 입고 찍은 기념사진이다. 이들은 졸업 후 아마도 제주의 지도자들이 되었을 것이다. 그 졸업생들이 본의 아니게 원치 않는 방식으로 다시 모이게 된 사건이 있었다. 4·3항쟁 초토화 작전에 앞서 실시된 제주 읍내 지역유지들에 대한 일제 검속사건이다.[677] 무차별 연행과 즉결 처분이 꼬리를 물었다. 이때 연행된 사람들은 농업학교 운동장에 임시로 마련된 천막 안에 갇혀 있었다. 7월 22일 이후 농업학교가 모슬포에서 이전해 온 9연대 본부로 사용되면서 북쪽 운동장은 연병장, 동쪽 운동장은 포로수용소 역할을 했다.

제주 읍내 유지 중에서 농업학교 천막수용소에 안 갔다 온 사람은 꼽기 어려울 정도라는 말이 나올 만큼 검거는 무차별적이었다. 최원순 제주지방법원장, 김방순 검찰관 대리, 송두현 법원 서기장, 현경호, 이관석 제주중학교장, 박경훈 제주신보 사장, 신두방 제주신보 전무, 김호진 제주신보 편집국장, 이상희 서울신문 제주지사장 등이었다. 특히 관재처나 식량영단 등 도청의 보급관련 직원들이 1순위로 잡혀 들어왔다. 평소 서북청년단의 부당한 물품 요구를 거절했던 게 원인이었다. 농업학교는 일제강점기 최고 교육기관이었기에 제주 유지 중에는 이 학교 출신이 많았다. 끌려간 이들은 그들이 공부했던 장소에서 '기가 막힌 동창회'를 열었던 셈이다. '누구누구 대석방'이라는 말이 떨어지면 불려 나갔는데 '대석방'은 다름 아닌 처형을 의미했다. 김방순, 송두현, 이관석, 김호진, 이상희가 대석방을 맞았다. 이들은 제주 앞바다에 수장되거나 혹은 사라봉동굴, 박석내 등에서 학살되었다.[678]

3월 남로당 간부들이 천막에 끌려갈 때까지만 해도 남의 일 보듯 했으나, 6월 이후엔 누구나 예외 없이 검거대상이 되었다. 이는 나치시대 마틴 니묄러(1892~1984) 목사의 경고를 정확히 연상시킨다.[679]

나치가 공산주의자들을 덮쳤을 때 나는 침묵했다.

나는 공산주의자가 아니었다.

그다음에 그들이 사회민주당원을 가두었을 때 나는 침묵했다.

나는 사회민주당원이 아니었다.

그다음에 그들이 노동조합원들을 덮쳤을 때, 나는 아무 말도 하지 않았다.

나는 노동조합원이 아니었다.

그다음에 그들이 유대인들에게 들어왔을 때, 나는 아무 말도 하지 않았다.

나는 유대인이 아니었다.

그들이 나에게 닥쳤을 때는

나를 위해 말해 줄 이들이 아무도 남아 있지 않았다.

　미군은 최근의 이라크전쟁에 이르기까지 약 200여 년간 대민업무를 수행했다. 1847년부터 1848년까지 미군은 멕시코를 지배하면서 처음으로 민사·군정 업무를 수행했다. 20세기 초에는 필리핀 내란을 진압하는 데 관여했고, 1918년 1차대전 이후 영국과 협력하에 민사업무를 수행했다.[680] 민사활동이라는 개념은 19세기부터 논의되었지만, 이것이 군 조직에 제도화 된 것은 2차 대전 동안 적 지역을 점령하게 되면서부터였다. 이때 최초의 민사야전교범[681]을 만들고, 군 참모부에 민사부(Civil Affair Division)를 건립한 것이다.

　2차 대전 동안 민사업무는 군작전 지원을 넘어 전쟁수행과 관련 전 사회를 재조직화하고, 정부조직을 만들고, 국가를 형성하고, 경제재건을 통해 세계시장에 편입시키는 등의 포괄적 '전쟁지원' 활동과 '전후처리' 작업을 수행했다. 유럽의 경우 독일에서 미군정은 탈나치화, 경제계획 수립, 미국식 정치제도, 교육 등의 작전을 수행했다.[682] 간접통치방식을 택한 벨기에나 네덜란드, 룩셈부르크, 일본과 달리 독일에서 민사 장교는 새로운 정권을 선택하건 직접 통치하건 직접적인 통치관계를 수립했

고, 해당 국가의 법과 제도, 행정적 측면에서 철저한 변화가 이루어졌다.[683]

그러나 2차 대전 이후의 점령은 전혀 새로운 국제관계적 도전이었고, 준비되지 않은 초보자의 점령정책은 초기에 불합리한 시행착오를 거칠 수밖에 없었다.[684] 미국은 '민사'라는 개념과 '군정'이라는 개념을 점령된 지역의 정치상황에 따라 다르게 사용해 왔다. 미국 야전교범에서 '민사' 개념은 '군정'의 권한보다 낮은 수준의 권한을 의미하는 것으로 정의되어 있다. 즉 '해방된' 지역에서 '민사'라는 용어는 소극적인 용어로서 미국 대중들과 점령지 주민들에게 미국의 주재에 대해 긍정적인 인식을 유지할 수 있고, '적 영토'에서는 '민사'라는 용어는 너무 부드러워서 '군정'이라는 용어가 권한을 주장하기에 더 선호되었다.[685]

한국전쟁기 북한점령 정책에서는 용어의 선택을 더욱 신중히 했다. 평양지역 민사팀은 고무산업 기술자인 챨스 먼스키(Charles R. Munske) 대령이 지휘하고 있었는데, 그는 일본에서 군정수립과 관련해 많은 경험이 있었다. 6명으로 이루어진 평양지역 민사팀은 이미 지역주민들로 경찰과 시청요원을 선발했다. 이 민사팀은 고문 역할만을 하게 되어있었고, 자신들의 업무가 '민사'도 아니고 '군정'도 아님을 강조했다.[686] 미8군 민사부장이자 평남지구 유엔군 민사부장인 먼스키는 11월 3일 기자회견에서도 "평남지구에서 실시되고 있는 행정형태는 절대로 군정"이 아니며, "우리는 다만 민간인을 돕는 것을 목적으로 한다"고 발언했다. 먼스키는 현지에서 실시되고 있는 행정 형태의 정확한 명칭을 부여하는 것을 회피했다.[687] 그럼에도 불구하고 미군의 북한점령은 단순한 점령이 아닌 '적국에 대한 점령' 양상을 보였고, 민사업무도 한국과의 협조 속에서 반공적인 정권을 수립하기 위한 군정이란 본질이 달라지진 않았다.

오키나와가 제주, 북한, 아프가니스탄, 이라크에서 재연되는 이유

1943년 가을 이탈리아에서 연합군은 지역의 수많은 피난민으로 인해 군사작전에 방해를 받았고, 적의 첩자가 피난민대열에 섞여 있을 수도 있다는 가능성 하나로 극단적으로 대응한 바 있다. 즉, 적의 전선을 통과해 내려오는 민간인 이동을 금하고 불복할 때에는 사살명령을 내렸다. 연합군은 검문소를 설치하고 민간인들을 검색했으며, 통과 시 신분증을 발급했다. 이 과정에서 연합군은 전투지역에 있는 지역주민들을 통제할 때 이동제한 정책을 선호하게 되었다. '이동제한'이란 주민들을 제자리에 잔류하게 하는 것이다.

이런 피난민 처리 경험이 한국전쟁에서 유사한 형태로 답습되었는데, 피난민들에 대해 이동제한을 실행하고 '치명적 무력'을 사용했다.688) 당시 1기병사단의 G-3(작전부)에 근무했던 포히다(J. P. Powhida) 중령은 '한국에서의 민간인 통제'라는 글에서 다음과 같이 기술했다.

피난민 무리가 우리 지역으로 쏟아져 내려왔다. 이는 민사 문제였지만 우리 사단에는 민사부 참모가 없었다. 나는 2차 대전 당시의 훈련과 경험을 살려 민간인을 통제하기 위한 계획을 세웠다.

리지웨이 사령관이 금지했던 '초토화 작전' 역시 아몬드 1군단장에 의해 다시 채택되었다. 삐라가 지시한대로 자기 마을, 자기 집에 은신했던 사람들은 적의 은신처로 사용되거나, 또는 사용될 것으로 의심되어 '무차별 조직적 파괴'의 대상이 되었다. 그것은 전쟁 상황에서 어쩔 수 없이 발생하는 '부수적 피해'가 아니었다.[689]

미군정사법부의 고문들이 말하고 있듯이 군정은 한편으로 "단순히 전쟁법과 관례에 따라 행사되는 군사적 권한일 뿐"이므로 오히려 엄격하게 정의의 원칙을 준수해야 할 의무가 있지만[690], 다른 한편으로 "군정은 미국 헌법상의 적법절차 조항과 같은 헌법상의 제한이 부재하므로 그 권한에 제한이 없는 주권행사자이다"[691] 즉, '법의 지배'를 존중하기는 하지만 필요하다면 전제적·독재적 통치자의 모습을 띠게 되는 야누스와 같은 모습을 가지고 있다.

2차 대전 후 군정의 문제는 미국패권의 전형이란 점에서 관찰되어야 한다. 미국은 군사력을 핵으로 하는 권력과 국제법과 유엔헌장을 축으로 하는 권위의 양 날개를 사용해왔다. 이는 국가의 권력과 교황의 권위라는 중세적 질서의 재현이기도 하다. 과거의 점령과는 다른 미군정의 점령정책은 미국의 권위를 보여주는 상징이었다. 그러나 더 이상의 경쟁자가 사라진 현대에 미군정은 군이 과거 점령정책의 답습을 부끄러워하지도 않는다. 오키나와가 제주에서, 제주가 북한에서, 북한이 아프가니스탄에서, 아프가니스탄이 이라크에서 재현되는 것은 우연이 아니다.

V 제주 4·3 무장투쟁과 미군정

스물하나 │ # 9연대 터

경비대가 미국의 용병이지 무슨 군인이란 말인가?

9연대 터에서 바라다보이는 모슬봉.

그 터는 정확하지 않으나 번지 상으로는 모슬봉 아래 대정 고등학교에서 모슬포로 들어오는 첫 번째 건널목 근처에 있는 주유소 터이다. 건널목에 서니 옆에 선 안내비에 노랫말이 적혀있다.

구름 위에 솟아 있는 한라산 고개
자라나는 우리들은 제주의 용사
힘을 합쳐 나가자 건설의 길을
우리들은 독립의 차지 제9연대

9연대가이다. '자라나는 우리들'이란 가사에서 눈길이 머문다. 자라나는 그들에겐 어떤 속 깊은 꿈이 있었을까? 9연대 창설 이후 모슬포로 흘러들어온 혹은 끌려 들어온 육지의 많은 군인과 경찰로 인해 모슬포는 육지 사람들의 제주 추억이 가장 많이 남아있는 곳인지 모른다. 유쾌하지만은 않았을 젊은 날의 추억. 그 추억의 시작은 1946년 11월 16일로 거슬러 올라간다. 1946년 1월 15일 '조선국방경비대'(총사령관 마샬 중령)를 창설한 미군정은 1도 1연대의 밤부계획(Bamboo Plan)에 의거하여, 남한의 8개 도에 1개 연대씩을 창설하였다. 그런데 1946년 8월 제주도는 섬(島)에서 도(道)로 승격됨에 따라 9번째 연대를 하나 더 만들어야 했다. 그래서 1946년 11월 16일 조선경비대 제9연대가 모슬포에 창설되었다.[692]

모슬포는 일제강점기 말 결호 작전을 위해 창설된 일본 58군 항공대가 주둔했던 곳이다. 58군 주둔지는 58군의 병기부장인 오오무라 슈(大村 修) 대좌가 사용하여 오오무라 병사(오오무라 헤이샤)라고 했다. 이곳에서 9연대가 창설되었다.[693] 9연대의 제1기생 모집은 1947년 3월에 이루어졌다.[694] 9연대 창설에 대한 소문은 썩 좋지 않았다. 당시 제주 지역에서는 '경비대는 정식군대가 아니라, 경찰의 보조기관이다'라는 소문이 퍼졌고 '미국 용병설'도 나돌았다. 초대 9연대장으로 발탁된 장창국은『육사 졸업생』에서 창설 과정을 이렇게 밝히고 있다.

1946년 10월 나는 미군정으로부터 제주도로 가서 제9연대를 창설하라는 명령을 받았다. 그때 나는 중위로서 23세였다. (…) 나는 서울서 미 군사고문단 1명과 광주에서 기간요원 54명을 데리고 모슬포로 갔다. 일군 해군항공대가 쓰던 본부에 연대본부를 차렸다. 내가 현지에 부임한 뒤 부락민들이 마련한 환영연에 참석한 바 있는데 그 자리에서 젊은 사람으로부터 '경비대가 미국의 용병이지 무슨 군인이란 말인가'라는 말을 들었다. 나는 직감적으로 '과연 좌익 세가 세구나' 하는 것을 실감했다.

"제주도에는 빨갱이가 많으니 몸조심하라"

1946년 10월에 장창국은 제주로 떠나면서 육사 교장이던 원용덕 소령에게 인사차 들렀다. 이 자리에서 원용덕은 "제주도에는 빨갱이가 많으니 몸조심하라"는 조언을 해주었던 것이 기억났다. 주민들의 반미정서를 장창국은 빨갱이 세로 해석하였다. 다른 지역의 경비대는 현지의 청년들을 기간요원으로 하여 창설한 데 반해, 제주도의 9연대는 모병이 어려워 광주의 4연대로부터 기간요원 54명을 지원받아 장창국 중위, 안영길, 윤춘근 소위 등을 중심으로 창설하였다. 4연대는 경찰과 충돌한 영암사건을 일으켰던 부대이다. 이들 중 안영길은 남로당원이었고, 모병

담당자 중에는 남로당 중앙당 프락치로서 박진경 연대장을 암살하게 되는 문상길 소위도 있었다.

창설된 제9연대는 이듬해 청년들을 대상으로 모병 활동을 벌였다. 모병을 위해 도 일주 행군 도중, 주민들을 모아 놓고 모범훈련 및 제식훈련을 하였다. 특히 문상길 소위는 초창기에 모병 활동을 적극적으로 전개했으며, 제식훈련을 잘 시키기로 유명하였다. 이러한 활동에 따라 제1기생으로 제주 출신 40여 명을 그나마 모집할 수 있었다. 1947년 5월에는 2기생으로 70여 명이, 6월에는 3기생으로 80여 명이 입대한다. 이런 식으로 8기생까지 모집되어 4·3 발발 직전에야 가까스로 1개 대대 병력을 갖추게 된다. 이 결과 초창기 경비대 모병에는 일본군 출신 외에도 민족주의적 성향을 가진 청년들도 적지 않게 입대했다. 대정면 출신 고승옥, 문덕우 등도 이 시기에 입대했는데, 이들은 4·3 발발 이후 9연대를 탈영하여 무장대로 활동하다 토벌대에 잡혀 희생되기도 했다.

모병도 어려웠지만 보급은 더 어려웠다. 창설 초기에는 수제비로 끼니를 때울 만큼 보급이 힘들었고, 경찰에 비하면 대우가 형편없었다. 9연대 출신의 한 하사관은 "4·3 발발 무렵 모슬포 경비대는 구일본군이 사용하던 낡은 99식 총을 기본 병기로 삼고 있음에 반해, 경찰은 미제 카빈총, 기관총과 무전기를 갖추는 등 신식장비로 무장하고 있었다"고 전했다. 김익렬의 유고만큼 당시 9연대의 상황을 실감 나게 묘사한 글은 없다. 길지만 인용해 본다.

9연대는 연대라 하여도 실제 병력은 1개 대대가 조금 넘는 약 9백여 명이었으며, 병사들의 90%는 전라도·경상도 방면에서 모병하여온 병사들이었다. 제주도 청년들은 군대지원을 꺼려 지원자들의 대부분은 일제강점기 일본군 하사관 출신이었다. 일정한 직업이 없어 일시적으로 의식주가 해결되는 경비대를 지원한 사람도 있었다. 당시 제주도 청년들은 역사적인 배경도 있었겠지마는 관리나 군인으로 출세하겠다는 희망을 가진 청년은 육지청년과 비교하여 지극히 희소하였다. 또다른 문젯거리로, 제주도 출신 병사들은 나태하며 육체노동을 싫어한다는 것이 정평이었다. 군사훈련이 심하거나 군대작업이 심하면 도망을 쳐버리는 것이 일쑤였다. 그러므로 장교들은 제주도 출신 사병들은 으레 어느 땐가는 도망치리라 생각하고 그리 신경도 쓰지 않았다. 6개월 이상 복무한 사병은 불과 10명 이내였다. 이들은 장교들에 의해 대단히 중용되었으며, 제주도 풍속이나 물정을 아는 데 중요한 위치를 차지하였다. 또 이들은 제주도에서 모병하는 문제에서 전 장교들의 고문 역할을 하였으며, 군대와 대민(對民) 접촉의 매개체 노릇을 하였다.

당시 제주도민들은 전통적으로 배타성이 강하였으며, 제9연대 장병을 대하는 것이 일본 군인이나 미국인을 대하는 정도였다. 이렇게 자기들에게 접근하는 것을 지극히 싫어하였다. 노소남녀를 물론하고 군인들과 교제하는 것을 제주도민들에 보이는 것을 꺼렸다. 장병들의 대부분이 육지 출신이고 보니 제주도의 독특한 방언으로 인하여 대화가 원활하지 못할 뿐 아니라 그것보다도 더 곤란한 것은 제주도민과 육지인들의 풍속의 차이였다. 제주도 풍속에 숙달되지 않은 육지 출신 장병들이 풍속·예의·언어 등에서 도민의 자존심과 긍지를 해치는 일이 일쑤였다. 그러므로 군인들을 백안시하고 교제를 꺼리는 것은 당연한 귀결이라고 할 수 있었다. 그러므로 군대와 접촉하는 한계는 지극히 제한되어 교육받은 지도층 인사들이든지, 군대와 이해관계를 맺고 있는 상인이라든지, 관계자들과 그 가족들이었으며, 심지어 이들 가족들마저 군인들을 외면하는 형편이고 보니 제9연대는 외국에 주둔하고 있는 인상마저 주었다.

이런 실정이고 보니 제주도에서 모병은 사실상 불가능하였고, 육지에서도 바다

건너 제주도까지 지원하여 오려는 청년이 드물었다. 그러나 경비대 병력의 증가를 위한 급한 사정도 없고 보니 9연대 병력증강을 서두르지 않았다. 현재 병력을 정밀히 훈련시켜서 장차 완전 연대 편성을 위한 기간요원 양성이 그 당시의 목표였다. 당시 연대는 모슬포(摹瑟浦)에 소재한 옛 일본군 항공대가 사용하던 광대한 병사(兵舍)를 사용하였다.

9연대의 첫째 문제는 보급이었다. 그다음은 도민의 배타성과 비협조였다. 보급의 일체와 주식·부식까지 육지에서 공급받아야 할 형편이었고, 병사의 수리·신축까지 육지에서 공급받다 보니 경비가 막대하였다. 부식의 일부인 어류마저 현지에서 생산되나 군에 납품할 사람이 없었다. 당시 광범위하게 사업을 하던 좌달육 씨를 방문하여 제주읍에 있는 유지들을 설득시켜 군에 협조하여 달라고 수차 빌다시피 했다. 그래서 좌달육 씨는 공사 일체를 책임지고, 카나리야 상회가 부식 일체를 책임져 납품하겠다는 협조를 얻어 부대를 유지할 형편이었다.

연대 군사고문관은 군정장관 맨스필드 중령이 겸하고 있었다. 그러나 그도 민정(民政)에 바쁘다 보니, 1~2개월에 1회씩 소위 혹은 중위를 연대에 보내어 연대장과 상의할 정도였으므로 제9연대는 사실상 미군정 고문관도 없는 형편이었다. 연대 장비는 총기는 구(舊)일본군의 99소총과 대검뿐, 그나마 탄환은 1발도 보유하지 못했다. 물론 기관총이나 미군 무기인 M-1이나 카빈총은 1정도 소유하고 있지 않았다. 반면 당시 경찰은 경비대보다 월등하게 우월한 무장을 하고 있었다. 전원이 카빈소총과 구일본군의 92식 중기관총, 미군 수송장비에다 각종 미군 신식 무전기와 기타 통신장비 등 상당한 기동력과 화력을 가지고 있었다.

그 당시 미군정은 국내 치안을 전적으로 경찰에 맡겼으며, 일체의 전투 장비 보급도 경찰에 우선하였고, 미군정에 대한 충성심에서도 경비대보다 경찰을 신인(信認)하였다. 경비대는 비상시에 경찰의 보조역할을 하다가 장차 독립되면 국군의 모체가 될, 그러니까 평시에는 놀고먹는 말 하자면 미군정의 천덕꾸러기며 객원 노릇을 하였다. 그리고 보니 자연 경비대의 미군정하의 존재 위치는 빛을 못 보았으며, 따라서 보급지원도 소홀할 수밖에 없었다.

제9연대의 기타 장비를 보더라도 99식 소총과 대검 이외에 수송장비는 1과 1/2t 차량 1대, 3/4t 1대, 지프 1대가 전 부대의 보급과 연락용 전부였다. 무전기는 물론 없었고 대내(隊內) 행정용으로 몇 대의 구식 전화기가 있을 뿐이었다. 연대와 상부와의 연락은 전근대적인 장교 전령과 일반 전령이 맡아 비밀명령과 문서를 전달하였고, 일반 행정문서는 민간우편과 전화 전보로 연락되었다. 긴급을 요하는 연락은 연대의 1과 1/2t, 3/4t 차량, 지프 등 3대가 보급 전령 일체를 행하는데, 이 3대의 차량마저 노후와 부속품 부족으로 1주일간 수리해서 가동하면 2~3일 쓰고 고장이었다. 부속품도 부산, 서울 등지에 가서 구입하는 형편이었다. 그렇다고 부대가 별다른 고통을 느끼는 일도 없었다. 그 이유는 수개월이 가도 급한 연락사항이나 중요한 문제도 없었고, 하등의 긴급을 요하는 일이 없으므로 순조롭고 평온하기만 하였다.

그런 중에도 군대훈련과 군기는 엄격하였으며 부대는 장병 공히 일치단결되어 있었다. 그것도 그럴 것이 매일같이 하는 것이 교육훈련뿐이고 단결을 저해할 문젯거리들이 전연 없었기 때문이다. 나의 연대 통솔은 근무시간에는 열심히 훈련하고 그밖의 시간은 가족처럼 지내는 것이었다. 토요일 오후부터 일요일은 장교들과 서귀포로 가서 해수욕도 하고 유람도 즐겼다. 동기(冬期)에는 수렵(꿩)하여 장병이 회식하는 것이 낙이었다. 특히 당시 장교들 간의 단결은 상하 간 보다는 형제 간 같은 것이었다.695)

김익렬의 유고에서 눈여겨 보이는 것은 경찰과 군대의 갈등이다. 이는 미군정의 창군 과정에서 예고된 것이었다. 1946년 초까지 국내에는 30

여 개의 사설군사단체가 왕성하게 경쟁하고 있었다. 미군정은 이 단체들을 불법화하여 해체하고, 1946년 1월 15일 대한민국 국군의 전신인 남조선 국방경비대를 창설했다. 이후 같은 해인 6월 15일에는 조선경비대로 개칭됐다. 그러나 공식적으로는 군대가 아니었다. 왜냐하면, 단독정부가 수립되기 전에 남한이 국군을 창설한다는 명분이 부족했기 때문이다. 이에 더해 예산도 부족했기에 미군정은 군대가 아니라 경찰을 보조하는 경찰예비대를 발족하였다. 일제강점기 때보다 두 배 이상의 경찰력이 충원됐고,[696] 63명의 고문관을 경찰에 파견했다.[697] 그 어떤 조직보다 많은 인원이었다.

정규 경찰은 미군 복장에 무기는 M1 소총이었는데 반해, 경비대는 일본 군복에 38식이나 99식 소총으로 무장했다. 99식 소총(아리사카)은 1941년부터 도쿄 포병공창에서 생산된 총이다. 이 총은 탄피가 자동배출되지 않았다. 이에 비해 미국의 M1 소총은 반자동으로 사격 후 자동으로 탄피가 배출되어 방아쇠만 당기면 다음 탄환을 사격할 수 있었다. 당연히 일본의 99식 소총보다 발사속도와 명중률이 우수했지만 무게가 4.3kg이나 돼 한국인에게는 다소 무거운 것이 흠이었다. M1 소총은 1947년 10월 1일 육군사관학교 생도들에게 처음 보급했고, 일선 부대에는 1948년 4월에야 지급했다.[698] 경비대가 차별받고 있다고 느끼는 것은 충분한 근거가 있었다.

경찰은 미군정 통치와 우파세력의 정치적 결집을 위한 도구가 됐으며, 이에 따라 민중의 군정 당국에 대한 혐오감도 증폭됐다.[699] 실제로 경찰은 경비대를 경찰 보조기관으로 여기며 무시했다. 더욱이 경비대의 계급장을 급하게 만들면서 경찰 모자의 귀 단추에 있는 무궁화 모양을 계급장 문양으로 만들어 경비대의 자존심을 구겨지게 하였다.

미군정은 왜 건군에 소극적이었나?

미군정은 왜 건군에 대해 소극적이었을까? 이미 현대의 창군작업은 고도의 국가주의이데올로기가 결여된 채로는 성립 불가능하다. 군대에 있어 국가주의의 핵심은 대적의식이다. 적을 명확히 구분할 것을 요구한다. 그러나 미군은 당시 경비대에 그 같은 대적의식을 기대하기 힘들었다. 이것이 결정적 원인이었다. 원래 서구식 군대의 출발은 용병을 둘러싼 자본형성 기술차원에서 시작되었다.

14~15세기 이탈리아전쟁을 예로 들면, 용병들의 이해관계는 주로 금전적인 것이기 때문에 전투에서 죽음을 무릅쓰지 않았다. 더구나 콘도티에로(condottiero)라 부르는 용병대장은 병사들이 곧 자신의 유동자본을 의미하므로 그들을 희생시키려고 하지도 않았다. 포로로 잡힌 적병은 보석금을 받고 팔거나 자기편 군대에 고용할 수 있었으므로 용병대장들은 적군을 많이 살해하는 것을 원치도 않았다. 용병대장은 결정적인 전투나 전멸의 위험이 있는 전쟁에는 관심이 없었다. 적과 전쟁이 존재하지 않고서는 자기의 직업도 존재할 수 없기 때문이었다. 결국, 이런 이탈리아전쟁은 어느 정도 사상자를 내기보다 포로를 내면서 적으로 하여금 진지를 버리고 후퇴하도록 하는 교묘한 전략과 전술적 기교로 이루어졌다.[700] 그러나 제한전쟁의 시대가 막을 내리자 군대는 달라졌다. 이 무렵 포슈(Marshal Ferdinand Foch) 장군은 1917년 프랑스 군사대학 강연에서 새로운 전쟁 형태인 전면전에 대해 다음과 같이 요약했다.

진정 새로운 시대가 시작되었습니다. 국가의 모든 자원을 전쟁에 동원해야 하는 국민전쟁의 시대가 말입니다. 그것은 왕조적 이해, 어떤 지방의 정복이나 소유를 목적으로 하기보다 철학적 이념의 수호와 확산을 그다음 목표로 삼고 있습니다. 그런 전쟁들은 병사들의 관심과 능력을 진작시키고, 과거에는 힘의 요소로 인식되지 않던 정열과 감정들을 이용하고 있습니다. 한편으로는 강렬한 감정으로 불타고 있는 일반대중을 철저히 이용하여 요새 구축, 보급, 군비, 토지 이용 등과 같은 체제의 물질적 부분에 대한 필요를 충족시키고 사회의 모든 활동을 흡수하는 것입니다.[701]

전면전, 총력전의 시대가 되자 국가 권력의 핵심은 군사력이 되었다. 무어(Moore)는 "많은 사회에서 군사제도들(military institutions)은 그 사회를 전체로 분석하고 이해하는 데에 비할 데 없는 출발점을, 그것은 종종 경제적 분석보다도 더 좋은 출발점을 제공해 준다"[702]고 지적했다. 국가가 폭력을 합법적이고 독점적으로 행사할 수 있는 조직이란 점에서 가장 발전된 폭력기구인 군대의 생성과 발전은 국가의 생성, 발전, 국가권력의 리더십을 형성하는 투쟁과 긴밀한 관계를 맺지 않을 수 없다. 군대는 국가의 성격을 반영하고, 국가는 군대의 성격을 규정한다. 이 점에서 국가형성기인 1948년 당시 남한과 북한의 군사사상과 역사, 구조는 뚜렷하게 대비된다.

인민군 장교의 상당수는 남쪽 출신이었다. 이는 남측 군대 장교들의 상당수가 북측 지역 출신이었다는 것과 비교된다. 인민군 경력의 특징을 보면 첫째, 그들은 농민과 노동자의 군대였다. 사병뿐 아니라 지휘관의 경우도 동일했다. 둘째, 인민군 병사들의 긴 투쟁 경력과 중국혁명 참여자들이 많다는 점이다. 셋째, 소련의 진주와 점령으로부터 소련식 장비와 무기체계, 편제 및 훈련방식을 도입했다. 결국, 인민군은 북을 중심으로 중국과 소련의 요소들을 흡수해 창조된 셈이다. 소련은 무기, 장비, 이론, 체제와 편제 등의 하드웨어를 제공했고, 중국은 역사적 기원과 인원, 투쟁경험, 조직운용 관습, 군내 인맥과 인적 관계 등의 소프트웨어를 제공했다.[703]

기술은 미국, 사람은 친일파로 조합한 남한 군대

남측 군대는 건군 초기 친일파 청산의 실패와 군 지휘부의 친일파 장악, 좌파의 대거 침투 등의 혼란상만큼이나 군사사상과 전략에 대한 일관성을 수립하기 힘들었다.

육군 제1훈련소장 장도영의 명령으로 1952년 대정면 상모리에 세워진 강병대교회 지붕을 햇빛이 때리고 있다.

현재 남측 군대가 정통성의 뿌리로 삼고 있는 것은 광복군이지만 광복군조차 건군에서 배제될 만큼 친일의 잔재가 가장 강하게 남아 있는 곳이 군대였다. 남측 군대의 구조를 보면, 역사는 일본, 기술은 미국, 정신과 사람은 친일파로 조합되어 있었다.[704]

1945년 미군정이 군 최고지도자를 양성하기 위해 서대문구 감리교신학교에 창설한 군사영어학교(Military Language School)는 좌익계는 물론 광복군도 불참하였다. 그것은 군정 당국이 그들의 의사를 무시하고, 일본군과 만주군 출신들로 2/3나 대거 기용한 데 따른 실망 때문이었다. 그래서 이들은 사설군사단체를 결성하였다. 1945년 미 군정청 등록 군사단체 30여 개 중 가장 두드러진 단체는 좌파인 조선국군준비대와 조선학병동맹, 우파인 조선임시군사위원회와 학병단이었다. 조선국군준비대는 총사령관 이혁기, 부사령 박승환 등 간부들이 조선공산당의 당군으로서 조직되었고, 치안유지를 이유로 무장을 갖추었으며, 건국준비위원회와 조선공산당의 재정지원을 받아 점차 좌파 성향을 노골화했다. 이에 반발한 일부 대원들이 1945년 12월 4일 대전에서 '조선국군준비대 남조선 전체대회'를 개최하여 "국군준비대 총사령부와 관계를 끊고 임정 산하 광복군에 합류키로 한다"고 성명을 발표하였다.

한편 조선국군준비대는 1945년 12월 26일 계동에 있는 중앙중학교에서 개최한 대회에서 명예회장으로 김일성, 김원봉, 이청천, 김무정을 추대함으로써 공산당 산하 군사단체로서의 성격을 확실히 드러냈다. 조선학병동맹은 1945년 9월 1일 결성되었다. 이들이 내세운 강령은 제국주의 타도, 신조선의 건설, 치안유지 협력과 국군창건 노력 등이었다. 왕익권(동경제대 법과, 상등병 출신)을 위원장으로 선출했으며, 학병 출신이 거의 참여했다. 미 24군단 선발대가 서울에 도착하자 9월 8일 학병들의 위세를 과시하기 위한 시가행진을 벌였으며, 종로경찰서를 접수했다가 미군에게 인계하기도 하였다. 한림화의 소설 『한라산의 노을(상)』(1991)에는 이덕구가 학병에서 돌아와 먼 산만 바라보다 활동을 시작하는 대목을 다음과 같이 그리고 있다.[705)]

스무나믄 날쯤 집을 나갔던 이덕구가 돌아왔다. 서울엘 갔는데 하도 시끌벅적해서 와버렸다고 했다. 희한하게도 서울서 돌아와서부터 말문이 트이고 ….

그 서울에 갔다 온 일이 아마도 학병동맹과 연관이 있었던 것은 아닐까? 상상해 본다. 우파조직인 조선임시군사위원회는 일본육사 출신 친목단체인 계림회가 중심이 되고, 원용덕 등 만주군 출신도 참여하여 1945년 8월 말 경기여고 강당에서 발족하였다. 이 무렵 만주에서 국부군과 중공군 간에 전투가 벌어지자 북을 회복하려면 먼저 의용군을 모집, 만주에 파견하여 국부군을 도와야 한다는 주장이 대두되었다. 그러나 이승만이 건국도 안 되었는데 그런 일은 할 수 없다고 하는 바람에 의용군모집을 중단하기도 했다. 이들은 임시정부를 지지하여 중국에 머물고 있는 광복군을 중심으로 국군을 편성하는 건군안을 작성하여 임정에 제출했다.

해방 후 여러 군사단체는 정국의 태풍이었다. 미군 및 경찰과는 물론 서로 충돌하는 사태가 야기되었을 뿐 아니라 자금조달을 위해 공갈, 협박을 자행하는 사태도 벌어졌다. 남원에서는 '국군준비대'와 '인민위원회'가 합세하여 미군 및 경찰과 충돌하였고, 서울·경기지역에서는 찬탁

편에 선 학병동맹과 반탁 편에 선 학병단이 충돌하고, 김두한 부대가 학병동맹 및 국군준비대와 교전까지 벌였다.

이에 주한미군 사령관 하지 중장은 조병옥 경무부장에게 군사단체의 해산을 요구하기에 이르렀다. 경비대 창설에 즈음하여 학병동맹사건이 발생하자 미군정은 1945년 11월 13일 불법군사단체 결성을 금지하고, 1946년 1월 21일 군정법령 28호에 근거하여 모든 군사단체의 해산령을 내렸다. 이렇게 되자 지방조직을 가졌던 좌익 성향의 국군준비대 요원들이 도 단위에 창설되는 국방경비대 사병으로 입대하게 되었다.706)

국방경비대의 전신은 1946년 1월 14일 창설된 남조선국방경비대이다. 이후 1946년 6월 15일 법령 제86호에 의해 조선경비대로 명칭이 변경되었다가, 다시 1948년 7월 5일 국방경비법에 의해 국방경비대로 재편되었다.707) 해안경비대는 군정청 운수부 해사국 산하 해방병단에서 출발하여, 1946년 1월 14일 국방사령부 국방국에 편입되었다가(법령 제41호), 1948년 6월 15일 법령에 의해 조선해안경비대로 변경되었다.708) 그리고 1948년 7월 5일 해안경비법에 의해 해안경비대로 재편되었다.

사설군사단체 해산으로 자신의 군사조직을 상실하게 된 공산당이 경비대 침투공작으로 그들의 목표를 전환한 것은 경비대가 남한에서 권력 탈취에 결정적인 요소가 될 것임을 알았기 때문이다. 공산당은 중앙당에 특수부를 설치하여 대군부 공작을 전담하게 하였고, 좌익청년들에게 입대를 권유하거나 기존의 장교들을 포섭하는 방법으로 경비대를 장악해나갔다. 경비대에서는 사병모집을 하면서 신원조회절차가 생략된 탓에 해산된 좌익단체의 좌익들과 폭동에 연루되어 수배를 받던 좌익들이 대거 경비대로 들어갈 수 있었다. 이런 상황은 쫓는 자와 쫓기던 자라는 관계와 의식이 그대로 경찰과 경비대 간의 관계를 규정하는 요인이 되기도 했다.

경비대 내의 좌익들은 지속적으로 '경찰은 친일파'라는 선동으로 경비대원들에게 증오심을 불어넣으며 경비대를 좌익화시켜 나갔다. 이런 결과는 경찰은 우익, 경비대는 좌익이라는 구도를 만들었고, 두 단체는 서로 간의 갈등을 키우며 폭력사태로 번지기도 했다. 그리고 이런 요인은 차후 여순반란을 비롯하여 다발적으로 발생하는 경비대 반란사건의 한 원인이 되기도 했다.

1947년 6월 1일 전남 영암에서는 다음과 같은 일이 일어났다. 국방경비대 하사가 휴가를 나왔다가 경찰과 시비가 붙어 경찰에 구속되는 사태가 발생했다. 신병을 인수하러 장교와 사병들이 달려왔는데, 이들과도 시비가 붙어 군인 1명이 구타당하고 3명이 구속되었다. 이 소식에 분노한 광주 4연대 사병 300여 명이 무장을 하고 트럭에 동승하여 영암 신북 지서로 들이닥치는 사태로 발전했다. 경비대와 경찰 양측 간에는 총격전이 벌어졌고, 경찰 사망 1명, 부상 4명, 사병은 6명이 죽고 10여 명이 다쳤다. 이 사태는 경찰과 경비대의 당시 관계를 상징적으로 보여주는 사태였다. 이들이 후에 제주도 9연대 창설 시 차출된 바로 그 4연대이다.

남에서는 군대가 좌파의 피신처가 되었던 반면, 북에서는 군대가 친일파의 피신처 역할을 해줄 수가 없었다. 1946년에 이미 북은 놀라운 속도로 그들이 목표한 혁명을 완성했다. 친일파 척결과 토지개혁이 그것이었다. 인민군 고위장교에까지 승진한 임헌일에 따르면, 연안파는 정치적 열세를 만회하기 위해 일본군 출신의 학병과 장교들을 보강하였지만, 김일성 계열은 일본군 출신이 중요 간부직에 등용되는 것을 결사반대했다. 일본군 출신 간부들은 자신들의 기반을 강화하기 위해 1사단 같은 경우 별도 친목회를 결성하여 단결을 꾀했다. 그러나 이러한 기도는 연속적인 숙정으로 실패했다.

임헌일에 따르면, 1차 숙청대상자는 해방 당시 자본가 출신, 일본 경찰 및 헌병에 복무한 자, 일본군 장교 출신, 가정성분이 불량한 자, 근무태만자 및 불평불만자 등이었다.[709] 숙청에 직면하여 일본군 출신의 장교들은 대부분 월남하였다. 이들은 남측 군대에 들어가 고위 장교 그룹을 형성하였다. 이 때문에 남북 양군 간부들의 친일, 항일 경력은 뚜렷이 대비되었다. 남측 군대 고위 장교들은 누구보다도 공산주의와 북에 대한 증오와 타도 의지가 높았다. 그러나 친일파 일색의 남측 군대가 봉착한 태생적인 정통성의 결여는 오히려 좌파가 득세할 수 있는 온상이 되었다. 장교들에 대한 좌파의 침투기도는 특히 치밀하고 뿌리 깊었다.

남측 군대 최고지도부를 형성한 감신대 군사영어학교 출신의 초기 군 최고지도자들인 군번 1번부터 100번까지의 개인경력을 추적해보면, 100명 중 28명이 파면된 것으로 나타난다.[710] 이들 대부분은 전쟁 전 좌파 혐의나 반란가담, 반란기도로 파면되거나 처형되었다. 최고급 간부 1/4이 좌파였다. 이들의 영향으로 이들이 교육한 육군사관학교 출신과 그 간부들도 상당수가 연쇄적으로 좌파지휘관이었다. 육사 3기는 여수반란을 주도한 김지회, 홍순석, 제주도 4·3 진압차 출동한 박진경 연대장을 암살한 문상길 등이 좌파였다. 3기가 이렇게 고위 좌파장교들을 많이 보유하게 된 것은 그들이 재학 중, 오일균, 조병건, 김학림, 김종석 등의 좌파지휘관이 생도 대장, 구 대장 등으로서 이들의 교육을 담당하면서 깊은 사상적 영향을 끼쳤기 때문이었다. 6기는 아예 281명의 임관 중 258명이 조사를 받았고, 그중 60명이 좌파로 숙청될 정도였다.[711]

결국, 부대 집단월북, 여수반란(14연대), 대구반란(6연대) 등 국가형성 이후 이남의 주요 저항이 대부분 군내에서 발생한 것임을 볼 때, 이남 내 좌파는 핵심 국가기구인 군대 내에 가장 광범위하게 포진해 있었음이 증명된다. 여수반란사건에 대한 연구에 의하면, 군내 좌파의 치밀함을 읽을 수 있다. 군내의 좌파 조직은 침투공작의 특성상 횡적으로는 서로를 인지하지 못하도록 되어 있었다. 14연대가 최초에 반란을 일으켰을 때 김지회는 14연대 내 핵심 좌파장교였으나, 반란군 사병과 하사관들이 그가 좌파장교임을 몰라보고 그를 감시했던 것만 봐도 이 침투가 얼마나 비밀스러운 침투였는지를 알 수 있다.[712] 장교와 사병에 대한 두 공작부대가 중앙당 특별부에 병립되고 있었지만, 실질적으로는 장교에 대한 공작만을 중앙당에서 책임졌고,[713] 사병은 도당군사부에서 공작을 위임받아 침투시켰다.

남로당의 장교, 사병에 대한 공작

제주도 9연대도 전남도당과 대정면당에서 장교와 사병이 따로따로 침투가 이루어져 지도되었다는 점에서는 여수와 비슷하다. 남로당 제주도위원회는 9연대 1차 모병에 고승옥, 문덕오 등 4명의 남로당원을 국방경비대에 프락치로 입대시켰다. 하지만 이들 사병에 대한 지도 문제와 활동방침에 대한 지시를 1947년 5월부터 전남도당에 수차례 걸쳐 요청했으나 아무런 답변이 없었다. 제주도당은 이를 포기할 수 없어 독자적으로 선을 확보해 대정면당을 통해 일상적인 연락을 취할 수밖에 없었다. 이 과정에서 한 명은 일본으로 도피해버렸고, 한 명은 조직에서 이탈했다.[714] 이로 미루어 9연대에의 사병침투는 세밀한 계획에 의한 조직적인 침투라고 보기엔 석연치 않은 면이 있다. 전국적으로도 질적 엄선보다는 양적 확대를 꾀한 결과 소위 '군내당'(군 내부의 당)을 조직하지는 못한 상태였다.[715] 그럼에도 4·3봉기 직전 경비대 동원 실패의 원인을 조사하면서 '9연대에 이원적 세포조직이 있음을 처음 접했다는 듯한 보고'[716]는 이해하기 힘든 부분이다. 당원이 아닌 일반 입대자들의 경우는 어땠을까? 제주 출신 입대자들의 심리상황을 알 수 있는 예로 다음의 경우를 보자. 모슬포지서의 양은하 고문치사 사건 당시 사촌 동생인 양신하 씨의 증언이다.

> 모두 거구인 사촌 형들이 지서에 쳐들어가자 경찰관들이 피해 버렸는지 아무도 없었습니다. 은하 형은 죽어 있었는데 암매장을 시도하려고 해서인지 지서 뒷마당에 구덩이를 파 놓았더군요. 형들은 이에 모두 격분, 지서 안에 있는 책상이고 유리창이고 모두 부숴 버렸습니다. 사촌 형제들 중에는 경찰에 보복하겠다며 5명이 같은 날 경비대에 입대했습니다.[717]

경찰에 대한 보복이 바로 입대목적이었다. 한편, 1947년 제주읍의 3·1 집회 때 신엄리 청년들은 대거 참여한 데 비해 구엄리 청년들은 거의 불참했다. '3·1발포사건'이 일어난 다음 날 신엄 청년들이 구엄마을에 몰려가 문영백을 비롯해 '우익사람'들에게 테러를 가한 사건이 있었다. 이 사건 이후 신엄 청년들은 경찰에 구금당하거나 쫓기는 신세가 되어 일부는 경비대에 지원 입대했다. 구엄리 청년들이 4·3 직후 대거 경찰에 투신한 것과는 대조를 이룬다.[718] 이처럼 반드시 공산당원이 아니어도 미군정하 경찰의 가혹한 탄압은 경비대 입대를 피신 수단으로 삼거나 복수의 계기로 활용하고 있음을 알 수 있다. 나중에 9연대를 탈영하여 인민해방군에 합류하는 자의 대부분이 제주도 출신인 것은 9연대 창설과정에 이미 노정되었다.

이러한 상황에서 경비대는 대정면인민위원회가 세운 대정중학원과 묘한 인연을 맺는다. 9연대는 대정중학원과 1년 가까이 같은 영내에서 지냈다. 이 때문에 군인과 학생 간에 친선 닭싸움이 벌어지는 등 교사, 학생, 군인 사이의 친분이 두터웠다. 이와 더불어 김달삼과 김익렬이 일제강점기 때 복지산(福知山)육군예비사관학교 동기라는 점과 겹쳐 둘 사이의 관계에 대한 의혹이 가라앉지 않았다. 그러나 이는 왜곡이었다. 김달삼의 자필 이력서에 의하면, 그는 이 학교와 전혀 연관이 없었다. 그러나 어쨌든 김익렬은 초기에 무장대에 대해 적대감을 격렬하게 보이진 않았다. 채명신을 포함한 신임장교들이 9연대에 도착해 가진 신고식에서 김익렬은 이런 연설을 했다.

내(김익렬)가 지프를 전속력으로 내 달리는데 가까운 보리밭에서 꿩이 날아가는 기라. 그래서 권총 한 방을 쐈더니 두 마리가 떨어진 거야(그도 '육군 3대포' 중 하나다). 운전병더러 주워 오라고 해서 갖고 오는데 개굴창을 건너 커브를 돌아올 때 웬 놈들이 바윗돌로 길을 막아 놓은 거야. 폭도들이 그랬구나 하고 차를 세우니까 과연 폭도 4~5명이 총을 들고 돌담 뒤에서 나타나는 기라. 모두가 눈이 새빨개져

가지구 나를 노리며 다가오더라구. 요 자식들, 밤잠도 못 자고 활동 하누나 싶어 불쌍한 생각이 왈칵 들더군. 그래서 꿩 두 마리를 건네주면서 가서 삶아 먹고 기운차리라 했지.[719]

김익렬 연대장이 유격대에 탄환 제공?

신중한 교차검증이 필요한 일이지만 경비대는 무장대에 무기를 제공한 것으로 되어 있다. 노획된 인민해방군의 문서인 「제주도인민유격대투쟁보고서」(이하 「투쟁보고서」)에는 '국경(國警)으로부터 우리에 대한 원조 경위(援助 經緯)'를 다음과 같이 밝혔다.

> 4월 중순경 문(文) 소위로부터 99식 총 4정(挺), 오일균 대대장으로부터 카-빙 탄환 1,600발(發), 김익렬(金益烈) 연대장으로부터 카-빙 탄환 15발(發)을 각각 공급받음.[720]

이 기록은 김익렬 연대장의 사상을 의심하는 측에서 가장 결정적인 방증으로 인용되고 있다. 실상은 어떤지 보자. 「투쟁보고서」에 기록된 원조내역 중 총기만을 구분해서 비교해보자. 우선 개념을 정리하고 시작해야겠다. 당시 「투쟁보고서」나 미군 보고서에는 총기 명칭이 혼재되어 있는데, 99식 총은 일본군의 총이다. 카빈총은 일제와 미제가 있는데, 카빈총은 고유명사가 아니다. 19세기부터 소총은 보병총과 기병총으로 구별하여 제작했는데, 여기서 기병총을 통칭하여 카빈이라 부른다. M1은 카빈총이고, M-1은 개런드보병총으로 구분한 듯하다. 여기서는 비교를 단순화하기 위해 일제 99식 소총만을 추적해보기로 하자.

「투쟁보고서」에 의하면, 4·3 전에 99식 총 5정, 4월 중순경 문 소위로부터 99식 총 4정이 무장대로 유입되었다. 미군 보고서에 의하면, 4·3 당일 일본제 카빈총 1정을 탈취당한 것으로 되어있다. 이에 따르면 무장대는 총 10정의 99식 총을 보유하고 있어야 한다. 그런데 1949년 1월 13일~1949년 1월 14일간의 전투에서 경비대는 99식 총 10정을 회수한다.[721] 이 기록만을 보면 경비대에서 무장대로 99식 총이 흘러갔다는 것이 증명되는 듯하다. 그러나 1949년 3월 14~15일간 전투에서 경비대는 다시 일본 소총 3정을 회수한다.[722] 그리고 4월 27일까지 총 67정이 회수되었다. 탈취된 총에 대한 기록은 없다.

미군 보고서와 「투쟁보고서」가 정확한 것이라면, 이들 67정이 탈취된 기록이 어딘가에 존재해야 할 것이다. 결국, 미군 보고서와 「투쟁보고서」만으로는 탈취수량과 회수수량을 정확히 특정하기 어렵다는 결론에 이른다. 「투쟁보고서」와 미군 보고서가 사료로서 완벽하지는 않은 것이다. 최초로 「투쟁보고서」의 사료적 가치에 대해 객관적 검증을 시도한 장윤식의 논문에 의하면 "「투쟁보고서」는 어느 정도 신뢰를 지니고 있었다. 하지만 왜곡되거나 활동상황을 누락하는 경우도 있었다. 특히 날짜 오기 등의 문제점으로 인해 전적으로 신뢰하기에는 모자란 면이 있었다"라고 결론 내리고 있다.[723] 따라서 오일균, 문상길, 김익렬의 무기제공 여부는 좀 더 정확한 교차 확인작업이 진행되어야 할 과제를 남긴다.

한편, 5월 20일에는 9연대 경비대원 41명이 탈영하여 인민해방군에 합류해버리는 사태가 발생했다. 이들은 탈취한 경비대 트럭을 이용하여 한라산으로 들어가는 길에 대정지서를 습격하여 경찰관 5명을 살해하고

2명에게 중상을 입혔다. 그리고 다시 서귀포경찰서에 들러 임무수행 중이라고 거짓말을 하고 트럭을 한 대 빌려 타고 입산해버렸다. 그리고 이후에도 경비대의 산발적인 입산은 계속 이어졌다.[724] 이덕구 사망 후 무장대를 지휘한 고성구, 김성규도 9연대에서 탈주한 군인들이었다.[725]

6월 18일 새벽에는 김익렬의 후임으로 왔던 박진경 연대장이 부대 막사에서 암살되었다. 전날인 6월 17일 저녁 박진경의 대령 승진 축하연이 있었다. 축하연을 마치고 술에 취한 채 연대본부로 귀대하여 숙소에 든 것은 새벽 1시경이었다. 그리고 새벽 3시 15분에 한 방의 총성이 울렸고, 박진경은 숨을 거두었다. 범인들이 체포된 것은 7월 초였다. 주범은 문상길 중위였고, 그의 부하 4명이 공범이었다. 대원 손선호는 사수가 되고, 배경용은 전지를 켜 들고, 신상우·강승규·양회천 등은 현장 주위를 지키는 가운데 거침없이 박 대령을 향하여 M-1 라이플 총알을 발사하였다.[726]

건국 이전인데 이적행위나 반란죄가 성립하는지 의문

김익렬은 1948년 5월 6일 제9연대장에서 해임되기는 했지만, 군사재판에 넘겨진 기록은 확인되지 않는다. 김익렬은 1948년 5월 6일 제9연대장에서 서울총사령부로, 같은 해 6월 16일 여수의 제5여단 제14연대로, 같은 해 7월 15일 서울 총사령부로, 같은 해 8월 5일 온양의 제1여단 제13연대로 각각 옮겨 갔다. 어디에도 군사재판의 기록은 보이지 않는다. 다만 박진경의 피살 후 문상길 중위 등에 대한 군사재판에 증인으로 나온 적이 있는 것을 볼 때[727] 조사를 받았을 개연성은 있다.[728]

이때 문제가 없었기 때문에 8월 5일 온양의 제13연대장으로 부임한 것으로 보인다. 그러나 문상길, 오일균은 사형에 처했다.

이들 군인의 행동이 사실이라고 한다면 우리는 이들을 어떻게 보아야 할까? 반란군과 내통한 이적행위자로 봐야 할까? 우선 법적인 면을 보자. 8월 15일 이전까지 대한민국은 건국되지 않았으므로 이적행위나 반란죄가 성립될 수 있는 지 의문이다. 국가가 없는데 국가에 대한 반란이 성립될 순 없을 것이기 때문이다. 또한, 미군정치하에서 제정된 법도 문제이다. 1946년 6월 15일 법령 제86호 제4조와 5조는 조선국방경비법, 조선해양경비법이 제정된다고 규정하였다. 그러나 같은 날 공포, 시행되었는지 확인되지 않는다. 적어도 경비법들의 합법성, 유효성을 1946년 5월 29일 자 군정장관 지시만으로 정당화할 수 있다고는 보이지 않는다. 만일 그것이 정당하다면, 군정장관은 자신이 설정한 구속을 뛰어넘어 경비법을 제정하고 시행시킬 수 있었다는 말이 된다. 그러나 이러한 예외성을 당시의 법령체계 내부로부터 정합적으로 설명할 수는 없다.[729]

설령 경비법의 합법성을 인정한다 하더라도 이 법에 의한 군사재판과 처형과정에서의 수다한 무법성은 다시 한 번 사법행정의 합법성을 의심케 한다.[730] 더구나 많은 경우 그것은 불법일뿐만 아니라 학살이었다.[731] 법적으로 당시 9연대 관계자들의 행위를 문제 삼기엔 그 전제가 되어야 할 국가권력의 위법이 의심되는 상황이다. 그렇다면 사회적, 도덕적 기준으로는 어떨까?

1946년 8월 13일 자 「동아일보」에 실린 미 군정청 여론국의 설문조사에 의하면, 국민이 원하는 체제는 자본주의(14%), 사회주의(70%), 공산

주의(7%)로 사회주의와 공산주의가 자본주의를 압도하고 있다.[732] 1953
년 반공 헌법이 등장하기 전까지 사회적 도덕적 기준은 반공주의와는
거리가 매우 멀다. 채명신도 당시 9연대가 거의 좌익사상에 물들어 있
었고, 현지지휘관은 물론 국방경비대 상당수의 장교단도 좌익에 가담해
있었다고 회고하며, 다음과 같이 이야기한다.

> 오늘의 관점에서는 좌익이념이 큰 범죄가 되지만 당시는 그리 큰 문제가 아니었
> 다.[733]

이승만의 일민주의 사상, 민족의 이름으로 단결 호소

이때는 이승만조차도 노골적인 반공을 표명하진 못할 때였다. 다음은
이덕구가 한참 활동하던 당시인 1949년 4월 제주읍 관덕정에서 이승만
이 직접 한 연설을 들어보자.

> 우리는 공산당을 나무라는 것이 아니라 우선 나라를 세우고 확실히 기반을 닦은
> 후에 주의 주장을 하자는 것이다.[734]

이승만의 연설은 위선이라고 치부할 수도 있겠으나 좌우를 대립선으
로 보고 있지 않다는 점에 주목할 필요가 있다. 그는 국가만들기, 국민
만들기가 우선임을 강조하였다. 노골적인 반공이나 자유민주주의 사수
등은 전쟁 후에 나타난 구호이다. 전쟁 전 그의 일민주의 사상은 지금
의 눈으로 봐도 어리둥절할 뿐이다.

우리는 자본주의 제 국가가 자체의 모순으로 파탄될 것을 기다릴 것이 아니라 그

들이 최후의 활로를 찾아 해외식민지 상품시장의 재분할 재편성을 기도하는 야망을

분쇄하지 않으면 아니 될 것이다.735)

자본주의에 대한 이 같은 가차 없는 비판은 이것이 정말 이승만의 사

상인가를 의심하게까지 한다. 초대 내각 조각 과정에서 한민당과 결별한

이승만은 농림부 장관으로 조봉암을 발탁하는 등 중간파를 포섭하는 자

세를 보였던 것을 기억해 보자. 또한, 보도연맹 등으로 수많은 좌익경력

자를 포섭하려 했던 것을 기억해보자. 이러한 필요가 생겼을 때 연합신

문사 사장인 양우정이 조선공산당 재건운동에 관여했다가 검거되어 전

향한 자신의 좌익경험을 살려 좌익들을 포섭할 수 있는 이론으로 정립

한 것이 '일민주의'이다.

대한민국을 지지한다면 자본주의비판도 허용한다는 일민주의의 입장은

1930년 전후 일본에서 사상검사들이 천황제를 인정한다면 자본주의비판

도 허용하겠다면서 사회주의자들의 전향을 유도한 것과 동일한 전략이

라 할 수 있다.736) 그러나 커밍스가 지적하듯이 일민주의와 같이 민족

의 일체성을 강조하는 이념은 파시즘적이긴 하지만 식민지상태에서 갓

벗어난 한국에서는 대중적이었으며, 좌우가 공유할 수 있는 영역이었

다.737) 이 같은 일민주의의 핵심논리는 관덕정에서 행한 위의 이승만

연설에서 간명하게 다음과 같은 말로 표현되었다.

반동분자들이 남의 나라 국기를 달고 또 나라를 팔아먹으려고 갖은 수단을 다하

고 있다.738)

일민주의는 미국과 소련을 동시에 비판하고 민족의 이름으로 단결을 호소하는 사상이었다. 각자에게 편차는 있었겠지만 대체로 그것은 민족주의로 수렴되는 사상이었다고 볼 수 있다. 김익렬의 유고나 문상길 등의 재판기록 등의 자료를 민족주의의 관점에서 본다면, 그것은 일민주의를 비롯한 당시 사회적 상식과 정확히 부합한다. 무장대에 책임을 묻기보다 그 원인을 제공한 경찰에 책임을 묻고, 동족상잔의 비극을 막아야 한다는 일념으로 무장대와 소통을 시도하고, 항복을 유도했다는 것은 지극히 정상적인 행위이다. 또한, 미군정이 국내 여론을 무시하고 자신들의 목표달성을 위하여 강경진압책을 들고 나왔을 때, 미군정에 저항한다는 것은 국가에 대한 반란과는 분명 거리가 있는 것이다.

그러나 일민주의조차 한국전쟁 발발과 함께 전쟁의 주체가 이미 유엔군으로 넘어간 상황에는 적합하지 않았다. 인민군 점령을 통해 미제 침략자, 미제 앞잡이라는 선전을 접한 뒤에 유엔군의 일원으로 나타나는 국군의 모습은 민족주의로는 정당화될 수 없었다. 이에 안호상[1920~1999, 초대 문교부 장관, 대종교 총전교 역임]은 일민주의와 유엔정신이 다른 것이 아님을 강변했지만,739) 정전 후 자유당은 더는 일민주의를 내세우지 않는다. 따라서 국가주의이념을 기준으로 적과 아를 구분해야 하는 군인의 속성에 비추어보면, 김익렬 등이 좌익사상을 가졌다고 의심하기 전에 사회적 분위기나 국가이데올로기 자체가 그의 상식과 크게 벌어져 있지 않았음에 주목해야 한다. 문상길과 손선호가 사형을 담담히 받아들이며 재판정에서 보였던 반응을 복기해 볼 필요가 있다.

　　재판장 이하 전 법관도 모두 우리 민족이기에 우리가 민족 반역자를 처형한 것에

대하여서는 공감을 가질 줄로 안다. 우리에게 총살형을 선고하는 데 대하여 민족적

인 양심으로 대단히 고민할 것이다. 그러나 그런 고민은 할 필요가 없다. 이 법정에

대하여 조금도 원한을 가지지 않는다.

(박진경은) 부하들과 사격연습을 한다고 부락의 소나 돼지를 함부로 쏘아 넘어뜨

리고, 폭도가 있는 곳을 안다고 안내한 양민을 그곳까지 데리고 가서 만약에 폭도가

없으면 그 자리에서 총살하여 버렸다. 또 매일 한 사람이 한 사람의 폭도를 체포하

여야 한다는 등, 그는 부하에 대한 조그마한 애정도 없었다. 박 대령을 암살하고 도

망갈 기회도 있었으나 30만 도민을 위한 일이므로 그럴 필요도 없었다. 나의 행동

은 온 겨레를 위한 것인 만큼 달게 처벌을 받겠다.[740]

관선변호인으로 나온 김홍수 소령조차 다음과 같이 변호하였다.

문 중위 이하 각 인은 산사람의 지령을 받은 일도 없고, 또 무슨 사상적 배경을

가지고 한 일은 아니다. 다만 민족을 사랑하는 마음과 정의감에서 나온 짓이라고 밖

에 달리 볼 수 없다.

전쟁 전에는 반공이 아닌 민족주의가 국가이념

그들의 마지막 소명에 등장하는 개념은 민족이다. 혁명이나 좌익의 개

념은 어디에도 없다. 죽음을 초극한 듯한 그들의 마지막 소명을 위선이

라고 보지 않는다면, 그의 사상은 정확히 민족이냐 반민족이냐의 기준

위에 서 있음을 알 수 있다. 문상길, 오일균 등의 행위를 좌우의 기준으

로 보는 관점은 전쟁을 치른 뒤인 53년 체제하에서[741] 본격적으로 형성

된 것이다. 이들에 대한 처벌조항은 '조선경비법' 35조 살인죄였다. 이념적 가치판단은 유보되었다. 1948년 9월 23일 오후 2시, 경기도 수색 기지에서 총살형이 집행되기 직전 '기독교 신자'였던 문상길과 사병 3명은 "하느님께서 우리의 영혼을 받아들이시고, 우리들이 뿌리는 피와 정신은 조국 대한민국의 독립을 위하여 밑거름이 되게 하소서"라고 기도 했다. 그리고 '대한독립 만세'를 삼창한 후 "양양한 앞길을~"하는 군가를 부르면서 형을 받았다. 이들에 대한 처형은 정부수립 후 사형 집행 1호였다.

민족주의의 내용이 이승만과 이승만 이외의 사람들에게 다를 수 있었으나 어쨌든 전쟁 전에는 반공이 아닌 민족주의가 겉으로 드러난 국가이념이었던 것은 분명하다. 그들의 처형은 군 내부의 대대적인 숙청으로 이어진다. 그리고 적대의 기준선은 민족에서 반공으로 굳어진다. 친일파 군인으로 구성되었다는 정통성의 한계를 안고 출발한 한국의 군대는 친일파 청산의 기회를 잃고 말았다. 친일파 군인들에겐 반공이라는 철통의 무기가 제공되었고, 어느 누구도 군내 친일파 척결을 주장하는 순간 그들의 십자포화에 벌집이 되고 말았다. 그러나 9연대가의 마지막 가사는 반공이 아니라 민족을 말하고 있다.

우리들은 독립의 차지 제9연대

| 서북청년단 사무실 터 | 서청 배후에 미군과 이승만

칠성시장에 위치한 서북청년단 사무실 터.

중앙로와 칠성통이 교차하는 지점 서북쪽 건물 옷가게 2층이 서청이 있던 사무실 자리다. 자세히 보면 일제식 건물임을 알 수 있다. 일제강점기 때는 함석그릇을 팔던 일본인 상점 건물이었다 한다. 해방 후 적산가옥 규정에 따라 재산관리처에서 관리했다. 1층은 이 상점의 한국인 점원이던 강성옥에게 불하되었다. 2층이 비어 있었는데 서청이 제주로 들어오면서 접수했고, 나중엔 1층 강성옥의 점포까지 강탈했다. 1층에서 제를 지낼 때 2층에서 바닥에 구멍을 뚫어, 그 제상 위에 오줌을 쌌다. 강성옥이 항의하자 떡이 되도록 맞았다.

서청의 제주 입도는 크게 3단계로 나눠볼 수 있다. 첫 번째는 1947년 3·1사건 직후로 전북 출신 유해진 지사가 부임하면서 호위병 형식으로 서청단원을 활용한 것이 그 시초이다.[742] 이때까지는 일정한 일자리가 없었기 때문에 태극기나 이승만 사진 등을 강매하면서 생계를 유지했다. 서청에 의한 백색테러도 종종 발생, 민심을 자극했다. 이는 4·3 발발 원인 중 하나로 지적되기도 한다.

두 번째의 집단 입도는 4·3 발발 직후의 일이다. 당시 중앙의 서청 단장이었던 문봉제의 증언에 의하면, 경무부장 조병옥의 요청으로 단원 500명을 제주도사태 진압요원으로 서청 급파했다는 것이다. 그 서청 단원들이 제주도내 각 지역에 분산돼 기존단원과 함께 진압전에 참가했다.

세 번째는 여순사건 직후의 상황으로 1948년 11월, 12월 두 달 사이에 최소한 1천 명 이상의 단원들이 경찰이나 경비대원으로 급히 옷을 갈아입고, 진압작전의 한복판에 선 것이다. 이들이 대거 들어오면서 제주도는 그야말로 '서청판'이 되고 말았다. 이들이 전율할 학살극을 벌여도 이를 제재할 기관은 없다시피 했다. 그러나 서청의 배후에 바로 미군과 이승만이 있었다. 미군 정보보고서에는 "10월 24일 '임시경찰 (temporary policemen)'로서 활동하는 서청 단원들이 조천면 신흥리 사건 현장에 파견돼 게릴라를 쫓아냈다"743)고 기록, 이때 이미 경찰의 신분을 인정하고 있다. 또 다른 미군 정보문서에는 공개적으로, 때로는 '은밀한 모병(the secret induction)'을 통해 서청 단원들을 제주도에 파견했다는 내용도 있다.744)

이승만 대통령은 서청에게 "사상이 건전하고 철저한 여러분이 나서야 한다"고 '점잖게' 독려하고 한껏 추켜세우면서 '제주도 진압'의 최선봉에 세웠다. 서청대원들에게 경찰복과 군복을 입힌 것은 빨갱이 사냥의 합법성을 부여해주는 조치였다. 더 나아가 그것은 서청대원들에게 확실하게 빨갱이 사냥을 하라는 국가의 명령이기도 했다. 그들은 국가가 무소불위의 폭력을 자신에게 위임한 것으로 이해했다. '빨갱이'라는 이데올로기 환상이 국가에 대한 추종과 동일시에 존재하던 틈을 메워주었고, 폭력은 국가에 대한 충성을 표현하는 수단으로 변하게 된다. 국가를 위해서가 아니라 빨갱이 척결을 위해서, 합법성의 기준 따위에 구애받지 않는 광기가 시작된 것이다.

| **제주 북국민학교** | 3 · 1 혁명운동 28주년 기념일 시위장소

제주 북초등학교에서 열린 1947년 3·1절 집회에는 제주 역사상 최대 인파가 참석했다.

1999년 12월 6일 국회 행정자치위원회 법안심사 소위에서 4 · 3 특별법안을 심의하면서, 4 · 3의 기점 문제로 여야 사이에 승강이를 벌였다. 제주 4 · 3의 기점에 대해 새정치국민회의 안에는 '1947년 3월 1일'로, 한나라당 안에는 '1948년 4월 3일'로 제안되어 있었다. 한나라당의 '1948년 4월 3일' 안은 '공산폭동'으로 몰아가려는 의도가 다분했다. 그러나 오랜 진통 끝에 한나라당은 '1947년 3월 1일' 안을 수용하였다. 3 · 1절 시위가 벌어진 장소가 바로 제주북초등학교이다. 1947년 2월 18일 자 「제주신보」에는 3 · 1절 기념 행사를 예고하는 기사가 실렸다.

28주년을 맞이하는 3월 1일 혁명운동기념일을 전 도적으로 의의 깊게 성대히 거행하기 위하여 3 · 1투쟁기념 준비위원회를 결성하였다. (…) 3 · 1기념행사의 모든 문제를 준비위원회에 일임하기로 하고 위원장에 안세훈 씨를 추대하였다.[745]

그로부터 5일 뒤인 2월 23일 조일구락부에서는 제주도 민주주의 민족전선 결성대회가 500여 명이 참석한 가운데 열렸다. 조일구락부는 현재 제주 YMCA 부근 옛 현대극장 자리이다. 특히 개회 벽두에 긴급동의로 명예 의장에 스탈린 · 박헌영 · 김일성 · 허헌 · 김원봉 · 유영준을 추대하였다. 안세훈은 당면한 3 · 1절 기념행사를 평화리에 행해야 한다고 강조했다. 남로당 제주도위원장인 안세훈은 1919년 조천에서 독립만세운동을 주도했던 인물이다. 그러니 1947년 3 · 1운동 기념식을 주도한 안세훈은 28년 전 3 · 1 운동의 주역이었던 것이다. 이 자리에는 박경훈 도지사가 격려축사를 했으며, 경찰고문관 패트릿지와 강인수 제주감찰청장도 참석, 강연하기도 하였다.

이처럼 3 · 1절 행사는 전도에 걸쳐 대중적이고 합법적으로 준비되었다. 오늘날 알고 있는 남로당의 이미지와는 달리 당시는 합법정당으로서 대중에게 위력적인 지도력을 행사하고 있었다. 또한, 조몽구가 제주 역사상 초유였던 이날 집회의 조직을 주도했다. 조몽구는 일본에서 항일노동운동을 전개한 노련한 혁명가였다. 3월 1일 오전 11시 제주 북국민학교는 그 주변까지 발 디딜 틈이 없을 정도로 인산인해를 이뤘다. 군중 수는 약 3만 명으로 제주 역사상 최대의 인파였다.

경찰은 원래의 제주경찰 330명과 응원경찰 100명 등 430명으로 보강하고, 이 가운데 150명을 제주 읍내에 배치, 시골에서 올라오는 군중을 막아보려 했지만 역부족이었다. 결국, 미군정 산하의 경찰은 시위군중이 지나간 뒤 관람군중을 향해 발포함으로써 6명을 사망케 하였다. 경찰은 이를 '정당방위였다'고 주장했다. 이로써 군중들의 분노는 하늘로 치솟았고, 4 · 3으로 가는 물꼬가 터졌다.

스물둘 | 대정중학교 교사 김달삼

'남조선혁명가'가 북으로 간 까닭은?

대정인민위원회가 설립하고, 김달삼(이승진)이 근무했던 대정중학교.

대정중학교는 김달삼이 선생을 했던 곳이다. 지금 김달삼을 이 학교와 연관시키는 것이 학교에 폐를 끼치는 것은 아닐까? 정문 앞을 서성거리고 있을 때 축구공이 내 앞으로 굴러왔다. 운동장에서 꽤 멀리도 벗어나 내게로 온 것이다. 모든 선수의 시선이 내게로 몰려 있었다. 아무도 내게 공을 차 달라고 요구하지 않았지만 이럴 때는 당연히 공을 차서 돌려주어야 예의이다. 나는 서툰 실력으로 공을 차서 넣어주었다. 멋있게 떨어지진 않았지만 대략 경기장 안으로 들어가긴 해서 체면을 차렸다. 그리고 그들의 시선은 나에게서 이제 다시 공으로 옮겨졌다. 공이 경기장에서 벗어나면 경기가 계속될 수 없다.

김달삼이 아무리 이 학교와 제주에서 벗어난 인물일지라도 다시 그를 이 역사의 경기장 안에 들여놓는 역할을 할 사람이 필요하다. 누가 요구하지 않더라도 자기 앞에 그런 과제가 떨어지면 당연히 그렇게 하는 것이 예의일 것이다. 인간의 예의로서, 인간에 대한 예의로서, 인간을 위한 예의로서 나는 다시 그를 경기장 안으로 들이민다.

혁명은 근대국가와 자유이념의 뿌리

그의 이름 앞엔 폭도, 반란수괴 등 가장 험악한 수식어가 붙지만, 그 자신이, 그리고 그의 동료들이 붙여준 수식어를 사용하는 것으로 하자. 혁명가 김달삼. 박정희조차 자신의 쿠데타에 혁명이란 이름을 부여한 지가 얼마 되지 않은 것 같은데, 벌써 혁명은 금기어가 되었다. 그러나 혁명은 우리 사회, 우리 시대의 뿌리이고 출발이다.

동양은 서양의 근대화를 따라 잡기 위해 동도서기나 중체서용을 외치며 과학 기술적 성취에만 집착했다. 그러나 서구의 근대문명이란 과학혁명, 산업혁명만이 아니라 사회혁명을 빼고서는 성립 불가능한 것임을 아프게 깨달아야 했다. 오늘날에야 우리가 이야기하는 무상의무교육은 이미 300여 년 전 프랑스혁명의 급진파였던 콩도르세의 주장이었다. 우리는 이제야 이 혁명의 수혜를 받을 기회 앞에 놓여있다. 혁명을 결여한 근대는 언제나 사이비이며 짝퉁에 불과하다.

혁명은 근대국가와 자유주의이념의 뿌리이다. 침대에서 숨 가쁘게 달려온 시종 리앙쿠르 공작으로부터 바스티유의 폭풍 소식을 전해 들은 루이 16세(1754~1793, 단두대 처형)는 무엇보다도 다음과 같이 물었다. "폭동인가?" 곧 들려온 대답은 "아닙니다. 전하, 혁명입니다"였다.746) 진위 여부와 무관하게 이 일화는 폭동과 혁명을 구별하고, 근대와 혁명이 맺고 있는 불가분의 관계를 암시하는 비유로 널리 인용됐다.

즉, 프랑스혁명이 세계사에서 주목을 끄는 것은 변화, 변혁, 그리고 혁명까지도 일상적이고 '정상적'인 현상임을 처음으로 받아들이도록 했다는 것이다. 그 뒤에 수많은 반동이 혁명의 성과를 좌절시켰지만 이 사실만은 변화시키지 못했다. 현행 헌법에도 대한민국의 정통성은 3·1운동과 4·19혁명에 뿌리를 두고 있음을 천명하였다. 대한민국 역시 혁명의 '정상성'을 공표하고 있다.747)

대정중학교는 1946년 대정면 인민위원회가 일제강점기에 오오무라(大村) 병사를 미군정청과 임대계약하여 교사로 개조한 후 11월 8일 개교하였다. 일제가 아닌, 국가도 아닌, 인민의 힘으로 세운 진정한 민족사학인 것이다. 그 출발은 혁명적이었다. 이운방이 학교설립 기성회 총무를 맡아서

개교를 준비했고, 강달훈을 교무부장으로, 종친인 이원정·이태언 등과 이승진(김달삼)을 대정중학교 교사로 추천하였다. 개보수비용은 일제강점기 때 모슬포 전역의 물류와 유통의 중심이었던 협창상회주인 김임길이 주로 부

모슬포 협창상회 터. 1941년 주식회사 제주해운상회 대표였으며, 해방 후 협창상회 주인이었던 김임길이 대정중학원 설립에 거액을 투척했다.

담했다. 대정면뿐만 아니라 각 면·리인민위도 초등학교와 중학원을 개설하는 등 자치적으로 교육사업에 적극적으로 관여하였다.

제주도의 교육열은 전국기준으로 봐서도 상당히 높은 수준에 달했다.[748] 또한 교사와 학생들의 성향이 어느 지역보다도 진보적이었다. 나중에 남로당 제주도 위원장을 맡게 되는 김용관은 하귀국교 교장으로, 4·3 직후 조직부장을 맡은 것으로 알려진 고칠종은 제주농업학교 교원으로, 일본으로 피신해 『제주도 인민들의 4·3무장투쟁사』를 저술한 김봉현은 오현중학교 역사교원으로 재직했다. 이 밖에도 비록 4·3봉기에는 참여하지 않았지만, 1947년 초에 안세훈·이일선과 더불어 제주민전의 공동의장을 맡은 현경호는 제주중학교 교장이었다.[749] 또 이덕구 사령관은 조천중학원에서 역사와 체육을 가르쳤다.

그래서였을까. 제주를 감싸는 범상치 않은 공기는 학교에서부터 꿈틀거리기 시작했다. 1946년 후반부터 학교별로 동맹휴학사건이 일어나더니, 1947년 2월에는 양과자 반대시위가 벌어졌고, 그 해 3월 1일에는

급기야 3·1시위 사건
으로 숨 가쁘게 치달아
갔다. 당시 대정면당의
논점은 당일 시위를 감
행할 것인가 말 것인가
였다. 대회는 읍면 단
위로 개최키로 했고, 제
주읍만 애월과 조천을
합쳐 제주북국민학교에
서 열기로 하였다.

1947년 대정면의 3·1절 행사가 열렸던 대정초등학교.

　1947년 3월 1일, 대정국민학교는 운동장을 가득 메운 6천여 명의 군중들로 대성황을 이루었다. 가파도에서도 1백여 명의 주민들이 어선을 타고 나와서 행사에 참여하였다. 기념식은 40대 중견의 사회주의자이자 대정면 국군 준비대장인 이운방의 사회와 대정중학 교장 이도일, 사회주의 항일운동가 이신호의 연설로 진행되었다. 기념식이 끝난 다음에는 대정중학생의 연극공연이 마련되어 있었다. 그런데 폐회선언 직후에 예기치 못한 일이 일어났다. 일부 군중이 연극공연장으로 들어가거나 귀가 태세를 갖추고 있었는데, 운동장에서 청년 학생을 중심으로 시위대열을 형성한 것이다. 운동장을 몇 바퀴 돌면서 '왓샤 왓샤'하는 구호의 열기가 거세지더니, 더 이상 교정에 갇혀있을 수 없다는 듯이 교문을 박차고 거리로 쏟아져 나갔다.

　그 시위는 사전에 계획된 것은 아니었다. 분명히 시위 여부는 그날 역원회의에서 의논하기로 했는데, 그런 절차도 없이 감행된 것이었다.

학생들이 어깨를 끼고 행진하는 시위행렬 선두에 훤칠한 키에 희고 수려한 외모의 청년 한 명이 유독 눈에 띄었다. 대정중학원의 교사 김달삼이었다. 김달삼은 실제 유도 2단에 키가 6척의 장신이었다. 또한, 힘이 엄청나게 세고 얼굴에 수염이 없는 하얀 피부로 귀공자처럼 생겼다.[750] 제주 4·3의 가장 문제적 인물이 대중 속에 공개적으로 모습을 드러내는 순간이었다.

혁명가 이승진, 가명 김달삼은 장인 강문석의 가명

김달삼은 1925년 5월 1일 대정읍 영락리 978번지에서 아버지 이평근과 어머니 풍기 진씨의 차남으로 태어났다. 그의 본명은 이승진이고 본관은 고부이다. 김달삼이란 이름은 후에 그의 장인이 되는 강문석이 일제강점기에 중국 상해에서 사회주의항일운동 할 당시 쓰던 가명이었다. 이삼룡에 의하면, 지하활동을 하며 가명을 필요로 하자 종친인 자신의 권유로 이 이름을 쓰게 된 것이라고 했다.[751]

그의 자필이력서에 의하면, 1943년 4월 1일 일본 교토 성봉(聖峯)중학교를 졸업하고, 4일 뒤인 4월 5일 동경 중앙대학 전문부 법학과에 입학하여 1945년 9월 30일 졸업했다. 그리고 1946년 10월 20일 대정공립초급중학교 촉탁으로 월급 300환을 받으며 교사직을 시작했다.

그가 유년시절 부모를 따라 대구로 이주, 대구심상소학교를 나왔다거나 일본에서 소학교를 나와 한국말이 서툴렀다거나 하는 증언은 서로 충돌한다. 제주농업학교 시험에서 떨어져 성봉중학교를 입학하게 된 것이라는 이삼룡의 증언도 참고할 만하나 입증은 어렵다. 무엇보다 쟁점이 될 만한 것은 그가 학병으로 징집되어 일본군 소위로 임관하였다[752]는 점이다. 이는 김익렬과 같은 복지산육군예비사관학교를 나왔다는 것으로 연결된다.

그러나 이승진은 1943년 4월 대학에 입학하였고, 1944년 가을 대정에서 강문석의 큰딸 강영애와 결혼식을 올렸다. 전쟁 말기에 일본이 결혼식을 올린다고 학병을 고향에 보내주었을리 만무하므로 그의 학병 경력은 신뢰하기 힘들다. 강영애는 대정읍 인성리 1,661번지에서 태어나 일본으로 건너가 오사카시 이쿠노쿠(生野區) 저사야란 곳에 살고 있었다. 강문석은 이때 옥중에 있었으며, 해방과 함께 석방된다.

한편, 김달삼이 1945년 9월 30일 졸업한 것으로 봐서 광복과 함께 바로 귀국한 것 같지는 않다. 대정중학의 교사가 되기까지 1년여의 기간 동안 김달삼은 무엇을 했을까? 이운방과 이삼룡은 결혼 후 아버지가 모자장수를 하던 대구로 가서 일을 도왔을 것으로 보았다. 이운방은 대구 10월 인민항쟁 과정에서 대구대학 의과 학생들이 시체를 끌고 가두 데모를 한 시체사건의 주모자로 활동하는 것을 보았다는 사람의 이야기를 전한다. 그러나 이삼룡은 이를 부정한다. 왜냐하면, 김달삼은 1946년 대정중학교가 개교할 때부터 교사였기에 대구사건에 관여할 수 없었다는 것이다. 그러나 김달삼이 연관되었다는 대구대 의과 시체사건은 10월 2일의 일이고, 대정중학교 근무는 20일부터이므로 대구사건 가담 후 제주로 내려왔다는 것이 시간상 불가능하진 않다.

1946년 장인 강문석[753]의 소개로 공산당 경북대표 장적우, 경북인민위원회 위원장 이상훈, 동 위원회 보안부장 이재복, 농민연맹 경북위원장 장하명 등을 만나기 시작했다. 이들 중 특히 남로당 군사부장 이재복과 교분이 두터웠다고 한다. 이승진이 대구 10·1폭동에 가담하여 이 재복의 신임을 받았다는 것도 이같은 주장의 연장선상에 있다. 이재복은 1948년 제주 4·3 당시 군사부원이자 남로당 조직부장인 이중업을 대 동하고 강문석과 같이 제주에 잠입, 김달삼을 집중 지도한 인물로 알려 졌다.754) 이중업은 1946년 5월경 박정희와도 접촉했다. 박헌영 비서였 던 박갑동은 이중업, 이재복 조직부선에 대해 일제 때 지하투쟁의 경험 이 없어 조직을 은폐할 줄 몰라 한번 꼬리를 잡히면 전부 일망타진되고 말았다고 평했다. 그에 비해 정태식, 유축운의 이론진선은 지하공작의 명수라고 평했다.755)

한편 이삼룡에 의하면, 김달삼은 1946년 말 대정중학교 교사로 재직 하며 마르크스·레닌주의를 가르쳤다. 당시 공무원이던 이삼룡은 박경훈 도지사를 모시고 전도를 순례하면서 대정중학교에 들른 적이 있는데, 그 가 먼저 가서 살펴보니 이승진이 유물론을 가르치고 있었다 한다. 그래 서 "어서 칠판을 지우라"고 한 적이 있다고 술회했다.

또한 김경형에 의하면, 1947년 김달삼이 신촌리 자신의 집에서 반 년 정도 기거할 때 두세 번 이야기를 나눈 적이 있었다. 자신이 삼일정치 학원 재학 중에 공부했던 다카하시 쇼오지(高橋庄治)의 저서를 본 김달삼 이 "이 책 읽고 싶으니 빌려주지 않겠냐?"라고 하여 빌려준 적이 있다 고 했다.756) 다카하시 쇼오지는 『인민의 철학』, 『사회주의적 인생관』 등의 책을 쓴 사회주의 사상가이다. 이같은 증언들은 김달삼이 사회주의 사상에 남다른 관심을 가졌음을 보여주는 일화들이다.

김달삼을 이해하는데 있어 가장 중요한 인물은 강문석이다. 송시열을 이해하기 위해 이율곡을 이해해야하는 것과 같은 이치이다. 사상의 계보란 사고방식과 결정방식과 행동방식을 규정하는 틀이다. 투박하게 결론을 먼저 말하면, 모슬포의 강문석은 이르쿠츠크파의 계보에 속하고, 조천의 김명식은 상해파의 계보에 속한다고 가정해 볼 수 있다. 그래서 인맥상 강문석은 조봉암과 연결되고, 김명식은 박진순과 연결되며, 지연으로는 대략 강문석-김달삼으로 이어지는 모슬포파와 김명식-김문준-조몽구로 이어지는 조천파로 분류해 볼 수 있겠다. 세대로는 40대 이상 장년의 안세훈-조몽구-이운방 등과 20대의 김달삼-이종우-이삼룡 등으로 분류해 볼 수 있겠다. 대정면당책 이운방처럼 장년의 노련한 활동가를 보면 모슬포-조천파 같은 구분이 무색해지기도 한다. 그러니 이는 투박하고 거친 분류임을 유념하며 강문석의 행적을 따라가 보자.

박헌영 오른팔로 활동한 경성꼼그룹 출신의 강문석

세계를 품은 대석학 추사 김정희가 1840년(헌종 6년) 윤상도 옥사에 연루되어 유배 길을 떠난 지 한 달 만에 당도한 곳은 제주에서도 제일 끄트머리인 대정현이었다. 추사가 처음 가시울타리에 갇혀 위리안치된 곳은 송계순의 집이었다. 그러나 얼마 뒤 대정고을 최대 부잣집이었던 강도순이 집을 내줘 그의 적거지로 삼는다. 그의 아들은 강기용이며, 그의 아들의 아들이 바로 강문석이다.

강기용은 일제강점기 시절인 1925년 4월 모슬포에 한남의숙을 설립한 뒤, 모슬포청년회 회원으로 민중계몽운동과 청소년운동을 벌였다. 특히 동지들과 함께 개설한 모슬포의 광선의숙과 가파도의 신유의숙은 항일 인사를 배출하는 데 크게 기여하였다. 강씨 가문과 추사의 인연이 뭔가

김달삼의 장인 강문석의 조부 강도순이 제주로 유배 온 김정희에게 내어준 추사 적거지.

큰 영향을 끼쳤음을 강기용의 삶에서 엿볼 수 있다. 그러나 그 인연이 항상 좋게만 풀린 것은 아니다. 1948년 4·3항쟁 때 강도순의 집은 불타 없어졌다. 손자 강문석 때문이었다. 지금의 집은 증손자의 고증으로 다시 살아났다. 이 집을 잠시 거쳐 간 추사는 살아났지만, 이 집의 자손이었던 강문석은 살아나지 못했다.

강문석은 1906년 대정읍 안성리에서 태어났다. 대정공립보통학교와 제주 심상소학교를 거쳐 경성고보를 졸업하였다. 1928년 4월 도쿄로 건너가 도쿄 일반노동조합에 가입했다. 또한, 1929년 코민테른 방침에 따라 재일노총을 해산하고 결성된 전국일본노동조합전국협의회(약칭 전협)에 가입하는 등 노동운동에 투신했다.[757] 본래 재일노총의 해산은 전협으로의 합류를 위한 발전적 해소였다. 그러나 전협으로의 합류는 꼬였다. 잠시 해소되는 대신 영원히 해산되고 말았다. 재일노총 시절 조합원 수는 1929년 9월 말 기준으로 2만3,530명이었으나 전협 합류 후 조합원 수는 1930년 10월 말 기준으로 2,660명이었다. 무려 10배 이하로 급속히 축소된 것이다.[758]

전협으로 이전하는 과정에서의 오류는 노동운동의 급격한 약화를 초래했다. 이 고통스러운 작업을 주도했던 것은 김문준과 조몽구였다. 강문석은 1931년 9월 중국 상하이로 건너가 중국공산당에 입당하고, 조봉암과 인연을 맺었다. 조봉암은 1931년 12월 3일 상해에 거주하는 조선인공산주의자 40여 명을 소집하여 상해한인반제동맹 창립대회를 열고 그 책임을 졌다. 여기에 강문석이 참여한다. 강문석은 중국공산당 한국인지부 간사로 상해한인반제동맹 책임자인 조봉암과 돈독한 우정을 나누었다.

상해한인반제동맹은 상해한인청년동맹 등을 병합하여 조직을 확대하는 한편, 상해반제연합회에 가맹하여 국제적인 연대를 통해 일제타도 투쟁에 앞장섰다. 중국공산당 상해 한국인 지부에서는 누차 일본 군인에 대한 일본어 적화선전의 선동적 문서를 발행·살포했는데, 이들 전단은 주로 박철환과 김달삼이 집필했다.[759] 박철환은 조봉암이었고 김달삼은 강문석이었다. 때문에 일본 경찰은 조봉암과 강문석을 체포하기 위하여 동분서주하였다.

경성콤그룹(Com-group)은 조선공산당 재건운동을 위하여 1939년 조직한 공산주의 비밀조직이다. 강문석은 박헌영과 이미 상하이에서 함께 활동하였고, 비밀조직 경성콤그룹에도 가담하였다. 경성콤그룹은 노동자·농민·학생의 조직화를 기반으로 결성된 지하비밀조직이다. 일제의 탄압에도 전향하지 않았으며, 광복 후 재건된 조선공산당의 주류를 이루었다. 조국이 해방되자 강문석은 박헌영의 재건된 조선공산당에 합류하여 선전부장을 맡는 등 박헌영의 오른팔이자 남조선로동당 간부로 활발한 활동을 펼쳤다.760) 주로 서울에서 활동했지만 해방 직후 잠시 고향에 들러 인민위원회를 지도했다고도 한다.761) 조선공산당 서기국원 겸 선전부장에 선임된 이후, 1946년 2월에 통일전선체인 민주주의민족전선 중앙위원에 선출되어 노동문제연구위원으로 활동하였다. 그해 11월 남조선신민당·조선인민당·조선공산당의 3당이 합당하여 결성한 남조선노동당 중앙위원에 선임되었다. 또한 조선공산당을 대표하여 일본으로 건너가 일본공산당 서기장 도쿠다 큐이치(德田球一)와 한반도의 현안을 의논하였다.

아시아코민포름 연락책 강문석과 도쿠다 큐이치의 회담

강문석과 도쿠다 큐이치의 만남은 이 책의 관심사인 제주와 오키나와를 연결하는 또 하나의 상징적인 사건이다. 당시 제주에는 도쿠다 큐이치의 저작이 번역되어 읽히고 있었는데, 이는 우연이 아니다. 강문석의 활동반경이 이 정도에서 머무는 것은 아니었다. 2차대전 후 스탈린이 결성한 코민포름은 과거 코민테른만은 못하지만 여전히 초국가적 기구로 인식되고 있었다. 4·3 당시인 1948년 12월 31일 자 미군정보고서는 강문석을 일본공산당과 아시아코민포름의 연락담당자로 지목하고 있다.

남로당 선전부장 강문석(Kang Mun Suk)은 일본공산당과 아시아 코민포름과의 연락을 담당하는 한 연락소의 책임자이다. 일본공산당의 중앙집행위원인 김천해

(Kim Chun Hae)와 일본공산당의 노사카 산조는 남로당의 강문석과 송성철, 북로당의 최용달과 이강국을 통해 코민포름과 연락을 취하고 있다. 암호로 된 국제우편물에 따르면, 밀수선들이 부산과 제주도에 근거지를 두고 활동하고 있으며 밀사가 연락수단으로 이용되기도 한다. 다른 정보원은 일본해에 접한 니가타, 타우루가, 아키타 등의 무선국을 통해서도 연락이 이루어진다고 추정했다. 또 코민포름과의 연락은 무선연락 이외에도 함경북도 청진항과 나남항, 그리고 일본해에 접한 일본의 알려지지 않은 항구들 사이를 운항하는 밀수선을 통해서도 이뤄진다.762)

제주 4·3의 본질적 원인과 배경을 '미군정교범'을 중심으로 한 미국 점령정책이라고 한다면, 이에 대항하는 주체는 누구일까? 남로당 제주지부일까, 아니면 남로당 본부일까? 미군의 점령정책과 군정은 이미 1944년 그리스 내전에서 시작하여 1945년 오키나와를 거쳐 한반도로 이어지는 '미국패권체계로 세계체계 재조직하기'의 핵심수단이었다. 따라서 이에 대한 대응이 작은 섬 주민들의 자발적 저항이라면, 그 실패는 당연한 것이며, 그 실패에서 찾을 수 있는 교훈도 제한적일 것이다. 그러나 장인 김달삼(강문석)과 사위 김달삼(이승진)으로 이어지는 매듭은 해안마을 모슬포의 친인척 관계가 아니라 미국패권에 대항하는 새로운 세계기구로서의 코민포름 조직 내의 동지 관계였다. 그런 맥락에서 오키나와 출신인 일본공산당 당수 도쿠다 큐이치의 오키나와 독립론과 천황제 반대투쟁, 1948년 오사카·고베 지역의 조선인학교를 둘러싼 한신교육투쟁과 제주 4·3의 단선단정반대·통일정부수립투쟁은 다양한 변주에도 불구하고 일관된 통일성을 발견할 수 있게 해준다.

이런 연관을 예의주시하며 첨예하게 느꼈던 것은 다름 아닌 미군정이었다. 해방 후 일본에서 귀국하는 인구의 증가는 제주도의 정치상황을 규정했던 한 요인이 되었다. 이들 대부분은 일제하 일본에 거주하면서 저임금과 민족차별에 고통받던 사람들로서 귀환 시 일정하게 민족의식과 사회의식을 공유했다. 따라서 이들의 귀환과 제주 인민위원회의 강력성은 결정적이지는 않더라도 분명한 상관관계를 갖는다.763) 따라서 미군정은 일본으로부터의 유입자들을 주시하는 동시에 차단정책을 시행했던 것으로 보인다. 이들은 이후 항쟁과정에서 미군정의 통치에 반발하는 민중들을 조직적으로 지도해내는 좌익세력의 역량과도 무관치 않다. 미군정은 이들이 제주도민들을 급진화시켰다고 인식하고 있었다.764)

예를 들면, 구엄 마을은 당시 몇 되지 않는 우익 색채 마을 중의 하나였다. 이 마을에는 일제강점기부터 구장을 지낸 바 있는 문영백의 주도 아래 독촉국민회와 대동청년단이 결성되어 있었다. 이와는 달리 이웃 마을인 신엄마을은 진보적인 색채를 띠어 대조를 이루었다. 신엄에는 일본에서 법과대학을 나온 백창원같은 이들이 진보적인 청년운동을 전개, 마을 분위기가 달랐다.765) 미군정 정보부는 제주도를 지원하는 오사카 조직의 존재 가능성766)과 화폐주조기가 일본에서 제주도로 밀수되어 조선은행 지폐가 불법적으로 인쇄되고 있다는 내용767) 등을 보고하기도 했다. 한편, 민족교육을 요구하는 조선인들의 한신교육투쟁에 대해 일본 정부와 극적 합의가 이루어졌음에도 불구하고, 미군정이 직접 나서 계엄령을 선포하며 4월 24일 대대적인 탄압에 나섰다. 이는 제주 4·3과 연관하여 단독정부 수립계획에 대한 GHQ(연합군총사령부)의 경계심이 작용했기 때문이다.768)

또한, 남로당 제주도 대정면당의 자신감은 인민위원회나 민전 결성과정에서 보이는 유연함에서 드러난다. 대정 인민위원장 등은 사회적 경륜을 쌓은 40~50대 인사들로 이 가운데는 일제 식민지배에 협조했던 사람도 있었다. 김봉규·오용국은 일제하에 면장을 지냈으며, 현중홍·조범구·고군철은 면서기를, 우영하는 대정면어업조합 이사와 모슬포 레이더를 지키는 모슬봉 감시소장을 지냈다.[769] 공산당 대정면책이었던 이운방 씨는 "우리는 정책적으로 온건하고 지방 유지였던 우영하를 인민위원장으로 추대했다. 이는 다양한 계층을 끌어들이기 위한 방편"이었다고 이야기한다. 통일전선 조직건설의 원칙이 제대로 실천되고 있었다.[770] 김달삼은 남로당 대정면 조직부장으로 활동하면서, 1947년 3·1시위에서 두각을 나타냈다. 김달삼의 연락부장이었던 김생민의 증언을 보자.

3·1사건은 조몽구가 다 조직했다. 동부에서 1만, 서부에서 1만해서 2만을 동원하자고 했다. 3·1절 계획서는 김달삼이하고 김용관이가 만들었다. 김달삼이는 3·1사건 덕분에 픽업됐다. 김달삼이가 대정면에서 활동하는 데 계획성과 추진성이 있어서 3·1사건 이후에 바로 픽업돼서 조직책임자로 두지 않고, 차장 그런 것으로 있었다. 조몽구가 상당히 열심히 훈련을 시켰다. 왜 그러냐 하면 조몽구 눈으로 볼 때 달삼이가 아무리 까불어도 장인 강문석과 조몽구가 동기 아니냐? 그러니까 '이 놈 키울만하다' 해서 어떻게든지 간에 키우려고 김달삼이가 조몽구에게 욕도 잘 먹었다. 욕할 때쯤은 눈물이 쏙 나올 정도로 욕을 했다.[771]

3·1사건 이후 대정면당은 군정 당국에 항의의 표시로 평화적이면서도 그 강도가 가장 높은 전도 총파업을 도당에 건의하기로 하고 김달삼을 파견했다.[772] 이것이 김달삼이 대정면당에서 남로당 제주도당 조직부

장으로 가는 계기였다. 제주도당은 대정면당의 건의를 받아들였다. 투쟁 대상은 발포 경찰에게만 한정했다. 이는 투쟁의 정당성을 획득하고, 이런 정당한 요구를 거부하는 미군정에 대해 당이 비난하지 않아도 도민들이 자연스럽게 반감을 느끼게 하는 이중의 효과가 있게 하였다. 도당은 총파업을 통해 남로당과 대중의 결합을 공고히 하고, 대중을 혁명운동의 진영으로 조직화하려고 했다. 대중정당을 표방한 만큼 당원 확장과 당의 합법화 전취를 내용으로 하였다.[773]

3·10총파업은 세계에서도 유례를 찾기 힘든 민관합동 총파업이었다. 경찰은 파업주모자 검거 명목으로 4월 10일까지 500명을 검속했다. 당시 대정면당 조직부를 맡았던 김달삼이 대정면당대회 소집통지서를 돌린 것이 화근이 되었다. 면당책 이운방이 나중에 증거를 남기지 않도록 돌리지 말라고 지시했는데, 3·10총파업 이후 검거된 조직원에게서 이 통지서가 나오면서 총파업 주모자를 파악하지 못하던 미군정이 총파업과 남로당의 연계를 파악하게 되어 이운방은 10개월 형을 받게 된다. 김달삼의 경솔함으로 대정면당은 큰 타격을 받고, 1948년 이운방 석방 시엔 면당에 역원이 두 명만 남았다. 이운방은 3·1시위부터 온통 일을 벌여놓은 일꾼 김달삼에 대해 서운한 기색을 감추지 않았다.[774]

제주도당의 무장투쟁 노선 채택

다음으로 김달삼이 조직부장에서 군사부로 옮겨가면서 제주 남로당을 대표하는 인물로 부각된 계기는 역시 4·3항쟁의 결정 과정에서였다. 당시에 무장항쟁의 채택을 둘러싸고 소위 강온파의 갈등이 있었던 것으로 알려졌다. 항일사회주의 중견그룹인 조몽구 등은 신중한 입장을, 김달삼 등 신진사회주의 청년 그룹은 강경한 투쟁을 주장했고, 결국 표결에서 김달삼그룹의 주장이 관철됨으로써 무장항쟁을 시작했다는 것이다. 그러나 조몽구 등이 반대한 것이 아니라 신중하자는 의견을 피력했을 뿐이므로 이를 갈등이라고 보는 것은 무리라는 견해 역시 설득력이 있다. 어쨌든 남로당 지도선 입회하에 회의가 진행되었고, 결정 역시 중앙당 혹은 전남도당 방침의 틀 내에서 벗어나는 것이 아니었기 때문이다.

대체로 갈등설은 전위당의 생리를 간과한 면이 있다. 반면, 무갈등설은 1920년대 이래 항일운동노선의 차이를 간과한 면이 있다. 정세를 보는 전략노선의 차이는 분명히 존재하며, 그럼에도 불구하고 당차원의 결정이 이루어진 상황에서 그러한 차이의 강조는 무의미한 것이다. 그러니까 이 회의에서의 갈등 여부는 동전의 양면으로 파악해야 할 것이다.

조몽구는 이미 항일운동시기 그 능력을 인정받은 검증된 활동가였다.[775] 그것도 국내가 아닌 일본에서 복잡한 국제관계를 돌파해가며 스승인 김문준과 함께 노동운동조직을 일으켜 세운 주도자였다. 김생민의 다음과 같은 평가는 기억해둘 만 하다.

조몽구는 보통사람 아니다. 제주도에 모든 조직을 해놓은 사람은 조몽구이다. 그 사람은 절대 위원장 하는 법이 없다. 머리가 상당히 똑똑했다. 영어도 잘하고 소련어도 자습해 가지고 잘하게 되고 보통이 아니다.[776]

전남도당에서 지도원이 파견돼도 웬만한 회의는 조몽구가 주재했다. 조몽구는 뛰어난 조직가이자 이론가이기도 했다. 조몽구는 「소련 헌법

약술」이나 「모택동 11훈」 등을 번역했는데, 당세포들은 이것들을 가지고 사상학습을 전개했다. 분명 제주도당의 주도권은 조몽구가 쥐고 있었다.[777] 그런데 어떻게 신촌회의를 기점으로 김달삼에게 주도권이 넘어간 것일까? 조몽구에서 김달삼으로 주도권이 넘어간 상황의 배경으로 당 중앙에 있었던 장인 강문석의 영향력을 주목하지 않을 수 없다.[778]

1947년 3·1시위 이후 도당위원장 안세훈과 조직책 조몽구의 발언력이 약해졌다.[779] 양정심은 3·1시위 때 경찰의 발포상황에 직면하여 즉각적인 대처를 못 했기 때문에 책임추궁을 받아 당 지도부에서 사퇴했을 가능성이 크다고 보았다.[780] 그러나 아버지 벌인 조몽구와의 관계 특히 위 김생민의 증언을 고려하면, 밀려났다기보다는 젊은 층을 키우기 위해 자리를 내준 측면도 있을 수 있다. 어쨌든 김달삼은 1948년 2월회의 당시 도당책을 맡을 만큼 당의 핵심지도부가 되어 있었다.

한편, 1948년 1월 제주 남로당원 대검거로 발생한 내부조직의 위기를 돌파하기 위한 방법에서 소위 모슬포를 중심으로 한 강건파와 조천을 중심으로 한 온건파의 견해가 갈렸을 가능성은 있다. 실제 운동조직이 위기를 돌파하는 방법에는 여러 가지가 있다. 외부로부터의 위기를 강조하여 투쟁 위주로 강화하는 방법이 있는가 하면, 내부로부터 사상무장을 강화하고 교육을 활성화하여 조직원을 훈련하며 적정한 수준의 실천을 통해 조직력을 회복·강화하는 방법이 있다.

객관정세를 강조한 모슬포파는 5·10 선거관리위원과 경찰에게 1차 경고장을 보내고, 그다음에 그 가족에다가 협박장을 보낸다. 이렇게 몇 번을 하다 보니까 다른 뾰족한 방법이 없었을 것이다. 그러자 무력투쟁을 해야겠다고 생각하게 된 것이다. 내부조직력에 근거하여 투쟁을 배치하는 것이 아니라 외부정세에 내부역량을 꿰맞추는 방식을 선택한 것이다. 이에 비해 조천파는 "우리만 고립된다. 투쟁방법을 달리하자"라고 한 것이다. 그 자세한 내용은 알려지지 않았지만, 조몽구가 김문준과 일본에서 코민테른의 지시를 교조적으로 수용한 전협 합류과정에서 경험한 뼈저린 오류를 반면교사로 삼았을 것은 충분히 추정할 만하다.

5·10 선거 반대 위해 무장투쟁 필요했을까?

모슬포에서도 중견이었던 이운방은 1948년 3월 중순경 출소하여 무장항쟁 결정회의에 참석하지 못하였지만 이 노선에 반대했다. "위기가 임박하고 적세가 강해져서 아측이 불리하다고 여겨지면 당연히 적의 예봉을 피하기 위해 전선을 축소하고 노출된 조직을 지하화 해야 하며, 심한 경우 활동을 멈추고 동면까지 감수하며 권토중래해야 하는 것이 상식"781)이라고 생각했다. 그러나 조천파는 내부결정에서 뒤로 물러났고, 무장항쟁 결정 후 당 중추에서 이탈했다. 그렇다면 어떤 방법이 가능했을까? 4·3 결정회의에 참가할 수 없었던 김생민은 그에 대해 다음과 같이 판단한다.

남로당 주동세력들은 처음에 5·10 선거 정도는 무효화시킬 수 있는 세력이 충분했다. 그 인구 비율로 봐서 어느 직장마다 60~70%의 세포가 아닌 곳이 없는데, 그리고 부락마다 민주화된 세력이, 그네들이 말하는 민주화는 80% 이상 되면 민주부락이다, 그런 부락 숫자가 반이 넘고 그런데 '우리 내일 선거하지 맙시다' 해서 어디로 임시 피하면 충분히 무효화 시킬 수 있는 것을 (…) 사실은 제주도가 그 당원 수가, 조직원이 한 집에 평균 1명이야, 얼마든지 평화적으로 '당이 조직적으로 실행해서, 걱정하지 말라, 다 피해라' 얼마든지 할 수 있었습니다.

즉, 이미 충분히 대중이 조직화되어 있었기에 무장투쟁에 의하지 않고도 조직대중의 힘으로 5·10 선거 반대는 가능했다는 것이다. 이는 장윤식의 연구와 결합해 보면 의미 있는 결론이 된다. 5월 10일 무장대의 선거방해를 위한 투표소 기습은 남제주군에 집중되었고, 북제주군 지역은 1~2지역에 불과했다. 하지만 남제주군은 선거가 성공했고, 북제주군의 선거는 실패했다.[782] 이 투표상황을 보더라도 무장대의 투쟁과 제주도민들의 투표참여 여부는 커다란 연관성을 찾기 힘들다.[783]

물론 이 같은 결론은 수많은 변수에 대한 단선적 판단이란 한계가 존재한다. 그럼에도 불구하고 무장대가 내건 4·3항쟁의 최고 목표였던 5·10 선거 거부를 이끌어낸 가장 큰 동력은 제주도민의 성숙한 의식이었다. 이는 단기간의 선전선동이나 위협으로 형성된 것이 아니라 항일투쟁시기부터 형성된 높은 민족의식의 결과였다.

대중 의식화가 잘 되어 있어도 무장투쟁이 없었으면 사람들에게 단선반대운동의 긴장감을 유지하기 힘들었을 것이란 판단도 가능하다. 그러나 이는 대중을 믿지 못하는 소치이다. 또한, 대중의 조직화 정도가 미비하기 때문에 무장투쟁으로 보완해야 한다는 생각이었다면 이 역시 조급함의 소치일 뿐이다. 설령 무장투쟁이 필요했다고 해도 그것은 혁명의 완성까지를 염두에 둔 장기적 선택이여야 했을 것이다. 단, 무장항쟁의 선택을 지금의 눈으로만 판단하는 것은 문제가 있다. 당시의 눈으로 보면, 대한민국 건국 전이고, 국가건설과정에서 정통성 경쟁이 존재하던

시기였으므로 무장투쟁이 곧 법적으로 반란을 성립하진 않는다. 그것은
최소한 대한민국이 성립된 8월 이후에 성립하는 논리이다.

김달삼의 월북

이제 김달삼의 월북을 다룰 차례다.

김달삼은 해주대회 보고서를 모슬포 이종우의 집에서 작성했다고 한
다. 이종우는 김달삼과 학교 시절부터 막역한 친구 사이로 1947년 4·1
시위 이후 김달삼과 함께 도당으로 올라갔다. 2월 말경 신촌회의에는
참석하였다. 그러나 4·3 발발 전후 조천면 선흘에서 사살당했다. 시신
은 이삼룡의 밭에 수습되었다.[784]

김달삼의 막역지우 이종우 집 터. 서귀포시 하모중앙로 67번길. 지금은 일번지 가든 앞 주차장으로 변했다.

그 뒤 8월 초순 화북리 동부락 선창을 통해 안세훈, 김달삼, 김주탁 (제주읍 동부지역 담당 특공대장)이 출항했다. 김주탁이 북한까지 갔는지는 확인되지 않는다. 1차 행선지는 완도군 청산도였기 때문이다.

배는 김 씨 소유의 동력어선을 이용했고, 해방 전 제주와 목포 간 여객선이었던 흥아환(興亞丸)에서 일한 선원을 비롯하여 3명이 운항을 책임졌다. 안세훈의 8촌 동생인 안구훈이 승선현장 보초를 섰다. 당시 화북리는 4월 3일 경찰지서가 방화로 소실된 후 삼양지서에서 주간에 경관 2~3명이 파견 근무하다가 저녁 무렵이면 철수했다. 야간에는 경찰력이 부재했으므로 월북하기엔 적합했을 것이다.[785]

그의 월북은 일종의 배신행위로 변형되었다. 그러나 '중간에 도망간 김달삼. 끝까지 싸우다 죽은 이덕구'와 같은 이미지는 당에 대한 이해가 부족하므로 생긴 것이다. 남로당의 지도와 지시로 해주로 간 사람과 제주에 남은 사람의 역할이 정해졌을 뿐이다. 오히려 김달삼은 제주 4·3 항쟁이 섬에서의 고립된 투쟁이 아니라 후방의 전략적 지도와 목표가 존재했던 운동이었음을 확인시켜주는 존재라는 점에서 주목할 필요가 있다. 그 지도가 잘되었는지 또 적절했는지는 판단을 일단 유보하자. 혁명의 성공을 위해 요구되는 체계를 어디까지 설정해야 하는가는 당시에도 중요한 문제였을 것이다.

이미 세계체계는 상당한 긴밀성을 가지고 통합된 체계였다. 지역의 어떤 작은 분쟁도 국제적이지 않은 사건이 없을 정도가 된 것이다. 그것을 보여준 첫 번째 사건은 그리스 내전이었다. 이미 유엔헌장에 국내문제 내정불간섭 원칙이 굳건한 법조문으로 정착되었건만 미국은 내전임에도 개입했다. 그리고 이것은 냉전체계의 시발이었다. 그리스 내전의

개입 경험은 제주에서 그대로 적용되었다. 국내 문제로서의 내전과 국제
문제로서의 전쟁의 구분선은 거의 무너져버렸다. 유엔체계가 이런 역할
에 동원되었다.

제주 4·3은 코민테른 같은 국제혁명기구가 해체된 뒤 각 국가별, 지
역별 운동이 어떤 양상으로 전개되는가를 거의 마지막으로 보여준 운동
중의 하나이다. 코민테른은 해체되었지만 세계는 더욱 긴밀히 연관되었
다. 유엔은 국가 간 기구였지만, 프랑스 진보운동이 주도했던 세계평화
위원회는 국가 간은 물론 비정부기구까지 아우른 조직이었다. 세계민중
의 연대, 세계혁명의 전망은 코민테른 시대와 다른 방식으로 기대를 불
어넣었다.

1949년 체포 후 김양근은 다음과 같이 말했다. "이러한 인민항쟁은 외
래의 침략을 받고 있는 세계 약소민족국가 전 지역에서 일어나고 있는
현상이고, 그 현상의 하나가 바로 이번의 제주도 인민항쟁으로 나타나고
있는 것이다"786) 북한 시인 조기천의 「조선은 싸운다」처럼 이 같은 정서
를 완벽하게 반영한 작품도 드물 것이다. 이 시의 앞과 뒷부분을 인용하
는 것만으로도 그 어떤 성명서나 테제보다 강렬한 힘을 뿜는다.

> 세계의 정직한 사람들이여/ 지도를 펼치라/ 싸우는 조선을 찾으라
>
> (…)
>
> 불타는 조선/ 싸우는 조선의 이름으로/ 이 나라의 모든 어머니들의 이름으로/ 세
> 계에 부르짖는다./ 지구의 인민들을 딸라에 교살하려는/ 야수들을 막아 일어서라/
> 투쟁의 대렬을 강철같이 떨치라/ 수백만 인민의 성스런 죽음으로써/ 그들이 흘린
> 붉은 피로써/ 세계의 반제전선에/ 조선은 들어간다!/ 꽃피는 자유의 땅/ 행복의 땅

을 위하여/ 3천만의 봄을 위하여/ 조선은 싸운다! [787]

세계체계에 대한 통찰력과 의제 설정이 중요

그러나 이 같은 통찰은 그의 것만이 아니었다. 정반대의 측에 있던 이승만도 이런 통찰력을 가지고 있었다. 그는 1950년 6월 25일 오전 11시 35분 미국 대사 무초의 방문을 받은 자리에서 "현재의 위기는 한국 문제를 일거에 해결하기 위한 최선의 기회를 제공해준 것인지도 모른다"[788]라고 말했다. 박명림의 표현을 따르면, 그는 문제를 저 높은 국제 수준으로 밀어 올릴 구상을 번개처럼 밀어붙이고 있었다.[789] 조기천의 서정이 세계평화위원회 같은 국제연대운동의 높은 성취를 정확히 읽고 있었다면, 이승만은 미국패권하 유엔의 체계를 정확히 읽고 있었다.

진보진영의 국제기구인 '세계평화위원회'는 유엔을 압도할 정도의 기구로 평가받았다. 그러나 결국은 유엔체계를 넘어서지 못했다.[790] 세계평화위원회는 운동으로서는 유엔을 압도할 만했지만, 유엔처럼 체제(Regime)를 만들어내는 데는 소홀했다. 1차 대전 후 윌슨이 주도한 국제연맹에 대해 레닌이 주도한 코민테른은 분명 국제연맹을 압도했다. 그러나 2차대전 후에 그런 관계는 역전되었다.

김달삼의 지도력의 한계는 박헌영의 그것에 기인하며, 박헌영의 한계는 김일성의 한계에 기인하며, 김일성의 한계는 스탈린의 한계에 기인한다. 물론 거꾸로 스탈린의 한계를 김일성이 보완할 수 있었으며, 김일성의 한계는 박헌영이 보완할 수 있었고, 박헌영의 한계를 김달삼이 보완할 수도 있었다. 그러나 그렇게 하지 못했다. 레닌에 대해 이동휘가, 스탈린에 대해 모택동과 호찌민이 그런 보완을 해낸 사례일 것이다. 세계 체계에 대한 통찰력을 갖고 그 체계를 뛰어넘을 수 있는 의제를 설정하고 행동을 결단 할 때 열심히 싸우는 것이 의미를 가질 것이다. 김달삼을 통해 진정으로 찾아야 할 교훈이 있다면 바로 이것이 아닐까? 세계 체계를 관통한 한 인간의 삶이 어떤 것이어야 하는가 말이다.

그런 점에서 해주 이후 김달삼의 행적은 우리에게 무거운 과제를 남긴다. 1950년 3월 20일 강원도 정선군 북면 여량리에서 18km 떨어진 삼운리에서 한 빨치산부대가 국군 제185부대의 수색대와 맞닥뜨리게 된다. 당시 부대장은 이형근 준장이었으며, 22일 오전 9시 30분 반론산으로부터 조금 떨어진 지경리 마을에서 이 부대는 전멸하였다. 토벌대는 노획한 소지품 중에 모젤1호 권총과 러시아어로 작성된 작전 수첩 등을 회수하면서 그가 김달삼임을 확인했다고 한다. 김달삼은 여기서 죽은 것으로 확인되었다.

그러나 미군 정보에 따르면, 1950년 3월 주한미군이 "남한 제일의 게릴라 지도자"라고 평가하는 김달삼이 이끄는 게릴라부대들은 부대강화와 재교육을 위해 북으로 향하고 있었다.[791] 이 부대의 부지휘자는 남도부였다. 이 부대는 1949년 7월부터 남한에서 활동하면서 가장 강력하게 게릴라투쟁을 하던 부대였다. 김달삼 부대는 남한 군경을 만나도 과거와는 달리 적극적으로 전투하지 않았으며, 격전을 피하면서 산악을 이용하여 북으로의 행군에 몰두하였다.

이 부대에서 체포된 포로의 진술에 따르더라도 자신들은 "북한으로 북상 중"이라고 밝혔다.[792] 결국, 김달삼 부대는 그들의 월북을 필사적으로 저지하려는 남한 군경을 따돌리며 태백산맥을 타고 4월 3일 월북에 성공하였다. 러시아 외교문서에 따르면, 4월 10일 자에 '남한에서 전사한 것으로 발표되었던 빨치산 지도자 김달삼이 남한에서의 활동을 계획하기 위해 평양에 도착하였음을 알린다.'[793]

김달삼 부대의 월북에 앞서 1950년 3월 말에는 강동정치학원 졸업생들로 구성된 두 개의 게릴라부대들이 게릴라들의 빈번한 침투루트인 양양지방으로 침투하였다. 이들은 과거와는 달리 전투를 치르기 위한 목적보다는 정규군에 가까운 게릴라 부대들을 침투시켜 남한 군경의 능력을 시험하고, 동시에 김달삼 부대를 귀환하게 하려는 목적에서 남파된 것이었다. 김무현과 김상호가 이끄는 각각 360명으로 구성된 강력한 부대인 이들은 실제로 초기 전투에서 남한 군경보다 우세한 전투능력을 보이기도 하였다.

이들 대규모의 게릴라부대는 먼저 파견된 게릴라부대들의 월북을 도와주고자 하는 목적에서 파견되었다. 북한지도부는 당시에 남한에서 활동하던 주요 부대들을 전부 들어오라고 지시했고, 1950년 4월경에 김달삼 부대를 비롯한 거의 모든 부대들이 월북하였다. 4월 3일경 월북한 김달삼, 남도부 등의 남한유격대 지도자들은 월북 뒤 게릴라의 근거지인 양양에 게릴라부대를 둔 채 4월 5일 평양으로 갔다. 이들은 이승엽, 이중업, 조두원 등의 남한 좌파지도자들과, 인민군 문화부 사령관 김일, 해군 사령관 한일무 등과 회합하여 남한의 군사·정치정세 등을 토의하고는 게릴라 재침투를 지시받았다. 김달삼은 이에 따라 부대를 재편성하여 강원도 산악지방을 통하여 6월 초에 재침투하였다.[794]

1950년 6월 10일 유격구 건설을 목적으로 김달삼이 지휘하는 250명의 유격부대가 경북 청도의 운문산에 침투했다.[795] 그 뒤 김달삼의 죽음을 확인할 수는 없다.

2000년 3월 평양을 방문했던 우근민 당시 제주지사는 평양근교에 있는 애국열사릉에서 김달삼의 비를 확인했다. 그의 묘비에 새겨진 이름 앞에 다음과 같은 수식어가 적혀 있었다고 한다. '남조선 혁명가'.

스물셋 │ 신촌리 4·3항쟁 회의

위신이 흔들린 미국의 초토화 작전

동수동 허 씨 할머니 집터. 지금은 귤과수원으로 바뀌었는데, 4·3항쟁을 결정하기 위한 회의가 열렸던 장소로 추정되고 있다.

4·3 무장봉기를 결정한 것은 언제일까? 이덕구 사살 후 같은 장소에서 노획한 「제주도인민유격대투쟁보고서」에 의하면, 3월 15일경이다.796) 또한, 회의 참가자로서 유일한 생존자였던 이삼룡은 세 차례797) 증언하였는데, 회의 일자는 정확하지 않아 2월 말에서 3월 10일까지를 오갔다. 이삼룡에 의하면, 신촌회의에서 강온파의 대립이 있었으나 봉기가 결정된 후 고문치사 사건이 발생하니까 우리의 결정이 정당한 것 아닌가 하는 분위기였다고 했다. 날짜보다는 인과관계에 대한 기억이 더 정확할 수 있다는 점을 고려하면, 3월 6일 조천지서 김용철 고문치사 사건 이전에 봉기가 결정된 것으로 보는 것이 타당할 것이다. 현재 『제주 4·3진상보고서』에도 2월 말로 특정하고 있다. 그러나 우익인사들에 의해 1월 15일이 제기되기도 한다.

이로써 봉기 결정회의 날짜는 1월 15일, 2월 말, 3월 15일경 등 견해 차이가 존재한다. 이들 날짜는 정치적 의미가 있는데, 1월 22일 대검거에서 3월 6일 '고문치사사건에 이르는 가혹한 탄압에 대한 저항으로 봉기가 준비된 것인가? 아니면 그와 무관하게 남로당의 반란폭동계획 일정에 의한 것일 뿐인가?'를 가르는 기준이 된다고 생각하기 때문이다.

그러나 이러한 구분은 사실 무의미하다. 이미 1947년 3·1절 시위부터 가혹한 탄압은 시작되었기 때문이다. 남로당 중앙당의 계획적인 개입의 여부를 밝히려 하거나 회피하려 하는 것은 한국전쟁 이후 형성된 반공체제의 관점에서 과거를 해석하려는 비역사주의적 태도가 만들어낸 오류일 뿐이다. 남로당은 1946년 11월 23일 창당 이래 대한민국 정부 수립까지 합법정당이었다. 미군정은 주권국가가 아니며, 더구나 대한민국의 정통성이 미군정으로부터 온 것이라고는 아무도 생각지 않을 것이다. 1948년 1월 제주 남로당원에 대한 대검거가 성공했음에도 불구하고 곧바로 석방할 수밖에 없었던 것도 이런 상황 때문이었다. 법이 없으면 죄도 없다는 법치의 원리를 채택한 이상 이는 불가피한 상황이었다.

4 · 3봉기를 결정한 시간과 장소는?

여기서는 이 봉기 결정이 이루어진 시간과 장소 그리고 결정내용을 살펴보고자 한다. 이는 제주 4 · 3항쟁의 이념과 조직 배후를 캐기 위해서가 아니라 그들 스스로 선택한 내재적 목표를 과연 긴박한 위기의 상황에서 효과적으로 실현했는지를 판단해 보기 위한 것이다.

합법정당으로서 남로당은 당원 5배가운동을 통해 양적 확대를 이루었다. 그러나 이는 질적 저하를 초래하여 지하당 활동에 일정한 장애가 되었다. 제주도당 역시 이때 무원칙하게 받아들인 당원들이 위기의 시기에 변절, 전향하는 일이 다반사로 일어나 조직보위가 심각한 문제로 부각되었다. 또한, 단독선거 반대가 대유엔, 대미국투쟁임에도 정작 미군정을 향한 직접타격 같은 것은 없었고, 경찰과 우익인사들에 대한 공격으로 집중되었다. 이상과 현실이 달랐던 것이다. 무장봉기 결정 과정을 통해 이같은 남로당의 내재적 목표와 한계, 그리고 한계상황이 결국 목표를 왜곡시켜간 과정을 평가해 볼 필요가 있다.

그럼 제기된 날짜와 장소를 하나씩 검토해보자. 첫째, 서귀포경찰서에 근무했던 이동규 씨가 제기한 1948년 1월 15일 조천면 신촌리 동수동회의에서부터 검토해 볼 필요가 있다. 이동규 씨의 기록을 요약해 보자.[798]

관내에 용의자로 지목되는 부재자들을 암암리에 내사하고 보니 역시 몇 놈이 집을 나간 지 오래되었다는 말이었다. 그들이 집으로 돌아올 때까지 기다릴 수가 없었으므로 그중 혐의가 가장 짙은 두 놈의 집을 수색하기로 했다. 때는 1948년 1월 10일경, 소재지는 강정리 Y모 씨 집이었다. 아무리 뒤져봐도 잡히는 것이 없었는데 소 마굿간 천장 포도나무 위에 둥그런 양철봉통으로 보이는 것을 발견하였다. 그것을 꺼내어 보니 짤막짤막한 엷은 종이에 등사된 한글체 인쇄물인데 통 의미가 통하지 않았다. 「넘즌내둔키캤즈디놈롱부측이 자치프좀니마…(중략) 로랑손수든 착늠 아패제래시가니 쥐가져 시창간 낙조모 라즘놔낱지 랑난수 닌늅 괴긐믈 오칩가디 천친 써침젌지 캄억가니 사만라….」암호라는 것을 직감하였다. 이것을 연구하려고 사방팔방으로 맞추어 가며 연 3일간을 주야로 몰두하다보니 지성이면 감천이라는 말이 있듯이 제법 말이 형성되었다. 그 내용은 다음과 같았다.

'도당본부는 작금의 사태에 대비하기 위하여 비장한 각오로 다음과 같이 당 간부 긴급회의를 소집하니 전원 빠짐없이 참석하기 바란다.

참석범위: 도당지도부 간부, 읍·면책, 읍·면 조직책

일   시: 1월 15일 오후 5시

장   소: 남로당 임시본부 동수동(북제주군 조천면 신촌리 동수동)

연락방법: 당일 오후 4시부터 6시까지 조천면 신촌리 버스정류장에서 하차하고, 그 부근 소나무 밑에 서 있는 청년의 안내를 받고 찾아올 것, 그 청년은 학생 모자를 쓰고 왼손에 하얀 붕대를 감고 있다.'

남로당 도 본부는 동수동에 있었는데, 불과 10호 미만의 작은 부락으로 동수동을 3~4 방면으로 경찰이 포위했더라면 여기에 모인 남로당 주요 인물들을 모두 잡을

수 있는 절호의 기회였다. 그런데 경찰 지휘자가 동수동을 내버리고 엉뚱하게 신촌 본 부락을 뒤져서 겨우 남로당 연락원 1명(K모 씨)을 잡아 온 것이었다. 그자를 만나보았더니 전에도 면식이 있는 K모 씨였다. 그를 살살 달래며 묻다 보니 남로당 도 본부를 가르치는 연락원이라고 모두 털어 놓았다. 그자의 연락방법은 암호에 적어진 대로 하얀 붕대를 왼손에 감고 신촌리 버스 정류장 옆에 있는 소나무 밑에 혼자 서 있으면 도당 본부를 찾는 지방당 간부들이 와서 "여기가 신촌입니까?"하고 물으면 "그렇수다. 어느 고장에서 옵디가?"하고 반문한다. 그러면 서로 동무임을 확인하게 되고 찾아간 사람이 신임장(아주 얇은 종이 쪽지)을 제시한다. 만일 이때 수상한 자에게 발각될 우려가 있을 때는 신임장을 입에 넣어서 삼켜 버린다. 신임장이 확인되면 찾아온 사람에게 자기 뒤를 따라오게 하되 꼭 50m 간격을 두고 따라오게 하여 동수동에 있는 도당 본부를 안내한다는 말이었다. 도당 본부는 발각될 우려가 있기 때문에 수시로 아지트를 옮긴다고 했다.

암호문에서 말한 '작금의 사태'란 무엇일까? 아마도 1948년 1월 한국에 온 유엔임시조선위원단이 남한만의 단독선거 실시를 결정한 것일 것이다. 그리고 도당이 인지하고 있었는지 모르나 강정리 당원 김석천이 12월 하순 체포된 사건일 수도 있다. 우선 이동규의 묘사는 매우 구체적이다. 또한 『4·3은 말한다』에서도 연락책의 검거에 대해서는 세부 사항에서 약간 차이가 있지만 대체로 같은 사실을 확인하고 있다.

"1948년 1월 13일께 중문면 강정리 당세포가 경찰에 의해 체포되었다. 그 세포는 경찰의 취조과정에서 자신과 선이 닿았던 도당부 조직부 연락책의 이름을 대었다. 그 무렵 당조직의 핵심부서인 조직부 아지트는 조천면에 있었다. 1월 15일 새벽께 경찰은 트럭 2대분의 기동대원들을 동원, 조천면 신촌리에서 조직부 연락책을 검거하는 데 성공했다."

이 두 기록은 사실과 날짜가 거의 일치한다.[799] 신촌리에서 체포된 남로당 연락원 K 모 씨는 김달삼의 연락원이었던 김생민이다.[800]

그런데 중대한 의문이 있다. 15일 회의대상에는 면당 조직책까지가 참가대상이었는데, 도당의 조직부에 있는 김생민이 이 사실을 전혀 알지 못한 채 집에서 자다가 체포되었다는 것이다. 김생민은 이후의 증언에서도 동수동회의에 대해서는 언급한 바가 없다. 이동규의 암호해독이 실패한 것일 수도 있고, 김석천의 체포를 인지한 도당이 기만작전을 편 것일 수도 있다. 김석천이 밀고했으나 허탕을 친 '1·22비밀회의'가 일종의 기만작전일 수 있다.

동수동 김희옥 할머니 증언

봉기를 결정한 신촌회의 장소를 찾던 중 김경훈 시인의 소개로 필자가 재취재한 동수동 김희옥 할머니의 증언은 이와 관련 주목해 볼 내용이다.

"할아버지는 문 씨고 할머니는 허 씨고, 그 할머니가 부녀회장을 했거든. 그래서 아주 활동력이 좋았어. 그 할머니 집이 커. 당시 내 사촌오빠가 김성배라고 나중엔 김진용으로 이름을 바꿨는데, 나를 부르는 거라. (사촌오빠도 회의에 참석하셨나요?) 회의참석은 못하고 동네 유지여서 손님들이 동네에 오니께 이것저것 일을 도왔거든. 나한테는 밥을 허라고 해서 밥 심부름을 했어. 한 5일 정도 그 사람덜이 회의를 했는디. 회의할 때 밥상 들고 들어가보믄 7~8명 있을 때도 있고 더 많이 있을 때도 있고 헌디, 어쨌든 그 며칠 동안 들어오고 나가는 사람들을 다 합치믄 40~50명은 되었을 거여. 나중에 내가 이렇게 생각해보믄 각 마을에서 거물급들이 모여든 거라. 내가 나중에 생각해 보니껜 말이지. 회의할 때 이덕구는 안 왔어. (이덕구는 그전에 알고 계셨나요?) 아. 그럼 이덕구하고 그 형은 학교 선생도 하고 해서 우리가 다 알았지. (회의는 몇 월에 했나요?) 회의 한 때가 언제인지는 잘 모르크라. 하지만 위험한 시기였다는 기억은 있어. 막 무서웠으니께. (참석자 중에 아는 분은 없었나요?) 산천단 사는 고한실이 형이 있는디. 고한수든가 기억이 가물가물하네. 아마 고한수가 맞을 꺼라. 그 어머님이 우리 아버지 고모라. 친족 뻘이지. 그 회의에 참석을 했어."801)

우선 김 할머니의 증언이 이동규가 말한 동수동회의인지 그 이후에 열린 또 다른 회의인지가 의문이다. 이동규 증언에선 소집일이 하루이다. 그리고 15일의 김생민 검거로 더 이상 회의를 연장할 수도 없는 상황이었다. 그러나 김 할머니는 5일 정도 회의를 했다고 했다. 여기서 우선 차이가 난다. 이동규와 일부 경찰은 동수동을 알고 있었지만, 당의 입장에서는 신촌 본 부락 만이 타격을 받았을 뿐 동수동은 노출되지 않았다고 생각했을 것이다. 따라서 도 당부를 동수동에 계속 유지했을 수 있다. 그렇다면 이곳이 이삼룡이 말한 신촌회의 장소일 수도 있을 것이다.

김 씨 할머니의 증언에서 허 씨 할머니 집이 컸다는 기억은 이삼룡의 기억과 유사하다. 이삼룡은 '신촌의 한 민가'라고만 기억할 뿐 처음 간 집이라 기억이 안 난다고 했다.802) 그러나 '굉장히 큰 집'803)이라고 했다. 또한 이덕구가 참석하지 않았다는 것도 일치한다. 3일 동안 계속 회의했다는 증언과도 유사하다. 그러나 이삼룡은 다른 증언에서 잠깐만 회의를 해서 결정했다고 한 적도 있는데, 이와는 차이가 있다. 또한 이삼룡은 시종일관 참석인원이 19명이었다고 했으나, 할머니는 드나든 총인원을 40~50명 정도로, 식사를 40인분 정도로 준비했다는 기억에서도 차이가 있다.[804] 이 인원은 김생민이 증언한바 찬탁을 조직하기 위해 중앙오르그가 내려왔을 때 모인 숫자 40여 명과 가깝다.

한편, 이동규가 말한 대로 도당 지도부 간부, 읍·면책뿐만 아니라 읍·면 조직책까지 참가범위였다면 19명보다는 많고, 40여 명과 가까워질 수 있을 것이다. 그런 점에서는 1월 15일 회의와 가깝다. 그러나 이러한 비교만으로 김희옥 할머니가 말한 회의의 실체를 판단하기란 어렵다. 할머니가 기억하는 유일한 인물인 고한수가 그나마 이 회의의 실체에 다가갈 수 있는 핵심인물이다. 할머니는 그들이 뭔가 거물급이라는 느낌은 받았지만 처음 보는 사람들이라 이름을 알진 못했다. 할머니의 증언에서 유일하게 아는 참석자는 고한수라는 산천단 사는 친척이었다.[805] 과연 고한수는 이삼룡이 기억하지 못하는 회의참석자 중의 하나일까? 이삼룡은 많게는 8명의 참석 인원의 실명을 거론했다. 그리고 중복되지 않는 참석자를 포함하면 총 11명의 실명이 참석자로서 확인되는 셈이다. 그들은 다음과 같다.

조몽구, 이종우, 강대석, 김달삼, 이삼룡, 김두봉, 고칠종, 김양근, 김두훈, 강규찬, 이상윤.

여기서 강규찬에 대해 이삼룡은 이미 제주를 떠난 뒤였다고 증언한 적도 있다. 또 다른 증언에서는 이덕구도 참석했다고 했으나, 이는 일단 착오일 가능성에 비중을 두어 유보해 두자. 고한수가 이삼룡이 증언한 19명 중 이름이 밝혀진 11명 이외의 또 다른 참석자가 분명하다면, 이 장소는 신촌회의의 가장 유력한 장소가 될 것이다. 고한수가 제주도당 남부책이었다는 사실은 김경훈 시인의 헌신적인 노력으로 밝혀졌다.806) 그러나 그 이상의 진전은 아직 없다. 김희옥 할머니의 기억이 이동규가 말한 1월 15일 회의와 같은 것인지에 대한 검토도 필요할 것으로 보인다.

김희옥 할머니가 직접 찾아가 손으로 가리킨 회의 장소는 동수동 47-3번지 주택 뒤편 과수원이다. 이 집의 정문에서 작은 창고가 있는

허 씨 할머니 집으로 통하던 옛날 올레. 지금은 개인 집의 대문 안이다.

돌담길이 과거 회의 장소인 문 씨네 집으로 가는 길이었다. 문 씨는 10월경 동수동에서 고봉화 등 4명과 함께 함덕 서우봉으로 끌려가 학살당했다. 아들도 죽고 할머니도 고향으로 돌아가 버리자, 집은 해체되어 버렸다. 그러자 지금처럼 길을 막아 작은 창고가 지어진 것이다.

둘째, 1월 22일이다. 이선교에 의하면, 1월 21일 밤 회의에 대한 정보를 준 것은 경찰에 잡혀 전향한 강정리 당원 김석천이었다.[807] 또한 1월 15일 체포된 조직부 연락책 김생민은 자신이 전향, 남로당 조직체계 일부를 발설함으로써 1월 22일 검거사건이 발생했다고 주장했다. 신촌리는 김생민의 고향이자, 당시 도당 조직의 핵심인 조직부 아지트가 있었다. 조직부장은 바로 김달삼이었다. 김생민은 김달삼의 연락원이었으므로 그의 전향은 비밀을 생명으로 하는 당으로선 큰 충격이 아닐 수 없었을 것이다. 그러나 당시 연행된 소년 허춘섭의 증언에 의하면, 새벽에 경찰서장 강연이 있으니 학교로 나오라고 해서 나갔다가 끌려가 남로당가입여부를 물으며 고문한 황당한 사건에 불과했다.

이때 노획된 문건에 "2월 중순에서 3월 5일까지 폭동을 일으키라"는 내용이 있었다. 경찰은 이를 전국적으로 지령된 2·7구국투쟁과 연관된 것으로 보았던 것 같다. 그러나 이 문건은 미군조차도 신뢰하기 힘든 내용으로 분류했다.[808] 미군정 법률에는 모임했다는 사실만으로 처벌할 수 있는 조항은 없었다. 1월 15일부터 동수동회의를 시작으로 봉기회의가 진행되고 있었다면, 22일 발견된 문건에서 그런 내용이 존재할 가능성도 있다. 그러나 이는 달리 확인할 길이 없다. 이는 오히려 합법정당인 남로당원들에겐 경찰이 근거도 없이 무법적으로 탄압을 가해오는 신호로 보였을 것이다. 따라서 경찰이 선입견을 앞세워 폭력을 행사한 사건이라고 봄이 객관적일 것이다.

셋째, 2월 14일이다. 한 경찰출신 증언자에 따르면, 2월 14일 새벽 1시 30분 비상이 걸렸는데 성ㅇ용 수사과장이 말하길 "화북에 김ㅇㅇ을 비롯 김두봉, 강규찬, 김용해, 좌창림, 이신우, 오대진, 문도배, 김택수[809] 등이 흉계를 꾸미고 있다는 것이다. 회의는 김달삼이 주도하고 있으며, 비밀회의 장소는 김ㅇㅇ 댁이라는 사실이 밝혀졌다. 그뿐만 아니라 김의 안방에는 무전시설이 있다[810]"는 것이다. 화북은 2대 남로당 제주도위원장인 김용관의 동네이다.[811] 이 회의는 검거에 실패하여 더 이상의 기록이 남아있지 않다. 그러나 당시 상황은 단선단정 반대여론이 정국을 주도하고 있을 때였다. 2·7투쟁 하루 전날 김구, 김규식은 유엔한위를 만나 위원단 사업을 중지시키려 했고, 2월 10일 '3천 만 동포에 읍소함'이란 호소문으로 단정반대를 명확히 하고, 김일성과 회담하자고 서신을 보냈다. 그럼에도 2월 16일 유엔은 미국안을 채택하여 단선 실시를 밀어붙였다. 단선단정수립 반대는 좌우를 망라한 여론이었고, 이 와중에도 경찰은 남로당의 뒤만 캐고 있었다.

구국투쟁위원회로 개편된 남로당 군사부

넷째, 2월 25일이다. 전 제주경찰서장 김영중의 「내가보는 제주 4·3사건」에 의하면, 2월 25일 조천면 조천읍 선흘리에서 남로당 제주도당 핵심 14명이 참석하여 '구국투쟁위원회'로 개편했다고 주장한다.[812]

제주주둔사령관 브라운 대령의 명령에 따라 제24군단 정보참모부 헝거(R. Hunger) 상사가 "인민해방군과 지원단체인 자위대 조직원들과 접촉해왔던 포로들로부터 얻은 정보로 작성, 1948년 6월 20일 보고"한 「제주도 남로당 조사보고서」에 의하면 "1948년 4월 초에 남로당 군사부가 '구국투쟁위원회'로 개편되었다"고 했다.813) 「인민군유격대투쟁보고서」의 3월 15일경 회합에서 '도상임(특히 투위 멤버)으로 군(사)위를 조직한다'는 표현이 등장한다. 투위를 구국투쟁위원회라고 본다면,814) 이미 3월 15일 이전에 구국투쟁위원회가 존재했다는 것이 된다. 김영중의 책에는 구국투쟁위원회의 조직도까지 제시되고 있어 구체적인 자료에 근거하고 있는 것으로 추정되나, 원자료의 출처를 밝히고 있지는 않다. 이 조직도에 의하면, 군사부에 '4·3지대'라는 명칭이 등장하고 있는데, 4·3전에 이런 명칭을 썼다는 것은 석연치 않다. 아니면 이 같은 명칭은 이때(2월 25일) 4월 3일을 거사일로 확실하게 결정해야만 가능할 것이다. 그러나 문창송의 「인민군유격대투쟁보고서」에서는 원래 준비를 마치기로 했던 3월 25일을 지나 28일에나 점검회합이 이루어질 정도로 준비 작업이 만만치 않았고, 이 자리에서 준비사업을 검토한 결과 거사일을 4월 3일로 확정했다고 했다. 이 표현에는 준비사업이 미진했다면 거사일은 더 미루어질 수도 있다는 의미가 내포되어 있다고 판단된다. 이삼룡의 증언에서도 김용철 고문치사사건 전에 무장봉기는 결정되었지만 그 후 김달삼이 날짜를 통보했고, 그것은 4·3발생 10일 전쯤이라고 했다.815) 이는 「인민군유격대투쟁보고서」의 3월 28일 거사일 확정 사실과 비교적 유사한 날짜이다.

따라서 이 구국투쟁위원회 조직표에 군사부책 김달삼이란 표기는 근본적으로 의심을 일으키는 부분이다. 이런 정황으로 봐서 40여 일 전에 거사일을 확정하고, 4·3이란 부대 명을 부여했다는 것은 이 자료에 대한 정밀한 검증이 필요함을 의미한다. 정리하면, 2월 25일 구국투쟁위원회가 결성되었을 가능성은 있다. 그러나 고재우 이후 김영중 등이 인용 제시하고 있는 조직표는 신뢰하기 어렵다.

선흘리와 관련해서는 이종우의 죽음과 연관해서 살필 필요가 있다. 이삼룡은 김달삼의 막역지우인 이종우가 4월 15일 도당대회를 마치고 돌아가다가 토벌대에 의해 사살되었다고 했다. 그러나 『그늘속의 4·3』에서는 4·3 발발 직전에 사살되었다고 했다.816) 어쨌든 이종우는 신촌회의의 참석자였으므로 4·3결정회의 이후 죽은 셈이다. 앞의 추론을 따른다면, 이종우는 2월 25일 선흘리회의 이후 2월말 신촌회의를 거쳐 활동하던 중 4·3 즈음에 죽은 것으로 볼 수 있다. 즉, 2월 25일 선흘리회의와 이종우의 선흘리회의는 다른 것일 가능성이 높다. 어쨌든 이 같은 사실은 선흘리가 항쟁의 중요한 거점이라고 추정할 수 있는 실마리를 제공한다 하겠다.

다섯째, 2월 말이다. 제주4·3진상조사보고서에는 봉기를 결정한 시기를 2월 말로 특정하고 있다. 신촌회의 참석자 중 당시까지 생존자인 이삼룡의 증언에 기초한 것이다. 날짜로 보면 김영중이 제기한 선흘리회의도 봉기를 결정한 회의일 가능성이 있다. 그러나 장소는 이삼룡의 기억과 완전히 불일치한다. 선흘과 신촌은 착각할 수 있는 위치가 아니기 때문이다.

이 지점에서 구국투쟁위원회가 봉기 문제를 푸는 열쇠가 될 수 있다. 구국투쟁위원회는 다른 지역의 특위와 같은 성격의 조직으로 보았을 때 군사적 봉기조직은 아니다. 이는 미군정보고서에서도 확인된다. 무장부대를 통괄하는 것은 당의 군사부이다. 특위는 당과 무장부대 사이의 조

정기구이다. 따라서 구국투쟁위원회의 결성만으로 봉기가 결정되었다고
볼 순 없다. 군사적봉기를 위해서는 그에 상응하는 조직이 창설되어야
하는 것이 상식일 것이다. 그러나 이삼룡의 증언에는 봉기결정만 있고,
그에 따른 조직에 대한 언급이 전혀 없다. 봉기결정과 그에 상응하는
조직으로서 군사위설치가 언급된 것은 3월 15일 오르그 입회하에 이루
어진 회의이다. 박갑동의 다음 진술은 3월 15일경 회의와 관련 주목된
다.

> 중앙당의 폭동지령이 떨어졌다. 아마도 그 지령은 3월 중순쯤에 현지의 무장행동
> 대 김달삼에게 시달된 것으로 안다.[817]

우익의 문제제기, 남로당 중앙의 개입

이삼룡이 증언한 회의는 오르그 입회하에 당 차원의 결정을 내리기
전에 제주도당 차원에서만 결의한 회의라고 보는 것이 타당하지 않을까
싶다. 4·3이 남로당 중앙차원의 지령에 의한 것임을 밝히기 위해 우익
세력은 지속적으로 문제제기해 왔다. 그러면서 이념적 접근으로 과장 왜
곡을 일삼았다. 박갑동이 대표적이다. 그러나 이들의 증언이나 자료에도
진실과 부합하는 자료는 신중히 취사선택할 필요가 있다. 4·3 당시 남
로당중앙의 개입은 불법이라고 볼 근거가 없다. 정부수립전이고, 미군정
법률도 미비했다. 경찰이나 미군정 등 권력기구가 합리적 이성을 실현하
는 객관적 권력 주체였다고 볼 수도 없다. 당시는 국가권력의 정통성을
쟁취하기 위한 일종의 경쟁시기였고, 경찰이나 미군정도 합법적 폭력수

단을 이미 획득한 게임 참가자였을 뿐이다. 제헌헌법 전문에 대한민국의 정통성을 '3·1혁명'으로 적시하고 있는 것으로 봐서 정통성 경쟁에서 경찰이나 미군정이 승리했다고 볼 수 없다. 오히려 친일파와 맞서 독립운동을 일관되게 수행해 온 좌파세력이야말로 정통성 경쟁에서 우파보다 더 큰 성취를 이루었다고 볼 수도 있다.

2·7구국투쟁이 실패하자 남로당중앙당 수뇌부는 조직이 온존한 제주에서 단선 반대를 지속하기로 했다 한다. 군사책 이재복이 제주와 연락을 담당하고 광주에서 전남도당 위원장 김동백과 회동한 후 전남도립병원 간호사 조경순[20, 제주출신, 김지회 부인으로 여순사건 후 지리산에서 활동하다 체포 처형됨]의 안내로 1948년 2월 중순경 제주도에서 도당 책임자 안세훈을 만나려 했으나, 그가 피검 상태여서 만나지 못하고 검거도중 탈출한 조직부장 김달삼을 만나 "제주도에서 단선 반대투쟁만이 남로당이 사는 길이다. 제주도에서 강력히 단선 반대투쟁을 하면, 육지에서도 적극 호응할 것이며, 그렇게 되면 단선을 못할 것이다. 단선을 못해야지, 단선을 하게 되면 남쪽에 반공국가가 탄생하게 되어 남로당은 설자리가 없다"고 하면서 단선 반대투쟁을 강력히 전개하라는 지령을 내렸다고 한다. 이재복은 김달삼에게 직접 지령을 내렸으므로 9연대 군 책임자 문상길에게는 별도로 지령을 내리지 않았다고 했다.[818]

이재복은 단선 반대투쟁을 적극 전개하라고 했지 무장투쟁을 지시하진 않았다. 문상길에게 별도의 지령을 내리지 않은 것도 무장투쟁 지령이 아니었음을 반증하는 것이 아닌가 싶다. 왜냐하면, 중앙당 군사책인 이재복에 의하지 않고, 지방당 간부인 김달삼에 의해 지령이 하달될 수는 없을 것이기 때문이다. 실제 문상길은 거사일에 움직이지 않았다. 그는 김달삼에 의해 횡적인 지휘가 이루어질 수 없는 관계였기 때문이다.

박갑동은 여순사건이 중앙당의 지시 없이 일어난 것에 대해 "제멋대로 봉기한다는 것은 당의 규율을 위배하는 것이며, 당에 대한 반역"이라고 평했다. 그러면서도 중앙당의 공식 지시 없이 반란을 일으킨 그들을 비난하지도 못한 채 폭력을 옹호하는 것 같은 인상을 초래하게 되었다고 평가했다.[819] 폭력을 단호하고 효과적으로 사용하지 못하고, 오히려 폭력을 옹호하는 것 같은 인상만 남겼다는 것이 남로당의 패배원인 중 하나인지도 모른다.

일각에서는 남로당 조천면책이었던 신촌리의 조규창가가 신촌회의 장소로 추정되어 왔다. 그러나 1948년 1월 남로당회합 대검거 사건이 있었기 때문에 조천면 당책이었던 조규창의 집에서 회의를 연다는 것은 무리가 있어 보인다. 그러나 불가능하진 않다. 남로당은 당시까지 합법정당이었고, 미군정에서도 남로당 검거자들을 석방하라고 해서 실제 석방됐기 때문이다. 그리고 어쨌든 유일한 회의참석자인 이삼룡은 세 번의 증언에서 회의장소를 신촌리로 일관되게 증언했다. 신촌 세포책인 김경형의 집도 가능성을 둘 수 있겠으나 이미 이곳은 1·22검거 이후 위험성이 제기되어 김달삼조차 옮긴 상태였기에 적절한 추론은 아닐 것 같다. 신촌리 동수동에 당본부가 유지되고 있었다면, 신촌회의 장소로 동수동을 계속 주목할 필요는 있다.

여섯째, 3월 15일경이다. 김달삼의 연락책이었던 김생민의 증언에 의하면, 회의 장소는 북촌이다. "회의는 어디서 했느냐하면 바로 북촌에 김달삼이가 근거지를 가졌다. 신촌세포책 김경현이 옮기려고 했는데…, 이미 북촌에서 김완식이 와서 데려갔다."[820] 그러나 김생민은 신촌회의에 참석하지 않았고 전해들은 이야기이며, 안세훈이 참석했다는 증언은 이삼룡의 증언과 엇갈리는 내용으로 신빙성이 의심된다. 그럼에도 불구하고 그는 골프장이 있는 북촌곶[821]을 최종 회의 장소라고 거듭 확언했다. 따라서 김생민의 증언을 곱씹어보면, 김생민은 오르그 없이는 어떤 결정도 못한다는 입장을 일관되게 피력했다. 따라서 그가 말하는 4·3결정회의는 이삼룡이 말한 제주도당 자체의 신촌회의가 아니라 오르그 입회하에 이루어진 3월 15일 경의 회의일 가능성이 있다. 그는 '정치부 책임 맡은 오르그가 와서, 북촌에서 4·3사건이 최종 결정이 된 것'이라고 했다. 그렇다면 『인민유격대투쟁보고서』에 나오는 3월 15일 회의 장소는 북촌곶이었을 가능성도 있다.

따라서 위의 증언과 자료들을 토대로 정리해 보면 다음과 같이 추론할 수 있다. 1월 15일 동수동회의 이후 2월 25일까지 화북, 선흘 등을 오가며 당면 정세에 대응하는 회의가 이루어졌을 것으로 보인다. 전남 오르그(지도부) 없이 조몽구의 주도하에 제주도 차원에서만 1차로 봉기결정을 내린 회의는 2월 말경으로 보인다. 장소는 특정할 수 없으나 당시까지 도당본부가 있었던 것으로 보이는 신촌리 동수동, 그중에서도 특히 허 씨 할머니 집터가 주목된다. 그러나 중앙 오르그나 전남 오르그의 결정 없이는 봉기의 실행이 현실적으로 어려운 것이었으므로 3월 15일 최종적으로 전남도당 차원에서의 결정이 이루어졌던 것으로 보인다. 회의 장소는 북촌곶일 가능성이 있다. 그리고 이후 18일 간 무장대조직과 병기준비, 정보수집이 이루어졌다. 이 과정에서 준비가 여의치 않았다. 이에 24~25일경 김달삼이 군사부책을 스스로 자임하여 떠맡으며 봉기일도 4·3으로 결정 통보한 것으로 보인다. 김달삼의 조직 장악력은 이

시점에서 확고해 진 것으로 보인다. 이삼룡에 의하면, 4·3 직후 신평리로 옮긴 도당아지트에서 김달삼과 생활했다고 했다.822) 이는 김달삼의 조직 장악력과 관련된 상징적인 사건으로 그동안 조천면을 중심으로 운영되던 도당아지트가 4·3 이후 대정면 신평리로 이동한 것이다.

단선단정 수립은 한국 문제를 유엔 문제로 만든 핵심사건

다음으로는 가장 중요한 봉기회의의 결정내용이다. 무장항쟁의 힘과 방향은 결국 여기서 설정한 목표에 전적으로 구속되기 때문이다. 「유격대투쟁보고서」에 의하면 첫째, 조직보호와 방어의 수단으로서 둘째, 단선단정 반대 구국투쟁의 방법으로서, 적당한 시간에 전 도민을 총궐기시키는 무장반격전을 기획 결정한 것이다.

이삼룡이나 이운방, 김생민 등 당시 관계자의 증언은 단선단정 반대를 앞세우거나 우선순위가 뒤바뀔 뿐 여기에서 크게 벗어나지 않는다. 단선단정수립은 한국 문제를 유엔 문제로 만든 핵심사건이었다. 이제 제주도는 미국패권이 주도하는 유엔체계의 소용돌이에 아주 빠르게 빨려 들어갔다. 해방 초기 미국에 협조적이었던 시각이나 그 연장에서 유엔에 기대를 했던 시각들은 1947년 트루먼 독트린을 분수령으로 해서 정확히 반대 방향으로 나아가기 시작했다.

미국이 한국 문제를 유엔에 상정하면서, 한국 특히 제주의 문제는 '미군정의 문제'가 아니라 '유엔체계를 앞세운 미군정의 문제'로 더한층 복잡해졌다. 4·3항쟁과 연관한 세계체계의 맥락은 미국 반대만으로 해결될 수 없는 상황이 되었다. 1947년 학생들의 양과자 반대운동이 낮은 단계의 반미운동이었다면, 4·3항쟁은 반미만이 아니라 유엔의 국가형성 기능 혹은 국가승인기능에 대한 법적 투쟁의 성격을 갖고 있다. 유엔헌장은 유엔에 어떠한 국가형성권, 국가승인권을 부여하고 있지 않기 때문이다. 유엔은 국제법적으로 국가승인 문제를 직접 해결하는 기구가 아니며,[823] 현대 국제법하에서 국가의 법 주체성은 만인에 대한(erge omnes) 법 주체성이다. 그것은 타국에 의한 승인을 필요로 하지 않는다.[824]

해방 이후 남한에서의 미군정 점령 당국은 주권을 대체하거나 양도할 수 없다는 헤이그 육전법규의 전통적인 점령법을 무시하고 주권 정부로서 기능했다.[825] 해리스(Grant T. Harris)가 말한 바대로 이제 "점령은 일시적 현상이 아니라 목표가 되었으며, 그 목표는 국가창설(nation-building)로 바뀌었다"[826]는 지적은 1990년대 이후의 특징이 아니라 이미 해방 이후 한국과 오키나와 점령정책의 특징이었다.[827] 이 같은 불법적 점령정책을 국제적으로 승인하고 합법화시켜주는 역할을 유엔이 수행하고 있었다.[828]

근본적으로 유엔은 국가간(international) 기구이지 초국가(transnational) 기구는 아니다. 그러나 1947년 이후 미국패권체계는 냉전을 기획할 뿐만 아니라 유엔의 위상과 역할을 헌장의 틀 밖에서 헌장해석을 매개로 변형하는 시도에 들어간다. 가장 극적인 시도는 한국전쟁에의 개입과정에서 이루어졌다. 5·10단선 반대는 초국가적 기구였던 코민테른의 전통 위에 서 있는 남로당이 국가간 기구인 유엔과 충돌하는 균열선이었다.

이에 대해 무장대는 '유엔조선위원회 철거'란 요구를 처음부터 명확히 제기하고 있었다.[829] 당시 김구나 김규식 등 대다수가 이를 요구했지만,

말로만 주장할 뿐 이를 관철할 다른 수단을 가지고 있지 않았다. 그럼에도 불구하고 비폭력투쟁만을 해야 한다는 논리는 마치 야나기 무네요시의 논리를 반복하는 것이다.

야나기는 1920년대에는 한국에서, 1930년대에는 오키나와에서 '위대한 미를 가진 민중, 위대한 미를 가진 나라'라고 칭송하며, 일본정책을 비판하였다. 그러나 한국이 폭력에 의해 독립을 쟁취하려 한 일은 부정했다. 그것은 일본의 방식을 흉내 내는 것이라고 말이다.[830] 그러나 야나기가 그렇게 말할 수 있었던 것은 일본이 폭력에 의해, 산업자본주의에 의해 러시아에 승리했기 때문이다.

일본의 사상가 가라타니 고진은 한국인의 독립운동이 폭력적이 되는 것은 당연한 일이며, 그 외의 방법은 있을 수 없다고 말한다.[831] 미국패권하의 유엔체계가 압박하는 5·10단선을 반대하여 무산시키고자 한다면 과연 어떤 방법이 있었을까? 당시 상황에서는 무장항쟁조차 공세적이기보다는 오히려 수세적이었다. 5·10단선 반대가 유엔의 왜곡된 국가형성기능에 대한 수세적 저항이었다면, 북한의 8월 해주 인민대표회의는 국가형성과 국가승인권이 주권의 고유한 권한임을 드러내기 위한 공세적 시위처럼 보였다.

출구전략이 부재했던 무장투쟁

그러나 무장항쟁의 선택은 봉기의 당위성 외에 두가지 요인이 부수적으로 영향을 미친 것으로 보인다. 첫째로는 1948년 1월 대검거 사건으로 인한 조직보위 문제였을 것이다. 1948년 1월 22일 새벽 3시 경찰이 남로당 조천지부 집회를 급습, 106명을 체포했다. 22일 검거 사건 이후 남로당 검거작업은 지속되었다. 남로당 제주도당 위원장인 안세훈을 비롯해 김유환, 김은환, 김용관, 이좌구, 이덕구 등 거물급들을 포함 1월 26일까지 221명이 경찰에 검거됐다. 그러나 남로당조직을 전면으로 노출한 이 검거 선풍의 사후처리는 흐지부지됐다.

제주도 남로당 거물급 인사들도 '4·3' 발발 이전에 모두 석방됐다. 이들 사건은 강정리의 당원 김석천과 그의 자백으로 체포된 신촌리 김생민의 전향과 밀고에 의한 것이었음을 후에 당지도부도 파악했다. 그런데도 김생민을 다시 당에 받아들였다. 합법정당이 되면서 당원배가사업으로 양적확대는 달성한 대신 보안과 비밀보호 등 항일운동시기부터 축적해온 조직운동의 전통은 오히려 약화되었다. 합법대중정당도 아니고 비합법전위정당도 아닌 모호함이 지배하는 상태. 조직의 위기는 이 지점에서 부터 도래하고 있었던 것이다. 조직의 위기를 돌파하는 방법으로 무장투쟁이 최선이었는가는 평가의 대상이다. 물론 무장투쟁의 선택은 최선이 아니라 차선이거나 차악이었을지도 모른다. 미래는 가능성에 의해 규정되지만, 현실은 한계에 의해 규정된다. 그러나 운동은 한계와의 싸움이란 점에서 현실의 불가피한 선택이라고 무조건 옹호할 수도 없을 것이다.

당 조직의 폭로는 단순히 남로당조직이 노출됐다는 사실에 그친 것이 아니라, 제주도당의 진로에 결정적인 영향을 미쳤다. 남로당 조직원 사이에는 조직의 와해는 물론 생명의 위협을 느낀 긴장감이 팽배했다. 결국, 이런 위기의식에 의한 지도부의 개편작업은 바로 무장투쟁을 촉발하는 한 동인이 됐다.[832]

둘째로는 이운방과 김생민의 증언에서 공통으로 지적된 1949년 봉기설·남침설이다. 이운방은 제주도를 전부 장악해서 1년 만 지탱하면 육지에서 일어나거나 또는 북에서 일어날 것이라고 정세를 전망했다는 것이다. 김생민은 그 구체적인 출처가 이좌구라고까지 특정한다. 4·3사건이 나자 이덕구 형 이좌구는 군자금을 조달하려고 신촌세포 책임자였던 김경형과 함께 10월에 일본으로 갔는데, 돌아와서 김생민에게 다음과 같이 전했다.

야, 이북에서 팔로군들, 뭐 해서, 소련군들 철수하면서 탱크도 조달하고, 대포·탄약 다 놔두고, 전부 놔두고 가니까 얼마든지, 여기에서 혁명 분위기가 조성이 돼서, 일어났다 하면 바로 밀고 들어온다. 준비는 다 돼 있다. 문제는 미군철수다. 5·10 선거 때문에 곧 미군이 철수하게 된다' 라는 것이었다. 미소 양군 철수 문제가 4·3사건의 중요한 정세분석 동기였다는 것이다.[833]

즉, 1949년 봉기설·남침설에 고무되어 1년 만 버티면 통일되리라 판단했다는 것이다. 내부의 논의야 어떻든 공개적으로 표명된 입장만을 보면, 유격대의 입장은 단선단정 반대 조국통일임이 분명하다. 유격대가 다음의 호소문을 발표하는 순간 내부결정은 끝난 것이다.

시민 동포들이여! 경애하는 형제들이여! '4·3' 오늘은 당신님들의 아들딸, 동생이 무기를 들고 일어섰습니다. 매국 단선단정을 반대하고 조국의 통일독립과 완전한 민족해방을 위하여! 당신들의 고난과 불행을 강요하는 미제 식인종과 주구들의 학살만행을 제거하기 위하여! 오늘 당신님들의 뼈에 사무친 원한을 풀기 위하여 싸우는 우리들을 보위하고, 우리와 함께 조국과 인민의 부르는 길에 궐기하여야 하겠습니다.

위의 성명에서 보듯 조직보위나 1949년 전쟁설 등은 봉기의 목적에 표명되지 않았다. 오히려 이 회의의 가장 큰 문제점을 지적한다면, 무장투쟁의 마무리 혹은 출구전략이 부재했다는 점이다. 목표로 천명했던 5·10단선이 거부되었음에도 무장대는 무장항쟁을 멈추지 않았다. 레닌 이래 사회주의 군사전략은 클라우제비치의 전쟁론에서 크게 벗어나 있지 않았다. 즉, 전쟁은 정치의 수단이라는 논리이다. 무장투쟁 역시 정치의 수단 중 하나였으므로 정치적 목표가 정확해야 하고, 그 목표가 달성되면 어떻게 종결할 것인가에 대한 계획 역시 정치적으로 결정되어 있어야 했다.

예를 들면, 1919년 '전로국내조선인회의'는 파리강화회의 대표에 의한 외교활동만으로는 독립을 달성할 수 없을 것이라는 점을 알았기에 평화적 시위 단계–무력시위 단계–파리강화회의 외교활동 단계의 3단계 운동방략을 수립하였다. 즉, 일본군과 대전하여 '열국으로부터 하나의 교전단체로 승인받아' 조선의 독립 문제를 파리강화회의 의제로 상정시키는 것을 최종목표로 두고 있었다.[834] 이는 무장투쟁전략이 사회주의독립운동세력들에게 오래전에 매우 세련된 형태로 정립되어 있었음을 보여주는 사례이다. 4·3 무장항쟁은 이러한 전통으로부터 계승한 것과 발전시키지 못한 것이 있었다. 5·10단선 반대라는 정치적 목표를 설정했던 것은 계승의 측면이다. 그러나 투쟁을 어떻게 마무리할 지에 대한 출구전략이 부재했던 것은 발전시키지 못한 측면이다.

비폭력론의 폭력성

제주 남로당의 무장투쟁노선은 '혁명적 폭력'을 신념화한 당원들에겐 당위의 문제이지만 반대파는 말할 것도 없고, 중간지대의 사람들에겐 사회주의자는 폭도라는 멍에를 씌우는 핵심이기도하다. 마르크스에 의하면, 혁명이 '폭력'을 부르는 것은 혁명을 낳은 체제 자체가 폭력적이기 때문이다. 따라서 '폭력' 때문에 혁명을 회피한다는 것은 자본주의 자체가 낳는 폭력을 용인하는 것이다. 그리고 혁명은 반드시 반혁명의 연쇄반응을 초래하기에 유혈을 부를 뿐이라는 공격에도 항상 노출되어 있다. 그러나 혁명이 아닌 개혁을 주장해도 반혁명은 일어난다. 자본가들이 집단적 행동에 뒤이어 군사쿠데타로 정권을 전복하고, 수만 명을 학살하는 방식을 통해 개혁을 봉쇄하는 경우가 역사에 얼마나 허다한가. 반혁명을 불러오기 때문에 혁명을 방지해야 한다면, 개혁 조치들도 반혁명을 불러오기 때문에 될 수 있으면 시도해서는 안 된다. 그럼 사회는 평화가 올까?

프랑스 정치인 장 조레스(1859~1914)는 반전투쟁을 주장하며, 사민주의와 혁명적 사민주의 둘 중 누가 더 폭력적인가를 따졌다. 사민주의는 제국주의를 옹호함으로 하여 결국 제국주의 전쟁을 초래케 하는 데 일조했다. 어느 사회의 갈등이 피할 수 없는 수준에 이르렀다면, 전쟁의 폭력이 더한가, 혁명에 의한 폭력이 더한가? 폭력에 폭력으로 맞서서는 안 된다는 '비폭력'론의 폭력성은 어떠한가? 강자의 폭력과 약자의 폭력을 동일 선상에 놓고 전자에게만 면죄부를 부여해온 것이 비폭력론의 역할이었으며, 그런 폭력성을 사고조차 할 수 없게 만든 것이야말로 근원적 폭력이다.835) 조레스의 비폭력론 비판은 예리하기만 하다.

4 · 3은 아직 대한민국이 수립되기 전이므로 1948년 8월 15일까지는 국가에 대한 반란이라고 할 수 없다. 또한, 8월 15일 대한민국헌법은 민주공화정을 채택하고 있으므로 4 · 3이 내건 요구, 즉 사회주의혁명은 커녕 부르주아혁명의 수준에도 미치지 못하는 요구가 불법이 될 수도 없다. 단독정부 반대 통일정부 수립은 헌법의 요구와 충돌하기는커녕 일치한다. 4 · 3을 주도한 제주 남로당이 내건 요구가 문제가 아니라 그것을 수용하지 못하는 대한민국의 체제가 오히려 문제 아니었을까? 이 문제를 고민할 때 영국의 보수당 정치인 퀸틴 호그의 의회 연설내용은 음미할 가치가 있다. "만약 여러분이 국민들에게 '사회개혁'을 선사하지 않으면, 그들이 여러분에게 '사회혁명'을 선사할 것입니다."

남로당의 폭력만이 문제가 아니라 국가의 폭력이 더 큰 문제였다. 마르크스에 따르면, 보나파르티즘이란 "부르주아가 민족을 지배할 능력을 이미 상실하고, 노동자계급이 그 능력을 아직 확보하지 못한 시대의 유일하게 가능한 통치형태"를 의미한다.836) 지배 세력에게 지배능력이 없고, 피지배 세력에게도 지배능력이 없는 상황, 안토니오 그람시 [1891~1937, 이탈리아 공산당 지도자, 사상가]는 이 같은 상황을 '위기'라고 말한다. 혁명적 폭력이란 점에서 볼 때 그것은 프랑스혁명처럼 왕을 처형할 만큼 과감하지도 못했고, 국방경비대와 미군정에게 적대적이기는커녕 유화적이었다. 국가도 폭력을 행사함으로 폭력 자체가 부당한 것은 아니다. 그러나 통제되지 못하는 폭력은 분명 부당하다.

3월 7일 선거법공포 후 3월 30일부터 선거인등록, 입후보자등록으로 시작되는 5 · 10 선거 일정은 무장봉기가 4월에 일어나는 배경을 이해하는 데 도움이 된다.837) 미군정은 유권자 등록률을 높이기 위하여 극우세력 단체와 공공기관을 총동원하였다. 등록을 강요하고, 등록을 하지 않을 경우 '적색분자'로 취급한다고 협박하거나, 교사들은 학생을 통하여 부모에게 압력을 행사하기도 하였다.838) 다른 한편, 미군정공보원을 통하여 선전활동을 다양하게 전개하였다. 선전내용은 유엔의 존재와 유엔한국임시위원단을 알리는 것, 미국의 대한정책과 민주적 선거실시를 믿게 하는 것, 민주주의 선거의 원리와 방법소개, 남북협상의 여파를 차단하고, 반공선전과 역선전을 강화하는 것 등이었다.839)

이러한 내용을 전파하려는 방법으로는 강연840), 이동교육열차841), 야학생을 위한 성인교육842) 등이 이용되었다. 또한, 미군정은 「세계소식(World News)」843), 「농민주보(Farmers Weekly)」844)를 발행하여 선거와 관련된 기사를 실었으며, 이 신문들을 비행기를 이용하여 전국의 교통과 통신이 어려운 벽촌에까지 산포하였다.845) 하지는 투표율이 낮으면 남한 단독정부의 국제적 승인을 기대할 수 없을 것으로 보았다. 좌파가 선거를 반대하고, 우파와 중도파 대다수가 선거불참을 선언한 가운데, 5 · 10 선거는 미군정과 이승만 계열에 의해 주도적으로 실행됐다. 이들은 선거의 '자유 분위기'보다는 선거의 성공을 위해 경찰과 우파청년단체의 폭력을 이용했다.846) 왜 자유가 역설적으로 폭력과 독재를 부르는가?

내전을 촉발한 단독선거

선거는 근대자유국가의 핵심제도로서 자유로운 개인의 합리적인 선택이란 전제 위에서 작동한다. 그러나 개인의 자유를 보장하기 위해 완벽한 정보와 대안이 제공되고, 자유로운 선택에서 어떤 장애가 존재하지 않는 조건에서도 '민주적이면서 동시에 합리적인 선택은 불가능하다.' 이는 1972년 노벨경제학상을 수상한 애로우(K. J. Arrow)가 '불가능성 정리'(impossibility theorem)[847]에서 논리적 추론을 거쳐 입증했다.

지나커플로스(J. Geanakoplos)는 애로우의 정리를 설명하면서 다음과 같이 말한다. "그 어떤 사회적 선택제도도 보편성, 만장일치, 무관한 선택대상으로부터의 독립, 이 세 조건을 만족한다면 그것은 독재일 수밖에 없다"[848] 이처럼 사회적 의사결정제도가 가진 자기모순 때문에 역설적으로 독재를 불러올 수도 있다. 히틀러는 이 문제를 예리하게 자기의 언어로 표현했다. "물론 모든 사람에게는 의논 상대라는 것이 있다. 그러나 결정은 한 인간만이 내리는 것이다"[849]

대의정치 역시 마찬가지로 불완전한 제도이다. 공공선택이론을 창시하여 노벨경제학상을 받은 뷰캐넌(James M. Buchanan)은 투표로 뽑은 대리인이 주인의 뜻에 반하여 행동할 수 있는 대의제가 항상 합리적이지 않음을 논리적으로 입증했다.[850] '총탄에서 투표용지로(from bullet to ballot)'라는 표현이 시사하듯, 근대국가의 핵심수단인 선거제도는 혁명으로 유발된 사회갈등이 '내전'으로 전환하지 않도록 하기 위한 것이었다.[851]

그러나 미군정의 점령정책 최후의 목표인 단독선거는 내전을 막기는 커녕 내전을 촉발했다. 선거제도란 것이 잘해봐야 내부모순을 봉합하는 정도의 제도인데, 미군정은 선거의 성공을 위장하기 위해 국가적 폭력을 동원하였다. 4월 14일 국회선거위원회는 선거등록을 4월 9일 마감한 결과 91.7%의 등록률을 보였다고 발표했다.[852] 하지는 "이것은 조선정부

를 형성함에 있어서 조선국민을 진정으로 대표할 수 있는 자기들의 대
표자를 선출하는 민주주의적 총선거에서 투표하고자 하는 전조선국민의
압도적 표시라고 본다. 이 같은 압도적인 투표등록 성과는 어떠한 강요
에 의해서는 도저히 불가능하였을 것이라는 것도 자타가 모두 다 공인
하는바"라고 발표했다.853) 그러나 한국여론조사협회의 조사결과 90%가
넘는 응답자가 강제등록을 했다고 밝혀 하지의 주장을 무색게 했다.

하지는 4월 30일부터 5월 3일까지 좌파의 소요에 대비해 미군에 특
별경계령을 내렸다. 군용차는 무장경위를 대동케 하고 중요시설의 보초
도 강화하는 한편, 미국인에 대해 30일부터 1일까지 외출을 금지했
다.854) 선거 이틀 전 주한미군사령부는 다시 미군에 특별경계령을 지시
했다.855) 대부분의 미국인은 무기를 휴대해야 하며, 순찰대는 총기로 무
장하고, 군대는 비상사태에 대비하도록 했다. 선거 당일에는 미 태평양
함대 소속 순양함과 구축함 등 2척이 남한 해역에 들어왔다.856)

위신이 흔들린 미국의 초토화 작전

앞서 소개한 장윤식의 연구에 의하면, 5·10 선거 거부는 무장투쟁
이 활발했던 남제주가 아니라 북제주에서 더 성공적이었음을 보여준
다.857) 국가지배세력의 폭력에 대항하여 그 집행을 차단했다는 의미에서
진정한 폭력의 승리는 무장대의 무기를 통해서가 아니라 주민들의 선거
거부행위를 통해서 이루어졌다. 제주도에서의 선거거부로 미군정의 폭력
적 점령정책 최후의 목표였던 총선거는 흠집이 나고 말았다.

1948년 12월 8일 유엔총회에서 소련 대표 말리크(Y. A. Malik)는 남한

의 선거는 경찰의 테러상황뿐 아니라 허위로 시행되어 날조된 것이라고 공격했다. 미군정과 미국의 '위신'은 상처를 입었다. 남한에 대한 개입 여부를 논의함에서 미국의 '위신'에 대한 트루먼 행정부의 선입견을 이해해야만 한다.858) 국가 간 체계에 대한 통제력을 행사할 수 있는 것은 군사력이나 경제력만이 아니라 '위신'도 중요하다.859) 권력이 어떤 국가의 경제력, 군사력 등과 관련된 능력과 관계되는 데 비해, 권위는 주로 그 국가의 능력들과 그의 힘을 행사할 가능성과 의지에 관한 타 국가들의 인식과 관계된다. 즉, 위신은 그 목표들을 성취하기 위해 다른 국가들을 저지하거나 강요할 수 있는 한 국가의 힘과 의지에 대한 신빙성과 관련된다.860)

역사학자 에드워드 카(E. H. Carr, 1892~1982)는 힘이 인식되면, 대체로 그 힘을 사용하지 않고서도 목표를 성취할 수 있기 때문에 위신이 매우 중요하다고 본다. 국가 간의 외교행위와 갈등 해결에서 공공연한 무력이나 명시적인 위협의 사용이 상대적으로 작은 것은 이런 이유 때문이다. 위신의 위계가 약화하고 그 위신을 판단하는 데서 모호성이 증가하면, 그것이 갈등과 투쟁 시대의 전조가 되는 것이다.861) 미군정은 군사력과 제도적 폭력을 통해 미국패권의 위신을 지키고자 했으나 제주도에서의 저항으로 타격을 입었다. 위신이 흔들리고 권위가 도전받자 미국은 가공할 폭력의 직접투사를 결심한다. 초토화 작전이다.

스물넷 구억초등학교 터

경찰 아닌 미군정의 평화회담 '배신행위'

25세의 김달삼(이승진) 사령관과 27세의 김익렬 연대장이 협상을 벌인 장소로 오인되었던 구억초등학교 터.

구억초등학교를 찾아갔을 때는 옹기박물관이 나간 뒤 이사 온 주인이 건물을 새로 단장하느라 어수선했다. 구억리는 예로부터 가마 집산지로 다양한 옹기들을 만들어냈다. 제주섬 대부분 토양은 화산재로 철분성분이 많이 함유돼 있어 도기 등을 제작하는 데 적합하지 않다. 그런데 제주 서부지역을 중심으로 도기를 만들 수 있는 점토가 분포한다. 구억리 검은 굴의 주인이었던 할아버지를 만나 들어보니, 흙은 다른 곳에서 가져왔고 이곳이 가마터가 된 것은 땔감으로 쓸 나무가 풍부했기 때문이라고 했다. 대정중학교까지 걸어 다녔다는 말을 듣고 김달삼에 관해 물어보려했지만, 이미 가마 얘기로 흥이 오른 할아버지의 이야기를 끊을 수 없었다.

일제강점기 말, 이 일대는 일본군 갱도 진지가 광적으로 건설되던 곳이다. 고석돈 씨(애월읍 광령리)는 1943년에 구엄보통학교에서 연성훈련을 받고, 1944년 12월(음력)에 소집영장을 받았다.[862] 1945년 해방 당시 구억국민학교 3학년이었다는 오태순 씨(1934년 생, 안덕면 서광서리)는 "많은 일본군이 오름분화구 안에 주둔하면서 갱도를 팠다"고 말했다. "굴(갱도)은 횡으로 뻗은 굴도 있었지만 수직굴도 있었는데, 일본군들은 도르래로 흙을 퍼내면서 파냈어"[863]라고 증언한다.

어쨌든 이러한 가마는 1948년 발생한 '4·3' 사건의 와중에 많이 훼손됐다. 마을이 없어지거나, 사람들이 떠나버리면서 그릇을 만들어내지 못하게 되자, 자연스레 가마는 폐요(廢窯)되거나 자연적·인위적 요인에 의해서 점차 훼손되고 잊히게 된다. '4·3' 사건 이후엔 다시 가마제작이 반짝 성행했다. 급속한 산업화로 인해 옹기의 수요가 줄면서 점차 맥이 끊길 위기에 처하자 마을청년을 중심으로 폐교된 이 학교에 옹기박물관을 건립하여 옹기진흥을 시도했다.[864] 1938년 대정공립심상소학교 부설 구억간이학교로 인가되었으나, 4·3의 여파로 1949년 12월 5일 보성국민학교에 통합되었다. 그러나 내가 찾는 곳은 현재의 보성초등학교 터가 아니라 예전의 구억간이학교 터였으므로 한 바퀴 둘러보고 서광서리 쪽으로 200여m 걸어갔다. 왼쪽에 허물어진 집터가 나온다. 이곳이다.

특별순찰구역인 학교 터

이곳은 4·3을 평화적으로 해결하기 위해 극적 드라마를 연출했던 4·28평화회담 터로 알려진 곳이다. 최근의 연구에 의하면 회담일자는 4월 28일이 아닌 4월 30일임이 확실하다. 드라마 「여명의 눈동자」(1991~1992)에도 구억국민학교가 소재로 등장했단다. 집 마당으로 들어가 보니 서귀포경찰서에서 부착한 '특별순찰구역' 표시가 눈에 띈다. "이 가옥은 사유재산이며 특별관리구역으로 무단침입하거나 거주할 수 없습니다"라고 씌어 있었다. 왠지 어감이 이 건물터를 잘 보존하기 위해서라기보다는 나처럼 찾아오는 사람들을 통제하기 위한 것으로 느껴졌다.

4·3연구소에 연락해보니, 현재는 그 장소에 대한 의혹이 제기되었는데 거의 회담 터가 아닌 것으로 결론 났다고 했다. 그 내용은 뒤에 다루기로 하자. 한편, 그 의문과 관련한 학문적 연구는 김용철과 허호준에 의해 진행되었다고 했다. 이런! 어렵게 찾아온 '이곳'이 '그곳'이 아니라니. 이럴 때 허탈하고 막막해진다. 그래도 현실을 받아들이는 게 낫다.

하멜표류지에 학문적 검증도 없이 기념관을 지었다가 최근 표류지가 다른 곳으로 밝혀지면서 생긴 난감함을 지켜봤고, 강화도의 조봉암 생가터란 비석이 세워진 곳이 생가가 아닌 게 확인되면서 겪은 난감함도 접해봤다. 그렇기에 이럴 때는 얼른 현실을 받아들이고, 좀 더 치열한 검증 작업을 진행하는 것이 가장 빨리 문제를 해결하는 길이다.

협상 장소에 대해서 제일 처음 언급한 것은 김익렬(1921~1988)의 1948년 8월 「국제신문」 기고문이다. 여기서 그는 '안덕면 초가집'이라고 했다. 그런데 1963년 김봉현과 김민주는 『제주도인민들의 4 · 3무장투쟁사』에서 어떤 근거인지 '대정면 구억리'로 주장했다. 게다가 1978년에 김봉현이 다시 펴낸 『濟州道血の歷史(제주도 혈의 역사)』에서 '구억리국민학교'라고 특정하였다. 게다가 김익렬조차 유고록(저술기간, 1969~1988)에서 애초 기고문의 내용을 수정하여 '산간마을의 초등학교'라고 서술했다. 그런데 「유고록」이 『4 · 3은 말한다 2』에 실리면서 편집자가 구억국민학교로 서술한 이후 협상장소는 구억국민학교로 정설처럼 굳어져 있었다. 회고록이나 자서전은 귀한 사료이지만 기억의 착오나 무의식적 왜곡이 일어날 수 있으므로 반드시 다른 자료와 교차확인이 되어야 하는 한계가 있다. 그런데 김익렬의 『기고문』과 『유고록』에 공통되는 묘사가 있다.

해발 三백 미터들이나 되는 이 지점에서, 우리 경비대가 주둔하고 있는 대대(大隊) 중대(中隊)들의 자동차와 병사들이 성냥곽을 흩트려 놓은 듯이 내려다보인다.[865]

학교의 위치는 한라산의 밀림지대가 동북으로 지척지간에 있으며 동남으로 중문면 일대에서 해안선까지, 서남으로는 대정면 일대와 모슬포까지 특히 9연대의 영내가 육안으로 내려다보이는 곳이었다.[866]

4 · 28 평화회담 터로 알려진 구억초등학교 터. 지붕 높이에서 보아도 모슬포가 보이진 않는다.

사람은 본능에 따라 자기중심적으로 공간을 파악하기에 그가 자기 주
둔지인 9연대를 중심으로 파악하는 것은 자연스러운 일이다. 시간보다
공간에 대한 기억이 더 오래간다는 점에서, 또한 두 기록이 거의 정확
히 일치한다는 점에서, 이 서술은 김익렬의 체험으로서 신뢰할 만하다고
볼 수 있다. 그런데 문제는 결정적으로 구억국민학교는 물론이고 구억리
에서도 9연대가 보이지 않는다는 점이다. 매우 단순한 방법이지만 명확
히 확인되는 것이다.

당시 대정면책이었던 이운방은 김익렬 유고공개 후 가장 먼저 반론을
제기한 장본인이었다. 유고록에 나오는 학교운동장에 500~600명의 폭
도가 있었고, 미제 카빈총과 일본군 99식 소총 등 200명 정도가 무기를
가졌다는 부분에 대해 "당시 대정면의 유격대가 보유한 총기는 단 3정

뿐이다"라고 말한다.867) 유고록의 신뢰성을 흔드는 반론이다. 그러나 이운방이 회담의 참석자는 아니기에 그의 반론에 대한 재반론의 여지도 분명 있다.

이삼룡의 증언도 참조해야 할 사항이다. 그는 4·3 발발 후 정치위원으로서 김달삼과 함께 대정면 신평리에 소재한 도당 아지트에 있었다고 증언한다.868) 신평리는 구억리의 바로 옆 마을이다. 또한, 이운방은 김달삼을 5월 2일 대정면 하모리의 한 사가에서 1년 2개월 만에 만났다869)고 했다. 신평리와 하모리는 걸어 다닐 정도의 가까운 거리이다. 또한, 김달삼-김익렬 회담 시 김익렬이 호주머니에서 한 폭의 제주도 지도를 꺼내어놓고, 안덕서 한림 두 면 간을 연필로 쫙 그으면서 "이 지구가 제일 중대하지요?"라고 김달삼을 떠보면서 "이 지구는 반란군 측 본부와 그 외 분대 간의 연락과 식량의 보급선이었다"라고 쓰고 있다. 김익렬이 보기에 김달삼은 차마 소리는 내지 못하여도 상당히 놀란 표정이었다.870) 김익렬도 신평리 부근이 생명선임을 알고 있었을 가능성이 있으며, 당시까지 아지트가 신평리였을 가능성이 있다. 그렇다면 구억리는 회담장소로서는 아지트와 너무 가깝다는 것이 된다. 물론 회담준비의 편의나 보안의식의 둔화로 아지트와 가까운 곳을 회담장소로 정할 수도 있다. 어쨌든 구억초등학교 회담장소설은 결정적인 취약점을 가지고 있는 셈이다. 그러나 한 무장대원의 다음 증언은 거꾸로 구억국민학교에서 분명 무슨 일이 있었던 것을 암시한다.

(문) 한수기 굴에서 지낼 때 1948년 4월 28일 구억리 회담에 대한 얘기는 못 들었습니까?

(답) 못 듣기는. 9연대하고 구억리 간이학교에서 회담을 했는데, 우리 부대가 가서 보초 서러 갔었지. 그때 9연대에서 간 사람이 우릴 보고 훈련받은 병사보다 우리가 더 씩씩하다고 칭찬을 했는 걸. 그때 김달삼(이승진)이가 왔었어. (…) 자세한 내용은 몰랐지. 김달삼이 회담하러 온다는 것도 그날에야 알았지. 먼저 알려주지 않았기 때문에 이렇게 이렇게 경비 서라는 것밖에는 몰랐어. 회담 내용은 우리 같은 거시기에겐 안 알리거든. 우리에게 유리한 조건으로 회담을 했다는 정도만 알았지. 구체적으로 어떻게 해서 회담을 하게 됐는지는 몰랐어.[871]

협상이 한 번으로 끝난 것이 아니라 두 번 이상이었거나 김익렬이 아닌 다른 사람과도 협상이 있었다면, 그중 한번은 구억국민학교가 회담장소였을 가능성은 분명히 있다. 다음의 기록들은 모두 이러한 가능성을 향하고 있다.

1. 4월 하순에 이르기까지 전후 2회에 걸쳐 군책(軍責)과 김(金) 연대장과 면담하였다.[872]

2. 11연대 연대장 2명이 연속적으로 공산주의 선동가들과 협상을 벌였다.[873]

3. 연대장(박진경)은 반도두목 김달삼하고도 만나서 무모한 항쟁을 중지 · 투항하라고 협상을 하였으나 불응하였다[874]

4. 나는(문상길 중위) 김 중령의 동족상잔을 피하는 해결방침에 찬동하였으며 처음으로 김달삼과 만난 이유는 김 중령과 회견시키기 위하여서였다. 두 번째 만났을 때는 박 대령 부임 후였는데 그때 김달삼은 30만 도민을 위하여 박 대령을 살해했으면 좋겠다고 말하였을 뿐 아무런 지령도 받지 않았고 김과 두 번이나 만난 것은…[875]

5. 오일균 소령의 계략에 의하여 김달삼은 연대장인 김익렬 소령에게 만나서 한번 이야기나 해보자는 제의를 해왔다. 이리하여 연대장과 대대장인 오일균 소령, 연대정보참모 이윤락 중위(제3기생) 등 3명과 상호협상을 한 바 있었다.[876)

구억국민학교터는 4·30 김익렬-김달삼 평화회담 장소일 가능성은 낮다. 그러나 군과 무장대원 간의 다른 회담이 있었던 장소였을 가능성은 높다.

화평회담인가, 항복협상인가?

이것은 그동안 평화협상이라고 불려져 왔다. 김익렬의 유고에 화평회담이라고 명기한 것 등이 와전된 것이리라. 그러나 이 협상은 처음부터 항복협상이었다. 딘 장군은 4월 20일 '제주도의 파괴분자를 섬멸하고 법과 질서를 회복하기 위해' 경비대를 맨스필드 민정장관 임의대로 사용할 수 있도록 하는 한편, 대규모 공격작전에 앞서 '불법분자'들의 지도자들과 접촉하기 위한 모든 노력을 기울이고 그들에게 항복할 기회를 주도록 했다.[877) 이 지시에 의해 맨스필드가 김익렬에게 지시를 내린 것이고, 4월 말까지 초강도의 토벌작전이 전개되었다. 4월 30일[878) 김달삼이 9연대에 보낸 연락원의 일성이 '무조건하고 항복한다'[879)는 말이었다. 또한, 회담이 교착되었을 때 나눈 대화도 마찬가지이다.

더 싸움을 계속할 수가 있소? 하고 나는 뜻밖의 이야기를 건네자 김달삼도 긴장한 얼굴로 "네!" 하고 대답하였다.

그러면 왜 항복하는 것이요.

항복이라기보다는 이 농번기의 저 많은 농민들이 불쌍한 것이요.

김달삼이 농번기를 근거로 변명했지만 항복임을 적극 부인하지는 않았다. 그러나 김달삼이 내놓은 요구사항은 항복조건이 아니었다. 항복조약(capitulation)은 전투를 중지하고, 일방의 군대를 일방의 관할 내에 방치하는 조건을 목적으로 하는 합의이다. 항복조약은 조건적 규약이며, 소위 무조건항복과는 다르다. 약정사항은 적대행위 정지의 개시시기, 항복군대에 속하는 군인 및 기타 사람의 대우, 요새지에 있는 공격 또는 방어수단에 관한 안전의 담보방법, 요새지·선박·항공기·병기·설비·재료 및 공급품의 점유 또는 인도 등이다.880) 그러나 김달삼은 단선·단정 반대를 필두로 정치협상의 주제로나 가능한 조건을 제시한다.

一. 單政反對(단정 반대)

二. 濟州道民(제주도민)의 絶對自由 保障(절대자유 보장)

三. 警察(경찰)의 武裝解除(무장해제)

四. 濟州道內 官廳 高級官吏(제주도내 관청 고급관리)를 全面的(전면적)으로 更迭(경질)할 것

五. 官廳 高級官吏(관청 고급관리)의 收賄者(수회자)를 엄중 處斷(처단)할 것[數十狀(수십장) 되는 名簿(명부)를 提出(제출) 하였다]

六. 道外 靑年團體員(도외 청년단체원)의 山間部落 出入禁止(산간부락 출입금지)881)

이운방이 김익렬을 수행하여 구억리 회담에 참가한 바 있는 당시 9연대 정보주임 이윤락을 통해 들은 바로는, 김익렬은 위 조건을 거부하였다. 이윤락의 회고에 따르면, 김달삼 측의 첫째 요구조건에는 단선·단정을 획책하는 미군의 철수가 있었으며, 이에 대하여 김익렬은 "유엔 감시단과 미군을 철수하라는 문제는 우리 군이 다룰 수 있는 문제가 아니다"고 대응했다고 한다.[882] 단정 반대 이외의 다른 주장도 결코 간단한 문제가 아니었다. 경찰무장해제, 제주도 고급관리 전면 경질, 관리 수뢰자 처단, 도 외 청년단체원의 산간마을 출입금지와 그 외의 기록에 나오는 다른 주장들인 서북청년단 철거, 피검자 석방, 토벌대 철수, 의거 참가자 안전보장 등은 결국 미군정에게 제주도에 대한 지배를 포기하라는 것에 다름 아니다. 따라서 이는 항복협상의 틀을 넘는 것이었다. 이에 대해 김익렬은 "나는 이러한 모든 조건은 나로서는 받을 수 없는 것뿐이므로 전면적으로 이를 거부"[883]하였다고 말한다. 김익렬은 거부 이유로 자신의 협상자격 문제를 거론했다.

그러나 이는 엄밀히 말하면 협상당사자로서의 자격 문제가 아니다. 1907년 헤이그 육전법규에 의하면, 군사(軍使, parlementaire)는 전쟁 중의 교섭기관이며, 적과 직접 교섭할 권한이 있다. 군사는 "교전자의 일방의 사명을 가지고 타방과 교섭하기 위하여 백기를 들고 가는 자다."(32조) 유고록은 이점에 대해 완벽한 설명을 들려준다.

나는 우리의 회담당사자는 ①전 도의 폭도의 행동을 결정할 수 있는 실질적인 실력과 권한을 가진 자라야 된다 ②본인이 직접 나와야지 대리인은 안된다 ③회담에서 결정한 사항은 즉석에서 결정되고 실행되어야지 타인(다른 실력자)의 동의를 필요로 하는 자는 만나지 않겠다는 등 이상과 같은 조건을 내세웠다. 한편 폭도 측에서는 ①연대장이 직접 회담에 나와야 한다 ②연대장 혼자서 와야지 수행인이 2인 이상이면 안 된다 ③장소와 시일은 자기들이 결정하되 장소는 폭도진영이라야 한다고 못 박았다.884)

맨스필드의 지시 내용은 "제9연대장 김익렬은 폭도와의 평화회담에 필요한 일체의 권한행사에서 미 군정장관 딘 장군을 대리한다. (…) 서면으로 조인된 모든 약속의 이행은 미 군정장관 딘 장군이 책임진다"885)는 것이었다. 김익렬은 회담자로서의 자격을 묻는 김달삼에게 "내가 가진 권한은 미군정장관 딘 장군의 권한을 대표하며, 오늘 나의 결정은 군정장관의 결정"이라고 설명하였다.886)

딘 군정장관이 추진한 협상은 항복협상

김달삼은 도당의 군책이기에 교전자로서의 자격이 있다. 전시법규에 있어 교전자(belligerents)라 할 때는 교전주체로서의 국가가 아니라 병력을 의미한다.887) 그러나 김익렬은 교전자가 될 수 없다. 경비대를 최종 지휘하는 총사령관은 미군정의 하지이므로 그의 전권을 위임받아 교섭권한을 가진 군사(軍使)에 지나지 않는다. 항복조약의 체결방법은 군사(軍使)에 의해 협상이 개시되고, 그것이 성숙되면 당사국 군대의 최고 지휘관에 의해 서면으로 체결된다. 따라서 김익렬 또한 교섭권한 자격은 있는 것이다. 즉, 교전자는 될 수 없지만 교섭권한은 있는 것이다. 또한, 최종적인 조약체결을 위해 군사로서의 김익렬은 협상 내용을 제주도 군정장관인 맨스필드에게 보고했다.

이를 통해 볼 때 김익렬은 협상을 독자적으로만 추진한 것이 아니었음을 알 수 있다. 따라서 이 회담은 딘 군정장관에 의해 진행된 것이다.[888] 그러나 군정장관이 추진한 협상은 항복협상이었고, 김달삼 측에서도 항복의사를 전해오면서 협상이 시작된 것이므로 항복협상임이 분명했다. 그러나 양측은 다른 목적으로 협상에 임했던 것으로 보인다. 우선『유격대투쟁보고서』에 서술된 무장대의 입장을 보자.

9연대 연대장 김익렬(金益烈)이가 사건을 평화적으로 수습하기 위하여 인민군 대표(人民軍 代表)와 회담하여야 하겠다고 사방으로 노력 중이니 이것을 교묘히 이용한다면 국경(國警)의 산(山) 토벌을 억제할 수 있다는 결론을 얻어 4월 하순에 이르기까지 전후 2회에 걸쳐 군책(軍責)과 김(金)연 대장과 면담하여 금반 구국항쟁의 정당성과 경찰의 불법성을 특히 인민(人民)과 국경(國警)을 이간시키려는 경찰의 모략 등에 의견의 일치를 보아 김(金) 연대장은 사건의 평화적 해결을 위하여 적극 노력하겠다고 약속하였음.[889]

이 글은 협상을 시도하는 김익렬을 이용함으로써 경비대의 작전을 억제하고자 했음을 보여주고 있다. 이를 통해 볼 때 무장대가 협상에 참여한 가장 큰 목적은 경비대의 중립적 태도를 지속시키는 것이었다.[890] 「제주도 인민유격대 투쟁보고서」에 의하면, 김익렬의 기고나 유고대로 무장대의 항복의사표시로부터 협상이 시작되었는지 의문이다. 만약 김익렬의 주장을 받아들인다면 무장대 측은 '배신행위'에 의한 협상체결을 한 셈이다. 다음은 미군정의 입장이다. 협상을 마치고 돌아온 김익렬조차 놀라게 했던 미군의 태도를 보자.

그러나 그날 밤부터 시작한 작전회의와 최고부의 명령은 놀랄만한 것이었다. 이제는 반란군의 근거지를 알았으니 곧 총공격을 개시하라는 것이었다. 나와 김달삼과의 회견은 하나의 전략(戰略)적인 것이라고 최고부에서는 말하였다.891)

「유고록」에 따를 경우, 1948년 4월 29일부터 4월 30일까지는 전투가 소강상태여야 한다. 그러나 미 24군단 정보일지, 미 6사단 정보일지 그리고 「제주도 인민유격대 투쟁보고서」 전부에서 무장대나 경찰 모두 작전을 중단 없이 수행하고 있는 것을 볼 수 있다.892) 미군정은 작전계획에 따라 4월 27일부터 본격적인 작전에 들어갔다. 작전명령은 다음과 같다.

1) 작전명령 4호(4월 29일) : 경비대 제5연대, 9연대가 제주읍과 모슬포에서 시작해 노르악쪽으로 소탕작전
2) 작전명령 4호(4월 30일) : 경비대 제5연대의 4지역 내의 마을 소탕작전
3) 작전명령 5호(5월 1일) : 경비대 제5연대, 제9연대의 교래리 방면 오름 소탕작전
4) 향후 작전은 이들 결과에 달려있다.893)

군사(軍使)가 자신의 지위를 이용하여 간첩행위를 하였을 때나 항복조약 서명 후에 적의 수중에 들어가는 물건을 파괴하는 행위 등을 '배신행위'라고 한다. 만약 항복조약이 배신행위로 된 것이면 취소할 수 있다고

인정한다.[894] 김익렬의 유고에 의하면, 합의 후 무장대는 눈치를 보며 점진적으로 투항해온 것으로 되어 있다. 이는 양측이 합의한 사항이기에 배신행위라고 볼 수는 없다. 그러나 김익렬의 의도와는 관계없이 그를 협상 장소로 보낸 당사자인 지휘부는 반란군의 근거지를 알아내기 위한 목적으로 조약을 합의한 것에 불과하므로 배신행위에 의한 합의이다. 따라서 이 항복조약은 취소될 수밖에 없었다.

김익렬이 어떤 의도를 가지고 있었건, 또 김달삼과 어떤 합의가 이루어졌건, 그는 미 군정장관이 파견한 군사(軍使)였을 뿐이고 미 군정장관은 이 회담을 '배신행위'의 기회로써만 활용한다는 방침이 뚜렷했다. 김익렬이 합의를 깬 세력으로 경찰을 지목했으나 경찰 역시 미군정의 하부기구에 불과했다. 김익렬의 유고에서 정확하게 지적했듯이 "서면으로 조인된 모든 약속의 이행은 미 군정장관 딘 장군이 책임진다"[895]는 것이 핵심이다. 김익렬과 김달삼의 합의 내용은 서면으로는 남아있지 않다. 그러나 김익렬유고와 유격대보고서 모두를 통해 회담합의의 존재는 교차확인 된다. 따라서 이 항복협상의 당사자는 우리가 지금까지 가져왔던 이미지와는 달리 김익렬이 아니라 미군정이다. 따라서 이 협상은 미군정의 통치행위라는 틀 안에서만 의미 있는 실체의 파악이 가능하다.

스물다섯 │ 이덕구 산전

십자가에 매달린 '이덕구의 말로를 보라'

이덕구 산전 복수란 칼을 꽂는 것이 아니라 꽃잎을 뿌리는 것이다.

그의 안경은 보이지 않았다. 학생 때부터 썼던 안경이었다. 그는 무장대들의 복장에서 가끔 발견되는 일본 군복 차림이었다. 단정히 여미어진 군복 단추는 벚꽃문양이 새겨진 청동단추였을지 모른다. 그가 일본의 학병 출신이었다는 것이 문득 생각났다. 무장대를 지휘할 군사적 지식과 훈련의 원천이 그들이 그토록 극복하고자 했던 일본군으로부터 왔다는 것은 또 하나의 역설이었다. 그의 두 팔은 세상을 다 품을 듯 활짝 벌려져 있었으나 마마를 앓아 얽은 그의 얼굴은 오른쪽으로 힘없이 떨구어져 있었다. 한쪽 입귀에서 흘러내리다 굳어버린 핏줄기는 이한열이 의미 없이 응시하는 눈빛 곁으로 흘러내리다 굳어버린 그 핏줄기를 연상시켰다. 입을 다 다물지 못한 채였다. 죽음의 예를 치르지 못한 채 버려진 주검에서 발견되는 안타까움이 그 입가에 시선을 머뭇거리게 했다. 그의 시신이 걸려있는 것은 십자가였다. 그의 멈춰버린 심장 위 호주머니엔 놋숟가락896) 하나가 기울어진 채 꽂혀 있었다.

예수에게 가해진 십자가형은 탈수와 과다출혈, 그리고 무엇보다 충격으로 사망에 이른다. 그러나 이덕구는 이미 시신이 되어 십자가에 걸렸고, 그의 모습은 보는 이로 하여금 심한 충격을 주기 위해 전시되었다. 죽음보다 더한 죽음의 충격, 그리고 그의 죽엄을 상징하는 십자가 왼쪽에 늘어뜨려 권력이 수여한 문장 하나. '이덕구의 말로를 보라'. 모든 패자에게 부여됨직한 이 간결한 문장이 이덕구의 저승길을 송신하는 찬란한 축문이었다. 승자의 말로는 역사가 되지만, 패자의 말로는 전설이 된다.

그러나 그가 전설이 되기엔 그날의 뙤약볕과 부산한 관중들의 움직임은 거리가 멀었다. 분명 시선을 멈추고 충격에 빠진 아이들의 얼굴이 있지만 중학생 정도는 되어 보이는 단발머리의 여자아이는 시신을 등지고 잡담을 나누고 있었고, 그 뒤로 쪽찐머리를 하고 나온 부녀자는 지척에 무엇이 있는지 따위에는 관심이 없는 듯 웃으며 아이들을 돌아보고 있다. 예수의 시신을 부여잡고 울어주는 마리아를 이곳 어디에서도 찾아볼 수 없다. 시신이 보여주는 슬픔보다 더욱 슬픈 것은 죽어서도 주목받지 못하는 외면과 소외이다.

1949년 6월 8일, 십자가에 매달린 이덕구

민중을 위해 목숨을 걸었으나 정작 민중은 그에게 어떤 경외와 존경도, 하다못해 슬픔이나 동정조차도 보내지 않았다. 실패한 혁명가는 가장 먼저 민중에게 버림받는다. 혁명가는 그 민중의 배신까지 버텨내야 한다는 듯이 그저 고개를 떨군 채 이덕구는 십자가에 걸려있었다. 혹자는 "역사적으로 제주도에서 일어난 민중항쟁의 장두들이 효수되어 내걸리던 바로 그 자리에서 그 전통을 잇게 되었다"고 서술했다. 그러나 이 사진 한 장의 놀라운 힘은 이덕구 신화를 만들어내는 데 있는 것이 아니라 신화 만들기를 불가능하게 만드는 잠금장치 역할을 한다는 데 있다. 사실주의의 힘이다. 물론 먼발치에서 그의 죽음을 애통해하는 그 어떤 시민의 모습이 이 사진의 틀밖에 있을 수 있다. 그 점에서 이 사진은 권력이 요구하는 관점을 정확히 표현한 셈이다.

램브란트에 이르러서야 예수는 인간으로 묘사된다. 예수의 설교 장면을 그린 그의 소묘는 감격과 흥분은커녕 산만한 아이들의 울음과 술주정뱅이의 고성에 묻혀있다. 예수의 설교는 왠지 힘겹고 암담하기만 하다. 사실주의의 놀라운 통찰을 제공한 렘브란트의 정신이 이덕구의 사진에서도 그대로 살아있는 것이다. 장두의 요소를 모두 갖추었음에도 장두의 전설제조가 불가능한 시대에 들어서 있음을 이 사진은 증명한다. 1949년 6월 8일 제주시 관덕정 광장이었다.

시신은 하루 정도 전시되었다가 인근 남수각 냇가에서 화장되었다. 다음 날 큰비가 내리는 바람에 유골이 빗물에 떠내려갔다. 이제 그의 시신 사진만이 그를 기억할 수 있는 마지막 유산이 되었다.

이덕구는 1920년 조천읍 신촌리에서 부유한 지방유지인 부친 이근훈과 모친 김상봉의 사이에 3남으로 태어났다. 부친의 돌림자를 보고서야 나는 흠칫 놀라고 말았다. 나의 아버님의 돌림자와 나의 돌림자와 내 아들의 돌림자가 이덕구 가계의 그것과 같았기 때문이다. 그는 전주 이씨 성종 대왕 계성군파였고 나는 안양군파였다. 두 파는 42대부터 같은 항렬자를 사용한다. 훈⋯구⋯우. 나의 본명은 이승구이다. 이덕구는 나와 같은 항렬이니 형제 벌이었다. 이덕구는 교토의 리쓰메이칸 대학 경제학부에 재학 중이던 1943년 학병으로 관동군에 입대, 1945년 소위로 제대 귀향했다. 김생민은 당시 이덕구를 다음과 같이 기억한다.

이덕구는 해방되니까 공산당에 이미 가입되어 있었다. 제주도 공산당에. 학도병으로 갔다 왔지만, 또 형이 이좌구라고 해서 왜정 때부터 지하 공산당원이었다. 나중에는 남로당으로 되면서 재정부장, 총무부장을 하고. 자연히 당원이 되었다.[897]

그의 일본군 경력에도 불구하고, 형 이좌구의 영향력으로 공산당에 입당했다는 것은 설득력 있는 말로 들린다. 당시 당원은 'P'라고 불렀고

청년동맹은 'Y'로 약칭을
했는데, 신촌리에서도 12
~13명이 청년동맹에 가
입했다. 그는 1946년 3
월 조천면 인민위원회가
조천중학원을 설립하자
여기에서 역사와 체육을
가르쳤다. 조천중학은 조

조천중학원이 있던 자리. 현재는 조천보건소가 들어섰다.

천지서 건너편 일제강점기의 경방단사무실을 학교로 사용하였다. 경방단
은 1939년 일본인의 생명과 재산보호를 위한 소방조를 수방단과 통합한
조직이다. 지금의 조천보건소 자리이다. 1946년 말부터 조천지서에 근
무했던 한 경찰관은 육지 경찰이 들어오기 전에는 이덕구가 지서 순경
들과 술자리를 같이 하는 등 자주 어울렸다고 회고했다.[898]

국어는 현유복, 영어는 김동환, 수학 물리는 김민학, 총무는 김원
종,[899] 그리고 역사·사회·체육은 이덕구가 맡았다. 교무실은 경방단
아래 왜놈들이 쓰던 가분 관사에 있었는데, 이 관사에 인민위원회와 방
하나씩을 나누어 사용하고 있었다.[900] 당시 이 학교에 대해 김생민은
다음과 같은 기억을 전한다.

그때부터 프락숀 활동도 하고 방지법이라든가 모든 것을 배워서 해방되니까 유인
물들이 많이 나왔다. 빈한자 얘기라든가 소위 『자본론』에 일부인 「잉여가치론」을 해
석해 가지고 번역해서 나온 것도 있었고, 공산당 서기장으로 중국으로 망명한 도쿠
다 규리치 석전 부의전이라는 사람의 「조직론」이라든가 「볼셰비키 당사」도 일본말

로 쓰여 있는 것을 복사해 온 것인데 다 뜯어져도 어떻게 해서든 읽었고, 그러다 보니 자연히 공산주의 입문서 격인 것을 돌아가면서 읽게 되었어. 유일하게 스노우의 『붉은 별』이라는 미국사람이 공산군에 종군해서 나중에 수기를 쓴 것도 읽고, 그러다 보니까 공산주의에 물들고 말 것도 없이 다 옳은 일 같아 보이고. 교육적으로 공식적으로 한 것은 조천중학원에 안세훈 씨가 초대 중학원 원장이 되었고, 두 번째가 이덕구가 되었고, 거기서는 「공산주의 ABC」정도는 가르쳤고, 그뿐만 아니라 레닌주의라든가 마르크스주의 전집들이 나와 있었는데 그때의 중학원생들은 학교 못 가던 아이들이 나이 먹어 많이 가다 보니 공부도 공부지만 그것을 많이 배워버렸어. 이것이 비판적으로 할 수 있는 기회가 없었다. 처음부터 의식적으로 갈라진 이념 속에서 이것을 택하겠다 이것이 아니고 자연적으로 그런 분위기 속에서 살았으니까.901)

김생민이 전하는 당시 분위기는 1946년 당시 미군정의 여론조사에서 선호하는 체제로 사회주의를 선택한 이가 약 70%에 육박했던 것을 생각하면 놀라운 일이 아니다. 게다가 이미 조천은 김명식, 김문준으로 대표되는 일제 사회주의독립운동의 성지가 아니었는가? 이덕구의 얼굴은 미남형이지만 살짝 곰보였다. 조천중학원에서 학생들은 인기 높은 역사·지리 선생 이덕구를 "박박 얽은 그 얼굴 / 덕구 덕구 이덕구 / 장래 대장가심(감)"이라고 노래를 만들어 불렀다. 1947년 3월 총파업 이전까지 교사로 재직하다 조천중학원 파업 문제로 미군정에 의해 구인되어 고문을 받는 과정에서 고막이 파열되어 귀가 먹었다. 그 뒤로 자기소리가 잘 들리지 않아 자연 목소리가 커졌다. 이 당시 이미 이덕구는 무장투쟁을 계획하고 준비했던 것으로 보인다. 김생민의 증언이다.

1947년 4월에 바로 4·3사건이나 마찬가지인데 산에 눈이 남아 있을 때이다. "야! 생민아 나오라" 이덕구, 이좌구, 이순우는 이덕구 조카이고 조규창(조천면당 위원장-필자주)이 하고 해서 넷이서 나를 부르면서 산에 가서 놀다가 오자 했다. 천막 싣고 먹을 것 실어서 명도암 위에 절물오름 그쪽에 가서 야영하고 산을 쭉 돌아보자고 했다. 하룻 동안 일본군 참호들을 쭉 돌아보고 하룻밤 자고 돌아왔다. 그때는 뭣 때문인지 몰랐는데 나중에 가을경에 이덕구와 김대진이가 배낭 메고 산에 올라간다고 해서 올라간 것이 그 후에 못 봤다. 그것이 게릴라 훈련을 시키려고 입산했던 것이다.[902]

한 달 이상 경찰에 구금되어 있다 풀려난 그는 얼마간 교단에 섰다가 학생들에게 "마지막 수업이다. 육지로 간다"는 말을 남기고 장기휴가원을 내고 교단을 떠났다. 그리고 1947년 8·15 검거 선풍 후 잠적했다.[903] 김생민의 기억에 의하면, 8~9월경 산에 올라갔다.

조천중학원생 김용철을 고문치사케 함으로써 4·3항쟁의 원인을 제공했던 조천지서(지금은 조천 파출소).

1948년 3월 6일 조천지서에 연행됐던 조천중학원 2학년 학생 김용철 (21세)이 유치 이틀 만에 별안간 숨졌다. 사체검시 결과 그는 고문에 의해 사망한 것으로 밝혀졌다. 이 사건은 3월 14일 연이어 발생한 모슬포지서에서의 대정면 영락리 청년 양은하(27세)고문치사사건과 함께 제주사회에 엄청난 충격과 분노를 가져왔고, 4·3항쟁의 명분을 제공했다.

결국, 조천중학은 1948년 4월 폐교된다. 4·3 발발 후인 1948년 11월 당시 제주도당 선전선동부에서는 「혈화」라는 기관지를 발행했는데, 조천중학원의 수학·물리 선생이었던 김민학이 선전부장이었으며, 역시 조천중학원생이었던 허연욱이 글을 썼다. 원생 강두봉은 배포담당이었다. 당 전체적으로도 주로 조천면 사람들이 간부를 맡고 있었다.[904]

"총부리를 놈들에게 돌려라"

1948년 4·3으로 가는 과정에서 남로당 내부 조직에서 가장 중요한 사건은 1월 22일 남로당 회합장소에서 105명이 체포당한 사건이다. 그리고 이후로 1월 26일까지 115명이 또 체포된다. 이는 조작 가능성이 높은 것으로 판명됐다. 미군정하에서 남로당은 합법정당이었으므로 그때까지도 남로당원이란 이유만으로 구속되지는 않았다. 남로당원은 당원이란 이유에서가 아니라 허가받지 않은 집회 참석, 혹은 폭동모의 등에 가담했다는 이유 등으로 미군정 포고령 제2호 등의 저촉을 받을 때 구속됐다.[905] 당시 이덕구도 체포되었다. 대부분 몇 일 만에 방면되었다. 그는 체포자 중에서는 가장 늦게 42일 만에 풀려났는데,[906] 심한 고문으로 고막이 터지고 발가락이 골절되는 상처를 입었다. 이때 김달삼의 연락책인 김생민이 잡히면서 처음으로 제주도 남로당의 전체적인 윤곽이 드러나게 된다. 조직이 노출된 것이다. 그는 고문에 못 이겨 조직체계를 발설했다.

이덕구는 다시 한라산으로 입산해, 1948년 제주 4·3이 발생하자 본격적인 무장투쟁을 위해 조직된 인민유격대 1연대장(3·1지대장)으로 제주읍·조천면·구좌면에서 활동했다. 1948년 7~8월 사이 남로당 제주도당 군사부장이자 인민유격대 사령관 김달삼이 8월 21일 해주에서 열리는 인민대표자회의에 참석한다는 이유로 모든 직책을 맡기고 제주도를 빠져나감으로써 이덕구가 제2대 인민유격대 총사령관이 되었다. 그는 제주 4·3항쟁에서 가장 핵심적인 인물로 기억되고 있다. 당시 어린이들 사이에선 '몸이 날래 지붕을 휙휙 넘어다니고 동에 번쩍 서에 번쩍'하는 전설적인 인물로 묘사되기도 한다.

1948년 9월 15일을 기점으로 이덕구 부대는 경찰과 국군, 우익인사들을 공격하기 시작하였다. 정부는 1948년 10월 11일 경비사령부를 설치, 토벌작전을 단행하였다. 그 후 10월 24일, 공교롭게도 이날은 유엔 창설기념일이기도 했는데 이덕구는 토벌군과 통치기관들에 '포고문'을 발표하였다.

친애하는 장병, 경찰관들이여! 총부리를 잘 살펴라. 그 총이 어디서 나왔느냐? 그 총은 우리들이 피땀으로 이루어진 세금으로 산 총이다. 총부리를 당신들의 부모, 형제, 자매들 앞에 쏘지 말라. 귀한 총자 총탄알 허비 말라. 당신네 부모 형제 당신들까지 지켜준다. 그 총은 총 임자에게 돌려주자. 제주도 인민들은 당신들을 믿고 있다. 당신들의 피를 희생물로 바치지 말 것을 침략자 미제를 이 강토로 쫓겨내기 위하여 매국노 이승만 일당을 반대하기 위하여 당신들은 총부리를 놈들에게 돌려라. 당신들은 인민의 편으로 넘어가라. 내 나라 내 집 내 부모 내 형제 지켜주는 빨치산들과 함께 싸우라! 친애하는 당신들은 내내 조선인민의 영예로운 자리를 차지하라.907)

전날인 23일 저녁에는 제주도 북쪽 지방을 중심으로 50여 개의 봉화가 올랐다. 곳곳에서 대중집회가 열렸다. 인공기가 오르기도 했다.908) 이날은 순천이 탈환되었지만, 여수 탈환은 27일 오후에야 이루어진다. 이덕구가 24일 선전포고한 것은 여수의 정세를 낙관했던 것인지도 모른다. 제주도당은 전남도당과 연계되어 일사불란한 지도를 받고 있었던 것일까? 지리산 빨치산토벌대장을 지낸 백선엽(육군대장 예편)과 토벌전에 참가했던 김점곤(소장 예편) 등 군 고위관계자나 존 메릴 같은 미국 학자들은 그들의 저서를 통해 "남로당 중앙이나 심지어 전남도당과도 연계된 증거가 없다"909)는 글을 남기고 있다. 이것을 사실로 받아들인다면, 이는 무장대의 내재적인 관점에서 심각한 문제가 아닐 수 없다. 남로당이 조직을 정확히 통제하지 못하고 있었다는 증거가 되기 때문이다.

선전포고는 상대에게 교전주체임을 법적으로 확인받는 행위이다. 보통은 국가의 군대가 되지만 반란단체, 혁명단체, 반도단체 모두 교전자의 자격이 있다. 5·10 선거를 앞둔 시점에서의 김달삼과 김익렬의 항복협상이나 정전협상은 서로에게 적절한 것은 아니었다. 그러나 이제 10월 시점에서는 새로운 단계에 접어들었으므로 오히려 협상이 필요해지는 시점일 수 있었다. 그러나 미군은 여순사건에 하우스만(1918~1996)을 투입하여 직접모습을 드러냈다. 그는 대한민국 국군의 아버지로도 불리는

데, 미국 고문관으로 여순사건을 진압한 주역이다. 10여년 간 이승만을 도왔지만 4·19 때 미국의 지지철회를 통보하기도 했다. 10월 21일 자 「여수인민보」가 소위 '제주도출동거부 병사위원회' 명의로 발표한 요구사항은 미군개입이라는 정세발전을 정확하게 예측했다.

1. 동족상잔 결사 반대
2. 미군 즉시 철퇴[910]

계엄법 없는 계엄령 선포

여순의 요구는 목표가 미군이었으므로 전쟁으로서의 성격을 갖고 있다. 그러나 이덕구는 '이승만 일당의 반대'가 목표였으므로 내란으로서의 성격을 가진다. 전쟁이 영토의 획득이나 방어를 목표로 한다면, 내란은 국내법 질서의 전복을 목표로 한다. 따라서 그의 전쟁선언은 적절한 형식이라고 볼 수 없다. 혁명정부 수립선언 같은 것이 적절했을 것이다. 또한 '이승만 반대'는 과격하기는커녕 수세적이다. 통일조국 건설이 더 공세적인 구호였을 것이다. 어쨌든 무장항쟁의 목표로서는 너무 막연한 것임엔 분명하다. 이래서는 무장항쟁의 종료 시점은 예측하기 어려울 정도로 장기전이 된다. 또한, 목적수행보다 스스로 버티는 것 자체가 목적이 될 수도 있다.

선전포고 이후 인민유격대가 국군 9연대 6중대를 공격하여 국군 21명이 사망하는 사건이 11월 2일에 발생한다. 인민유격대의 공격은 거침이 없었다. 그러나 찻잔 속의 태풍이었다. 정부에서는 11월 17일 제주도에 계엄령을 선포하였다. 그러나 이 계엄령은 법적으로 하자가 있었다. 당시는 계엄법이 없었기 때문이다. 계엄령의 불법성에 대한 판단을 유보한다 해도 그 집행은 명백히 불법적 요소로 점철되어 있다. 자유주의정부가 스스로 내건 '법에 의한 지배'조차 정부 스스로 파괴하는 무법상황이었다. 특히 1948년 11월 17일 이후 12월 31일까지의 계엄선포기간에는 제9연대의 토벌작전이 치열하게 전개되었다. 일반주민이 체포, 구금되거나 현장에서 즉결 처형되는 사례가 급증하였다. 많은 사람이 계엄고등군법회의에 회부되어 사형 언도자는 후에 처형되고, 징역형을 받은 사람은 육지의 형무소로 이송되어 복역하였다.

당시 무장대에 협조하지 않으면 무장대원에 의해, 토벌군의 말을 듣지 않으면 토벌군에 의해 마을 전체가 잿더미가 되었다. 또 토벌군이 무장대 차림으로 마을에 들이닥쳐 좌익들을 죽이는가 하면, 무장대가 토벌군 복을 입고 나타나 토벌군 행세를 하며 우익들을 죽이니, 제주도민은 숨이 막히고 살길이 막막했다. 무장대원의 공격과 군경의 강경토벌로 제주도민이 본 피해는 너무도 참혹했다.

이덕구가 지휘하는 주력부대는 제주읍을 급습해 도청을 방화하고 지서를 습격하면서 건재를 과시하기도 했으나, 이미 대공세 이후 무장대원이 1백여 명으로 줄어든 상황에서 유격대는 '최종항전'의 단계로 접어들게 되었다. 토벌작전이 강화되자 이덕구 부대에서는 많은 이탈자가 생겨 조직이 무너지기 시작했다. 제주읍을 공격하려고 준비하였지만 치명적인 타격을 받음으로써 재기불능 상태가 되었다. 1949년 3월에 설치된 제주도지구 전투사령부는 본격적인 토벌작전을 벌인 지 약 2개월 반 만인 5월 15일에는 사령부를 해체해도 될 만큼 커다란 전과를 올렸다. 제주도

지구 전투사령부 보도대장 이창정 소령은 "4월 21일 드디어 남로당 제주도당 당수인 김용관을 사살했다. 이로써 소탕전은 완전히 종결되었다"고 밝혔다.[911]

김생민은 이덕구 사령부의 마지막 모습을 실감 나게 보여준다. 아마 이덕구 산전의 실상 또한 이와 큰 차이가 없었을 것이다.

> 1949년 3월경에 구좌읍당에 정치지도를 갔다. 거기서 정권수가 면당 위원장이었다. 거기서 1개월을 지냈다. 죽을 고비가 여섯 차례 정도 있었는데, 나중에 누가 와서 신촌 세포가 전멸 당했으니까 그곳에 책임자로 가줘야 되겠다고 해서 바늘오름으로 갔다. 가서 보니까 세포가 합이 셋뿐이었다. 이덕구네 누구네 전부 앉아서 옷에 이를 잡고 있었다. 덕구 만나도 서로 인사도 안 하고 눈인사도 안 했다. 친하고 가깝던 사람이 말 한마디 없고 나도 말 한마디 안 하고. 나중에 거기에 덕구가 숨어 있다가 결국은 죽었다. 어린아이가 하나 하고 그 사람은 지금 국민학교 선생하고 있지만 이제 월북한 신은범하고 이규호하고 배가 고프니까 '생조'로 밥을 해먹었다. 생조로 밥 해먹으면 나중에 그대로 나온다. 생조는 좁쌀 깎지 않은 것을 생조라고 한다. 무 한뿌리로 사흘도 살아냈다. 굴에도 많이 살았고 그러다가 "이젠 가망이 없구나"라고 생각이 딱 들었다.[912]

이덕구 경호원 소년의 밀고

인민유격대장 이덕구, 당 조직부장 김양근, 9연대 출신 고승옥 등은 항쟁에 끝까지 참여하다가 목숨을 잃었다. 무장대가 공격받게 되는 많은 경우는 전향자들의 밀고였다. 이덕구의 경호원은 17세의 김정진이었다.

이 소년의 안내로 함병선 제2연대장은 무장대의 병기창과 보급창을 발견하고 많은 무기와 탄약을 노획하였다.[913)]

이덕구 사망 후 7월 7일 인천으로 2연대가 이동해 가기 전 어느 날인 듯하다. 함병선 참모장이 김정진을 불러 저녁을 대접하며 고마움을 표하자 김정진이 함 중령의 옆에 있던 총을 잽싸게 들어 함 중령을 쏘았다. 그러나 안전핀을 풀지 않았기 때문에 총알이 나가지 않았다. 함은 총을 빼앗고 김정진을 나무랐다. 그러자 김정진이 다음과 같이 말했다.

참모장님은 우리 사령관을 죽이지 않는다고 저하고 약속해 놓고 우리 사령관님을 죽여서, 약속을 어긴 참모장님을 죽이고 김일성한테 영웅칭호를 받고 싶어서 그랬습니다. 참모장님 용서해주십시오. 제가 제주읍에 있는 우리 이덕구 사령관님의 시체를 보고 나는 탄식했습니다. 제가 신고한 것은 우리 사령관님이 자수하여 나와 같이 살려고 한 것이었는데 제가 신고하여 우리 사령관님이 죽은 것을 생각하면 저는 이 세상에서 더 살 마음이 없습니다. 그래서 참모장님을 죽이려고 했습니다.

김정진의 이야기는 함병선도 할 말을 잃게 하였다. 이덕구 역시 안타까웠을 것이다. 냉정하게 들리지만 러시아의 한 사상가는 다음과 같이 말한 적이 있다.

마음이 악독하여 배신하는 사람도 있고, 마음이 유약하여 배신하는 사람도 있다, 이 둘의 개인적인 차이는 너무나 크다. 그러나 그 정치적 결과는 같다는 점에서 기회주의는 정치의 문제이다.

큰곳검흘굴.

김양근의 경우 체포된 후 2연대장 함병선이 호의를 갖고 전향을 끈질기게 권유했음에도 불구하고 이를 거절하고 죽어갔다.[914] 김달삼과 달리 이덕구, 김양근 등은 제주를 끝까지 지킨 인물로 회자되고 있다.[915] 그러나 이는 전위당의 원리에 익숙하지 않아 생긴 오해이다. 김달삼의 방북은 상황이 어려워지자 제주도를 탈출한 것이 아니라 당의 명령에 의한 조치였을 뿐이다. 이는 김달삼이 해주대회를 마친 후 다시 당의 명령을 받고 육지의 빨치산활동을 위해 월남한 것으로 충분히 증명된다 하겠다.

이덕구는 뛰어난 지도력으로 유격대를 지휘하였으나, 대규모화된 토벌대의 진압에 결국 덜미가 잡히고 말았다. 유재흥 제주도지구전투사령관 산하 민관군 혼성부대 중 제2연대 제1대대 정수정 상사의 부대는 무장

다랑쉬오름. 2차대전 후 평화를 대신해 미국이 드리우기 시작한 거대한 봉쇄선은 세계의 냉전으로, 한반도의 분단으로, 그리고 이곳 다랑쉬의 학살로 나타났다. 평화가 아니면 곧 죽음이었다.

대의 아지트를 찾아내 남녀 30여 명을 생포했다. 그중 세포책인 고창율을 전향시키는 데 성공, 이덕구의 아지트를 급습했다. 이덕구는 때마침 일부 무장대 병력과 출동한 다음이어서 체포 작전에 실패한다.[916]

제주경찰서 화북지서 김영주 경사가 지휘하는 경찰부대는 6월 7일 오후 4시경 속칭 작은가오리 부근 숲에서 이덕구 부대와 조우했다.[917]

경찰의 포위망이 이덕구를 압박해 들어갈 때 숲에서 한 발의 총성이 울려 퍼졌다.[918] 그리고 결국 이덕구는 시신으로 발견되었다. 경찰보고에 따르면, 무장폭도 부사령관 김대진도 6월 10일 경찰에 사살되었다.[919] 무장대 세력이 이미 와해된 상태이긴 하지만, 이덕구는 김달삼에 이어 무장대의 상징적 존재였기 때문에 그의 죽음이 주는 영향은 컸다. 이에 고무된 국방부는 제2연대의 활약으로 사살했다고 발표하기도 했다.[920] 그러나 이덕구는 경찰의 작전으로 사살된 것이다.

이덕구의 죽음은 그와 정치적 생명을 함께하던 수많은 무장대원의 죽음을 예고했다. 이덕구의 죽음을 통해 이름 없이 죽어간 무장대원을 역사에 불러내야 하는 것은 4·3을 제대로 보기 위한 필수작업이리라. 그들은 수많은 이름의 이덕구들이다.

4·3 무장대원 김 모 씨의 증언

제주 4·3연구소에서 펴낸 『4·3 장정 6』에는 무장대 활동의 구체적인 실상을 밝힌 한 증언자의 이야기[921]가 실려 있다. 김 모라고만 소개된 이 증언자는 4·3 발발 직전 입산, 1951년 11월 토벌대에 붙잡힐 때까지 4년 가까이 대정면당부 '특경대' 중대장을 맡는 등 무장대의 중간 간부로 활동했다. 그의 증언은 베일에 가려 있는 무장대의 조직과 활동에 대해서 새로운 정보를 제공하고 있다는 점에서 시선을 끈다.

그의 증언 가운데 우선 눈길을 끄는 대목은 봉기 첫날인 4월 3일, 그 자신이 지서습격의 선봉 역을 맡았다는 사실과 김익렬-김달삼 회담 때도 보초를 섰다는 점이다.

대정면 자위대의 조 편성이 이뤄진 것은 4·3 발발 일주일 전이었다고 한다. 당시 입산자들은 경찰에 대한 반감의식이 높아서 막연하게나마 '행동개시 명령'을 기다리던 분위기였다고 한다. 3·1사건 이후 쫓겨 다녔다는 그는 "사상이 있든지 없든지 그냥 잡히기만 하면 개 패듯 하던 세상이어서 사상이 있어서 입산한 것이 아니고 매 맞지 않으려고 입산했다"고 강변하고, "그러다 보니 사상 있는 사람들과도 만나게 됐다"고 주장한다.

4월 3일 아무런 군사훈련 경험도 없는 상태에서 행동개시 명령을 받았다. 대정면 자위대가 공격대상으로 삼은 곳은 대정지서였다. 애초에 대정면당부 자위대는 9연대의 일부 장병이 봉기에 참여하면 그 보조를 맡기로 돼 있었다는 게 김 씨의 주장이다. 그러나 9연대에 침투한 책임자가 "중앙당의 지시가 없었다"는 이유로 불참통보를 해옴에 따라 독자행동을 하게 됐다고 4·3 전야의 비화를 밝힌다.

대정지서 공격조는 한 밤 중에 야외에 모였다. 10여 명의 무장은 두 자루의 99식 총과 일본도, 쇠창, 죽창 등이었다. 인솔책임자인 증언자가 소지했던 총은 그나마 온전치 못한 '꺾어진 총'이었다. 일행 가운데 누군가가 술을 갖고 와 나눠 마시기에 증언자는 "마음으로 투쟁하는 것이지, 술 정신을 빌려서 하는 것은 올바른 게 아니다"라고 충고까지 했다고 한다. 그런데 막상 새벽 1시를 기해 행동개시에 나서자, 일행들은 걷다가 소변을 본다고 자꾸 뒤로 빠져 결국 증언자가 맨 앞에 나서게 되는 형국이 됐다. 이날의 대정지서 습격에서 육지 출신 경찰관 한 명에게 총상을 입혔다. 다른 민가에서 술잔치를 벌이던 경찰관들이 총소리를 듣고 지서 쪽으로 달려오자 공격조는 뿔뿔이 흩어져 달아났다. 증언자는 이렇게 이야기한다.

> 그날 밤 행동개시를 시작으로 우리는 해방된다고, 그날 행동 개시하면 바로 끝나는 것으로 알았지. 대피생활을 하게 될 줄은 몰랐어. 만약에 우리가 야외생활을 할 걸로 했으면 내의 하나라도 준비할 건데, 야외생활을 할 것으로 생각을 안 했어. 책임자도 그런 지시를 안 했고. 이런 상태에서 야외생활을 시작하게 된 거지.922)

일행 13명은 야외생활에 필요한 초와 모포, 식량 등을 급히 구해 신평리 위쪽인 속칭 '역구왓'이라는 숲으로 들어갔다. 이곳은 4·3 초기 김달삼의 아지트가 있던 곳이다. 얼마 지나지 않아 굴이 많은 '한수기 곳'으로 옮겼다. 증언자 일행은 대정면 무장대의 핵심구성원이었다. 그 무장대 아지트 주변으로 경찰의 눈을 피해 가족끼리 입산하는 사람들이 늘어났다. 그 숫자는 수백 명에 이르렀다. 무장대원들은 그런 사람들을 '피난민'이라고 부르며 따로 취급했다. 피난민들은 가족끼리 움막을 지어 살거나 굴속에서 생활했다. 이덕구 산전 역시 그런 곳 중의 하나이다.

재산(在山) 무장대의 편제는 맨 위에 도사령부가 있고, 그 밑에 면마다 면당 사령부를 두었다고 한다. 김달삼이나 이덕구가 지휘하던 무장부대는 도 사령부 직속이었다. 대정면당부 무장대원은 30여 명 수준. 한 소대가 10~12명 정도로 편성됐는데, 증언자가 바로 대정면당부 3개 소대를 거느린 중대장이었다고 한다. 도 사령부 무장부대는 지서습격 때 탈취하거나 9연대 군인들의 입산 때 갖고 온 총기로 거의 무장이 되어 있었다. 그러나 면당부 무장대에서 총을 갖고 있던 사람은 5명 미만이었다고 한다.

대정면당부 조직은 'K(캡틴)'라고 불리던 총책 아래 조직부·자위부·선전부·총무부로 편성되어 있었다. 주요사항은 총책과 조직책, 자위부책 세 사람으로 구성된 '투쟁위원회'에서 결정한다. 조직부는 조직관리를 주로 담당한다. 자위부는 3개 소대로 편성된 특경대와 각 마을 자위대를 관장하는 데 증언자가 특경대 대장 격인 중대장이라면, 자위부책은 대대장 격이었다. 총무부는 식량이나 의복 등 보급 문제를 주로 다루었으며, 선전부는 삐라를 만들거나 토벌대의 손이 뻗지 않는 마을에 찾아가 연설하는 일을 맡았다. 대정면당의 총책은 대정골 출신의 김두옥이 맡았고, 조직책은 고문수, 자위부책은 제주읍에서 파견된 '정관'이라는 사람이 담당했다.

일반적인 습격을 전개할 때에는 특경대 10~20명가량이 움직인다. 그러나 큰 전투일 때에는 도 사령부 무장부대나 인근 지역무장부대의 지원을 받기도 했다. 특히 한림면에는 면특경대보다는 한 수준 위인 '이동부대'가 편성되어 있었는데, 이 부대는 주로 한림·대정·안덕 세 곳을 돌아다니며 지원활동을 했다. 면당부에서 식량이나 의류를 탈취하는 이른바 '보급투쟁'을 할 때에는 무장부대 이외에도 총무부·선전부의 비전투요원들도 대거 동원되는데, 그 숫자는 40~50명이 될 때도 있었다고 한다.[923]

박진경 대령 피살 후 제11연대장으로 부임한 최경록 중령은 피난민수용소를 설치하고 작전으로 폐허가 된 지역의 주민과 무장대에 가담한 주민을 선무공작을 통해 하산시켜 피난민수용소에 수용하였다. 이 무렵 2대대장 오일균 소령은 전임연대장 살해범이 자기 부하였다는 이유로 대대장을 그만두고 포로수용소를 관리하고 있었다. 수용소장은 이들을 심사하여 분류하는 것이 주 임무였다. 오일균은 좌익동조 혐의자들에 대해 혐의 없다고 석방하였는데, 이에 불만을 품은 자의 제보로 검거되어 사형에 처해진다.924)

북한군 노획문서에 따르면, 토벌작전은 무장대의 식량 보급 상태를 극도로 악화시켰다. 종전에는 촌락과 일본에 있는 동포들과 10일에 1회씩 연락하여 그곳으로부터 식량 및 물자 원조를 받았으나, 토벌대의 해안선 차단으로 재일동포와의 연락이 두절되었다. 부락과의 연락도 두절되어 식량과 무기의 결핍으로 5명의 대원을 귀순케 하였는데, 토벌대는 이들 5명을 다 죽여버렸다. 그 후 다시 5명을 내려 보내 먼저 귀순한 대원들의 처리결과와 도민의 여론을 알려고 하였으나, 도민들이 귀순하면 다 죽인다며 반대하므로 선후책을 토의하다가 토벌대의 습격을 받아 피살, 중상을 당하였다.925)

민간인도 처벌하는 국방경비법과 군법회의

1949년 '군법회의'는 위와 같이 한라산에 피신해 있다가 하산해 제주 도내 각지 수용소에 감금된 민간인들을 대상으로 열린 것으로 되어있다. 「군법회의 명령」에 의하면, '1949년 군법회의'는 1949년 6월 23일부터

7월 7일까지 총 10차례 개최되었고, 그 명목은 고등군법회의였다.[926] 이 군법회의에서 민간인 1,659명에 대해 한 사람도 어김없이 국방경비법 제32, 33조 위반 '적에 대한 구원통신연락 및 간첩죄'를 이유로 유죄 판결을 선고한 것으로 되어있다. 계엄령하 '1948년 군법회의'보다 더욱 강경한 처리를 했다. 사형으로 기록된 345명 가운데 249명에 대한 총살집행은 1949년 10월 2일 이루어졌다. 이에 대한 공식집행명령서는 확인되지 않는다. 다만, 미국 측 자료에 관련 사실이 다음과 같이 남아 있다.

> 1949년 10월 2일 오전 9시, 제주경찰서에 갇혀 있던 249명의 무장대들이 대통령의 재가를 받고 제주비행장 해안가에서 처형되었다. 사형집행자는 제주도 헌병대장 조영구 육군 소령이었고, 대대 정보장교, 법무장교 및 기타 대대 장교들이 입회하였다. 처형자 가운데에는 9연대 장교 1명과 5명의 하사관이 끼어 있었다. 거기에는 또한 이전(1948년)에 제주도에 주둔하였던 9연대로부터 이탈하여 제주도 무장대에 합류하였던 15명의 또 다른 병사들도 포함되어 있었다.[927]

당시 총살 집행을 직접 목격한 허균 제1독립대대 소대장은 현장 상황을 다음과 같이 증언하고 있다.

> 우리 중대가 제주비행장에 주둔하고 있었는데, 나는 어느 날 제주비행장의 벌판에 호를 크게 2개 파고 반도들을 사형 집행하는 것을 목격하였습니다. 약 200~300여 명 정도가 눈을 가리운 채 총살되었는데, 이들을 묻었던 무덤이 나중에 얼마쯤 내려앉았던 기억이 납니다. 현장 지휘는 헌병 장교인 윤기열이 했습니다. (중략) 2

연대가 무자비하게 진압작전을 했다는 말을 들었고, 경찰서 유치장의 좁은 공간에 많은 사람이 갇혀 있는 것을 보고 가슴이 아팠습니다. 제주비행장에서 처형 광경을 목격했는데, 그때는 참으로 옥석을 가리기 힘들었을 것입니다.[928]

「군법회의 명령」에 기재된 '1949년 군법회의' 대상자들의 지역별 분포 현황을 보면, 제주 읍내나 해안가 마을은 거의 보이지 않고, 중산간 마을 주민들의 비중이 압도적이다. 오라·선흘·와산·명월·의귀·한남·수망·가시·난산·신평리 등은 중산간 지역에 자리 잡은 대표적인 마을들로서, 주민들이 1948년 10월 이후 강경토벌작전이 벌어지자 집단으로 피난, 입산한 결과로 보인다. 이들이 1949년 3월 이후 선무작전이 시행됨에 따라 대거 하산하여 군법회의의 처리대상이 된 것이다.[929] 이들은 토벌대의 "내려오면 살려준다"는 선무작전 방침에 순응했던 민간인들이었다. 그러나 정부는 이들에 대한 사면 방침을 무시하고 강경한 처리로 일관하였다.

한 증언자는 취조 경찰이 주정공장에 수용된 사람들을 조사하면서 A·B·C 등급으로 분류한 뒤 재판 없이 한꺼번에 형무소로 보냈다고 증언하였다.[930] 호송 담당 경찰 2명은 형무소

제주공항에서 발굴한 유골.

60년 만에 흙이 열렸을 때 4·3 희생자 유골은 작정하기라도 한 듯 이미 흙이 되어가고 있었다. 죽어도 죄가 되지 않는 버림받은 생명으로, 죽어서도 진실을 말할 수 없는 백골진토로.

에 도착하여 군법회의 대상자들을 정렬시킨 후 형무소장 또는 군인이 죄명과 형량을 통보하는 것을 목격하였다고 증언하였다.931) 이러한 경찰의 증언 내용은 생존자들의 증언과 일치하는 것으로서, 국방경비법에 규정된 군법회의 재판의 주요 절차를 무시하였다고 판단된다.932)

1949년 3월 15일 국방부 장관 이범석은 건국 도상의 반정부활동을 엄중히 처단할 필요가 있으며, 여순반란사건 이후 군에 침투한 좌익계열을 숙정하고 좌익세력의 군에 대한 모략작전을 차단한다는 목적으로 국방경비법 제32조(이적죄), 제33조(간첩죄), 해안경비법 제9조(간첩죄)를 범한 자는 군민신분을 불문하고 군법회의에서 심리 처단한다는 방침을 천명하였다. 덧붙여 군법의 철저한 실시를 위하여 민간당국이 사건을 발각하는 때에는 즉시 국방부 또는 군부대로 사건을 이송해 주라고 요구하였다.933) 민간인이 국방경비법의 이적죄, 간첩죄의 주체가 될 수 있는지 다툼의 여지가 있었지만,934) 이 시점에서 군 당국이 민간인에 대한 사법권을 적극적으로 주장하였다. 이에 1949년 4월 21일 법무장관 이인은 다음과 같은 내용의 문서를 국방부 장관에게 발송한다.935)

국방경비법규정은 미군정하에 제정된 법규이며 대한민국헌법 제100조는 현행법령은 헌법에 저촉되지 아니하는 한 효력을 가진다고 규정하였으므로 국방경비법 제32조 및 22조의 헌법저촉 여부를 검토하건대, 헌법 제22조는 모든 국민은 법률의 정한 법관에 의하여 법률에 의한 재판을 받을 권리가 있으며, 헌법 제76조는 그 재판권은 대법원을 최고법원으로 하는 법원이 행한다고 하고 있으므로 국방경비법에 의한 군법회의는 대법원을 최고심으로 하지 않은 현재에 있어서 위헌이므로 적어도 군인, 군속 이외의 자에 대하여서는 하등 재판권을 행사키 못할 뿐만 아니라 국방경비법 제32조 및 33조는 적국의 존재를 전제로 하는 규정이므로 남한의 현 사태를 전시라고 하여 계엄이 선포되지 아니함에도 불구하고 동 각 본조를 군인, 군속 이외의 자에 대하여 적용함이 부당함은 재언을 요치 않는 바임 (…) 대한민국헌법을 위반하여 일간 민간인에 대한 형사재판권을 군법회의에서 행사한다 함은 도저 용인할 수 없는 바이다.936)

정부 내에서조차 국방경비법은 문제였다. 국방경비법이 정한 절차를 제대로 따르지 않은 문제뿐 아니라 국방경비법 자체가 과연 합법적인지 의심해봐야 하는 것은 정통성의 문제와 관련된다. '정통성'에 하자가 있더라도 그것을 시인하고, 국민 앞에 사죄하며, 후속대책을 내놓고 실행함으로써 '정당성'을 확보하지도 못했다.

세계를 끌어안을 때 흐르는 눈물

관덕정에 걸린 이덕구의 시신 사진은 세계체계가 한 국가의 운명을, 한 국가가 한 지역의 운명을, 한 지역이 한 인간의 운명을 얼마나 처절하게 만들 수 있는지를 보여주는 경종이다. 세계체계를 언급할 때 우리는 이 장면을 잊지 말아야 한다. 또한, 자기가 의식하지 못하는 그 무엇까지 포함하여 세계를 품고자 하는 자 있다면, 그가 아무리 고립된 인간이라 할지라도 이미 그는 세계 자체이다. 한 인간의 눈물이란 자기의 가슴만으로는 끌어안기 벅찬 것임에도 불구하고 세계를 끌어안을 때 흐르는 것이다. 한 인간의 핏물이란 자기의 가슴만으로는 끌어안기 불가능한 것임에도 불구하고 자기를 던져 끌어안기를 감행할 때 흐르는 것이다. 이덕구의 얼굴을 타고 내리던 한줄기 핏물이 눈에 밟힌다.

'이덕구 산전'은 속칭 '시안모루'라는 곳이다. 1948년 겨울부터 1949년 봄까지 봉개리 등의 주민들이 피신해서 지냈던 곳이다. 그 겨울 동안 이덕구 부대가 이곳에 잠시 주둔했었다. 그래서 '이덕구 산전'이라는 이름이 붙여졌다. 제주 4·3 유적지 중에서 지명 앞에 인명이 붙는 경우는 '이덕구 산전'이 유일무이하다. 김경훈 시인의 시를 이곳에 불러내 본다.

이덕구 산전

우린 아직 죽지 않았노라
우리의 싸움은 아직 끝나지 않았노라
내 육신 비록 비바람에 흩어지고
깃발 더 이상 펄럭이지 않지만
울울창창 헐벗은 숲 사이
휘돌아 감기는 바람소리 사이
까마귀 소리 사이로

나무들아 돌들아 풀꽃들아 말해다오

말해다오 메아리가 되어

돌 틈새 나무뿌리 사이로

복수초 그 끓는 피가

눈 속을 뚫고 일어서리라

우리는 싸움을 한 번도 멈춘 적이 없었노라

스물여섯 │ 마을 그리고 동굴

이름 없이 죽어간 이들의 유품

현기영의 소설 「순이 삼촌」(1978년)으로 북촌리 사건은 알려졌다. 북촌 너분숭이 학살 터에 조성된 순이 삼촌 비에 눈보라가 거세다.

북촌리 – 공비와 내통했다며 400여 명 집단 총살

조천면 동쪽 끝 바닷가에 자리 잡은 북촌리는 일제강점기 때부터 자존심 강한 마을이었다. 해방 후에는 항일독립운동가 출신들이 주도한 건국준비위원회와 인민위원회를 중심으로 주민들이 똘똘 뭉쳐 있었다. 경찰은 1947년 3·1사건 직후의 대검속 기간에 조천 민청 의장단의 일원이었던 북촌 출신 김완배를 체포한 바 있었다. 경찰은 김의 몸을 수색하는 과정에서 북촌 청년 33명의 명단이 적혀 있는 메모지를 압수했다. 그때 압수된 명단 쪽지 때문에 북촌 청년들은 결국 경찰에 쫓기는 몸이 되고 말았다. 그 뒤로부터 경찰이 자주 마을에 나타나 수배청년들의 소재를 밝히라고 가족이나 친지들을 닦달하는 바람에 죄가 있든 없든 경찰이 나타나면 마을 주민들은 몸을 숨기기에 바빴다.

미군정은 1947년 5월 17일부터 미소 공동위원회가 속개되자 이 기간에는 정치적 집회를 일절 금지하는 행정명령 제3호를 발포했다가 비난이 일자 해제했다. 이를 전후해서 제주도에서 마을마다 삐라 부착과 무허가 집회가 성행했다.[937]

1947년 8월 13일 오전 11시께, 경찰은 순찰 도중 북촌리에서 삐라를 붙이던 사람들이 달아나자 뒤쫓으면서 총격을 가했다. 이 발포로 10대 소녀 장윤수를 비롯해 여자 2명과 남자 1명 등 주민 3이 총상을 입었다. 이에 흥분한 한 소녀가 사이렌을 울려 마을 주민들을 집결시키고, 경찰과 대항할 것을 결의했다. 때마침 마을을 벗어나지 못한 김병택 순경 등 경찰관 2명이 붙잡혀 집단폭행을 당했다. 북촌 주민들은 이에 직성이 풀리지 않았던지 마을에서 3km가량 떨어진 함덕지서에 찾아가 항의시위를 벌였다. 함덕지서에서는 지서 지붕에 기관총을 장착, 공포를 쏘면서 시위 군중들을 해산시켰다. 북촌리 사건이다. 이 사건 이후 북촌마을은 경찰의 집중적인 수색을 받았다. 특히 1948년 6월 16일에는 북촌 포구에 피항한 배를 조사하던 중 함께 탔던 경찰관 2명을 살해했다. 이 같은 사건이 벌어지면서 청년들은 수배를 받아 일찍부터 피신생활에 들어갔다. 입산시기도 다른 마을보다 빨랐다. 1948년 12월 16일에는 이들 입산 청년들이 체포되어 9연대에 의해 처음으로 집단학살 당한다.

1949년 1월 17일에는 해안마을인 조천면 북촌리에서 가장 비극적인 세칭 '북촌 사건'이 일어났다. 이 사건의 발단은 이날 아침 세화 주둔 2연대 3대대 중대일부 병력이 대대본부가 있던 함덕으로 가던 도중에 북촌마을 어귀 고갯길에서 게릴라의 기습을 받아 군인 2명이 숨지면서 시작되었다. 이날 오전 11시께 2개 소대쯤 되는 무장군인이 '공비들과 내통했다'는 이유를 들이대며 북촌마을을 포위, 300여 동의 가옥을 모두 불태우고, 주민 1천여 명을 국민학교 운동장에 집결시킨 후 차례로 인근 밭에 끌고 가 총살했다. 이 양민사살극은 뒤늦게 현장에 도착한 상급지휘관의 중지명령으로 일단 끝났지만, 그 다음 날 함덕으로 소개된 주민 일부가 다시 처형됐다. 결국, 이틀 새 북촌 주민 400명가량이 억울하게 죽었다.

큰곶검흘굴(대림동굴) – 안경, 단추, 소뼈

하덕천에서 선흘리를 향해 가다 보면, 2km 즈음 우측 길 옆에 나무가 우거진 곳이 있다. 입구에는 안내판이 있고, 철망으로 보호하고 있다.

큰검흘굴(대림동굴)은 한 때 남로당 구좌면당의 본부였다. 당시 위원장은 정권수였다.

수직 동굴로 깊은 곳은 10m 정도나 되며, 용암 다리가 형성되어 있다. 4·3연구소 유적지 보고에 의하면, 이곳은 한때 남로당 구좌면당 본부가 있던 곳으로 알려졌다.

초토화 작전 이후에는 해안마을에서 도피한 주민들이 집단생활을 했다고 한다. 동굴은 이를 증명이라도 하듯 옹기 편, 지퍼, 여성손지갑의 청동 부분, 먹은 뒤 버린 것으로 추정되는 소뼈 혹은 말뼈 등이 다량 발견된다. 그러나 주민들은 1949년 7월경 발각되어 생포되었다.

대림동굴에서 나는 안경 하나를 발견했다. 안경알 하나는 세 조각으로 깨어져 있었고, 다른 안경알은 녹아서 휘어져 있었다. 그것으로 봐서 이 안경은 플라스틱 안경이었다. 안경테는 없고, 철사로 된 안경다리만이 남아 있는 것으로 봐서, 아마 테는 안경알보다 쉬 불에 녹아내리지 않앉을까 상상할 뿐이었다. 이 안경의 주인은 누구일까? 이덕구와 김달삼의 사진을 보면, 둘 다 동그란 뿔테 안경을 착용하고 있었다. 그리고 다랑쉬굴에서 발견된 안경 역시 같은 모양이었다. 김달삼의 해주대회 참가 사진을 보면, 여전히 그는 안경을 착용하고 있었다. 그러나 이덕구의 시신 사진엔 안경이 없었다. 이덕구는 제주 남로당 3지대장으로서 구좌까지를 지도하고 있었다. 그러나 여기까지가 상상의 끝이었다. 다시 안경으로 돌아가 보자.

한빛고 안경박물관에 의하면, 안경의 역사를 다음과 같이 밝히고 있다. 1271년부터 1295년까지 원나라에서 관직을 맡았던 마르코 폴로는 그가 저술한 『동방견문록』에서 "원나라의 늙은 신하들은 거북의 등껍질로 만든 볼록렌즈 안경을 끼고 있다"라고 밝히고 있다. 그러나 이미 춘추전국시대의 묵가는 평면경, 오목경, 볼록경을 이용하여 빛의 반사현상을 관찰하거나 물체의 상의 크기 및 위치와 사용한 거울의 곡률과의 관계를 밝히는 경험적 법칙을 이끌어 냈다. 940년경 담초는 그의 저서 『화서』에서 규(양오목 렌즈), 주(양볼록 렌즈), 지(평오목 렌즈), 우(평볼록 렌즈) 렌즈를 사용한 경험을 밝혔다.

1204년에 발간된 조희곡의 『동천청록(洞天清錄)』에서는 "애체[운애운체(雲愛雲逮)라 불리던 조선의 안경]는 서방의 마라카에서 왔다"고 하여, 안경이 해양 실크로드의 교역품이었음을 확인하고 있다. 마르코 폴로가 기술한 내용에 의하면, 그가 중국에 들어가기 전부터 중국에서는 안경이 일부 계층에서나마 사용되었던 것을 알 수 있다. 이를 뒷받침할 만한 문헌이 발견되지 못하여 아직도 안경은 이탈리아에서 아르마티가 1280년경 최초로 발명한 것으로 인정되고 있다.

대림동굴에서 필자가 발견한 깨어진 안경알. 이 안경의 주인은 누구일까?

유럽에서 안경이 등장하는 가장 오래된 그림은 1352년 이탈리아의 화가 토모소 다 모레나가 그린 「위고 대주교의 초상화」로 이 그림은 현재 이탈리아의 성 니콜라 사원에 소장되어 있다.

이수광의 『지봉유설(芝峯類說)』 제19권에는 임진왜란 때 명나라 고관 심유경과 일본의 승려 현소가 모두 늙은이인데도 안경을 썼기 때문에 작은 글씨를 거뜬히 보았던 데 좌중이 놀랐고, 이는 여태까지 겪어보지 못했던 일이라 기록되어 있다. 렌즈는 수정으로 만들고, 테두리는 해방 (조개의 일종)의 껍데기로 만들었다. 장청은 『방주잡지』에서 선조가 내린 안경에 대해 "안경은 돈짝만 한 크기의 두 개의 알로 되어 있고, 그 알의 생김새는 운모석과 같으며, 금으로 알의 테두리를 감쌌고, 노끈을 매어서 합치면 하나가 되고 펼치면 둘이 되며, 그 품위가 마치 저자의 등자갑과 같다"고 기록하고 있다.

학봉 김성일의 안경과 황윤석의 『이재전서(頣齋全書)』 등으로 미루어 대략 임진왜란 전인 1580년경 안경이 우리나라에 전래하였을 것으로 보인다. 김성일이 생전에 사용하던 안경이 1984년 7월 경북 안동시에서 발견되었는데, 이는 1577년 김성일이 명나라에 갔을 때 이미 중국에 전해진 안경을 구입했던 것으로 추측된다. 그것은 우리나라가 일본에는 문화의 혜택을 베푸는 나라로서의 자긍심이 높아 예물을 받지 않았고, 예의상 구입한 물건도 돌아오는 길에 바다에 던져버렸다는 기록과 김성일의 안경이 일본의 것과는 전혀 다른 독특한 형태를 지니고 있다는 점에 기인한다.

이규경의 『오주서종박물고변(五洲書種博物攷辯)』에는 19세기 초 유리를 이용하여 광학적 렌즈를 제작한 기록이 있다. 유리구슬을 이용한 가수정(假水晶) 제법을 설명하면서 안경을 진수정(眞水晶)과 가수정을 이용해서 만든다고 했다. 1981년 월성군 성부산 기슭에서 국내 최초 유리 제조에 사용되었으리라 추정되는 신라 때의 용광로 자리가 발견됨으로써 이때 벌써 우리 선조들이 소다유리와 언유리를 직접 생산했음을 알게 되었다.

한빛고 안경박물관이 소장한 사진엽서에 조선 시대 말 안경가게가 있었던 것으로 봐서 이미 안경은 상당 정도 유통되고 있었던 것으로 보인다. 고종 때는 안경방이 각처에 있다고 했으니, 안경을 이용하는 서민이 많았다는 것을 알 수 있다. 우리나라는 안경 렌즈로서 특히 수정을 소중히 여겼고. 각종 색안경을 좋아했다. 특히 경주 남석을 고급으로 여겼다. 종로 북쪽에 있던 안경방 진열품 중에서는 경주 남석의 원석을 최고로 여겼다. 경주 남석 안경은 경주에서 채굴된 옥돌(일명 남옥, 수정)을 이용해서 렌즈를 만들고, 귀갑(龜甲, 거북등껍질)·우각(牛角, 소뿔)·금속 등으로 테를 만든 것이다. 경도가 높아 쉽게 깨지지 않고, 온도에 잘 반응하지 않아서 여름에는 눈을 시원하게 하고 겨울에는 따뜻하게 해주었다. 온도 차가 커져도 김이 서리지 않는 등 1600년대 초부터 중국에서도 최고의 상품으로 명성을 떨쳤다. 근래에 이르러서도 특산품 안경으로 각광을 받으며 우리나라 안경역사의 큰 맥을 형성해 왔으나, 원석채취가 한계에 달하여 공급이 중단된 상태이다. 미국인 선교사 제임스 게일이 『코리언 스케치』에 수록한 일화에 의하면, 남석안경은 생활필수품을 팔아야 살 수 있을 만큼 비싼 것이었다. 안경 제작 기술이 발전하면서 대량 생산되기에 이르자 가격도 하락했는데, 1939년도에는 최고 80원에서 최저 2원짜리까지 다양한 제품이 유통되었다.938)

1868년에 개발된 플라스틱이 안경테에 사용되어 안경 자체의 무게를 줄이는데 커다란 공헌을 하였다. 그 후, 플라스틱 렌즈의 개발과 안경의 경량화 추세, 그리고 1902년 유리 콘택트렌즈의 개발 등으로 안경의 발달은 이어졌고, 특히 플라스틱 소재는 끊임없는 발달을 이루어 왔다.939) 광학 플라스틱 렌즈 재료는 1936년 메틸 메타 크릴레이트, 1938년 폴리스티렌, 1942년 아릴 디그리콜 카보네이트 수지로 발전되면서 내열성이 점점 강해졌다.940) 1941년 안경광학신보사의 안경 공정가격해설 공정가격 일람표나 조선시계안경상공업조합연합회에서 조선총독부 고시 안경류 공정가격표를 공개하고 있는 등 일제강점기 당시 안경은 보편적인 상품이 되었다고 볼 수 있다.

한국의 안경 산업은 김재수로부터 시작되었다고 볼 수 있다. 태평양전쟁에서 일본군의 전력이 현저히 떨어져 패전의 분위기가 감지될 즈음 그는 일본 오사카에서 금곡세루로이드공업사라는 안경테 제조업을 운영하고 있었다. 그는 해방 후 극도의 혼란기가 오면, 자신이 원하던 안경 제조기술을 고국에 이전할 수 없겠다는 불안감을 느꼈다. 1945년 3월 엄청난 위험과 어려움을 무릅쓰고 오사카공장의 주요 기계, 기구들을 고향으로 옮겼다. 오사카에서 청진항으로 옮기고, 다시 구미까지 열차로, 고향 선산까지 소달구지로 운반했다. 지금은 상상하기조차 어려운 극도의 열악한 환경에서 우리나라 안경 산업의 첫발을 내디뎠다. 1946년 대구 침산동에서 국제세루로이드공업사로 본격적인 생산이 시작되었다.[941]

당시 매천 황현이나 백범 김구나 많은 기념사진에 등장하는 안경알은 거의 원형이었다. 이런 추세는 1948년 당시에도 그대로 유지된 것으로 보인다. 이덕구의 청년기 사진이나 김달삼의 사진에도 안경알은 원형이었다. 대림동굴에서 발견된 안경알은 플라스틱 재질이었고, 안경테와 안경다리는 가는 줄의 금속제였다. 플라스틱 안경알은 이미 일제강점기에 개발된 상태였고, 한국에서도 1946년 김재수의 국제세루로이드에서 플라스틱 안경을 생산하고 있었으므로 대림동굴의 안경이 당시 제품일 가능성은 있는 것이다.

안경이 발견된 근처에서 단추를 발견했다. 꽃문양이 새겨진 청동 단추였다. 필자가 이 꽃이 대한제국을 상징하던 이화문인지 일본의 벚꽃문양인지를 아는 데는 단추문양에 대한 연구시간이 필요했다. 그리고 단추의 문양이 국가와 계급, 신분을 구분하는 중요한 증거가 될 수 있음을 알게 되었다. 거의 모든 동굴에서 가장 많이 발견되는 유물 중 하나가 단추이다. 벚꽃문양이 새겨진 청동 단추, 셔츠 등에 사용되었던 플라스틱 단추 등이 대다수를 이룬다.

굴속에 떨어트리고 간 4·3 희생자의 단추엔 꽃이 피어 있었다. 활짝 피어 있었다. 지지도 않은 채 피어 있었다.

단추는 이미 유럽에서 1만 년 전에 사용되었고, 독일 할레(Halle) 시에 있는 주립박물관에 신석기시대 조개껍질 단추들이 전시되어 있다.942) 일제강점기 모슬포 등에는 수산물 가공 후 남는 조개껍질을 이용하여 단추를 만드는 공장이 있었고, 서귀면 제주도패구주식회사가 패구의 제조 및 판매, 단추 원료의 매매업을 하였다.943) 그러므로 단추에 대한 수요는 제주 자체만으로 충분히 충족되는 상황이었을 것이다.944) 그러나 이 단추는 제복용 단추이다.

단추의 장식성이 급격히 발달한 것은 14세기이다. 옷에 단추구멍이 고안되면서 진정한 단추 열풍이 시작된 것이다.945) 이제 단추는 옷을 여미는 수단을 넘어 신분과 계급을 나누는 값비싼 장식으로도 발전했다. 사회단체의 지도자, 왕이나 황제는 자신의 위치를 강조하기 위해 의복상

징(clothing symbol)으로 단추를 사용했다.946)

단추가 지나친 사치를 조장하자 독일 뉘른베르크의 입법기관은 단추의 크기, 재료, 개수까지 법으로 제정해 이러한 사치를 막으려 했다.947) 1566년 찰스 9세는 에나멜 단추 제작에 관한 규범을 주장하였고, 1583년 4월 헨리 3세는 에나멜 단추, 유리 단추, 크리스털 단추 사용에 관한 법을 제정하였다. 이들 역시 사치를 막기 위한 맥락이었다. 엘리자베스 여왕(Elizabeth I)은 군인들의 코트 커프스 둘레에 단추를 달게 하였는데, 이는 군인들이 소맷자락으로 코를 닦는 습관을 없애기 위한 것이었다.948) 이 같은 복장법이 발달하여 제복의 단추 등이 규정되었다.

군복 단추는 당시 단추의 유행을 이끌기도 했다. 18세기의 특징적인 단추의 하나인 브란덴부르크스(brandenburgs)는 검은색이나 금색의 실크사로 가장자리에 손질이 되어 있고, 수가 화려하게 놓인 비교적 큰 원반 형태인데, 이는 원래 17세기 말 브란덴부르크 지역의 군복에서 유래된 것이다.949)

그러나 대림굴에서 발견된 단추는 그 재료가 청동인 청동단추이다. 금속 단추는 19세기 초에 나타나는데 철과 놋쇠, 놋쇠에 도금한 단추와 금 단추가 유행했다. 1807년 영국 버밍햄의 샌더스(B. Sanders)가 금속 단추를 발명했다.950) 대림굴의 단추에는 벚꽃 문양이 양각되어 있다. 이 문양은 대체로 일제강점기 군복 등의 제복에 사용되었다. 대한제국기의 군복에는 이화문이 새겨져 있다. 이화문과 벚꽃문은 꽃 끝이 갈라진 것으로 구분되는데, 이들 벚꽃문양으로 봐서 일제강점기 학병출신자들의 제복 단추일 가능성이 있다. 합성수지 단추는 19세기 말 합성수지의 개발과 함께 제조된다.951) 큰넓궤에서도 벚꽃문양이 양각된 플라스틱 단추가 발견되었다.

우리나라 단추는 몽골의 영향으로 도입되었고, 기능성과 부적의 효과를 같이 지녔다. 크고 의젓한 모양의 단추는 남자의 마고자에, 작고 예쁜 한 쌍의 단추는 여자 털배자, 외짝 단추는 여인들의 여름 적삼에 달렸었다. 단추는 왕가나 양반가의 예복에 사용되기도 하였으며, 문양에는 복신의 상징인 박쥐, 장수의 상징은 국화·천도·나비를 주로 사용하여 무병장수를 기원하였다.[952] 우리나라에서 단추의 사용이 본격화된 것은 1894년 갑오개혁과 1895년 을미개혁 무렵 서구식 의복과 단발로 새로운 변화를 가져오고, 남녀 모두 신식양복을 입기 시작한 시기와 일치한다. 1937년경 국내에서 가장 큰 유창공업사라는 단추제조회사가 대전에 창설되면서 단추의 대량생산체계를 갖추게 되었다. 우리나라에서 단추에 대한 본격적인 유행이나 관심의 고조는 거의 이 무렵부터였다고 할 수 있다.[953] 공급이 수요를 창출한 것이다. 1939년부터는 군복형식이 유행한 시기로 여성의 옷에도 군복영향이 많이 나타난다. 장식적인 면보다 기능성을 중시하고, 단추 또한 장식 없는 단순한 원형을 사용하였다.[954]

1946년 여학교 교복 단추로서는 숙명이 교복개정과 함께 양소매 끝에 작은 단추를 달았고, 바지의 발목 부근에 단추를 채웠다. 동덕의 경우는 1953년 개정되어 고등학교 동복은 주머니를 포함하여 단추가 넷, 깃은 양편으로 젖힌 흰 옷깃을 달고, 바지는 발목에 단추를 달았다.[955] 정뜨르비행장에서 발굴된 유물 중에 대정중학교 교복 단추가 있는데, 대정중학교도 고유 단추를 사용했음을 알 수 있다.[956]

단추와 유사한 기능으로 지퍼가 있다. 신부의 단추 푸는 시간을 줄이기 위해 발명됐다는 속설이 있는 지퍼이다. 굴 안쪽으로 조금 더 들어가

흩어진 지퍼의 잔해.

서 지퍼가 발견되었다. 지퍼 부속을 결합해주는 옷감 부분(tape)은 삭았는지 보이지 않고, 금속제의 지퍼이빨과 슬라이더가 하나하나 분해된 채 흩어져 있었다. 지퍼가 그렇게 분해될 수 있다는 것을 처음 알았다. 당시에 지퍼를 사용했을지 의문이 들었다. 그러나 그 의문은 어렵지 않게 풀렸다. 가릿당동산 동녘밭에서도 지퍼 한 점이 발견되었기 때문이다.957) 당시 지퍼가 일상적인 의복 구조에 사용되고 있었던 것으로 봐도 무방할 것이다.

수직 동굴 아랫부분에서 뼈가 발견되었다. 동굴 안에도 또 다른 동굴에서도 뼈는 광범위하게 발견된다. 대림굴에서 발견된 뼈 중 소의 어깨뼈는 확실히 확인된다.

어깨뼈는 어깨부위의 크고 넓적한 뼈로 어깨뼈 가장자리에는 어깨를

대림굴에서 발견된 소뼈의 잔해들.

고정하거나 움직이는 데 필요한 연하면서 질긴 근육들이 붙어 있어 활동을 도와준다. 힘을 많이 받는 부위의 관절은 쉽게 고장 날 수 있으므로 아예 근육으로 연결되도록 진화한 것이다. 큰넓궤에서 발견된 척추뼈도 소뼈의 것으로 판단된다. 방목되던 가축이 굴 아래로 떨어져 죽은 뒤 뼈만 남은 것이라는 상상도 그럴듯했다. 그러나 이들 뼈는 추락사한 동물의 뼈가 아니었다. 식용으로 섭취된 뒤 버려진 뼛조각들이라고 보는 것이 현장의 정황상 설득력 있어 보인다. 사람들이 삼삼오오 앉았을 법한 돌덩이 안쪽으로 동물 뼈가 모여 있는 점, 잿더미의 흔적과 뼈 무지가 겹쳐 있는 점 등이 그런 추론에 힘을 실어준다. 4·3 생존자들의 증언 중에 방목하던 말이나 소를 '폭도들'이 잡아갔다거나 하는 이야기도 이런 추론을 뒷받침한다.

제주마의 사육두수는 1926년에 1만7,869두, 1938년에는 2만1,409두에 달했으며, 육지에서 키우던 말의 1/3 이상은 제주도산이었다. 제주마는 저항력이 강하고 체질이 강인하여 다른 말과 비교할 수 없는 특징이 있었다. 아울러 돌과 암반이 많은 곳에서도 잘 단련되어 거친 먹이에도 잘 견디었고, 연중 방목이 가능했으므로 마구간 설치가 필요 없었다. 1931년부터 1938년까지 생산된 제주마 중 9,430두(연평균 1천여 두)가 경기·전북·경남 지역에도 반출되었으며, 일본의 동경·오사카·아오모리 등지에 반출되었다.958) 일제강점기의 제주도에서 사육되고 있는 축우의 실제 두수는 7~8만 마리로 추정하고 있으나, 통계상으로는 3만4,805두(1926년), 1938년에는 3만5,325두가 기록되어 있다. 「독립신보」에는 "과거 왜놈 병대들의 착취로 말미암아 소 3만5천, 말 3만, 돼지 4만, 면양 150 두가 남아 있을 뿐이다"959)라고 적고 있다. 이런 상황에서 해방을 맞이했고, 4·3 당시도 축산상황이 열악했을 것이다.

정치지도원이었던 김생민의 증언에 의하면, 1949년 3월경에 구좌읍당에 정치지도를 가서 1개월 정도 지냈는데 거기서 면당위원장이었던 정권수를 만났다고 한다.960) 당시의 구좌읍당이 대림굴에 있었는지는 확인치 못했다. 김생민은 정권수에 대해 학병 출신이며 온순한 성격이었다고 전한다.961) 정권수의 항전은 오래갔다. 마침내 1956년 4월 3일, 사찰유격중대가 구좌면 송당리의 체오름에서 교전 끝에 무장대 부책임자 정권수를 사살하였다. 마지막 무장대 오원권도 4월 2일에 성산포 유격대가 구좌면 송당리에서 생포하였다.962) 송당리는 대림동굴과 그리 멀지 않은 곳이다. 이로써 한라산에서 총성이 멈추게 되었다.

1946년 초에 구좌면 세화지서 주임으로 발령받은 한 경찰관의 회고담도 당시 구좌면 인민위원회의 지도력을 잘 보여준다. 그는 발령통지서를 받을 때 경찰서장이 소개장을 써 줬다고 했다. 그것은 구좌면 인민위원장 문도배에게 보내는 것으로 지서 주임을 보내니 잘 부탁한다는 내용이었다고 한다.[963] 문도배는 1930년대 해녀 봉기 배후 인물로 3년의 옥살이를 했던 항일운동가로 지역의 존경받는 인물이었다. 애월면과 구좌면 등지에서는 면사무소에 건국준비위원회나 인민위원회 간판이 나란히 걸리기도 하였다. 그러나 인민위원회의 우세는 '종달리 사건'을 계기로 입산투쟁으로 전환된다. 종달리 사건은 1947년 6월 6일 민청의 집회를 막으려던 경찰관 3명이 오히려 집회 참석 청년들로부터 집단 구타를 당해 중상을 입은 사건이다. 우발적으로 저지른 사건이 몰고 올 후유증을 심각하게 여긴 청년들은 산으로 피신하기 시작했다.

선흘리 - 도틀굴, 목시물굴의 통조림통, 다리미, 탄피

선흘리는 대대로 안씨와 부씨의 집성촌이었다. 일제 말 30여만 평의 선흘곶을 불하받은 부씨는 해방되어 땅을 마을사람들에게 돌려줄 상황이 되자 서청을 불러들였다. 안씨 편 청년과 부씨 편 서청의 갈등이 격화되고 부씨 편에 경찰까지 가세하자 안씨 쪽은 입산하게 된다. 남로당 제주위원장 안세훈은 전라도 광산군 안병택에게 수학하였다. 안병택은 제주 최고의 한학자 안달삼의 아들로 조천면 선흘리 출신이었다. 1948년 1월 대검거 후 3월 초순 석방되었다.[964] 그후 8월 해주대회에 참석했던 안세훈은 1950년 전쟁이 발발하자 남하하여, 광산군 안병택의 손자 집에서 2년 가까이 지하생활을 하다 1953년 4월 15일 병사하였다. 1948년 2월 25일에는 도당 지도부가 선흘리에서 4·3봉기를 위한 회의를 했다고도 한다.

한편, 이종우는 김달삼과 학교 시절부터 막역한 친구 사이로 4·3 발발 전후 선흘에서 경찰에게 사살된다.[965] 1948년 6월 18일 도 사령부 간부 1명이 선흘리에서 붙잡혔다.[966] 1948년 8월 10일자 미 6사단보고서에도 여자 30명을 포함해 약 80명의 유격대가 선흘리 산악지대에서 훈련받고 있는 모습이 목격됐다고 적혀있다.[967]

앞에 나열한 기록들은 선흘리가 4·3에서 차지하는 위상과 역할을 엿볼 수 있게 한다.

선흘리 마을에서 도틀굴 목시물굴을 향해 가는 길.

초토화 작전 이후 토벌대가 마을을 장악했지만 중산간 마을의 경우에는 유격대의 영향력이 일부 남아 있었다. 4·3 발발 초기처럼 식량을 산으로 올리는 일은 어려워졌지만 '정보제공'은 여전히 계속되었다.[968]

1948년 10월 31일 몇몇 사람들이 총살당하자 청년들은 피신생활에 들어갔지만, 노약자들은 그냥 마을에 남아있었다. 그러나 11월 18일 토벌대는 피신한 청년들에게 제공할 떡을 만드느라 밤늦게까지 불이 켜져 있던 집을 덮쳐 집주인 김성규를 비롯한 5명을 총살하고 집에 불을 질렀다. 이 사건 이후 모든 주민이 은신생활에 들어갔다.

1948년 11월 21일 선흘리 일대가 토벌대에 의해 불탔다. 일부 주민은 함덕, 조천 등지의 해안마을로 피난했지만, 대부분 주민은 선흘곶에 있는 이곳 도틀굴과 인근 목시물굴 등지에 분산해 숨어 살았다. 토벌대의 명령에 순응해 해변 마을로 내려간 소개민들이 먼저 학살당했다. 토벌대는 23일께 소개민 수용소에서 젊은 여성들을 끌어내 함덕리 모래밭 등 여기저기서 총살했다.

도틀굴에 숨어 지낸 지 나흘째 되는 1948년 11월 25일 굴이 토벌대에 발각되었다. 도틀굴엔 젊은 청년을 중심으로 25명 정도 숨어 있었다. 그날 선흘곶 주위를 포위해 사방을 감시하던 군인들은 마침 굴을 나와 있었던 주민 한 명을 붙잡아 마을 사람들이 숨어있는 곳을 대라고 윽박질렀다. 죽이겠다는 위협 앞에 그 굴의 위치는 알려졌고, 함덕 주둔 군인들은 바로 그 굴속으로 수류탄을 던졌다. 이 과정에서 몇 명의 청년들이 군인들의 총격으로 굴 안에서 희생됐다. 혼비백산한 청년들은 총을 쏘며 들어오는 군인들에게 모두 체포됐다. 그 과정에서 안 모 씨는 굴 안으로 더 깊이 들어가 버려 체포를 피할 수 있었다. 밖으로 끌려 나온 주민의 일부는 도틀굴 인근에서 곧바로 총살됐다.

11월 26일, 토벌대는 전날 도틀굴에서 잡은 사람 중 한 명을 다그쳐 인근 굴을 수색했다. 곧 '목시물굴'이 발각됐다. 목시물굴에는 노약자를 포함해 많은 사람이 숨어 있었다. 토벌대는 총살 후 휘발유를 뿌려 시신을 태우는 만행을 저질렀다. 토벌대는 목시물굴에서 잡은 주민 중 한 명을 앞세워 또다시 굴을 찾아 나섰다. 목시물굴이 발각된 지 하루 만인 11월 27일, 이번엔 웃밤오름 부근의 '밴뱅디굴'이 드러났다. 이곳에서도 6명이 붙잡혀 죽었다. 그들의 죽음 뒤에 동굴엔 유물이 남았다.

굴 안의 유물들이 온전히 4·3 당시의 생활유적이라고 확신하기는 힘들다. 오랜 시간 훼손, 변형, 추가되었을 가능성을 무시할 수 없기 때문이다. 더구나 동굴에서 피신생활을 했던 사람들의 증언과 서로 모순되거나 이해하기 힘든 유물들도 발견된다. 그러나 이들 모순되는 유물들의 존재는 어쩌면 진실로 가는 열쇠인지도 모른다.

이들 논쟁적인 유물들이 진실을 입증하는 증거물이 되기 위해서는 자료와 증언 등의 교차확인 작업이 필수적으로 전제되어야 할 것이다. 그래서 나는 현재 출입이 가능했던 동굴에서 단 한 조각의 유물도 놓치지 않고 기록하기 위해 노력했다. 동굴의 끝에서부터 입구를 향해 나오면서 마치 단층촬영을 하듯이 주의력을 집중해 모든 유물을 기록했다. 몇 년 전 4·3평화공원에서 이들 굴에서 수집된 일부 유물 전시회가 있었다. 하지만 그 후에도 동굴에는 4·3 당시의 유물들이 존재했다. 이들 유물이 4·3 당시에 존재했던 유물인지 아닌지를 알려면, 우선 당시 그런 유물이 생산되고 있었는지를 확인하는 것이 필수일 것이다.

예를 들면, 종남마을 터에서 '한일'(韓壹) 소주병을 발견했는데 이것이

잃어버린 마을인 와산리 종남마을 터에서 발견한
'한일' 소주병.

4·3과 관련이 있는 물건인지가 궁금했다. 한일 소주는 1950년 11월 호남양조장이란 이름으로 창업한 뒤, 1955년부터 한일양조장으로 상호를 변경하여 '한주'(韓酒)란 이름으로 소주를 출시하다, 같은 해 3월에 '한일'로 변경하였다. 이 회사는 현재 ㈜한라산이 되었다.969) 따라서 종남마을에서 발견된 소주병은 최소한 1955년 이후의 것이다. 이 당시까지도 5명의 무장대가 활동하고는 있었으나, 이 소주병과 4·3의 관련성을 입증하기는 힘들 것이다. 자본주의적 공업생산품은 수공업과 달리 일정 정도 생산의 궤적을 추적하는 것이 가능하다.

얘기가 나온 김에 병부터 살펴보자. 용기의 기능 때문이겠지만 모든 4·3 동굴유적마다 병이 발견된다. 갈색병이 대세를 이루고, 푸른 기의 무색 병 등이 다음으로 많다. 1871년 신미양요 당시 촬영된 사진에 의하면, 조선 사람이 미군 함에 올라 선물로 받은 빈 술병을 안고 찍은 장면이 있다. 맥주병은 1850년에 발명되었으므로 이때는 우리에게만 희귀한 게 아니었을 것이다. 갈색 병은 원료인 홉이 자외선과 반응해 응고되기 때문에 이의 차단을 위한 것이다. 이들 병은 어디에서 온 것일까?

목시물굴의 평바위에 놓여 있는 유물 중 병이 보인다.

　1903년 3월 10일 자「황성신문」에 실린 수입업체 구옥상전(龜屋商鷹)
의 광고에 맥주와 국화주 등 병이 그려져 있어 유리병 포장이 대한제국
시기부터 본격화되었을 것으로 추측된다.970) 1935년 6월 2일 제주읍 2
도리 설립된 제주상사주식회사 본점은 소주·맥주·사이다 등 잡화를 판
매했다.971) 1939년 11월 14일 성산면 성산리에 설립된 성산주조합명회
사도 주류를 제조, 판매하였다.972) 1938년 당시 제주에 탁주 및 약주
제조업체는 6개가 있었으며, 다른 공장에 비해 많지 않지만 순수익이 9
만1,559원에 달했다.973) 한편, 강주회는『월간 서울우유』1981년 8월
호에 게재 된 서울우유 창립 44주년 특집「44년 전 추억」에서 다음과
같은 글을 싣고 있다.

눈가리개를 가린 말 한 마리가 말편자소리 요란하게 역마차를 끌고 노량진에서부터 정동 우유처리장으로 달려오면, 싣고 온 우유를 쇠솥에 부어 가열 살균하고 사이다병에 깔때기로 담아 사이다병 마개(왕관)로 밀봉하여 서울(경성) 시내 신청자에게 자전거로 배달한 것을 44년 전인 1937년에 필자는 보았다.

이는 사이다병이 유통되는 정황을 설명해 준다. 1945년 해방 이후 1961년까지는 우유협동조합에서 병이 부족하면, 맥주병·사이다병 등 유색 유리병에도 우유를 담아 배달하였다.[974] 제주 역시 맥주나 사이다가 판매되고 있었으므로 서울과 크게 다르지 않았다고 볼 수 있다. 따라서 4·3 이전에 제주도 내에서 청주병이나 소주병, 사이다병 등은 여러 용도로 사용하던 물건임을 알 수 있다.

문제는 동굴 속 병 조각이 4·3 이후부터 최근까지의 어느 기간에 유입된 것일 수도 있다는 점이다. 이와 관련 눈여겨볼 것은 대부분의 병 조각에서 돋을새김 된 회사의 상표를 발견하기 어렵다는 점이다. 일본은 일찍이 공용 병 정책을 시행했는데, 이들 병 역시 개인회사가 만든 것이 아니라 공용 병이었기 때문에 상표 양각이 안 되어 있을 수 있다. 그렇다면 상표새김이 본격화되기 전인 1948년 당시의 병일 가능성이 높아진다고 하겠다. 따라서 이에 대한 세심한 연구가 필요하다.

목시물굴과 도틀굴에서 통조림통이 발견되었다. 목시물굴의 통이 도틀굴 것의 통에 비해 크다. 일제강점기 제주에만 조선에서 유일하게 통조림을 만드는 관힐(罐詰)공장[975]이 있었다. 대정면 하모리 921번지에 통조림과 조개 단추 제조를 위해, 1923년 1월 10일 대표사원 김영진이 만길합명회사를 설립 등기하였다.[976]

목시물굴에서 발견된 통조림통.

　제주에는 만길합명회사를 포함 12개의 통조림회사가 있었다. 성산통조림주식회사는 1941년 7월 30일 자로 등기하였으며,977) 대정면 하모리의 제주도서부통조림주식회사는 1941년 9월 9일 설립등기를 하였다.978) 제주읍 3도리의 제주통조림주식회사는 1941년 10월 9일에 등기하였다.979) 이들 회사는 모두 소라통조림, 전복통조림 및 관청 허가를 필요로 하지 않은 각종 통조림을 제조, 판매하였다. 제주도의 축우생산물을 처리하기 위하여 1928년 일본의 주식회사 다케나카 제관소(통조림) 조선분공장을 제주도(한림 옹포)에 설치, 도축과 동시에 통조림 제조에 이르는 일련의 현대식 가공시설을 만들었다.980) 조개류 통조림과 소말(牛·馬肉) 통조림의 생산량은 1938년 기준으로 각각 24만9,550개, 39만5,200개981)에 달했다. 제주에서 반출되는 대표적인 상품이 바로 완두 통조림·소라 통조림 등

통조림 상품이었다.982) 따라서 통조림 통은 전국 어디에서나 볼 수 있는 것이 아닌 오히려 제주에서 특별히 발견되는 유물일 수도 있다.

다랑쉬굴에서 발견된 시신 한 구에서 경찰복 버클이 발견되었다.983) 목시물굴에서는 군화 한 조각이 발견되었다. 이것은 어떻게 설명될 수 있을까? 1949년 1월 20일 자 미군 일일정보보고를 살펴보자.984)

1월 19일 자 한국군 정보보고서는 현재 폭도들이 한국 전역에서 한국군과 경찰 희생자의 시신에서 제복을 벗겨내고 있다는 사실에 한국군이 주목하고 있음을 보여주고 있다. 최근 몇 주 동안 토벌대 제복을 입은 게릴라와 교전을 벌인 몇 건의 사건이 있었다. 마천에서는 두 차례나 한국군 복장을 한 폭도들이 경찰을 살해했고(일일정보보고 제1017~1022호), 군인 복장을 한 폭도 6명이 1월 3일 제주도의 삼양리에 나타나 마을의 우익들을 집합시키고 발포하여 31명을 사살했다. 또한 강원도 경찰보고에 따르면, 1월 18일 한국군에서 탈주한 공산주의자 세 명이 삼척에서 교전 중 사살되었는데 이들도 경찰 복장을 하고 있었다.

이에 대해 미군은 다음과 같이 논평하고 있다. "폭도들의 군복수집은 토벌대로 가장한 테러분자들이 폭력 행위를 증가시킬 것임을 예감케 한다. 공산주의자들의 이러한 전략은 현재의 군·경 간의 우호 관계를 해칠 것이며, 군경에 대한 대중적 신뢰감을 저하시킬 것이다." 이는 다랑쉬굴의 시신이 양민이 아니라 폭도일 것이라는 증거로 활용될 수 있다. 그러나 이들 유물이 후에 반입되었을 가능성에 대해 반증할 길이 없으므로 이 같은 증거는 결정적인 증거가 되기 어렵다. 이는 굴의 유물에 대해서도 좀 더 면밀한 검증방법이 요구됨을 의미한다 하겠다.

목시물굴에서 발견된 군화 조각.

목시물굴에서 발견된 유물 중에 다리미가 있다. 이 다리미는 무쇠로 만들었으며, 접시형으로 내부에 6조의 방사선문양이 있다. 조사결과 이는 일제강점기 때 제주도에서 생산된 전형적인 다리미로 현재 제주민속자연사박물관에 있는 것과 같다.985) 굴에 들어오면서 다리미까지 가지고 들어온 것은 어떤 이유일까? 옷을 반듯이 다려 입기 위한 용도라고 생각하긴 어렵다. 아마도 숯을 올려놓을 수 있는 난방구로서의 용도가 더 중요하지 않았을까 추측된다.

굴에서 공통으로 발견되는 유물 중에 하나가 고무신이다. 도틀굴과 큰넓궤에서는 타다만 고무신이 발견되었다. 흰 고무신과 검정 고무신이 모두 발견되며, 목시물굴에서는 어린이용의 작은 고무신도 발견되었다. 고우니마루 저수지 유적에서도 7점의 고무신이 발견되었다.986)

목시물굴에서 발견된 무쇠 다리미.

제주에서 고무신은 언제부터 사용되었을까? 1935년 8월 3일 제주읍 1도리에 설립된 합자회사 반상점에서 많은 잡화와 더불어 고무제품을 판매하였다.[987] 또한, 1941년 11월 27일 1도리에 설립된 제주도 생활 필수품소매상업조합에서도 고무신을 비롯한 잡화를 판매하였다.[988] 따라서 고무신이 당시 민간인의 생활용품이었음을 어렵지 않게 확인할 수 있다. 당시 무장대 문서연락병의 증언에 의하면, 고무신에 보리짚을 깔아 신었는데 미농지로 된 비밀문서를 말아서 보리짚속에 담아 끼워 가지고 신고 다녔다 한다. 또한 4월 3일 자기 편의 표식으로 만월표 운동화나 고무신을 신기도 했다.[989]

날카로운 용암동굴 내부에서 생활하기에 고무신은 결코 편하지도 안전하지도 않았을 것이다. 그러나 당시로써는 고무신이 그나마 나은 신발

목시물굴에서 발견된 큰 고무신과 작은 고무신 그리고 탄피.

이라 생각하니 내가 신은 등산화가 사치스럽게 느껴졌다.

도틀굴에서 상당량의 숯 조각이 발견되었다. 필시 사람들이 불을 피웠던 자리로 보인다. 동백동산에는 일제강점기 때부터 숯가마가 있었고, 나무가 많아 이동하며 일회용 숯가마를 사용할 정도였기에, 숯 제작은 선흘리 사람들의 일상이었을 것으로 보인다. 따라서 숯이 이들 동굴에서 발견되는 것은 자연스러워 보인다. 또한, 숯가마가 폐쇄된 지 오래이므로 이들 숯을 일부러 동굴에 반입시킬 목적이 아닌 한 4·3 이후에 숯을 반입할 것으로 보긴 어렵다. 그러나 인위적인 반입 가능성은 여전히 존재한다.

4·3 동굴유물 중에 빠지지 않는 것이 옹기 조각들이다. 옹기가 물이

도틀굴에서 발견된 숯과 통조림통.

나 음식을 보관하기 위한 필수용품이란 점은 이미 구석기시대부터 이어
져 온 전통이다. 제주 옹기는 구억리 것이 유명하다. 옹기가마의 입지조
건은 흙보다 땔감 확보가 우선이다. 따라서 숯가마와 마찬가지로 옹기가
마도 땔감 확보가 쉬운 곶자왈을 택한다. 그러나 광명단을 입힌 광나는
옹기들은 '최근 것이 아닐까?' 의심이 들었다.

옹기는 17세기부터 잿물유약이 사용되면서 오늘날 널리 퍼진 흙갈유
유약이 입혀진 옹기로 발전하였다. 공업생산에서는 광명단이 유약으로
많이 쓰였다. 광명단은 산화납이 주성분으로 옹기에 입혀 구우면 붉은색
이 나고, 표면이 유리처럼 광택이 뛰어나다.

광명단과 망간을 포함한 유약을 사용하면 옹기빛깔이 새까맣게 빛남으

도틀굴에서 발견된 옹기 조각.

로 일반인들이 선호했다. 중금속물질인 광명단 유약은 정확한 유입시기를 알 수 없지만, 대개 19세기 초에 프랑스나 일본에서 유입된 것으로 본다. 문헌으로는 아사카와 다쿠미(淺川巧)의 『조선도자명고(朝鮮陶磁名考)』에 광명단이 조선 말기부터 쓰이기 시작했다고 한다.990) 그러므로 광명단 유약을 바른 옹기도 여전히 4·3 당시에 유통되고 있었다. 제주도 옹기의 특징은 입과 밑이 좁고, 배가 부른 형태이다. 철분함량이 많은 화산토로 만들어 붉은 색을 띠고 있다. 그러나 자체 생산능력이 부족한 관계로 상당량을 육지에서 구입하였다.991) 그러므로 육지 옹기가 섞여 있을 가능성도 많다고 하겠다. 이렇게 되면 옹기 편이 4·3 당시 주민들의 생필품이었을 가능성도 증가하지만, 특정하기가 어려워져 모호성도 증가한다.

시신을 찾지 못해 비석만 세워놓은 동광리 헛묘.

동광리 – 영화 〈지슬〉의 큰넓궤

4·3 당시 동광리 마을에 젊은이들은 거의 남아 있지 않았다. 이는 4·3 발발 1년 전인 1947년 여름, 보리 공출하러 온 면 직원들을 구타한 사건 이래 젊은이들이 계속 쫓겨 다녔기 때문이다.[992] 동광리의 4·3은 바로 '보리공출 사건' 때부터 시작됐다. 1948년 11월 15일 새벽, 안덕면 동광리를 포위한 군 토벌대가 연설하겠다며 주민들을 집결시켰다. 젊은이들은 이미 피해 버린 터라 노약자들만이 모여들었다. 토벌대는 주민들이 '무등이왓'에 집결하자마자 다짜고짜 무자비하게 구타를 하고, 10여 명을 총살했다. 희생자 중 강군봉은 현직 경찰의 부친이어서 주민들의 충격은 더했다. 이 무등이왓 사건은 이후 참혹하게 전개된

초토화 작전의 첫 신호탄일 뿐이었다.

이 사건들은 노약자들까지도 산으로 몰아넣는 결과를 빚었다. 고영인 (여, 61세)은 집안 남자들이 모두 피신한 가운데 며느리와 손자, 손녀를 데리고 은신처를 찾았으나 마땅한 장소가 떠오르지 않았다. 궁리 끝에 일제 강점기에 만들어 놓은 방공호에 숨기로 했다. 방공호는 '벡케'(밭에 서 나온 돌을 한 곳에 쌓아 놓은 돌무더기) 밑에 파 놓은 굴이었다. 그러나 11월 23일 마을에 온 토벌대는 '벡케 밑의 굴'을 찾아냈다. 토벌대는 고영 인을 비롯하여 7명을 즉결 총살했다.[993]

12월 11일과 12일은 토벌대의 대대적인 수색전이 벌어졌다. 양 이틀 간 무려 30여 명이 잡혀 집단희생 됐다. 동광리는 한림, 중문, 대정면으로 통하는 교통의 요지였던 탓에 각 지역의 토벌대가 경쟁적으로 올라 왔다. 마을 부근에 숨었던 사람들이 잇따라 붙잡혀 희생되자 살아남은 주민들은 더 안전한 곳을 찾아 도망칠 수밖에 없었다.

마을 북쪽 도너리오름(道乙岳)[994] 기슭에 위치한 '큰넓궤'는 가장 많은 주민이 은신했던 곳이다. 큰넓궤에는 그곳과 가까운 삼밧구석 사람들이 먼저 숨었는데, '폭탄으로 때려도 끄떡없는 좋은 은신처'라는 소문이 퍼져 마을 사람들이 모여들었다. 굴의 규모와 120명 정도의 인원, 50일 정도의 거주기간 만큼이나 유물 역시 질과 양에서 다른 굴을 압도한다.

4·3연구소의 김창후 소장이 말한 바로는 큰넓궤는 가장 유명한 4·3 유적 중의 하나여서 다량의 탄피 등을 수습한 바 있었다고 했다. 그러나 큰넓궤에는 아직도 탄피가 남아있었다.

목시물굴에서도 탄피가 발견된다. 또한, 2006년 화북천 인근 밭을 시작으로 진행된 유해·유물 발굴에서 전체 유류품의 80~90%가 M1 소

큰넓궤의 구부러진 담뱃대 부리와 탄피.

총과 카빈총의 탄두 및 탄피, 탄창 등 화기류였다.995) 탄피의 바닥에는
표식문자가 음각되어 있다. 이는 일정한 규칙에 따르는데, 제조사—생산
연도 식이다. 예를 들어, 카빈 탄피 LC-43은 레이크시티 병기창(Lake
City Ordnance)에서 1943년 생산된 것이다. LC-45는 같은 공장에서
1945년 제조된 것이다. PC는 피터스 탄약회사(Peters Cartridge Company)
를, WCC는 서부탄약회사(Western Cartridge Company)를, RA는 레밍턴
병기회사(Remington Arms Company)를, TW는 트윈시티 병기창(Twin Cities
Ordnance Plant)을, SL은 세인트루이스 병기창(St. Louis Ordnance Plant)을
의미한다. 이 중 카빈 탄피는 LC-4, LC-43, LC-45, PC-43,
WCC-44이며, M1 탄피는 LC-44, WCC-45, TW-43, SL-4, RA-44

이다. 카빈총의 유효탄창용량은 15발이며, M1 소총은 8발이다.[996]

이들 총탄은 유입경로를 통해 군·경의 명령지휘체계를 확인할 수 있을 뿐만 아니라 그와 연관된 학살·암매장의 체계를 밝히는 결정적 단서로 활용될 수 있다는 점에서 어떤 유물보다 중요하다. 그러나 동굴의 탄피는 판단을 혼란스럽게 할 때도 있다. 탄피는 기본적으로 총에서 탄두가 발사되고 그 자리에서 유출되기 때문에 탄피가 발견된 위치는 일반적으로 피해자가 아닌 가해자의 위치가 된다.

굴에서 탄피가 발견되었다는 것은 굴 안의 사람들이 발사했다는 것이 되기에 주민을 폭도로 몰아가는 논리의 중요 증거가 되기도 한다. 그러나 군경이 굴 안까지 들어와서 발사했다면 이 같은 논리는 역전된다. 따

목시물굴의 단추와 탄피.

라서 탄피는 매우 결정적 증거임에도 불구하고 구체적인 상황을 설명하기 위한 완전한 증거가 되진 못한다.

탄피 옆에서 구부러진 청동 담뱃대의 부리가 발견되었다. 가릿당 동산 동녘 밭에서도 담뱃대 1점이 발견되었다.[997] 잎사귀를 그대로 말린 잎담배는 이미 조선 시대부터 있었고, 1940년대에 칼로 썬 살담배 혹은 썬 담배가 제조되었다. 그리고 해방 직후엔 '승리', '무궁화' 등 종이말음담배가 국산으로 제조·유통되었다. 담뱃대는 종이말음담배에 밀려 사용이 점차 위축되어 가는 시기였다. 따라서 담뱃대는 당시까지는 쓰였지만, 이후엔 서서히 자취를 감춘 유물이다. 이는 4·3 이후 유입되었을 가능성이 상대적으로 적어짐을 의미한다.

큰넓궤의 안쪽 이 층 굴에서 필자는 다른 굴에서는 볼 수 없었던 학용품을 발견하였다. 반쯤 부러진 삼각 플라스틱 자를 발견한 것이다. 어린아이들도 함께 굴에서 생활했다는 증언을 밑받침하는 증거가 나온 셈이다. 별도봉 일본군 진지 동굴에서도 연필이 발견되었는데[998], 이 같은 학용품은 당시에 사용하던 것일까? 1935년 8월 3일 제주읍 1도리에 설립한 합자회사 반상점에서는 문방구·교과서·교육지도·운동구 등을 판매하고 있었다.[999] 따라서 이들 학용품이 당시에도 사용하던 것임을 알 수 있다.

큰넓궤에는 크게 두 군데의 생활지가 있었다. 입구 쪽과 안쪽의 이층 굴인데, 안쪽은 낮은 포복자세로 기어 들어가기에도 어렵다. 폐소공포증이 있는 사람들은 들어가기를 포기하기도 한다. 영화 〈지슬〉(2013)에서는 임신 초기의 임산부가 안쪽으로 들어는 갔는데, 나올 때는 배가 불러서 결국 나오는 것을 포기하는 장면으로 이러한 상황을 표현했다.

큰넓궤 안쪽 이층 굴에서 발견된 플라스틱 삼각자.

　큰넓궤에서의 생활은 토벌대의 집요한 추적으로 더는 지속하지 못했
다. 굴 밖에서 잡힌 한 마을주민에게 군인들이 "사람이 많이 숨은 곳을
알려주면 살려주겠다"고 하자 그는 큰넓궤 앞까지 와서 굴 안으로 급히
도망쳐 들어왔다. 굴이 발각된 사실을 알고 어른들은 고춧가루와 이불을
태우면서 굴 입구를 향해 필사적으로 푸는 체로 부쳤다. 푸는 체는 제
주도 방언으로 쌀의 돌을 쳐내는 키를 말한다. 그러자 숨 막힐 듯한 연
기공세에 군인들은 진입을 포기하고 물러갔다.[1000] 그러나 한 번 발각된
굴에 계속 머물 순 없었다. 주민들은 밤새워 영실 부근 '볼레오름'[1001]
으로 이동했다. 하지만 한겨울 쌓인 눈 위에 난 발자국 때문에 곧 토벌
대에게 붙잡히는 신세가 되고 말았다.

중문리로 끌려 내려온 지 3일째 되던 날인 1949년 1월 22일 동광리 주민들은 정방폭포 부근에서 다른 마을 주민들까지 포함해 86명이 한꺼번에 집단총살 됐다. 정방폭포 부근에서의 총살극은 이날 외에도 여러 차례 벌어졌기 때문에 엄청나게 쌓여 있는 시신 중에서 자기 가족을 찾기 어려웠다. 시신을 찾지 못한 채 비석만 세우는 사람도 있었고, 일부 유족은 심방[무당의 제주 방언]을 빌어 혼(魂)을 불러다 '헛묘'를 만들었다.

VI 유엔군 행세하는 미군의 군사전략

스물일곱 │ 캠프 가테나

미군의 북한 정찰과 폭격의 중간기지

새벽에도 군인들이 부산하게 움직이는 가테나 기지.

유머 넘치는 도미야마 마사히로 씨는 한국에서 나와 함께 간 일행에게 오키나와 날씨는 두 가지밖에 없다고 말했다. "더운 날씨와 더 더운 날씨", 치바나 쇼이치와 다카하시 토시오, 도미야마 마사히로, 그리고 강제숙 선생과 함께 밤늦게까지 토론을 벌였다. 치바나 선생께서 과거 류큐 국기가 새겨진 컵을 보여주셨다. 나는 처음 류큐 국기를 보았다. 이 깃발은 미군정에 의해 지정된 것이지만 지금은 류큐 독립의 염원이 담겨있는 듯했다.

깃발 얘기가 나오면 빠질 수 없는 게 치바나 씨의 일장기 소각사건이다. 도미야마는 치바나 선배 옥바라지 하느라 죽을 고생 했다고 공치사를 늘어놓았다. 그런데 치바나 선생이 그 다운 질문을 한국 사람들에게 던졌다. 한국의 어떤 진보단체의 행사에 참석한 적이 있는데, 국기에 대한 경례와 애국가를 부르는 것을 보고 놀랐다고 했다. 오키나와에서는 있을 수 없는 일이라는 것이다. 나도 순간 당황스러웠다. 우리나라에서 종종 있는 일이지 않은가. 강제숙 선생이 태극기가 항일의 상징이었기에 일장기와는 의미가 다르다는 이야기도 했지만, 우리가 오키나와와 비교했을 때 국가주의에 둔감하다는 것을 부인하긴 어려웠다. 그 뒤의 일이지만 한 정당에서 애국가 문제로 홍역을 치르는 일이 벌어진 것을 보면서 치바나 선생의 질문은 여전히 무겁게 남았다.

또 이어진 이야기는 역시 깃발 이야기였다. 그날 나는 가테나 기지를 지나며 잠시 차를 세워 기지 사령부 앞에 게양된 유엔기를 보고 왔었다. 그것이 무엇을 의미하는가를 놓고 논쟁이 벌어졌다. 일각에서는 그것이 "과거 유엔신탁통치와 관련하여 게양된 것이다"라는 주장과 "유엔군사령부 깃발이다"라는 주장이 충돌했다. 오키나와는 신탁통치를 받을 뻔 했다가 미군점령으로 들어갔기에 사실은 신탁통치 주장 자체도 틀린 것이긴 했다. 나는 만약 그것이 유엔신탁통치를 상징하는 것이라면, 오키나와 복귀 시 그것이 "유엔신탁통치위원회에 의해 결정되었는가, 아니면 미국에 의해 결정되었는가"라고 좌중에게 질문을 던졌다. 당연히 미국의 결정이었다는 답을 함과 동시에 그 문제는 해결되었다. 그러나 오키나와 운동가들조차도 유엔기 게양의 의미를 오인할 정도로 유엔사 문제가 제대로 알려져 있지 않다는 것을 실감했다.

그리고 토론을 하다 가테나 기지가 유사시에 용산기지에 있는 주한미군 사령관 겸 유엔사령관의 작전통제를 받는다는 결론에 이르자 새롭게 느끼는 것 같았다. 왜냐하면, 거기 있는 이들은 수십 년간을 가테나 기지를 둘러싼 반기지 운동을 전개한 최고의 전문가이었기 때문이다. 동양 최대의 미군 전진기지인 가테나가 우리가 인식하기 훨씬 이전부터 한국 유엔사와 이토록 긴밀하게 연관되어 있었다는 사실, 한국과 오키나와 사이에 국경을 전제한 운동으로는 이 같은 현실을 극복할 수 없다는 사실에 깊이 공감했다.

토론 열기가 너무 뜨거워지자 도미야마 선생이 열기를 식혀야 한다며, 선배 치바나에게 연주를 '명령'했다. 치바나 선생은 오키나와의 민속악기인 산신연주자이기도 하다. 재주도 많다. 이 문화는 서로가 너무 익숙하게 느껴졌는데, 생각해보니 한국의 '맺고 푸는' 문화와 완벽히 일치한다. 그날 밤 옅은 해무에 싸인 달빛이 은은하게 창문으로 흘러들어왔다.

1945년 9월 7일 일본군이 가테나에서 항복문서에 조인함으로써 오키나와전은 종결되었고, 동년 9월 21일 류큐 열도에 대한 미 군정부의 본

가테나 기지 사령부 건물 앞에 게양된 유엔기(왼쪽).

격적인 지배가 이루어지기 시작했다.[1002] 1951년 대일강화조약 제3조는 다음과 같다. "일본국은 미합중국이 국제연합에 제안한 북위 29도 이남의 남서제도를 미합중국을 유일한 시정권자로 하는 신탁통치하에 둔다는 것에 동의한다. 이런 제안이 가결될 때까지 미합중국은 영해를 포함한 이들 제도의 영역 및 주민에 대해 행정, 입법, 사법상의 모든 또는 일부의 권력을 행사할 수 있는 권리를 지니는 것으로 한다." 이 결과 오키나와는 일본으로부터 분단되어 1972년까지 미국의 시정하에 놓이게 되었다.[1003]

아시아 세 개의 분단국 – 중국, 한국, 오키나와

아라사키 교수는 회고한다. 오키나와에 있는 고등학교에 입학한 1952년 4월 28일, 대일평화조약이 발효되고 연합군 점령하에 있던 일본이 독립하자 교장은 전교생과 교직원들을 운동장에 모아놓고 "오늘은 일본

이 독립한 경사스런 날입니다. 만세삼창을 합시다"라며 상기된 목소리로
만세를 선창했다.

이전까지 오키나와인 역시 일본인이라는 생각에 아무런 의문을 품고
있지 않았던 그였다. 대일평화조약 제3조는 일본이 독립한 후에도 오키
나와는 미국의 지배하에 계속 둘 것을 명기했다. 그는 오키나와를 미군
정하에 남겨둔 채 '독립만세'를 제창한 일본인과의 사이에 눈에 보이지
않는 두꺼운 벽을 느꼈다고 한다.1004)

이리하여 아시아에는 세 개의 분단국이 탄생했다. 중국, 한국, 그리고
오키나와이다. 오키나와의 분단은 주목받지 못했다. 상징 천황제, 비무
장국가 일본, 오키나와의(미국에 의한) 배타적 군사지배라는 3종 세트가
점령하에서 형성된 구조적 오키나와 차별의 원형이었다. 이것이야말로
전후 일본정치를 지탱하는 미일관계의 기본적 틀이었다. 1952년 오키나
와의 미군기지 건설도 급속도로 진행되었다. 하지만 이 시기에는 일본
본토에도 오키나와의 약 8배 되는 미군기지가 있었다. 따라서 반미 · 반
기지 투쟁도 자주 일어났고, 반미민족주의가 일본 본토와 오키나와를 연
결할 가능성도 존재했다.1005)

오키나와는 베트남과 북한에 대한 정찰과 폭격 중간기지

오키나와 민중투쟁은 1965년 미국의 남베트남(베트남공화국) 내전 개입
으로 새로운 전기를 맞게 된다. 1965년은 전후 일본의 국제수지가 처음
으로 흑자로 돌아선 해로 한일기본조약이 체결된 해이기도 하다. 융단폭
격이 시작된 이듬해인 1966년 미국은 태풍 피난을 핑계로 괌 기지의

B52 전략폭격기를 가테나로 옮긴 뒤 곧바로 베트남을 폭격했고, 나중엔 아예 편대를 상주시켰다. B52기는 공중급유기 KC135에서 연료를 보급받기에 행동반경이 대단히 넓다. 괌 섬에는 KC135가 8대 있는데, 이 급유기는 오키나와 가테나 기지 소속 KC135와도 연결됨으로써 행동반경을 대단히 넓혀주고 있다.[1006] 급유시간은 약 10분. 예상 외로 간단히 끝난다.[1007] 오키나와는 일미안보조약의 '해방구'였다. 북부산악지대는 베트남에 파견된 신병들의 대게릴라전 훈련장이 되었다.

베트남전쟁 시기 가테나 기지는 베트남뿐만 아니라 북한에 대해서도 중요기지로 역할 한다. 이 시기는 가테나 기지의 위상이 완전히 드러나는 시기이다. 푸에블로가 나포된 지 3일 후인 1968년 1월 26일, 그믐밤처럼 새카만 비행기 한 대가 가테나 기지의 강철 격납고를 천천히 빠져나왔다. 예리한 칼날 같은 날개 끝과 위협적인 눈 같은 전면창, 보기 드문 티타늄 동체, 그리고 총신처럼 튀어나온 엔진으로 무장한 CIA의 비밀병기 A-12는 호전적인 동시에 마치 외계의 존재처럼 보였다. 조종석의 덮개 안에는 우주비행사 같은 헬멧과 달 부츠를 신은 프랭크 머레이가 기수를 중간 재연소장치 위치로 밀었다. 시간당 8만 파운드 비율로 연료가 엔진으로 분사되었고, 기미의 총구 같은 배기구에서는 화염이 폭발했다. 멀리 보이는 새들의 무리가 안전한 곳을 찾아 날갯짓했다. 조종간을 들여다본 머레이는 결정적 속도에 이르렀고, 모든 준비가 완료되었음을 알았다. 10초 후 그가 기어를 부드럽게 당기자 A-12의 기수는 수평선 위 10도 각도를 향해 솟아올랐다.[1008]

CIA 조종사였던 프랭크 머레이는 1968년 1월까지 북베트남전쟁에서 수많은 영공비행을 수행하던 노련한 조종사였다. 하지만 푸에블로가 나포된 후 그는 북한으로의 첫 A-12 영공비행 명령을 받았다. 그 전날 한차례 비행시도가 이루어졌으나 동체 결함으로 인해 이륙 후 바로 비행을 중지해야 했다. A-12를 이륙시킨 후 머레이는 동해 상에서 공중급유를 받았고, 예리한 티타늄 기수를 북한 해안을 향해 돌렸다.

첫 통과 비행은 블라디보스토크 근처에서 시작되었다. 카메라를 켠 채 나는 푸에블로가 나포된 것으로 보이는 북한의 동해안을 따라 내려가며 비행을 했다. 원산항에 가까울수록 시야에 푸에블로의 모습이 들어왔다. 나는 한국과의 경계선까지 비행기를 몰고 간 후 180도 선회하여 다시 북한으로 돌아갔다. 나는 네 번이나 이 지역을 지나다니면서 비무장지대에서 압록강 국경까지 북한 전역을 촬영했다. 내가 아는 한 비행 정찰을 하는 내내 레이더에 전혀 포착되지 않았다.

그러나 사실 NSA 신호정보보고에 의하면, 중국의 레이더가 A-12를 포착해 북한에 정보를 보냈다. 하지만 북한은 이에 대해 어떤 조치도 취하지 않았다. 아마도 마하 3이 넘는 A-12의 속도와 8만 피트(24.3km) 이상의 고도 때문이었을 것이다. 5월 8일 푸에블로 승무원들이 평양 근처에 억류되어 있을 때 CIA 조종사인 잭 레이턴이 북한 지역에서 또 다른 A-12 임무를 수행했다. 당시 그는 전혀 몰랐지만 이 비행이 CIA가 자랑하는 A-12의 마지막 작전비행이었다. 첩보정찰 비행대는 공군을 위해 제작된 신형 2인석 비행기인 SR-71에 자리를 내주게 되었다. 머레이가 촬영한 필름은 일본의 요코타 공군기지로 즉각 보내졌으며, 그곳에서 분석가들은 북한이 향후의 공격에 대비해 군대를 배치하지 않았다는 결론을 내렸다.[1009]

요코타 공군기지는 최근 유엔사 후방기지 사령부로 배치되었다.

머칠 뒤인 1968년 2월부터 가테나 기지의 B52 폭격기가 베트남으로 출격하자 기지노동자조합인 전오키나와군노동조합(全軍勞, 전군노) '생명을 지키는 현민공투' 등은 'B52 철거, 핵잠수함 기항저지'를 내세우면서 총파업을 단행하는 등 반전반기지투쟁을 본격화하였다.[1010] 일본이 제주도를 중국을 폭격하기 위한 중간기지로 사용했듯이 미국은 오키나와를 북한과 베트남을 정찰하고 폭격하기 위한 중간기지로 사용했다. 오키나와는 당시 베트남전쟁 최대의 보급기지였다.

오키나와가 정글이면 그것은 누가 만들었나?

이처럼 가테나를 중심으로 한 오키나와 전체가 새롭게 베트남전쟁의 군사적 거점으로 부각되면서 민중투쟁의 화살도 기지로 향하게 된다. '평화헌법하로의 복귀'라는 슬로건은 힘을 잃고, 대신 '반전복귀'라는 말이 생긴다. 기지노동자의 파업이 베트남 인민과의 연대 행동이라고 입에 오르내리게 된다.[1011]

1970년 12월 오키나와 '본토반환'을 앞둔 시기, 고자는 세계사의 모순이 집약된 용광로였다. 6개월 전투 후 2주간의 휴가, 가테나 기지가 자리 잡고 있는 고자는 달러와 위스키와 매춘으로 넘실거렸다. 고자에는 고야사 거리를 중심으로 백인 장교들의 게이트 거리(현 공항로), 백인 사병들의 센터 거리(현 파크 아베뉴), 흑인 사병들의 데루야 지구, 필리핀 군무원이나 오키나와인들의 요시하라 지구 등이 인종적으로 구획되어 있었다. 마틴 루터 킹이 암살된 뒤 흑백 인종갈등은 심각한 양상을 빚었다. 베트남전쟁에서 탈영해 온 흑인 사병들 수도 늘어났다.

1969년 8월 데루야 지구에서 흑인 수백 명이 '폭동'을 일으켜 미군 헌병 차 두 대가 불탔다. 또 B52가 상주하면서 기지노동자조합인 '전군노'의 파업투쟁도 고조되었다. 1968년 기지 내에서 폭격기가 추락해 노동자 4명이 부상당하자 전군노는 다음 해 수차례의 전면투쟁에 돌입했다. 1970년에는 미군 측의 대량해고에 맞서 해고철회를 내건 대규모 파업이 벌어졌다. 전군노의 기지 게이트 봉쇄전술은 미군을 상대로 영업하는 기지촌 향락업소 측의 반발을 초래해 대치국면을 낳았다. 미군은 주민 지역 출입금지명령을 내려 지역경제에 타격을 가하는 식으로 내부 대립을 부추겼다.

설상가상으로 베트남전에서 휴가차 복귀한 미군의 횡포는 극에 달했다. 1970년에만 960건이 넘는 미군범죄가 발생했는데, 그중 무려 143

건이 흉악범죄였다. 1970년 5월 구시카와에서 여고생이 미군의 칼에 찔려 죽었으며, 9월에는 이토만에서 미군 하사관이 음주운전을 하다 오키나와 여성을 치어 즉사시켰다. 군법회의는 가해 미군에게 각각 징역 3년과 무죄판결을 내렸다. 12월 11일 이토만 사건의 무죄판결에 대한 분노는 항의집회 형태로 오키나와 전역에 확산되었다. 이날은 주민들의 거듭된 철거요구 끝에 기지 비축 독가스의 이송계획이 발표된 날이었다.

12월 20일 자정을 좀 넘긴 시간, 고자 시내에서 길을 건너던 한 가테나 기지 노동자가 미군이 몰던 차에 치여 부상을 입었다. 헌병대가 충분한 검증도 거치지 않은 채 가해 미군 차량을 치워버리려 하자, 사고를 목격한 주민들이 이를 저지하면서 실랑이가 벌어졌다. 크리스마스를 앞둔 때라 "이토만을 기억하라"고 외치는 군중들의 숫자는 수천 명으로 불어났다. 고자 경찰서에서 달려온 경찰관의 중재로 일단락되는가 싶었으나, 증원병력으로 파견된 헌병들이 군중에게 공포탄을 발사하면서 사태는 수습할 수 없는 국면을 맞게 된다. 군중들은 주차되어 있던 노란 표지판의 미군 차량을 전복시키기 시작했다. '가솔린', '성냥' 하는 소리가 나고 순식간에 화염이 하늘로 치솟았다. 5천여 명으로 불어난 성난 군중은 두 패로 나뉘어 일부는 가테나 기지 제2게이트를 돌파해 고용사무소와 초등학교 교실을 부쉈고, 일부는 장교 주택지구로 향하던 중 무장병력과 경찰에게 제지당해 새벽녘 최루탄 세례를 받고서야 물러났다. 여섯 시간 가까이 계속된 이 사태로 미군차량 86대가 불타고, 90여 명이 부상을 당했다.

고자 사건 직후 미군 최고 책임자인 램퍼트 고등판무관은 "이 한심스러운 사건은 어떤 하사관에 대한 판결이 무죄가 된데 일부 기인한다고 들었다. 판결의 결과가 온당치 않다고 비판하는 일은 있을 수 있다. 그러나 평화로운 시민의 생명을 위협하고 재산을 파괴하는 폭동의 구실은 될 수 없다. 이런 일이 벌어지는 곳은 완전히 정글의 세계다"라고 고압적인 성명을 발표했다. 당시 한 신문은 오키나와가 정글이라면 그것은 누가 만든 것이며, 그곳의 강자는 대체 누구냐고 반박했다.[1012]

가테나에 있는 주일미군 대잠수함 작전센터

1987년 3월 방위청 간부는 P3C의 오키나와 도입과 관련 '대잠수함 작전 센터(ASWOC)'를 나하 공항 내 기지에 건설하고, 부속품인 송수신용안테나를 해양박람회가 치러졌던 옛 미군보조비행장 부지에 설치할 것

P3C. 고속으로 날 필요가 없어 프로펠러를 쓰며, 대신 체공시간이 길다. 꼬리 부분의 탐지기는 지구자장 변화를 통해 잠수함을 탐지한다.

것이라고 밝혔다. 대잠수함 작전센터는 대잠초계기 P3C에게 없어서는 안 될 후방지원시설이다.

대잠작전센터는 이미 1983년 3월부터 P3C가 배치되어 있는 아쓰기 기지에서 운용되기 시작했다. 아쓰기에 이어 하치노헤(아오모리 현)에도 대잠작전센타의 지하시설이 완성되었다. 주일미군의 대잠센터는 가테나에도 있다. 이처럼 각 지역에 설치된 대잠센터에서 수집한 정보는 가나가와 현의 미세야에 있는 지휘센터로 모인다.

이 지휘 센터에는 제7함대의 해양감시정보시설(FOSIF)도 설치되어 있다. P3C와 바닷속에 고정된 음파탐지기에 모은 정보는 모두 해양감시정보시설로 집약, 분석되어 대잠작전에 쓰인다. 주일미군 시스템에 발맞추듯이 해상자위대는 대잠작전센터와 함께 오키나와 본섬 화이트비치에 해양관측소를 설치했다.[1013]

해저에 설치된 음파탐지기의 목적은 바다 온도나 염분, 조류 등을 조사하기 위한 것이 아니라 본래 의도는 핵잠수함의 음파를 잡기 위한 것이다. 이 음파탐지기는 2,000km 앞의 소리도 잡을 수 있다고 한다. 해상자위대 전체의 대잠수함작전센터와 해양감시 정보시설은 어디에 있는 것일까. 군사평론가 후지이 씨에 따르면, 1985년 아쓰기에 건설된 관제터미널이 바로 그것이라 한다. 지하 2층 구조로 총면적이 2,300㎡나 되는 이 건물은 그러나 지상 부분은 없다.[1014]

예전에는 자위대가 민간용 통신회선을 사용할 수 없었다. 그러나 NTT의 통신위성 '사쿠라 2호'가 발사된 이후로는 상황이 변해 방위청은 현재 '사쿠라 2호'를 비롯한 국제해사통신위성을 사용하고 있다. 또한, 해상자위대의 미국 파견 훈련 시에는 미 해군 통신위성인 '주파수

위성(Frequency Satellite)'도 사용하고 있다. 이밖에도 항법위성 트렌시트, 기상위성 해바라기, 노아, 랜드셋도 이용하고 있다.

이같이 방위청은 위성이용에 관한 국회결의를 자의적으로 확대해석하여 어느 사이엔가 민간회선을 이용하고 있다. 나아가 방위청은 자위대 스스로 운용하는 방위 마이크로회선(1984년 완성)을 NTT 회선으로 보완하는 등 민간시설의 군사화도 이미 상당히 현실화하고 있다. 아울러 방위통합디지털통신망(IDDN)을 정비했으며, 방위 마이크로회선의 디지털화, 통신위성의 이용, 자료교환시스템의 구성 등도 계획하고 있다.1015) 방공시스템이 가장 탐지하기 어려운 것은 잠수함으로부터의 미사일 공격이다. ICBM같은 장거리 공격에는 반격할 시간이 있지만 가까운 해역에서 발사된 미사일을 격추하기는 어렵다. 이 때문에 해상수송로 방위에서 P3C와 대잠작전지령센터는 없어서는 안 될 존재가 되고 있다.1016)

제5항공모함 항공단의 가나가와 현 아쓰기 기지. 태평양에서 가장 큰 해군 항공 시설이다.

아쓰기 기지의 파견대로서 해군 지원시설인 캠프 카미세야.

C3I(Command Control Communication and Intelligence, 지휘 통제 통신 정보)
는 잠수함전쟁에서 필수불가결한 요소다. 정찰위성의 발달과 미소의 상
호사찰 결과 지상보다는 바닷속에서의 전쟁이 전략적으로 중요해졌기
때문이다. 소위 유사시 자위대의 첫 번째 역할은 증강된 극동 옛소련
함대를 봉쇄하는 것이다. 세 해협(소야 해협, 대한해협, 쓰루카 해협) 봉쇄에
대비하는 것이야말로 주일미군과 자위대의 첫 번째 임무다. 보이지 않
는 적인 탄도핵미사일을 탑재한 원자력잠수함을 탐지해내 선제공격하지
않으면 안 되기 때문이다.

일본이 P3C기를 100기나 살 계획을 세운 것은 태평양에서 미군을 능
가하기 위한 것이다.[1017] 예전에 사고를 일으킨 EP-3는 미 해군이 대
잠수함작전을 위해 개발한 P3C 오라이언을 개량해 정보수집 능력을 극

도로 향상한 기종이다. P3C는 한국이 8대를 보유하고 있으며, 해군 항공대인 포항의 6전단에 기지를 두고 있다.

해양정찰과 대잠수함작전용 초계기인 P3C는 무선 수중음향탐지기인 소노부이(sonobuoy, sono는 음파를 뜻하는 접두어이고, buoy는 부표를 뜻한다.)를 작전 해역에 투하해 잠수함을 수색 추적하고, 유사시에는 공중에서 어뢰를 발사해 격침하는 임무를 수행한다.1018)

잠수함은 바다의 게릴라이다. 바다는 전파가 통과하지 못하는 독특한 공간이어서 레이더파로는 잠수함을 탐지하지 못한다. 그러나 음파라면 이야기가 달라진다. 어미 고래는 초음파를 쏴 새끼를 부르고 먹잇감을 찾으므로, 사람도 음파를 이용해 물속에 있는 수상한 물체를 찾을 수 있다. P3C에서 음파를 분석해 잠수함을 추적하는 사람을 음향조작사라고 한다. 음향조작사가 물속의 소리를 들으려면 먼저 무장통제사가 '소노부이'를 투하해줘야 한다. 소노부이에는 물속에서 나오는 소리만 듣는 것과 물속으로 강한 음파를 쏜 다음 그 반사파를 탐지하는 것, 수심별로 수온을 재는 것 등 여러 가지가 있다. 음파는 수온에 따라 전파 속도가 달라지므로 잠수함이 어디에 있는지를 알려면 먼저 수온부터 측정해야 한다.1019)

베트남전에서는 화이트비치로부터 대형 함선이 물자를 수송했던 반면, 페르시아만 전쟁에서는 가테나를 중심으로 C5A갤럭시 등의 대형 항공기를 이용하여 수송했다는 점이 달라졌다. 통신도 크게 바뀌었다. 기술의 진보는 토리이 통신소와 같은 광대한 토지를 필요 없게 만들었다. 또한, 도시형 게릴라훈련장으로 상징된 주 오키나와 미군의 기능은 저강도분쟁 등 어떤 사태에도 대응할 수 있는 신속전개군으로서의 성격이

보다 강화되었다. 냉전 종결로 오키나와 기지는 축소된다고 하지만, 사실은 더욱 효율적으로 재편되고 있는 것에 불과하다.[1020]

미국의 초국가적 조직 구상을 위한 미사일방어체계

2006년 10월 초 어느 날 가테나 기지. 한밤중에 시작된 컨테이너 차량의 행렬이 10월 13일까지 거의 10여 일간 이어졌다. 마지막으로 발사대가 들어가는 것을 보고, 알 만한 사람은 패트리엇 미사일이 배치되는 것을 알았다. 패트리엇Ⅲ의 배치가 완료된 것은 일본은 물론 아시아에도 가테나 기지가 최초였다. 원래 예정은 2007년 3월이었으나, 북한의 미사일 발사 징후가 포착되면서 배치속도가 급물살을 탔다. 오키나와는 제주에서 약 800km 떨어진 거리임에도 불구하고 이제 동북아시아가 얼마나 긴밀하게 연관되어 있는지를 실감케 했다.

오키나와 주민들에 따르면, 2005년 10월 초 북한 핵실험을 전후해 오키나와 미군기지는 초긴장 상태에 돌입했었다고 한다. E3C공중조기경보통제기와 RC135정찰기가 연일 활주로를 이착륙했고, 미국 네브라스카 주 오퍼 공군기지에서 급파된 WC135기, 북한 핵실험탐지를 위해 대기관측기기를 탑재한 VC10도 이착륙 횟수가 잦았다. 바다에는 전쟁태세에 들어간 함정들이 24시간 대기상태에 있었다. 가테나 기지로부터 일본의 미사일방어체계 구축이 시작된 셈이다. 「류큐신보」가 10월 초 오키나와 현 내 41개 시정촌장을 대상으로 패트리엇Ⅲ에 대해 설문한 결과, 응답자 36명 중 31명이 배치에 반대했다.

탄도미사일 방어에 관한 일본의 실제적인 조치는 2009년 4월 5일 북한이 장거리미사일을 시험 발사 할 때 본격적으로 시행되었다. 3월 27일 일본 방위상은 미사일이나 그 부품이 낙하할 경우 파괴하기 위하여 준비하고, 필요할 때 파괴할 수 있도록 명령을 하달하였다.[1021] 당시 일본은 국토 전역을 방어하는 개념이 아니라 주요 전략적 시설에 대하여 선별적으로 하층 방어를 제공하였다.

이러한 개념 아래 일본은 대잠초계기 PAC-3를 미국으로부터 획득하여 16개 포대를 동경을 비롯한 주요지역을 방어할 수 있도록 배치하였다.[1022] 그러나 이 정도로는 일본 전역에 대한 하층방어는 불가능하다. 이들은 오직 미군기지를 보호하는 것이 주된 임무였다. 미사일방어체계는 시민의 보호가 우선이 아니라 미군기지 보호가 우선이라는 오키나와 시민의 염려가 현실이었음이 확인되었다.

미일공동통합운용조정소는 유사시 탄도미사일 방어에 관한 미일 간의 공조를 보장하고 있는데, 이것은 현재 동경 근처의 요코타(Yokota) 공군 기지에 설치되어 운영되고 있다. 일본 자위대와 주일미군은 2009년 4월 북한의 미사일 시험발사 시, 이 통합운용조정소를 통하여 미군과 관련 정보를 공유하면서 필요한 역할을 분담하기도 하였다. 그러나 미사일 방어의 실전체계는 가테나 기지가 이끌고 있다.

2013년 6월 11일 칼러슬(Hawk Carlisle) 태평양공군사령관은 아시아태평양안보연구센터에서 국제대표들에게 '도전을 극복하기 위해 초국가적인(transnational) 조정과 협력의 중요성'을 역설했다.[1023] 유엔과 같은 국가 간(international)의 조직이 아닌 국경과 주권을 관통하는 초국가적인 조직을 미국은 구상하고 있다. 이는 소련의 코민테른 이후 역사상으로는 두 번째의 시도가 될 것이다. 그 핵심수단이 미사일방어체계이다. 한국역시 이 대상에서 예외가 되기 어렵다. 강정해군기지 역시 가테나와 같은 운명의 사슬에 엮여 있다는 의심을 누가 부정하겠는가.

스물여덟 | 가테나 탄약고

모든 권력은 탄약으로부터 나온다

태평양 최대의 탄약고인 가테나 탄약고에도 달이 휘영청 뜬다.

오키나와 시와 이시카와 시의 경계에 구라시키 댐이 있다. 댐은 광장이 있어 나는 이곳에 텐트를 쳤다. 전날까지 신세를 지던 타히라 나쓰메 목사의 작은 교회가 그날은 행사가 있어 신세를 질 수 없었기 때문이다. 가테나 활주로 지구와 탄약고 지구를 가르는 74번 도로를 걸을 때 오락가락하는 소나기를 통째로 맞은 뒤라 몸은 으슬으슬했다. 그래도 저녁이 다 되어 이곳까지 굳이 와서 텐트를 친 것은 댐 아래로 난 길이 가테나 기지의 탄약고로 통하는 문과 연결되어 있기 때문이다. 탄약이 들고 나는 통로이다. 탄약 컨테이너 밀집지구 둘레로 피뢰침이 에워싸고 있었다. 피뢰침이 설치된 것은 벼락을 맞으면 안 되는 물질이 있다는 방증이다.

탄약고 둘레 걷는 데 이틀 걸려

미국이 해외에 건설한 탄약고 중에 독일의 미에자우 탄약고와 더불어 최대 규모의 탄약고가 바로 가테나 탄약고이다. 내가 탄약고 둘레를 따라 걷는데 대략 이틀이 걸렸으니 그 규모를 예측할 수 있으리라. 생각해보니 독일의 미에자우 탄약고를 걸어서 탐사할 때는 하루가 채 걸리지 않았다. 그러니 가테나 탄약고가 얼마나 큰 규모인지 직관적으로 절감할 수 있다. 실제 공군기지 부분이 4,930에이커인데, 탄약고만 6,280에이커이다.[1024] 텐트에 이리저리 젖은 옷을 널어놓고 한숨 돌리고 있으려니 구라시키 저수지와 맞닿은 탄약 컨테이너 위로 둥근 보름달이 가슴에 안길 듯 불쑥 떠오르고 있었다. 이 상황에서 황홀한 보름달이라니.

아마도 내 생각엔 이 통로가 맞을 것 같았다. 아랫마을인 치바나(知花)와 구라시키는 탄약고를 빠져나온 차량이 가장 빨리 오키나와 자동차도로로 통하는 출입문이 있다. 처음 나는 치바나 출구를 찾으려 했던 것인데, 결국 발견하지 못하고 구라시키까지 온 것이다. 1971년까지는 치바나 탄약고를 비롯하여 9개의 탄약 시설이 따로따로 있었다. 그러다가 1972년 5월 15일 오키나와 반환과 동시에 가데나 탄약고 지구로 통합된 것이다.[1025] 1977년에 치바나 탄약고는 반환되어 지금은 마을을 이루고 있다. 그래서인지 과거 탄약고로 통하는 길을 찾지 못했다.

1969년 23명의 미 군무원과 한 명의 민간인이 기지 내 건물에 페인트칠하다 신경제인 사린에 노출되는 일이 발생했다. 반환 전의 오키나와 미군 탄약고에 치사율이 매우 높은 독가스인 '신경가스'와 '발포성 가스'가 저장되어 있다는 사실이 세상에 알려지게 되었다. 1971년 오키나와 주민들의 항의를 묵살할 수 없었던 미군은 1월에 1단계로 겨자탄 150톤, 9월에 다른 화학무기들 약 1만2,500톤을 '레드햇'(Red Hat)이라고 명명된 작전을 통해 하와이 인근에 있는 존스턴 섬으로 수송했다.[1026] 이를 취재하기 위해 오키나와에 도착한 신도 겐이치 기자는 두 번에 걸쳐 건강진단을 받은 경험을 말한다.

첫 번째는 나하의 적십자병원에서 받았다. 무슨 이유에서인지 안압테스트가 필요하다고 해서 시내에 있는 안과병원에까지 들렀다. 첫 번째 진단에서 OK가 나오자 다음에는 미군 캠프 안에 있는 클리닉에서 두 번째 진단을 받았다. 그곳에서 퍽 인상적이었던 것은 적십자병원에서 한 것 이상으로 대량의 혈액을 여러 차례에 걸쳐 시험관에 채취했던 일이다. 그리고 미군 당국은 최종적으로 겐이치에게 자신들의 면책을 인정한다는 내용의 서류에 서명할 것을 요구했다. 즉, 독가스 수송작전을 취재하는 중에 사고가 발생하더라도 미군에게 그 책임을 일절 묻지 않겠다는 내용의 서류였다.

가데나 해안[1027]에서 독가스마스크 착용훈련이 시행되었다. 콘크리트

블록으로 견고하게 지은 두 평 남짓한 방안에서 용기에 담긴 심지에 불을 붙이자 실내가 하얀 연기로 가득 찼다. 마스크를 착용하고 있는 기자들을 향해 미군 병사가 "만약 이상이 있는 사람은 손을 들라"고 외쳤다. 한 사람이 손을 들자 미군 병사가 "지금은 독성이 없는 연막에 불과합니다"라고 말해서 모두가 웃음을 터트렸다. 마스크가 접착되어 있는지를 재확인한 뒤 이번에는 염소가스를 발생시키는 심지에 불을 붙여 독가스대비훈련을 했다. 마스크를 왼쪽 넓적다리에 동여매 놓았다가 유사시가 되면 재빨리 착용하라는 것이었지만 과연 그것으로 독가스를 막을 수 있을지 기자들은 매우 의심쩍어했다.[1028] 유엔사무총장 명의로 제출된 보고서를 보면, 250톤의 신경가스를 인구 1천만 명인 도시(면적이 1천 km² 라고 가정)에 살포했을 때, 그 도시 인구의 절반 이상이 치명상을 입게 된다고 한다.[1029]

독가스 호송차량은 치바나 탄약고[1030]로부터 인공부두가 있는 덴간삼바시[1031]로 이동하였다. 주민들의 눈을 피해 대부분의 이송작전은 야간에 이루어졌고, 기자들에게 보이기 위해 일부만을 주간에 실시했다. 이들 호송차량엔 발포성 약품인 겨자 'HD'와 신경성 약품인 사린 'GB', 그리고 역시 신경성 약품인 'VX'가 실려 있었다. 이들 약품은 독성이 매우 강해 피부에 닿으면 피부를 뚫고 몸 안으로까지 침투한다. 또한, 기체는 호흡기나 눈을 통해 곧바로 몸 안으로 흡수되어 5분 이내에 동공이 축소되고, 접촉부위가 넓은 경우에는 격렬한 호흡곤란을 겪으면서 경련을 일으키게 되는 무서운 무기다. 간단한 가스마스크 착용훈련만 받은 취재진들로서는 만약 사고가 나면 속수무책일 수밖에 없다.

뜨거운 태양이 작열하는 한여름의 무더위 속에서 전조등을 켠 카키색의 대형 수송차들이 대열을 지어 지나갔다. 트럭 앞뒤에는 'EXPLOSIVES A(폭발물 A)'라고 쓴 경고판이 부착되어 있었다. 'POISON(독성)'이란 경고 판도 있었다. 호송차량 앞에서는 경비대와 MP 선도차가 안내를 맡았고, 그 뒤를 따라 이동소화기와 야전용 구급차, 트랙터, 소방차가 지나갔다. 실로 엄청난 대열이었다.1032)

독일 미에자우 탄약고에 비축되어 있던 10만 개의 유독성 화학무기탄 들은 1990년에야 존스턴 환초로 이동 폐기되기 시작했다.1033) 오키나와 보다 더 늦게까지 화학무기 비축 상태를 유지했던 것은 당시까지만 해 도 미국엔 유럽전선이 더 중요했기 때문이다. 독일의 화학무기 폐기가 오키나와의 그것보다 20년이나 지체된 것은 그 사이에 미국이 화학무기 정책을 부활시켰기 때문이다.

1971년 독가스 화학무기가 미국령 존스턴 환초로 출발한 덴간삼바시 부두.

레드햇 작전이 있은 지 10년 뒤인 1982년 5월 14일, 미 상원은 그동 안 동결해왔던 화학무기 생산을 재개하겠다는 레이건의 제안을 간발의 차로 통과시켰다.

이로써 미정부는 화학무기 생산에 필요한 7억4천만 달러의 예산을 확 보했다. 소련이 아프가니스탄에서 신형 화학무기를 사용했다는 것이 레 이건 제안의 배경이었다. 독가스뿐만 아니라 오키나와에도 저장되어 있 던 고엽제를 베트남전쟁에서 10만 톤 이상이나 사용한 미국이 '핵 억지 를 위한 핵 개발'이란 기만적인 논리의 연장선에서 다시 생화학무기 재 개발에 착수한 것이다. 레드햇 작전은 오키나와 화학무기만을 대상으로 하였다. 미 태평양사령부 관할인 일본과 한국에 대해서는 언급이 없다. 나는 그것이 궁금했다. 오키나와의 화학무기는 과연 모두 제거됐는가? 오키나와, 일본, 한국의 기지를 조사하면서 일본과 한국에서는 여전히 화학무기표식이 탄약고에 부착된 것을 확인했다.

탄약고 화학위험도 표식

미군기지의 탄약고는 밖에서도 관찰이 가능하다. 탄약고에 붙어 있는 표식을 읽을 줄 알면, 그 안에 어떤 무기가 있는지 근사하게 맞출 수 있 다. 평화여행을 위한 기초학습 준비로 판문점 유엔사 경비대 캠프 보니 파스 탄약고의 사진을 예로 들어보자. 이 사진(567p)은 2004년 내가 유 엔사에 인터넷 언론사 기자단의 일원으로 초청되어 합법적으로 촬영한 사진이다. 미군은 야전교범에 따라 탄약고에 화재표식과 화학위험도 표 식을 부착하게 되어 있다.

미군 폭발물교범 FM4-30. 13에 의하면, 이들 중 팔각형에 1자가 써진 표식은 화재표식으로 대량폭발을 일으키는 폭발물이 탄약고 안에 보관되어 있으므로 화재 시 소화작업을 단념하라는 내용을 담고 있는 표시이다. 그리고 그 옆에 있는 두 개의 표식은 화학위험도를 나타내는 표식으로 가운데는 화생방위협에 대해 전신 방호복을 입어야 하는 유독성 화학물질이 탄약고에 보관되어 있음

노란색 전신방호복이 그려진 화학무기표식이 발견된 판문점 유엔사경비대의 탄약고.

을 뜻한다. 오른쪽의 표식은 물이 탄약 위에 쏟아지는 것을 금지한다는, 즉 물 접촉금지 표식이다. 이는 탄약고 안에 화재 시 물과 접촉하면 더 큰 폭발을 일으키는 화학무기가 있음을 의미한다. 이 중에서 다른 기지의 탄약고와 비교가 되는 것은 가운데 전신 방호복 표식의 색깔이다. 현재 한국에 있는 주한미군기지와 한국군기지의 대부분의 탄약고에는 이 표식의 색깔이 흰색이지만 이곳은 노란색이었다.

화학위험도를 나타내는 전신 방호복 표식에는 방호복의 색깔에 따라 세 가지 종류로 나누어진다. 표식에서 방호복의 색이 빨강인 경우는 사린 가스와 신경가스 등 가장 유독한 화학무기를 나타낸다. 레드햇 작전

의 대상이 된 무기들이다. 노랑인 경우는 그보다는 치사성이 떨어지지만, 여전히 생명에 치명적인 아담사이트 등이 포함된 화학무기를 나타낸다. 흰색의 경우에는 주로 백린탄을 나타낸다.

그런데 한국의 독수리연습 시 오키나와 해병대와 함께 원정 오는 캠프 이와쿠니 해병대의 탄약고에서 노란색 표식이 발견되었다. 또한, 그들이 한국에 와서 숙영하는 워리어베이스 근처의 판문점 유엔사경비대 탄약고와 여러 군데의 한국군 전방기지에서도 같은 노란색이 발견되었다.

미 육군의 탄약폭발물 안전기준(Department of the Army Pamphlet 385-64)에 의하면, 노란색 전신 방호복 표식에 해당하는 화학작용제들은 다음과 같다. 포스겐(CG)은 질식제로 폐에만 작용하며, 폐의 모세혈관에 손상을 초래한다. 제1차 세계대전 중 화학작용제 희생자 중 80% 이상이 CG에 의한 것이었다. 살상 효과는 24시간 이내에 발생한다.

판문점 유엔사경비대와 같은 화학무기 표식(노란색 전신방호복)이 발견된 캠프 이와쿠니 탄약고.

포스겐도 래드햇 작전에 포함되었다. 포스겐 가스 외에 질식형 작용제 인 PFIB(perfluoroiso - butylene, 할로겐 플라스틱 연소물의 일종)가 있다. 생물 독소인 리친(ricin)도 호흡기를 통해 폐로 들어가 독성을 나타낸다.[1034]

전신방호복 대신 방독면만 그려진 표식에 해당하는 무기는 다음과 같 다. CN은 피부 및 눈에 자극을 주며, 기도 상부에도 자극을 준다. 고농 도 노출 시 수포도 발생한다. CN은 CS로 대체되었다. CS는 군부대에 서 최루탄훈련에 흔히 쓰이는 최루제로 피부 및 눈에 자극을 주며, 매 우 빠른 효과를 나타낸다. 낮은 농도에서도 즉각적으로 효과를 나타내 며, 노출 후 효과는 5~10분간 지속한다. 제1차 대전과 걸프전에서 사용 된 수포작용제는 중독증상 발현 시간이 수 시간에서 수일로 상당히 길 다. 하지만 일단 오염된 다음에는 체내 해독이 쉽지 않다는 문제점이 있다. 수포작용제에 노출되면, 피부에 물집이 발생하고 궤양이 유발된 다. 눈과 호흡기에서도 장애가 일어나며, 장기적으로 면역계 손상이 일 어나는 등 광범위한 중독증상이 발생한다. 따라서 수포작용제에 노출되 었을 때는 신속한 피부 제독과 효과적인 해독 처치가 요구된다.

염화시안(CK)은 혈액작용제로서 눈 및 점막에 매우 자극적이며, 방독 면을 무력화시키는 데 사용된다. 아담사이트(DM)는 밀폐공간에서 사용할 시 살상용이 된다. 보통은 고체상태로 있으며, 폭발하면 독성 에어로졸 형성 효과가 매우 빠르다. 1분 정도 노출 시 일시적으로 무능화 상태에 빠진다. 한편, 노출농도에 따라 효과는 30분에서 3시간까지 지속한다. 혈액작용제는 휘발성 물질로 대기 중으로 확산해 호흡기를 통해 중독현 상을 일으킨다. 그 때문에 혈액작용제가 뿌려진 지역에서는 즉시 방독면 을 착용하여야 한다. 혈액작용제에 중독되면 세포 내의 산소호흡이 방해

받는다. 그리고 순환기와 호흡기에 장애가 발생해 경련을 일으키거나 혼수상태에 빠지게 된다. 디페닐클로로아르신(DA)은 피부 및 눈에 자극을 주며 매우 빠른 효과를 나타낸다. 노출농도에 따라 효과는 30분에서 수시간까지 지속된다. 디페닐시아노아르신(DC)은 DA와 유사한 효과를 나타내지만 DA보다 더 강한 독성을 지니고 있다.

FS는 무겁고 강한 산성 액으로 보통의 농도에서도 눈과 코와 피부에 높은 상해를 일으킨다. FM은 부식제이다. 폭발물 탄약이나 비행기의 살포로서 흩어지게 할 수 있으며, FM용액은 피부와 눈을 태우는 산이다.

BZ가스는 미국이 개발한 것으로 미군 병사들 사이에서는 일명 '수면가스'로 알려져 있다. 수면과 환각증세를 유발할 수 있다. 화학무기 전문가들은 제대로 예측할 수 없으며, 종종 동요와 흥분을 증가시킨다고 말한다. 미국은 러시아가 모스크바 극장을 점거한 체첸 반군을 해산시키는 과정에서 이 가스를 사용했을 것으로 추측하기도 했다. BZ가스도 래드햇 작전에 포

오산 공군기지 탄약고 철문 바로 옆의 노란색 물통. 백린탄과 연관이 있다.

함되었다. 위의 무기 중 특히 사용 가능성이 높은 화학 작용제는 포스겐과 아담사이트, BZ가스이다.

이들 화학 작용제 중 어느 것이 그 안에 들어 있는지는 정확히 알 수 없으나, 이들 화학작용제들은 하나같이 유독하다. 이들 화학 작용제가 충전된 화학탄 외부에는 대부분 회색 칠을 하여 다른 무기와 구별한다. 미군의 야전교범은 사령부에서 기밀상의 이유로 특별한 명령을 내리지 않는 한 야전교범의 내용 그대로 적용하는 것이 원칙이다.[1035]

백린탄 표식도 평화감시운동의 대상

다음으로는 흰색, 즉 백린탄에 대해 살펴보자. 위 사진(571p)은 오산 공군기지탄약고이다. 탄약고 앞에 노란색 물통이 놓여있다. 그리고 이 탄약고전방에는 흰색 전신보호의 표식이 부착되어 있다. 백린은 적린, 황린과 달리 매우 불안정한 물질이므로 공기 중에서 산소와 접촉하면 바로 폭발한다. 만약 탄약고에 보관된 백린탄을 취급하다 떨어트려 금이 가거나, 부식 등으로 틈이 생겼을 때 어떻게 되겠는가? 바로 폭발한다. 재앙적 상황이 오는 것이다. 그래서 백린탄을 보관한 탄약고엔 물통을 비치하여 문제가 생긴 백린탄을 물속에 풍덩 잠기게 하는 것이 유일한 응급조치이다. 산소와의 접촉을 차단하는 것이다.

영국 「더 타임스」 온라인판은 이스라엘이 가자지구를 공격하는 과정에서 백린탄을 사용했다고 보도했다.[1036] 1995년 사라예보에서 반군이 백린탄을 사용했다는 의혹을 근거로 미국이 유고전에 개입하여 논란을 일으켰다. 미국의 이라크 전쟁기간 중 팔루자를 공격하는 과정에서 이탈리아 방송이 미군의 백린탄 사용 의혹을 제기하고, 미 국방성이 이를 적극적으로 부인하지 않으면서 큰 논란을 일으킨데 이어 세 번째이다.[1037] 미군 교범에는 백린탄을 사람에게 사용하는 것에 대한 모순된 내용이 나타난다.

1949년 제네바협약을 존중하여 이같은 무기들이 '불필요한 고통'을 초래하려는 방법으로 사용되어선 안 된다고 경고한 야전교범27-10(Rule of Land Warfare FM27-10)[1038]의 36항이 미국정책의 지침으로서 존재한다.[1039] 그러나 같은 야전교범에서 "화염을 이용한 무기가 필요할 때 목표물에 사용하는 것은 국제법 상에 불법이 아니다"라고 기술되어있다. 이와 달리 군사교재인 『ST100-3 전투서(Battle Book)』[1040]의 포트 레븐워스(Fort Leavenworth) 항목에는 "대인 목표에 백린탄을 사용하는 것은 지상 교전규칙에 대립된다"고 나와 있다.[1041] 다른 야전교범(FM 3-06.11)에서도 백린탄을 사람에게 사용하는 문제는 2005년 당시까지도 논쟁이 되고 있었다.[1042]

이러한 혼돈과 모호함이 1991년 후세인이 사용한 백린탄과 1995년 세르비아 반군이 사용한 백린탄에 대해서는 화학무기로 규정하여 공격의 명분으로 삼고, 2002년 미국이 팔루자 공격 시 사용한 백린탄에 대해서는 화학무기가 아니라고 해명하며 면죄의 수단으로 삼는 이중잣대의 원인이었다. 흰색 전신보호의 표식은 거의 모든 기지의 탄약고에서 발견된다. 그리고 이것이 별문제가 되지 않는다는 인식 또한 형성되어 있다. 실제 미국이 백린탄사용 의혹이 있을 때마다 빠져나간 논리는 백린탄은 화학무기 금지협약에 저촉되지 않는다는 것이었고, 미군과 미군의 동맹군은 인체에 해가 없는 연막용 백린탄만을 사용한다는 것이었

다.[1043]

연막용 백린탄과 달리 소이용 백린탄은 될 수 있으면 그 보유 사실에 대한 언급을 회피해 온 것이 백린소이탄 보유국의 경향이었다. 이는 백린연막탄과 달리 백린소이탄의 위험성과 비인도성은 큰 논란을 일으켜 온 주제였기 때문이다. 그런데 2007년 나의 국가보안법 재판 당시 국방부가 검찰에 제시한 아래의 증거기록 사진 자료에 의하면, 경기도 일산의 군부대에 백린소이탄이 보관되어 있음이 확인된다.

이로써 미국과 동맹국에서는 백린연막탄 만이 사용된다는 주장은 깨졌다. 따라서 백린탄 표식도 평화감시운동의 대상에서 제외될 수 없게 되었다. 그러나 백린탄은 그것이 연막탄이라도 사실은 문제가 된다. 실제 백린연막탄과 백린소이탄 사이에 특별한 차이가 발견되지 않는다. 그렇다면 어떤 차이가 날까?

소이탄과 연막탄의 차이는 내부에 들어간 인에서 차이가 난다. 연막탄은 단시간 내에 많은 산화물(오산화인)을 만들어야 하므로 반응하기 좋게 분말상으로 만든 인이 들어간다. 소이탄은 불붙은 인이 넓은 범위로 퍼져나가 오랫동안 타야 하므로

국방부가 검찰에 제출한 증거기록으로 탄약고 위험표식과 한국군의 백린소이탄 저장 사실이 확인됐다. 특히 사진 하단의 날짜 표시에 의하면, 2007년 3월 14일 현재 백린소이탄이 보관상태에 있음을 알 수 있다.[1044]

연막탄의 분말보다 훨씬 큰 인 덩어리들이 사용된다. 백린연막탄이 아무리 연막탄이란 이름을 달고 있어도 인이 들어갔다는 점만으로도 위험하다. 실제로 백린연막탄은 소이탄으로 사용되었다. 월남전 당시 흔히 사용된 윌리 핏은 백린연막탄 겸 소이탄이었고, 다른 백린연막탄도 아주 가까운 거리에서 적병을 불태웠다. 지금도 포병부대에선 백린연막탄으로 불을 일으킬 수 있다는 점을 알고 있어서 백린 연막탄 = 소이탄으로 이해하기도 한다. 포병 지원 중 만약 목표지역이 가연물로 뒤덮였다면 백린연막탄 포격을 가하여 불을 낼 수 있다.[1045]

1995년 사라예보의 백린탄 사용 논란 시 유엔군 대변인 개리 카워드 중령도 "북대서양조약기구 측에서는 백린탄을 연막을 피우기 위해 쓰지만 연소성이 있기 때문에 파괴 목적으로 사용될 수도 있다"고 말했다.[1046] 따라서 탄약고의 흰색 전신보호 표식도 화학무기 감시 범위에 두어야 하는 것이다.

열화우라늄탄은 핵무기인가?

이와쿠니 해병대 소속 수직이착륙 공격용 해리어기가 1995년 12월과 1996년 1월 오키나와의 도리시마 무인도 사격장에 열화우라늄탄 1,520발을 발사한 것이 드러났다. 이것이 알려진 것은 1년 뒤인 1997년 2월이었다.[1047] 그런데 같은 달 이번엔 경기도 연천 대전리 폭발물 폐기장에서 M1A1에이브럼스전차 포탄용 120mm 열화우라늄탄[1048] 오폭 사고가 또 발생했다. 주일미군은 열화우라늄탄을 제3국으로 옮기겠다고 발표했고, 주한미군은 유해한 수준이 아니고 다른 탄약은 안전하게 관리되고 있다고 했다. 오키나와에서는 이 말을 믿었다. 그러나 2004년 이것이 거짓말이었음이 드러났다.

필자는 한 회의에서 미국 친우봉사회(AFSC, American Friends Service Committee) 하와이 지부 카일 카지히로(Kyle Kajihiro) 간사를 만나게 되었다. 나는 하와이 존스턴 섬의 화학무기폐기에 대해 여러 가지 질문을 던졌다. 그러나 존스턴 섬은 자신들도 접근이 어렵다고 했다. 대신 2001년 미 태평양사령부 총사령관 블레어 제독에게 요청한 정보공개청구 결과자료가 있는데 필요하면 보내주겠다고 했다. 그가 돌아가고 얼마 뒤 나의 작업실로 그 자료가 배달되어왔다. 이 기록들은 오키나와 가테나 공군기지의 18탄약분대와 한국 오산 공군기지의 51비행 탄약유지분대에서 태평양사령부에 보고한 문서였다. 그러나 도저히 알 수 없는 군사 약어로 된 문서라 독해가 어려웠다. 두 달 넘게 약어를 찾아 맞추는 작업을 했고, 드디어 문서 전체를 해독할 수 있게 되었다. 그리고 놀라운 진실이 드러났다.

2003년에 공개된 이 기밀해제문서에 따르면, 주한미군은 열화우라늄탄을 "수원기지에 136만181발, 청주기지 93만3,669발, 오산기지 47만4,576발을 보유"하고 있는 것으로 밝혀졌다. "한

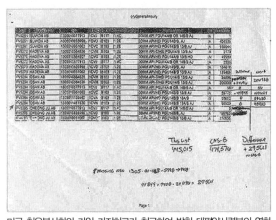

미국 친우봉사회의 카일 카지히로가 청구하여 밝힌 태평양사령부의 열화우라늄탄 실태에 관한 문서

국은 거의 280만 발의 열화우라늄탄을 보관"하고 있는 셈이다. 세 곳의 미군기지에 보관된 열화우라늄탄만 약 300만 발로 국민 12명당 1개꼴로 저장되어 있는 셈이다.

그런데 한국 만이 아니었다. 오키나와 가테나 탄약고에도 무려 39만 8,768발의 열화우라늄탄이 비축되어 있었다. 주일미군의 거짓말이 드러난 순간이었다. 안전하게 잘 관리하고 있다는 주한미군의 거짓말도 이 자료에 의해 명백히 드러났다. 문서 내용을 추적해보면, 관리체계에 심각한 문제가 있음이 드러난다. 오산기지에 보관 중이던 열화우라늄탄은 문서 상의 수량과 실제 수량 사이에 차이가 발생했는데, 이들 중 2만 4,696발은 분실된 것으로 나타났다. 열화우라늄탄의 관리실태가 심각한 지경임에 놀라지 않을 수 없다. 분실사건의 경우 사건이 발생한 1990년 이후 언급조차 되지 않다가 2003년 정보공개 당시에서야 '분실'로 언급된 점도 주목된다.

관리상의 문제는 여기서 그치지 않는다. 1997년엔 습기에 의한 부식 문제까지 발생해 "6개의 컨테이너가 손상되고, 1개의 컨테이너는 구멍까지 났다"고 되어 있다. 열화우라늄은 물기와 장시간 접촉하면 불화수소가스를 발생시킨다. 불화수소는 농작물을 고사시킬 뿐 아니라 유독가스인 질산, 불화수소 등을 호흡하면, 폐가 손상되어 죽음에 이른다.

그러나 주의할 점은 이 자료에서 확인된 건 미 공군이 보유한 30mm 열화우라늄탄만의 보관현황이라는 점이다. 따라서 1997년에 미군 스스로 그 존재를 밝힌 바 있는 주한미육군이 보유한 120mm 열화우라늄탄 수까지 합할 경우 보유 규모나 관리실태의 문제점은 점점 더 커질 전망이다.

그간 핵분열하지 않는 열화우라늄탄을 핵무기로 볼 수 있나 없나가 큰 논쟁거리였다. 이 문제에 대해 2006년 8월 국제열화우라늄 무기 반대 심포지엄에서 이 분야 최고의 과학자들이 내린 결론은 두 가지 점에서 열화우라늄탄과 핵무기는 같다는 것이었다. 첫째는 탱크의 철갑을 관통하는 순간에 발생하는 마찰로 3천도의 고온에서 열화우라늄탄은 파괴가 일어나며, 나

탱크 킬러라 불리는 A-10기와 이 전투기가 사용하는 30mm열화우라늄탄(성남시 서울비행장).

노(원자나 분자크기)단위의 가스와 먼지를 발생시킨다. 이것은 3천도에서 핵분열하는 핵무기와 같다. 둘째는 내폭이다. 내폭이란 핵물질이 몸 안에 들어가 일으키는 제2의 피폭이다. 신체에 흡입되거나 흡수된 열화우라늄 분자는 세포막 안에서 핵물질과 똑같이 피폭을 일으키고 유전자의 변형을 가져와, 기형아를 출산케 하거나 각종 피폭증상을 유발한다.

걸프전 당시 미군이 사용한 열화우라늄탄중 A-10용 30mm의 총량이 94만 발이었던 점을 상기하면, 주한미공군기지의 열화우라늄탄양은 280

만 발로 거의 3배의 숫자에 해당한다. 이 숫자로만 본다면, 한국에서의 전쟁은 걸프전보다 3배의 규모로 준비되고 있다. 그리고 1997년 120mm 탄약 1발이 연천 폭발물폐기장에서 잘못 분류되어 폭발했다는 주한미군의 보고가 있었다. 공군기지만이 아닌 육군기지에도 전차용 열화우라늄탄이 보관되어 있다는 증명을 한 셈이다. 120mm 열화우라늄탄은 M829시리즈로 명명되었다. 특히 M829A2의 열화우라늄 함유량은 4.74kg으로 30mm에 사용되는 열화우라늄 0.3kg의 약 16배에 이른다.

2007년 12월 5일 유엔 제62차 총회는 '열화우라늄을 포함한 무기·포탄 사용의 영향에 관한 결의'를 통과시켰다. 결의는 열화우라늄 무기 사용이 인체나 환경에 끼칠 잠재적 유해성을 고려한다고 전문에 명기한 뒤 사무총장 이름으로 가맹국과 관련 국제기구에 대해 열화우라늄 문제

구라시키 저수지 전망대에서 본 가테나 탄약고 전경.

에 관한 보고서를 제출하고, 차기 총회에서 열화우라늄 문제를 의제로 다루도록 했다. 마침내 유엔이 열화우라늄 무기에 문제가 있다는 걸 공식적으로 인정한 셈이다.

히로시마 원수폭대회 발표문과 일본 사회당 당수

2006년 8월 히로시마 원수폭대회에서 내가 이 사실을 발표하기 위해 회의장에 도착했을 때는 이미 「마이니치신문」 1면 톱으로 보도된 뒤였다. 반바지 차림으로 발표한 나에게 사회당 당수는 직접 찾아와 정중히 인사를 표하고, 사회당에서 이 문제를 의제화하기 위해 원본자료를 제공해 줄 수 있는지 요청했다. 나 역시 기꺼이 수락했다. 사회당뿐 아니라 일본 평화운동가들은 가테나 탄약고의 열화우라늄탄 폐기를 주장하며 계속해서 운동을 전개하고 있다. 그들은 약속을 지켰다.

구라시키 저수지에는 산 전체에 조성된 탄약고 지구를 조망하기 위해 높은 전망대를 세워 놓았다. 전망대에 오르니 멀리 요미탄 해변이 보이고, 바다 너머로 도카시키 섬이 일직선으로 늘어서 있는 것이 보였다. 1945년 오키나와 점령과 함께 바로 사용에 들어간 이곳 탄약고 산이야말로 미국이 아시아에서 추구한 패권의 거대한 성채이자 부동의 근원인 셈이다. 이 거대한 탄약고 산은 아시아를 조롱하며, 다음과 같이 말하는 것 같다. "모든 권력은 탄약으로부터 나온다"

| 요미탄 소베 통신소 | 철거된 '코끼리 우리'

지금은 철거된 요미탄 소베 통신소 코끼리 우리.

요미탄의 소베 벌판 한가운데 코끼리 우리라고 불리는 거대한 안테나 군이 서 있었다. 세계의 전파를 송수신하는 요미탄 촌의 소베 통신소, 이른바 '코끼리 우리'는 2007년 최종 철거되었다. 이 통신소는 1988년부터 장파를 송신하거나 항공무선을 수신하는 등 다목적 임무를 수행했으며, 1990년 여름 기지 주위에 컴퓨터용 건물을 지었다.

요미탄 소베 통신소에 대해 알려면, 같은 시설에 대해 알려진 정보를 활용해 그 실상을 짐작할 수 있을 것이다. 일본 북부 후쿠시마 원전사고 시 위기에 처했던 미사와 기지의 코끼리 우리는 옛 소련의 군사기지와 항공기, 함선의 교신을 24시간 포착하는 곳이었다. 안테나로 수집된 정보는 미사와 암호작전센터의 창문 없는 현대식 건물로 전송된다. 건물 내부에는 NSA(국가안보국) 민간인과 1,800명의 육·해·공군 신호정보 전문가들이 교대근무를 한다. 그중에는 해군보안국과 '위성통신의 처리와 보고'를 맡은 공군 제301첩보중대도 포함된다.

미사와에서 '처리·보고'하는 위성은 1997년 6월 27일 태평양 상공으로 발사된 '인탤셋 8'로 11만2,500건에 이르는 전화 통화를 한꺼번에 연결할 수 있다. 육군 제750군사첩보중대 역시 이곳에 주둔해 있다. 육군 도청요원들과 분석가들 상당수가 '98K'라고 불리는 신호수집 및 신원확인 분석가들이다. 미사와 기지에 근무하는 미군 병사의 반수가 이 코끼리 우리에 종사하고 있다는 사실만 보더라도 이 시설의 중요성을 알 수 있다.

대한항공기 격추사건 발생 당시 NSA의 전자첩보장치와 왓카나이의 시설과 협력하여 미국이 소련기의 교신내용을 파악했던 사실은 지금도 기억에 새롭다.[1049] 요미탄 소베 통신소의 코끼리 우리도 이와 대동소이 하였을 것이다. 한편 모토부 반도에 위치한 야에가쿠 통신소[1050]는 일본의 북쪽 끝 왓카나이로부터 미사와, 요코타, 자마, 이와쿠니 등을 연결하는 주일미군의 전략적인 통신시설이다. 우라소에 통신소의 '스코우프 시스널III'라는 잠자리형 특수 안테나는 전략공군이 미 대통령의 최종 핵공격 명령을 B52 전략폭격기나 B1B 폭격기에 전하는 안테나이다. 이것은 가테나에 있는 두 개의 안테나와 연동하여 작동한다. 이 기지에는 트라이던트 핵잠수함에 핵 지령을 보내는 변조통신용 로랑C 안테나도 설치되어 있다.[1051]

미일 정부는 1997년 4월 23일 미군용지 특조법의 일부를 개정·공포 했다. 개정법의 목적은 1998년 5월 14일에 사용기한이 끝나는 가테나 비행장 등 12시설용지와 1997년 4월 1일부터 .사용권원이 없는 상태가 계속되고 있던 요미탄 소베 통신소에 대한 사용권원을 얻는 것이었다. 총면적 53ha에 달하는 소베 통신소는 450명의 지주에게 매년 군용지 사용료로 3억5천만 엔의 거액을 지불했다. 그러나 치바나 쇼이치 선생을 중심으로 한 반전 지주들은 이 군용지 사용료의 경제적 이익을 포기하고, 코끼리 우리 통신소를 쫓아냈다. 이들 시설은 캠프 한센에서 운용중인 것으로 알려졌다. 주민들은 비행장 터 낙하 훈련 시 야간엔 불꽃을 피우고, 주간엔 인분을 뿌리는 등 창조적인 방법으로 싸워 연습을 중단 시키는 승리를 거두었다. 그들은 가격이 아니라 가치를 택한 것이다.

| 캠프 후텐마 | 주거지역에 들어선 비행장

오키나와 국제대학 헬기추락(2004년) 장소.

기노완 시에 있는 가카즈 고지는 오키나와 전투 최대 격전지로서 지하에는 강고한 진지호가, 지상에는 토치카가 구축되어 있었다. 이 고지에서 후텐마 기지의 활주로가 한눈에 들어온다. 가카즈 공원 한 귀퉁이에 '세이큐 탑'(靑丘之塔)이 서 있다. 강제 징병된 한국인 출신 병사 386명의 영령을 위로하는 것으로 일본 불교단체인 일련정종(日連正宗)의 기노완 청년회가 세운 것이다.

후텐마 비행장은 미군에 의해 신설된 비행장을 대표한다고 할 수 있다.1052) 가테나와 후텐마 기지는 미군이 원래의 기지를 확장하거나 신설하면서 주민들의 주거지역이던 곳을 활주로로 만들었다. 이때 주거지역에서 밀려난 주민들이 기지 주변 촌락을 형성했었다. 오늘날에도 이 기지들은 담장 하나를 사이에 두고, 기지와 주거지역이 공존하는 형태로 남아있다.1053) 후텐마는 현재 유엔군사령부의 후방기지로 배치되어 있다.

캠프 후텐마 사령부건물 앞에 일장기, 성조기와 더불어 유엔기가 날마다 게양되고 있다.

미일 양 정부는 복귀 전인 1971년 「공용지잠정사용법」을 제정하여 복귀 시부터 5년간에 한정해서 군용지의 사용권원이 인정되도록 하였다. 정부의 사용권원 취득이 끝나는 5년을 주기로 하여 오키나와 사회 내부에서는 미군기지의 지속 여부를 둘러싼 사회적 논의와 투쟁이 일어날 수밖에 없다. 미일 정부는 이 같은 사태의 재발을 방지하기 위해 1997년 4월 23일 미군용지 특조법의 일부를 개정하는 법률을 공포 시행했다. 법 개정과 더불어 저항을 무마하기 위해 반환요구가 높은 기지들에 대한 반환일정을 제시할 필요가 있었다. 이를 위해 1995년 11월에 고어 부통령과 무라야마 총리의 합의에 따라 미일 안전보장협의위원회 아래 설치된 것이 '오키나와에 관한 특별행동위원회(SACO)'이다. 1995년 12월에 발표된 SACO의 최종보고는 후텐마 비행장의 전면반환을 포함했다. 그러나 이는 헤노코로의 이설을 위한 꼼수였음이 드러났다.

2004년 8월 13일, 오키나와 후텐마 기지 바로 옆에 있는 오키나와 국제대학 구내에 추락한 미군 헬리콥터의 현장검증을 에워싸고 SOFA(주일 미군의 지위협정) 개정 문제가 부각되었다. 사고 발생 다음날 일본정부의 외무 정무관이 사고현장에 갔으나, 미군이 제지하는 바람에 접근도 못 했다. 이에 화가 난 외무 정무관이 주일미군 최고 간부에게 전화를 걸어 "여기는 일본 땅이다. 왜 현장접근을 막느냐"며 성토했으나 미군은 막무가내였다. 사고가 미군의 관할 지역 밖에서 생겼음에도 오키나와 현 경찰이 현장검증을 거부당한 이유는, SOFA협정의 장벽 때문이다.

미군의 경찰권에 관한 SOFA 협정 17조 10항의 부속합의 회의록에는 "일본은 미군의 재산에 관하여 수색·차압·검증을 할 권리를 행사하지 않는다"고 명기되어 있다. 그래서 기노완 시장과 오키나와 지사가 현장검증을 막는 SOFA 협정의 개정을 미일 정부에 강력하게 요구했다. 이미 일본에서는 그해 초부터 SOFA 개정 운동이 진행되고 있었는데, 이 헬기 추락사고가 이 운동에 기름을 부은 꼴이 되었다.

스물아홉 | 캠프 화이트비치

오키나와에 유엔기가 휘날리는 이유는?

캠프 화이트비치에 게양되는 유엔기, 성조기, 일장기.

해뜨기 전 타마요세 아키라 시인이 함께 가겠다고 나의 숙소로 찾아왔다. 자기도 보고 싶다며. 무엇을? 미군기지에 게양되는 유엔기를. 전날 나는 오키나와 평화대회토론회(2008)에서 한·일·오키나와연대 의제에 대해 발제하였다. 그리고 서울 용산기지의 유엔사령관이 명령하면 오키나와의 가테나·후텐마·화이트비치가 전쟁에 휘말린다, 일본과 한국의 국경은 유엔사가 있는 한 아무런 의미가 없다는 이야기를 한 것이다. 청중들은 이 문제에 적잖이 놀라워했다. 뒤풀이 시간에도 유엔사 이야기는 이어졌고, 다음 날 나의 기지방문 계획을 알게 되자 소년의 동심을 가진 타마여세 시인이 "나도" 하고 손을 들며 함께 갈 것을 약속하였다.

카추렌조의 헤시샤 마을 언덕에 서면, 나카구스쿠 만의 기막힌 해안 절경을 배경으로 자리 잡은 캠프 화이트비치가 한눈에 들어온다. 7시가 되자 기상나팔이 울리고, 성냥갑 같은 건물에서 군인들이 나와 분주하게 움직이는 모습이 보인다. 우리 시선은 깃발게양대에 고정되었다. 세 개의 게양대마다 의장대가 접힌 깃발을 들고 부동자세로 대기하고 있다. 8시가 되고 성조가가 울리자 의장대군인은 접혔던 깃발을 줄에 매단 다음 집어 던지듯 확 펼친다. 그제야 성조기의 모습이 드러나고, 깃발이 서서히 오르고 국가가 끝나는 순간 깃발이 깃봉 아래 정확히 당도한다. 다음에 기미가요가 울리며 일장기가 같은 절차로 게양된다. 마지막 남은 게양대에 선 의장대는 아무런 음악도 없이 약간은 공허하게 깃발을 펼친다. 하늘색 바탕의 청성기 유엔 깃발이다. 타마여세는 이제야 알겠다는 듯이 고개를 끄덕이며 오키나와에 살면서 이것을 몰랐다는 것을 한

탄했다.

유엔의 군대로 행세하는 미군

유엔군사령부는 한국전쟁 초기인 1950년 7월 25일 도쿄 천황궁 앞 맥아더사령부가 있던 다이이치 빌딩에서 창설되었다. 이는 7월 7일 유엔안보리 결의에 의한 것이었다. 그러나 당시 안보리 결의 어디에도 유엔군사령부(United Nations Command)를 창설한다는 문구는 없다. 단지 미국의 통합군사령부(Unified Command) 창설을 권고했을 뿐이다. 더구나 이 결의안은 미국이 만든 것이다. 미국은 애초에 유엔군사령부라는 표현은커녕 '통합사령부하에'(under unified command)를 '미국 산하의 통합사령부에'(to a unified command under the US)로 바꾸기까지 하였다. 통합사령부가 유엔 산하로 오해될 수 있는 여지를 없애고, 미국 산하의 사령부임을 명확히 했다. 그런데 실제 사령부 창설을 앞두고 갑자기 이름을 임의로 바꾼 것이다. 이름만 바꾸었다면 백 보 양보하여 문제 삼을 일도 없다. 그러나 이 군대는 실제 유엔의 군대인 것처럼 행세했고, 지금도 '유엔의 군대'라고 하며, 유엔의 권위를 참칭하고 있다.

1994년 6월 24일 부트로스 갈리 유엔사무총장은 "유엔군사령부는 유엔의 기구가 아니다"라고 명확히 천명했다.[1054] 너무 따지는 것 같아 미안하지만 유엔깃발을 사용하는 것도 문제이다. 1950년 7월 7일 결의는 유엔기의 사용을 인가했다. 이는 1947년 채택된 유엔기법에 의한 것이었다. 그러나 이 법에는 '군사작전에서의 깃발 사용'을 인가하는 특별조항을 포함하고 있지 않았다.[1055] 따라서 한국처럼 비회원국인(1950년 당시) 국가 병력이 동원된 군사작전에서 깃발을 사용할 수 있는지는 의심스럽다. 그러나 유엔 사무총장은 7월 7일 안보리 결의 후 20여 일이나 지난 후인 7월 28일에 가서야 "깃발은 유엔의 해당 기구에 의해 효과적으로 권한이 명시된 군사작전에 대해서만 사용될 것이다"라고 명시된 '군사작전에서의 깃발 사용'이란 제목의 6조가 포함된 새로운 유엔기법을 발표했다.[1056] 그러나 깃발법이 공식적으로 수정된 것은 1952년이다. 이것은 전형적인 사후입법, 소급입법이다. 불법이다. 유엔기를 사용하기 때문에 직관적으로는 아무 의심 없이 저것을 유엔의 군대라고 착각하지만 유엔기 사용 자체가 불법이다.

한국이 아닌 일본, 오키나와에 유엔기가 휘날리는 이유

그런데 중요한 이야기를 빠트렸다. 유엔군사령부는 한국전쟁 때 만들어진 것으로 정확히 말하면 주한유엔군사령부이다. 그런데 왜 한국이 아닌 일본과 오키나와에 유엔기가 휘날리고 있는 것일까? 이것은 1951년 9월 8일 샌프란시스코 평화조약, 일미 안보조약과 함께 체결된 '요시다-애치슨 교환공문' 때문이다. 요시다는 당시 일본 총리 요시다 시게루이고, 애치슨은 미 국무장관 딘 애치슨이다. 이 공문의 내용은 "일본정부는 한국에서의 유엔활동을 지원하기 위하여 모든 시설과 역무를 지원한다"는 것이다. 이 공문에 근거하여 1954년 2월 19일 유엔사와 일본간 행정협정(UN SOFA)이 만들어졌다. 이에 따라 일본은 캠프 요코타, 캠프 요코스카, 캠프 사세보 등 일본 내 기지를 미군에게 제공했다.

1957년 4월 초 미 국방성은 동아시아지역의 군사체제를 크게 개편하

기 시작했다. 우선 도쿄의 극동군사령부를 해체하고 하와이에 태평양지
구사령부를 설치했으며, 7월에는 도쿄의 유엔사령부가 서울로 이동했다.
그에 따라 캠프 자마에 유엔사 후방기지사령부(UNC-Rear)를 배치했다.
그와 동시에 1957년 7월 미 공군 작전기지였던 타치카와 공군기지가
유엔사 기지로 지정됐다. 같은 시기 캠프 드래이크가 한국 지원 유엔사
부대를 위한 야전병원과 대기지역으로 사용되면서 유엔사 기지로 지정
됐다. 또한, 1957년 7월 1일 후츄 항공기지에 일본과 한국의 유엔군을
지원하는 제5공군 본부를 두었기 때문에 유엔사 후방기지로 추가되었다.
그러나 1967년 캠프 드래이크가 일본정부에게 반환되자, 1977년 8월
유엔합동위원회를 통해 일본정부에 타치카와 공군기지와 캠프 드래이크
가 더 이상 필요 없다고 통보했다. 그해 10월 1일 일본은 유엔사 보장
목록에서 두 기지를 삭제했다.[1057]

캠프 사세보 사령부 건물 앞에 게양된 유엔사기.

1974년 11월에 5공군 사령부가 요코타 공군기지에 재배치되면서, 1975년 7월 31일 후츄 항공기지도 일본정부에 반환되었다. 1975년 12월에 유엔사를 지휘하는 이 사령부는 일본정부에 후츄 항공기지가 더 이상 일본과 한국의 유엔군을 지원할 수요가 존재하지 않기 때문에 1976년 초까지 보장된 유엔사에 대한 사용보장을 철회할 것에 대해 공표했다. 일본정부는 유엔 합동위원회를 통하여 그렇다는 것을 알게 되었다.[1058] 어쨌든 1976년 2월 1일 후츄 항공기지도 목록에서 삭제되었다. 따라서 1977년 말에 일본과 오키나와의 7개 기지가 유엔사 회원국의 제한 없는 사용을 보장하는 시설로 유지되었다.[1059] 그러다가 미군기지 재편 때문에 유엔사 후방기지사령부는 2007년 11월 2일 캠프 자마에서 캠프 요코타로 이전하여 현재에 이르고 있다.[1060]

유엔사 후방기지 중 하나인 요코스카 미 해군기지.

정리하면 현재 유엔사 후방기지는 기존의 7개에 아쓰기 기지가 포함되어 총 8개이다. 즉, 요코타 공군기지, 요코스카 해군기지, 캠프 자마, 아쓰기 해군항공기지, 사세보 해군기지, 가테나 공군기지, 후텐마 해병대항공기지, 화이트비치 해군기지가 유엔사 기지로 지정된 미국 시설이다.1061) 이들 기지는 1954년 유엔사 행정협정에 서명한 유엔사 회원국에 의해 제한 없는 사용이 보증되었다. 그러나 이것을 사용하고 있는 것은 미군뿐이다. 유엔사 회원국 중 남아있는 군대는 미국 말고는 단 하나도 없다.

유엔사에 참여한 회원국은 유엔에 어떤 통고도 없이 그들 병력을 철수했다. 오스트레일리아는 1953년 7월에, 뉴질랜드는 1953년 10월에, 필리핀과 남아프리카는 1953년 10월과 11월에, 프랑스는 1953년 10월 23일에, 콜롬비아는 1954년 10월에, 에티오피아는 1954년 12월에, 룩셈부르크는 1954년 12월 30일에, 그리스는 1955년 7월 13일에, 네덜란드는 1956년 3월에, 캐나다는 1956년 4월에, 벨기에는 1956년에, 터키는 1956년 7월에, 영국은 1957년 7월에 철수하였다.1062) 1975년을 기준으로 하면, 당시 유엔사 후방기지사령부는 한 명의 미국사령부 참모와 유엔사 회원국에서 파견된 8명의 연락단, 요코타 공군기지에 배치된 태국 공군파견대로 구성되어 있을 뿐이었다. 그러나 결국 태국이 1976년 7월 26일에 철수1063) 함으로써 미군만이 남게 되었다.

소위 유엔사 회원국의 실체는 미국 주도의 다국적군

이들 소위 유엔사 회원국의 실체는 무엇일까? 이들은 정말 유엔군인가? 이들이 스스로 유엔군이라 부르는 것은 1950년 6월 25일, 6월 27일, 7월 7일 세 개의 안보리 결의에 근거하고 있다. 유엔헌장 39조에 의하면, 국제평화와 안전의 유지와 회복을 위하여 '권고하기'와 '조치하기'가 나누어져 있다. 권고(recommendation)는 헌장 6장에 명시한 평화적 해결에 대해서만 가능하다. 조치(action)는 7장의 군사적 강제조치에 대해서만 가능하다. 그러나 유엔 창설부터 지금까지 유엔은 7장 41조와 42조에 의한 군사적 조치를 할 수 없다. 전제가 성립되어 있지 않기 때문이다. 그 전제란 43조가 명시한 유엔과 각국 간의 특별협정이 체결된 바가 없다는 것이며, 더 근본적으로는 유엔의 상비군대가 없다는 것이다.

그렇다면 이러한 조건이 결여되었다하더라도 안보리 결의가 채택되었으니 그것으로 유엔의 조치가 아닌가? 아니다. 그것은 유엔의 조치가 될 수 없다. 1947년 네덜란드와 인도네시아 간 전쟁 당시 유엔안보리는 헌장 39조가 요구하는 결정 없이 단지 양측의 휴전을 촉구하는 결의를 했다. 39조는 어떤 나라의 분쟁이 '평화의 위협'을 구성하는지, '평화의 파괴'를 구성하는지, '침략'인지, 셋 중에서 하나를 결정해야 한다. 그런 다음 '평화의 위협'과 '평화의 파괴'에 대해서는 평화적 조치를, '침략'에 대해서는 군사적 강제조치 취할 수 있다. 그러나 인도네시아 분쟁에 대해서는 39조에 따른 어떤 상태도 정하지 않았다. 헌장에 의하지 않은 결의는 유엔의 조치가 아니다. 따라서 이것은 유엔의 조치가 아니다.

하지만 한국전쟁의 경우엔 안보리 결의에 근거하여 16개국이 참전하였고 유엔군사령부의 지휘를 받았다. 이 경우엔 어떻게 해석할 수 있나? 역시 이것도 유엔의 조치가 아니다. 각국의 조치일 뿐이다. 유엔사는 따라서 유엔과 관계없는 기구이며, 미국정부의 지휘하에 편성된 다국적군일 뿐이다. 당장 확인해볼 수 있다. 유엔 홈페이지에 유엔의 조직이 모두 나열되어 있으나 유엔군사령부는 없다. 부트로스 부트로스 갈리 사무총장, 코피 아난 사무총장 모두 거듭 유엔사가 유엔의 조직이 아님을 공식 확인한 것과 정확히 일치하는 것이다.

한일 군사주권 침해하는 유엔사

미국은 거대한 유령을 만들어 한국과 일본에 대한 군사적 통제를 관철해 온 것이다. 그렇다면 유엔군사령부의 조치가 유엔 조치인가 아닌가를 따지는 것에 나는 왜 이렇게 집착하는 것일까? 다시 1951년 9월 8일 요시다—애치슨 교환공문으로 돌아가 보자.

이 공문은 '유엔의 활동'에 시설과 용역을 제공하기로 한 것이다. 미국은 교환공문이 안보조약이 아닌 평화조약의 하위조약이며 '유엔활동'이므로 안보조약 개정과 무관하다는 입장을 일관되게 유지해 왔다. 그러나 요시다—애치슨 교환공문의 대전제인 한국에서의 군사작전은 '유엔의 활동'이 아니며, 유엔의 군대라는 의미에서 '유엔군사령부'는 존재하지도 않는다. 그것은 유엔의 활동이 아닌 회원국의 활동일 뿐이다.[1064] 따라서 요시다 애치슨 교환공문은 무효이다. 캠프 화이트비치를 비롯 캠프 가테나, 캠프 후텐마 그리고 일본 본토의 캠프 요코타, 캠프 요코스카, 캠프 아쓰기, 캠프 자마, 캠프 사세보에 휘날리고 있는 유엔깃발도 유엔기법에 따라 어디에나 휘날리게 할 수 있는 그런 깃발일 뿐이다. 그러나 한국전쟁에 참전한 유엔군대의 사령부를 특정해주는 사령부깃발이라고 주장한다면 그것은 유엔기법 위반이라고 하겠다.

유엔군사령부를 필두로 유엔사의 존속을 주장하는 사람들의 논지는 네 가지다.

첫째, 유엔안보리 결의 없이도 한국전쟁에 개입할 수 있다. 이는 미사일방어(MD)체계와도 연관되는데 전쟁의 핵심요소 중 하나인 시간과 관련된다. 즉, 안보리에서 논의하느라고 지체되는 시간을 허비할 필요가 없다는 것이다. 미국이 추구하는 세계미사일방어체계를 군사체계만으로 본다면 이는 오산이다. 미사일이 발사되어 공중에 떠 있는 30분에서 40분 정도의 시간 안에 신속한 대응을 하려면, 정치·외교적 결단이 그 시간의 절반 지점에선 이루어져야 한다. 정치와 군사가 일체화되어야 하는 것이다. 미국이 유엔사에 주목하고 있는 것은 그런 시간을 전혀 필요로 하지 않는다는 점이다. 이미 1950년 유엔안보리 결의를 받아났기에 다시 안보리 결의를 얻는 데 시간을 필요로 하지 않는다. 이는 한국의 군사주권을 심각하게 생각하지 않는 사람들에겐 하늘에서 떨어진 선물과도 같다. 그러나 우리의 의도와 관계없이 유엔사령관이 먼저 조치에 들어간다면, 그것이 우리의 의도와 충돌한다면, 어떻게 될까? 금방 상상이 되겠지만, 유엔사가 있는 한 우리의 군사주권 따윈 없는 것이다.

둘째, 유엔사가 북한점령권을 가진다. 이는 1950년 10월 7일 유엔총회결의에 근거한다. 38선 이북점령 시 북한에 대한 통치주체는 유엔사령관이 된다는 것을 명시했다. 이 때문에 한국군과 유엔군은 점령지에서 심각한 갈등을 표출했다. 함흥시청을 먼저 점령했던 유원식은 신속하게 군정을 실시했으나 뒤늦게 도착한 유엔사령부와 충돌했고, 결국 그들에게 군정권을 내주고 눈물을 흘리며 철수해야 했다. 이는 유엔사가 오히려 평화유지역할을 해 주는 것이 좋을 수 있다고 생각하는 사람들에겐 환영할 만한 일이다. 허나 유엔사를 옹호하는 그들이 금과옥조로 주장하는 헌법 3조 영토조항 포기에 대해서는 답변을 하지 못한다.

셋째, 유엔사령관은 주일미군에 대한 작전통제권을 가진다. 주일미군은 평상시엔 주한미군 사령관과 함께 태평양사령부의 지휘를 받지만, 전시가 되면 주한미군 사령관과 동일인물인 유엔사령관은 미합참의장의 지휘로 들어가 주일미군사령부를 작전 통제한다. 일본 헌법 9조와 관련하여 최대 관심사 중의 하나가 미군이 주일미군기지를 일본정부 허락 없이 사용하여 일본이 전쟁에 휘말릴 가능성이다. 한국전, 베트남전에서 이 위험성은 충분히 입증되었다. 그러나 유엔사가 있는 한 일본정부에 '사전협의' 후 기지를 사용한다는 미군의 약속은 사상누각에 불과하다.

넷째, 유엔사령관이 일본 자위대까지 작전 통제할 가능성이다. 요시다—애치슨 교환공문은 시설을 제공할 뿐 아니라 역무(service)도 지원한다고 했다. 이 역무의 범위는 어디까지일까? 이미 이것은 한국전쟁 당시에 확인되었다. 전범국가로 군대가 해체된 상태에서 맥아더 유엔사령관의 명령으로 일본은 소해(掃海)부대를 편성하여 인천상륙작전 때부터 투입시켰다. 그리고 요시다—애치슨 교환공문을 통해 이를 정당화하는 사후입법행위를 했다.[1065] 따라서 유엔사가 한국의 전쟁주권, 영토주권을 침해하지 못하도록, 또한 일본의 평화헌법을 위반하지 않도록 한일 간에 연대를 뛰어넘는 연합수준의 운동을 전개할 필요가 있다. 유엔사엔 국경이 아무런 의미가 없는데, 그에 대응하는 평화세력이 국경의 틀에 갇혀 소극적인 연대만을 한다면 항상 지는 싸움만을 하게 될 것이다.

1920년대 미국의 집단안보패권에 대응한 코민테른의 '민족식민지테제'에서 보듯이, 1950년대 유엔을 통한 미국패권체계에 대한 대응 역시 세계체계에 파열구를 내고 새로운 세계체계를 건설할 의제가 설정될 때 희망을 건설할 수 있을 것이다. 유엔사는 미국이 유엔을 활용하여 만든 패권수단이지만 그 패권을 흔들 수 있는 부메랑이 될지도 모른다.

캠프 화이트비치와 핵잠수함

그와 더불어 캠프 화이트비치에서는 또 하나의 세계의제를 읽을 수 있다. 그것은 바다를 향해 길게 나 있는 부두에서 발견된다. 우선 부두 중간에 갈색 띠가 둘린 사각형 모양의 시설은 전기공급 장치이다. 긴 전선이 뱀처럼 스멀스멀 기어 나온다. 두 번째는 캐멀이라고 부르는 검은 고무공 모양의 튜브이다. 실제 작은 튜브들이 큰 고무공에 갑옷처럼

캠프 화이트비치 항공사진

둘러쳐져 있다. 이 두 가지 시설이 부두에서 세계의제를 읽기 위한 문장이다.

이 두 가지 시설은 핵잠수함의 접안을 위해 필요한 것이다. 핵잠수함 접안 시 원자로 가동이 중단되기에 전기공급장치가 필요하다. 핵잠수함은 영해 안으로 들어올 때는 핵엔진을 끄고 물 위로 부상하여 국기를 달고 있어야 한다. 선박은 법적으로 바다에 떠 있는 영토이기에 국기게양으로 국적을 밝혀야 한다. 핵엔진 가동중지는 기항국의 안전 문제 때문에, 수면부상과 국기게양은 법적 보호 때문에 취해지는 조치이다.

핵잠수함 사고가 가장 자주 일어나는 것이 바로 이 순간이다. 핵 엔진이 가동 중단되면서 전기공급이 정지되고, 수중에서는 '소나'라는 장비를 통해 음파로 식별하다가 수상으로 올라올 때는 잠망경으로 식별하게 되는데, 시야가 완전히 확보되지 않기에 부상하며 바다 위를 지나가던 선박을 들이받는 것이다. 1981년 4월, 가고시마(鹿兒島) 앞바다에서 미국의 핵잠수함

캠프 화이트비치 핵잠수함 부두.

조지 워싱턴이 화물선 닛쇼오마루(日昇丸)와 충돌해서 일본인 2인이 사망하는 사고가 일어났다. 1998년 진해항에 입항하기 위해 부상하던 핵잠수함 라졸라함이 오징어잡이선 영창호를 들이받은 일이나, 2001년 하와이 앞바다에서 핵잠수함 그린빌이 부상하다 일본실습선 에히메마루를 들이받은 사건 등이 유명하다. 수면으로 부상한 다음부터는 미리 계약된 민간 예인선박에 끌려 기지로 입항한다.

따라서 부두에 입항하는 핵잠수함의 위용 따위의 이미지는 모두 허상이다. 이때가 제일 힘을 못 쓰기 때문이다. 오죽하면 링거를 맞듯이 전기공급선을 꽂아야 하겠는가. 고무공 캐멀은 부두접안시 충격을 방지하기 위한 시설이다. 모든 선박이 충격을 최소화해야 하지만 핵잠수함에 이것은 절명의 과제이다. 해군 사병들은 핵잠수함이 기항하기 전 부지런히 접안부두에 캐멀을 설치해야 한다. 1992년 진해기지에 핵잠수함이 들어오는 것을 폭로한 곽자문 씨도 바로 캐멀을 설치하는 임무를 수행하던 카투샤였기 때문에 핵잠수함 기항에 대해 정확히 알고 있었다.

관심과 논쟁을 일으키는 부분은 핵무기탑재 여부이다. 핵잠수함이 핵연료를 사용한다는 것이 곧 핵무기를 사용한다는 것은 아니기 때문이다. 가장 많이 사용되는 잠수함은 공격형 잠수함이다. 이 잠수함은 토마호크 미사일을 사용하는 데, 이 미사일은 재래식 탄두와 핵탄두를 모두 사용할 수 있는 미사일이다.

1991년 부시의 전술핵 폐기선언으로 1992년 토마호크용 핵탄두는 한국에서 모두 철수된 것으로 발표되었다. 그러나 철수만 했을 뿐 여전히 320개의 핵탄두가 저장되어 있으며, 325개의 발사기는 존재한다고 밝혔다. 1994년 핵태세보고서(NPR)에 따르면, 핵탄두용 토마호크는 320개가

W-80핵탄두와 함께 조지아 주 킹스베이(Kings Bay)에 전략핵무기들과 나란히 보관되어 있는 것으로 나타났다. 해체된 것이 아니라 양호하게 저장되어 있기 때문에 핵탄두용 토마호크(TLAM/N)는 명령만 내리면 단 30일 이내에 재배치될 수 있는 상태인 것도 드러났다.1066) 이때까지만 해도 우려였으나, 우려는 머지않아 현실이 되었다. 1994년 핵태세보고서에 따르면, 모든 토마호크 지상공격미사일(TLAM)

캠프 화이트비치 핵잠수함 부두 시설. 부두 왼쪽 검은 튜브 모양의 접안시설이 캐멀, 부두 위의 입방체건물이 전기 공급 시설이다.

이 육지에 저장되어 있을 것으로만 생각되었으나 공격형 핵잠수함에 재배치되었음이 밝혀진 것이다. 미국의 '핵무기선택권'이 다시 살아난 것이다.1067)

『핵과학자협회지(Bulletin of the Atomic Scientists)』는 1997년 11월 말, 공격형 잠수함(SSN) 보스턴이 버지니아의 요크타운 해군 무기저장소에서 핵탄두용 토마호크 순항미사일을 성공적으로 다시 탑재했음을 밝혀냈다. 그리고 나서 모든 핵통제에 사용되는 미사일 발사기를 잭슨빌의 발사지역으로 옮겼다. 이로써 미 해군은 전술용 함정으로부터 핵무기를 제거하라는 전 부시 대통령의 결정을 빨리, 그리고 쉽게 파기할 수 있도록 공

격형 잠수함을 위한 휴대용발사 시스템을 구입하고 있음이 만천하에 드러났다.[1068]

진해기지에 핵잠수함 기항해도 문제가 안 되는 현실

2002년 정보자유법에 따라 노틸러스 연구소에 의해 기밀 해제된 문서에 의하면, 이 같은 사실은 더 구체적으로 확인되었다. 핵탄두용 토마호크는 12척의 핵추진잠수함에 재장착되었다는 것이다.[1069] 이외에도 훨씬 과격한 핵탄두용 토마호크 옹호론자들의 발언이 이어졌다. 핵을 부활시키려는 미 잠수함사령부가 2001년 아이다호에 위치한 핵훈련기지에 핵 공격함 호크빌(SSN666) 기념관을 세우는 문화사업까지 진행하면서 더이상 핵탄두용 토마호크는 전 부시 대통령의 비핵화 선언 속에 묶여 있지 않게 되었다. 스톡홀름 국제평화연구소(SIPRI)의 2000년 보고에 의하면, 30일 이내로 배치 가능한 핵탄두 토마호크의 재배치를 위한 훈련과 군사적 통합력을 확보하기 위한 핵탄두 토마호크 작전은 지금도 미 전략사령부(STRATCOM)가 매년 실시하는 지구수호자연습(Global Guardian Exercises)에 포함되어 있다.[1070] 핵탄두 토마호크라는 무기체계와 그것을 적용할 작전술 차원의 연습체계가 모두 부활한 것이다. 자! 그럼 이제 간단한 계산을 해보자.

1997년 핵 토마호크를 탑재했던 보스턴호(SSN703)는 1999년 임무해제 되어 퇴역했다. 보스톤호를 제외하면, 1995년 이후 휴대용 핵발사시스템을 장착했을 잠수함으로서 현재 운행 중인 공격형 핵잠수함은 총 46척이다. 이들 중 최소한 12척의 잠수함에 핵탄두 토마호크의 사용이

승인되어 있으므로 핵추진잠수함들에 핵탄두 토마호크가 실려 있을 가능성은 약 1/4로, 4척 중 1척은 핵탄두 토마호크를 탑재했을 가능성이 있는 셈이다.

이는 캠프 화이트비치에 기항하는 핵잠수함에 관한 이야기다. 또한, 화이트비치를 거쳐 경남 진해기지에 기항하는 핵잠수함의 이야기이기도 하다. 더 나아가 제주 강정에 만들어지고 있는 해군기지에 이들이 기항한다면 제주의 이야기이기도 하다.

2003년 내가 진해기지의 핵잠수함 문제를 「통일뉴스」에 폭로했을 때, 2005년 녹색연합이 진해기지의 핵잠수함을 직접 찍어 폭로했을 때 반응은 격렬했다. 주한미군은 2008년 처음으로 핵잠수함 내부를 기자들에게 공개하기 시작했다. 그러자 놀랍게도 이제 핵잠수함 기항은 문제조차 되지 않았다. 심지어 핵이란 단어에 드리워진 그늘을 완전히 날려버리고 군사애호가들의 호사거리로 둔갑해 버렸다. 미군 심리전의 승리이다. 핵무기탑재 여부는 핵잠수함 내부를 보여줘도 알 수가 없다. 토마호크미사일 안에 탑재된 것이 핵탄두인지 재래식 탄두인지 분해해보기 전에야 어떻게 알겠는가. 따라서 그 같은 사실은 기밀문서를 통해서만 확인 가능했다. 그런데 문제는 핵무기를 탑재하느냐 마느냐에만 있는 것이 아니다. 핵잠수함 자체가 문제이다.

『핵 비확산 리뷰(The Nonproliferation Review)』(2001년 봄 호)에 실린 한 논문은 핵잠수함의 사용 후 연료가 어디로 가는지 추적할 수 있는 감시시스템이 없음을 지적하고, 이를 가리켜 'NPT 체제의 틈새(NPT loophole)'라고 표현하고 있다.

한국의 비무장지대에서부터, 제주도 해군기지, 오키나와의 화이트비치까지 작전통제권을 행사하는 유엔군사령부의 문제와 핵 문제는 세계체계의 위기를 반영하는 문제들이다. 이 위기를 어떻게 넘어설 것인가?

　위기가 세계적이므로 대응 역시 세계적이어야 한다. 한일사이의 국경을 뛰어넘는 초국가적 연합운동을 요구하는 의제로 유엔사와 핵잠수함문제가 눈앞에 있다. 이같은 지역적 문제인식을 토대로 세계적차원의 초국가기구를 수립하는 길로 나아가야 할 것이다. 우리는 이미 역사에서 이 같은 조직의 출현을 경험했다. 코민테른과 유엔이 그것이다. 코민테른으로 표현된 이데올로기가 수명을 다했을 때 유엔이 출현했다. 한국전쟁과 유엔사창설을 통해 보여지듯 유엔으로 표현되는 이데올로기는 정점에 선 순간 위기가 시작됐다. 위기와 균열을 봉합하던 이데올로기의 수명이 다해가는 우리의 시대는 새로운 이데올로기를 요청하고 있는 것이 아닐까. 세계체계의 모순과 균열이 가장 심각한 두 섬, 제주와 오키나와를 통해 우리는 시대의 요청을 고민하기 시작해야 하는 것은 아닐까. 글을 마치며 고백한다. 이것이 나의 화두였다.

|참고문헌|

1) 체계(system) 개념을 처음 사용한 이론생물학자 폰 베르탈란피(Ludwig von Ber-talanffy)는 '상호연관을 가지고 있는 요소의 집합'이라고 정의했다. 체계란 전체의 목표를 위하여 상호작용하며, 어떤 종류의 경계에 의하여 그 환경으로부터 구분되는 구성요소나 단위의 집합을 일컫는다. 즉, 구성요소로서 부분이 있고, 이 부분들이 상호 기능적으로 연결되어 하나의 덩어리로서 전체를 이루며, 주위의 환경과 구분되어 그 환경과 부단히 상호작용하는 것이 곧 체계이다. 구성요소나 단위들이 상호작용하기 때문에 한 단위에서의 어떤 변화는 다른 단위에서의 변화를 야기한다. 또 체계는 붕괴될 수 있는데, 이는 사실상 새로운 체계의 출현을 의미한다.
이러한 체계 일반의 정의에 기초하여 국가 간 체계를 '독립된 정치 단위의 집합체로서 몹시 빈번하게 규칙적인 패턴에 따라 상호작용하고 있는 것'이라고 정의할 수 있다. 이런 체계 개념을 국제관계학에 도입한 학자들로는 카플란(Morton A. Kaplan), 모델스키(George Modelski), 로저크랜스(Richard Rosecrance), 맥클리랜드(C. A. McClelland) 등을 들 수 있다.
체제(regime)는 특정한 쟁점 영역(issue-area)을 둘러싸고 행위자의 기대(expectation)가 수렴되는 명시적이거나 묵시적인 원칙, 규범, 규칙 및 의사결정 절차의 총체"라고 정의한다. 정책이 문제 해결이라면, 체제는 문제 해결의 울타리라고 할 수 있다. 정책이 개별 사안별로 문제 해결 방안을 모색하는 것이라면 체제는 일정 범주의 사안들에 대한 문제 해결 과정에 공통적으로 적용되는 기본 틀이라 할 수 있다.
신현실주의자들은 자유주의자들의 국제체제를 국가 간 체계에서의 구조적인 힘의 구현물로 보았다. 신현실주의자와 마르크스주의자들이 함께 체계적 방법론을 사용하는 것은 역설적이다. 이에 대해 과거 루카치(Geroge Lukács)의 언급을 인용하는 것은 흥미로운 일이다. "마르크스주의와 부르주아사상 사이의 결정적 차이점은 역사의 설명에서 경제적 동기의 우월성이 아니라 총체(totality)를 보는 관점의 차이에 있다." (이시우, 『유엔군사령부』, (파주: 들녘, 2013, pp.60~61참조)

2) 沖繩縣, 『沖繩の米軍基地』, (沖繩縣基地對策室, 2003), pp.213~243; 정영신, 「오키나와의 기지화 군사화에 관한 연구」, 『기지의 섬 오키나와』, (서울: 논형, 2008), p.194

3) Arasaki Moriteru, "Okinawa Tōsō-sono rekishi to tembo' (The 'Okinawa Struggle': History and Prospect)." in Jōkyō Shuppan Henshūbu (ed.), *Okinawa o Yomu* (Reading Okinawa. Tokyo: Jokyō Shuppan, 2000) 참조, 장원석, 「오키나와 군사기지 건설과 주민저항의 동인」, 『대한정치학회보』17집2호, (대한정치학회, 2009.10), p.219 참조

4) Miyume Tanji, *Myth, Protest and Struggle in Okinawa*, (London and New York: Routledge, 2006), p.180; 위 글, p.233 참조

5) Masamichi S. Inoue, *Okinawa and the U. S. Military: Identity Making in the Age of Globalization,* (New York: Columbia University Press, 2007), p.2; Aurelia George Mulgan, "Managing the US Base Issue in Okinawa: A Test for Japanese Democracy." *Japanese Studies* 20, No. 2, pp.159~177; 위 글, p.219 참조

6) Chalmers Johnson ed. *Okinawa: Cold War Island,* 5항; 양기호, 「미군기지와 일본의 정부 간 관계에 대한 연구」, 『한림일본학연구』 제6집, (2001. 12), p.120

7) 장원석, 「오키나와 군사기지 건설과 주민저항의 동인」, 『대한정치학회보』 17집 2호, (대한정치학회, 2009. 10), p.219

8) SACO(Special Action Committee on Okinawa), "Final Report." *Interjurist,* 1996; Sarantakes, Evan Nicholas. *Keystone: The American Occupation of Okinawa and U.S.-Japanese Relations.* (College Station: Texas A&M University Press, 2000), p.36

9) 장원석, 「오키나와 군사기지 건설과 주민저항의 동인」, 『대한정치학회보』 17집 2호, (대한정치학회, 2009. 10), p.220

10) Masamichi S. Inoue, *Okinawa and the U. S. Military: Identity Making in the Age of Globalization,* (New York: Columbia University Press, 2007), p.142; 장원석, 「오키나와 군사기지 건설과 주민저항의 동인」, 『대한정치학회보』 17집 2호, (대한정치학회, 2009. 10), p.221

11) 주민투표가 끝난 후 분위기는 더욱 험악해졌으며, 입장을 달리했던 주민들은 심지어 결혼식이나 장례식에서조차 서로 인사를 나누지 않았다. 그것은 숨 막힐 것 같은 상황이었다. 50대의 한 남성은 정신적인 스트레스를 견디지 못하여 자살을 시도하기도 하였다. Masamichi S. Inoue, *Okinawa and the U. S. Military: Identity Making in the Age of Globalization,* (New York: Columbia University Press, 2007), pp.188~189; 장원석, 「오키나와 군사기지 건설과 주민저항의 동인」, 『대한정치학회보』 17집 2호, (대한정치학회, 2009. 10), p.222

12) Masamichi S. Inoue, *Okinawa and the U. S. Military: Identity Making in the Age of Globalization,* (New York: Columbia University Press, 2007), p.191; 위 글, p.223 참조

13) Masamichi S. Inoue, *Okinawa and the U. S. Military: Identity Making in the Age of Globalization,* (New York: Columbia University Press, 2007), pp.188~189; 장원석, 「오키나와 군사기지 건설과 주민저항의 동인」, 『대한정치학회보』 17집 2호, (대한정치학회, 2009. 10), p.222

14) 아라사키 모리테루 저. 정연신외 역, 『오키나와 현대사』 (서울: 논형, 2008), p.286

15) 아라사키 모리테루 저. 정연신외 역, 『오키나와 현대사』 (서울: 논형, 2008), p.269

16) 장원석, 「오키나와 군사기지 건설과 주민저항의 동인」, 『대한정치학회보』 17집 2호, (대한정치학회, 2009. 10), p.225

17) Masamichi S. Inoue, *Okinawa and the U. S. Military: Identity Making in the Age of Globalization,* (New York: Columbia University Press, 2007), p.218; 위 글, p.226 참조

18) 1954년 미군의 강제 토지수용에 항의하여 이에지마 섬 주민들이 류큐 정부청사 앞에서 농성을 하였는데, 그들은 미군에게 화를 내거나 욕하지 말 것, 낫이나 나무토막 등을 손에 쥐지 말 것, 큰 소리를 내지 말 것 등 일련의 행동규칙을 준수함으로써 오키나와 특유의 비폭력주의 문화를 보여주었다. 장원석, 「오키나와 군사기지 건설과 주민저항의 동인」, 『대한정치학회보』 17집 2호, (대한정치학회, 2009. 10), p.227

19) 아라사키 모리테루 저. 정연신 외 역, 『오키나와 현대사』 (서울: 논형, 2008), p.263

20) 장원석, 「오키나와 군사기지 건설과 주민저항의 동인」, 『대한정치학회보』 17집 2호, (대한정치학회, 2009. 10), p.231

21) William McNeil, *The Pursuit of Power: Technology, Armed Force, and Society since A.D. 1000* (Chicago: University of Chicago Press, 1984), p.74; Giovanni Arrighi, *The Long Twentieth Century-Money, Power, and the Origins of Our Time* (London: Verso, 1994)/ 백승욱 역, 『장기 20세기』, (서울: 그린비, 2010), p.90

22) Alexander Cooley & Kimberly Marten, "Base Motives: The Political Economy of Okinawa's Antimilitarism." *Armed Forces & Society 32,* No.4, 2006, p.568. 쿨리는 미군기지의 존재를 용인하는 오키나와 주민의 비율이 반대하는 집단보다 약간 더 많은(a slight majority) 수준이라고 본다. Alexander Cooley, *Base Politics: Democratic Change and The U.S Military Overseas,* (Ithaca and London: Cornell University Press, 2008), p.159; 장원석, 「오키나와 군사기지 건설과 주민저항의 동인」, 『대한정치학회보』 17집 2호, (대한정치학회, 2009. 10), p.228 참조

23) Alexander Cooley & Kimberly Marten, "Base Motives: The Political Economy of Okinawa's Antimilitarism." *Armed Forces & Society 32,* No.4, (2006), p.576; 위 글, p.228 참조

24) 아시아 금융위기 후 상업용 부지의 임대료는 제자리 수준이거나 하락하고 있는 실정이지만 기지 임대료는 계속해서 인상되고 있다. 따라서 이들 지주세력은 강력한 로비집단으로서 군사기지 이전 및 축소에 강력히 저항하고 있다. Kent E. Calder, *Embattled Garrisons: Comparative Base Politics and American Globalism,*

(Princeton, NJ: Princeton University Press, 2007), pp.172~173; 장원석, 「오키나와 군사기지 건설과 주민저항의 동인」, 『대한정치학회보』 17집 2호, (대한정치학회, 2009. 10), p.229

25) Alexander Cooley & Kimberly Marten, "Base Motives: The Political Economy of Okinawa's Antimilitarism." *Armed Forces & Society 32*, No.4, (2006), p.575; 장원석, 「오키나와 군사기지 건설과 주민저항의 동인」, 『대한정치학회보』 17집 2호, (대한정치학회, 2009. 10), p.229

26) Alexander Cooley & Kimberly Marten, "Base Motives: The Political Economy of Okinawa's Antimilitarism." *Armed Forces & Society 32*, No.4, (2006), p.578; 위 글, p.231 참조

27) 장원석, 「오키나와 군사기지 건설과 주민저항의 동인」, 『대한정치학회보』 17집2호, (대한정치학회, 2009. 10), p.230

28) Kimberly T. Marten, "U.S. Military Bases in Post-Soviet Central Asia: Economic Lessons from Okinawa," *Ponars Policy Memo 311*, November. (2003) 참조; 위 글, p.231 참조

29) 新崎盛輝, 『沖繩現代史』, (岩波新書, 2005), pp.24~29; 정영신, 「오키나와의 기지화 군사화에 관한 연구」, 『기지의 섬 오키나와』, (서울: 논형, 2008), p.199

30) Miyume Tanji, *Myth, Protest and Struggle in Okinawa,* (London and New York: Routledge, 2006), p.3

31) Miyume Tanji, *Myth, Protest and Struggle in Okinawa,* (London and New York: Routledge, 2006), p.180

32) 로자 룩셈부르크 저, 김경미·송병헌 역, 『사회개혁이냐 혁명이냐』, (책세상, 2002), p.92

33) 김태완, 전용주, 김도경, 김상원, 「한중일 해양갈등연구: 갈등완화와 해양협력을 위한 제안」, 『국제정치연구』 vol.13 No.1, (국제정치연구, 2010), pp.77~99 참조

34) 대륙붕협약에 주권적 권리가 규정된 배경에 대한 설명과 논의는 Myres S. McDougal and William T. Burke, *The Public Order of the Oceans,* (1987), pp.693-724 참조

35) 이창위, 「배타적 경제수역의 법적 지위와 국내적 수용: 한중일의 관련 국내법에 대한 비교를 중심으로」, 『해사법연구』 제21권 2호, (한국해사법학회, 2009), p.278

36) 『제주 해군기지(민군복합형 관광미항) 건설사업조사 및 실험보고서(Ⅱ)(1공구)』, (해군, 2010. 4); 『08-301-1 시설공사 공사시방서』, (해군, 2010.1) 참조

37) 김치관, 「장하나 의원 '제주 해군기지 미 핵항모 전제로 설계'」, 통일뉴스 2012.9.10

http://www.tongilnews.com/news/articleView.html?idxno=99811

38) "DOD News Briefing with Adm. Locklear from the Pentagon," Department of Defense, June 15, 2012, http://www.defense.gov/transcripts/transcript.aspx?transcriptid=5063. See also *CRS Report R42146, In Brief: Assessing DOD's New Strategic Guidance*, by Catherine Dale and Pat Towell; Ian E. Rinehart, Steven A. Hildreth, Susan V. Lawrence, "Ballistic Missile Defense in the Asia-Pacific Region: Cooperation and Opposition", *CRS Report for Congress R43116*, June 24, 2013, p.3재인용

39) 모겐소에 의하면 집단안보가 전쟁 방지수단으로 기능하려면 세 가지의 가정이 충족되어야 한다. 첫째, 집단안전보장체계는 잠재적 침략국 또는 침략적 동맹국들이 집단안보체계에 의해 방어되고 있는 질서에 감히 도전할 엄두도 내지 못 할 정도로 압도적인 힘을 언제든 동원할 수 있어야 한다. 둘째, 첫 번째의 요구조건을 충족시킬 수 있는 힘을 지닌 국가들은 적어도 자기들이 방어하고자 하는 안전에 대한 같은 개념을 가지고 있어야 한다. 셋째, 그 국가들은 모든 구성국의 집단적 방어라는 대의명분으로 정의된 공동선에 자기들의 상충하는 정치적 이해관계를 기꺼이 종속시켜야 한다. 그러나 과거의 경험과 국제정치의 일반적인 성질을 보면 그런 상황이 발생할 가능성은 매우 적다. Hans J. Morgenthau, *Politics Among Nations* 5th ed. (New York: Alfred. A. Knopf Inc., 1973), p.408 참조

40) Robert H. Hirschfeld, "Nimble Titan 12: an international missile defense exercise", *Lawrence Livermore National Laboratory News*, 05/04/2012

41) Colonel Mike Derrick (Integrated Missile Defense U.S. Strategic Command), *NIMBLE TITAN Shaping Future Missile Defense*, 31 May 2012, p.7

42) Kadena air base news. 2013.6.12; http://www.kadena.af.mil/news/story.asp?id=123352121

43) "어떤 국가라도 만약 선택 가능하다면 해상의 지배세력이 되기를 원하겠지만 이런 선택이 배제된 상황에서는 다른 어떤 나라들보다도 영국이 해상의 지배세력 자리를 차지하는 것이 오히려 나을 것이다." Eyre Crowe, "Memorandum on the Present State of British Relations with France and Germany", January 1, 1907. F. O. 371/257. in G. P. Gooch ed., *British Documents on the Origins of the War*, Vol.Ⅲ (London: H. M. Stationery Office, 1928), pp.398-420 참조

44) 『高麗史』130, 배중손 전; 윤용혁, 「삼별초 진도정권의 성립과 그 전개」, 『한국사연구』 84, (한국사연구회, 1994), p.1

45) '삼별초가 진도에 입거하여 주군을 침략하며 황제의 명이라 거짓 꾸며 전라도 안찰

사로 하여금 백성을 독촉하여 곡식을 거두어들이고 섬으로 옮겨 살게 하였다.'
(『高麗史』26 원종세가 11년 8월 병술); 윤용혁, 「삼별초 진도정권의 성립과 그 전
개」, 『한국사연구』 84, (한국사연구회, 1994), p.7

46) 김정호, 「(진도의)연혁」, 『진도군의 문화유적』, (목포대 박물관, 1987), p.22; 윤용
혁, 「삼별초 진도정권의 성립과 그 전개」, 『한국사연구』 84, (한국사연구회, 1994),
p.9

47) 오영숙, 「태봉국 형성과 궁예의 지지기반」, 숙명여대대학원 사학과 박사논문,
(1985) 참조; 이시우, 『민통선평화기행』, (파주: 창비, 2013, 8쇄), p.66

48) 이승휴(李承休)가 쓰기를 '개경으로 환도하던 해 群·不逞·强梁의 무리들이 까마귀
떼 같이 강도에 모여들어 배를 타고 남쪽으로 내려갔다.'고 했다. (李承休, 『動安
居士集』, 「雜著」 旦暮 賦并序) 군·불령·강량의 무리로 묘사된 삼별초 중심집단은
기존 정치구조에서 일탈되어 있던 계층임이 분명하다.(김윤곤, 「삼별초의 대몽항전
과 지방 군현민」 『동양문화』 20, 21합집, (1981), pp.172~173; 또한 『고려사절
요』에 의하면 '진도 적괴賊魁의 고향은 상주·청주·해양(광주)'이라 적고 있다. (『高
麗史節要』 忠烈王 2년 8월); 윤용혁, 「삼별초 진도정권의 성립과 그 전개」, 『한
국사연구』 84, (한국사연구회, 1994), p.6

49) 그람시는 다음과 같이 말한다. "카이사르주의는 진보적인 형태와 보수적인 형태 모
두를 포함하고 있다. 최종분석에서 각각의 형태가 지니는 정확한 의미는 사회학적
으로 어림잡는 것이 아니라 오직 구체적인 역사를 통해서만 재구성될 수 있다. 카
이사르는 그 개입이 진보세력이 승리하도록 도울 때 비록 그 승리가 타협과 한계
로 인해 다소 경감되긴 했어도 진보적이다. (…) 카이사르와 나폴레옹 1세는 진보
적 카이사르주의의 예이며, 나폴레옹 3세와 비스마르크는 반동적 카이사르의 예이
다. (Antonio Gramsci, *Selections from the Prison Notebook*, eds. &
trans. by Quintin Hoare and Geoffery Nowell Smith, (London:
Lawrence and Wishart, 1971), p.219)

50) 윤용혁, 「삼별초 진도정권의 성립과 그 전개」, 『한국사연구』84, (한국사연구회,
1994), p.12

51) 제주 연안의 환해장성에 대해서는 강창언, 「제주도의 환해장성 연구」, 『탐라문화』
11, 1992, pp.107~146; 윤용혁, 「삼별초 진도정권의 성립과 그 전개」, 『한국사
연구』84, (한국사연구회, 1994), p.16

52) 목포대학교 박물관, 『강진군의 문화유적』, (목포대학교 박물관, 1989), pp.310~311
; 목포대학교 박물관, 『장흥군의 문화유적』, (목포대학교 박물관, 1989), pp.412~
413

53) 『新增東國輿地勝覽』 卷38 濟州牧建置沿革條; 고창석, 「麗元과 耽羅와의 관계」,
『제주대학교논문집』, p.375

54) 太田彌一郎, 「石刻史料, 『贊皇復県記』にみえる南宋密使瓊林について-元使趙良弼との邂逅」, 『東北大学東洋史論集』6, (1995); 山本光朗, 「元使趙良弼について」, 『史流』40, (北海道学芸大学史学会, 2001); 村井章介, 「몽골 내습과 異文化 접촉」, 『한일국제학술회의 蒙古의 高麗·日本 侵攻과 韓日關係』 자료집, (2008), p.17

55) 『吉続記』; 村井章介, 「몽골 내습과 異文化 접촉」, 『한일국제학술회의 蒙古의 高麗·日本 侵攻과 韓日關係』 자료집, (2008), p.17

56) 村井章介, 「몽골 내습과 異文化 접촉」, 『한일국제학술회의 蒙古의 高麗·日本 侵攻과 韓日關係』 자료집, (2008), p.18

57) 고명수, 「쿠빌라이 시기 몽골의 南宋정복과 江南지배」, 『東洋史學研究』第116輯, (2011), p.216

58) 그 대표적 연구 성과를 소개하면 다음과 같다. 김호동, 『몽골제국과 세계사의 탄생』, (돌베개, 2010); 杉山正明, 『クビライの挑戦-モンゴル海上帝國への道』, (朝日新聞社, 1995); 杉山正明, 『モンゴル帝国の興亡』(上·下), (講談社, 1996); 임대희·김장구·양영우 옮김, 『몽골세계제국』, (신서원, 1999); 岡田英弘, 『世界史の誕生』, (筑摩書房, 1992)/이진복 옮김, 『세계사의 탄생』, (황금가지, 2002); Jack Weatherford, *Genghis Khan and the Making of the Modern World*, (Crown, 2004)/정영목 옮김, 『칭기스칸, 잠든 유럽을 깨우다』, (사계절, 2005); 고명수, 「쿠빌라이 시기 몽골의 南宋정복과 江南지배」, 『東洋史學研究』第116輯, (2011), p.215

59) 고명수, 「쿠빌라이 시기 몽골의 南宋정복과 江南지배」, 『東洋史學研究』第116輯, (2011), p.215

60) 『元史』卷11 本紀11 世祖8, p.228.; 고명수, 「쿠빌라이 시기 몽골의 南宋정복과 江南지배」, 『東洋史學研究』第116輯, (2011), p.228

61) 고명수, 「쿠빌라이 시기 몽골의 南宋정복과 江南지배」, 『東洋史學研究』第116輯, (2011), p.229

62) 고명수, 「쿠빌라이 시기 몽골의 南宋정복과 江南지배」, 『東洋史學研究』第116輯, (2011), p.232

63) 고명수, 「쿠빌라이 시기 몽골의 南宋정복과 江南지배」, 『東洋史學研究』第116輯, (2011), p.236

64) Henry Yule·Henri Cordier, *Cathay and the Way Thither: Being a Collection of Medieval Notice of China*, vol. 2, (Hakluyt Society, 1913), p.179.; 고명수, 「쿠빌라이 시기 몽골의 南宋정복과 江南지배」, 『東洋史學研究』第116輯, (2011), p.237

65) 몽골시대 유라시아 내륙교역과 동남아·인도양 해상무역에 관해 고명수, 「쿠빌라이

정부의 大都건설과 역참교통체계 구축」,『중앙아시아연구』15, (2010); 고명수,
「쿠빌라이정부의 南海정책과 해외무역의 번영–몽골의 전통적 세계관과 관련하여」,
『史叢』72, (2011) 참조

66) 재닛 아부–루고드, 박흥식·이은정 옮김,『유럽 패권 이전~13세기 세계체제』, (까
치, 2006), p.380

67)『元史』, 世祖本紀

68) 1309년에 경원(慶元)에서 일본 상인들과의 충돌로 역내가 대부분 소실되어 버리는
'왜구' 사건이 일어난 이래, 원은 '왜구'를 이유로 하는 왜선에 대한 입항규제가 단
속적으로 행해졌다. 일본바쿠후 역시 '홍안의 역' 직후, "타국으로부터 처음 들어오
는 이국인 등에 대해서는 제지를 가해야만 한다"라고 하는 법령을 발했다. 새롭게
온 외국인에 대한 배제에 의해, 하카타의 중국인 거류지는 쇠퇴의 일로를 가게 되
었다.(榎本 涉,『東アジア海域と日中交流 9~14世紀』(吉川弘文館, 2007); 村井
章介,「몽골 내습과 異文化 접촉」,『한일국제학술회의 蒙古의 高麗·日本 侵攻과
韓日關係』자료집, (2008), pp.27~28 참조)

69) 村井章介,「몽골 내습과 異文化 접촉」,『한일국제학술회의 蒙古의 高麗·日本 侵
攻과 韓日關係』자료집, (2008), p.24

70) 村井章介,「몽골 내습과 異文化 접촉」,『한일국제학술회의 蒙古의 高麗·日本 侵
攻과 韓日關係』자료집, (2008), pp.27~28

71) 독일 30년 전쟁을 끝내기 위해 1648년 체결된 베스트팔렌 조약으로 시작. 이시우,
『유엔군사령부』, (파주: 들녘, 2013), pp.123~124

72) 윤용혁,「오키나와 출토의 고려 기와와 삼별초」,『한국사연구』147, (2009), p.180
참조; 임영진,「오키나와 구스쿠의 축조배경」,『호남문화 연구』제52집, (호남학연
구원, 2012), p.264. 그 반대로 진도에서 삼별초 정권이 괴멸적 타격을 받고, 탐
라에는 소수만이 입보했다고 볼 수 있다. 그러나 충렬왕 때 탈출자들에 대한 사면
령을 내렸다는 점에서 탈출자들의 존재는 분명 인정된다.

73)『고려사』충렬왕 원년 6월 병진.; 임영진,「오키나와 구스쿠의 축조배경」,『호남문
화 연구』제52집, (호남학연구원, 2012), p.264

74) 윤용혁,「오키나와 출토의 고려 기와와 삼별초」,『한국사연구』147, (2009), p.187;
임영진,「오키나와 구스쿠의 축조배경」,『호남문화 연구』제52집, (호남학연구원,
2012), p.264

75)『高麗史』卷5 현종 20년

76)『高麗史』卷11 숙종 2년

77) 윤명철,「표류의 발생과 역할에 대한 탐구—동아시아해역을 배경으로」,『동아시아

고대학』 제18집, (동아시아고대학회, 2008.12), p.110

78) 구스쿠는 류큐 왕국 이전 삼산 시대부터 조성된 것으로 알려졌으며, 성역을 둘러싼 원시공동체의 경배장소에서 비롯되어 유력자의 성채로 발전한 구조물, 즉 군사적 방어시설로 보는 것이 정설이다. 대부분 산정상부에 있으며, 자연적 절벽과 인공적돌담을 이용하여 방어에 용이하도록 건축하였다. (임성모, 「우치난추의 눈으로 본 오키나와」『역사비평』 통권 85호, (서울: 역사비평사, 2008. 겨울), p.76주 참조; 김창민, 「문화표상에 나타난 문화적 정체성의 경쟁: 오키나와 슈리 성의 사례」, 『동아시아문화연구』 제56집, (2014), p.51 참조)

79) 홍종필, 「오키나와의 구국보였던 조선종(흥해대사종)에 대하여」『인문과학연구논총』 16, (명지대 인문과학연구소, 1997) p.385

80) 오키나와가 견당사 시기부터 중요 항로로 이용되었고, 안사 등장의 역사적 배경이 되었다고 보기도 하지만, 견당사 시기의 항로는 北路(한반도 연안항로), 南路(제주도 남로), 渤海路(동해로)가 이용되었고, 오키나와를 거쳐 가는 南島路는 신라와의 관계가 악화되었던 8세기 중엽의 9차, 11차 견당사가 이용하였을 뿐이다. 酒寄雅志, 「견당사의 항로를 둘러싼 기초적 연구」, 『7~10세기 동아시아 문물교류의 제상』(일본 편), ((재)해상왕장보고기념사업회회, 2008), p.366; 임영진, 「오키나와 구스쿠의 축조배경」, 『호남문화 연구』 제52집, (호남학연구원, 2012), p.238

81) 名嘉正八郎, 『沖繩の城』, (那覇出版社, 1996), p.105; 임영진, 「오키나와 구스쿠의 축조배경」, 『호남문화 연구』 제52집, (호남학연구원, 2012), p.253

82) 이진민, 「고고학 자료로 본 섬문화 비교 시론-제주와 오키나와를 중심으로-」, 『한국-일본 오키나와의 조개 제품을 통한 선사시대 문화의 재발견』, (국립제주박물관, 2005), p.252; 임영진, 「오키나와 구스쿠의 축조배경」, 『호남문화 연구』제52집, (호남학연구원, 2012), p.253. 安里 교수는 우라소에 요도레의 영조왕 조성의 왕릉이 "함순 9년(1273) 경에 조성된 것이 확실시 되고"있으며, "이 왕릉은 대량의 철기와 노동력을 투입하여 거대한 동굴을 파고 그 안에 고려계 건물을 지었고, 건물 안에는 금도금으로 장식한 朱漆의 廚子에 왕족의 유골을 넣었던 것으로 밝혀졌다"고 하였다.(安里 進, 「유구왕국의 역사와 문화」, 『탐라와 유구왕국』, (국립제주박물관, 2007), p.179)

83) 임영진, 「오키나와 구스쿠의 축조배경」, 『호남문화 연구』 제52집, (호남학연구원, 2012), p.256

84) 下地安弘, 「朝鮮と琉球」, 『考古學による日本歷史10』, (1997); 上原靜, 「오키나와 제도의 고려계 기와」, 『탐라와 유구왕국』, (국립제주박물관, 2007), p.212; 임영진, 「오키나와 구스쿠의 축조배경」, 『호남문화 연구』 제52집, (호남학연구원, 2012), p.256

85) 上原靜, 「沖繩諸島出土の古瓦と造瓦技術の傳播」, 『アジアの中の沖繩』, (2000),

p.138; 임영진, 「오키나와 구스쿠의 축조배경」, 『호남문화 연구』 제52집, (호남학연구원, 2012), p.256

86) 名嘉正八郎, 『沖繩の城』, (那覇出版社,1996), p.259 ; 임영진, 「오키나와 구스쿠의 축조배경」, 『호남문화 연구』 제52집, (호남학연구원, 2012), p.256

87) 赤司善彦, 「高麗時代の陶磁器と九州および南島」, 『東アジアの古代文化』(2007), p.130; 임영진, 「오키나와 구스쿠의 축조배경」, 『호남문화 연구』 제52집, (호남학연구원, 2012), p.257

88) 池田榮史, 「고려·조선과 류큐의 물질문화교류」, 「대구사학」, (2008), p.91, 51; 임영진, 「오키나와 구스쿠의 축조배경」, 『호남문화 연구』 제52집, (호남학연구원, 2012), p.258

89) 三島格, 「琉球の高麗瓦陶など」, 『鏡山猛先生古稀記念古文化論叢』, (刊行委員會, 1980); 임영진, 「오키나와 구스쿠의 축조배경」, 『호남문화 연구』 제52집, (호남학연구원, 2012), p.258

90) 西谷正, 윤용혁 역, 「고려·조선과 유구의 교류」, 『금강고고』4, (2007), p.152; 임영진, 「오키나와 구스쿠의 축조배경」, 『호남문화 연구』 제52집, (호남학연구원, 2012), p.258

91) 최규성, 「高麗기와 제작기술의 琉球傳來」, 『고문화』52, (1998), p.52; 임영진, 「오키나와 구스쿠의 축조배경」, 『호남문화 연구』 제52집, (호남학연구원, 2012), p.258

92) 上原靜, 「沖繩諸島出土の古瓦と造瓦技術の傳播」, 『アジアの中の沖繩』, (2000), p.146; 임영진, 「오키나와 구스쿠의 축조배경」, 『호남문화 연구』 제52집, (호남학연구원, 2012), p.258

93) 이 문제에 대해서는 많은 연구자들의 연구가 있으며, 다음 두 논문에서 연구사적인 정리와 함께 1273년설이 잘 논증된 바 있다.(최규성, 「高麗기와 제작기술의 琉球傳來」, 『고문화』52, (1998); 윤용혁, 「오키나와 출토의 고려 기와와 삼별초」, 『한국사연구』147, (2009); 임영진, 「오키나와 구스쿠의 축조배경」, 『호남문화 연구』 제52집, (호남학연구원, 2012), p.258)

94) '요도레(ようどれ)'는 '聖域', 혹은 '靈域'의 의미를 갖는 특별한 공간이다.

95) 安里 進, 『琉球の王權とグスク』, (東京: 山川出版社, 2006), p.70; 윤용혁, 「오키나와 출토의 고려기와와 삼별초」, 『한국사연구』147, (한국사연구회, 2009. 12), p.175

96) 김창민, 「문화표상에 나타난 문화적 정체성의 경쟁: 오키나와 슈리 성의 사례」, 『동아시아문화연구』 제56집, (2014), p.51

97) 1694년 제주 목사로 부임한 이익태의 『지영록』(知瀛錄)에 의하면, 차귀진 아래 대

야수포(大也水浦) 연변이라고 되어 있다. 이곳은 현재 한경면 고산리 수월봉 남쪽이거나 신도2리 도원포구일 것으로 검토되고 있다.

98) 쏘스타인 베블렌의 '과시적 소비' 개념. 효용의 크기가 가격을 결정하는 것이 아니라 가격이 효용의 크기를 결정한다.

99) Andre Gunder Frank, *ReORIENT: Global Economy in the Asian Age*, (California: University of California Press, 1998)/ 이희재 역, 『리오리엔트』, (서울: 이산, 2003, 초판 3쇄), p.322

100) Andre Gunder Frank, *ReORIENT: Global Economy in the Asian Age*, (California: University of California Press, 1998)/ 이희재 역, 『리오리엔트』, (서울: 이산, 2003, 초판 3쇄), p.332

101) Fernand Braudel, *The Perspective of the World* (New York: Harper & Row, 1984), p.203

102) 루츠 붕크 저, 안성찬 역, 『역사와 배』, (서울: 해냄, 2006), pp.101~108; 멀티미디어부기자, 「범선 이야기10/비운의 범선들」, 『부산일보』, (2011. 10. 10.); http://news20.busan.com/controller/newsController.jsp?newsId=2011101 0000183

103) http://kadiro.com.ne.kr/shiphistory.htm

104) Colin A. Ronan, *The Shorter Science and Civilization in China. An Abridgment of Joseph needham's Original Text.* Vol.3, (Cambridge: Cambridge University Press, 1986), p.89; Andre Gunder Frank, *ReORIENT: Global Economy in the Asian Age*, (California: University of California Press, 1998)/ 이희재 역, 『리오리엔트』, (서울: 이산, 2003, 초판 3쇄), p.323

105) http://kadiro.com.ne.kr/shiphistory.htm

106) J. V. Mills, 'Note on Early Chinese Voyages,' *The Journal of the Royal asiatic Society of Great Britain and Ireland* No.1/2 April, 1951, (Cambridge: Cambridge University Press, 1951); Joseph Needham, *Science and Civilisation in China, Vol.1, Introductory Orientations*, (Cambridge: Cambridge University Press, 1954)/이석호 외 역, 『중국의 과학과 문명 I』, (서울: 을유문화사, 1988, 3판), p.160

107) Hendrik Hamel, 김창수 역, 『하멜표류기』, (서울: 을유문화사, 1983), pp.312~313

108) Hendrik Hamel, 김창수 역, 『하멜표류기』, (서울: 을유문화사, 1983), pp.313~314

109) 집현전 편, 조성을 편역, 『세계사 산책』 9권 참조

110) 신복룡 역주, 『하멜표류기 등 합본』, (서울: 집문당, 2005), pp.1~75; 윤명철, 「표류의 발생과 역할에 대한 탐구—동아시아해역을 배경으로」, 『동아시아고대학』 제18집, (동아시아고대학회, 2008. 12), p.116

111) 틴타주란 스페인산 붉은 포도주를 말한다.

112) Hendrik Hamel, 김창수 역, 『하멜표류기』, (서울: 을유문화사, 1983), p.316

113) Hendrik Hamel, 김창수 역, 『하멜표류기』, (서울: 을유문화사, 1983), p.343

114) KISHIMOTO Mio·MIYAJIMA Hiroshi, *SEKAI NO REKISHI 12 MIN SHIN TO RICHO NO JIDAI*, (Tokyo: CHUOKORON-SHINSHA, INC., 1998)/기시모토 미오·미야지마 히로시, 『조선과 중국, 근세 오백년을 가다』, (서울: 역사비평사, 2006), p.144 참조

115) KISHIMOTO Mio·MIYAJIMA Hiroshi, *SEKAI NO REKISHI 12 MIN SHIN TO RICHO NO JIDAI*, (Tokyo: CHUOKORON-SHINSHA, INC., 1998)/기시모토 미오·미야지마 히로시, 『조선과 중국, 근세 오백년을 가다』, (서울: 역사비평사, 2006), p.181

116) KISHIMOTO Mio·MIYAJIMA Hiroshi, *SEKAI NO REKISHI 12 MIN SHIN TO RICHO NO JIDAI*, (Tokyo: CHUOKORON-SHINSHA, INC., 1998)/기시모토 미오·미야지마 히로시, 『조선과 중국, 근세 오백년을 가다』, (서울: 역사비평사, 2006), p.182

117) KISHIMOTO Mio·MIYAJIMA Hiroshi, *SEKAI NO REKISHI 12 MIN SHIN TO RICHO NO JIDAI*, (Tokyo: CHUOKORON-SHINSHA, INC., 1998)/기시모토 미오·미야지마 히로시, 『조선과 중국, 근세 오백년을 가다』, (서울: 역사비평사, 2006), p.183

118) 윤명철, 「표류의 발생과 역할에 대한 탐구—동아시아해역을 배경으로」, 『동아시아고대학』 제18집, (동아시아고대학회, 2008.12), pp.92~94

119) 가라타니 코오진(柄谷行人), 권기돈 역, 『탐구2』, (서울: 새물결, 1998), pp.249~252 참조

120) 柄谷行人(가라타니 코오진), 『探究2』, (講談社, 1989)/ 권기돈 역, 『탐구2』, (서울: 새물결, 1998), p.250

121) 주강현, 「일본속의 또 다른 나라, 해상왕국 류큐」, 『해양국토21』(서울: 한국해양수산개발원, 2009), pp.104~105

122) 주강현, 「일본속의 또 다른 나라, 해상왕국 류큐」, 『해양국토21』(서울: 한국해양수산개발원, 2009), pp.104~105

123) 「인조 8권, 3년 1월 8일 기사」, 『조선왕조실록』 영인본 33책, 668면

124) 진선희, 「표류의 역사,제주6」, 『한라일보』, 2009. 03. 20.

125) 백금탁, 「표류의 역사,제주4」, 『한라일보』, 2009. 02. 13.

126) 「숙종 59권, 1943년, 1월 2일 기사」, 『조선왕조실록』 영인본 40책, 632면; 夫馬進, 「一六0九年, 日本の琉球併合以降における中國·朝鮮の對琉球外交-東アジア四國における册封,通信そして杜絕」, 『朝鮮史研究會論文集』46, (朝鮮史研究會, 2008), p29; 「1609년 일본의 류큐합병 이후 중국,조선의 대 류큐외교-동아시아4국의 책봉, 통신 그리고 두절」, 『梨花史學研究』37, (梨花史學研究所, 2008), p.32; 夫馬進, 「국교두절 하, 朝鮮·琉球 양국사절단의 북경접촉」 『대동문화연구』 제68집, (2009), p.27

127) 夫馬進, 「국교두절 하, 朝鮮·琉球 양국사절단의 북경접촉」 『대동문화연구』 제68집, (2009), p.29

128) 夫馬進, 「국교두절 하, 朝鮮·琉球 양국사절단의 북경접촉」 『대동문화연구』 제68집, (2009), p.33

129) 姜浩溥, 『桑蓬錄』 권8 『燕行錄選集 補遺』上, (서울: 성균관대 대동문화연구원, 2008), p.622상 참조

130) 夫馬進, 「국교두절 하, 朝鮮·琉球 양국사절단의 북경접촉」 『대동문화연구』 제68집, (2009), p.3

131) 姜浩溥, 『桑蓬錄』 권8 『燕行錄選集 補遺』上, (성균관대 대동문화연구원, 2008), pp.639~640하; 夫馬進, 「국교두절 하, 朝鮮·琉球 양국사절단의 북경접촉」 『대동문화연구』 제68집, (2009), p.36

132) 夫馬進, 「국교두절 하, 朝鮮·琉球 양국사절단의 북경접촉」 『대동문화연구』 제68집, (2009), p.26

133) 小林茂·松原孝俊 編 「朝鮮から琉球へ, 琉球から朝鮮への漂流年表」, 『漂流漂着からみた環東シナ海の國際交流』科學研究費 補助金 研究成果 報告書, (福岡: 九州大學大學院比較社會文化研究科, 1997), pp.88~94; 夫馬進, 「국교두절 하, 朝鮮·琉球 양국사절단의 북경접촉」 『대동문화연구』 제68집, (2009), p.37

134) 순조12권, 9년, 6월 26일(을묘)기사 '신유년 가을 이국인 5명이 표류하여 제주에 도착하였는데 (…) 나라이름을 쓰게 하였더니 막가외(莫可外)라고만 하여 어느 나라 사람인지 알 수가 없었다. (…) 이때에 이르러 나주 흑산도 사람 문순득이 표류되어 여송국에 들어갔었는데, 그 나라 사람의 형모와 의관을 보고 그들의 방언을 또한 기록하여 가지고 온 것이 있었다. 그런데 표류되어 머물고 있는 사람들의 용모와 복장이 대략 서로 비슷하였으므로 여송국의 방언으로 문답하니 절절이 딱 들어맞았다. 그리하여 미친듯이 바보처럼 정신을 못차리고 울기도 하고 외치

기도 하는 정상이 매우 딱하고 측은하였다. 그들이 표류되어 온지 9년 만에야 비로소 여송국 사람들임을 알게 되었는데, 이른바 막가외라는 것 또한 그 나라의 관음(官音)이었다. 전라감사 이면응(李冕膺)과 제주목사 이현택(李顯宅)이 사유를 갖추어 아뢰었으므로 본국에 송환토록 명하였다.'『조선왕조실록』 영인본 47책, 634면

135) 진선희. 백금탁, 「표류의 역사, 제주12」, 『한라일보』, 2009. 06. 12.

136) 『成宗實錄』成宗2年(1471) 8月 26日 丙寅條; 정성일, 「일본인으로 위장한 유구인의 제주표착: 1821년 恒運 등 20명의 표착사건」, 『한일관계사연구』제37집 (경인문화사, 2010. 12), p.195

137) 『燕山君日記』燕山君7年(1501) 1月 10日 己未條」, 1月 27日 丙子條; 정성일, 「일본인으로 위장한 유구인의 제주표착: 1821년 恒運 등 20명의 표착사건」, 『한일관계사연구』제37집 (경인문화사, 2010. 12), p.195

138) 『세조실록』9년(1463) 11월 28일「임오조」; 정성일, 「일본인으로 위장한 유구인의 제주표착: 1821년 恒運 등 20명의 표착사건」, 『한일관계사연구』제37집 (경인문화사, 2010. 12), p.195

139) 정민, 「다산의 해방고(海防考)에 나타난 중국 표선처리문제」, 『한국학논집』제45집, (2009. 5), p.156

140) 文淳得, 『漂海始末』, pp.73~74; 최성환, 「조선후기 문순득의 표류노정과 송환체계」, 『한국민족문화』43, (2012. 5), p.220

141) 文淳得, 『漂海始末』, p.75; 최성환, 「조선 후기 문순득의 표류노정과 송환체계」, 『한국민족문화』43, (2012. 5), p.220

142) 최성환, 「조선 후기 문순득의 표류노정과 송환체계」, 『한국민족문화』43, (2012. 5), p.227

143) 신동규, 「근세 표류민의 송환유형과 국제관계」, 『강원사학』17, (강원대학교사학회, 2002), p.305; 최성환, 「조선 후기 문순득의 표류노정과 송환체계」, 『한국민족문화』43, (2012. 5), p.224

144) 地内 敏, 『近世日本と朝鮮漂流民』, (臨川書店, 1998), pp.9~23 참조; 하우봉, 「19세기 초 조선과 유럽의 만남-지볼트와 조선표류민의 교류중심」, 『사학연구』90, (한국사학회, 2008), p.231; 최성환, 「조선 후기 문순득의 표류노정과 송환체계」, 『한국민족문화』43, (2012. 5), p.224

145) 鮑志成, 「소동파와 고려」, 『한중문화교류와 남방해로』, (서울: 국학자료원, 1997), p.89; 윤명철, 「표류의 발생과 역할에 대한 탐구—동아시아해역을 배경으로」, 『동아시아고대학』제18집, (동아시아고대학회, 2008. 12), p.115

146) 全善姬, 「명주 옛 지방지에 보이는 려·송 교류사 찰기」, 『중국의 강남사회와 한중교섭』, (서울: 집문당, 1997), p.237 ; 윤명철, 「표류의 발생과 역할에 대한 탐구─동아시아해역을 배경으로」, 『동아시아고대학』 제18집, (동아시아고대학회, 2008. 12), p.115

147) 최부 저, 서인범·주성지 역, 『표해록』, (서울: 한길사, 2004), pp.1~656; 윤명철, 「표류의 발생과 역할에 대한 탐구─동아시아해역을 배경으로」, 『동아시아고대학』 제18집, (동아시아고대학회, 2008. 12), p.116

148) 박현규, 「문순득의 행적과 기록에 관한 차기」, 『동방한문학』 50권, (동방한문학회, 2012), p.376

149) 『三國志』 卷47 吳書 第2 吳主傳; 윤명철, 「표류의 발생과 역할에 대한 탐구─동아시아해역을 배경으로」, 『동아시아고대학』 제18집, (동아시아고대학회, 2008. 12), p.119

150) 西嶋定生, 『日本歷史의 國際環境』, (東京: 東京大, 1985), p.38; 윤명철, 「표류의 발생과 역할에 대한 탐구─동아시아해역을 배경으로」, 『동아시아고대학』 제18집, (동아시아고대학회, 2008.12), p.119

151) 『三國志』 卷26 魏書 第26 田豫傳; 윤명철, 「표류의 발생과 역할에 대한 탐구─동아시아해역을 배경으로」, 『동아시아고대학』 제18집, (동아시아고대학회, 2008. 12), p.119

152) 윤명철, 『고구려 해양사 연구』, (사계절, 2003) 참조; 윤명철, 「고구려전기의 해양활동과 고대국가의 성장」, 『한국상고사학보』 18호, (한국상고사학회) 참조; 윤명철, 「표류의 발생과 역할에 대한 탐구─동아시아해역을 배경으로」, 『동아시아고대학』 제18집, (동아시아고대학회, 2008. 12), p.119

153) 윤명철, 「표류의 발생과 역할에 대한 탐구─동아시아해역을 배경으로」, 『동아시아고대학』 제18집, (동아시아고대학회, 2008. 12), p.121

154) 강상규, 「일본의 류큐 병합과 동아시아 질서의 변동」, 『지방사와 지방문화』 (제10권1호, 2007); 정근식 외 『경계의 섬, 오키나와』 (서울: 논형, 2008), pp.60~61

155) 하야시 순사이(林春齊, 林鵞峰, 1618~1680). 에도 시대 전기 바쿠후의 유관(儒官). 나잔(羅山)의 셋째 아들. 이름은 恕·春勝. 승호(僧號)는 春齊. 바쿠후에 벼슬해서 『본조통감(本朝通鑑)』 등의 편집에 종사. 박학해서 『아봉전집(鵞峰全集)』, 『일본왕대일람(日本王代一覽)』 등 저서가 많다. KISHIMOTO Mio·MIYAJIMA Hiroshi, *SEKAI NO REKISHI 12 MIN SHIN TO RICHO NO JIDAI*, (Tokyo: CHUOKORON─SHINSHA, INC., 1998)/기시모토 미오·미야지마 히로시, 『조선과 중국, 근세 오백년을 가다』, (서울: 역사비평사, 2006), p.180

156) KISHIMOTO Mio · MIYAJIMA Hiroshi, *SEKAI NO REKISHI 12 MIN SHIN TO RICHO NO JIDAI*, (Tokyo: CHUOKORON-SHINSHA, INC., 1998)/기시모토 미오 · 미야지마 히로시, 『조선과 중국, 근세 오백년을 가다』, (서울: 역사비평사, 2006), pp.180~181

157) 「往役奉公 六條 漂船問情」, 『牧民心書』 卷三

158) 다카라 구라요시, 원정식 역, 『류큐 왕국』, (서울: 소화, 2008), p.58; 임성모, 「우치난추의 눈으로 본 오키나와」 『역사비평』 통권85호, (서울: 역사비평사, 2008. 겨울), p.53

159) 「琉球銀行の設立」(軍布令1號, 1948.5.4.); 中野好夫 編 『戰後資料 沖繩』, (日本評論社, 1969), p.11; 임성모, 「잠재주권과 재일의 딜레마: 점령 초기 오키나와의 지위와 정체성」, 『한일민족문제연구』, (2006), p.189

160) 이는 16세기 이후의 유럽역사가 잘 보여준다. 이시우, 『유엔군사령부』, (파주: 들녘, 2013), p.81

161) Andre Gunder Frank, *ReORIENT: Global Economy in the Asian Age*, (California: University of California Press, 1998)/ 이희재 역, 『리오리엔트』, (서울: 이산, 2003, 초판 3쇄), pp.500~501

162) Andre Gunder Frank, *ReORIENT: Global Economy in the Asian Age*, (California: University of California Press, 1998)/ 이희재 역, 『리오리엔트』, (서울: 이산, 2003, 초판 3쇄), p.488

163) 이런 신흥국가의 군사적 팽창이 바다를 넘어서 돌출한 것이 히데요시의 조선침략이었다. KISHIMOTO Mio · MIYAJIMA Hiroshi, *SEKAI NO REKISHI 12 MIN SHIN TO RICHO NO JIDAI*, (Tokyo: CHUOKORON-SHINSHA, INC., 1998)/기시모토 미오 · 미야지마 히로시, 『조선과 중국, 근세 오백년을 가다』, (서울: 역사비평사, 2006), p.184

164) 통상 이 전쟁은 '시로-후리의 난(志魯·布里の亂)'이라고 한다.

165) 김창민, 「문화표상에 나타난 문화적 정체성의 경쟁: 오키나와 슈리 성의 사례」, 『동아시아문화연구』 제56집, (2014), p.53

166) 김창민, 「문화표상에 나타난 문화적 정체성의 경쟁: 오키나와 슈리 성의 사례」, 『동아시아문화연구』 제56집, (2014), p.53

167) 김창민, 「문화표상에 나타난 문화적 정체성의 경쟁: 오키나와 슈리 성의 사례」, 『동아시아문화연구』 제56집, (2014), p.54

168) 金城正篤, 『琉球處分論』, (沖繩タイムス社, 1978); 紙屋敦之, 『琉球と日本·中國』 (山川出版社, 2003); 강상규, 「일본의 류큐 병합과 동아시아 질서의 변동」,

『지방사와 지방문화』 (제10권 1호, 2007); 정근식 외『경계의 섬, 오키나와』 (서울: 논형, 2008), p.62

169) 최현, 「근대 국가와 시티즌십 : 오키나와인의 사례」, 『지방사와 지방문화』10권 1호, (역사문화학회, 2007), p.59; 김창민, 「문화표상에 나타난 문화적 정체성의 경쟁: 오키나와 슈리 성의 사례」, 『동아시아문화연구』 제56집, (2014), p.56

170) 김창민, 「문화표상에 나타난 문화적 정체성의 경쟁: 오키나와 슈리 성의 사례」, 『동아시아문화연구』 제56집, (2014), p.57

171) 아라사키 모리테루, 정영신 역, 『오키나와 현대사』, (서울: 논형, 2008), p.167

172) 임성모, 「잠재주권과 재일의 딜레마: 점령 초기 오키나와의 지위와 정체성」, 『한일민족문제연구』, 2006, p.190. 미군은 이외에도 류큐 왕국의 대표적인 석조물인 숭원사석문(崇元寺石門)을 복원하였으며, 전쟁 과정에서 파괴된 문화재를 수집하여 이시가키시에 박물관을 건립하기도 하였다. 이 박물관은 후에 류큐정부립박물관으로 변신하였으며, 현재의 오키나와 현립박물관의 전신이기도 하다. (최현, 「근대 국가와 시티즌십:오키나와인의 사례」, 『지방사와 지방문화』10권1호, (역사문화학회, 2007), p.76; 김창민, 「문화표상에 나타난 문화적 정체성의 경쟁: 오키나와 슈리 성의 사례」, 『동아시아문화연구』 제56집, (2014), p.59)

173) 아라사키 모리테루, 정영신 역, 『오키나와 현대사』, (서울: 논형, 2008), p.168

174) S. Hall, "Old and new identities, old and new ethnicities," in A. D. King, ed, Culture, Globalization and the World System, (London: McMillan, 1991) 참조; 김창민, 「문화표상에 나타난 문화적 정체성의 경쟁: 오키나와 슈리 성의 사례」, 『동아시아문화연구』 제56집, (2014), p.48

175) 김창민, 「문화표상에 나타난 문화적 정체성의 경쟁: 오키나와 슈리 성의 사례」, 『동아시아문화연구』 제56집, (2014), p.52

176) 金翰奎, 『古代中國的世界秩序硏究』, (서울: 일조각, 1982), p.121; 방향숙, 「고대 동아시아책봉조공체제의 원형과 변용」『한중 외교관계와 조공책봉』 (서울: 고구려연구재단, 2005), p.23

177) 金翰奎, 『古代中國的世界秩序硏究』, (서울: 일조각, 1982), p.118; 방향숙, 「고대 동아시아책봉조공체제의 원형과 변용」『한중 외교관계와 조공책봉』 (서울: 고구려연구재단, 2005), p.23

178) 강상규, 「일본의 류큐 병합과 동아시아 질서의 변동」, 『지방사와 지방문화』 (제10권1호, 2007); 정근식 외『경계의 섬, 오키나와』 (서울: 논형, 2008), p.53 참조

179) 강상규, 「일본의 류큐 병합과 동아시아 질서의 변동」, 『지방사와 지방문화』 (제10권1호, 2007); 정근식 외『경계의 섬, 오키나와』 (서울: 논형, 2008), p.53

180) 이성규, 「중국의 분열체제모식과 동아시아 제국」, 『한국고대사논총』, 제8집, p.265; 방향숙, 「고대 동아시아책봉조공체제의 원형과 변용」『한중 외교관계와 조공책봉』(서울: 고구려연구재단, 2005), p.51 참조

181) 外間守善, 『沖繩の歷史と文化』(中公新書, 1986); 강상규, 「일본의 류큐 병합과 동아시아 질서의 변동」, 『지방사와 지방문화』(제10권1호, 2007); 정근식 외 『경계의 섬, 오키나와』(서울: 논형, 2008), p.54

182) 강상규, 「19세기 동아시아의 패러다임 변환과 한국: '예의'와 '부강'의 상극적 긴장」, 『사회와 역사』71호, (2006); 김한규, 『천하국가: 전통시대 동아시아 세계질서』, (소나무, 2005); 강상규, 「일본의 류큐 병합과 동아시아 질서의 변동」, 『지방사와 지방문화』(제10권 1호, 2007); 정근식 외 『경계의 섬, 오키나와』(서울: 논형, 2008), p.54

183) Charles E. Merriam, *Political Power* (Whittlesey house, McGraw-Hill book company, inc, 1934/London: Collier-Macmillan, 1964), pp.102~131. 메리엄(Charles E. Merriam)이 지적한 정치권력의 비합리적 측면과 합리화의 측면. 미란다(Miranda)는 피통치자가 정치권력에 대해 무조건적으로 신성함과 아름다움을 느끼고 예찬하는 비합리적인 상황을 가르키는 말로 인간의 감성에 호소하는 허세를 상징하기도 한다. 이 말은 세익스피어의 희곡 『템페스트(The Tempest)』의 여주인공 이름에서 따온 말로 극 중의 미란다는 세상을 모르는 순수한 존재로 정치적 원수인 퍼디난도를 무조건적으로 사랑한다. 크레덴다(Credenda)는 인간의 이성에 호소하는 합리화의 상징으로 권력의 정당성과 합리성에 대하여 신념을 갖게 만드는 이념과 논리적 설득의 장치이다. 정부에의 존경심, 희생정신의 앙양, 합법성의 독점 등이 있다. 메리엄은 미란다와 크레덴다를 '권력의 초석'이라고 규정하면서 미란다와 크레덴다에 실패할 경우 물리적 강제와 폭력에 의한 지배가 출현한다고 지적하였다.

184) Maruyama Masao, *Gendai Seiji No Shiso to Kodo,* (Tokyo: Mirai Sha, 1964)/ 마루야마 마사오 저, 김석근 역, 『현대정치의 사상과 행동』(파주: 한길사, 2012, 1판 7쇄), pp.475~477

185) 金翰奎, 『古代中國的世界秩序研究』, (서울: 일조각, 1982), p.136; 방향숙, 「고대 동아시아책봉조공체제의 원형과 변용」『한중 외교관계와 조공책봉』(서울: 고구려연구재단, 2005), p.27

186) 金翰奎, 『古代中國的世界秩序研究』, (서울: 일조각, 1982), p.136; 방향숙, 「고대 동아시아책봉조공체제의 원형과 변용」『한중 외교관계와 조공책봉』(서울: 고구려연구재단, 2005), p.27

187) 방향숙, 「고대 동아시아책봉조공체제의 원형과 변용」『한중 외교관계와 조공책봉』(서울: 고구려연구재단, 2005), p.37

188) 全海宗, 「三國時代統一新羅時代韓中交流」, 『震檀學會』68 (1989), p.8 참조; 방향숙, 「고대 동아시아책봉조공체제의 원형과 변용」 『한중 외교관계와 조공책봉』 (서울: 고구려연구재단, 2005), p.35

189) 방향숙, 「고대 동아시아책봉조공체제의 원형과 변용」 『한중 외교관계와 조공책봉』 (서울: 고구려연구재단, 2005), p.35

190) 赤嶺誠紀, 『大航海時代の琉球』, (沖繩タイムス社, 1988); 浜下武志, 『沖繩入門: アジアをつなぐ海域構想』, (ちくま新書, 2000); 강상규, 「일본의 류큐 병합과 동아시아 질서의 변동」, 『지방사와 지방문화』 (제10권 1호, 2007); 정근식 외 『경계의 섬, 오키나와』 (서울: 논형, 2008), p.54

191) 大隅晶子, 「明初洪武期における朝貢について」 『MUSEUM』 371 참조; 민경준, 「명・청교체와 한중관계」 『한중 외교관계와 조공책봉』 (서울: 고구려연구재단, 2005), p.171

192) KISHIMOTO Mio・MIYAJIMA Hiroshi, *SEKAI NO REKISHI 12 MIN SHIN TO RICHO NO JIDAI*, (Tokyo: CHUOKORON-SHINSHA, INC., 1998)/기시모토 미오・미야지마 히로시, 『조선과 중국, 근세 오백년을 가다』, (서울: 역사비평사, 2006), p.67

193) 쇼하시는 남산왕 완 휘하의 아지(按司)였던 부친 시쇼(思紹)와 함께 중산왕 부네이(武寧)를 멸하고 왕위를 찬탈했다. 명의 영락제(永樂帝)는 시쇼를 새 중산왕으로 책봉했고, 이로써 제1쇼 씨 왕조(1406~1469)가 시작된다.(임성모, 「우치난추의 눈으로 본 오키나와」 『역사비평』 통권85호, (서울: 역사비평사, 2008.겨울), p.76주)

194) 명대 조선의 정기적인 조공사행은 최초에는 冬至, 正朝, 聖節, 千秋의 4회로 이루어졌으나, 嘉靖十年(1531), 명조 예부가 咨文을 보내 正朝, 進賀의 항목을 冬至에 포함시키도록 지시함에 따라 정기사행이 冬至, 聖節, 千秋 3회로 바뀌었다. 부정기 사행에 이르면 그 종류가 매우 번잡하며, 자주 볼 수 있는 것은 謝恩, 進賀, 奏請, 陳奏, 辨誣 등이 있다. 『通文館志』 卷3, 事大 ; (朝鮮)洪鳳漢等編著, 『(增補)文獻備考』 卷174, 交聘考四; 양우뢰, 「만력연간(萬曆年間) 북경에서의 조선사신과 류큐 사신의 교류」, 『2012 한중국제학술회의, 사행의 국제정치-조천・연행록을 통해 본 한중관계와 동아시아 지역질서』, (공동주최: 서울대학교 국제문제연구소・동북아역사재단, 2012년 11월 24일), p.73

195) 양우뢰, 「만력연간(萬曆年間) 북경에서의 조선사신과 류큐사신의 교류」, 『2012 한중국제학술회의, 사행의 국제정치-조천・연행록을 통해 본 한중관계와 동아시아 지역질서』, (공동주최: 서울대학교 국제문제연구소・동북아역사재단, 2012년 11월 24일), p.73

196) http://ko.wikipedia.org 믈라카 술탄국

197) KISHIMOTO Mio·MIYAJIMA Hiroshi, *SEKAI NO REKISHI 12 MIN SHIN TO RICHO NO JIDAI,* (Tokyo: CHUOKORON-SHINSHA, INC., 1998)/기시모토 미오·미야지마 히로시, 『조선과 중국, 근세 오백년을 가다』, (서울: 역사비평사, 2006), p.69

198) 정영신, 「오키나와의 기지화 군사화에 관한 연구」, 『기지의 섬 오키나와』, (서울: 논형 ,2008), p.175

199) 『文政四年薩州船濟州漂着紀錄』; 정성일, 「일본인으로 위장한 유구인의 제주표착: 1821년 恒運 등 20명의 표착사건」, 『한일관계사연구』 제37집, (경인문화사, 2010. 12), p.184

200) 주강현, 「일본속의 또 다른 나라, 해상왕국 류큐」, 『해양국토21』 (서울: 한국해양수산개발원, 2009), pp.104~105 참조

201) 시드니 민츠, 조병준역, 『음식의 맛, 자유의 맛』, (지호, 1998), pp.136~138; 이은희, 「19세기 말~20세기 초 조선과 동아시아 설탕무역」, 『한국민족운동사연구』 75, (한국민족운동사학회, 2013. 6), p.6

202) Sucheta Mazumdar, *Sugar and Society in China-peasant, Technology, and the World Market,* (Cambrige, MA: Harvard University Press, 1998), pp.338~339; 이은희, 「19세기 말~20세기 초 조선과 동아시아 설탕무역」, 『한국민족운동사연구』75, (한국민족운동사학회, 2013. 6), p.6

203) Sucheta Mazumdar, *Sugar and Society in China-peasant, Technology, and the World Market,* (Cambrige, MA: Harvard University Press, 1998), pp.88~109; 이은희, 「19세기 말~20세기 초 조선과 동아시아 설탕무역」, 『한국민족운동사연구』75, (한국민족운동사학회, 2013. 6), p.11

204) 임성모, 「우치난추의 눈으로 본 오키나와」 『역사비평』 통권85호, (서울: 역사비평사, 2008. 겨울), pp.55~56

205) 임성모, 「우치난추의 눈으로 본 오키나와」 『역사비평』 통권85호, (서울: 역사비평사, 2008. 겨울), pp.55~56

206) 곽문환, 「18세기 설탕산업, 노예무역 그리고 영국 자본주의」, 성균관대학교대학원 석사학위논문, (2004), p.7

207) W. L. Mathieson, *British slavery and its abolition* (London: Longmans, 1926), p.63; 곽문환, 「18세기 설탕산업, 노예무역 그리고 영국 자본주의」, 성균관대학교대학원 석사학위논문, (2004), p.7

208) 곽문환, 「18세기 설탕산업, 노예무역 그리고 영국 자본주의」, 성균관대학교대학원 석사학위논문, (2004), p.11

209) 이승덕, 「사탕수수산업이 브라질에 미친 영향」, 『라틴아메리카연구』6, (1993. 12), p.81

210) 이승덕, 「사탕수수산업이 브라질에 미친 영향」, 『라틴아메리카연구』6, (1993. 12), p.80

211) 곽문환, 「18세기 설탕산업, 노예무역 그리고 영국 자본주의」, 성균관대학교대학원 석사학위논문, (2004), p.10. 네덜란드는 오렌지공 윌리암의 지도력으로 북부 7개 주가 독립에 성공한다. 그런데 오늘날의 벨기에에 해당하는 남부지역이 독립에 실패하면서 대부분의 프로테스탄트 상인들이 북부로 도망친다. 자연히 남부의 앤트워프는 급속히 쇠퇴하고, 반대로 북부 저지대의 암스테르담이 세계경제의 중심으로 부상한다.

212) 이매뉴얼 월러스틴, 『근대세계체제론Ⅱ』, pp.245~246; 곽문환, 「18세기 설탕산업, 노예무역 그리고 영국 자본주의」, 성균관대학교대학원 석사학위논문, (2004), p.14

213) 곽문환, 「18세기 설탕산업, 노예무역 그리고 영국 자본주의」, 성균관대학교대학원 석사학위논문, (2004), p.12

214) 위키백과 검색어 "항해법" "항해 조례" Navigation Acts(UK)- Britanica Online Encyclopedia; 1651 Navigation Acts

215) 곽문환, 「18세기 설탕산업, 노예무역 그리고 영국 자본주의」, 성균관대학교대학원 석사학위논문, (2004), p.19

216) J. W. D. Powell, *Bristol Privateers and Ships of War* (London, 1930), p.167; 곽문환, 「18세기 설탕산업, 노예무역 그리고 영국 자본주의」, 성균관대학교대학원 석사학위논문, (2004), p.16

217) 곽문환, 「18세기 설탕산업, 노예무역 그리고 영국 자본주의」, 성균관대학교대학원 석사학위논문, (2004), p.21

218) Vladimir P. Timoshenko & Boris C. Swerling, 山口哲夫 譯, 『世界の甛菜糖問題』, (東京: 日本甛菜糖産業協會, 1958), pp.54~55; 이은희, 「19세기 말~20세기 초 조선과 동아시아 설탕무역」, 『한국민족운동사연구』75, (한국민족운동사학회, 2013. 6), p.11

219) 杉山伸也, 「十九世紀後半期における東アジア精糖市場の構造-香港精糖業の發展と日本市場」, 『德川社會からの展望-發展·構造·國際關係』, (同文館, 1989), pp.330~334; 이은희, 「19세기 말~20세기 초 조선과 동아시아 설탕무역」, 『한국민족운동사연구』75, (한국민족운동사학회, 2013. 6), p.12

220) 杉山伸也, 「十九世紀後半期における東アジア精糖市場の構造-香港精糖業の發展と日本市場」, 『德川社會からの展望-發展·構造·國際關係』, (同文館, 1989),

pp.341~342; 이은희, 「19세기 말~20세기 초 조선과 동아시아 설탕무역」, 『한국민족운동사연구』75, (한국민족운동사학회, 2013. 6), p.12

221) クリスチャン·ダニエルス, 「中國砂糖の國際的地位」, 『社會經濟史學』50-4, (1985), p.21; 이은희, 「19세기 말~20세기 초 조선과 동아시아 설탕무역」, 『한국민족운동사연구』75, (한국민족운동사학회, 2013. 6), p.13

222) 糖業協會 編, 『近代日本糖業史』上, (東京: 勁草書房, 1962), pp.74~76; 이은희, 「19세기 말~20세기 초 조선과 동아시아 설탕무역」, 『한국민족운동사연구』75, (한국민족운동사학회, 2013. 6), p.15

223) (朝鮮)鐵道省運輸局, 『鹽砂糖醬油味噌ニ關スル調査』, (京城: 1926), pp.7~9; 이은희, 「19세기 말~20세기 초 조선과 동아시아 설탕무역」, 『한국민족운동사연구』75, (한국민족운동사학회, 2013. 6), p.13 참조

224) 이은희, 「19세기 말~20세기 초 조선과 동아시아 설탕무역」, 『한국민족운동사연구』75, (한국민족운동사학회, 2013. 6), pp.16~17

225) Harold S. Williams, "The Story of Holme Ringer & Co., LTD", in *Western Japan*, (Tokyo: Charles E. Tuttle Company, 1968), pp.35~37; Brian Burke-Gaffney, *Nagasaki-the British Experience, 1854~1945*, (North Yorkshire, UK: Global Oriental, 2009), pp.151~152; 이은희, 「19세기 말~20세기 초 조선과 동아시아 설탕무역」, 『한국민족운동사연구』75, (한국민족운동사학회, 2013. 6), p.26

226) Harold S. Williams, "The Story of Holme Ringer & Co., LTD", in *Western Japan*, (Tokyo: Charles E. Tuttle Company, 1968), pp.20~21; Brian Burke-Gaffney, *Nagasaki-the British Experience, 1854~1945*, (North Yorkshire, UK: Global Oriental, 2009), p.90; 이은희, 「19세기 말~20세기 초 조선과 동아시아 설탕무역」, 『한국민족운동사연구』75, (한국민족운동사학회, 2013. 6), p.26

227) 「日露戰役關係外國船舶拿捕抑留關係雜件/露國船ノ部第一卷」, 『外務省記錄』, (外務省外交史料館), p.28 참고번호 B07090663700; 「發西村長崎要塞司令官宛大本營參謀 縣知事報告書の送付に關する件」, 『陸軍省大日記』, (日本防衛省防衛研究所), p.3, 참고번호 C06040418500; 이은희, 「19세기 말~20세기 초 조선과 동아시아 설탕무역」, 『한국민족운동사연구』75, (한국민족운동사학회, 2013. 6), p.27

228) Brian Burke-Gaffney, *Nagasaki-the British Experience, 1854~1945*, (North Yorkshire, UK: Global Oriental, 2009), pp.168~169; 이은희, 「19세기 말~20세기 초 조선과 동아시아 설탕무역」, 『한국민족운동사연구』75, (한국민족운동사학회, 2013. 6), p.29

229) 糖業協會 編, 『近代日本糖業史』上, (東京: 勁草書房, 1962), pp.67~68; 이은
희, 「19세기 말～20세기 초 조선과 동아시아 설탕무역」, 『한국민족운동사연구』
75, (한국민족운동사학회, 2013. 6), p.30

230) 片山淳之助, 『西洋衣食住』, 1867, p.21; 會田倉吉, 『福澤諭吉』, (吉川弘文館,
2005), pp.161,192~193 ; 이은희, 「19세기 말～20세기 초 조선과 동아시아 설
탕무역」, 『한국민족운동사연구』75, (한국민족운동사학회, 2013. 6), p.30

231) 이은희, 「근대한국의 설탕소비문화형성」, 『한국사연구』157, (2012), p.201; 이은
희, 「19세기 말～20세기 초 조선과 동아시아 설탕무역」, 『한국민족운동사연구』
75, (한국민족운동사학회, 2013. 6), p.30

232) 糖業協會 編, 『近代日本糖業史』上, (東京: 勁草書房, 1962), pp.329~331; 이
은희, 「19세기 말～20세기 초 조선과 동아시아 설탕무역」, 『한국민족운동사연구』
75, (한국민족운동사학회, 2013. 6), p.30

233) 久保文克 編著 糖業協會監修, 『近代製糖業の發展と糖業聯合會』, (東京: 日本
經濟評論社, 2009), p.215; 커즈밍 저 문명기 역, 『식민지시대 대만은 발전했는
가』, (일조각, 2008), pp.40~44,54,111; 이은희, 「19세기 말～20세기 초 조선
과 동아시아 설탕무역」, 『한국민족운동사연구』75, (한국민족운동사학회, 2013.
6), p.30

234) 大日本製糖株式會社, 「第四十會株主總會二於ケル藤山社長ノ演說」, 『大日本製
糖株式會社 營業報告書』, 40會, (1916. 6. 15.), p.1; 이은희, 「19세기 말～20
세기 초 조선과 동아시아 설탕무역」, 『한국민족운동사연구』75, (한국민족운동사
학회, 2013. 6), p.31

235) 「木布明治三十五年第二季貿易」, 『通商彙纂』(한국편) 10권, (1902.12.12.), p.488;
『皇城新聞』, 1902. 5. 13., 1902 .5. 19; 이은희, 「19세기 말～20세기 초 조선
과 동아시아 설탕무역」, 『한국민족운동사연구』75, (한국민족운동사학회, 2013.
6), p.31

236) 「광고」, 『朝鮮之實業』11, 1906. 5; 단국대학교부설동양학연구소 편, 『개화기 재
한일본인 잡지자료집: 朝鮮之實業』2, (2003), p.299; 이은희, 「19세기 말～20세
기 초 조선과 동아시아 설탕무역」, 『한국민족운동사연구』75, (한국민족운동사학
회, 2013. 6), p.32

237) 『每日申報』 1925. 9. 22; 이은희, 「19세기 말～20세기 초 조선과 동아시아 설
탕무역」, 『한국민족운동사연구』75, (한국민족운동사학회, 2013. 6), p.32

238) 大日本製糖株式會社, 「第四十壹會株主總會二於ケル藤山社長ノ演說」, 『大日本
製糖株式會社 營業報告書』, 41會, (1916. 6. 15.), pp.9~10; 이은희, 「19세기
말～20세기 초 조선과 동아시아 설탕무역」, 『한국민족운동사연구』75, (한국민족
운동사학회, 2013. 6), p.32

239) 糖業研究會, 『帝國糖業年鑑日記』, 1918, p.46; 이은희, 「19세기 말~20세기 초 조선과 동아시아 설탕무역」, 『한국민족운동사연구』75, (한국민족운동사학회, 2013. 6), p.33

240) 임성모, 「우치난추의 눈으로 본 오키나와」 『역사비평』 통권85호, (서울: 역사비평사, 2008. 겨울), pp.55~56

241) 김동전, 「충승현 옥부촌락의 고문서와 그 특징」, 『비교문화연구』 6권1호, (서울대학교비교문화연구소, 2000), p.205

242) 일본의 사츠마 번이 류큐 왕국을 점령한 후 류큐에 도입된 사탕수수 재배로 인하여 류큐 사람들은 주식인 고구마 재배가 어렵게 되었다. 사츠마의 강압으로 고구마를 재배하는 토지가 사탕수수 재배를 위한 공간으로 전환되었기 때문에 류큐인들은 새로운 탄수화물원을 찾을 수밖에 없었고, 그 결과로 발견된 것이 소철로부터 얻는 탄수화물이다. 고구마가 자라지 않는 석회암 지대의 옅은 토양층에서 자생하는 소철이 새로운 탄수화물의 공급원으로 선택된 것이다. 류큐인들은 소철의 기둥 부분과 열매로부터 다량의 탄수화물을 얻을 수 있었지만, 그 속에 함께 함유된 강한 포르말린으로 인해서 적지 않은 사람들이 포르말린의 독성으로 사망하는 경험을 하였다. 죽음이라는 시행착오를 겪으면서 류큐인들은 소철에서 얻은 탄수화물로부터 포르말린을 분리하는 방법을 고안하였다. 그것이 발효의 방법이었다. 발효라는 과정은 균류(菌類)와 관련되는 문제라는 점에서 생태학적 지식의 확장과정에 관심을 갖게 된다. 요즘도 오키나와와 아마미 오오시마에서는 '소철(蘇鐵) 지옥'이라는 이야기가 전해지고 있다. (전경수, 『일본열도의 문화인류학』, 서울: 민속원, 2011)

243) 정영신, 「오키나와의 기지화 군사화에 관한 연구」, 『기지의 섬 오키나와』, (서울: 논형, 2008), p.175 참조

244) 도미야마 이치로, 『폭력의 예감』, (그린비, 2009), p.217; 조성윤, 「제국 일본의 남양군도지배와 연구동향」, 『탐라문화』 37호, (제주대학교 탐라문화연구소, 2010. 8), p.135

245) 도미야마 이치로, 임성모 역, 『전장의 기억』, (도서출판 이산. 2002), p.218; 조성윤, 「제국 일본의 남양군도지배와 연구동향」, 『탐라문화』 37호, (제주대학교 탐라문화연구소, 2010. 8), p.135

246) 조성윤, 「제국 일본의 남양군도지배와 연구동향」, 『탐라문화』 37호, (제주대학교 탐라문화연구소, 2010. 8), p.136

247) 조성윤, 「제국 일본의 남양군도지배와 연구동향」, 『탐라문화』 37호, (제주대학교 탐라문화연구소, 2010. 8), p.136

248) 도미야마 이치로, 임성모 역, 『전장의 기억』, (이산, 2002), p.218; 조성윤, 「제국 일본의 남양군도지배와 연구동향」, 『탐라문화』 37호, (제주대학교 탐라문화연

구소, 2010. 8), pp.136~137

249) 임성모, 「우치난추의 눈으로 본 오키나와」『역사비평』 통권85호, (서울: 역사비 평사, 2008. 겨울), pp.59~60

250) 久志美沙子, 『婦人公論』, 1932년 6월호; 임성모, 「우치난추의 눈으로 본 오키나 와」, 『역사비평』 통권85호, (서울: 역사비평사, 2008. 겨울), p.62

251) 久志美沙子, 「「滅びゆく琉球女の手記」についての釋明文」, 『靑い海』 1973. 11 (復刻); 임성모, 「우치난추의 눈으로 본 오키나와」『역사비평』 통권85호, (서울: 역사비평사, 2008. 겨울), pp.62~63

252) 허호준, 「혁명가 김명식의 생애와 사상」, 『4·3과 역사』 제5호, (제주: 각, 2005), p.377

253) 허호준, 「혁명가 김명식의 생애와 사상」, 『4·3과 역사』 제5호, (제주: 각, 2005), p.380

254) 황개민 등 중국당원들은 졸업 후 활동무대를 上海로 옮겨 '大同團'과 '興亞社'를 조직하고 「救國日報」를 중심으로 배일운동을 전개하며, 중국 국민당과 연계해 신 강 서역까지 활동범위를 넓혀갔는데, 1921년 이동휘 등과 연계해 '중국공산당'을 결성하고 '東洋總局'을 조직하는 데 합류했다. (이현주, 『한국사회주의세력의 형 성: 1919~1923』, (일조각, 2003), pp.153~154; 김철수, 「친필유고」, 『역사비평』 여름호, (1989년), pp.350~351 참조)

255) 박종린, 「꺼지지 않은 불꽃, 송산 김명식」, 『진보평론』 제2호, 참조

256) 김경민, 「조선공산주의의 산 역사, 지운(遲耘) 김철수」「부안일보」 2010. 06. 29.

257) 조선총독부 경무국, 『大正11年朝鮮治安狀況』, pp.424~425

258) 김명식, 「도덕의 타락과 경제의 부진」, 『學之光』 제14호. (1917), p.22; 허호준, 「일본유학시기(1915~1918) 송산 김명식의 사회인식과 활동」, 『탐라문화』 39권, (탐라문화연구소, 2011), pp.396~397

259) 윤리도덕의 확립을 진화의 핵심수단으로 보는 이러한 입장은 장덕수 외에 김명 식, 김양수, 양원모, 최팔용 등 다른 신아동맹당원들의 인식에서도 기본적인 토대 를 이루고 있어 당의 기본입장으로 보아도 무리가 없을 듯하다. 金明植, 「道德의 墮落과 經濟의 不振」, 『學之光』4, (1917. 11); 金良洙, 「社會問題에 對한 觀念」, 『學之光』3 특별대부록(1917. 7); 梁源模, 「朝鮮靑年의 經濟的 覺醒」, 『學之光』 5, (1918. 3); 塘南人(최팔용), 「우리 社會의 亂波」, 『學之光』7, (1919. 1). 다 만, 김효석은 지식을 강조해 사회진화론에 대해 다소 편차를 보인다. (金孝錫, 「나의 敬愛하는 留學生여러분에게」, 『學之光』, (1916. 9), pp.10~11).; 최선웅, 「1910년대 재일유학생단체 신아동맹당의 반일운동과 근대적 구상」, 『역사와 현 실』 제60호, (한국역사연구회, 2006), p.391

260) 張德秀, 「卒業生을 보내노라」, 『학지광』6, (1915. 7), p.7. 이 때문에 장덕수는 교육기관, 종교, 자선단체 등 교화기관의 발달과 민족의 단결을 중시했다. 최선 웅, 「1910년대 재일유학생단체 신아동맹당의 반일운동과 근대적 구상」, 『역사와 현실』 제60호, (한국역사연구회, 2006), p.406

261) 김명구는 이를 '신자유주의의 식민지적 굴절'이라고 평가했다. 김명구, 「1910년대 도일유학생의 사회사상」, 『사학연구』64, (2003), p.117; 최선웅, 「1910년대 재 일유학생단체 신아동맹당의 반일운동과 근대적 구상」, 『역사와 현실』 제60호, (한국역사연구회, 2006), p.406

262) 崔八鏞, 「사람과 生命」, 『學之光』13, (1917. 7); 張德秀, 「卒業生을 보내노라」, 『학지광』6, (1915. 7), p.9. 이들은 모두 민족은 일정한 영토적 경계로 역사, 혈 통, 언어, 관습, 문화 공동체로 상정된 유기적 관념체로 상정하였는데, 1910년 재일유학생들의 이런 원초적 민족관에 대해서는 김명구, (2002) 앞의 논문 참조; 최선웅, 「1910년대 재일유학생단체 신아동맹당의 반일운동과 근대적 구상」, 『역 사와 현실』 제60호, (한국역사연구회, 2006), p.406

263) 최선웅, 「1910년대 재일유학생단체 신아동맹당의 반일운동과 근대적 구상」, 『역 사와 현실』 제60호, (한국역사연구회, 2006), p.407

264) 한국정신문화연구원 현대사연구소 편, 『遲耘 金錣洙』, (한국정신문화연구원현대 사연구소, 1999), p.305; 박종린, 「1920년대 초 공산주의 그룹의 맑스주의 수용 과 '유물사관요령기'」, 『역사와 현실』67, (2008), p.85

265) 이들이 이 시기 『共濟』와 『我聲』 발표한 노동 문제와 '신사상'에 관련된 주요한 글은 다음과 같다. ① 兪鎭熙 ㉠ 無我生, 1920.9 「勞動者의 文明은 如斯하다」 『共濟』1 ㉡ 1920.10 「勞動運動의 社會主義的 考察」 『共濟』2 ㉢ Y生, 1921.4 「勞動價値說硏究」 『共濟』7 ㉣ 크로포트킨, 1921.4·1921.6 「靑年에게 訴함」, 無我生 譯, 『共濟』7·8 ㉤ 無我生, 1921.6 「勞動問題의 要諦」 『共濟』8 ② 尹滋瑛 ㉠ 1921.3 「唯物史觀要領記」 『我聲』1 ㉡ 1921.7·1921.9 「相互扶助論」, 『我聲』3·4 ③ 金明植 ㉠ 1920.9 「勞動問題는 社會의 根本問題이라」 『共濟』1 ㉡ 1921.9 「現代思想의 硏究」 『我聲』4; 박종린, 「1920년대 초 공산주의 그룹의 맑스주의 수용과 '유물사관요령기'」, 『역사와 현실』67, (2008), p.85

266) 『共濟』는 7호부터 계속 표지에 이 슬로건을 제시하고 있다(1921. 4 『共濟』7, 표지).; 박종린, 「1920년대 초 공산주의 그룹의 맑스주의 수용과 '유물사관 요령 기'」, 『역사와 현실』67, (2008), p.86

267) 『我聲』은 2호부터 계속 표지에 '朝鮮靑年의 元氣'라는 슬로건과 함께 이 슬로건 을 제시하고 있다(1921. 5 『我聲』2, 표지); 박종린, 「1920년대 초 공산주의 그 룹의 맑스주의 수용과 '유물사관요령기'」, 『역사와 현실』67, (2008), p.86

268) 김명식, 「노동문제는 사회의 근본문제이라」, 『共濟』1, (조선노동공제회, 1920.

9. 10.), pp.17~21; 권희영, 「조선노동공제회와 「공제」」, 『정신문화연구』 16권2
호(통권51호), (정신문화연구원, 1993. 6), p.145

269) 金錣洙, 「勞働者에 關하여」, 『學之光』10, (1916. 9), pp.14~15; 최선웅, 「1910
년대 재일유학생단체 신아동맹당의 반일운동과 근대적 구상」, 『역사와 현실』60,
(한국역사연구회, 2006), p.397

270) 권희영, 「조선노동공제회와 「공제」」, 『정신문화연구』 16권2호(통권51호), (정신
문화연구원, 1993. 6), p.150

271) 나경석, 「세계사조와 조선농촌」, 『共濟』1, (조선노동공제회, 1920. 9. 10.),
pp.51~56; 권희영, 「조선노동공제회와 「공제」」, 『정신문화연구』 16권2호(통권51
호), (정신문화연구원, 1993. 6), p.152

272) K.S생, 「저급의 생존감」, 『학지광』 제4호, (1915), p.25; 허호준, 「일본유학시기
(1915~1918) 송산 김명식의 사회인식과 활동」, 『탐라문화』 39권, (탐라문화연구
소, 2011), p.399

273) Y생, 『『共濟』7, (조선노동공제회, 1921. 4. 17.), p.30; 권희영, 「조선노동공제회
와 「공제」」, 『정신문화연구』 16권2호(통권51호), (정신문화연구원, 1993. 6),
p.152

274) Ibn Khaldun, trans. Franz Rosenthal, *The Muqaddimah: an introduction
to history*, vol.2, (New York: Pantheon Books, 1967), p.313; 한덕규,
「이븐 칼둔의 경제사상」, 『한국이슬람학회 논총』6권, (한국이슬람학회, 1996),
p.121

275) 박진순의 '당면 임무'와 거의 같은 내용으로 한형권이 코민테른에 기고한 '동아시
아 상황'은 한인사회당이 4월 당대회에서 채택한 '계급강령'을 완화 수정하여 '민
족부르주아지의 혁명성'을 인정하고 적극적인 제휴 대상으로 인정함에 따라 '부르
주아적 성격을 지닌 상해정부에의 참여에 대한 이론적 기반을 확보한 것으로 파악
된다. (R(한형권), August 1920 "The Situation in East Asia", *Communist
International* 13, pp.2551~2560)

276) 전명혁, 「1920년 코민테른 2차대회시기 박진순의 민족·식민지문제 인식」, 『한국
사연구』134, (2006. 9), pp.196~197

277) 김권정, 「『신생활』에 대한 검토」, 『한국기독교역사연구소 소식』25, (한국기독교
역사연구소, 1996. 10), p.17

278) 이경석, 「운양 김윤식의 죽음을 대하는 두 개의 시각」, 『역사와 현실』 제57권,
(2005. 9), p.89

279) 박종린, 「김윤식사회장 찬반논의와 사회주의세력의 재편」 『역사와 현실』38,
(2000), p.258

280) 「사회장반대파가 맹렬히 일어나서 극렬반대」, 「매일신보」, 1922. 1. 29.

281) 임경석, 「서울파 공산주의그룹의 형성」, 『역사와 현실』28, (1998); 박철하, 「1920년대 전반기 중립당과 무산자동맹회에 관한 연구」, 『숭실사학』13, (1999); 박종린, 「김윤식사회장 찬반논의와 사회주의세력의 재편」 『역사와 현실』38, (2000); 임경석, 「운양 김윤식의 죽음을 대하는 두 개의 시각」, 『역사와 현실』 57권, (2005. 9), p.101

282) 임경석, 「1922년 상반기 재 서울 사회단체들의 분규와 그 성격」, 『사림』 25권, (수선사학회, 2006), p.230

283) 임경석, 「운양 김윤식의 죽음을 대하는 두 개의 시각」, 『역사와 현실』 57권, (2005. 9), p.106 참조

284) 임경석, 「서울파 공산주의 그룹의 형성」, 『역사와 현실』 제28호, (한국역사연구회, 1998), p.236

285) 張日星, 「민족문제: '당면의 제문제'의 續」(2회), 『동아일보』 1927. 12. 7.; 임경석, 「서울파 공산주의 그룹의 형성」, 『역사와 현실』 제28호, (한국역사연구회, 1998), p.237

286) 권희영, 「고려공산당 이론가 박진순의 생애와 사상」, 『역사비평』 6호, (역사비평사, 1989. 봄호), p.288

287) 권희영, 「고려공산당 이론가 박진순의 생애와 사상」, 『역사비평』 6호, (역사비평사, 1989. 봄호), p.289

288) 김민환, 「일제하 좌파잡지의 사회주의 논설 내용 분석」, 『한국언론학보』, (한국언론학회, 2005. 2.), pp.277~278

289) 김종현, 「『신생활』의 사회주의 담론과 문예의 특성」, 『인문논총』 32권, (경남대학교인문과학연구소, 2013), p.201

290) 이정식·김학준, 『혁명가들의 항일회상』, (민음사, 2005), pp.44~45

291) 김현주, 「1920년대 전반기 사회주의 문화담론의 수사학 사회주의는 사회비평을 어떻게 변화시켰는가」, 『대동문화연구』64, (성균관대 대동문화연구원, 2008) 참조.

292) 金明植, 「太平洋會議는 어떠케 利用할까 在滿同胞는 어떠케 해야 살까」, 『동광』 26호, (1931. 10.); 윤상원, 「만보산사건과 조선인의 중국인식—사회주의자들의 인식을 중심으로」, (만보산사건 80주년 기념학술대회) 『만보산사건과 한중관계』, (한국사연구회, 고려대 아세아문제연구소 비교사연구센터, 2011), p.28

293) 朴日馨, 「滿洲問題를 如是我觀」, 『비판』1권7호, (1931), p.110; 윤상원, 「만보산사건과 조선인의 중국인식—사회주의자들의 인식을 중심으로」, (만보산사건 80주년 기념학술대회) 『만보산사건과 한중관계』, (한국사연구회, 고려대 아세아문제

연구소 비교사연구센터, 2011), p.28

294) 최규진, 『한국독립운동의 역사44-조선공산당재건운동』, (독립기념관 한국독립운
동사연구소, 2009), 참조; 윤상원, 「만보산사건과 조선인의 중국인식-사회주의자
들의 인식을 중심으로」, (만보산사건 80주년 기념학술대회), 『만보산사건과 한중
관계』, (한국사연구회, 고려대 아세아문제연구소 비교사연구센터, 2011), p.28

295) 박종린, 「꺼지지 않는 불꽃, 송산 김명식」, 진보평론 2호, (1999), 참조; 윤상원,
「만보산사건과 조선인의 중국인식-사회주의자들의 인식을 중심으로」, (만보산사
건 80주년 기념학술대회) 『만보산사건과 한중관계』, (한국사연구회, 고려대 아세
아문제연구소 비교사연구센터, 2011), p.28

296) William J. Duiker, *HO CHI MINH,* (Hyperion, 2000)/정영목 역, 호찌민평전,
(푸른숲, 2001), pp.266~267

297) William J. Duiker, *HO CHI MINH,* (Hyperion, 2000)/정영목 역, 호찌민평전,
(푸른숲, 2001), p.267

298) William J. Duiker, *HO CHI MINH,* (Hyperion, 2000)/정영목 역, 호찌민평전,
(푸른숲, 2001), pp.293~296

299) William J. Duiker, *HO CHI MINH,* (Hyperion, 2000)/정영목 역, 호찌민평전,
(푸른숲, 2001), pp.299~300

300) 杉原達, 『越境する民』, (新幹社, 1998), p.125; 『鹿兒島市史Ⅱ』, (1970년),
pp.569~570; 塚崎昌之(츠카사키 마사유키), 「오사카-제주도 항로의 경영과 제주
도 민족자본」, 『4·3과 역사』 제9·10호, (제주: 각, 2010), pp.76~77

301) 德田球一, 『わが思い出』 (東京書院, 1948), p.29; 박정진, 「미완의 혁명리더십
도쿠다 큐이치 리더십연구」, 『EAI일본연구패널보고서 No.8』 (서울: 동아시아연
구원, 2012), p.2

302) 牧港篤三, 『沖繩自身との對話·德田球一傳』, (沖繩タイムス社, 1980), pp.125~
136 참조; 박정진, 「미완의 혁명리더십 도쿠다 큐이치 리더십 연구」, 『EAI일본
연구패널보고서 No.8』 (서울: 동아시아연구원, 2012), p.2 참조

303) 楫西光速 等, 『日本資本主義の發展3』, (東京: 東京大學出版會, 1968), p.705;
정혜선, 「일본공산당의 형성과 성격」, 『일본역사연구』 5집, (일본사학회, 1997),
p.118

304) 絲屋壽雄 編, 『日本社會主義運動思想史1』, (東京: 法政大學出版局, 1982),
pp.268~270; 정혜선, 「일본공산당의 형성과 성격」, 『일본역사연구』 5집, (일본
사학회, 1997), p.120

305) 스칼라피노 저, 이정식·한홍구 역, 『한국공산주의운동사』 1권, (서울: 돌베개,

1986), p.68 이춘숙은 1920년 6월 7일 안창호를 찾아와 상해에서는 할 일이 없다면서 군무차장직을 사임할 뜻을 밝혔다. 이 당시 이동휘와 4명의 차장·비서장들이 이승만 퇴진운동을 추진하고 있었다.(「안창호 일기」 1920년 6월 7일자 참조); 반병률, 『성재 이동휘 일대기』, (서울: 범우사, 1998 초판 1쇄), p.248 재인용

306) 정혜선, 「일본공산당의 형성과 성격」, 『일본역사연구』 5집, (일본사학회, 1997), p.120

307) George M. Beckman & Okubo Genji, *The Japanese Communist Party(1922~1945)* (Stanford University Press, 1969), p.30; 스칼라피노 저, 이정식·한홍구 역, 『한국공산주의운동사』 1권, (서울: 돌베개, 1986), p.68; 반병률, 『성재 이동휘 일대기』, (서울: 범우사, 1998 초판 1쇄), p.248 재인용

308) 스칼라피노 저, 이정식·한홍구 역, 『한국공산주의운동사1 식민지시대편』 (서울: 돌배게, 1986), pp.65~66; 신윤석, 「조선로동당과 일본공산당의 관계변화 연구. 1950~1970년대를 중심으로」, 경남대학교 북한대학원 석사학위논문, (2000), p.6

309) 스칼라피노 저, 이정식·한홍구 역, 『한국공산주의운동사1 식민지시대편』 (서울: 돌배게, 1986), p.68; 신윤석, 「조선로동당과 일본공산당의 관계변화 연구. 1950~1970년대를 중심으로」, 경남대학교 북한대학원 석사학위논문, 2000, p.6

310) 정혜선, 「일본공산당의 형성과 성격」, 『일본역사연구』 5집, (일본사학회, 1997), p.137

311) 山川均, 「無産階級運動の 方向轉換」 『前衛』, 1922년 7월호

312) 山川均, 「無産階級の 協同戰線」, 『解放』, 1922년 8월호에서 제기된 노동운동의 대중노선화를 말한다. 이때부터 좌익진영은 山川주의가 풍미하게 된다. 정혜선, 『일본공산주의운동과 천황제』, (서울: 국학자료원, 2001), p.54 참조

313) 小山弘健(코야마 히로다케) 편, 한상구·조경란 역, 『일본 마르크스주의사 개설』, (서울: 이론과 실천, 1991), pp.28~29

314) コミンテルン編, 高屋定國·辻野功 譯, 『極東勤勞者大會 議事錄全文』, (東京: 合同出版, 1970), pp.48~50; 정혜선, 「일본공산당의 형성과 성격」, 『일본역사연구』 5집, (일본사학회, 1997), p.129

315) コミンテルン編, 高屋定國·辻野功 譯, 『極東勤勞者大會 議事錄全文』, (東京: 合同出版, 1970), pp.23~24; 정혜선, 「일본공산당의 형성과 성격」, 『일본역사연구』 5집, (일본사학회, 1997), p.129

316) コミンテルン編, 高屋定國·辻野功 譯, 『極東勤勞者大會 議事錄全文』, (東京: 合同出版, 1970), p.208; 정혜선, 「일본공산당의 형성과 성격」, 『일본역사연구』 5집, (일본사학회, 1997), p.129

317) コミンテルン編, 高屋定國・辻野功 譯, 『極東勤勞者大會 議事錄全文』, (東京: 合同出版, 1970), p.63; 정혜선, 「일본공산당의 형성과 성격」, 『일본역사연구』 5집, (일본사학회, 1997), p.130

318) コミンテルン編, 高屋定國・辻野功 譯, 『極東勤勞者大會 議事錄全文』, (東京: 合同出版, 1970), p.65; 정혜선, 「일본공산당의 형성과 성격」, 『일본역사연구』 5집, (일본사학회, 1997), p.131

319) コミンテルン編, 高屋定國・辻野功 譯, 『極東勤勞者大會 議事錄全文』, (東京: 合同出版, 1970), p.63; 정혜선, 「일본공산당의 형성과 성격」, 『일본역사연구』 5집, (일본사학회, 1997), p.131

320) Protokoll Ⅲ., S.212; 犬丸義一, 『日本共産黨の創立』, (東京: 靑木書店, 1982), p.94; 정혜선, 『일본공산주의운동과 천황제』, (서울: 국학자료원, 2001), p.52

321) 川端正久, 『コミンテルン日本』, (京都: 法律文化社, 1982), p.147; 정혜선, 『일본공산주의운동과 천황제』, (서울: 국학자료원, 2001), p.52

322) 高瀨淸, 「革命ソビエト潛行記」, 『自由』, 1963. 6.

323) 정혜선, 『일본공산주의운동과 천황제』, (서울: 국학자료원, 2001), p.57 참조

324) 정혜선, 『일본공산주의운동과 천황제』, (서울: 국학자료원, 2001), p.54 참조

325) 전준, 『조총련연구1』 (서울: 고려대 아세아문제연구소, 1972), pp.185~187; 신윤석, 「조선로동당과 일본공산당의 관계변화 연구. 1950~1970년대를 중심으로」, 경남대학교 북한대학원 석사학위논문, (2000), pp.7~8 참조

326) 신윤석, 「조선로동당과 일본공산당의 관계변화 연구. 1950~1970년대를 중심으로」, 경남대학교 북한대학원 석사학위논문, (2000), p.8

327) 전준, 『조총련연구1』 (서울: 고려대 아세아문제연구소, 1972), pp.188~189; 신윤석, 「조선로동당과 일본공산당의 관계변화 연구. 1950~1970년대를 중심으로」, 경남대학교 북한대학원 석사학위논문, (2000), p.9

328) 김관후, 「건국준비위원회 집행위원으로 활동한 조몽구」, 『제주의소리』, 2013. 10. 14; http://www.jejusori.net/news/articleView.html?idxno=135518

329) 스칼라피노 저, 이정식・한홍구 역, 『한국공산주의운동사1 식민지시대편』 (서울: 돌배게, 1986), p.251; 신윤석, 「조선로동당과 일본공산당의 관계변화 연구. 1950~1970년대를 중심으로」, 경남대학교 북한대학원 석사학위논문, (2000), p.9

330) 이종석, 『조선로동당 연구: 지도사상과 구조변화를 중심으로』 (서울: 역사비평사, 1995), pp.228~229; 신윤석, 「조선로동당과 일본공산당의 관계변화 연구. 1950~1970년대를 중심으로」, 경남대학교 북한대학원 석사학위논문, (2000), p.12

331) 「日本の情勢と日本共産黨の任務にかんするテーゼ」, 소위 1932년 테제; 小山弘健(코야마 히로다케) 편, 한상구·조경란 역, 『일본 마르크스주의사 개설』, (서울: 이론과 실천, 1991), p.107

332) 西野辰吉, 『首領ードキュメント德田球一』, (ダイヤモンド社, 1978), p.123; 박정진, 「미완의 혁명리더십 도쿠다 큐이치 리더십 연구」, 『EAI일본연구패널보고서 No.8』(서울: 동아시아연구원, 2012), p.3

333) 西野辰吉, 『首領ードキュメント德田球一』, (ダイヤモンド社, 1978), pp.124~125; 박정진, 「미완의 혁명리더십 도쿠다 큐이치 리더십 연구」, 『EAI일본연구패널보고서 No.8』(서울: 동아시아연구원, 2012), p.3

334) 진희관, 「조총련 연구: 역사와 성격을 중심으로」, 동국대학교 정치학과 박사학위논문, (1998), p.33; 신윤석, 「조선로동당과 일본공산당의 관계변화 연구. 1950~1970년대를 중심으로」, 경남대학교 북한대학원 석사학위논문, (2000), p.14

335) 전준, 『조총련연구1』 (서울: 고려대 아세아문제연구소, 1972), p.412; 신윤석, 「조선로동당과 일본공산당의 관계변화 연구. 1950~1970년대를 중심으로」, 경남대학교 북한대학원 석사학위논문, (2000), p.14

336) 杉森久英, 『德田球一』, (文藝春秋新社, 1964), p.205; 박정진, 「미완의 혁명리더십 도쿠다 큐이치 리더십 연구」, 『EAI일본연구패널보고서 No.8』(서울: 동아시아연구원, 2012), p.4

337) 「アカハタ」, 1945. 10. 10; 박정진, 「미완의 혁명리더십 도쿠다 큐이치 리더십 연구」, 『EAI일본연구패널보고서 No.8』(서울: 동아시아연구원, 2012), p.3; 「人民に訴う」, 『赤旗』第1號, 1945. 10. 20; 小山弘健(코야마 히로다케) 편, 한상구·조경란 역, 『일본 마르크스주의사 개설』, (서울: 이론과 실천, 1991), p.266

338) 전준, 『조총련연구1』 (서울: 고려대 아세아문제연구소, 1972), p.413; 신윤석, 「조선로동당과 일본공산당의 관계변화 연구. 1950~1970년대를 중심으로」, 경남대학교 북한대학원 석사학위논문, (2000), p.14

339) 坪井豊吉, 「在日朝鮮人運動の概況」, 『法務研究報告書』46,3. (1959), pp. 82~83; 朴慶植, 『解放後在日朝鮮人運動史』, (三一書房, 1989), pp.88~102; 박정진, 「미완의 혁명리더십 도쿠다 큐이치 리더십 연구」, 『EAI일본연구패널보고서 No.8』(서울: 동아시아연구원, 2012), p.11

340) 신윤석, 「조선로동당과 일본공산당의 관계변화 연구. 1950~1970년대를 중심으로」, 경남대학교 북한대학원 석사학위논문, (2000), p.15

341) 「沖繩民族の獨立を祝うメッセージ」(1946. 2. 24.), 中野好夫 編 『戰後資料 沖繩』, (日本評論社, 1969), p.6. 일본공산당 제5회 대회에서 채택된 것으로 당시 본토 거주 오키나와인의 최대 단체였던 오키나와인 연맹(1945. 11월 창립)의 전

국대회에 보낸 것이다; 임성모, 「잠재주권과 재일의 딜레마: 점령 초기 오키나와
의 지위와 정체성」, 『한일민족문제연구』, (2006), p.192

342) 「主張─民主勢力と結合せよ」, 『自由沖繩』2, 1946. 1. 1; 임성모, 「잠재주권과 재
일의 딜레마: 점령 초기 오키나와의 지위와 정체성」, 『한일민족문제연구』, (2006),
p.192

343) 「沖繩人聯盟の性格に就て」, 『自由沖繩』6, 1946. 5. 5; 임성모, 「잠재주권과 재
일의 딜레마: 점령 초기 오키나와의 지위와 정체성」, 『한일민족문제연구』, (2006),
p.193

344) 森宣雄, 「潛在主權と軍事占領」, 『岩波講座 アジア·太平洋戰爭4: 帝國の戰爭體
驗』, (岩波書店, 2006) 참조; 임성모, 「잠재주권과 재일의 딜레마: 점령 초기 오
키나와의 지위와 정체성」, 『한일민족문제연구』, (2006), p.192

345) 杉森久英, 『德田球一』, (文藝春秋新社, 1964), p.215; 박정진, 「미완의 혁명리
더십 도쿠다 큐이치 리더십 연구」, 『EAI일본연구패널보고서 No.8』 (서울: 동아
시아연구원, 2012), p.4

346) 西野辰吉, 『首領─ドキュメント德田球一』, (ダイヤモンド社, 1978), p.146; 박
정진, 「미완의 혁명리더십 도쿠다 큐이치 리더십 연구」, 『EAI일본연구패널보고서
No.8』 (서울: 동아시아연구원, 2012), p.5

347) 吉田茂, 『回想十年2』, (中央公論社, 1998), p.355; 박정진, 「미완의 혁명리더십
도쿠다 큐이치 리더십 연구」, 『EAI일본연구패널보고서 No.8』 (서울: 동아시아연
구원, 2012), p.5

348) 石橋湛山, 『湛山座談』, (東京: 岩波書店, 1994), p.198; 박정진, 「미완의 혁명
리더십 도쿠다 큐이치 리더십 연구」, 『EAI일본연구패널보고서 No.8』 (서울: 동
아시아연구원, 2012), p.5

349) 西野辰吉, 『首領─ドキュメント德田球一』, (ダイヤモンド社, 1978), p.143; 박
정진, 「미완의 혁명리더십 도쿠다 큐이치 리더십 연구」, 『EAI일본연구패널보고서
No.8』 (서울: 동아시아연구원, 2012), p.5

350) 西野辰吉, 『首領─ドキュメント德田球一』, (ダイヤモンド社, 1978), p.148; 박
정진, 「미완의 혁명리더십 도쿠다 큐이치 리더십 연구」, 『EAI일본연구패널보고서
No.8』 (서울: 동아시아연구원, 2012), pp.5~6

351) 杉森久英, 『德田球一』, (文藝春秋新社, 1964), p.223; 박정진, 「미완의 혁명리
더십 도쿠다 큐이치 리더십 연구」, 『EAI일본연구패널보고서 No.8』 (서울: 동아
시아연구원, 2012), p.6 참조

352) 杉森久英, 『德田球一』, (文藝春秋新社, 1964), p.225; 박정진, 「미완의 혁명리
더십 도쿠다 큐이치 리더십 연구」, 『EAI일본연구패널보고서 No.8』 (서울: 동아

시아연구원, 2012), p.7 참조

353) 德田球一, 『德田球一全集 第四卷: 國會て゛の鬪爭』, (五月書房, 1986), pp.273 ~284; 박정진, 「미완의 혁명리더십 도쿠다 큐이치 리더십 연구」, 『EAI일본연구패 널보고서 No.8』 (서울: 동아시아연구원, 2012), p.7

354) 杉森久英, 『德田球一』, (文藝春秋新社, 1964), pp.233~234; 박정진, 「미완의 혁명리더십 도쿠다 큐이치 리더십 연구」, 『EAI일본연구패널보고서 No.8』 (서울: 동아시아연구원, 2012), p.7

355) 박정진, 「미완의 혁명리더십 도쿠다 큐이치 리더십 연구」, 『EAI일본연구패널보고 서 No.8』 (서울: 동아시아연구원, 2012), pp.7~8

356) 西野辰吉, 『首領ードキュメント德田球一』, (ダイヤモンド社, 1978), p.158; 박 정진, 「미완의 혁명리더십 도쿠다 큐이치 리더십 연구」, 『EAI일본연구패널보고서 No.8』 (서울: 동아시아연구원, 2012), p.8

357) 公安調査廳 編, 『日本共産黨の現狀』 (東京: 公安調査廳, 1965), p.14; 신윤석, 「조선로동당과 일본공산당의 관계변화 연구. 1950~1970년대를 중심으로」, 경남 대학교 북한대학원 석사학위논문, (2000), p.21

358) 신윤석, 「조선로동당과 일본공산당의 관계변화 연구. 1950~1970년대를 중심으로」, 경남대학교 북한대학원 석사학위논문, (2000), p.22

359) 杉森久英, 『德田球一』, (文藝春秋新社, 1964), pp.241~245; 박정진, 「미완의 혁명리더십 도쿠다 큐이치 리더십 연구」, 『EAI일본연구패널보고서 No.8』 (서울: 동아시아연구원, 2012), p.9

360) 이 사실은 1964년 일본과 소련공산당 사이에 공개논쟁이 이루어질 당시 소련 측 의 1964년 4월 18일 자 서간에서 드러났다. 日本共産黨中央委員會編, 『日本共 産黨の六十年史 上』 (日本共産黨中央委員會出版局, 1988), pp.143~145; 박정 진, 「미완의 혁명리더십 도쿠다 큐이치 리더십 연구」, 『EAI일본연구패널보고서 No.8』 (서울: 동아시아연구원, 2012), p.10

361) 和田春樹, 『朝鮮戰爭』 (東京: 岩波書店, 1995)/서동만 역, 『한국전쟁』 (파주: 창비, 1999: 2003 제5쇄), pp.324~325; 박정진, 「미완의 혁명리더십 도쿠다 큐 이치 리더십 연구」, 『EAI일본연구패널보고서 No.8』 (서울: 동아시아연구원, 2012), p.10

362) 日本共産黨東京都委員會敎育委員會 編, 『日本共産黨黨性高揚文獻』 (駒台社, 1952), pp.7~20; 박정진, 「미완의 혁명리더십 도쿠다 큐이치 리더십 연구」, 『EAI일본연구패널보고서 No.8』 (서울: 동아시아연구원, 2012), p.10

363) 西野辰吉, 『首領ードキュメント德田球一』, (ダイヤモンド社, 1978), p.192; 박 정진, 「미완의 혁명리더십 도쿠다 큐이치 리더십 연구」, 『EAI일본연구패널보고서

No.8』(서울: 동아시아연구원, 2012), p.10

364) 德田球一, 『德田球一全集 第三卷: 大衆的前衛党の建設』, (五月書房, 1986), pp.380~399; 박정진, 「미완의 혁명리더십 도쿠다 큐이치 리더십 연구」, 『EAI일본연구패널보고서 No.8』(서울: 동아시아연구원, 2012), p.10

365) 박정진, 「미완의 혁명리더십 도쿠다 큐이치 리더십 연구」, 『EAI일본연구패널보고서 No.8』(서울: 동아시아연구원, 2012), p.10

366) 德田球一, 『德田球一 全集: 第1卷-第6卷』(五月書房, 1986), 도쿠다 사후 그에 대한 회상록을 옴니버스식으로 엮은 논집으로는 東洋書館 編, 『回想の德田球一』(東洋書館, 1955)을 들 수 있으며 가장 최근에 도쿠다의 일생을 정리한 것으로는 德田球一顯彰記念事業期成會 編, 『記念誌 德田球一』, (德田球一顯彰記念事業期成會, 2000)이 있다. (박정진, 「미완의 혁명리더십 도쿠다 큐이치 리더십 연구」, 『EAI일본연구패널보고서 No.8』(서울: 동아시아연구원, 2012), p.1)

367) 서호철, 「1890~1930년대 주민등록 제도와 근대적 통치성의 형성: 호적제도의 변용과 '내무행정'을 중심으로」, 서울대박사학위논문, (2007), p.274; 박수경, 「식민권력의 이동규제와 사회적영향 고찰-부산항을 중심으로」, 『로컬리티 시공간, 부산기획학술회의제1회 자료집』, (부산대 한국민족문화연구소 로컬리티인문학연구단, 2012. 4. 6.), p.24

368) 金廣烈, 「戰間期における日本の朝鮮人渡日規制政策」, 『朝鮮史研究会論文集』35, (綠蔭書房, 1997), p.176; 박수경, 「식민권력의 이동규제와 사회적영향 고찰-부산항을 중심으로」, 『로컬리티 시공간,부산 기획학술회의의 제1회 자료집』, (부산대 한국민족문화연구소 로컬리티인문학연구단, 2012. 4. 6.), p.24 참조

369) 杉原達, 『越境する民』, (新幹社, 1998), p.80; 塚崎昌之(츠카사키 마사유키), 「오사카-제주도 항로의 경영과 제주도 민족자본」, 『4・3과 역사』 제9・10호, (제주: 각, 2010), p.45. 塚崎昌之는 제주도에서 모집된 노동자가 도일했을 가능성은 1914년이 유력한 것으로 판단했다. 같은 책, p.48

370) 고바야시 다키지의 소설 『게 공선』에 다음과 같은 묘사가 있다. '북해도에서는 철도 침목 하나하나가 그야말로 드러누운 노동자의 사해死骸였다. 축항築港매립에는 각기병에 걸린 인부들이 산 채로 '히토바시라'(人柱: 축성, 축언, 가교 따위 난공사 때 제물로 바쳐지는 사람)처럼 매장되었다. 그들은 북해도의 낙지라 불렸다. 낙지는 살아가기 위해서는 자신의 다리까지 먹어버린다. 小林多喜二, 이귀원 역, 『게 공선(蟹工船)』, (서울: 친구, 1987), p.137

371) 朝日新聞(大阪), 1917. 7. 12.; 塚崎昌之(츠카사키 마사유키), 「오사카-제주도 항로의 경영과 제주도 민족자본」, 『4・3과 역사』 제9・10호, (제주: 각, 2010), p.50

372) 『時事』1910. 7. 17, 9. 13, 9. 14.; 塚崎昌之(츠카사키 마사유키), 「오사카-제

주도 항로의 경영과 제주도 민족자본」, 『4·3과 역사』 제9·10호, (제주: 각, 2010), p.44

373) 杉原達, 『越境する民』, (新幹社, 1998), p.54; 塚崎昌之(츠카사키 마사유키), 「오사카–제주도 항로의 경영과 제주도 민족자본」, 『4·3과 역사』 제9·10호, (제주: 각, 2010), p.44

374) 『時事』1910. 9. 13, 9. 14.; 『萬朝報』, 1910. 9. 14.; 塚崎昌之(츠카사키 마사유키), 「오사카–제주도 항로의 경영과 제주도 민족자본」, 『4·3과 역사』 제9·10호, (제주: 각, 2010), p.44

375) 田中寬治·川瀬俊治·大久保佳代, 『旧生駒トンネルと朝鮮人勞働者』, (宇多企劃出版, 1993) 참조; 塚崎昌之(츠카사키 마사유키), 「오사카–제주도 항로의 경영과 제주도 민족자본」, 『4·3과 역사』 제9·10호, (제주: 각, 2010), p.44

376) 大阪市經濟局商工課, 『大阪の硝子工業』, (1949), p.54; 塚崎昌之(츠카사키 마사유키), 「오사카–제주도 항로의 경영과 제주도 민족자본」, 『4·3과 역사』 제9·10호, (제주: 각, 2010), p.49

377) 「內地に於する勞働朝鮮人の現狀」, 『朝鮮公論』 第5卷 第10號, (朝鮮公論社, 1917), pp.38~39; 塚崎昌之(츠카사키 마사유키), 「오사카–제주도 항로의 경영과 제주도 민족자본」, 『4·3과 역사』 제9·10호, (제주: 각, 2010), p.49

378) 塚崎昌之(츠카사키 마사유키), 「오사카–제주도 항로의 경영과 제주도 민족자본」, 『4·3과 역사』 제9·10호, (제주: 각, 2010), p.49

379) 『朝鮮總督府官報』第三九册, p.232; 朴慶植編, 『在日朝鮮人関係資料集成』第一巻, (三一書房, 1975), p.36 재인용; 박수경, 「식민권력의 이동규제와 사회적 영향 고찰–부산항을 중심으로」, 『로컬리티 시공간, 부산 기획학술회의 제1회 자료집』, (부산대 한국민족문화연구소 로컬리티인문학연구단, 2012. 4. 6.), p.24

380) 이와 동시에 조선으로 들어가기 위해서는 「在外帝国公館」이 발행하는 증명서를 소지하여야 했다. 이는 3·1독립운동의 해외 네트워크 차단으로 3·1독립운동을 단속하고자 하는 목적에서 실시되었다. 水野直樹, 杉原·水野 編, 「朝鮮人の国外移住と日本帝国」, 『移動と移民 : 地域を結ぶダイナミズム』, (岩波書店, 1999), p.261; 박수경, 「식민권력의 이동규제와 사회적 영향 고찰–부산항을 중심으로」, 『로컬리티 시공간, 부산 기획학술회의 제1회 자료집』, (부산대 한국민족문화연구소 로컬리티인문학연구단, 2012. 4. 6.), p.24

381) 서호철, 「1890~1930년대 주민등록 제도와 근대적 통치성의 형성: 호적 제도의 변용과 '내무행정'을 중심으로」, 서울대 박사학위논문, (2007), p.277; 박수경, 「식민권력의 이동규제와 사회적 영향 고찰–부산항을 중심으로」, 『로컬리티 시공간, 부산 기획학술회의 제1회 자료집』, (부산대 한국민족문화연구소 로컬리티인문학연구단, 2012. 4. 6.), p.24

382) 수상파출소는 1990년 산지파출소로 개칭했다. 제주경찰청 홈페이지 참조

383) 서현주, 「1920년대 渡日朝鮮人 勞動者階級의 形成」, 『韓國學報』Vol.17 No.2 (일지사, 1991), p.171; 박수경, 「식민권력의 이동규제와 사회적 영향 고찰−부산 항을 중심으로」, 『로컬리티 시공간, 부산 기획학술회의 제1회 자료집』, (부산대 한국민족문화연구소 로컬리티인문학연구단, 2012. 4. 6.), p.24

384) 金廣烈, 「戦間期における日本の朝鮮人渡日規制政策」, 『朝鮮史研究会論文集』 35, (緑蔭書房, 1997), p.177; 박수경, 「식민권력의 이동규제와 사회적 영향 고 찰−부산항을 중심으로」, 『로컬리티 시공간, 부산 기획학술회의 제1회 자료집』, (부산대 한국민족문화연구소 로컬리티인문학연구단, 2012. 4. 6.), p.25

385) 「証明は廃止するが警戒は厳重に」, 『東亜日報』, 1922. 12. 12; 박수경, 「식민 권력의 이동규제와 사회적 영향 고찰−부산항을 중심으로」, 『로컬리티 시공간, 부 산 기획학술회의 제1회 자료집』, (부산대 한국민족문화연구소 로컬리티인문학연 구단, 2012. 4. 6.), p.25

386) 『東亜日報』, 1923. 10. 7.; 金廣烈, 「戦間期における日本の朝鮮人渡日規制政 策」, 『朝鮮史研究会論文集』35, (緑蔭書房, 1997), p.179 ; 박수경, 「식민권력의 이동규제와 사회적 영향 고찰−부산항을 중심으로」, 『로컬리티 시공간, 부산 기획 학술회의 제1회 자료집』, (부산대 한국민족문화연구소 로컬리티인문학연구단, 2012. 4. 6.), p.25

387) 『大阪朝日新聞』(朝鮮版) 1924. 6. 5.; 金廣烈, 「戦間期における日本の朝鮮人 渡日規制政策」, 『朝鮮史研究会論文集』35, (緑蔭書房, 1997), p.179; 박수경, 「식민권력의 이동규제와 사회적 영향 고찰−부산항을 중심으로」, 『로컬리티 시공 간, 부산 기획학술회의 제1회 자료집』, (부산대 한국민족문화연구소 로컬리티인문 학연구단, 2012. 4. 6.), p.25

388) 金廣烈, 「戦間期における日本の朝鮮人渡日規制政策」, 『朝鮮史研究会論文集』 35, (緑蔭書房, 1997), p.180; 박수경, 「식민권력의 이동규제와 사회적 영향 고 찰−부산항을 중심으로」, 『로컬리티 시공간, 부산 기획학술회의 제1회 자료집』, (부산대 한국민족문화연구소 로컬리티인문학연구단, 2012. 4. 6.), p.25

389) 『社狀』, 1930년도판, p.1203; 박수경, 「식민권력의 이동규제와 사회적 영향 고 찰−부산항을 중심으로」, 『로컬리티 시공간, 부산 기획학술회의 제1회 자료집』, (부산대 한국민족문화연구소 로컬리티인문학연구단, 2012. 4. 6.), p.25

390) 金廣烈, 「戦間期における日本の朝鮮人渡日規制政策」, 『朝鮮史研究会論文集』 35, (緑蔭書房, 1997), p.180; 박수경, 「식민권력의 이동규제와 사회적 영향 고 찰−부산항을 중심으로」, 『로컬리티 시공간, 부산 기획학술회의 제1회 자료집』, (부산대 한국민족문화연구소 로컬리티인문학연구단, 2012. 4. 6.), p.26

391) 金廣烈, 「戦間期における日本の朝鮮人渡日規制政策」, 『朝鮮史研究会論文集』

35, (綠蔭書房, 1997), p.181 참조; 박수경, 「식민권력의 이동규제와 사회적 영향 고찰−부산항을 중심으로」, 『로컬리티 시공간, 부산 기획학술회의 제1회 자료집』, (부산대 한국민족문화연구소 로컬리티인문학연구단, 2012. 4. 6.), p.26

392) 金廣烈, 「戦間期における日本の朝鮮人渡日規制政策」, 『朝鮮史研究会論文集』 35, (綠蔭書房, 1997), p.181; 박수경, 「식민권력의 이동규제와 사회적 영향 고찰−부산항을 중심으로」, 『로컬리티 시공간, 부산 기획학술회의 제1회 자료집』, (부산대 한국민족문화연구소 로컬리티인문학연구단, 2012. 4. 6.), p.26

393) 류교열, 「부관연락선과 도항증명서제도」 『부관연락선과 부산』, (논형, 2007), pp.108~109; 박수경, 「식민권력의 이동규제와 사회적 영향 고찰−부산항을 중심으로」, 『로컬리티 시공간, 부산기획학술회의 제1회 자료집』, (부산대 한국민족문화연구소 로컬리티인문학연구단, 2012. 4. 6.), p.26

394) 조선총독부경무국, 「조선노동자내지도항보호취재상황」, 『고등경찰보』 3호, (1933); 朴慶植編, 『在日朝鮮人関係資料集成』 第2巻, (三一書房, 1979); 박수경, 「식민권력의 이동규제와 사회적 영향 고찰−부산항을 중심으로」, 『로컬리티 시공간, 부산 기획학술회의 제1회 자료집』, (부산대 한국민족문화연구소 로컬리티인문학연구단, 2012. 4. 6.), p.26

395) 염상섭, 「만세전」, 『한국문학전집09 만세전염상섭중편선』, (문학과지성사, 2007), p.67; 박수경, 「식민권력의 이동규제와 사회적 영향 고찰−부산항을 중심으로」, 『로컬리티 시공간, 부산 기획학술회의 제1회 자료집』, (부산대 한국민족문화연구소 로컬리티인문학연구단, 2012. 4. 6.), p.31

396) 이병주, 「관부연락선」1, (한길사, 2006), p.140; 박수경, 「식민권력의 이동규제와 사회적 영향 고찰−부산항을 중심으로」, 『로컬리티 시공간, 부산 기획학술회의 제1회 자료집』, (부산대 한국민족문화연구소 로컬리티인문학연구단, 2012. 4. 6.), p.31

397) 염상섭, 「만세전」, 『한국문학전집09 만세전염상섭중편선』, (문학과지성사, 2007), p.73; 박수경, 「식민권력의 이동규제와 사회적 영향 고찰−부산항을 중심으로」, 『로컬리티 시공간, 부산 기획학술회의 제1회 자료집』, (부산대 한국민족문화연구소 로컬리티인문학연구단, 2012. 4. 6.), p.32

398) 1927년에는 부산수상경찰서에서 학생까지 도일이 저지당하는 사건이 일어났다. 『동아일보』, 1927. 4. 17.; 박수경, 「식민권력의 이동규제와 사회적 영향 고찰−부산항을 중심으로」, 『로컬리티 시공간, 부산 기획학술회의 제1회 자료집』, (부산대 한국민족문화연구소 로컬리티인문학연구단, 2012. 4. 6.), p.34

399) 「大阪朝日新聞」(朝鮮版), 1924. 6. 5.; 박수경, 「식민권력의 이동규제와 사회적 영향 고찰−부산항을 중심으로」, 『로컬리티 시공간, 부산 기획학술회의 제1회 자료집』, (부산대 한국민족문화연구소 로컬리티인문학연구단, 2012. 4. 6.), p.34

400) 三木今二, 『司法研究第十七輯·內地に於する朝鮮人とその犯罪に就て』, 1934. 오사카쿠(大阪區)재판소 사상검사였던 미키이 마지(三木今二)가 1932년 후반기의 연구성과를 1934년에 서적으로 정리한『사법연구 제17집: 내지에 있어서의 조선인과 그 범죄에 관해서』에 수록한 것이다.

401) 塚崎昌之(츠카사키 마사유키), 「오사카-제주도 항로의 경영과 제주도 민족자본」, 『4·3과 역사』 제9·10호, (제주: 각, 2010), p.6 7 참조

402)「朝日新聞」(大阪), 1928. 12. 16.; 塚崎昌之(츠카사키 마사유키), 「오사카-제주도 항로의 경영과 제주도 민족자본」, 『4·3과 역사』 제9·10호, (제주: 각, 2010), pp.67~68

403)『每日』, 1932. 11. 22.; 塚崎昌之(츠카사키 마사유키), 「오사카-제주도 항로의 경영과 제주도 민족자본」, 『4·3과 역사』 제9·10호, (제주: 각, 2010), p.77

404) 衫原達, 『越境する民』, (新幹社, 1998), p.125; 『鹿兒島市史Ⅱ』, (1970년), pp.569~570; 塚崎昌之(츠카사키 마사유키), 「오사카-제주도 항로의 경영과 제주도 민족자본」, 『4·3과 역사』 제9·10호, (제주: 각, 2010), pp.76~77

405) 제주도출신 운동가 高峻石은 동아통항조합의 面代議員(기금을 모으는 역할 담당)이었다. 동아통항조합은 지역대의원 제도를 통해 조직화작업을 했던 것으로 여겨진다. (고준석, 『越境』, (사회평론사, 1977), p.131)

406) 高峻石, 『越境 朝鮮人·私の記錄』, (社會評論社, 1977), pp.114~115; 塚崎昌之(츠카사키 마사유키), 「오사카-제주도 항로의 경영과 제주도 민족자본」, 『4·3과 역사』 제9·10호, (제주: 각, 2010), p.78

407) 衫原達, 『越境する民』, (新幹社, 1998), p.125; 塚崎昌之(츠카사키 마사유키), 「오사카-제주도 항로의 경영과 제주도 민족자본」, 『4·3과 역사』 제9·10호, (제주: 각, 2010), p.78

408) 북제주군, 『조선항일인사』(2005), pp.154~156; 塚崎昌之(츠카사키 마사유키), 「오사카-제주도 항로의 경영과 제주도 민족자본」, 『4·3과 역사』 제9·10호, (제주: 각, 2010), p.80

409) 衫原達, 『越境する民』, (新幹社, 1998), p.135; 塚崎昌之(츠카사키 마사유키), 「오사카-제주도 항로의 경영과 제주도 민족자본」, 『4·3과 역사』 제9·10호, (제주: 각, 2010), p.42

410) 일본공산당은 27년테제를 통해 당면한 혁명의 성격을 부르주아민주주의혁명으로 규정하고, 이에 맞춰 공장세포를 중심으로 대중 속에 뿌리 내린 강고한 대중적 전위당 건설을 주장했다. 혁명적 노동자들이 대거 입당하게 되는 것도 이 무렵이다. 나아가 일본공산당은 1928년 2월 중의원 총선거에 즈음하여 공공연하게 천황제 폐지를 요구하는 아지프로 전술을 구사했다. 이에 놀란 지배계급은 3월 15

일 새벽을 기점으로 전국에서 1,600여 명의 당원과 노동농민조합원들을 검거하는 대 탄압을 개시한다. 체포된 이들은 참혹한 고문을 당한다. '밧줄에 묶여 거꾸로 매단 다음 도르래의 한쪽 줄을 갑자기 탁 놓으면 머리통이 시멘트바닥에 사정없이 내리 꽂힌다. 그렇게 서너 번 고문이 계속되면 "그의 머리에서 선혈이 폭포수와 같이 울컥울컥 흘러내리는 기분이었다. 그의 머리와 얼굴은 온통 불덩이였다. 눈동자는 실핏줄이 터져 벌겋게 채색되었으며 금방이라도 빠져버릴 듯이 사납게 툭 튀어나왔다. 입에서도 피가 시뻘겋게 흘러내렸다. 퍽퍽 내리 꽂히는 동안 혀를 깨물렸기 때문이다.' 小林多喜二, 이귀원 역, 『게 공선(蟹工船)』, (서울: 친구, 1987), p.83. 『1928년 3월 15일』은 고바야시의 중편으로 사회주의 운동에 막 뛰어든 청년작가는 단번에 일본 프롤레타리아문학운동의 맹장으로 뛰어 올랐다. (『아시아』 제26호 2012년 가을호)

411) 다른 이유도 있다. 제주도민 외에 전라도민도 이 배를 많이 이용하므로 제주라는 명칭은 적합하지 않다는 주장이 내부에서 제기되어 동아통항조합이라 이름 하였다는 것이다. 梁永厚 구술 자료(1997년 10월 5일, 일본 오사카. 수집자 : 정혜경); 정혜경, 「1930年代初期오사카(大阪)地域協同組合과朝鮮人運動」, 『한일민족문제연구』1, (한일민족문제학회, 2001), p.96

412) 塚崎昌之(츠카사키 마사유키), 「오사카-제주도 항로의 경영과 제주도 민족자본」, 『4 · 3과 역사』제9·10호, (제주: 각, 2010), p.84

413) 조선무산자진료소에 대해서는 外村大가 「大阪朝鮮無産者診療所の鬪い」, 『在日朝鮮人史研究』第20號, (1990)을 썼고, 동아통항조합의 간부들도 재일조선인 독자적인 생활상의 임박한 과제에 대해서는 자주적으로 넓은 통일전선을 만들었다는 인식을 나타내고 있지만, 사용한 자료가 적고 의문점이 많다.; 塚崎昌之(츠카사키 마사유키), 「오사카-제주도 항로의 경영과 제주도 민족자본」, 『4 · 3과 역사』제9·10호, (제주: 각, 2010), p.90

414) 塚崎昌之(츠카사키 마사유키), 「오사카-제주도 항로의 경영과 제주도 민족자본」, 『4 · 3과 역사』제9·10호, (제주: 각, 2010), p.90

415) 朴慶植, 「東亞通航組合の自主運行」, 『在日朝鮮人-私の靑春』, (三一書房, 1981), p.161; 塚崎昌之(츠카사키 마사유키), 「오사카-제주도 항로의 경영과 제주도 민족자본」, 『4 · 3과 역사』제9·10호, (제주: 각, 2010), pp.41~42

416) 三木今二, 『司法硏究第十七輯·內地に於する朝鮮人とその犯罪に就て』, 1934. 참조

417) 朴慶植編 ,『在日朝鮮人関係資料集成』第3巻, (三一書房, 1979), p.12; 金廣烈, 「戦間期における日本の朝鮮人渡日規制政策」, 『朝鮮史研究会論文集』35, (緑蔭書房, 1997), pp.187~188; 박수경, 「식민권력의 이동규제와 사회적 영향 고찰-부산항을 중심으로」, 『로컬리티 시공간, 부산 기획학술회의 제1회 자료집』, (부산대 한국민족문화연구소 로컬리티인문학연구단, 2012. 4. 6.), p.26

418) 『民衆時報』,1935.12.15; 塚崎昌之(츠카사키 마사유키), 「오사카-제주도 항로의 경영과 제주도 민족자본」, 『4·3과 역사』 제9·10호, (제주: 각, 2010), p.87

419) 아라사키 모리테루 저, 정영신·미야우치 아키오 역, 『오키나와 현대사』, (서울: 논형, 2008), pp.29~30

420) 國場幸太郎, 「現代世界史の中の沖繩」, 『現代思想』28~7, (2000), p.82; 임성모, 「잠재주권과 재일의 딜레마: 점령 초기 오키나와의 지위와 정체성」, 『한일민족문제연구』, (2006), p.181

421) 新崎盛輝, 『沖繩現代史』, (岩波新書, 2005), p.10; 임성모, 「잠재주권과 재일의 딜레마: 점령 초기 오키나와의 지위와 정체성」, 『한일민족문제연구』, (2006), p.181

422) 1936년 2월 26일 일본 동북부 농촌 출신 젊은 장교들이 주도한 군사쿠테타. 일왕이 이들을 반란군으로 규정하면서 거사가 실패함.

423) 1885년 3월 진제이(鎭西, 큐슈)일보에 런던발 기사를 인용 "시드니 데일리 신문에 따르면 러시아가 조선의 남쪽에 있는 하나의 작은 섬, 즉 제주도를 해군 정박소로 하려고 한다는 풍설이 있다"고 보도했다. 제주사정립사업추진협의회, (자료집 일본신문이 보도한 제주도 1878~1910)(2006. 7); 제주특별자치도인력개발원·제주발전연구원, [일본신문이 보도한 제주도 1878~1910], (제주여성사료집 2), (경신인쇄사, 2008), 「고난의 역사현장 일제전적지를 가다(34)」, 『한라일보』, 2006. 08. 10.

424) 일본은 러일 전쟁 개전 후 1904년에 조선정부로부터 연합함대 군함의 전진 정박지로 빌렸던 진해만의 거제도에 仮根拠地防備隊를 설치했다가, 그해 12월 이름을 鎭海防備隊로 바꾼바 있다. 조선이 일본의 식민지가 된 이후 1916년 4월에 일본 해군은 자신들의 부대가 이미 자리잡고 있던 진해의 경비대를 승격시켜 鎭海要港部를 설치하여 조선 전역을 관할하도록 했다. 진해요항부는 佐世保鎭守府가 관할하고 있었다. 진수부는 일본 해군이 일정한 지역을 관할하는 기관으로 크게 요코스카[橫須賀], 쿠레[吳], 마이츠루[舞鶴], 사세보에 설치되었다; 조성윤, 「알뜨르비행장; 일본 해군의 제주도 항공기지 건설 과정」, 『탐라문화』 41호, (제주대학교 탐라문화연구소, 2012), p.400

425) 한국관광공사, 『알뜨르, 그 아름다움 속의 낯설음』, (한국관광공사, 2007), p.111; 조성윤, 「알뜨르비행장; 일본 해군의 제주도 항공기지 건설 과정」, 『탐라문화』 41호, (제주대학교 탐라문화연구소, 2012), p.398

426) 公文備考 昭和8年K 土木建築 卷11(防衛省防衛研究所)」, 「JACAR(アジア歴史資料センター) Ref.C05023170400.; 조성윤, 「알뜨르비행장; 일본 해군의 제주도항공기지 건설과정」, 『탐라문화』 41호, (제주대학교 탐라문화연구소, 2012), p.403

427) 조성윤, 「알뜨르비행장; 일본 해군의 제주도항공기지 건설과정」, 『탐라문화』 41 호, (제주대학교 탐라문화연구소, 2012), p.404

428) 『公文備考』昭和12年 K 土地建築 卷 9, (防衛省防衛研究所) JACAR(アジア 歴史資料センター) Ref. C05111121000.; 조성윤, 「알뜨르비행장; 일본 해군의 제주도항공기지 건설과정」, 『탐라문화』 41호, (제주대학교 탐라문화연구소, 2012), p.405

429) 太平洋戰爭硏究会, 『武器·兵器でわかる太平洋戰爭』, (日本文芸社, 2003), p.22; 조성윤, 「알뜨르비행장; 일본 해군의 제주도항공기지 건설과정」, 『탐라문화』 41 호, (제주대학교 탐라문화연구소, 2012), p.406

430) 조성윤, 「알뜨르비행장 ; 일본 해군의 제주도항공기지 건설과정」, 『탐라문화』 41 호, (제주대학교 탐라문화연구소, 2012), p.399

431) 巖谷二三男, 『中攻-海軍陸上攻擊機隊史(上卷)』, (出版協同社, 1955), pp.54~57; 조성윤, 「알뜨르비행장; 일본 해군의 제주도항공기지 건설과정」, p.407

432) 조성윤, 「알뜨르비행장; 일본 해군의 제주도항공기지 건설과정」, 『탐라문화』 41 호, (제주대학교 탐라문화연구소, 2012), p.407

433) 巖谷二三男, 『中攻-海軍陸上攻擊機隊史(上卷)』, (出版協同社, 1955), pp.58~63; 조성윤, 「알뜨르 비행장; 일본 해군의 제주도항공기지 건설과정」, 『탐라문화』 41 호, (제주대학교 탐라문화연구소, 2012), p.408

434) 巖谷二三男, 『中攻-海軍陸上攻擊機隊史(上卷)』, (出版協同社, 1955), p.64; 조 성윤, 「알뜨르비행장; 일본 해군의 제주도항공기지 건설과정」, p.408

435) 巖谷二三男, 『中攻-海軍陸上攻擊機隊史(上卷)』, (出版協同社, 1955), p.70; 조 성윤, 「알뜨르비행장; 일본 해군의 제주도항공기지 건설과정」, p.408

436) 조성윤·지영임·허호준, 『빼앗긴 시대 빼앗긴 시절-제주도 민중들의 이야기』, (선인, 2007), p.373

437) Bill Gunston, *World Encyclopedia of Aircraft Manufacturers*, (Annapolis: Naval Institute Press, 1993), p.148, 334; http://blog.naver.com/naljava69/60208591328 2014.5.30. 검색

438) 「고난의 역사현장 일제전적지를 가다(31)」, 『한라일보』, 2006. 07. 20.

439) 「고난의 역사현장 일제전적지를 가다(4)」, 『한라일보』, 2005. 10. 26.

440) 「고난의 역사현장 일제전적지를 가다(2)」, 『한라일보』, 2005. 10. 13.

441) 「고난의 역사현장 일제전적지를 가다(38)」, 『한라일보』, 2006. 09. 07.

442) 「고난의 역사현장 일제전적지를 가다(3)」, 『한라일보』, 2005. 10. 20.

443) 「고난의 역사현장 일제전적지를 가다(31)」, 『한라일보』, 2006. 07. 20.

444) 「고난의 역사현장 일제전적지를 가다(45)」, 『한라일보』, 2006. 11. 16.

445) 스벤 린드크비스트(Sven Lindqvist), 김남섭 역, 『폭격의 역사』, (서울: 한겨레
신문사, 2000), p.22 참조

446) R. P. Hearne, *Airships in Peace and War: Being the Second Edition
of Aerial Warfare with Seven New Chapters,* (London: 1910), p.183f;
스벤 린드크비스트(Sven Lindqvist), 김남섭 역, 『폭격의 역사』, (서울: 한겨레
신문사, 2000), p.82

447) Lee Kennett, *A History of Strategic Bombing,* (New York: 1982), 1장;
Josě Warleta Carillo, "Los Comienzos belicos de la aviation espanola",
Rěvue Internationale d' Histoire Militaire, No.56, 1984; Rudiberft Kunz
and Rolf-Dieter Müller, Giftgas gegen Abd el Krim, Deutschland,
Spanian und der Gaskrieg in Spanisch-Morocko 1922~1927,
Einzelschriften zur Militärgeschichte 34, Militärgeschichtliches
Forschungsamt, Freiburg im Breisgau, 1990, 2장; 스벤 린드크비스트
(Sven Lindqvist), 김남섭 역, 『폭격의 역사』, (서울: 한겨레신문사, 2000), p.83

448) 조성윤, 「제국 일본의 남양군도지배와 연구동향」, 『탐라문화』37호, (제주대학교
탐라문화연구소, 2010. 8.), p.127

449) 今泉裕美子, 「南洋群島委任統治政策の形成」, 『岩波講座　近代日本と植民地4
統合と支配の論理』, (岩波書店, 1993), p.57; 조성윤, 「제국 일본의 남양군도지
배와 연구동향」, 『탐라문화』 37호, (제주대학교 탐라문화연구소, 2010. 8.), p.133

450) 安部惇, 「日本の南進と軍政下の植民政策─南洋群島の領有と植民政策1」, 『愛媛
経済論集』5-1. (1985), p.13; 조성윤, 「제국 일본의 남양군도지배와 연구동향」,
『탐라문화』 37호, (제주대학교 탐라문화연구소, 2010. 8.), p.133

451) 도미야마 이치로, 임성모 역, 『전장의 기억』, (도서출판 이산. 2002), p.57 참조;
조성윤, 「제국 일본의 남양군도지배와 연구동향」, 『탐라문화』 37호, (제주대학교
탐라문화연구소, 2010. 8), p.133

452) 今泉裕美子, 「南洋群島委任統治政策の形成」, 『岩波講座　近代日本と植民地4
統合と支配の論理』, (岩波書店, 1993), p.62; 조성윤, 「제국 일본의 남양군도지
배와 연구동향」, 『탐라문화』 37호, (제주대학교 탐라문화연구소, 2010. 8), p.133

453) ピーティー, マーク. R, 「日本植民地支配下のミクロネシア」, 大江志乃夫 外(編),
『岩波講座・近代日本と植民地1─植民地帝国日本』, (東京:　岩波書店,　1992),
pp.189~190; 조성윤, 「제국 일본의 남양군도지배와 연구동향」, 『탐라문화』 37호,
(제주대학교 탐라문화연구소, 2010. 8), p.134

454) 조성윤, 「제국 일본의 남양군도지배와 연구동향」, 『탐라문화』 37호, (제주대학교 탐라문화연구소, 2010. 8), p.138

455) 강정숙, 「일제말기 오키나와 다이토 제도의 조선인 군 위안부들」, 『한국민족운동사연구』40, (한국민족운동사학회, 2004) p.262

456) 야카비 오사무, 「오키나와전에서의 주민학살의 논리」, 『경계의 섬 오키나와』, (서울: 논형, 2008), pp.157~158

457) 大城將保, 「第32軍の沖繩配備と全島要塞化」, 『沖繩戰研究2』, (沖繩縣敎育委員會, 1999), p.89; 정영신, 「오키나와의 기지화 군사화에 관한 연구」, 『기지의 섬 오키나와』, (서울: 논형, 2008), p.176

458) 정영신, 「오키나와의 기지화 군사화에 관한 연구」, 『기지의 섬 오키나와』, (서울: 논형, 2008), p.177

459) 정영신, 「오키나와의 기지화 군사화에 관한 연구」, 『기지의 섬 오키나와』, (서울: 논형, 2008), p.177

460) 大城將保, 「第32軍の沖繩配備と全島要塞化」, 『沖繩戰研究2』, (沖繩縣敎育委員會, 1999), pp.91~92; 정영신, 「오키나와의 기지화 군사화에 관한 연구」, 『기지의 섬 오키나와』, (서울: 논형, 2008), p.178

461) 吉浜忍, 「10·10攻襲と沖繩戰夜」, 『沖繩戰研究2』, (沖繩縣敎育委員會, 1999), pp.181~197; 정영신, 「오키나와의 기지화 군사화에 관한 연구」, 『기지의 섬 오키나와』, (서울: 논형, 2008), pp.178~179

462) 旧軍飛行場用地問題調査檢討委員會, 『旧軍飛行場用地問題調査檢討報告書』, (財團法人西南地域産業活性化センター, 2004), p.34; 정영신, 「오키나와의 기지화 군사화에 관한 연구」, 『기지의 섬 오키나와』, (서울: 논형, 2008), p.179

463) 吉浜忍, 「10·10攻襲と沖繩戰夜」, 『沖繩戰研究2』, (沖繩縣敎育委員會, 1999), p.204; 정영신, 「오키나와의 기지화 군사화에 관한 연구」, 『기지의 섬 오키나와』, (서울: 논형, 2008), p.179

464) 大城將保, 『沖繩戰 民衆の眼でとらえる「戰爭」』, (高文研, 1998), p.116; 정영신, 「오키나와의 기지화 군사화에 관한 연구」, 『기지의 섬 오키나와』, (서울: 논형, 2008), p.179

465) 정영신, 「오키나와의 기지화 군사화에 관한 연구」, 『기지의 섬 오키나와』, (서울: 논형, 2008), p.182

466) 정영신, 「오키나와의 기지화 군사화에 관한 연구」, 『기지의 섬 오키나와』, (서울: 논형, 2008), p.184

467) 沖繩縣敎育委員會, 『沖繩縣史資料編12 沖繩戰5 アイスバーダ作戰』, (沖繩縣敎

育委員會, 2001), p.250; 정영신, 「오키나와의 기지화 군사화에 관한 연구」, 『기지의 섬 오키나와』, (서울: 논형, 2008), p.185

468) 大城將保, 『沖繩戰 民衆の眼でとらえる「戰爭」』, (高文研, 1998), pp.116~118; 정영신, 「오키나와의 기지화 군사화에 관한 연구」, 『기지의 섬 오키나와』, (서울: 논형, 2008), p.185

469) 정영신, 「오키나와의 기지화 군사화에 관한 연구」, 『기지의 섬 오키나와』, (서울: 논형, 2008), p.180

470) 한국 외무부, 『오키나와한국인 위령탑 건립, 1974~1975, 전 3권(V.1 1974)』, (외무부: 1974), p.117 참조

471) 신주백, 「한국 근현대사와 오키나와」, 『경계의 섬 오키나와』, (서울: 논형, 2008), p.147

472) 한국정신대연구소, 『오키나와 거주 일본군 위안부 피해자 배봉기 증언』, (여성가족부, 2006. 11), p.9

473) 여성부, 『2002년 국외거주 일본군 위안부피해자 실태조사』, (2002. 12), p.120 참조; 강정숙, 「일제 말기 오키나와 다이토 제도의 조선인 군 위안부들」, 『한국민족운동사연구』40, (한국민족운동사학회, 2004) p.276

474) 가와다 후미코, 한우정 역, 『빨간 기와집』, (서울: 매일경제신문사, 1992), pp.65~68; 강정숙, 「일제 말기 오키나와 다이토 제도의 조선인 군 위안부들」, 『한국민족운동사연구』40, (한국민족운동사학회, 2004) pp.266~267

475) 山根昌子編, 『松代大本營跡を考える』, (新幹社, 1990), pp.29~30 참조; 강정숙, 「일제 말기 오키나와 다이토 제도의 조선인 군 위안부들」, 『한국민족운동사연구』40, (한국민족운동사학회, 2004) p.265

476) 강정숙, 「일제 말기 오키나와 다이토 제도의 조선인 군 위안부들」, 『한국민족운동사연구』40, (한국민족운동사학회, 2004) p.265

477) 가와다 후미코, 한우정 역, 『빨간 기와집』, (서울: 매일경제신문사, 1992), pp.65~68; 강정숙, 「일제 말기 오키나와 다이토 제도의 조선인 군 위안부들」, 『한국민족운동사연구』40, (한국민족운동사학회, 2004) pp.266~267

478) 강정숙, 「일제 말기 오키나와 다이토 제도의 조선인 군 위안부들」, 『한국민족운동사연구』40, (한국민족운동사학회, 2004) p.270

479) 한국정신대연구소, 『오키나와 거주 일본군 위안부 피해자 배봉기 증언』, (여성가족부, 2006. 11), p.12

480) 한국정신대연구소, 『오키나와 거주 일본군 위안부 피해자 배봉기 증언』, (여성가족부, 2006. 11), p.11

481) 라사섬 제4중대, 『陳中日誌』 1945.8.20; 강정숙, 「일제 말기 오키나와 다이토 제도의 조선인 군 위안부들」, 『한국민족운동사연구』40, (한국민족운동사학회, 2004) p.278

482) 『진중일지』 1945.3.28, 4.9; 강정숙, 「일제 말기 오키나와 다이토 제도의 조선인 군 위안부들」, 『한국민족운동사연구』40, (한국민족운동사학회, 2004) p.278

483) 森田芳雄, 『ラサ島 守備隊』, (河出書房新社, 1995), p.160; 강정숙, 「일제말기 오키나와 다이토 제도의 조선인 군 위안부들」, 『한국민족운동사연구』40, (한국민족운동사학회, 2004) p.279

484) 한국정신대대책협의회 한국정신대연구회 편, 『강제로 끌려간 조선인 군위안부들』 2, (한울: 1997), p.95; 강정숙, 「일제 말기 오키나와 다이토 제도의 조선인 군 위안부들」, 『한국민족운동사연구』40, (한국민족운동사학회, 2004) p.279

485) 野田實, 미간행자료, pp.344~345; 강정숙, 「일제 말기 오키나와 다이토 제도의 조선인 군 위안부들」, 『한국민족운동사연구』40, (한국민족운동사학회, 2004) p.280

486) 浦添市史編輯委員會, 『浦添市史』, (浦添市教育委員會, 1984), p.315; 강정숙, 「일제 말기 오키나와 다이토 제도의 조선인 군 위안부들」, 『한국민족운동사연구』 40, (한국민족운동사학회, 2004) p.281

487) 한국정신대연구소, 『오키나와 거주 일본군 위안부 피해자 배봉기 증언』, (여성가족부, 2006. 11), p.10

488) 강정숙, 「일제 말기 오키나와 다이토 제도의 조선인 군 위안부들」, 『한국민족운동사연구』40, (한국민족운동사학회, 2004) p.283

489) 한국정신대연구소, 『오키나와 거주 일본군 위안부 피해자 배봉기 증언』, (여성가족부, 2006. 11), p.8

490) http://www.vop.co.kr/A00000196623.html

491) http://www.vill.tokashiki.okinawa.jp/gaiyou/gaiyo/enkaku1#war

492) 정부기록보존소 노무관계서류철, 「1941년도 중 도내노무조정계획서」; 허수열, 「조선인노동력의 강제동원의 실태」, 차기벽 편, 『일제의 한국 식민통치』, (서울: 정음사, 1985), p.326 재인용; 강정숙, 「일제 말기 조선인 군속 동원-오키나와로의 연행자를 중심으로」, 『사림』 제23호, (2005), pp.174~175

493) 『매일신보』 1943.5.23.; 강정숙, 「일제 말기 조선인 군속동원-오키나와로의 연행자를 중심으로」, 『사림』 제23호, (2005), p.175

494) 內海愛子, 『朝鮮BC級戰犯の記錄』, (東京: 勁草書房, 1982), p.122; 강정숙, 「일제 말기 조선인 군속동원-오키나와로의 연행자를 중심으로」, 『사림』 제23호, (2005), p.175

495) 大藏省 管理局, 『日本人の海外活動に關する歷史的 調査』통권 제10책 조선편 제9분책, p.69; 강정숙, 「일제 말기 조선인 군속동원-오키나와로의 연행자를 중심으로」, 『사림』 제23호, (2005), p.175

496) 강정숙, 「일제 말기 조선인 군속동원-오키나와로의 연행자를 중심으로」, 『사림』 제23호, (2005), p.177

497) 강정숙, 「일제 말기 조선인 군속동원-오키나와로의 연행자를 중심으로」, 『사림』 제23호, (2005), p.178

498) 강정숙, 「일제 말기 조선인 군속동원-오키나와로의 연행자를 중심으로」, 『사림』 제23호, (2005), p.179

499) 당시 도지사 엄창섭은 대표적인 반민족행위자로서 해방될 때는 조선총독부 학무국장이었다. 강정숙, 「일제 말기 조선인 군속동원-오키나와로의 연행자를 중심으로」, 『사림』 제23호, (2005), p185

500) 김원영의 수기, 권병탁의 책, 심재언, 강인창 서정복등의 증언 참고. 강정숙, 「일제 말기 조선인 군속동원-오키나와로의 연행자를 중심으로」, 『사림』 제23호, (2005), p185

501) 『한겨레21』 2007년 7월 5일 제667호

502) 가와다 후미코, 한우정 역, 『빨간 기와집』, (서울: 매일경제신문사, 1992), p.65; 강정숙, 「일제 말기 조선인 군속동원-오키나와로의 연행자를 중심으로」, 『사림』 제23호, (2005), p.188

503) http://www.vill.tokashiki.okinawa.jp/gaiyou/gaiyo/enkaku1#war

504) Arnold G. Fisch, *Military Government in the Ryukyu Islands, 1945~ 1950* (Center of Military History U.S. Army, 1988), p.40

505) 도미야마 이치로, 임성모 역, 『전장의 기억』, (서울: 이산, 2002), p.36,276; 강성현, 「'죽음'으로의 동원과 이에 대한 저항 가능성」, 『경계의 섬 오키나와』, (서울: 논형, 2008), p.173

506) 임성모, 「잠재주권과 재일의 딜레마: 점령 초기 오키나와의 지위와 정체성」, 『한일민족문제연구』, (2006), p.165

507) 「고난의 역사현장 일제전적지를 가다(12)」, 『한라일보』, 2005. 12. 22.

508) 베니스 프랭크, 『오키나와, 휴맨카인즈 승리와 패배』14, (동도문화사, 1983), pp. 35~38

509) 베니스 프랭크, 『오키나와, 휴맨카인즈 승리와 패배』14, (동도문화사, 1983), pp. 39~40

510) 베니스 프랭크, 『오키나와, 휴맨카인즈 승리와 패배』14, (동도문화사, 1983), p.43

511) 정영신, 「오키나와의 기지화 군사화에 관한 연구」, 『기지의 섬 오키나와』, (서울: 논형, 2008), p.182

512) 朝鮮軍殘務整理部, 「朝鮮に於けろ戰爭準備, 1946」, 『朝鮮軍槪要史』, (東京: 不二.出版, 1989), pp.164~165

513) Hq. USAFIK,G-2 Weekly Summary, No. 3, October 2, 1945.

514) 임종국, 『일본군의 조선침략사Ⅱ』, (일월서각, 1989), pp.121~122.

515) 「관동군 출신 일본인, 학자 어제 본사서 간담회」, 『한라일보』, 2006. 07. 07. 참조

516) 「고난의 역사현장 일제전적지를 가다(37)」, 『한라일보』, 2006. 08. 31.

517) 「고난의 역사현장 일제전적지를 가다(18)」, 『한라일보』, 2006. 03. 23.

518) '제58군배비개견도'를 보면, 본토 결전 준비를 위해서 제주도에 네 종류의 진지가 마련되었다. 위장진지(僞裝陣地), 전진거점(前進據點), 주저항진지(主抵抗陣地), 복곽진지(複郭陣地)이다. 위장진지는 적의 포 폭격의 흡수·교란 등 적의 진행 방향을 틀리게 할 목적으로 만들어졌다. 전진거점은 주저항진지의 전방에 두고, 한 부대를 파견하여, 요점이 적에게 뺏기는 것을 방해하기도 하고, 적에게 전개 방향을 틀리게 하여 주저항진지에 접근시키는 것을 어렵게 하는 등의 목적으로 만들어졌다. 주저항진지는 모든 진지의 골격에서 주력을 다하여 방어하는 진지로서, 보병의 항전지대와 그 후방의 주력포병 및 그 설비로 이루어진다. 복곽진지는 주저항진지가 함락되었을 경우 최후의 저항거점으로 마련된 것이다. '제58군배비개견도'에는 이들 진지가 구축된 오름의 위치가 뚜렷이 표시되어 있다. 지도를 통해 확인되는 진지 수는 위장진지 23개, 전진거점 16개, 주저항진지 43개, 복곽진지 10개에 이른다. 이들 진지는 미군이 상륙할 것으로 예상한 제주도 서부 지역을 중심으로 분포하고 있다.

519) 「고난의 역사현장 일제전적지를 가다(3)」, 『한라일보』, 2005. 10. 20.

520) 「고난의 역사현장 일제전적지를 가다(16)」, 『한라일보』, 2006. 03. 09.

521) 「고난의 역사현장 일제전적지를 가다(19)」, 『한라일보』, 2006. 03. 30.

522) 임경재 씨(1935년 생, 한경면 청수리 425번지)증언. 「고난의 역사현장 일제전적지를 가다(20)」, 『한라일보』, 2006. 04. 06.

523) 「고난의 역사현장 일제전적지를 가다(4)」, 『한라일보』, 2005. 10. 26.

524) 「고난의 역사현장 일제전적지를 가다(30)」, 『한라일보』, 2006.07.13.

525) 임종국, 『일본군의 조선침략사Ⅱ』, (일월서각, 1989), p.140

526) 朝鮮軍殘務整理部, 「朝鮮に於けろ戰爭準備, 1946」, 『朝鮮軍槪要史』, (東京: 不二出版, 1989), pp.240~241.

527) 「고난의 역사현장 일제전적지를 가다(21)」, 『한라일보』, 2006. 04. 13.

528) 「고난의 역사현장 일제전적지를 가다(13)」, 『한라일보』, 2005. 12. 29.

529) 임경재 씨(1935년 생, 한경면 청수리 425번지)증언.「고난의 역사현장 일제전적지를 가다(20)」, 『한라일보』, 2006. 04. 06.

530) 아라카키 야스코(新垣安子), 「일본 오키나와 전쟁과 주민학살의 교훈」, 『4·3과 역사』5, (제주4·3연구소, 2005) p.48

531) 메도루마 순, 유은경 역, 『브라질 할아버지의 술』, (아시아, 2008). 이 단편모음집에서 특히 「브라질 할아버지의 술」 과 「혼불어넣기」는 동굴과 나무와 신앙을 엮어서 이해할 수 있는 글이다.; 유장근, 「현대의 오키나와와 경남지역에서 민간인 전쟁희생자를 기억하는 세 가지 방식」, 『사총』81, (2014. 1), p.281

532) 金厚蓮, 「海上他界觀の變遷過程-常世信仰を中心に-」, 『일어일문학연구』38, (2001), pp.46~65; 유장근, 「현대의 오키나와와 경남지역에서 민간인 전쟁희생자를 기억하는 세 가지 방식」, 『사총』81, (2014. 1), p.281

533) 鄭秉哲, 毛紀, 蔡宏謨 共著 金憲宣 역, 『류큐설화집, 유로설전』, (보고사, 2008), p.47; 유장근, 「현대의 오키나와와 경남지역에서 민간인 전쟁희생자를 기억하는 세 가지 방식」, 『사총』81, (2014. 1), p.281

534) 鄭秉哲, 毛紀, 蔡宏謨 共著 金憲宣 역, 『류큐설화집, 유로설전』, (보고사, 2008), p.68; 유장근, 「현대의 오키나와와 경남지역에서 민간인 전쟁희생자를 기억하는 세 가지 방식」, 『사총』81, (2014. 1), p.281

535) 유장근, 「현대의 오키나와와 경남지역에서 민간인 전쟁희생자를 기억하는 세 가지 방식」, 『사총』81, (2014. 1), p.291

536) 知花昌一, 『燒きすてられた日の丸-基地の島, 沖繩讀谷から』, p.132; 유장근, 「현대의 오키나와와 경남지역에서 민간인 전쟁희생자를 기억하는 세 가지 방식」, 『사총』81, (2014. 1), p.292

537) 치바나 쇼이치에 대한 이야기는 노마 필드, 『죽어가는 천황의 나라에서』(창작과비평사, 1995년)에 잘 묘사되어 있다; 유장근, 「현대의 오키나와와 경남지역에서 민간인 전쟁희생자를 기억하는 세 가지 방식」, 『사총』81, (2014. 1), p.284

538) 高久潤, 『Asahi Shinbun』, September 05, 2012

539) 노마필드, 『죽어가는 천황의 나라에서』(창작과비평사, 1995년), pp.74~75; 유장근, 「현대의 오키나와와 경남지역에서 민간인 전쟁희생자를 기억하는 세 가지 방식」, 『사총』81, (2014. 1), p.284

540) 知花昌一, 『燒きすてられた日の丸-基地の島・沖繩讀谷から』, (東京: 新泉社, 1988), pp.140~141; 유장근, 「현대의 오키나와 경남지역에서 민간인 전쟁희생자를 기억하는 세 가지 방식」, 『사총』81, (2014. 1), p.282

541) 김동주, 「결국 군대는 누구를 지켰는가? 군사안보를 믿지 마라」, 『제주의소리』 2010. 08. 10.

542) 강성현, 「'죽음'으로의 동원과 이에 대한 저항 가능성」, 『경계의 섬 오키나와』, (서울: 논형, 2008), pp.179~180

543) 노마 필드, 『죽어가는 천황의 나라에서』, (창작과비평사, 1995년), p.72; 유장근, 「현대의 오키나와 경남지역에서 민간인 전쟁희생자를 기억하는 세 가지 방식」, 『사총』81, (2014. 1), p.284

544) 노마 필드, 『죽어가는 천황의 나라에서』, (창작과비평사, 1995년), p.73; 유장근, 「현대의 오키나와 경남지역에서 민간인 전쟁희생자를 기억하는 세 가지 방식」, 『사총』81, (2014. 1), p.284

545) 『프레시안』, 2011년 10월 10일

546) 下嶋哲朗, 『非業の生者たち-集團自決 サイパンから滿洲へ』, (岩波書店, 2012), p.3; 유장근, 「현대의 오키나와 경남지역에서 민간인 전쟁희생자를 기억하는 세 가지 방식」, 『사총』81, (2014. 1), p.287

547) 노마 필드, 『죽어가는 천황의 나라에서』 (창작과비평사, 1995년), p.117; 유장근, 「현대의 오키나와 경남지역에서 민간인 전쟁희생자를 기억하는 세 가지 방식」, 『사총』81, (2014. 1), p.287

548) 사이토 도루齋藤徹, 『Asahi Shinbun』, June 21, 2013

549) 屋嘉比收, 「'ガマ'が想起する沖繩戰の記憶」, 『現代思想』, (靑土社, 2000.6), p.122; 강성현, 「'죽음'으로의 동원과 이에 대한 저항 가능성」, 『경계의 섬 오키나와』, (서울: 논형, 2008), pp.183~184

550) 屋嘉比收, 「'ガマ'が想起する沖繩戰の記憶」, 『現代思想』, (靑土社, 2000.6), p.122; 강성현, 「'죽음'으로의 동원과 이에 대한 저항 가능성」, 『경계의 섬 오키나와』, (서울: 논형, 2008), p.184 참조

551) 도미야마 이치로, 임성모 역, 『전장의 기억』, (서울: 이산, 2002), pp.57~72; 강성현, 「'죽음'으로의 동원과 이에 대한 저항 가능성」, 『경계의 섬 오키나와』, (서울: 논형, 2008), p.185

552) 강성현, 「'죽음'으로의 동원과 이에 대한 저항 가능성」, 『경계의 섬 오키나와』, (서울: 논형, 2008), p.186 참조

553) 「シムクガマ 「救命洞窟之碑」」, 인터넷 http://heiwa.yomitガマan.jp/3/ 2648.html

참조; 유장근, 「현대의 오키나와와 경남지역에서 민간인 전쟁희생자를 기억하는 세 가지 방식」, 『사총』81, (2014. 1), p.295

554) 아라카키 야스코(新垣安子), 「일본 오키나와 전쟁과 주민학살의 교훈」, 『4·3과 역사』5, (제주4·3연구소, 2005) p.50

555) 大島幸夫, 『沖繩の日本軍-久米島虐殺の記錄』, (新泉社, 1975); 아라카키 야스코(新垣安子), 「일본 오키나와 전쟁과 주민학살의 교훈」, 『4·3과 역사』5, (제주 4·3연구소, 2005) p.52

556) 아라카키 야스코(新垣安子), 「일본 오키나와 전쟁과 주민학살의 교훈」, 『4·3과 역사』5, (제주4·3연구소, 2005) p.52

557) 下嶋哲朗, 『非業の生者たち-集團自決 サイパンから滿洲へ』, pp.38~39; 유장근, 「현대의 오키나와와 경남지역에서 민간인 전쟁희생자를 기억하는 세 가지 방식」, 『사총』81, (2014. 1), p.290

558) 노마 필드, 『죽어가는 천황의 나라에서』 (창작과비평사, 1995년), pp.114~115; 유장근, 「현대의 오키나와와 경남지역에서 민간인 전쟁희생자를 기억하는 세 가지 방식」, 『사총』81, (2014. 1), p.290

559) 下嶋哲朗, 『非業の生者たち-集團自決 サイパンから滿洲へ』, p.39; 유장근, 「현대의 오키나와와 경남지역에서 민간인 전쟁희생자를 기억하는 세 가지 방식」, 『사총』81, (2014. 1), p.290

560) 아라사키 모리테루, 정영신 역, 『오키나와 현대사』, (서울: 논형, 2008), pp. 139~140

561) 마루야마 마사오는 그의 논문 「군국지배자의 정신형태」(1949.5)에서 일본 파시즘 체제의 특징으로서 천황을 정점으로 한 '무책임의 체계'라는 것을 도출해 낸다. 일본의 전쟁 지도자들은 그들이 각기 수직으로 천황의 권위와 연결됨으로써 각자의 '권한'을 절대화하고 그 '권한'으로 도피해버렸기 때문에 전쟁에 대한 '주체적 책임의식'이 희박한 것이라고 비판한다. 松澤弘陽, 植手通有 編, 『丸山眞男集』3, (東京: 岩波書店, 1996~1997), pp.19~20; 박양신, 「일본의 전후 민주주의와 마루야마 마사오」, 『역사비평』 통권89호, (서울: 역사비평사, 2009.겨울), p.294 참조

562) 知花昌一, 『燒きすてられた日の丸-基地の島·沖繩讀谷から』, pp.10~16; 유장근, 「현대의 오키나와와 경남지역에서 민간인 전쟁희생자를 기억하는 세 가지 방식」, 『사총』81, (2014. 1), p.288

563) 아라사키 모리테루, 정영신 역, 『오키나와 현대사』, (서울: 논형, 2008), p.147

564) 도미야마 이치로, 손지연·김우자·송석원 역, 『폭력의 예감』, (그린비, 2009), p.19; 유장근, 「현대의 오키나와와 경남지역에서 민간인 전쟁희생자를 기억하는

세 가지 방식」, 『사총』81, (2014. 1), p.289

565) 新川明, 「非国民」の思想と論理―沖縄における思想の自立について―」, 『叢書
わが沖縄』, 谷川健一編 第6巻 「沖縄の思想」,
http://www7b.biglobe.ne.jp/-whoyou/wo-arakawa.htm 참조 (2013년 11
월 30일 검색); 유장근, 「현대의 오키나와와 경남지역에서 민간인 전쟁희생자를
기억하는 세 가지 방식」, 『사총』81, (2014. 1), p.289

566) 다카쿠 준(高久潤), 『Asahi Shinbun』, September 05, 2012

567) 유장근, 「현대의 오키나와와 경남지역에서 민간인 전쟁희생자를 기억하는 세 가
지 방식」, 『사총』81, (2014. 1), p.297

568) 유장근, 「현대의 오키나와와 경남지역에서 민간인 전쟁희생자를 기억하는 세 가
지 방식」, 『사총』81, (2014. 1), p.298

569) 金城和彦, 『愛と鮮血の記録:殉國沖繩學徒隊』의 저술 목적이 바로 그것이었다.
이 책에 서문을 쓴 靖國神社權宮司 池田良八은 "이들 순국학도의 영령이 야스쿠
니신사(靖國神社)에 합사되어 우리나라의 안녕과 세계의 평화를 지킬 수 있기"를
희망하였다; 유장근, 「현대의 오키나와와 경남지역에서 민간인 전쟁희생자를 기억
하는 세 가지 방식」, 『사총』81, (2014. 1), p.302

570) 松本恭助, 「沖縄県祖国復帰39周年の日に-金城和信の献身的努力」
http://ameblo.jp/matsumotokyosuke/entry-10892876941.html 참조; 유장
근, 「현대의 오키나와와 경남지역에서 민간인 전쟁희생자를 기억하는 세 가지 방
식」, 『사총』81, (2014. 1), p.305

571) 金城和彦, 앞의 책, p.366. 가즈히코는 오키나와 전쟁 당시 동경교육대학에 재학
중이었다.; 유장근, 「현대의 오키나와와 경남지역에서 민간인 전쟁희생자를 기억
하는 세 가지 방식」, 『사총』81, (2014. 1), p.306

572) 도미야마 이치로, 임성모 역, 『전장의 기억』, (이산출판사, 2002), p.109; 유장근,
「현대의 오키나와와 경남지역에서 민간인 전쟁희생자를 기억하는 세 가지 방식」,
『사총』81, (2014. 1), p.306

573) 下嶋哲朗, 『平和は「退屈」するか』, (岩波書店, 2006), pp.70~71; 유장근, 「현대
의 오키나와와 경남지역에서 민간인 전쟁희생자를 기억하는 세 가지 방식」, 『사
총』81, (2014. 1), p.298

574) ひめゆり平和祈念資料館 發行,「ひめゆり平和祈念資料館」; 유장근, 「현대의 오
키나와와 경남지역에서 민간인 전쟁희생자를 기억하는 세 가지 방식」, 『사총』81,
(2014. 1), p.298

575) 박상희, 「원한의 섬 일본오키나와에 가다2」, 『민중의 소리』 2008.2.22./
http://www.vop.co.kr/A00000196813.html

576) 미군에 쫓긴 히메유리 학생과 교사 10명이 자결한 사실은 金城和彦, 위의 책, pp.86~91 참조; 유장근, 「현대의 오키나와와 경남지역에서 민간인 전쟁희생자를 기억하는 세 가지 방식」, 『사총』81, (2014. 1), p.298

577) 金城和彦, 『愛と鮮血の記錄: 殉國沖繩學徒隊』, (全貌社, 1966), pp.348~350. 저자인 金城和彦은 탑의 건립자인 긴조와신(金城和信)의 아들이었다. 그리고 긴조와신의 두 딸은 오토히메 학도대에 속하여 전쟁터에서 사망하였다.; 유장근, 「현대의 오키나와와 경남지역에서 민간인 전쟁희생자를 기억하는 세 가지 방식」, 『사총』81, (2014. 1), p.300

578) 金城和彦, 『愛と鮮血の記錄: 殉國沖繩學徒隊』, (全貌社, 1966), pp.353~354; 유장근, 「현대의 오키나와와 경남지역에서 민간인 전쟁희생자를 기억하는 세 가지 방식」, 『사총』81, (2014. 1), p.300

579) 이에 대해서는 金子淳, 『博物館의 政治學』, (靑弓社, 2001), 참조

580) 도미야마 이치로, 임성모 역, 『전장의 기억』, (이산출판사, 2002), pp.108~109; 유장근, 「현대의 오키나와와 경남지역에서 민간인 전쟁희생자를 기억하는 세 가지 방식」, 『사총』81, (2014. 1), p.306

581) 高嶋伸欣, 「皇民化敎育と沖繩戰」, 藤原彰編, 『沖繩戰と天皇制』, (立風書房, 1987), pp.60~90; 유장근, 「현대의 오키나와와 경남지역에서 민간인 전쟁희생자를 기억하는 세가 지 방식」, 『사총』81, (2014. 1), p.307

582) 다카라 구라요시, 앞의 책, pp.30~33; 유장근, 「현대의 오키나와와 경남지역에서 민간인 전쟁희생자를 기억하는 세 가지 방식」, 『사총』81, (2014. 1), p.307

583) 金城和彦의 자매 중 한사람으로 전쟁 중 사망한 貞子는 "종군간호부를 교육받은 뒤 선발하는 데 4년생은 거의 전부, 3년생은 각급에서 체격이 좋은 10명을 선발하였는데, 자신도 먼저 그 10명에 들어갔다"고 하였다. 동생인 信子 역시 몸으로 나라를 위해 봉공한다는 마음으로 자원하였다고 한다. 金城和彦, 앞의 책, pp.15~19; 유장근, 「현대의 오키나와와 경남지역에서 민간인 전쟁희생자를 기억하는 세 가지 방식」, 『사총』81, (2014. 1), p.307

584) 도미야마 이치로, 임성모 역, 『전장의 기억』, (이산출판사, 2002), p.29; 유장근, 「현대의 오키나와와 경남지역에서 민간인 전쟁희생자를 기억하는 세 가지 방식」, 『사총』81, (2014. 1), p.307

585) 도미야마 이치로, 임성모 역, 『전장의 기억』, (이산출판사, 2002), p.82; 유장근, 「현대의 오키나와와 경남지역에서 민간인 전쟁희생자를 기억하는 세 가지 방식」, 『사총』81, (2014. 1), p.308

586) 시모지마는 히메유리 學徒 역시 집단자결하였다고 본다. 下嶋哲朗, 『平和は「退屈」するか』, pp.21~22; 도미야마 이치로, 임성모 역, 『전장의 기억』, (이산출판

사, 2002), p.29; 유장근, 「현대의 오키나와와 경남지역에서 민간인 전쟁희생자를 기억하는 세 가지 방식」, 『사총』81, (2014. 1), p.308

587) 下嶋哲朗, 『平和は「退屈」するか』, p.67; 유장근, 「현대의 오키나와와 경남지역에서 민간인 전쟁희생자를 기억하는 세 가지 방식」, 『사총』81, (2014. 1), p.308

588) 최호근, 「전쟁과 제노사이드」, 부산경남사학회, 부경역사연구소, 제노사이드학회 주최 한국전쟁시기 경남지역 민간인 학살 문제 기획발표, 경남대학교, 2005년 6월 18일, p.4; 유장근, 「현대의 오키나와와 경남지역에서 민간인 전쟁희생자를 기억하는 세 가지 방식」, 『사총』81, (2014. 1), p.309

589) 高嶋伸欣, 「皇民化教育と沖繩戰」, 藤原彰編, 『沖繩戰と天皇制』, (立風書房, 1987), pp.60~90; 유장근, 「현대의 오키나와와 경남지역에서 민간인 전쟁희생자를 기억하는 세 가지 방식」, 『사총』81, (2014. 1), p.309

590) 도미야마 이치로, 임성모 역, 『전장의 기억』, (이산출판사, 2002), p.82; 유장근, 「현대의 오키나와와 경남지역에서 민간인 전쟁희생자를 기억하는 세 가지 방식」, 『사총』81, (2014. 1), p.309

591) 사이토 도루齋藤徹, 『Asahi Shinbun』, June 21, 2013

592) 「뉘른베르크 군사재판판결록」인용; Maruyama Masao, *Gendai Seiji No Shiso to Kodo*, (Tokyo: Mirai Sha, 1964)/ 마루야마 마사오 저, 김석근 역, 『현대정치의 사상과 행동』(파주: 한길사, 2012, 1판 7쇄), p.139

593) 「극동국제군사재판 속기록」(International Military Tribunal for the Far East) No.1935; Maruyama Masao, *Gendai Seiji No Shiso to Kodo*, (Tokyo: Mirai Sha, 1964)/ 마루야마 마사오 저, 김석근 역, 『현대정치의 사상과 행동』(파주: 한길사, 2012, 1판 7쇄), p.141

594) Maruyama Masao, *Gendai Seiji No Shiso to Kodo*, (Tokyo: Mirai Sha, 1964)/ 마루야마 마사오 저, 김석근 역, 『현대정치의 사상과 행동』(파주: 한길사, 2012, 1판 7쇄), p.143

595) Arnold G. Fisch, *Military Government in the Ryukyu Islands, 1945~1950* (Center of Military History U.S. Army, 1988), p.118

596) 富山一郎, 「〈地域研究〉というアリーナ」, 『地域研究論集』1-3, 1999 참조; 임성모, 「잠재주권과 재일의 딜레마: 점령 초기 오키나와의 지위와 정체성」, 『한일민족문제연구』, (2006), p.188

597) 沖繩縣立圖書館史料編集室 編, 『沖繩縣史 史料編1: 民事ハンドブック』, (沖繩縣教育委員會, 1995), p.75; 임성모, 「잠재주권과 재일의 딜레마: 점령 초기 오키나와의 지위와 정체성」, 『한일민족문제연구』, (2006), p.188

598) Okinawa city office entente and gender Equality section, *A Guide to Battle Sites and Military Bases in Okinawa City,* (2012. 1), p.8

599) The Provost Marshal General's School Military Government Department for ORC Units, *Civil Affairs Studies Illustrative Cases from Military Occupations Training Packet No.8,* (Washington D.C.: Office of the Chief of Naval Operations Navy Department, 1944), p.ii

600) U. S. Department of State, "Memorandum of Conversation, by the Adviser on Caribbean Affairs(Taussig)", March, 15 1945, *Foreign Relations of the United States 1945* Vol. I (Washington, D.C.: U. S. Government Printing Office, 1967), pp.121~124. 미 해군 측의 요구에 의해 일부 영토들을 '전략적 지역들'로 지정함으로써 관계국이 이를 요새화하거나 기지들을 설치할 수 있도록 하였다. 일본으로부터 탈취한 태평양의 위임통치지역에 대하여 미국이 독점적 지배권을 갖고 이를 요새화하기 위한 의도를 반영한 것이다. 이는 루스벨트의 의도가 아니었다. 이시우, 『유엔군사령부』, (파주: 들녘, 2013), pp.188~189

601) U. S. Department of State, "Statement by Secretary Forrestal" etc. *Foreign Relations of the United States 1945* Vol. I (Washington, D.C.: U. S. Government Printing Office, 1967), pp.315~321; 이시우, 『유엔군사령부』, (파주: 들녘, 2013), pp.188~189

602) Robert D. Eldrige, 『沖繩問題の起源』, (名古屋大學出版會, 2003), pp.25~26; 임성모, 「잠재주권과 재일의 딜레마: 점령 초기 오키나와의 지위와 정체성」, 『한일민족문제연구』10, (한일민족문제학회, 2006), p.168

603) 임성모, 「잠재주권과 재일의 딜레마: 점령 초기 오키나와의 지위와 정체성」, 『한일민족문제연구』10, (한일민족문제학회, 2006), p.168

604) AGO 091, SCAPIN 677(1946. 1. 29.); 中野好夫 編『戰後資料 沖繩』, (日本評論社, 1969), pp.3~4; 임성모, 「잠재주권과 재일의 딜레마: 점령 초기 오키나와의 지위와 정체성」, 『한일민족문제연구』10, (한일민족문제학회, 2006), p.168

605) 1946년 8개 회원국(호주, 벨기에, 덴마크, 프랑스, 네덜란드, 뉴질랜드, 영국, 미국)은 신탁통치제도에 편입되지 않은 비자치지역으로 간주하는 그들 통치하에 있는 72개 지역을 열거했다. 현재는 총 191개국이 독립국가로서 유엔에 가입했다.(United Nations, *Basic Facts about the United Nations* (New York: U.N. Department of public Information, 1995)/ 한국유엔협회 옮김, 『유엔이란 무엇인가』 [서울: 한국유엔협회, 1996], pp.265~268 참조).이시우, 『유엔군사령부』, (파주: 들녘, 2013), pp.188~189

606) 『自由沖繩』4, 1946. 2. 24.; 임성모, 「잠재주권과 재일의 딜레마: 점령 초기 오

키나와의 지위와 정체성」, 『한일민족문제연구』10, (한일민족문제학회, 2006), p.1

607) 入江啓四郎, 「沖縄諸島の法的地位」, 國際法學會 編, 『沖縄の地位』, (有斐閣, 1955), p.85; 임성모, 「잠재주권과 재일의 딜레마: 점령 초기 오키나와의 지위와 정체성」, 『한일민족문제연구』10, (한일민족문제학회, 2006), p.179

608) Okinawa city office entente and gender Equality section, *A Guide to Battle Sites and Military Bases in Okinawa City*, (2012. 1), p.8, 22

609) 大城將保, 『琉球政府』, (ひるぎ社, 2002), pp.24~26; 임성모, 「잠재주권과 재일의 딜레마: 점령 초기 오키나와의 지위와 정체성」, 『한일민족문제연구』10, (한일민족문제학회, 2006), pp.166~167 참조

610) 大城將保, 『琉球政府』, (ひるぎ社, 2002), pp.34~36; 임성모, 「잠재주권과 재일의 딜레마: 점령 초기 오키나와의 지위와 정체성」, 『한일민족문제연구』10, (한일민족문제학회, 2006), p.167

611) ロバート・D・エルドリッチ, 「ジョージ・F・ケナン, PPSと沖縄」, 日本國際政治學會編, 『國際政治』 120卷(國際政治のなかの沖縄, 1999), pp.44~45; 남기정, 「한국전쟁과 '기지국가' 일본의 탄생」, 『기지의 섬 오키나와』, (서울: 논형, 2008), p.146

612) 『北谷町史』第6卷-資料編, pp.47~48; 日本共産黨國會議員團編, 『調査報告-沖縄の米軍基地被害』, (新日本出版社, 1996), p.203재인용; 남기정, 「한국전쟁과 '기지국가' 일본의 탄생」, 『기지의 섬 오키나와』, (서울: 논형, 2008), p.146

613) 아라사키 모리테루 저, 정영신 미야우치 아키오 역, 『오키나와 현대사』, (서울: 논형, 2008), pp.27~28

614) 군도간의 도항은 1950년 3월부터 가능해졌고 이해 8월부터 군도 민정부는 임명제가 아닌 공선제의 군도정부로 변경되었다. 中野好夫, 新崎盛輝, 『沖縄戰後史』, (岩波書店, 1976), pp.19~20; 임성모, 「잠재주권과 재일의 딜레마: 점령 초기 오키나와의 지위와 정체성」, 『한일민족문제연구』10, (한일민족문제학회, 2006), p.168

615) 일본정부는 1952년 7월 「총리부남방연락사무국 설치법」이 공포되어 8월 오키나와 나하에 남방연락사무소를 설치하고 섭외사무를 담당하게 되었다. 國際法學會 編, 『沖縄の地位』, (有斐閣, 1955), 附錄, pp.316~318; 임성모, 「잠재주권과 재일의 딜레마: 점령 초기 오키나와의 지위와 정체성」, 『한일민족문제연구』10, (한일민족문제학회, 2006), p.181

616) 總理府特別地域連絡局 編, 『沖縄關係法規總攬』, (第一法規出版, 1970), p.59; 임성모, 「잠재주권과 재일의 딜레마: 점령 초기 오키나와의 지위와 정체성」, 『한일민족문제연구』10, (한일민족문제학회, 2006), p.180

617) 아라사키 모리테루 저, 정영신 미야우치 아키오 역, 『오키나와 현대사』, (서울: 논형, 2008), pp.29~30

618) 入江啓四郎, 「沖繩諸島の法的地位」, 國際法學會 編, 『沖繩の地位』, (有斐閣, 1955), p.87; 임성모, 「잠재주권과 재일의 딜레마: 점령 초기 오키나와의 지위와 정체성」, 『한일민족문제연구』10, (한일민족문제학회, 2006), p.182

619)「さまよう'琉球人'」, 『沖繩タイムス』 1958. 4. 24.; 임성모, 「잠재주권과 재일의 딜레마: 점령 초기 오키나와의 지위와 정체성」, 『한일민족문제연구』10, (한일민족문제학회, 2006), p.182 참조

620) 宮里松正, 『米國支配二十七年の回想』, (沖繩タイムス社, 2002), p.113; 임성모, 「잠재주권과 재일의 딜레마: 점령 초기 오키나와의 지위와 정체성」, 『한일민족문제연구』10, (한일민족문제학회, 2006), p.183

621) 我部政明, 『日米關係のなかの沖繩』, p.100; 임성모, 「잠재주권과 재일의 딜레마: 점령 초기 오키나와의 지위와 정체성」, 『한일민족문제연구』10, (한일민족문제학회, 2006), p.183

622) 임성모, 「잠재주권과 재일의 딜레마: 점령 초기 오키나와의 지위와 정체성」, 『한일민족문제연구』10, (한일민족문제학회, 2006), p.184

623) 임성모, 「잠재주권과 재일의 딜레마: 점령 초기 오키나와의 지위와 정체성」, 『한일민족문제연구』10, (한일민족문제학회, 2006), p.186

624) 임성모, 「잠재주권과 재일의 딜레마: 점령 초기 오키나와의 지위와 정체성」, 『한일민족문제연구』10, (한일민족문제학회, 2006), p.187

625) 小林知子, 「未濟の帝國解體: 在日朝鮮人の戰後」, 『岩波講座 アジア・太平洋戰爭4: 帝國の戰爭體驗』, (岩波書店, 2006), p.220; 임성모, 「잠재주권과 재일의 딜레마: 점령 초기 오키나와의 지위와 정체성」, 『한일민족문제연구』10, (한일민족문제학회, 2006), p.191

626) 森宣雄, 「潛在主權と軍事占領」, 『岩波講座 アジア・太平洋戰爭4: 帝國の戰爭體驗』, (岩波書店, 2006) 참조; 임성모, 「잠재주권과 재일의 딜레마: 점령 초기 오키나와의 지위와 정체성」, 『한일민족문제연구』10, (한일민족문제학회, 2006), p.192

627)「沖繩民族の獨立を祝うメッセージ」(1946. 2. 24.), 中野好夫 編 『戰後資料 沖繩』, (日本評論社, 1969), p.6. 일본공산당 제5회 대회에서 채택된 것으로 당시 본토거주 오키나와인의 최대단체였던 오키나와인 연맹(1945.11월 창립)의 전국대회에 보낸 것이다; 임성모, 「잠재주권과 재일의 딜레마: 점령 초기 오키나와의 지위와 정체성」, 『한일민족문제연구』10, (한일민족문제학회, 2006), p.192

628)「沖繩人連盟の性格に就て」, 『自由沖繩』6, 1946. 5. 5; 임성모, 「잠재주권과 재일의 딜레마: 점령 초기 오키나와의 지위와 정체성」, 『한일민족문제연구』10, (한

일민족문제학회, 2006), p.193

629) 『自由沖繩』1, 1945. 12. 6.; 임성모, 「잠재주권과 재일의 딜레마: 점령 초기 오키나와의 지위와 정체성」, 『한일민족문제연구』10, (한일민족문제학회, 2006), p.193

630) 『自由沖繩』3, 1946. 1. 25.; 임성모, 「잠재주권과 재일의 딜레마: 점령 초기 오키나와의 지위와 정체성」, 『한일민족문제연구』10, (한일민족문제학회, 2006), p.193

631) 연맹의 명칭문제를 둘러싼 내부논의와 갈등에 관해서는 新崎盛輝, 「沖繩人連盟」, 『新沖繩文學』53, 1982. 9, pp.15~17 참조; 임성모, 「잠재주권과 재일의 딜레마: 점령 초기 오키나와의 지위와 정체성」, 『한일민족문제연구』10, (한일민족문제학회, 2006), p.193

632) 「連盟の旗の下に」, 『自由沖繩』8, 1946. 6. 15.; 임성모, 「잠재주권과 재일의 딜레마: 점령 초기 오키나와의 지위와 정체성」, 『한일민족문제연구』10, (한일민족문제학회, 2006), p.194

633) 戸邊秀明, 「'在日沖繩人', その名乗りが照らし出すもの」, 同時代史學會 編, 『占領とデモクラシーの同時代史』, (日本經濟評論社, 2004), p.224; 임성모, 「잠재주권과 재일의 딜레마: 점령 초기 오키나와의 지위와 정체성」, 『한일민족문제연구』10, (한일민족문제학회, 2006), p.195

634) 沖繩縣人會兵庫縣本部35年史編集委員會 編, 『ここに榕樹あり: 沖繩縣人會兵庫縣本部35年史』, (沖繩縣人會兵庫縣本部, 1982), p.136 당시 효고兵庫현의 아마가사키(尼崎)오키나와인연맹에서 청년부장을 맡았던 스나가와 게이유(砂川惠維)의 회고담이다.; 임성모, 「잠재주권과 재일의 딜레마: 점령 초기 오키나와의 지위와 정체성」, 『한일민족문제연구』10, (한일민족문제학회, 2006), p.195

635) 이미 1차대전 시기부터 각 국가 내 정치 문제와 관련해서는 원조와 공급물자를 철수시킨다는 위협은 유럽인들이 어떤 정치 · 경제시스템을 선택하는가에 영향을 주는 도구였다. 원조는 혼란과 불안정성에 대한 정치적 해답의 기반으로서 뿐 아니라 장기적인 정치적 전망도 원조프로그램의 정치적 기능과 범위, 그리고 주요 수혜자들이 누구인지를 결정했다.(김학재, 「한국전쟁과 '인도주의적 구원'의 신화」, 『전장과 사람들』, (서울: 선인, 2010), p.30)

636) 그리스의 경우, 우파정권이 좌파를 추방하여 공급을 차단했고 UNRRA조직에서도 그리스의사 중 일부들이 추방되었다. 폴란드에서는 배급카드(ration)의 75%를 관료들과 정부고용인들, 선호되는 기업들에게 판매되었다. 이렇듯 원조의 '수요'를 결정하는 기준은 수행되는 일의 형태와 경제 · 정치적 이해관계와 직결되어 있었다. 특히 독일에서는 누가 시민으로서 자격이 있는가를 식별하는 것은 매우 논쟁적이고 갈등적인 과정이었다.(김학재, 「한국전쟁과 '인도주의적 구원'의 신화」, 『전장과 사람들』, (서울: 선인, 2010), p.30)

637) 이탈리아의 경우 UNRRA의 원조목적은 '이탈리아산업을 도약시키고 농업을 재

건하고 기아를 예방하고 인플레이션을 약화시키며, 정치적혼란과 사회주의혁명으로 이어질 가능성을 사전에 차단하는 것'이었다.(Frank Snowden, 'Lartina Province, 1944~1950', *Journal of Contemporary History*, 2008, pp.509~526; 김학재, 「한국전쟁과 '인도주의적 구원'의 신화」, 『전장과 사람들』, (서울: 선인, 2010), p.31)

638) 근대화론(Modernization Theory)은 20세기 초반 이래 미국에서 추구한 기술관료통치를 미국식 국제주의 전망을 통해 대외적으로 확산시킨 것이며, 냉전을 배경으로 한 미국 반공주의 외교정책의 산물이다. 근대화이론은 제3세계의 신생 저발전국들을 미제국의 자유주의적 국제질서에 끌어들이기 위해 미국이 다양한 원조를 지렛대로 삼아 개별국가에 어떻게 개입할 것인지를 고민한 헤게모니 프로젝트의 산물이었다. 근대화론은 1950년대 중반 이후 로스토우와 MIT의 국제 문제연구소(Center for International Studies: CIS)의 조언에 따른 미국 대외정책의 변화와 관련해 등장했다. 1952년 1월 설립된 CIS는 '반공주의'로서의 '근대화'를 주창한 가장 핵심적인 기관이다. (근대화론에 대해서는 정일준, 「미제국의 제3세계 통치와 근대화 이론─군산복합체와 근대화이론의 탄생」, 『경제와 사회』57호, 2003; 박태균, 「로스토우 제3세계근대화론과 한국」, 『역사비평』 봄호, 2004; Nils Gilman, *Mandarins of the Future: Modernization Theory in Cold War America* (The Johns Hopkins University, 2003)등 참조; 김학재, 「한국전쟁과 '인도주의적 구원'의 신화」, 『전장과 사람들』, (서울: 선인, 2010), p.31

639) 김학재, 「한국전쟁과 '인도주의적 구원'의 신화」, 『전장과 사람들』, (서울: 선인, 2010), p.31

640) 宮城悅二郎, 『占領者の眼: アメリカはをどう見たか』, (那覇出版社, 1982), p.67; 임성모, 「잠재주권과 재일의 딜레마: 점령 초기 오키나와의 지위와 정체성」, 『한일민족문제연구』10, (한일민족문제학회, 2006), p.191

641) 『沖繩新民報』40, 1947. 7. 15.(6월 27일자 기자회견을 보도한 기사이다); 임성모, 「잠재주권과 재일의 딜레마: 점령 초기 오키나와의 지위와 정체성」, 『한일민족문제연구』10, (한일민족문제학회, 2006), p.190

642) 「沖繩人連盟の別府大會賑ふ 問題の解明に眞劍」, 『沖繩新民報』68, 1948. 7. 5.; 임성모, 「잠재주권과 재일의 딜레마: 점령 초기 오키나와의 지위와 정체성」, 『한일민족문제연구』10, (한일민족문제학회, 2006), p.196

643) 「本土在住沖繩人の三國人扱いは不當」, 『沖繩新民報』131, 1950. 6. 25.; 임성모, 「잠재주권과 재일의 딜레마: 점령 초기 오키나와의 지위와 정체성」, 『한일민족문제연구』10, (한일민족문제학회, 2006), p.196

644) 中野好夫·新崎盛輝, 『沖繩戰後史』, (岩波書店, 1976), pp.39~42; 임성모, 「잠재주권과 재일의 딜레마: 점령 초기 오키나와의 지위와 정체성」, 『한일민족문제연구』10, (한일민족문제학회, 2006), p.172

645) 琉球銀行調査部 編, 『戰後沖繩經濟史』, (琉球銀行, 1984), p.179; 임성모, 「잠재주권과 재일의 딜레마: 점령 초기 오키나와의 지위와 정체성」, 『한일민족문제연구』10, (한일민족문제학회, 2006), p.171

646) 中野好夫・新崎盛輝, 『沖繩戰後史』, (岩波書店, 1976), p.40 임성모, 「잠재주권과 재일의 딜레마: 점령 초기 오키나와의 지위와 정체성」, 『한일민족문제연구』10, (한일민족문제학회, 2006), p.172

647) 임성모, 「잠재주권과 재일의 딜레마: 점령 초기 오키나와의 지위와 정체성」, 『한일민족문제연구』10, (한일민족문제학회, 2006), p.172

648) Tenth Army Staff Meetings on 15, 23,24, and 27 Aug and on 3, and 5 Sep 1945; C. Leonard Hoag, *American Military Government in Korea War Policy and the First Year of Occupation: 1945~1946* (Office of the Chief of Military History Department of the Army, 1970)/신복룡 역, 『한국분단보고서』상, (서울: 풀빛, 1992), p.113; "하지와 웨드마이어 장군과의 대화비망록, 1947.8.27." *XXIV Corps Historical file*; 브루스커밍스 저, 김자동 역, 『한국전쟁의 기원』, (서울: 일월서각, 1997 10쇄), p.174

649) Plans for the Occupation of Japan and Korea, 16 Aug 45: OPD 014.1; C. Leonard Hoag, *American Military Government in Korea War Policy and the First Year of Occupation: 1945~1946* (Office of the Chief of Military History Department of the Army, 1970)/신복룡 역, 『한국분단보고서』상, (서울: 풀빛, 1992), p.85

650) 임종국, 『일본군의 조선침략사』2, (서울: 일월서각,1989), p.158. 미군은 제주도 주둔 일본군 제58군에 대해서는 조선 본토의 제17방면군과는 별개로 취급했다. 1945년 9월 13일자 미24군단 정보보고서는 '38선이남의 일본군 현황'에서 일본군 총수를 179,720명으로 파악하고 있다. 그런데 이 자료에서 제주도의 일본군 병력을 다른 남한지역의 일본군과 별도로 집계하고 있는 게 특이하다. '남한총계 121,400명'으로 해놓고, '제주도 58,320명'은 따로 기술하고 있다. Hq. USAFIK, *G-2 Periodic Report*, No.4, Sep 13, 1945; 제주4・3사건진상규명및희생자명예회복위원회, 『제주 4・3사건진상보고서』, (서울: 선인, 2003), p.64 재인용

651) 고영자, 「고영자의 제주미학산책 6」, 『한라일보』 2013.6.26. 참조

652) USAFIK, *History of the United States Army Forces in Korea* (HUSAFIK), part 1, chapter Ⅶ,(Tokyo and Seoul, 1947.1948), pp.527~528

653) Hq. USAFIK, *G-3 Operations Report*. No. 25. Sep 28,1945.

654) USAFIK, *History of the United States Army Forces in Korea* (HUSAFIK), part 1, chapter Ⅶ,(Tokyo and Seoul, 1947.1948), p.531

『주한미군사』에는 「제주도 주둔 일본군의 항복과 무장해제」란 소제목 아래 6쪽에 걸쳐 이 과정을 소상히 다루고 있다. 이 기록에는 "제주 주둔 일본군의 항복과 무장해제를 위해 철두철미한 계획을 세웠다"고 기록할 정도로 미군 수뇌부가 이 문제에 신중을 기했음을 알 수 있다.

655) USAFIK, *History of the United States Army Forces in Korea* (HUSAFIK), part 1, chapter VII,(Tokyo and Seoul, 1947.1948), pp.536~545

656) Hq. USAFIK, *G-2 Periodic Report*, No. 26. Oct 5, 1945.

657) 제주4 · 3사건진상규명및희생자명예회복위원회, 『제주4 · 3사건진상보고서』, (서울: 선인, 2003), pp.67~68

658) MS, "History of the United States Army Forces in Korea, Sep 1945-20Jun 1946" Pt.I, Ch.I, pp.6~7; C. Leonard Hoag, *American Military Government in Korea War Policy and the First Year of Occupation: 1945~1946* (Office of the Chief of Military History Department of the Army, 1970)/신복룡 역, 『한국분단보고서』상, (서울: 풀빛, 1992), p.81

659) MS, "History of the United States Army Forces in Korea, Sep 1945-20Jun 1946" Pt.I, Ch.I 참조; C. Leonard Hoag, *American Military Government in Korea War Policy and the First Year of Occupation: 1945~1946* (Office of the Chief of Military History Department of the Army, 1970)/신복룡 역, 『한국분단보고서』상, (서울: 풀빛, 1992), p.95

660) 이는 FM27-5 rev. ed, 1943 이다.

661) '미 육 · 해군 야전교범 27-5(FM27-5)'은 민정의 목적을 다음과 같이 정의했다. "(민정은) 군사작전을 지원하는 것이며, 국가정책을 추진하는 것이며, 국제법 아래에서 점령군의 의무를 완수하는 것이다." *U.S. Army and Navy Manual of Military Government and Civil Affairs, 22 DEC.1943 (FM27-5, OPNAV 50 E-3)*, (Washington D.C.: U. S. Government Printing Office, 1943), p.5

662) 스티븐 엔디콧, 에드워드 해거먼, 『한국전쟁과 미국의 세균전』, (서울: 중심, 2003), pp.363~364

663) *U.S. Army and Navy Manual of Military Government and Civil Affairs, 22 DEC.1943 (FM27-5, OPNAV 50 E-3)*, (Washington D.C.: U. S. Government Printing Office, 1943), p.3

664) 임영태는 해방시기를 '정치폭발의 시기'라고 규정했다. 임영태, 『대한민국사』, (파주: 들녘, 2008), p.18

665) HUSAFIK 1권 1장 pp.63~64는 맥아더의 '작전지령 제4호'를 이렇게 기록했다. "한인은 적국민이지만 해방된 인민으로 대우해야 한다." Hoag, C. Leonard. "American Military Government in Korea: War Policy and the First Year of Occupation, 1941~1946." *Draft manuscript prepared under the auspices of the Office of the Chief of Military History,* (Department of the Army, 1970), pp.103~104 참조; 브루스커밍스 저, 김자동 역, 『한국전쟁의 기원』, (서울: 일월서각, 1997 10쇄), p.176

666) 주한미군정청 편, HUSAFIK,1945,9~1946,6 (서울: 행정관리국통계연구과, 1946), p.3; 브루스커밍스 저, 김자동 역, 『한국전쟁의 기원』, (서울: 일월서각, 1997 10쇄), p.177

667) 브루스커밍스 저, 김자동 역, 『한국전쟁의 기원』, (서울: 일월서각, 1997 10쇄), p.177

668) 포츠담회의를 위한 미국의 계획문서는 이렇게 말했다. '소련이 한국 문제의 지배에 있어서 주도적 역할을 강력히 주장할 가능성이 있다. 만약 이러한 요구가 소련이외의 국가는 형식적인 발언권을 갖게 될 행정체제의 수립을 뜻할 경우에는 한국을 신탁통치지역으로 규정하여 유엔기구 자체의 권한 밑에 두는 것이 바람직하다.' *Potsdam Paper* Vol.I, p.313; 브루스커밍스 저, 김자동 역, 『한국전쟁의 기원』, p.164

669) Ivan Morris, *Nationalism and the Right Wing in Japan,* (New York: Oxford University Press, 1960), pp.114~115; 브루스커밍스 저, 김자동 역, 『한국전쟁의 기원』, (서울: 일월서각, 1997 10쇄), p.175.

670) 브루스커밍스 저, 김자동 역, 『한국전쟁의 기원』, (서울: 일월서각, 1997 10쇄), p.162

671) "Korea: Occupation and Military Government: Composition of Forces" 1944. 3. 29. U. S. Department of State, *Foreign Relations of the United States* 1944, Vol.V, (Washington D.C.: U.S. Government Printing Office,1965), pp.5,1224~1228; 브루스커밍스 저, 김자동 역, 『한국전쟁의 기원』, (서울: 일월서각, 1997 10쇄), p.163

672) U. S. Department of State, *Foreign Relations of the United States* 1944, Vol.V, (Washington D.C.: U.S. Government Printing Office, 1965), pp.1226~1228

673) "Korea: Occupation and Military Government: Composition of Forces" 1944.5.4

674) Maruyama Masao, *Gendai Seiji No Shiso to Kodo,* (Tokyo: Mirai Sha, 1964)/ 마루야마 마사오 저, 김석근 역, 『현대정치의 사상과 행동』 (파주: 한길

사, 2012, 1판 7쇄), pp.299~300

675) 리처드 라우터백 저, 국제신문사 출판부 역,『한국미군정사』, (서울: 도서출판 돌베개, 1983), p.41

676) 김생민 채록 2001.7.13.(채록자: 양조훈, 장윤식, 김은희) 참조

677) 제주4·3연구소 편,『동아시아의 평화와 인권』, (서울: 역사비평사, 1999), p.271

678) 이영권 블로그, http://blog.naver.com/yklee43/30030314173.(2014. 6. 25. 검색)

679) 마르틴 니뫼러 재단에 의하면 니뫼러는 이 시를 쓴 적이 없다. 그냥 고백일 뿐이었다. 1976년 그는 카이저스라우테른의 한 교회에서 부활절예배 후 신도들과 간담회를 했다. 누군가 독일교회가 1933년 나치의 공산주의자 대숙청 때부터 사태의 심각성을 깨닫고 무엇인가 했더라면 좋았을 것 아니냐고 물었다. 니뫼러는 이렇게 답했다. "공산당이야 교회의 친구가 아니라 그 반대였지. 그래서 우리는 입을 다물고 있었던 것입니다 …." 이 말은 입에서 입으로 전해졌고 일종의 집단창작과정을 거쳐 오늘날의 시로 태어났다. 유시민,『후불제 민주주의』, (파주: 돌베개, 2009), p.376 참조

680) Kathleen H. Hicks, Christine E. Wormuth, *The Future of U.S Civil Affairs Forces* (Center for Strategic & International Studies, 2009), pp.1~3; 김학재,「한국전쟁과 '인도주의적 구원'의 신화」,『전장과 사람들』, (서울: 선인, 2010), p.25

681) 미국의 경우 1차대전의 경험으로 1930년대 말 군정에 관한 장이 포함된 야전교범 FM27-10『Rule of Land Warfare』이 생겨났고 이는 1940년 7월 30일 FM 27-5『Military Government』로 계승되었다가 다시 1947년 10월에『Civil Affaire Military Government』로 변경되었다. (Earl F. Ziemke, "Civil Affairs Reaches Thirty", *Military Affairs*, Vol.36. No.4, 1972, pp.130~133); 김학재,「한국전쟁과 '인도주의적 구원'의 신화」,『전장과 사람들』, (서울: 선인, 2010), p.25 ; 1943년 12월22일판 '미 육·해군 합동교범 (FM27-5)'인「군정과 민사업무」에 의하면, 민정조직의 두 가지 일반적인 유형을 '작전형(operational)'과 '지역형(territorial)'으로 분류했다. 참고로 해방 후 인천에 첫발을 내디딘 미군은 향후 몇 달 동안 충분한 전면 경계를 해야 한다는 예상에 따라 군정부대들이 도착하기 전까지 전투부대들이 군정업무를 수행했다. 따라서 남한 점령 초기에는 '전투형 점령(the combat of occupation)' 방식을 적용하기로 결정하였다. 그리고 24군단이 진주하고 나서야 지역형 점령으로 전환했다. ("interview with Col. Brainard E. Prescoff, Civil Administrator, 30 Nov, 1945", *HUSFIK, Part3, Chapter1, footnotes no.44*; 정병준,『한국전쟁. 38선충돌과 전쟁의 형성』(파주: 돌베개, 2006, 1쇄), p.134 재인용)

682) 김학재, 「한국전쟁과 '인도주의적 구원'의 신화」, 『전장과 사람들』, (서울: 선인, 2010), p.25

683) Cristen Oehrig, *Civil Affairs in World War* Ⅱ(Center for Strategic & International Studies, 2008), pp.5~6; 김학재, 「한국전쟁과 '인도주의적 구원'의 신화」, 『전장과 사람들』, (서울: 선인, 2010), p.26

684) Harold Zink, *The United States in Germany* 1944~1955, (Princeton: D.van Nostrand Co., Inc.), pp.1~4; 양동휴, 「연합국점령하의 서독(1944~1955)과 일본(1945~1952)경제-지역통합, 집단안보, 무역망구축」, 『국제지역연구』, 제11권 제1호, 2007. 3, p.812 참조

685) Cristen Oehrig, *Civil Affairs in World War* Ⅱ (Center for Strategic & International Studies, 2008), p.2; 김학재, 「한국전쟁과 '인도주의적 구원'의 신화」, 『전장과 사람들』, (서울: 선인, 2010), p.25

686) 크리스챤 사이언스 모니터지의 11월 21일자 기사, 드럼라이트가 국무부로 보내는 전문에 첨부되어 있다. 1950년 11월 25일자, NARA, RG 338 Eighth U.S. Army Civil Affairs Section, Civil Assistance Files, 1950 Entry A1 179 Box 1437. Folder: Civil Assistance Section Nov, Dec 1950. ; 김학재, 「한국전쟁과 '인도주의적 구원'의 신화」, 『전장과 사람들』, (서울: 선인, 2010), p.71

687) 『서울신문』, 1950. 11. 7.; 김학재, 「한국전쟁과 '인도주의적 구원'의 신화」, 『전장과 사람들』, (서울: 선인, 2010), p.71

688) Conway-Lanz, Sahr, "Beyond No Gun Ri: Refugee and the United States Military in the Korean War," *Diplomatic History, Vol.29 No.1,* 2005, pp.52~53; 강성현, 「한국전쟁기 한국정부와 유엔군의 피난민 인식과 정책」, 『전장과 사람들』, (서울: 선인, 2010), p.154

689) 강성현, 「한국전쟁기 한국정부와 유엔군의 피난민 인식과 정책」, 『전장과 사람들』, (서울: 선인, 2010), p.177

690) Opinion #239(1946.4.19.), "Defamation against Military Government: freedom of the Press", S*elected Legal Opinion of the Depertment of Justice, United States Army Military Government in Korea* (1946.3~1948.8), (The Department of Justice, Headquarters, USAMGIK; 「미군정기 정보자료집: 법무국·사법부의 법해석보고서」, 『한림대학교 아시아문화연구소 자료총서 23』 1997, p.78; 문준영, 「미군정 법령체제와 국방경비법」, 『민주법학』34, (서울: 민주주의법학연구회, 2007),

691) Opinion #998(1947.4.14.), "Loan of straw bag companies-Power to freeze bank accounts in order to repay bank loans", *Selected Legal*

Opinion of the Depertment of Justice, United States Army Military Government in Korea(1946. 3~1948. 8), (The Department of Justice, Headquarters, USAMGIK; 「미군정기 정보자료집: 법무국 · 사법부의 법해석보고서」, 『한림대학교 아시아문화연구소 자료총서 23』 1997, p.317; 문준영, 「미군정 법령체제와 국방경비법」, 『민주법학』34, (서울: 민주주의법학연구회, 2007), p.127

692) 제민일보 4 · 3취재반, 『4 · 3은 말한다』 1권, (전예원, 1994), pp.176~177

693) 「제주도 신병훈련소의 팻말」 전쟁기념관 (2012년 4월 14일 확인); 양영조, 「육군사관학교창설」, (국가기록원, 2012. 4. 18. 확인)

694) 제민일보 4 · 3취재반, 『4 · 3은 말한다』 1권, (전예원, 1994), p.175

695) 김익렬, 『4 · 3의 진실』, 1989, pp.3~5

696) 박찬표, 『한국의 국가형성: 반공체제 수립과 자유민주주의의 제도화, 1945~48』, 고려대 정치외교학과 박사학위논문, 1995, pp.111~112; 허호준, 『그리스와 제주, 비극의 역사와 그 후-그리스 내전과 제주 4 · 3 그리고 미국』, (서울: 선인, 2014), p.332

697) Gregory Henderson, 이종삼 · 박행웅 역, 『소용돌이의 한국정치』, (한울아카데미, 2013), pp.226~227; 허호준, 『그리스와 제주, 비극의 역사와 그 후-그리스 내전과 제주 4 · 3 그리고 미국』, (서울: 선인, 2014), p.332

698) 『국방일보』 2008. 05. 07.

699) 허호준, 『그리스와 제주, 비극의 역사와 그 후-그리스 내전과 제주 4 · 3 그리고 미국』, (서울: 선인, 2014), p.332

700) Sir Charles Oman, *A History of the Art of War in the Middle Ages*, Vol. II (London: Methuen and Company, Ltd., 1924), Vol. II, p.304; Hans J. Morgenthau, *Politics Among Nations* 5th ed. (New York: Alfred. a. Knopf Inc., 1973), p.357

701) Ferdinand Foch, *The Principles of War*, J. de Morinni trans, (New York: H. K. Fly, 1918), pp.31~32; Hans J. Morgenthau, *Politics Among Nations* 5th ed. (New York: Alfred. a. Knopf Inc., 1973), p.359

702) Barrington Moore, Jr., *Reflections on the Causes of Human Misery and Upon Certain Proposals to Eliminate Them* (Beacom Pr. Stember 1972); 박명림, 『한국전쟁의 발발과 기원2』, (서울: 나남, 1997, 2쇄), p.686. 재인용.

703) "슈티코프가 스탈린에게 (1949.5.15)", 『소련외교문서』, 3권, pp.18~20.; 정병

준, 『한국전쟁. 38선충돌과 전쟁의 형성』(파주: 돌베개, 2006, 1쇄), p.298 재인용.

704) 정일권, 『6·25비록: 전쟁과 휴전』, (서울: 동아일보사, 1986), p.156; 박명림, 『한국 1950전쟁과 평화』, (서울: 나남출판, 2003), p.556 재인용.

705) 한림화, 『한라산의 노을(상)』, (서울: 한길사), p.51

706) 김홍 편저, 『한국의 군제사』(학연문화사, 2003, 2쇄), pp.224~226.

707) 국방부전사편찬위원회 편, 『한국전쟁사 제1권: 해방과 건군』, (1967), p.247; 김영만, 「미군정기 조선경비대 창설과정 연구: 군사영어학교를 중심으로」, 고려대 사학과 석사학위논문, (1985) 참조

708) 국방부전사편찬위원회 편, 『한국전쟁사제 1권: 해방과 건군』, (1967), p.547

709) 임헌일, 「나는 북괴군 총좌였다」, 『세대』, (1970. 9), pp.230~231.; 박명림, 『한국전쟁의 발발과 기원』2, (서울: 나남, 1997, 2쇄), p.701

710) 한국 국방부 전사편찬위원회, 「육군장교자력표 군번 1-100」; 박명림, 『한국전쟁의 발발과 기원2』, (서울: 나남, 1997, 2쇄), p.421 재인용.

711) 『창군전사』, p.510; 『한국전쟁사』 1권, pp.496~497.; 박명림, 『한국전쟁의 발발과 기원2』, (서울: 나남, 1997, 2쇄), p.422 재인용.

712) 박명림, 『한국전쟁의 발발과 기원2』, (서울: 나남, 1997, 2쇄), p.423.

713) 장교에의 침투수단은 다음과 같다. 1.실력으로 사관학교에 입교하여 임관되는 방법. 2.추천으로 입교하는 방법을 사용함으로써 정부, 군, 정계의 유력인사를 이용하여 추천을 받게 한다. 3.공산당수뇌가 군내당조직에게 추천하여 사관학교에 입교 침투시키는 방법. 4.사관학교 직원으로 있는 세포를 이용하거나 혹은 그들을 매수하여 입교시킨다. 5.기성장교의 신원과 인적배경을 조사하여 접근의 소지나 잠재성분을 내재한 자를 포섭하는 방법. 6.기성장교들의 대인관계와 지연, 혈연, 인연, 동기동창관계등 한국의 토착적인 바탕을 이용하여 포섭공작을 확대시키는 방법. 2)사병에의 침투공작수단은 다음과 같다. 1.부락에서 당성이 강하고 성분이 좋은 분자를 적극적으로 추천하여 입대케 한다. 2.좌익계활동에서 노출된 자들을 단위 당-리, 면, 군, 도-을 거쳐 각 부대의 조직책에게 추천하여 침투시킨다. 3.경찰과 적대관계나 혹은 반감이 잇는 자들을 입대시킨다. 4.기성사병에 대하여 부대내에서 조직에 가담하고 있는 장교나 하사관으로 하여금 포섭케 한다. 5.조직에 직접-정식으로-가입시키지 않더라도 접근의 소지를 가지고 있는 사병들에 대하여 조직에 있는 지휘관이나 하사관 혹은 동료로 하여금 인간적인 관계의 형성으로 그들로 하여금 감화되게 하여 '동정', '동조'케 한다. 김운석, 『北韓傀集戰術文獻集』, (한국아세아반공연맹, 1957), p.469; 장윤식, 「제주 4·3사건초기 '무장대'의 조직과 활동」, (제주대학교대학원 사학과 석사학위논문, 2005), p.61

714) 문창송 편, 「제주도인민유격대투쟁보고서」, 『한라산은 알고 있다. 묻혀진 4·3의 진상』, (1995), p.75. 이 자료의 출처인 「제주도인민유격대투쟁보고서」는 4·3과 관련하여 가장 중요한 문건 중 하나이다. 이 자료가 문창송화북지서장에게 입수된 경위에 대해 당원이었다가 경찰로 전향했던 김생민은 다음과 같이 전한다. "이덕구가 총살당했는데 수행원 중에 양 씨라고 있었는데 그 사람의 가방에서 나온 것이다. 원본은 얼른 문지서장이 가졌고 사본을 내놓았다. 문창송 씨는 글을 잘 쓰고 상당히 빠른 사람이다. 왜정시대에 지원병 갔다 온 사람이고 독촉국민회 의원이고 처음부터 우익인사다. 베낀 원본은 그대로 가지고 있다." 문창송이 내놓은 사본과 관련 조작이나 개작의혹을 묻는 필자에게 그를 직접 대면하여 인터뷰한 김용철은 자기가 판단컨대 조작할 사람은 아니라는 인상평을 전했다. 문창송의 자료로 논문을 쓴 장윤식 역시 부분적으로 오류나 과장이 발견되긴 하나 기본적으로 신뢰할 만한 자료임을 확인했다.

715) 김점곤, 『한국전쟁과 남로당전략』, (박영사, 1973), pp.180~181; 장윤식, 「제주 4·3사건초기 '무장대'의 조직과 활동-「제주도인민유격대 투쟁보고서」의 분석-」, (제주대학교대학원 사학과 석사학위논문, 2005), p.61

716) 문창송 편, 「제주도인민유격대 투쟁보고서」, 『한라산은 알고 있다. 묻혀진 4·3의 진상』, (1995), pp.19, 76~77; 장윤식, 「제주 4·3사건초기 '무장대'의 조직과 활동」, (제주대학교대학원 사학과, 2005), p.61

717) 제민일보 4·3취재반, 『4·3은 말한다』1권, (서울: 전예원, 1994), p.497

718) 제민일보 4·3취재반, 『4·3은 말한다』2권, (서울: 전예원, 1994), p.8

719) 채명신, 「역사를 넘어 시대를 넘어」(18). 국방일보

720) 문창송 편, 「제주도인민유격대 투쟁보고서」, 『한라산은 알고 있다. 묻혀진 4·3의 진상』, (1995), p.83

721) (No. 1037, 1949.1.14. 보고), HQ USAFIK 일일정보보고/*G-2 Periodic Report* (1945. 9. 9~1949. 6. 17)

722) (No. 1087, 1949. 3. 15. 보고), HQ USAFIK 일일정보보고/*G-2 Periodic Report* (1945. 9. 9~1949. 6. 17)

723) 장윤식, 「제주 4·3사건초기 '무장대'의 조직과 활동」, (제주대학교대학원 사학과, 2005), p.71

724) 대정면당 무장대 중대장 김모의 증언에 의하면 "내가 대정면 무장대 책임자로 있다보니 무기도 관리하게 됐지요. 사태가 난 후 9연대 소속 군인들이 몰래 소총을 보내온 일도 있었습니다. 우리 무장대원들이 한수기 숲 근처에 있을 때인데 하루는 도당에서 3백 명이 살 아지트를 만들라는 지시가 내려왔습니다. 그래서 우리는 신평, 구억마을로 내려가 짚을 가져다가 야외에 집을 지었지요. 준비가 거의

끝날 무렵이었는데 돌연 이 작업을 중단하라는 지시가 떨어졌어요. 그래서 '왜 그
만두게 하느냐'고 물었더니 9연대 군인들이 집단으로 입산하게 됐는데 그들이 바
로 산으로 올라오지 않고 별도로 행동, 서귀포쪽으로 갔다는 것입니다. 그리고
우리 선을 타고 행동하지 않다가 끝내는 많이 잡혔다는 이야기도 전해오더군요."
제민일보, 『4·3은 말한다』 3권, p.132

725) 정석균, 「제주 4·3사건시 군경의 토벌작전」, 『군사』47호, (서울: 국방부군사편
    찬연구소, 2002.12), p.38; 아라리연구원 편, 『제주민중항쟁』1, (소나무, 1988),
    p.291; 전쟁기념사업회, 『한국전쟁사』5, (전쟁기념사업회, 1992), p.314. 이덕구
    이후 3대사령관은 김의봉이었다. 김의봉은 4·3 초기 제주도당 군사부 제3지대
    (남원면)사령관이었다. 그는 전향자의 신고로 와흘 뒷산 대못으로 도망치다가 사
    살 되었다. 그는 와흘 출신이었다. 4대사령관은 고승옥이었고, 그 뒤 1951년 3월
    허영삼이, 허영삼이 사살되자 김성규가 추대되었다. (이선교, 『제주 4·3사건의
    진상』, (현대사포럼, 2012), p.119 참조; 강아무개(70. 朝天邑 朝天里, 입산시절
    의 가명은 姜幸一)의 증언; 제민일보 4·3취재반, 『4·3은 말한다』 4권, (서울:
    전예원, 1994), p.374 참조

726) 채명신, 「역사를 넘어 시대를 넘어」(17). 국방일보; 제주4·3사건진상규명및희생
    자명예회복위원회, 『제주4·3사건진상보고서』, (서울: 선인, 2003), p.553

727) "13일 공판은 김익렬(金益烈) 중령의 증언과 당시의 제주도 총참모관인 정일권
    (丁一權) 대령으로부터 5월 3일 이후 직접행동을 하도록 명령하였다는 증언이 있
    었고…."(경향신문 1948년 8월 14일); 김용철, 「제주4·3사건초기경비대와 무장
    대협상 연구」, 제주대학교대학원 사학과 석사학위논문, (2009), p.13

728) "나는 박 대령(박진경) 암살주범으로 의심을 받고 서울로 소환되었다."(제민일보
    4·3취재반, 『4·3은 말한다 2』, (서울: 전예원, 1994), p.347; 김용철, 「제주
    4·3사건초기경비대와 무장대협상 연구」, 제주대학교대학원 사학과 석사학위논문,
    (2009), p.13)

729) 문준영, 「미군정 법령체제와 국방경비법」, 『민주법학』 Vol.34, (민주주의법학연
    구회, 2007), p.128 군정장관 기타 중앙부처의 간부가 발하는 일반적, 법적효력
    을 가지는 법령이나 법규는 권한자의 서명, 날인, 공문서번호의 부여와 등록, 관
    보게재라는 요건을 갖출 때 유효한 법규범으로 존재할 수 있다. 그러나 1948년
    7월 7일 공간되었을 뿐인 국방경비법은 이런 절차를 거치지 않았다. (문준영, 위
    글, p.122 참조)

730) 박진경 살해범 문상길 등에 대한 군사재판에서 재판장은 이응준(李應俊) 대령이
    었고 검찰관은 이지형(李智衡) 중령이었다. 이응준은 미 군정청 군사고문으로 조
    선국방경비법이 필요하다는 군무국장 아아고(Argo)대령의 요구를 1946년 1월 3
    일 미 군정청 법률고문으로 취임한 손성겸에게 전달하여 이 법을 기초하게 하였
    다. 이지형 참위는 국방경비대 초대 법무처장인 김완룡 참위와 함께 경비대 사령

관 베로스(Baross) 중령으로부터 미국 육군형법과 해안경비법 원전 2권을 인도받아 국방경비법을 기초하였다. 이 법에 대한 연구에 의하면 그 합법성이 의심된다. 따라서 국방경비법을 만드는데 직간접적으로 관여한 이응준과 이지형이 이 재판을 주도한 것이다. 문준영, 「미군정 법령체제와 국방경비법」, 『민주법학』 Vol.34, (민주주의법학연구회, 2007), p.108 참조

731) 박찬식, 「한국전쟁기 제주 4·3 관련 수형인 학살의 실상」, 『4·3과역사』, (제주: 제주4·3연구소, 2001. 7), pp.48~49 참조; 이덕인, 「이승만정권 초기의 사형제도운용에 대한 평가」, 『경희법학』 제49권1호, (2014), p.220 참조

732) 『동아일보』, 1946.8.13

733) 채명신, 「역사를 넘어 시대를 넘어19−문상길중대장. 오일균대대장」, 『국방일보』, 2007. 2. 14.

734) 『자유신문』, 1949. 4. 12.

735) 양우정, 『이대통령건국정치이념』 (1949), p.130; 후지이 다케시, 「제1공화국의 지배이데올로기」, 『역사비평』 83호, (서울: 역사비평사, 2008 여름호), p.118

736) 伊藤晃, 『轉向と天皇制』, (東京: 勁草書房, 1995), pp.21~51; 후지이 다케시, 「제1공화국의 지배이데올로기」, 『역사비평』 83호, (서울: 역사비평사, 2008 여름호), p.122

737) Bruce Cumings, *The Origins of the Korean War* Vol.2, (Princeton: Princeton University Press, 1990), p.196; 후지이 다케시, 「제1공화국의 지배이데올로기」, 『역사비평』 83호, (서울: 역사비평사, 2008 여름호), p.124

738) 『자유신문』, 1949. 4. 12.

739) 안호상, 『세계 신사조론(상)』, (일민주의보급회출판사, 1952), pp.160~172; 안호상, 『일민론』, (일민출판사, 1953), pp.67~79; 후지이 다케시, 「제1공화국의 지배이데올로기」, 『역사비평』8 3호, (서울: 역사비평사, 2008 여름호), p.129

740) 정동웅, 「동란 제주의 새비극 박대령 살해범 재판기」, 『새한민보』 1948년 10월 상순; 제주4·3사건자료집4[국내잡지편], p.213

741) 박명림, 「한국전쟁과 헌법의 변화」, 『한국전쟁에 대한 11 가지 시선』, (서울: 역사비평사, 2010), pp.90~91. 현대한국의 국제관계를 규정짓는 2대요소인 한미동맹과 자본주의 시장경제질서의 도입은 1948년이 아니라 1953년 전후에 정초된 것이다.

742) 제민일보 4·3취재반, 『4·3은 말한다』 1권, (서울: 전예원, 1994), pp.434~437; 제주4·3사건진상규명및희생자명예회복위원회, 『제주4·3사건진상보고서』, (서울: 선인, 2003), p.266

743) Hq. USAFIK, *G-2 Periodic Report*, No. 977, November 1, 1948; 제주 4·3사건진상규명및희생자명예회복위원회, 『제주4·3사건진상보고서』, (서울: 선인, 2003), p.267

744) Hq. USAFIK, *G-2 Periodic Report*, No. 1023, December 28, 1948; 제주 4·3사건진상규명및희생자명예회복위원회, 『제주4·3사건진상보고서』, (서울: 선인, 2003), p.267

745) 『제주신보』 1947.2.18. 참조

746) Ferdinand Brunot, *Histoire de la langue française des origines ǎ 1900, Ⅸ: La Rĕvolution et l'Empire, 2e Partie: Les ĕvĕncments, les institutions et la langue,* (Paris: Lib. Armand Colin, 1937), p.617; 이매뉴얼 월러스틴, 강문구 역, 『자유주의 이후』, (서울: 당대, 1996), p.106 참조

747) 이시우, 「자유주의국가의 적은 혁명인가 반혁명인가」, 『내란음모의 블랙박스를 열다』, (서울: 도서출판615, 2013), pp.218~219

748) 커밍스에 의하면 제주도는 1946년 현재 15세 이상 학생 및 전문직학교 졸업자 비율이 42.4%로 전국 평균치 27%보다 훨씬 웃돌고 있다. 김동만, 「제주지방건국준비위원회인민위원회의조직과활동」, 『역사비평』 14호, (역사비평사, 1991. 2), p.199

749) 『4·3은 말한다』 1권, (서울: 전예원, 1994) p.186

750) 김생민 채록 2001.7.13.(채록자: 양조훈, 장윤식, 김은희)

751) 이삼룡은 "1947년 말 조직에서 가명을 쓰자는 말이 나왔을 때, 내가 이승진에게 '자네 장인(강문석)이 일제 때 김달삼이란 가명을 썼는데 그게 좋겠다'고 권유했다"고 주장했다. 李三龍(79세. 日本 東京 荒川區, '4·3' 당시 남로당 제주도당 정치위원, 2002. 7. 11. 채록)증언; 제주4·3사건진상규명및희생자명예회복위원회, 『제주4·3사건진상보고서』, (서울: 선인, 2003), p.113.

752) 김달삼이 학병징집 후 복지산(福知山)육군예비사관학교를 나왔다는 주장도 있다. (김봉현, 『제주민중항쟁』1권, (소나무, 1988), p.387) 이는 미묘한 인연을 만드는데, 후에 항복협상을 하는 김익렬도 이 학교 출신이기 때문이다. 이는 김달삼과 김익렬이 모종의 비밀스런 관계가 아니었나하는 의심의 소재로 작용했다. 그러나 김달삼이 직접 쓴 자필이력서에는 이 학교 경력은 등장하지 않는다. 또한 대정면 책 이운방에 의하면 대정에서의 이승진 결혼식 피로연에 참석한 것이 1944년 가을이 분명하다고 했다. 따라서 일본 학도병으로 있었다면 전쟁 말기에 결혼한다고 고향에 보내줄 리는 만무했다는 것이다. 따라서 신중한 검토가 필요하다. (『이제사 말햄수다』, pp.189-190참조)

753) 1945년 9월 11일 조선공산당이 재건되면서 강문석은 중앙위원으로 서열 25위에

선임되었다. (박헌영, 「조선공산당의 재건과 그 현상황」, 1946. 3; 임경석, 『이정 박헌영 일대기』, (서울: 역사비평사, 2005 3쇄), p.218

754) 강문석의 제주파견에 대해 박갑동은 '당시 중앙선전부장 강문석을 정책 및 조직 책임지도자로 선정하여 제주에 보냈다'고 주장했다. (박갑동, 『박헌영』, (서울: 인 간사, 1983), pp.198.199 참조). 이같은 사실들은 4·3의 남로당 중앙지령설을 구성하는 근거로 제시되었으나 교차 확인된 바는 없다. 이삼룡은 강문석이 내려 오지 않았다고 판단했다.

755) 박갑동, 『통곡의 언덕에서』 (서울: 서당,1991), pp.282-285 참조

756) 橫田英明 編,『濟州島 四三事件た 生まぬいて (聞き書 金璟炯の 半生』, (リー ブル, 2010) 참조

757) 강만길·성대경 편, 『한국사회주의운동인명사전』, (창비, 1996), p.10

758) 지역분포로 보면 오사카가 압도적으로 많았다. 그 수는 다음과 같다. 23,530명 (大阪 17천 명, 東京 3,140명), 2,660명(大阪 1,100명, 東京 860명). 정혜경, 「1930年代初期오사카(大阪)地域協同組合과朝鮮人運動」, 『한일민족문제연구』 1 권, (한일민족문제학회, 2001), pp.86~87;『社會運動通信』 1930. 04. 11. 大 阪;『大阪朝鮮勞動`産業別に再組織／大阪皮革勞動組合の結成』 참조

759) 「일본 상해주재 사무관 보고사료」 참조

760) 박갑동 『박헌영』 (서울: 인간사, 1985 4판), p.174 참조

761) 그러나 이운방은 그가 해방 후 제주를 들른 적은 없었다고 한다.

762) 주한미육군 971방첩대(971 Counter Intelligence Corps, USAFIK) 1947년 ~1948년 활동보고서 참조

763) 박명림, 「제주도 4·3민중항쟁에 관한 연구」, 고려대 석사학위논문, (1988), p.47; 문순보, 「제주민중항쟁의 원인과 성격」, 성균관대대학원 정치외교학과 박 사학위논문, (2001), p.32

764) 당시 미군정이 일본과의 물자교역을 불법화 한데에는 밀수선을 단속한다는 표면 적인 이유가 가장 컸다. 그러나 밀수선 단속을 빌미로 행해진 국립경찰과 서북청 년단 등의 공공연한 모리행위는 도민들을 더욱 자극하는 요인이 되었다. Hq.USAFIK, *G-2 Periodic Report*, 1946. 4. 26.~4. 28(No.214), 1946. 6. 2.~6. 3(No.244), 1946. 8. 1.~8. 2(No.295), 1947. 1. 2.~1. 3(No.421); 문 순보, 「제주민중항쟁의 원인과 성격」, 성균관대대학원 정치외교학과 박사학위논 문, 2001, p.32

765)『4·3은 말한다』2권, p.8

766) Hq.USAFIK CIC, *Semi-Monthly Report*, 1947. 5. 16.~5. 30(No.11); 문순

보, 「제주민중항쟁의 원인과 성격」, 성균관대대학원 정치외교학과 박사학위논문, (2001), p.32

767) Hq.XXIV Crops, *G-2 Periodic Report*, 1947. 2. 7.~2. 9(No.452); 문순보, 「제주민중항쟁의 원인과 성격」, 성균관대대학원 정치외교학과 박사학위논문, (2001), p.32

768) 김인덕, 「1948년 한신교육투쟁과 재일조선인역사교육」, 『한일민족문제연구』 15권, (한일민족문제연구학회, 2008), p.164 참조

769) 강동식 · 강영훈 · 황경수, 『일제강점기제주지방행정사』, (제주발전연구원, 2009), p.187 참조

770) 김동만, 「제주지방건국준비위원회인민위원회의 조직과활동」, 『역사비평』 14호, (역사비평사, 1991.2), p.200 참조

771) 김생민 채록 2001.7.13.(채록자: 양조훈, 장윤식, 김은희); 허호준, 『그리스와 제주, 비극의 역사와 그 후–그리스 내전과 제주 4 · 3 그리고 미국』, (서울: 선인, 2014), pp.394~395

772) 제주4 · 3연구소 편, 『이제사 말햄수다』, (한울, 1989), p.39; 제주4 · 3사건진상규명및희생자명예회복위원회, 『제주4 · 3사건진상보고서』, (서울: 선인, 2003), p.113

773) 양정심, 「제주4 · 3항쟁연구」, 성균관대학교대학원 사학과 박사논문, (2005), p.36 참조

774) 김창후, 「고 이운방선생 추도사」, 『헤드라인제주』, 2013. 6. 20.

775) 김동만, 「제주지방건국준비위원회인민위원회의조직과활동」, 『역사비평』14호, (역사비평사, 1991. 2), pp.193~194 참조

776) 김생민 채록 2001. 7. 13.(채록자: 양조훈, 장윤식, 김은희)

777) 조몽구는 4 · 3발발 당시 입산하지 않고 마을에 남아 있으면서 활동한 것으로 보이나 확실치는 않다. 1951년 9월경 부산에서 체포되었다. 이운방, 「4 · 3항쟁에 대한 일고찰」, 제주4 · 3연구소 편, 『4 · 3장정』3, (백산서당, 1990), p.104

778) 제주4 · 3사건진상규명및희생자명예회복위원회, 『제주4 · 3사건진상보고서』, (서울: 선인, 2003), p.157 참조

779) 제주4 · 3연구소, 『이제야 말햄수다』1, (서울: 한울, 1989), p.159

780) 양정심, 「제주4 · 3항쟁에 관한 연구―남로당제주도위원회를 중심으로」, 『성대사림』 11집, p.16

781) 김창후, 「고 이운방선생 추도사」, 『헤드라인제주』, 2013.6.20

782) 장윤식, 「제주4·3사건초기 '무장대'의 조직과 활동」, (제주대학교대학원 사학과 석사학위논문, 2005), p.57

783) 장윤식, 「제주4·3사건초기 '무장대'의 조직과 활동」, (제주대학교대학원 사학과 석사학위논문, 2005), p.57

784) 제주4·3연구소 편, 『그늘속의 4·3』, (서울: 선인, 2009), pp.290~296; 허호준, 『그리스와 제주, 비극의 역사와 그 후–그리스 내전과 제주4·3 그리고 미국』, (서울: 선인, 2014), p.397

785) 김하영에 의하면 이 같은 사실은 1949년 여름 화북리 동부락 속칭 '연뒤밑'에 거주하는 김주탁의 최측근 참모인 부녀동맹 위원장 안방훈과 김춘화 등이 경찰에 체포될 당시 숨겨두었던 극비문서가 압수됨으로서 밝혀졌고 이것이 빌미가 되어 안구훈 등 다수가 체포 구속되었다 한다. 김하영, 「내가 겪은 제주4·3」 http://blog.daum.net/chfhd9331/15971839 참조; 화북동운영위원회, 『화북동 향토지』 (제주: 화북동, 1991), pp.146~156

786) 『경향신문』, 1949년 6월 25일 참조; 양정심, 「4·3항쟁과 남로당 제주도당」, 『사림』 제27호, p.186

787) 조기천, 「조선은 싸운다」(1951), 『천리마』, (평양: 문예출판사, 1961), pp.80~100 참조

788) U. S. Department of State, "Muccio to the Secretary of State, June 25, 1950", U. S. Department of State, *Foreign Relations of the United States, Vol.Ⅶ ; Korea* (Washington, D.C.: U. S. Government Printing Office, 1976), p.131

789) 박명림, 『한국전쟁의 발발과 기원 2』 (서울: 나남, 1997, 2쇄), pp.607~608; 이시우, 『유엔군사령부』, (파주: 들녘, 2013), p.375 재인용

790) 이시우, 『유엔군사령부』, (파주: 들녘, 2013), p.294 참조

791) KMAG, *G-2 P/R.* No.284. Mar.23, 1950; 박명림, 『한국1950 전쟁과 평화』, (서울: 나남출판, 2003), p.203

792) KMAG, *G-2 P/R.* No.289. Mar.31, 1950; 박명림, 『한국1950 전쟁과 평화』, (서울: 나남출판, 2003), pp.203~204

793) 대한민국 외무부, 『한국전쟁 관련 러시아 외교문서』,(1994, 내부용 번역본), p.23; 박명림, 『한국1950 전쟁과 평화』, (서울: 나남출판, 2003), p.204; 국제정치학자인 A.V 토르쿠노프가 발굴한 자료에 의하면 1950년 4월 3일, 소련대사관은 남한 내 빨치산 활동 지도자인 김달삼이 평양에 도착했다고 알렸다. 남한의 신문 라디오에서는 김달삼이 정부군과의 총격전으로 사망했다고 보도됐었다. 그러나 실제로 김달삼은 남한에서의 빨치산 활동을 계획하기 위해 북한을 방문했

다.「모스크바로 보내는 평양주재 소련대사관의 전보(1950.4.10.), 폰드3, 목록65, 문서826, 리스트80」; A.V 토르쿠노프, 구종서 역, 『한국전쟁의 진실과 수수께끼』, (서울: 에디터, 2003), p.137

794)「남도부 사건기록」이 기록은 이 부대의 지휘관인 남도부가 1954년 체포되었을 때의 재판기록이다. 여기에서 참고한 것은 판결문의 요약문이다.; 박명림, 『한국 1950 전쟁과 평화』, (서울: 나남출판, 2003), p.204

795) 김남식, 『남로당 연구』1, (서울: 돌베개, 1984), pp.440~443; 김광운, 「북한의 비정규전 조직과 전개」, 한국역사연구회 현대사분과 편, 『역사학의 시선으로 읽는 한국전쟁』, (서울: 휴머니스트, 2010), p.370

796) 문창송 편, 『한라산은 알고 있다. 묻혀진 4·3의 진상』, (1995), pp.16~17

797) 2002년 7월 11일 제주4·3위원회 조사팀(채록시간 미상), 2005년 7월 국사편찬위원회채록팀(2차례 4시간 25분), 2006년 5~9월 제주MBC '재일제주인' 채록팀(채록시간 미상) 이삼룡은 MBC 취재팀에 증언 한 뒤 작고하셨다. 이들 증언은 각기 달라 교차확인이 필요하다.

798) 이동규, 『험한 땅 다스리며 개척하며』, (늘푸른디자인, 2010), pp.239~242 참조. 강정리 세포 Y모 씨 집 수색전에 이미 같은 마을 강정리의 당원 김석천이 이미 체포되어 있었다. 나종삼에 의하면 그는 27년 12월 하순에 체포되어 20여일 간의 끈질긴 회유 끝에 '저와 연락을 취하는 사람은 도당 조직부의 김생민이며, 아지트는 조천면 신촌리에 있다'는 자백을 받아냈다고 한다. (나종삼, 『제주 4·3사건의 진상』, (서울: 아성사, 2013), p.107)

799) 제민일보4·3취재반, 『4·3은 말한다』1권, (서울: 전예원, 1994), p.462 참조

800) 김생민은 본인이 1월경 체포되었다고도 하고 12월에 나석권 때문에 체포되었다고도 했다. 그러나 2011년 한 강연에서 다시 1월 강정리 세포 검거로 자신이 검거되었다고 확인했다. (제주자유수호협의회, 『제주도의 4월 3일은』2집, (제주: 제주자유수호협의회, 2011), p.200) 1월 22일 사건등 남로당 검거 선풍은 자신이 고문에 못 이겨 발고한 것이 원인이 되었을 것으로 판단했다. (제주4·3사건진상규명 및 희생자명예회복위원회, 『제주4·3사건진상조사보고서』, (서울: 선인, 2003), p.155 참조) 그러나 이선교는 1. 22 회의는 김석천에 의해 노출된 것이라고 주장했다.

801) 김희옥(1933년 생. 조천면 신촌리 동수동 43번지)채록. 2014년 6월 12일, 6월 14일(채록자: 이시우). 김희옥 할머니를 필자에게 소개한 분은 김경훈 시인이다.

802) 2005년 7월 국사편찬위원회 채록팀(2차례 4시간 25분)

803)「2006년 5~9월 제주MBC '재일제주인' 채록팀

804) 김희옥 할머니의 증언은 조천면 북촌리 여성동맹 위원장을 지냈던 한 할머니의

증언과도 비교된다. "우리 마을에서 도당부 회의처럼 중요한 모임이 있을 때에도 우리 같은 여맹회원들은 밥을 지어서 마루에 들여 놓은 뒤 자리를 피해야 합니다. 방문은 항상 닫혀 있었기 때문에 그 회의에 누가 참석했는지조차도 알 길이 없었습니다. 또 그런 것을 알려고 안 하는 것이 불문율처럼 되어 있었지요."(제민일보4·3취재반, 『4·3은 말한다』 1권, (서울: 전예원, 1994), p.460 참조) 김할머니가 전하는 분위기는 북촌리 여맹위원장의 증언보다는 긴장감이 덜한 것이 사실이다.

805) 김희옥 할머니의 증언에 의하면 고한수는 고한실의 형이란 점과 산천단에 살았다는 점을 정확히 기억하였다. 이를 토대로 고씨 가의 족보 등 여러 자료를 종합하면 그의 가족관계는 다음과 같다. 제주 고씨 영곡공파로 부 고규남(高珪南, 1887), 모 김운하(金雲河, 1880), 장남 고한석(高漢錫, 1910), 차남 고한수(高漢洙, 1919), 삼남 고한실(高漢實, 1923)이다. 이중 고한수는 담양 전씨 성을 가진 부인과 결혼했으나, 후손이 없는 것으로 봐서 큰 변고가 있었던 듯 더 이상 대가 이어지지 않았음을 알 수 있다.(제주 고 씨 인터넷 족보) http://jejusr.hosting.paran.com/yg/yg60942.html 참조 (2014. 6. 16. 검색) 아라리 산천단 371번지 고규남(高珪南)가에 대한 1939년 당시 조사기록에 따르면 그는 2남 3녀의 자녀를 두고 있는데, 아들 둘 다 일본 오사카의 나니와(浪花)소학교에 재학 중이라고 적혀있다. (다카하시 노보루(高橋昇)저, 홍성목 역, 제주시우당도서관 편, 『조선반도의 농법과 농민-제주도편 1939년』, (제주: 제주시우당도서관, 2000), pp.42-44) 김희옥 할머니가 증언한 고한실(南洲 高漢實)은 1963년 동수동에 우물 정비에 필요한 자금을 희사한 인물인데, 스스로의 증언에 의하면 한학자이신 아버지(山畜 故 高珪南)는 향교 반수를 지낸 빈곤한 농부였고 어머니(金雲河)는 열렬한 불교 신자였다고 한다. (http://www.adventist.kr/800 참조(2014. 6. 14. 검색) 이는 앞의 책에서 그의 집이 가옥 3동 중 1동을 사원으로 사용하고 있다는 기록과 일치한다. 고한실의 모친 김운하가 김해 김씨로 김희옥 부친의 고모라는 것도 설득력이 있다. 그러나 김희옥 할머니의 증언과 기록이 불일치하는 부분은 고봉화이다. 제주 고씨 족보엔 장남의 이름은 고한석이다. 고봉화가 개명한 이름인지는 확인되지 않는다.(고봉화 관련해서는 다음 참조. (김희옥(1933년 생. 조천면 신촌리 동수동 43번지) 채록.)

806) 김두식(1927년 생, 삼도1)씨가 증언한 고한수는 부인의 성씨와 고향인 아리동이 정확히 일치했다. 그는 고한수가 제주 남로당의 남부책이라고 기억하고 있었다. 그의 증언에 의하면 "고한수는 왜정 때 감옥갔다 왔고, 해방 직후부터 좌익활동을 했으며, 청진으로해서 국경을 넘어가다가 체포되어 3명이 같이 처형당했고, 그 바람에 전 씨 가문이 큰 피해를 입었다"고 했다. (김두식 증언 채록 2002. 04. 26. 참조)

807) 이선교에 의하면 1월 21일 밤 회의의 폭로는 김생민이 아니라 김석천이었다. 김석천은 체포되어 전향한 사실을 숨기고 태연히 비밀회의에 참석하여 회의일자를

계속 밀고했다. 그는 연속해서 1월 26일 밤 애월에서 열린 비밀회의도 알아내어 경찰은 완벽한 준비로 회의장을 덮칠 수 있었다. 안세훈, 조몽구, 김달삼 등 115명이 체포되었는데 호송차가 관덕정 부근을 지날 때 경찰의 감시가 허술한 틈을 타 김달삼과 조몽구는 탈출했다. 김달삼은 젊은 혈기로 날래게 도망쳤고, 조몽구는 일단 금강약국에 숨었다가 도망쳤다.(이선교, 『제주4·3사건의 진상』, (서울: 현대사포럼, 2009 4쇄), pp.64~65 참조; 나종삼, 『제주4·3사건의 진상』, (서울: 아성사, 2013), pp.108~109 재인용)

808) 971 Counter Intelligence Corps, USAFIK, CIC *Semi-Monthly Report*, No. 3, February 15, 1948. 이 문건의 정보평가에 대한 등급은 C-3로 표기되어 있다. 'C-3'은 신뢰도에서 중간의 것으로 사실 가능성이 있으나 완전히 믿을 수는 없다는 뜻을 내포하고 있다.

809) 이삼룡은 『제주4·3진상조사보고서』에서는 안세훈, 오대진, 강규찬, 김택수가 이미 제주를 떠난 뒤였다고 증언했으나, 국편채록팀에게는 강규찬이 신촌회의에 참석했다고 증언했다. 이 경찰출신자의 증언에는 강규찬은 물론 오대진, 김택수의 이름이 모두 거론되고 있는 점에 유의할 필요가 있다. 이들 증언을 종합하면 최소한 강규찬이 회의에 참석했을 가능성은 있다. 강규찬은 1948년 김달삼이 도당책에서 군사부책이 된 후 후임으로 도당책을 맡았다. 그러나 이 경찰출신 증언자의 첩보는 첩보로서의 한계도 그대로 노출하고 있어 신빙성을 두기는 어렵다. 참고로 오대진은 1947년 2월 하귀회의에서 제명당하였다. 사유는 당 활동을 게을리 한다는 것이고, 제명을 건의한 것은 조직책인 조몽구였다. 따라서 오대진을 1948년 당시 간부진으로 파악하고 있는 것은 오류이다. 오대진의 제명에 대해서는 다음을 참조. 양정심, 「제주4·3항쟁에 관한 연구—남로당제주도위원회를 중심으로」, 『성대사림』 11집, p.16

810) 박서동 정리, 「남로당 프락치 경찰내부에 있었다」, 『월간관광제주』, (1990. 3), p.59

811) 이 글은 김씨의 이름을 밝히고 있지 않다. 당시 봉개7인당파라고 불리던 좌익지도자 중 김씨 성을 가진 사람은 김용관, 김응배, 김영순 3인이다. 1급 감시대상인 제주도당 위원장 김용관의 집에 무전시설까지 갖추어 놓았다고 보긴 힘들다. 따라서 나머지 2인중 하나일 수도 있다. 그러나 필자는 이를 더 확인하지 못했다.

812) 김영중, 『내가보는 제주4·3사건』, (서울: 삼성인터컴, 2011) 구국투쟁위원회의 조직표를 처음으로 제시한 것은 고재우이다. (고재우, 『제주4·3폭동의 진상은 이렇다』, (제주: 백록출판사, 1998), pp.30~31) 그러나 고재우는 이 조직표의 출처와 관련 어떤 자료도 제시하지 않고 있다. 나종삼은 고재우의 자료를 그대로 인용하며 2월 25일 구국투쟁위원회전환을 기정사실화하고 있다. 선흘리라는 회의장소는 김영중이 처음 제시했는데, 역시 어떤 출처도 밝히지 못하고 있다. 결국 우익인사들이 계속해서 재생산하고 있는 2월 25일 구국투쟁위원회 전환회의는

현재까지 아무런 근거를 찾을 수 없는 주장일 뿐이다.

813) 헝거의 보고서에 나온 조직표는 1년전인 1947년 결성된 「남로당인민해방군」의 조직표와 거의 동일하다. 예를 들면 김달삼의 친구 이종우는 이 조직표에는 농민부장과 노동부장직을 맡고 있는 것으로 되어 있는데, 그는 4·3봉기 즈음에 선흘리에서 사살되었다. 따라서 이 자료는 1년 전 상황을 반영할 뿐으로 봐야할 것이다. 헝거보고서는 다음을 참조. ("Report on South Korean Labor Party, Cheju Do," June 20, 1948, RG 338: Records of US Army Command(1942–), US Army Forces in Korea 1945–49, Entry No. 11071, Box No.2, NARA, Washington, D.C.; 제주4·3사건진상규명 및 희생자명예회복위원회, 『제주4·3사건자료집 9 미국자료편3』, 2003, p.44 재인용) 그러나 한국 상황을 가장 완벽하게 파악하고 있었다는 주한미육군방첩대의 8월~9월 보고에 의하면 구국투쟁위원회는 1948년 5월과 6월에 조직되었으며, 남로당 간부들이 주요 간부직을 차지했지만 최초의 구성원은 민애청에서 모집한 사람이었다. 6월 25일자 강대석 구국투쟁위원회 위원장 명의의 지령에도 유격대와 협력을 요구할 뿐 그 자체가 군사조직이라고 보이지 않는다. 8월 17일자 삐라에도 군사적 행동의 흔적은 찾기 힘들다. 헝거의 보고서가 6월이고 971방첩대 보고서가 9월인 점을 감안하면 미군 내에서도 구국투쟁위원회의 존재에 대해서는 군사지원조직으로 혼란이 정리된 듯하다. 따라서 구국투쟁위원회란 조직 자체에 대한 재검토가 필요하다. (주한미육군방첩대 주간보고서 1948.8.16.~9.15; 제주도의회 제주4·3연구소 역, 『제주4·3자료집 미군정보고서』, (제주도의회, 2000), pp.313~314 참조)

814) 남로당의 각 도당에서는 "1948년 2·7구국투쟁을 계기로 무장부대를 편성하게 되면서부터 '군사부'를 조직하여 통할게 하는 동시에 '특위'를 설치함으로써 당과 야산대의 수뇌가 정군일체를 꾀하여 당 목표에 귀일케 하기 위한 조정기구로서의 역할을 담당하도록 시도"하였다.(김점곤, 『한국전쟁과 남로당전략』, (박영사, 1973), p.138) 장윤식은 제주도당의 '구국투쟁위원회' 또한 위의 특위와 같은 성격으로 보았다. (장윤식, 「제주4·3사건초기 '무장대'의 조직과 활동」, (제주대학교대학원 사학과 석사학위 논문, 2005), p.21)

815) 李三龍(79세. 日本 東京 荒川區, 당시 남로당 제주도당 정치위원, 2002. 7. 11. 채록) 증언; 제주4·3사건진상규명 및 희생자명예회복위원회, 『제주4·3사건진상조사보고서』, (선인, 2003), p.158 재인용

816) 제주4·3연구소 편, 『그늘속의 4·3』, (제주4·3연구소, 2009), pp.290-296

817) 박갑동, 『박헌영』, (인간사, 1983), pp.198~199 참조

818) 이선교(1942년 생. 수유리 백운교회 목사), 「제주4·3진상조사보고서 수정의견서 (수정의견 접수책자 pp.790~792) 이선교는 여순사건 조사반원으로 조경순 등을 심문하였던 빈철현(양구), 김안일(의왕) 등을 면담하였다; 나종삼, 『제주4·3사건의 진상』, (서울: 아성사, 2013), pp.115~116

819) 박갑동, 『통곡의 언덕에서』 (서울: 서당,1991), pp.282~285 참조

820) 김생민 채록 2001. 7. 13.(채록자: 양조훈, 장윤식, 김은희), 김경형이 일본에서 인터뷰한 책에 의하면 김생민의 증언과 차이가 난다. 김생민은 김달삼이 피신할 시간을 벌기 위해 고문을 감내했다고 했지만, 정작 김생민이 김경형의 집에 경찰과 함께 나타났을 때까지 김달삼은 그 집에 있었다. 경찰이 나타나자 김경형 모친은 눈치를 채고 김달삼을 고팡에 숨게 했으며, 그 뒤에 도주했다. 그렇다면 김생민이 북촌세포 김완식이 와서 김달삼을 데려갔다는 증언과는 불일치하는 셈이다. 따라서 김달삼이 북촌으로 아지트를 옮겼다는 증언도 의심될 수 있다. (橫田英明 編, 『濟州道四三事件た生まぬいて』, (リーブル, 2010) 참조

821) 전 경찰출신 김병석의 증언에 의하면 북촌곳, 현재 크라운 골프장이 있는 속칭 '빌렛뜨르'에 1948년 5월경 무장대훈련장이 있었다고 한다. 당시 김달삼의 아지트는 신평리로 옮긴 뒤였지만 이곳을 훈련장으로 썼다는 것은 지형상 수긍이 간다. (김병석(1930년 생, 전 경찰 차량계원, 조천읍 함덕리 1294-1)증언, 채록자: 김영중 2008. 7. 11.; 제주자유수호협의회, 『제주도의 4월 3일은』 2집, (제주: 제주자유수호협의회, 2011), p.265 참조)

822) 李三龍(79세. 日本 東京 荒川區, 당시 남로당 제주도당 정치위원, 2002. 7. 11. 채록) 증언; 제주4·3사건진상규명 및 희생자명예회복위원회, 『제주4·3사건진상조사보고서』, (선인, 2003), p.158 재인용, 위의 봉기 결정과정에 대한 추론은 대부분 증언에 기초한 것으로 사실상 확실한 증거를 구성하는 것은 전무하다고 해도 과언이 아니다. 따라서 어떠한 성급한 결론도 자제되어야 한다.

823) S. Rosenne, "Recognition of States by the United Nations", *British Yearbook of International Law*, vol. 26 (1949), p.437 참조; 조시현, 「6·25의 법적조명」, 『서울대학교 법학연구소 주최 6·25 50주년 학술심포지엄 자료집』 (2000. 6. 13.), p.29 재인용; 이시우, 『유엔군사령부』, (파주: 들녘, 2013), pp.382~383

824) Grigorii Ivanovich Tunkin, *Theory of International Law* (Harvard University Press, 1974), p.364; 이시우, 『유엔군사령부』, (파주: 들녘, 2013), p.383

825) Ernst Frankel, "Structure of United States Army Military Government in Korea," *Historical Files* (National Archives), pp.1~24 참조

826) Grant T. Harris, "The Era of Multilateral Occupation", *Berkeley Journal of International Law*, Vol.24, (2006), pp.12~14

827) 미국은 1942년 가을 알제리·모로코·튀니지 등 북아프리카의 식민지들과 이탈리아 점령에서 최소한의 개입 혹은 '완전한 간접점령'을 단행했다. 또한 해방된 오스트리아에는 자유선거를, 패전국인 일본·독일에 대해서도 조속한 지방정부

및 중앙정부 구성을 위한 선거를 시행했다. 미국은 1907년 헤이그조약의 자유주의적 조항을 한국에는 적용하지 않았으며, 나아가 한국에 주권정부가 수립될 때까지 남한의 주권을 주한미군이 담당할 것이라는 '한국의 주권귀속'에 대한 연합국이나 미국 정부의 공식성명·지침 등의 근거를 갖고 있지 않았다. 고지훈, 「주한미군정의 점령행정과 법률심의국의 활동」, 서울대국사학과 석사학위논문, (1999), pp.7~11, 57~58; 이시우, 『유엔군사령부』, (파주: 들녘, 2013), p.103

828) 유엔의 역사는 다시 반복되어 1990년대에 몇몇 지역기구들에게서는 법의 집행과 분쟁 이후 상황에서의 제도 건설과 관련한 비군사적 평화유지활동 — 이는 상당히 오랜 시간을 필요로 한다 — 을 개발하려는 또 다른 경향이 나타나고 있는데 이는 고전적 점령과 뚜렷이 구별되지 않는다. 아오이 치유키(青井千由紀), 「평화유지에 있어 유엔과 지역기구: 독트린의 공백채우기?」 『유엔과 국제위기관리』 (서울: 리북, 2005), p.49 참조; 이시우, 『유엔군사령부』, (파주: 들녘, 2013), p.103

829) 무장대는 내부적으로는 단선·단정 반대, 유엔 조위(朝委)격퇴를 항쟁시작 시점에서 명확한 목표로 설정하고 있었다. (文昌松 편, 「제주도 인민유격대 투쟁보고서」, 『한라산은 알고 있다. 묻혀진 4·3의 진상』, 1995, pp.16~17); 종군기자 조덕송의 「유혈의 제주도」에는 경비대가 전투행동을 개시하면서 폭도 측에 귀순을 권고하였으나 폭도 측은 도리어 대의명분을 내세워 다음과 같은 회신을 보냈다고 밝히고 있다. 「친애하는 장병 제형이여! 제형의 민족적 양심과 정의에 불타는 올바른 행동을 우리들은 믿노라.(중략) 왜 우리들이 총대를 메지 않으면 안 되었던가. 우리들에게 무력의 도전과 만행을 그치지 않는한 우리들은 백만 명이 오더라도 불사하고 싸울 것이다.(중략) 친애하는 제형들이여, 사태의 평화적 해결을 위하여 다음에 우리들의 정당한 요구를 제시하노라. 무장경관대의 즉각 해산, 사설 테러단체의 해산과 처벌, 도지사 유해진(柳海辰)을 즉시 파면하라, UN 조위(朝委)철거, 미소양군 즉시 철퇴, 단정반대, 남북통일정부 수립 절대 추진. (趙德松, 「유혈의 제주도」, 『신천지』, 1948년 7월호) 이 두 문건을 통해 무장대의 정치적·전략적 목표설정은 처음부터 일관된 것임을 알 수 있다.

830) '강력의 압이 안이오 오즉 눈물만흔 인정만이 세상에 평화를 래케한다.' 야나기 무네요시, 「조선의 친구에게 보내는 글」, 『동아일보』, 1920. 4. 19., 4.20

831) 가라타니 고진(柄谷行人), 「미와지배-오리엔탈리즘 이후」, 사단법인 민족문학작가회의주최 세계작가와의 대화, 1997. 6. 26. 대한출판문화회관 강당, p.16

832) 김관후, 「김관후의 4·3칼럼」12, 『제주의소리』 2013. 11. 11.

833) 김생민 증언, 2002. 10. 24. 채록(채록자 나종삼); 나종삼, 「제주4·3사건의진상」 (서울 아성사 2013), p.118 재인용

834) 姜德相 編, 『現代史資料』 27권, (みずす書房, 1967), p.172; 반병률, 『성재 이동휘일대기』, (서울: 범우사, 1998), p.163 재인용

835) 임성모, 「우치난추의 눈으로 본 오키나와」 『역사비평』 통권85호, (서울: 역사비
평사, 2008.겨울), p.74 참조

836) K. Marx, *Der Burgerkrieg in Frankreich* (1871), MEW17, p.338; 박호성,
「마르크스주의와 폭력」, 『사회과학연구』 5권, (서울: 서강대학교 사회과학연구소,
1996), p.9

837) 4월에 공산주의자들이 선동한 폭력행위는 주로 5·10 선거에 따른 선거인등록을
저지하는 시도에 맞춰졌다. 제주4·3연구소, 『제주4·3자료집 II』, (도서출판 각,
2001), p.108; 김용철, 「제주4·3사건초기경비대와 무장대협상 연구」, 제주대학
교대학원 사학과 석사학위논문, 2009, p.7

838) 김득중, 「1948년 제헌국회의원 선거과정」 『성대사림』 제10집, (2000), pp.33~
34.; 김용철, 「제주4·3사건초기경비대와 무장대협상 연구」, 제주대학교대학원
사학과 석사학위논문, (2009), p.7

839) 장영민, 「미국공보원의 5·10 총선거 선전에 관한 고찰」 『한국근현대사연구』,
2007년 여름호 제41집, 2007, pp.137~145; 김용철, 「제주4·3사건초기경비대
와 무장대협상 연구」, 제주대학교대학원 사학과 석사학위논문, 2009, p.7

840) 여기에는 전문적인 연사들이 참가하였다. 1948년 2월에는 40여 명이 연사가 남
한 각도에서 6만3천 명 이상의 청중에게 강연을 하였고, 3월에는 연사 총원이
130여 명으로 증가하였다. 김용철, 「제주4·3사건초기경비대와 무장대협상 연구」,
제주대학교대학원 사학과 석사학위논문, (2009), p.8

841) 사람들이 서커스열차라고 불렀다. 강연, 영화, 연극, 선전물 배포, 여론조사 등을
수행하는 오늘날로 치면 연예 홍보단 격이다. 김용철, 「제주4·3사건초기경비대와
무장대협상 연구」, 제주대학교대학원 사학과 석사학위논문, (2009), p.8

842) 해방 후 야학 등을 통하여 문자를 해독하는 사람들이 늘어나고 있는 현실을 반영
하여 그들에게 필요한 교재를 제작·배포하였다. 김용철, 「제주4·3사건초기경비
대와 무장대협상 연구」, 제주대학교대학원 사학과 석사학위논문, (2009), p.8

843) 1947년 6월 미군정이 창간한 주간신문, 한글로 2면으로 간행되었다. 무료로 행정
기관과 농민들에게 뿌려졌다.(김영희, 「미군정기 미디어 접촉의 성격과 영향」 『한
국언론학회 학술대회 발표논문집』, 한국언론학회, 2005; 김용철, 「제주4·3사건초
기경비대와 무장대협상 연구」, 제주대학교대학원 사학과 석사학위논문, (2009),
p.8

844) 1945년 12월 22일 미 군정청 공보과에 의해 창간되어 군정청이 철폐될 때까지
발간된 순한글 신문으로 농민을 대상으로 무료 배포된 신문이다.(정다운, 「주한미
군의 선전활동과 농민주보」, 서강대학교 사학과 석사논문, 2005; 김용철, 「제주
4·3사건초기경비대와 무장대협상 연구」, 제주대학교대학원 사학과 석사학위논문,
(2009), p.8)

845) 김득중, 「1948년 제헌국회의원 선거과정」『성대사림』제10집, 2000, p.32; 김용철, 「제주4・3사건초기경비대와 무장대협상 연구」, 제주대학교대학원 사학과석사학위논문, (2009), p.8

846) James Irving Matray, 구대열 역, 『한반도의 분단과 미국』(서울: 을유문화사, 1989), p.166 참조

847) "어떤 사회적 의사결정도 민주적(비독재적)결정절차를 밟을 때 합리적일 수 없다" 애로우의 불가능성 정리에 대해서는 다음을 참조. Kenneth J. Arrow, "A Difficulty in the Concept of Social Welfare", *Journal of Political Economy*,58(4), August, 1950, pp.328~346; 이시우 외, 『내란음모의 블랙박스를 열다』, (서울: 615, 2013), p.221

848) John Geanakoplos, "Three Brief Proofs of Arrow's Impossibility Theorem", *Cowles Foundation Discussion Paper* No. 1123RRR, April 1996, pp.1~4; 이시우 외, 『내란음모의 블랙박스를 열다』, (서울: 615, 2013), p.222

849) Adolf Hitler, *Mein Kampf*, (München: Auflage, 1933)/히틀러, 황성모 역, 『나의 투쟁』, (서울: 동서문화사, 1976), p.490; 이시우 외, 『내란음모의 블랙박스를 열다』, (서울: 615, 2013), p.222

850) 케인즈학파와 대결한 그는 또한 말하길 "사람들에게 선택의 자유를 허용하는 어떠한 사회조직도 인간에 의한 인간의, 그리고 집단에 의한 집단의 착취를 막을 수 없다"고 시인한다. 제임스 뷰캐넌・고든 털럭, 황수연 역, 『국민합의의 분석』, (지식을 만드는 지식, 2012), p.553 참조

851) 이시우, 『유엔군사령부』, (파주: 들녘, 2013), p.74 참조

852) 『경향신문』 1948. 4. 15.; 『조선일보』 1948. 4. 14.; 허호준, 『그리스와 제주, 비극의 역사와 그 후』, (서울: 선인, 2014), p.374

853) 『경향신문』, 1948. 4. 14., 1948. 4. 15.; 『동아일보』, 1948. 4. 14.; 『조선일보』, 1948. 4. 14.; 허호준, 『그리스와 제주, 비극의 역사와 그 후』, (서울: 선인, 2014), p.374

854) 『동아일보』, 『조선일보』, 1948. 4. 30.; 허호준, 『그리스와 제주, 비극의 역사와 그 후』, (서울: 선인, 2014), p.374

855) 『서울신문』, 『조선일보』, 1948. 5. 9.; 허호준, 『그리스와 제주, 비극의 역사와 그 후』, (서울: 선인, 2014), p.374

856) 『동아일보』, 『경향신문』, 1948. 4. 30.; 허호준, 『그리스와 제주, 비극의 역사와 그 후』, (서울: 선인, 2014), p.374

857) 장윤식, 「제주4 · 3사건초기 '무장대'의 조직과 활동」, 제주대학교대학원 사학과 석사학위논문, 2005, p.57

858) Robert J. McMahon, "Credibility and World Power", *Diplomatic History* 15, Fall 1991, p.459

859) 최근 미국 문건에 따르면 국가의 위신은 사활적 이익 다음으로 따르는 이차적 이익으로 분류된다. 미국의 사활적 이익(vital interest)은 2002년 9월 20일 발표된 『국가안보전략보고서』(NSSUS: The National Security Strategy of the United States)에서 언급된다. 사활적 국익은 일반적으로 국가의 물리적 생존(physical survival), 경제적 복리(economic well-being), 자결권(self-determination)을 의미하며, 이차적 이익은(secondary interests)은 국가의 명예나 위신 등을 의미한다. The White House, "The National Security Strategy of the United States", September 2002; 김우성, 「국제질서의 이해와 변화전망」, 박광희 편, 『21세기의 세계질서: 변혁시대의 적응논리』, (서울: 도서출판 오름, 2003), p.72 참조); 이시우, 『유엔군사령부』, (파주: 들녘, 2013), p.341

860) Robert Gilpin, *War and Change in World Politics* (Cambridge, Eng.: Cambridge University Press, 1981), p.31; 이시우, 『유엔군사령부』, (파주: 들녘, 2013), p.342

861) Robert Gilpin, *War and Change in World Politics* (Cambridge, Eng.: Cambridge University Press, 1981), p.31. 길핀의 분류 기준에 따르면 체계의 변화 유형은 체계변화, 체계내변화, 상호작용변화라는 세 가지로 대별된다. 첫번째 변화 유형은 가장 근본적인 변화로 한국 제체계를 구성하고 있는 가장 중요한 행위자(주로 국가)들 또는 행위체들의 본질에서의 변화로 특징지어지는데, 이는 국제체계 자체의 변화로 길핀은 이를 체계변화(systems change)로 지칭하고 있다. 두 번째는 한 국제체계의 통제력이나 관할 형태에서의 변화인데, 이는 주로 체계 내 힘의 배분 상태의 변화나 패권 또는 위신의 위계 변화를 통해 확인되며 '체계적 변화'(systemic change)로 지칭한다. 세 번째는 주요 변화들을 수반하지 않는 상태에서 기존 국제체계 내의 행위자들 간의 규칙적인 상호작용들이나 과정들의 형태에 국한해서 일어나는 변화인데 그는 이런 변화 유형을 단순한 '상호작용의 변화'(interaction change)로 부르고 있다. 이 중 위신의 변화는 체계내변화의 원인에 해당한다(위 책, pp.39~40 참조). 월러스틴 역시 유사한 기준으로 변화 유형을 말한다. 길핀의 기준을 적용하면 월러스틴의 변화 유형은 체계변화와 체계내변화로 구분할 수 있을 것이다(I. Wallerstein, *The Capitalist World-Economy* (Cambridge: Cambridge University Press, 1970), p.67 참조).; 이시우, 『유엔군사령부』, (파주: 들녘, 2013), pp.342~343

862) 「고난의 역사현장 일제전적지를 가다(6)」, 『한라일보』, 2005. 11. 09.

863) 「고난의 역사현장 일제전적지를 가다(28)」, 『한라일보』, 2006. 06. 15.

864) 「고난의 역사현장 일제전적지를 가다(24)」, 『한라일보』, 2006. 05. 04.

865) 김익렬, 「동란의 濟州參戰記」, 『국제신문』, 1948년 8월 7일

866) 김익렬, 『4·3의 진실』, (1989), p.26

867) 이운방, 「이른바 '4·28평화협상합의설에 대하여-김익렬회고록 '4·3의 진실'에 대한 비판」, 제주4·3연구소 편, 『4·3연구회보』(1989.12), pp.80~90

868) 李三龍(79세. 日本 東京 荒川區, '4·3'당시 남로당 제주도당 정치위원, 2002. 7. 11. 채록) 증언; 제주4·3사건진상규명및희생자명예회복위원회, 『제주4·3사건 진상보고서』, (서울: 선인, 2003), p.113

869) 이운방, 「이른바 '4·28평화협상합의설에 대하여-김익렬회고록 '4·3의 진실'에 대한 비판」, 제주4·3연구소 편, 『4·3연구회보』(1989. 12), pp.80~90

870) 김익렬, 「동족의 피로 물들인 제주참전기」, 『국제신문』, 1948년 8월 6일~8일

871) 제주4·3연구소, 『4·3장정』6, (1993), p.74

872) 문창송 편, 『제주도인민유격대투쟁보고서』, (1995), p.78; 김용철, 「제주4·3사 건초기경비대와 무장대협상 연구」, 제주대학교대학원 사학과 석사학위논문, (2009), p.16

873) 제주도의회, 『제주4·3자료집』, (2000), p.357

874) 국방부전사편찬위원회, 『한국전쟁사 제1권-解放과 建軍』, (국방부전사편찬위원회, 1967), p.440

875) 『서울신문』, 1948년 8월 13일 「박진경대령 암살사건 제4회 공판」; 김용철, 「제 주4·3사건초기경비대와 무장대협상 연구」, 제주대학교대학원 사학과 석사학위논 문, (2009), p.53

876) 국방부전사편찬위원회, 『한국전쟁사 제1권-解放과 建軍』, (1967), pp.438~439. 김익렬이 소령으로 서술됨. (김용철, 「제주4·3사건초기경비대와 무장대협상 연구」, 제주대학교대학원 사학과 석사학위논문, (2009), p.12)

877) Subj: Cheju-do Operations, William F. Dean, Major General, Military Governor to Chief Civil Affairs Officer, 59th Military Government Company, 18 April 1948, Box No.71, RG 338, NARA; p.409

878) 김용철은 협상이 28일에 열린 것이 아니라 기고문의 기록대로 4월 30일로 보는 것이 타당하다고 주장한다. 무장대가 여전히 세력을 유지하고 있기는 했지만 경 비대가 본격적으로 작전을 수행하기 시작함으로써 상황이 변하고 있었기 때문이 다. 30일 회담설은 다음의 글들에서 주장된다. 김익렬, 「동족의 피로 물들인 제

주참전기」, 『국제신문』, 1948년 8월 6일~8일; 부만근, 『광복제주30년』, 1975, (문조사, 1975); 김남식, 『남로당연구 I』, (돌베개, 1984); 조남수, 「4·3진상」 『월간관광제주』, 1988; 박용후, 『최남의 항도 모슬포』, (도서출판 제주문화, 1989). 4월 말경으로 기록된 것으로는, 존 메릴, 「제주도반란」, 1975; 양한권, 「제주도4·3폭동에 관한 연구」, 서울대학교 정치학과 석사논문, 1988; 김용철, 「제주4·3사건초기경비대와 무장대협상 연구」, 제주대학교대학원 사학과 석사학 위논문, 2009, p.25

879) 김익렬, 「동족의 피로 물들인 제주참전기」, 『국제신문』, 1948년 8월 6일~8일

880) 이경석 편, 『전시국제법해의』, (서울: 국방부정훈국, 1957), p.27

881) 김익렬, 「동족의 피로 물들인 제주참전기」, 『국제신문』, 1948년 8월 6일~8일

882) 이운방, 『미군점령기의 제주도인민들의 반제투쟁』, (1993), p.182

883) 김익렬, 「동족의 피로 물들인 제주참전기」, 『국제신문』, 1948년 8월 8일.

884) 김익렬, 『4·3의 진실』, (1989), p.24

885) 김익렬, 『4·3의 진실』, (1989), p.25

886) 김익렬, 『4·3의 진실』, (1989), p.28

887) 이경석 편, 『전시국제법해의』, (서울: 국방부정훈국, 1957), p.27

888) 제민일보 4·3취재반, 『4·3은 말한다 2』, (서울: 전예원, 1994), p.316; 김용 철, 「제주4·3사건초기경비대와 무장대협상 연구」, 제주대학교대학원 사학과 석 사학위논문, (2009), p.13

889) 문창송 편, 『제주도인민유격대투쟁보고서』, (1995), p.78; 김용철, 「제주4·3사건 초기경비대와 무장대협상 연구」, 제주대학교대학원 사학과 석사학위논문, (2009), p.16

890) 양정심, 『제주 4·3항쟁-저항과 아픔의 역사』, (서울: 선인, 2008), p.102

891) 김익렬, 「동족의 피로 물들인 제주참전기」, 『국제신문』, 1948년 8월 8일.

892) 김익렬, 『4·3의 진실』, (1989), p.41

893) 「제24군단 작전참모부 슈중령의 보고서」, 허호준, 「제주 4·3의 전개과정과 미군 정의 대응전략에 관한 연구: 5·10 선거를 중심으로」, 제주대학교 정치외교학과 석사학위논문, (2002), p.75재인용; 김동만, 「역사재현에 있어 영상자료의 재해석 과 활용에 관한 연구」, 세종대 영상대학원 영화영상전공 석사학위논문, (2003), p.24

894) 이경석 편, 『전시국제법해의』, (서울: 국방부정훈국, 1957), p.17

895) 김익렬, 『4·3의 진실』, (1989), p.25

896) 현기영은 이 숟가락으로부터 자신의 소설 제목을 정했다. (현기영, 『지상의 숟가락 하나』, pp.68~69) 관덕정에 전시되기 전 봉개리에서 이덕구의 시신을 보았던 사람의 증언에 의하면 당시엔 일본공군 장교복을 입고 있었다고 한다. 색은 진한 카키색이고 위 아래가 붙은 쟈크 있는 것이었단다. 신은 빨간 구두를 신고 있었고 숟가락은 관덕정에 가보니 꽂아났더란다. (제주4·3연구소, 『이제사 말햄수다』, (서울: 한울, 1989), p.224 참조)

897) 김생민 채록 2001.7.13.(채록자: 양조훈, 장윤식, 김은희)

898) 『4·3은 말한다』1. p.493

899) 강두봉 증언, 「제주4·3연구소 2004 증언 본풀이 마당」. 문예회관 소극장. 20분
강두봉은 다음과 같이 증언했다. 첫째는 현보규 선생님이고, 다음에 여러분 잘 알지 않은 이덕구 선생님이 있었습니다. 또 그 다음에는 김민학 선생님, 그 담엔 김봉완 선생님, 다음엔 김석관 선생님 또는 뭡니까? 총무예, 학교에 이시니까 총무가 있어야 될 겁니다. 총무는 김원종 선생님이 맡아서 전부 학원을 설립했습니다.

900) 강두봉증언, 「제주4·3연구소 2004 증언 본풀이 마당」. 문예회관 소극장. 20분

901) 김생민 채록 2001.7.13.(채록자: 양조훈, 장윤식, 김은희)

902) 김생민 채록 2001.7.13.(채록자: 양조훈, 장윤식, 김은희)

903) 1947년 중후반이 되면 학교 안 좌파성향 교사들에 대한 무차별적인 검거가 시작되어 이 시기에 입산하는 사람들이 늘어났다. 김민주 증언(1995. 5. 4. 일본 동경) 김민주는 조천중학원생으로 1948년 7월 입산했다.

904) 김생민 채록 2001.7.13.(채록자: 양조훈, 장윤식, 김은희) 참조

905) 金南植(80세. 서울 은평구 남가좌동, 『남로당 연구』 저자, 2003. 1. 6. 전화인터뷰) 증언 참조; 제주4·3사건진상규명및희생자명예회복위원회, 『제주4·3사건진상보고서』, (서울: 선인, 2003), p.156

906) 許春燮(72세. 조천읍 신촌리, 당시 수감자, 2001. 9. 26. 채록)증언; 제주4·3사건진상규명및희생자명예회복위원회, 『제주4·3사건진상보고서』, (서울: 선인, 2003), p.154

907) 金奉鉉·金民柱, 『濟州島人民들의 4·3武裝鬪爭史』, (文友社, 1963), p.166; 제민일보 4·3취재반, 『4·3은 말한다』4권, (전예원, 1994), p.68. 이 포고문은 현재 칠성시장의 로가디스 건물 터 근처에 있었던 제주신보사에서 인쇄되었다. 당시 개인적인 인쇄물을 부탁하러 갔다가 삐라 제작 장면을 목격했던 친구가 이를 말리자 김호진은 "산군(山軍)의 부탁이야"라며 대담하게 인쇄를 계속했다고 한

다. 인쇄사실을 눈치 챈 서북청년회와 경찰이 신문사를 덮쳐 편집국장 김호진과 사장 박경훈, 전무 신두방을 체포하였다. 사장과 전무는 무혐의로 풀려났으나 김호진은 10월 31일에 처형당했다.

908) 주한미군사령부, 「G-2 일일보고서」, 1948. 10. 25; 제민일보 4·3취재반, 『4·3은 말한다』 4권, (전예원, 1994), p.44

909) 백선엽, 『實錄 智異山』, (고려원, 1992), pp.157~158; 김점곤, 『韓國戰爭과 勞動黨戰略』, (博英社, 1973), p.191; 존 메릴, 『침략인가 해방전쟁인가』, (과학과사상, 1988), p.191; 제민일보 4·3취재반, 『4·3은 말한다』 4권, (전예원, 1994), p.44

910) 황남준, 「전남지방정치와 여순사건」 『해방전후사의 인식 3』, (한길사, 1987), p.490 전문은 다음과 같다. '우리들은 조선인민의 아들, 노동자, 농민의 아들이다. 우리는 우리들의 사명이 국토를 방위하고 인민의 권리와 복지를 위해서 생명을 바쳐야 한다는 것을 잘 안다. 우리는 제주도 인민을 무차별 학살하기 위하여 우리들을 출동시키려는 작전에 조선 사람의 아들로서 조선동포를 학살하는 것을 거부하고 조선인민의 권리를 위하여 총궐기하였다. 1.동족상잔 결사반대 2.미군 즉시철퇴'

911) 『京鄕新聞』, 1949년 4월 26일; 제주4·3사건진상규명 및 희생자명예회복위원회, 『제주4·3사건진상보고서』, (서울: 선인, 2003), p.333

912) 김생민 채록 2001. 7. 13.(채록자: 양조훈, 장윤식, 김은희)

913) 박윤식, 『제주4·3폭동—1948년 4월 3일』, (휘선, 2012) 참조; www.koreastory.kr/bbs/board.php?bo_table=book2

914) 김민주(4·3항쟁 당시 조천중학원생) 증언. 일본 동경, 1995. 5. 4.; 양정심, 「4·3항쟁과 남로당 제주도당」, 『사림』 제27호, p.185

915) 봄의 대토벌과정에서 체포된 후 1949년 6월 19일 아침 8시 제2연대 부연대 소장실에서 있었던 기자 간담회에서 김양근은 기자의 질문에 다음과 같이 답했다. "이번의 반란동기는 작년 4월 3일경 민간의 충돌을 발단으로 자연발생적으로 봉기된 제주도 인민의 항쟁이다. 이러한 인민항쟁은 외래의 침략을 받고 잇는 세계 약소 민족국가 전 지역에서 일어나고 있는 현상이고 그 현상의 하나가 바로 이번의 제주도 인민항쟁으로 나타나고 있는 것이다. 전투가 확대되어감에 따라 우리가 뜻하지 않던 방향, 즉 인민살상이라는 처참한 방향으로 이끌어 나가게 된 것은 상상 이외의 일이었고 부끄럽기 짝이 없는 일이다. 전향할 의사도 없고 석방될 것을 바라지도 않는다"『경향신문』, 1949년 6월 25일; 양정심, 「4·3항쟁과 남로당 제주도당」, 『사림』 제27호, p.186

916) 정석균, 「제주 4·3사건시 군경의 토벌작전」, 『군사』 47호, (서울: 국방부군사편찬연구소, 2002. 12), p.34

917) 『東光新聞』, 1949년 6월 11일; 제주4·3사건진상규명및희생자명예회복위원회, 『제주4·3사건진상보고서』, (서울: 선인, 2003), p.334

918) 이덕구의 죽음에 대해 사살이냐 자살이냐 논쟁이 많다. 사살을 주장하는 측의 표현은 다음과 같다. '이덕구에게 자수를 권하였으나 경찰을 향해 총을 쏘기 시작했고, 이에 경찰도 집중 사격을 하여 그의 몸은 벌집같이 되어 있었다.' 이것이 상식적인 총격전의 모습일 것이다. 그러나 관덕정에 전시된 그의 시신에는 단 한 발의 탄흔만이 있을 뿐 깨끗한 상태였다. 이것이 자살을 추정하는 논거가 될 것이다.

919) 주한미육군사령부(Headquarters of United States Army Forces in Korea, HQ USAFIK) 일일정보보고(G-2 Periodic Report) 1949년 6월 13일~1949년 6월 15일 (No. 1128, 1949. 6. 15. 보고)이덕구 체포에 혈안이 되어 있던 만큼 성급한 오보도 많았다. '국방부 보도과 5일 발표에 의하면 지난 10월 28일 제주도 고성지구 작전에서 소위 제주도 인민군 사령 이덕구(李德九, 32)의 시체를 발견하였는데, 그는 전(前)제주인민군 사령 김달삼의 참모장 격으로 김달삼이 북조선인민공화국 대의원으로 당선되어 평양에 가자 이덕구는 제2대 인민군사령으로 임명되어 모종 작전을 계획하다가 국군의 급습으로 사살되었는데, 동일한 장소에서 성명부지(姓名不知)의 인민군 대정지대장(大靜支隊長) 등 다수 간부의 시체를 발견하였다 한다. 한편 국방부에서는 이것으로 제주도 소요사건도 일단락을 지을 것으로 관측하고 있다.(『경향신문』·『동아일보』·『서울신문』·『자유신문』 1948. 11. 6.)' 학술논문도 오류는 마찬가지다. '궁지에 몰리자 이덕구는 육지로 탈출하려 하였으나 1949년 4월 하순 토벌대에 의해 사살되었다.' 정석균, 「제주 4·3사건시 군경의 토벌작전」, 『군사』 47호, (서울: 국방부군사편찬연구소, 2002. 12), p.35

920) '한국군 사령부는 6월 10일 제주도의 무장폭도 사령관 이덕구를 6월 7일 제2연대의 작전 중 사살했다고 발표했다.'『東亞日報』, 1949년 6월 10일; 제주4·3사건진상규명및희생자명예회복위원회, 『제주4·3사건진상보고서』, (서울: 선인, 2003), p.333

921) 제주4·3연구소, 『4·3 長征 6』, (나라출판, 1993), pp.68~92

922) 제주4·3연구소, 『4·3 長征 6』, (나라출판, 1993), p.72

923) 제주4·3연구소, 『4·3 長征 6』, (나라출판, 1993), p.74

924) 정석균, 「제주4·3사건시 군경의 토벌작전」, 『군사』 47호, (서울: 국방부군사편찬연구소, 2002. 12), p.11 참조

925) 「제주도 유격전의 최근상태」, 북조선로동당 중앙본부 조직부 련락과 발행 『정세순보』제17호 (1948.7.15.) NARA, SHIPPING ADVICE#2006 BOX#14, ITEM#31,(국방부 군사편찬연구소 자료실); 정석균, 「제주 4·3사건시 군경의 토

벌작전」,『군사』47호, (서울: 국방부군사편찬연구소, 2002. 12), p.13 참조

926) 미국 측 자료에는 '1949년 군법회의'에 대해서 다음과 같이 기록하고 있다. "1949년 6월 3일부터 7월 12일까지 제주도의 공산주의자들과 동조자들에 대한 재판 결과는 다음과 같다. 기소 : 민간인 1,652명, 군인 47명. 선고 : 사형 345 명, 무기징역 238명, 15년형 311명, 7년 이하 형 705명, 무죄 54명, 석방 46 명."(미극동군사령부 1949년 8월 12일『합동주간정보분석』제9호).

927) KMAG, *G-2 Periodic Report*, No. 192, October 6, 1949 ; *Joint Weeka*, No. 17, September 30~October 7, 1949.

928) 허균(75세, 서울시 서초구 잠원동, 당시 제1독립대대 소대장, 2001. 9. 27. 채록) 증언: 제주4·3사건진상규명및희생자명예회복위원회, 『제주4·3사건진상보고서』, (서울: 선인, 2003), p.460

929) 제주4·3사건진상규명및희생자명예회복위원회, 『제주4·3사건진상보고서』, (서울: 선인, 2003), p.464

930) 高瀛珍(78세, 제주시 영평동, 당시 경찰, 2002. 2. 7. 채록) 증언: 제주4·3사건 진상규명및희생자명예회복위원회, 『제주4·3사건진상보고서』, (서울: 선인, 2003), p.464

931) 金秉圭(75세, 조천읍 함덕리, 당시 경찰, 2002. 2. 30. 채록) ; 金斗植(75세, 제주시 삼도1동, 당시 경찰, 2001. 8. 7. 채록) 증언.

932) 제주4·3사건진상규명및희생자명예회복위원회, 『제주4·3사건진상보고서』, (서울: 선인, 2003), p.464

933) "민간인의 특수범죄에 관한 재판권확인에 관한 건" 1948. 3. 15. 국방군외발 제 15호, 국방부장관 이범석->내무부장관·법무부장관·검찰총장·대구지검 안동지 청, 예규에 관한 기록(1948.1949), 국가기록원, BA0155312; 문준영, 「미군정 법 령체제와 국방경비법」, 『민주법학』34, (서울: 민주주의법학연구회, 2007), p.129

934) 이에 대해서는 고석, 「한국 군사재판제도의 성립과 개편과정에 관한 연구—국방경 비법에서 군법회의법 제정시까지」, (서울대학교 법학박사학위논문, 2005), p.202 이하 참조; 문준영, 「미군정 법령체제와 국방경비법」, 『민주법학』34, (서울: 민주 주의법학연구회, 2007), p.129

935) "민간인의 특수범죄에 대한 군법회의재판권 확인에 관한 건(협의)", 1949. 4. 21. 법무부장관->국방부장관, 앞의 예규에 관한 기록(1948.1949) 참조; 문준영, 「미 군정 법령체제와 국방경비법」, 『민주법학』34, (서울: 민주주의법학연구회, 2007), p.129 참조

936) 문준영, 「미군정 법령체제와 국방경비법」, 『민주법학』34, (서울: 민주주의법학연 구회, 2007), pp.129~130

937) 『濟州新報』, 1947년 6월 6일·6월 16일·6월 20일·6월 26일·7월 2일·7월 4일.; 제주4·3사건진상규명및희생자명예회복위원회, 『제주4·3사건진상보고서』, (서울: 선인, 2003), p.132

938) http://www.안경박물관.kr/story/sub02.php 참조

939) http://meganefc.com.ne.kr/glasses/history.htm

940) http://blog.naver.com/PostView.nhn?blogId=nitili&logNo=50023209398

941) 6·25 전쟁기간에도 피해를 입지 않은 대구지역에서 계속 사업이 가능하였고 피난지역 부산에 안경도매상가가 국제시장에 형성되어 오늘날까지 이어져 오고 있는 것이다. 1953년 동양세루로이드공업사, 1961년 안흥공업사, 한국광학이 설립되어 1950~1960년대까지 한국안경산업의 기반이 확고해진 것이 우리 안경산업의 초기 역사이다. 군인들이 주로 착용하여 유명해진 선글라스는 바슈롬(Bausch & Lomb)사에 의해 1937년에 생산된다. 이때의 선글라스는 레이벤 금속테 선글라스였다. 「Ray=빛」, 「Ban=차단」이란 이름 때문에 라이방이라고 불리게 되었다. 한국에서는 한국광학(주)의 김석주 사장이 월남전을 계기로 군납이 개시되면서 우리나라의 선글라스 생산은 본 궤도에 올랐다.
http://blog.naver.com/seesuntv/130101557422 참조

942) 양리나, 「서양단추디자인의 시대적 변천에 관한 연구」, 『한국의상디자인학회지』 제5권 2호, (한국의상디자인학회, 2003. 9), pp.2~3

943) 강동식·강영훈·황경수, 『일제강점기제주지방행정사』, (제주발전연구원, 2009), p.191

944) 조개단추는 대부분 셔츠나 파자마에 쓰이며 처음에는 바다조개만을 사용하다가 1890년 미국의 John F. Boepple이 미시시피강의 섬조개로 단추를 만들었다.(The New Encyclopedia Britannica, p.410; 구애리나·이순홍, 「단추와 단추구멍의 변천에 관한 연구」, 『복식』 18권, (한국복식학회, 1992), p.262) 조개단추는 4단개의 공정을 거친다.(*Compton's Encyclopedia and Fact-Index* Vol.2, (P. E. Compton Company, 1975), p.317)

945) *Compton's Encyclopedia and Fact-Index* Vol.2, (P. E. Compton Company, 1975), p.397

946) M. J. Horn, *The Second Skin*, (Boston: Houghton Mifflin Co., 1975), p.170; 양리나, 「서양단추디자인의 시대적 변천에 관한 연구」, 『한국의상디자인학회지』제5권 2호, (한국의상디자인학회, 2003. 9), p.11

947) 양리나, 「서양단추디자인의 시대적 변천에 관한 연구」, 『한국의상디자인학회지』 제5권 2호, (한국의상디자인학회, 2003. 9), p.12

948) 정흥숙·박은희, 「단추에 관한 소고1」, 『연구논총』 제9권, (국제여성연구소, 2000),

p.215

949) Janes Ashelford, *The Art of Dress*, p.139; 정흥숙·박은희, 「단추에 관한 소고1」, 『연구논총』 제9권, (국제여성연구소, 2000), p.224

950) The New Encyclopedia Britannica, p.410; 구애리나·이순홍, 「단추와 단추 구멍의 변천에 관한 연구」, 『복식』 18권, (한국복식학회, 1992), p.257

951) 구애리나·이순홍, 「단추와 단추구멍의 변천에 관한 연구」, 『복식』 18권, (한국복 식학회, 1992), p.259

952) 송영준, 「단추에 관한 연구」 (청주대학교 산업경영대학원 석사학위논문, 1993), p.8; 정흥숙·박은희, 「단추에 관한 소고1」, 『연구논총』 제9권, (국제여성연구소, 2000), p.210

953) 유창양행은 1963년 본사를 서울로 이전 1973년 법인체로 기구를 개편하여 꾸준 히 성장하였으므로 1974년 상공부로부터 수출품 생산지원 업체로 선정되어 1976 년 이탈리아로부터 전자동 단추제조기 24대를 도입하였으며 이때부터 대량생산체 제를 갖추게 되었다. 『월간 멋』 3월호, (동아일보 No.69~72, 1990), p.231; 송 영준, 「단추에 관한 연구」 (청주대학교 산업경영대학원 석사학위논문, 1993), p.10; 정흥숙·박은희, 「단추에 관한 소고1」, 『연구논총』 제9권, (국제여성연구 소, 2000), p.211

954) 송은정, 『복식디자인에 따른 단추의 조형성 연구』, (서울: 홍익대학교 산업미술대 학원, 1992), p.14; 송영준·이영란, 「단추에 관한 연구」, 『복식』 22권, (한국복 식학회, 1994), p.271

955) 송영준·이영란, 「단추에 관한 연구」, 『복식』 22권, (한국복식학회, 1994), p.271

956) 『뉴스 제주』, 2007. 11. 14.

957) 고성만, 「4·3희생자 유해발굴 유류품을 통해 본 4·3」, 『4·3과 역사』 7호, (각, 2007), p.243

958) 강동식·강영훈·황경수, 『일제강점기 제주지방 행정사』, (제주발전연구원, 2009), p.177

959) 『독립신보』1946. 12. 19.

960) 김생민 증언. 2001. 07. 13.(채록자: 양조훈, 장윤식, 김은희)

961) 김생민 증언. 2002년 10월 24일(채록자: 나종삼)

962) 『濟州新報』, 1957년 3월 29일, 4월 3일, 5월 15일 ; 『朝鮮日報』, 1957년 4월 3일.; 제주4·3사건진상규명및희생자명예회복위원회, 『제주4·3사건진상보고서』, (서울: 선인, 2003), p.357

963) 鄭成淳(당시 細花지서 주임) 증언 (제민일보 4·3취재반, 앞의 책, 71쪽에서 재인용).; 제주4·3사건진상규명및희생자명예회복위원회, 『제주4·3사건진상보고서』, (서울: 선인, 2003), p.77

964) 『제주경찰사』, p.297; 이선교, 『제주4·3의 진상』, (서울: 현대사포럼, 2009), p.66. 다른 자료들은 대부분 안세훈이 구속상태였다고 서술하고 있다.

965) 제주4·3연구소 편, 『그늘속의 4·3』, (서울: 선인, 2009), pp.290~296; 허호준, 『그리스와 제주, 비극의 역사와 그 후–그리스 내전과 제주4·3 그리고 미국』, (서울: 선인, 2014), p.397

966) 「인민유격투쟁보고서를 통해본 제주4·3폭동의 진상」, 『한국논단』 2010년 4월, p.109

967) 『4·3은 말한다』 3권, p.289

968) 제민일보 4·3취재반, 『4·3은 말한다』6, (서울: 전예원, 1994), 미간행원고; 양정심, 「4·3항쟁과 남로당 제주도당」, 『사림』 제27호, p.186

969) 고광명, 「제주도 토착기업의 성장과정 연구」, 『제주도연구』 31집, (제주학회, 2008. 6.), p.4

970) 『황성신문』 1903. 3. 10.

971) 강동식·강영훈·황경수, 『일제강점기제주지방행정사』, (제주발전연구원, 2009), p.155 참조

972) 강동식·강영훈·황경수, 『일제강점기제주지방행정사』, (제주발전연구원, 2009), p.163

973) 「제주도의 경제」, 『제주도세요람』, (1939), p.179; 강동식·강영훈·황경수, 『일제강점기제주지방행정사』, (제주발전연구원, 2009), p.162 참조

974) 김덕웅, 「1937~1993년 韓國에서 市乳製品의 包裝材料 구성 및 형태 등의 變化에 대한 史的 考察-1」 JOURNAL OF KOREA SOCIETY OF PACKAGING SCIENCE & TECHNOLOGY Vol.12, No.1, (한국포장학회지, 2006), pp.65~66 참조

975) 『독립신보』1946. 12. 19. 일본에서는 금속제용기 즉 통조림을 뜻하는 네덜란드어 kan을 罐으로 음차하여 발음은 칸으로 하고 통조림을 칸즈메(罐詰)라고 한다.

976) 강동식·강영훈·황경수, 『일제강점기제주지방행정사』, (제주발전연구원, 2009), p.162

977) 강동식·강영훈·황경수, 『일제강점기제주지방행정사』, (제주발전연구원, 2009), p.192

978) 강동식 · 강영훈 · 황경수, 『일제강점기제주지방행정사』, (제주발전연구원, 2009), p.191

979) 강동식 · 강영훈 · 황경수, 『일제강점기제주지방행정사』, (제주발전연구원, 2009), p.193

980) 강동식 · 강영훈 · 황경수, 『일제강점기제주지방행정사』, (제주발전연구원, 2009), p.175

981) 강동식 · 강영훈 · 황경수, 『일제강점기제주지방행정사』, (제주발전연구원, 2009), p.161

982) 上田耕一朗(우에도 코오이치로오), 『제주도의 경제』, (제주시우당도서관, 1930), p.182; 강동식 · 강영훈 · 황경수, 『일제강점기제주지방행정사』, (제주발전연구원, 2009), p.164

983) 제주민예총4 · 3문화예술제사업단편, 『다랑쉬굴의 슬픈노래』, (각, 2002), pp.80~81

984) 1949년 1월 19일~1949년 1월 20일 (No. 1042, 1949. 1. 20. 보고) 폭도들, 경찰 및 경비대 군복 수집, G-2 Periodic Report(1945. 9. 9~1949. 6. 17.), HQ USAFIK

985) 이은경, 「다리미와 인두에 관한 소고」, 『복식』14권, (한국복식학회, 1990), p.123 참조

986) 고성만, 「4 · 3희생자 유해발굴 유류품을 통해 본 4 · 3」, 『4 · 3과 역사』 7호, (각, 2007), p.260

987) 강동식 · 강영훈 · 황경수, 『일제강점기제주지방행정사』, (제주발전연구원, 2009), p.156

988) 강동식 · 강영훈 · 황경수, 『일제강점기제주지방행정사』, (제주발전연구원, 2009), p.160

989) 제주4 · 3연구소편, 『이제사 말햄수다』, (서울: 한울, 1989), p.220, 150

990) http://www.buncheong.net 참조 2014. 8. 22. 검색

991) 동산도기박물관 http://www.dongsanmuseum.org/home03/home03_07.php 2014. 8. 22. 검색

992) 제민일보 4 · 3취재반, 『4 · 3은 말한다』 1권, (서울: 전예원, 1994), p.452 참조.

993) 姜東化(76. 제주시 삼도1동)의 증언; 『4 · 3은 말한다』 5권, (서울: 전예원, 1998), p.183

994) 金鍾喆, 『오름나그네』 제2권, (1995), pp.112~116

995) 고성만, 「4·3희생자 유해발굴 유류품을 통해 본 4·3」, 『4·3과 역사』 7호, (각, 2007), p.224

996) 고성만, 「4·3희생자 유해발굴 유류품을 통해 본 4·3」, 『4·3과 역사』 7호, (각, 2007), pp.232~241, 266 참조

997) 고성만, 「4·3희생자 유해발굴 유류품을 통해 본 4·3」, 『4·3과 역사』 7호, (각, 2007), p.243

998) 고성만, 「4·3희생자 유해발굴 유류품을 통해 본 4·3」, 『4·3과 역사』 7호, (각, 2007), p.245

999) 강동식·강영훈·황경수, 『일제강점기제주지방행정사』, (제주발전연구원, 2009), p.156

1000) 申元淑(65. 안덕면 동광리)의 증언; 『4·3은 말한다』 5권, (서울: 전예원, 1998), p.185

1001) 金鍾喆, 『오름나그네』 제1권, pp.273~277

1002) 장은주, 「지방정부와 중앙정부 관계에서 본 오키나와문제」, 『기지의 섬 오키나와』, (서울: 논형, 2008), p.244

1003) 정영신, 「오키나와의 기지화 군사화에 관한 연구」, 『기지의 섬 오키나와』, (서울: 논형, 2008), p.191

1004) 아라사키 모리테루, 「오키나와 민중투쟁과 동아시아연대」, 『2013 제주4·3연구소 국제세미나자료집』, (제주4·3연구소), 제주중소기업지원센터, 2013. 10. 18, p.14

1005) 아라사키 모리테루, 「오키나와 민중투쟁과 동아시아연대」, 『2013제주4·3연구소국제세미나자료집』, (제주4·3연구소), 제주중소기업지원센터, 2013. 10. 18., pp.15~16

1006) 신도 겐이치, 『見えない戰爭』, (東京: 주식회사정보센타 출판국, 1993)/박선숙 역, 『일본 군사대국화의 현장』, (서울: 사계절, 1994), p.125

1007) 신도 겐이치, 『見えない戰爭』, (東京: 주식회사정보센타 출판국, 1993)/박선숙 역, 『일본 군사대국화의 현장』, (서울: 사계절, 1994), p.126

1008) 제임스 뱀포드, 『NSA』1, (서울문화사, 2002), p.387 참조

1009) 제임스 뱀포드, 『NSA』1, (서울문화사, 2002), pp.387~388 참조

1010) 新崎盛輝, 『沖繩現代史』, (岩波新書, 2005), pp.24~29; 정영신, 「오키나와의 기지화 군사화에 관한 연구」, 『기지의 섬 오키나와』, (서울: 논형, 2008), p.199

1011) 아라사키 모리테루, 「오키나와 민중투쟁과 동아시아연대」, 『2013제주4·3연구소국제세미나자료집』, (제주4·3연구소, 제주중소기업지원센터, 2013. 10. 18.), p.16

1012) 임성모, 「우치난추의 눈으로 본 오키나와」 『역사비평』 통권85호, (서울: 역사비평사, 2008. 겨울), pp.72~73

1013) 신도 겐이치, 『見えない戰爭』, (東京: 주식회사정보센타 출판국, 1993)/박선숙 역, 『일본 군사대국화의 현장』, (서울: 사계절, 1994), p.211

1014) 신도 겐이치, 『見えない戰爭』, (東京: 주식회사정보센타 출판국, 1993)/박선숙 역, 『일본 군사대국화의 현장』, (서울: 사계절, 1994), p.212

1015) 신도 겐이치, 『見えない戰爭』, (東京: 주식회사정보센타 출판국, 1993)/박선숙 역, 『일본 군사대국화의 현장』, (서울: 사계절, 1994), pp.216~217

1016) 신도 겐이치, 『見えない戰爭』, (東京: 주식회사정보센타 출판국, 1993)/박선숙 역, 『일본 군사대국화의 현장』, (서울: 사계절, 1994), p.219

1017) 신도 겐이치, 『見えない戰爭』, (東京: 주식회사정보센타 출판국, 1993)/박선숙 역, 『일본 군사대국화의 현장』, (서울: 사계절, 1994), p.249

1018) http://www.dapis.go.kr/journal/200106/p120.html

1019) http://www.donga.com/docs/magazine/weekly/2005/08/19/200508190500000/200508190500000_1.html

1020) 신도 겐이치, 『見えない戰爭』, (東京: 주식회사정보센타 출판국, 1993)/박선숙 역, 『일본 군사대국화의 현장』, (서울: 사계절, 1994), p.118

1021) Sugio Takahashi, "Ballistic Missile Defense in Japan: Deterrence and Military Transformation." *ifri Proliferation Papers 44* (Center for Asian Studies and Security Studies Center, 2012. 12), p.12

1022) Ian E. Rinehart, et al. "Ballistic Missile Defense in the Asia-Pacific Region: Cooperation and Opposition" *CRS Report for Congress R43116* (Congressional Research Service, June 24. 2013), p.9

1023) Kadena air base news. 2013. 6. 12.; http://www.kadena.af.mil/news/story.asp?id=123352121

1024) U. S. Air Force Fact Sheet, Kadena Air Base, http://www.kadena.af.mil/library/factsheet

1025) 沖繩縣基地對策室, 『沖繩の米軍基地』, (沖繩縣, 2003. 3), p.294

1026) www.globalsecurity.org: Operation Red Hat

1027) 캠프 가테나 동쪽을 가로지르는 58번 도로의 동쪽 해안. 青柳榮次, 『沖繩縣道路地圖』, (東京: 昭文社, 2002, 18刷), p.38

1028) 신도 겐이치, 『見えない戰爭』, (東京: 주식회사정보센타 출판국, 1993)/박선숙 역, 『일본 군사대국화의 현장』, (서울: 사계절, 1994), pp.74~77 참조

1029) 신도 겐이치, 『見えない戰爭』, (東京: 주식회사정보센타 출판국, 1993)/박선숙 역, 『일본 군사대국화의 현장』, (서울: 사계절, 1994), p.80

1030) 치바나(知花:ちばな). 구라시키(倉敷) 댐 남쪽동네로 1977년 탄약고지구에서 주민에게로 반환되었다. 青柳榮次, 『沖繩縣道路地圖』, (東京: 昭文社, 2002, 18刷), p.39 참조

1031) 덴간삼바시(天願棧橋:てんかんさんばし) 구시가와 시(具志川市:ぐしかわし) 덴간(天願)의 선창으로 현재에도 히가시온나(東恩納:ひがしょんな)와의 경계에 위치한 미군 저장시설에 연장된 거대한 접안시설이 있다. 青柳榮次, 『沖繩縣道路地圖』, (東京: 昭文社, 2002, 18刷), p.41 참조

1032) 신도 겐이치, 『見えない戰爭』, (東京: 주식회사정보센타 출판국, 1993)/박선숙 역, 『일본 군사대국화의 현장』, (서울: 사계절, 1994), pp.74~77

1033) http://www.globalsecurity.org/military/facility/miesau.htm

1034) 정영식, 「'인류의 재앙' 화학무기의 얼굴」, 『신동아』 통권519호, (동아일보사, 2002. 12), pp.314~322

1035) http://www.tongilnews.com/article.asp?mainflag=Y&menuid=101000&articleid=43541

1036) 더 타임스는 이스라엘 육군이 가자지구 외곽을 공격할 때 군 부대의 전진을 은폐하기 위해 두터운 하얀색 연기를 뿜어내는 백린탄을 쏘아올리는 장면이 목격됐다고 전했다. 군사 전문가인 찰스 헤이맨 전 영국 육군 소령은 "백린탄은 공포의 무기"라며 "백린탄의 파편이 떨어져 내리면 피부를 태우게 된다"라고 경고했다. (http://www.timesonline.co.uk/tol/news/world/middle_east/article5447590.ece) 1949년 제네바조약은 민간인 거주 지역에서 백린탄 사용을 금지토록 규정하고 있다. 가자지구는 세계에서 가장 인구밀도가 높은 지역 중 하나여서 이스라엘군의 백린탄 사용 여부를 놓고 거센 논란이 일고 있다.

1037) 기밀해제 된 미국정보보고에 의해 1991년 2월 후세인이 쿠르드족 봉기 시 백린을 사용했을 것이라는 논쟁까지 포함하면 더 많은 논란이 존재한다.

1038) http://www.globalsecurity.org/military/library/policy/army/fm/27-10/Ch2.htm

1039) http://www.globalsecurity.org/military/systems/munitions/incendiary-legal.htm 무엇이 국가가 사용을 중지하도록 결정해야하는 '불필요한 고통'을 초래할

무기인가? 불필요한 고통을 초래하는 무기, 추진제 또는 자연물질의 배치를 금지하는 1907년 10월18일 육전법규를 계승한 헤이그조약4의 부록 23조에 무기의 합법성과 관련된 주요 조항이 포함되어 있다. 몇몇 전쟁 조약법에는 '불필요한 고통'이란 단어가 '과도한 상해(superfluous injury)'보다는 더 많이 사용되고 있다. 그러나 이들 단어는 동의어로 간주된다. 과도한 상해와 불필요한 고통을 초래하기 위한 무기 등의 배치를 금지한다고 선언한 1949년 8월 12일 제네바조약 제1의정서가 추가된 1977년의 35조 2항은 이것을 강조하기 위한 것이다. 비록 미국이 제1의정서의 당사국은 아니어도 미국 관료들은 국제관습법의 성문화와 모든 국가에 구속력을 갖는 제1의정서의 35조 3항의 내용을 주장해왔다. 국제법 내에서 '불필요한 고통'과 '과도한 상해'는 정식으로 정의되어 있지 않다.

1040) the US Command and General Staff College에서 출판된 군사교재.

1041) http://en.wikipedia.org/wiki/White_Phosphorous

1042) FM 3-06.11 Appendix F ; https://atiam.train.army.mil ;http://en.wikipedia.org/wiki/White_Phosphorous

1043) '이슬람 온라인' 웹사이트는 2004년 11월10일 "미군이 팔루자의 저항세력 진지에 대한 대규모 공격 때 화학무기와 독가스를 사용하는 것으로 알려지고 있는데, 이는 1988년 사담 후세인의 쿠르드족 질식사라는 소름끼치는 소문을 상기시키는 것"이라는 글을 띄웠다. 이에 대해 미국 정부는 같은 해 12월 이러한 내용을 담은 보도를 공식 부인하면서 웹사이트를 통해 "미군이 금지된 인 폭탄을 팔루자에서 사용했다고 일부 기사들이 주장하고 있으나 인광성 포탄은 금지된 게 아니다"며 "미군은 (살상용이 아니라) 조광용으로 팔루자에서 이를 매우 드물게 사용했다"고 해명했다.; 『연합』 1995. 5. 25. ; 『라디오코리아』 2005. 11. 17. 영국 존 리드 국방장관도 백린을 아군 보호용으로 연막을 일으키는데 사용했다고 했다.

1044) 서울지검 사건번호 2007형제48035호 증거기록 p.16834

1045) 2003/02/03 (17:25) powered by DEFENCE KOREA Article Number : 6613

1046) 『국민일보』, 1995. 5. 25.

1047) 沖繩縣基地對策室, 『沖繩の米軍基地』, 2003. 3, p.311

1048) 자세한 내용을 보려면 다음주소를 찾아가시오. http://www.siwoo.pe.kr/ez2000/ezboard.cgi?db=lec_peace&action=read &dbf=1532&page=2&depth=1

1049) 신도 겐이치, 『見えない戰爭』, (東京: 주식회사정보센타 출판국, 1993)/박선숙

역, 『일본 군사대국화의 현장』, (서울: 사계절, 1994), p.91

1050) 모토부조 야에가쿠(本部町 八重岳: もとふちょつ やえかく. 약 400m 높이의 산 정상부에 위치한 미군 통신레이다 시설) 靑柳榮次, 『沖繩縣道路地圖』, (東京: 昭文社, 2002, 18刷), p.57

1051) 신도 겐이치, 『見えない戰爭』, (東京: 주식회사정보센타 출판국, 1993)/박선숙 역, 『일본 군사대국화의 현장』, (서울: 사계절, 1994), pp.116~117

1052) 정영신, 「오키나와의 기지화 군사화에 관한 연구」, 『기지의 섬 오키나와』, (서울: 논형, 2008), p.186

1053) 정영신, 「오키나와의 기지화 군사화에 관한 연구」, 『기지의 섬 오키나와』, (서울: 논형, 2008), p.217

1054) 전문은 다음을 참조. Pak Chol Gu, "REPLACEMENT OF THE KOREAN ARMISTICE AGREEMENT: PREREQUISITE TO A LASTING PEACE IN THE KOREAN PENINSULA"
http://oldsite.nautilus.org/fora/security/4a_DPRKonKA.html#sect3

1055) 그런 경우의 깃발 사용은 4조, 2항에 포괄되어 있다.: '깃발은 군사참모위원회나 위원회 또는 유엔을 위한 필요성은 인정되지만 이 법이 포괄하지 못하는 어떤 환경에서 유엔에 의해 설립된 또 다른 단체처럼 유엔을 위하여 활동하는 어떤 단위에 의해서도 사용될 수 있다.'

1056) 개정된 깃발법 6조는 다음과 같다.
6. 군사작전에서의 깃발 사용. 깃발은 유엔의 해당 기구에 의해 효과적으로 권한이 명시된 군사작전에 대해서만 사용될 것이다. U.N. *The United Nations Flag Code and Regulations* (ST/SGB/132), (U.N.: 1 January 1967), pp.1~2; Hans Kelsen, *The Law of The United Nations A Critical Analysis of Its Fundamental Problems* (New York: Frederick A. Praeger, 1950), p.939 재인용

1057) GOJ 1tr to UN Joint Board, UNJ-130-HA, 29 Sep 77, Subj: Termination of UNC Facilities; Headquarters UNC/USFK/EUSA Command Historian, *1977 Annual Historical Report*, p.32

1058) UNC/USFK/EUSA Disposition Form, 20 Dec 75, Subj: UNC Status of Fuchu Air Station, Japan; Headquarters UNC/USFK/EUSA Command Historian, *1975 Annual Historical Report (RCS CINCPAC 5000.4)*, (UNC/USFK/EUSA,17 June 1976), p.17

1059) Headquarters UNC/USFK/EUSA Command Historian, *1977 Annual Historical Report*, p.32

700

1060) Ministry of Foreign Affairs of Japan(MOFA) Press Release, October 26, 2007; Osakabe Yasuo, "UNC celebrates the 67th Anniversary of the United Nations in Japan" Yokota Air Base〉News〉2012.11.28. http://www.yokota.af.mil/news/story.asp?id=123327915

1061) Ministry of Foreign Affairs of Japan(MOFA) Press Release; Charles M. Perry and Toshi Yoshihara, *The U.S.-Japan Alliance: Preparing for Korean Reconciliation and Beyond*, (The Institute for Foreign Policy Analysis, 2003), pp.4, 7~8

1062) Pak Chol Gu, "REPLACEMENT OF THE KOREAN ARMISTICE AGREEMENT: PREREQUISITE TO A LASTING PEACE IN THE KOREAN PENINSULA" http://oldsite.nautilus.org/fora/security/4a_DPRKonKA.html#sect3

1063) Headquarters UNC/USFK/EUSA Command Historian, *1977 Annual Historical Report*, p.31. 태국군 철수과정에 대해서는 다음을 참조.from Department of State to Australia Canberra, WITHDRAWAL OF THAI UNC AVIATION DETACHMENT FROM JAPAN, Bureau of East Asian and Pacific Affairs, 1976 April 16; http://www.wikileaks.org/plusd/cables/1976STATE092435_b.html

1064) 이시우, 『유엔군사령부』, (파주: 들녘, 2013), p.706

1065) 이시우, 『유엔군사령부』, (파주: 들녘, 2013), pp.701~702

1066) (…)However, TLAM/Ns can be redeployed in only 30 days if the order is given. To ensure training and force integration, TLAM/N operations are now included in STRATCOM s annual Global Guardian nuclear exercises. (http://projects.sipri.se/nuclear/06A.pdf p.464 2000년 검색)

1067) As a result of the 1994 NPR, surface vessels are no longer equipped to carry nuclear-armed Tomahawk missiles. The option was retained, however, to redeploy them on attack submarines, although all the TLAM/Ns are thought to be stored on land under normal circumstances. (http://projects.sipri.se/nuclear/06A.pdf p.464)

1068) http://www.thebulletin.org/issues/1997/nd97/nd96arkin.html; 1995년 12월 29일, 해군해양시스템사령부, SEA0260은 지상공격용 핵장착 토마호크를 위해 휴대용발사시스템의 개발과 생산을 위한 생산요구문서 N00024-96-R-6221를 지정했다. 이 휴대용발사시스템은 LA급 공격형잠수함(SSN688,688I)과 버지니아급 신형공격형잠수함(NSSN/SSN774)에 장착될 것이다. 이 프로그램은

해군참모총장과 해군해상체계사령부, 잠수함전투체계프로그램국에 의해 지원되었다.
http://www.fbodaily.com/cbd/archive/1995/12(December)/29-Dec-1995/12sol001.htm

1069) Nuclear Tomahawk's are earmarked for use by a dozen or so nuclear-powered attack submarines.
(http://www.nautilus.org/nukestrat/USA/nsnf/index.html)

1070) http://projects.sipri.se/nuclear/06A. pdf p.464

제주 오키나와 평화기행
—동백꽃눈물

발행일 | 2014년 10월 27일, 초판, 1쇄 발행

글쓴이 | 이시우
사 진 | 이시우
저자사진 | 고성미
편 집 | 플랜디자인
펴낸이 | 최진섭
펴낸곳 | 도서출판 말

주소 | 서울 마포구 토정로 222 한국출판협동조합 A동 208-2
전화 | 070-7165-7510
팩스 | 02-707-0903
전자우편 | dreamstarjs@gmail.com

신고번호 | 제2013-000403호
ISBN | 979-11-951906-4-5

이 도서의 국립중앙도서관 출판예정도서목록(CIP)은 서지정보유통지원시스템 홈페이지(http://seoji.nl.go.kr)와
국가자료공동목록시스템(http://www.nl.go.kr/kolisnet)에서 이용하실 수 있습니다.
(CIP제어번호: CIP2014030227)